BILL BRYSON

Eine kurze Geschichte von fast allem

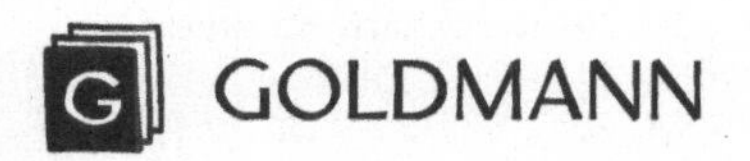

Buch

Wie groß ist eigentlich das Universum? Was wiegt unsere Erde? Und wie ist es überhaupt möglich, die Erde zu wiegen? Auf diese und viele andere Fragen hat Bestsellerautor Bill Bryson in der Schule nie Antworten erhalten. Langweilige Schulbücher, staubtrockener Unterricht, unverständliche Theorien – die Naturwissenschaften blieben für ihn wie für die meisten Menschen ein Buch mit sieben Siegeln. Doch die Frage, warum alles so geworden ist, wie es ist, und woher wir das eigentlich wissen, ließ ihn nie los. Getrieben von seiner unersättlichen Neugier wagte er sich schließlich auf eine Reise durch Raum und Zeit. In seinem preisgekrönten Bestseller »Eine kurze Geschichte von fast allem« nimmt er die Leser mit auf diese atemberaubende Reise, erklärt ihnen den Himmel und die Erde, die Sterne und die Meere und nicht zuletzt die Entstehungsgeschichte des Menschen. Es ist ein ebenso lehrreicher wie unterhaltsamer Ausflug in die Naturwissenschaften, mit dem Bill Bryson das scheinbar Unmögliche vollbracht hat: das Wissen von der Welt in dreißig Kapitel zu packen, die auch für den normalen Leser ohne Vorkenntnisse verständlich sind. Das ideale Buch für alle, die das Universum und die Geschichte der Erde endlich verstehen möchten – und dabei auch noch Spaß haben wollen.

Das Buch wurde mit dem renommierten
Aventis-Price for Science Books 2004 ausgezeichnet.

Autor

Bill Bryson wurde 1951 in Des Moines, Iowa, geboren. 1977 zog er nach Großbritannien und schrieb dort mehrere Jahre u.a. für die *Times* und den *Independent.* Mit seinem Englandbuch »Reif für die Insel« gelang Bryson der Durchbruch, und heute ist er in England der erfolgreichste Sachbuchautor der Gegenwart. 1996 kehrte Bill Bryson mit seiner Familie für einige Jahre in die USA zurück, seit 2003 lebt er wieder in England.

Von Bill Bryson außerdem bei Goldmann lieferbar:

Reif für die Insel. England für Anfänger und Fortgeschrittene · Picknick mit Bären · Streifzüge durch das Abendland. Europa für Anfänger und Fortgeschrittene · Straßen der Erinnerung · Streiflichter aus Amerika. Die USA für Anfänger und Fortgeschrittene · Frühstück mit Kängurus. Australische Abenteuer · Mein Amerika · Shakespeare – wie ich ihn sehe · Eine kurze Geschichte der alltäglichen Dinge · Sommer 1927 · It's teatime, my dear! · Eine Kurze Geschichte des menschlichen Körpers · Eine Kurze Geschichte des menschlichen Körpers.

Bill Bryson

Eine kurze Geschichte von fast allem

Aus dem Amerikanischen
von Sebastian Vogel

GOLDMANN

Die Originalausgabe erschien 2003
unter dem Titel »A Short History of Nearly Everything«
bei Broadway Books, New York

Penguin Random House Verlagsgruppe FSC® N001967

39. Auflage
Taschenbuchausgabe Oktober 2005

in der Penguin Random House Verlagsgruppe GmbH,
Neumarkter Str. 28, 81673 München
Umschlaggestaltung: Design Team München
Umschlagillustrationen: Neil Gower
AB · Herstellung: Str.
Druck und Bindung: GGP Media GmbH, Pößneck
Printed in Germany
ISBN 978-3-442-46071-7

www.goldmann-verlag.de

Für Meghan und Chris. Willkommen.

Inhalt

Teil IV
Der gefährliche Planet

Teil V
Das Leben als solches

Teil VI
Der Weg zu uns

Einmal kündigte der Physiker Leo Szilard seinem Freund Hans Bethe an, er wolle eventuell ein Tagebuch führen: »Ich habe nicht vor, etwas zu veröffentlichen. Ich möchte die Tatsachen nur festhalten, damit Gott Bescheid weiß.« Daraufhin fragte Bethe: »Glauben Sie nicht, dass Gott die Tatsachen schon kennt?« – »Ja«, erwiderte Szilard, »die Tatsachen kennt er. Aber diese Version der Tatsachen kennt er noch nicht.«

Hans Christian von Baeyer, *Das Atom in der Falle*

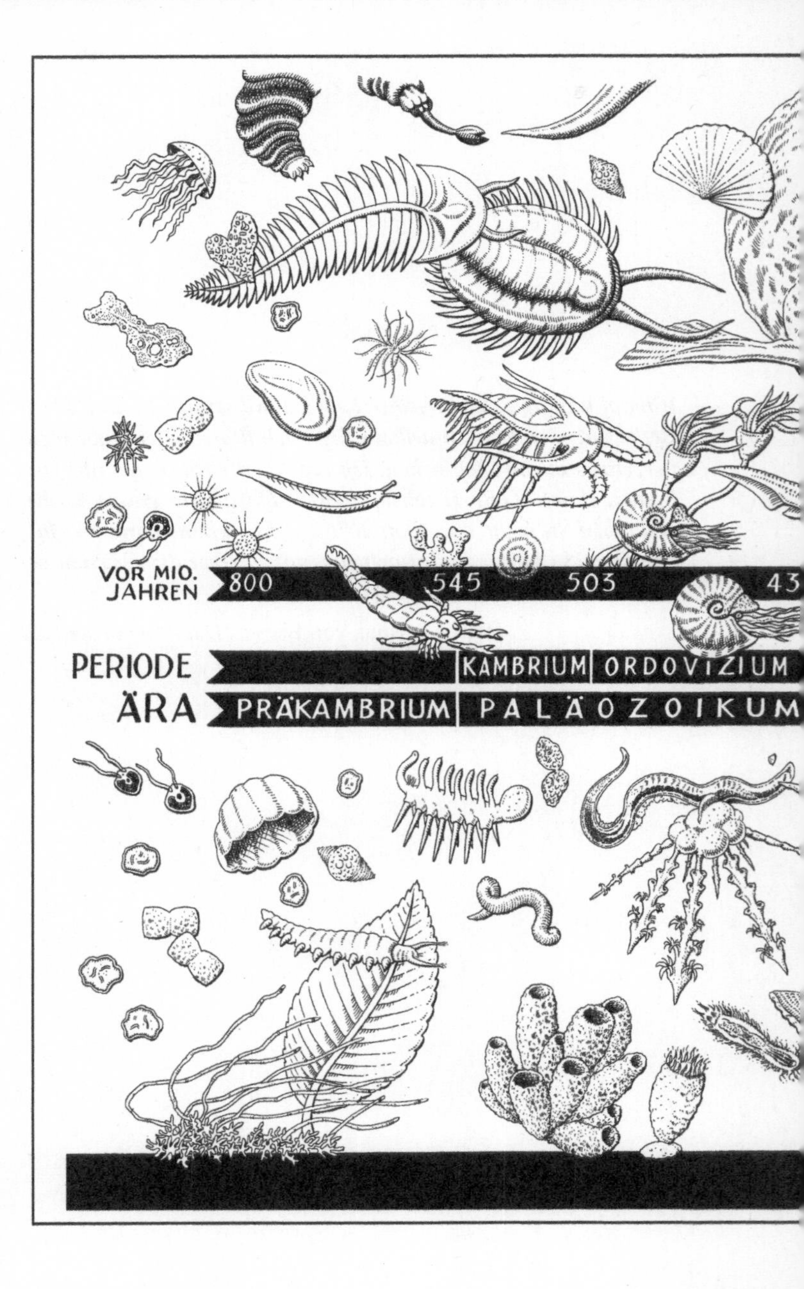
VOR MIO. JAHREN
800
545
503
43
PERIODE
KAMBRIUM
ORDOVIZIUM
ÄRA
PRÄKAMBRIUM
PALÄOZOIKUM

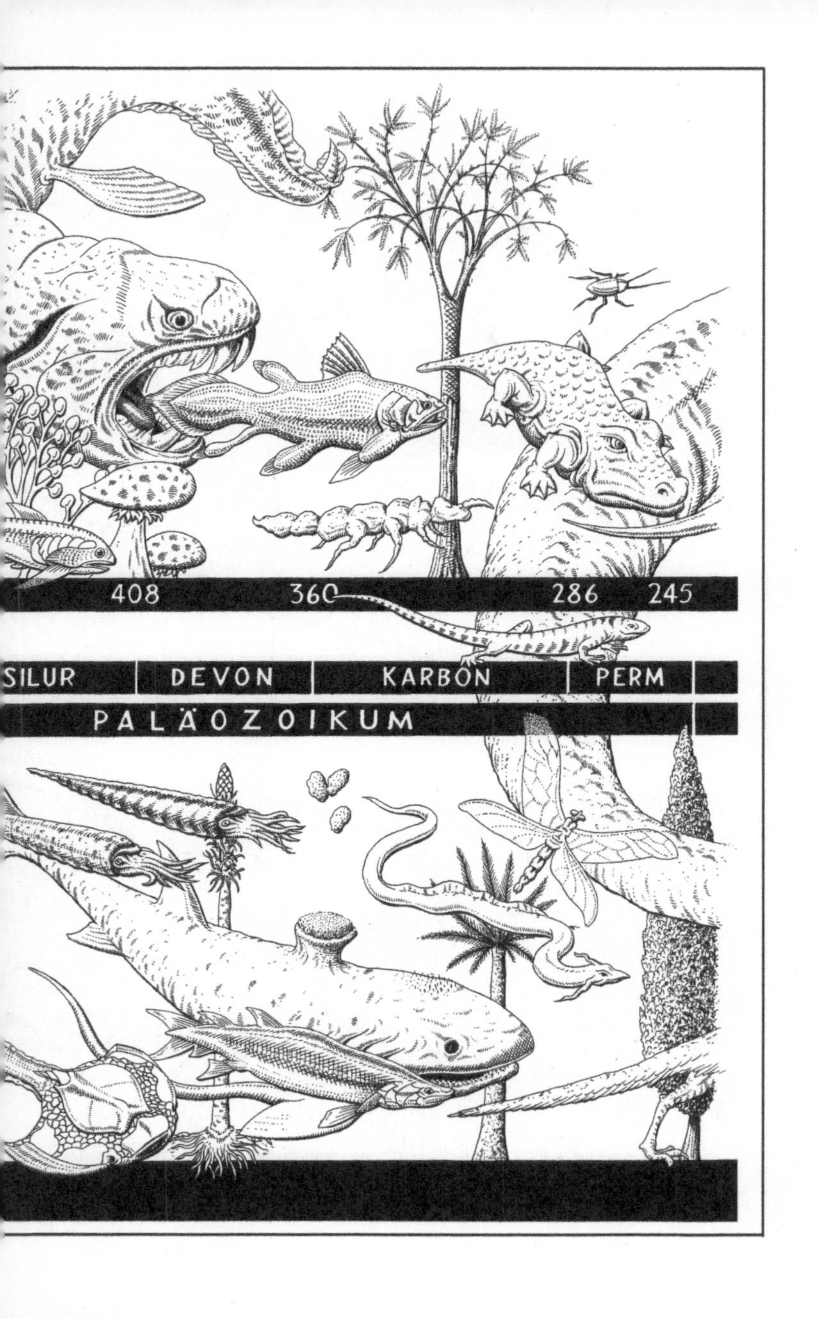
408
360
286
245
SILUR
DEVON
KARBON
PERM
PALÄOZOIKUM

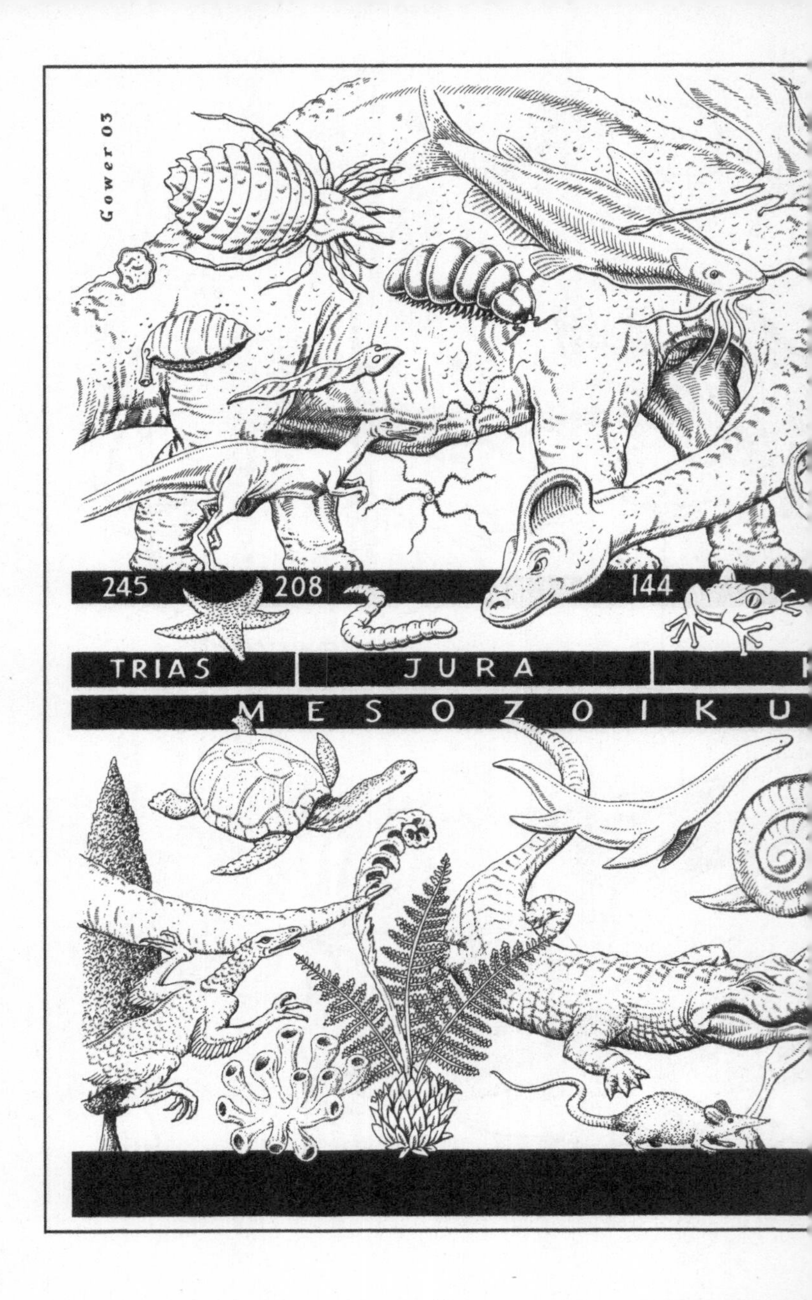
Gower 03
245
208
144
TRIAS
JURA
MESOZOIKU

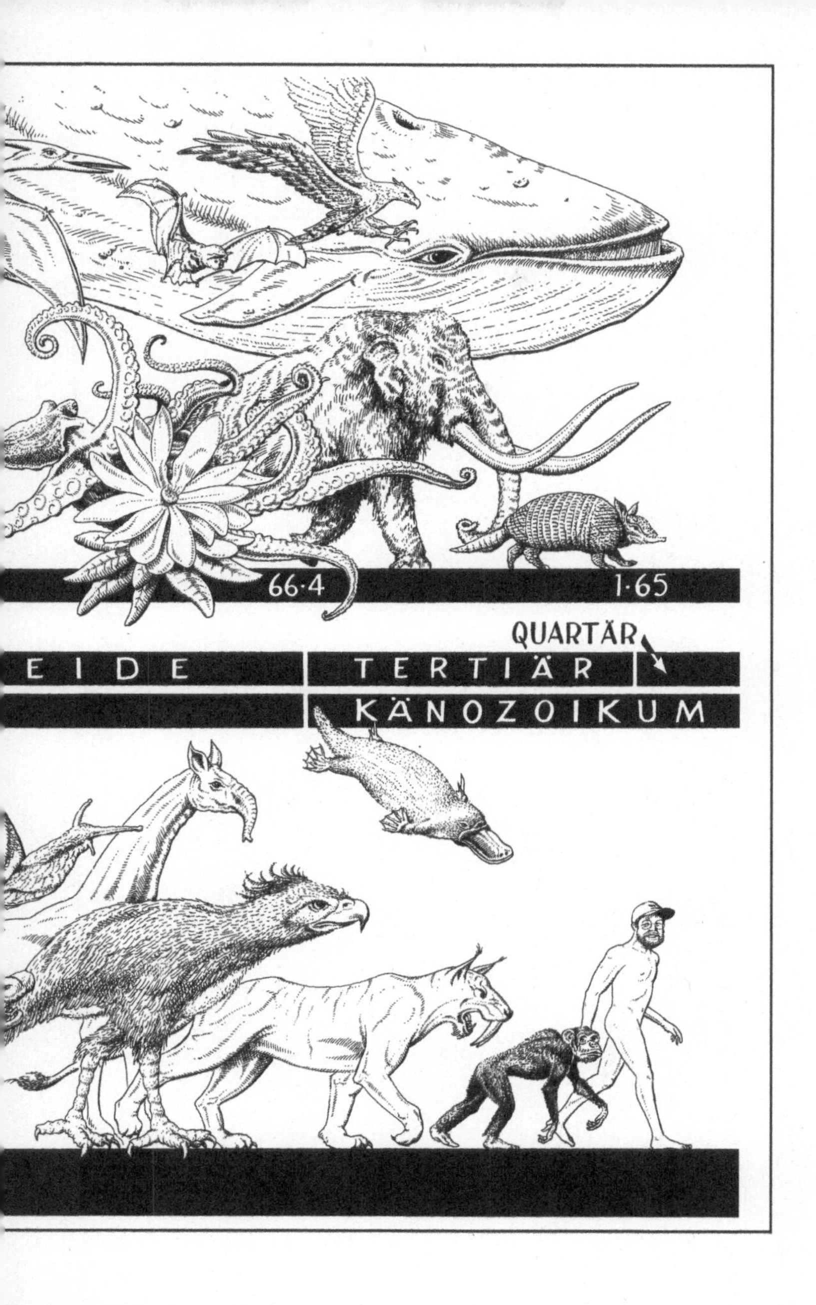
66·4
1·65
QUARTÄR
EIDE
TERTIÄR
KÄNOZOIKUM

Einleitung

Willkommen. Und herzlichen Glückwunsch. Es freut mich, dass Sie es geschafft haben. Es war nicht einfach, so weit zu kommen, ich weiß. Ich vermute sogar, es war noch schwieriger, als Ihnen klar ist.

Damit Sie da sein können, mussten sich zunächst einmal ein paar Billionen unstete Atome auf raffinierte, verblüffend freundschaftliche Weise zusammenfinden und Sie erschaffen. Es ist eine hoch spezialisierte, ganz besondere Anordnung – sie wurde noch nie zuvor ausprobiert und existiert nur dieses eine Mal. Während der nächsten vielen Jahre (das hoffen wir jedenfalls) werden diese winzigen Teilchen klaglos an den Milliarden komplexer, gemeinschaftlicher Anstrengungen mitwirken, die notwendig sind, damit Sie unversehrt bleiben und jenen höchst angenehmen, allgemein aber unterschätzten Zustand erleben können, den man Dasein nennt.

Warum Atome so viel Mühe auf sich nehmen, ist eigentlich ein Rätsel. Ich oder du zu sein, ist auf atomarer Ebene kein lohnendes Erlebnis. Bei allem Engagement kümmern die Atome sich in Wirklichkeit nicht um Sie – sie wissen nicht einmal, dass es Sie gibt. Und sie wissen auch nicht, dass es *sie* gibt. Es sind ja nur geistlose Teilchen, und sie selbst sind nicht einmal lebendig. (Es ist schon eine faszinierende Vorstellung: Würden wir uns selbst mit einer Pinzette Atom für Atom auseinander nehmen, bliebe ein Haufen feiner Atomstaub übrig. Nichts davon wäre lebendig, und doch wäre alles zuvor »wir« gewesen.) Dennoch gehorchen sie für die Zeit Ihres Daseins einem einzigen, übergeordneten Impuls: Sie sorgen dafür, dass Sie Sie bleiben.

Das Unangenehme dabei: Atome sind launisch, und ihr Engagement ist etwas Vorübergehendes – sogar etwas sehr Vorübergehendes. Selbst ein langes Menschenleben summiert sich nur auf rund 650 000 Stunden. Und jenseits dieses bescheidenen Meilensteins oder an einem anderen Punkt irgendwo in der Nähe machen die Atome Ihnen aus unbekannten Gründen den Garaus – sie fallen in aller Stille auseinander, gehen ihrer Wege und werden etwas anderes. Was Sie betrifft, war's das dann.

Dennoch können Sie sich darüber freuen, dass es überhaupt geschieht. In der Regel tut es das im Universum nämlich nicht, soweit wir wissen. Das ist ausgesprochen seltsam, denn die Atome, die sich so zwanglos und sympathisch zusammentun und Lebewesen bilden, sind auf der Erde genau die gleichen wie anderenorts, wo sie es verweigern. Was das Leben sonst auch sein mag, auf der Ebene der Chemie ist es erstaunlich profan: Kohlenstoff, Wasserstoff, Sauerstoff und Stickstoff, ein wenig Calcium, ein Schuss Schwefel, eine kleine Prise von ein paar anderen ganz gewöhnlichen Elementen – nichts, was man nicht in jeder normalen Apotheke finden würde –, das ist alles, was man braucht. Das einzig Besondere an den Atomen, die Sie bilden, besteht darin, dass sie Sie bilden. Und das ist natürlich das Wunder des Lebens.

Ob Atome nun in anderen Winkeln des Universums etwas Lebendiges bilden oder nicht, in jedem Fall bilden sie vieles andere; sie bilden sogar alles andere. Ohne sie gäbe es weder Wasser noch Luft oder Gestein, weder Sterne noch Planeten, weder weit entfernte Gaswolken noch Spiralnebel, und keines von den anderen Dingen, die das Universum zu etwas so Nützlich-Materiellem machen. Atome sind so zahlreich und notwendig, dass wir eines leicht übersehen: Es müsste sie eigentlich nicht geben. Kein Gesetz verlangt, dass das Universum sich mit kleinen Materieteilchen füllt oder dass es Licht, Schwerkraft und die vielen anderen physikalischen Phänomene hervorbringt, von denen unser Dasein abhängt. Es müsste sogar überhaupt kein Universum geben. Die meiste Zeit war es nicht da. Es gab keine Atome und kein Universum, in dem sie herumschwirren konnten. Es gab nichts – einfach nichts, nirgendwo.

Also können wir froh über die Atome sein. Aber die Tatsache, dass Sie aus Atomen bestehen und dass sie sich so bereitwillig zusammenfinden, erklärt Ihr Dasein nur zum Teil. Damit Sie da sind, im 21. Jahrhundert leben und so klug sind, dass Sie es auch wissen, mussten Sie außerdem zum Nutznießer einer außergewöhnlichen Verkettung glücklicher biologischer Ereignisse werden. Überleben ist auf der Erde ein erstaunlich schwieriges Geschäft. Von den Milliarden und Abermilliarden biologischer Arten, die seit Anbeginn der Zeit existiert haben, sind die meisten – 99,99 Prozent – nicht mehr da. Sie sehen: Das Leben auf der Erde ist nicht nur kurz, sondern auch schrecklich empfindlich. Es ist ein wahrhaft seltsamer Aspekt unseres Daseins: Wir stammen von einem Planeten, der Leben sehr gut hervorbringen und noch besser auslöschen kann.

Eine biologische Art bleibt auf der Erde im Durchschnitt nur vier Millionen Jahre erhalten. Wer also Jahrmilliarden überstehen will, muss so launenhaft sein wie die Atome, aus denen wir bestehen. Man muss bereit sein, sich in allem zu verändern – in Form, Farbe, Spezies-Zugehörigkeit, einfach in allem –, und das immer und immer wieder. Das ist leichter gesagt als getan, denn die Veränderung ist ein Zufallsprozess. Um vom »protoplasmatischen urtümlichen Atomkügelchen« (wie es in einem Lied von Gilbert und Sullivan heißt) zu einem fühlenden, aufrecht gehenden Jetzt-Menschen zu werden, mussten Sie durch Mutationen immer wieder neue Eigenschaften erwerben, und das auf zeitlich genau abgestimmte Weise über ausgesprochen lange Zeit hinweg. Während verschiedener Phasen innerhalb der letzten 3,8 Milliarden Jahre haben Sie den Sauerstoff zunächst verabscheut und dann geliebt, Flossen und Gliedmaßen und flotte Flügel getragen, Eier gelegt, die Luft mit einer gespaltenen Zunge gefächelt, glatte Haut und einen Pelz besessen, unter der Erde und auf Bäumen gelebt, sich zwischen der Größe eines Hirsches und einer Maus bewegt, und Millionen Dinge mehr. Die winzigste Abweichung bei einer dieser entwicklungsgeschichtlichen Wandlungen, und Sie würden jetzt vielleicht Algen von Höhlenwänden lecken, sich wie ein Walross an einer Felsküste rekeln oder durch ein Blasloch oben auf dem Kopf die

Luft ausstoßen, bevor Sie wegen eines Mauls voller leckerer Sandwürmer 20 Meter in die Tiefe tauchen.

Sie hatten nicht nur das Glück, dass Sie seit undenklichen Zeiten Teil einer bevorzugten Evolutions-Abstammungslinie geblieben sind, sondern das Schicksal war Ihnen auch in Ihrer persönlichen Abstammung auf äußerste – um nicht zu sagen wundersame – Weise hold. Überlegen wir nur: 3,8 Milliarden Jahre lang – eine Zeit, die länger ist als das Alter der Gebirge und Flüsse und Ozeane – waren alle Ihre Vorfahren mütterlicher- und väterlicherseits so attraktiv, dass sie einen Partner gefunden haben, aber auch so gesund, dass sie sich fortpflanzen konnten, und von Schicksal und Umständen so begünstigt, dass sie lange genug lebten und das alles tun konnten. Kein einziger unserer unmittelbaren Vorfahren wurde erschlagen, gefressen, ertränkt, ausgehungert, ausgesetzt, festgehalten, zur Unzeit verwundet oder auf andere Weise daran gehindert, die Aufgabe seines Lebens zu erfüllen und ein winziges Päckchen genetisches Material im richtigen Augenblick an den richtigen Partner abzugeben, um so die einzig mögliche Abfolge von Erbkombinationen weiterzureichen, die – am Ende, erstaunlicherweise und für allzu kurze Zeit – Sie hervorbringen.

Dieses Buch handelt davon, wie sich das alles abgespielt hat – insbesondere von der Frage, wie der Weg vom Garnichts zum Etwas verlaufen ist, wie ein klein wenig von diesem Etwas zu uns geworden ist, und auch ein wenig von den Vorgängen dazwischen und seitdem. Das sind natürlich eine Menge Themen, und deshalb heißt das Buch *Eine kurze Geschichte von fast allem*, auch wenn das eigentlich nicht ganz stimmt. Es kann nicht stimmen. Aber wenn wir Glück haben, wird es uns am Ende so vorkommen, als ob es stimmt.

Mein eigener – vielleicht unmaßgeblicher – Ausgangspunkt war ein illustriertes Buch über Naturwissenschaft, das uns in der vierten oder fünften Klasse als Unterrichtsmaterial diente. Es war ein ganz normales Schulbuch im Stil der fünfziger Jahre – zerfleddert, ungeliebt, schrecklich dick –, aber fast ganz am Anfang enthielt es eine Abbildung, die mich fesselte: ein Schnittbild des Erdinneren; es sah aus, als hätte jemand mit einem großen Messer in den Planeten geschnitten und dann vorsichtig einen Keil herausgezogen, der ungefähr ein Viertel der Gesamtmasse ausmachte.

Man kann sich kaum vorstellen, dass es eine Zeit gab, in der ich noch nie ein solches Bild gesehen hatte, aber offensichtlich war es so: Ich weiß noch ganz genau, wie verblüfft ich war. Ehrlich gesagt, gründete sich mein Interesse wahrscheinlich anfangs auf ein ganz persönliches Bild: ein Strom argloser Autofahrer aus den Staaten des amerikanischen Mittelwestens, die nach Osten fahren und plötzlich, zwischen Mittelamerika und dem Nordpol, über eine 6000 Kilometer hohe Klippe stürzen. Aber es dauerte nicht lange, dann wandte sich mein vernünftigeres Interesse dem wissenschaftlichen Gehalt der Zeichnung zu, und mir wurde klar, dass die Erde aus drei Schichten besteht, mit einer glühenden Kugel aus Eisen und Nickel in der Mitte, die der Bildlegende zufolge so heiß ist wie die Sonnenoberfläche. Ich weiß noch, wie ich mich mit echtem Erstaunen fragte: »Woher wissen die das?«

Dass die Information stimmte, bezweifelte ich keinen Augenblick – noch heute neige ich dazu, den Aussagen von Naturwissenschaftlern genauso zu vertrauen wie denen von Ärzten, Klempnern und anderen Besitzern abgelegener, privilegierter Kenntnisse –, aber um nichts in der Welt konnte ich mir vorstellen, wie der Geist eines Menschen herausfinden kann, was sich Tausende von Kilometern unter uns befindet, wie das aussieht und aufgebaut ist, was noch kein Auge gesehen hat und kein Röntgenstrahl durchdringen kann. Das war für mich ein echtes Wunder. Und die gleiche Einstellung zur Naturwissenschaft habe ich noch heute.

Aufgeregt nahm ich das Buch an jenem Nachmittag mit nach Hause, und vor dem Abendessen schlug ich es auf – wobei ich damit rechnete, dass meine Mutter mir die Hand auf die Stirn legen und sich erkundigen würde, ob mit mir noch alles stimmte. Auf der ersten Seite fing ich an zu lesen.

Jetzt kommt's. Es war überhaupt nicht spannend. Es war nicht einmal verständlich. Und vor allem gab es keinerlei Antwort auf die Fragen, die eine solche Zeichnung für jeden normal denkenden Geist aufwarf: Wie kommt die Sonne in die Mitte unseres Planeten? Und wenn sie da drinnen brennt, warum ist der Boden unter unseren Füßen nicht so heiß, dass wir ihn nicht anfassen können? Und warum schmilzt das übrige Erdinnere nicht – oder schmilzt es vielleicht doch? Und wenn der Kern eines Tages ausgebrannt ist, stürzt die Erde dann in den leeren Raum, sodass an der Oberfläche ein riesiges Loch entsteht? Und woher *weiß* man das? *Wie hat man es herausgefunden*?

Was solche Einzelheiten anging, hüllte der Autor sich in ein seltsames Schweigen – er schwieg eigentlich über alles außer Antikline, Synkline, Axialbrüche und Ähnliches. Es war, als wollte er das Beste für sich behalten, indem er alles völlig unergründlich machte. Im Laufe der Jahre schöpfte ich den Verdacht, dass er damit nicht nur einem persönlichen Impuls folgte. Anscheinend gab es unter den Lehrbuchschreibern eine geheimnisvolle, allgemeine Verschwörung: Sie wollten dafür sorgen, dass ihre Themen nie auch nur entfernt in die Sphäre des mäßig Interessanten gerieten, und vom Hochinteressanten waren sie erst recht stets meilenweit entfernt.

Heute weiß ich, dass es eine angenehme Vielzahl von Wissenschaftsautoren gibt, die eine glänzende, spannende Prosa zu Papier bringen – Timothy Ferris, Richard Fortey und Tim Flannery sind drei, die mir an einer einzigen Station des Alphabets einfallen (ganz zu schweigen von dem verstorbenen, aber wahrhaft göttlichen Richard Feynman) –, aber leider schrieb keiner von ihnen ein Lehrbuch, das ich irgendwann einmal zur Hand nahm. Meine Bücher waren stets von Männern (Männer waren es immer) verfasst, die eine interessante Vorstellung hatten: Sie glaubten, alles werde klar, wenn man es in eine Formel fasst, und sie gaben sich der amüsanten Täuschung hin, amerikanische Kinder würden es zu schätzen wissen, wenn am Ende jedes Kapitels ein Abschnitt mit Fragen stand, über die sie in ihrer Freizeit grübeln konnten. Deshalb wuchs ich in der Überzeugung auf, Naturwissenschaft sei ausgesprochen langweilig; gleichzeitig hatte ich den Verdacht, dass es nicht unbedingt so sein musste, aber ich dachte eigentlich nicht darüber nach, ob ich dazu etwas beitragen könnte. Auch das sollte lange Zeit so bleiben.

Viel später – ungefähr vor vier oder fünf Jahren – starrte ich während eines langen Fluges über den Pazifik träge aus dem Fenster auf den mondbeschienenen Ozean. Plötzlich kam mir mit geradezu unangenehmer Aufdringlichkeit der Gedanke, dass ich von dem einzigen Planeten, auf dem ich jemals leben würde, eigentlich keine blasse Ahnung hatte. Ich wusste zum Beispiel nicht, warum die Meere salzig sind, die großen Seen in Nordamerika aber nicht. Ich hatte nicht die geringste Ahnung. Ich wusste nicht, ob die Ozeane im Laufe der Zeit salziger oder weniger salzig werden, und ob ich mir um ihren Salzgehalt Sorgen machen sollte. (Zu meiner Freude kann ich berichten, dass auch die Wissenschaft auf diese Fragen bis Ende der siebziger Jahre des 20. Jahrhunderts keine Antwort hatte. Es wurde nur nicht laut darüber geredet.)

Und der Salzgehalt der Ozeane war natürlich nur ein winziger Bruchteil meiner Unwissenheit. Ich wusste nicht, was ein Proton oder ein Protein ist, konnte ein Quark nicht von einem Quasar unterscheiden, begriff nicht, wie ein Geologe sich in einer Schlucht eine Gesteinsschicht ansehen kann und dann weiß, wie alt sie ist. Ich wusste eigentlich überhaupt nichts. In aller Stille ergriff mich ein ungewohnter Drang, ein wenig mehr über solche Dinge zu wissen und zu verstehen, wie man sie herausgefunden hatte. Das war für mich nach wie vor das größte aller Wunder: Wie finden Naturwissenschaftler etwas heraus? Woher *weiß* man, wie viel die Erde wiegt oder wie alt ihre Steine sind oder was sich da unten in ihrem Mittelpunkt befindet? Woher weiß man, wann das Universum begann und wie es damals aussah? Woher weiß man, was in einem Atom vorgeht? Und dann – oder vielleicht vor allem: Wie kommt es, dass Wissenschaftler fast alles zu wissen scheinen, und dann können sie ein Erdbeben doch nicht vorhersehen und uns nicht einmal sagen, ob wir nächsten Mittwoch zum Pferderennen einen Regenschirm mitnehmen sollen?

Also entschloss ich mich, einen Teil meines Lebens – drei Jahre sind es bisher geworden – dem Lesen von Büchern und

Fachzeitschriften zu widmen. Außerdem wollte ich mir sanftmütige, geduldige Fachleute suchen, die bereit waren, eine Fülle außergewöhnlich dummer Fragen zu beantworten. Letztlich wollte ich wissen, ob man die Wunder und Errungenschaften der Naturwissenschaft nicht verstehen und schätzen oder sogar bestaunen und bejubeln kann, und das auf einer Ebene, die einerseits nicht zu fachlich und anspruchsvoll, auf der anderen aber auch nicht zu oberflächlich ist.

Das waren meine Ideen und Hoffnungen, und diese Absichten verfolge ich mit dem vorliegenden Buch. Aber es gibt viele Themen abzuhandeln, und wir haben dazu viel weniger als 650 000 Stunden Zeit. Also fangen wir an.

TEIL I

Verloren im Kosmos

Sie befinden sich alle in derselben Ebene. Alle kreisen in derselben Richtung… Es ist vollkommen, wissen Sie. Es ist großartig. Es ist fast unheimlich.

Der Astronom Geoffrey Marcy über das Sonnensystem

1.
Bauanleitung für ein Universum

Wir können uns noch so viel Mühe geben – niemals werden wir begreifen, wie winzig, wie räumlich bescheiden ein Proton ist. Dazu ist es einfach viel zu klein.

Ein Proton ist ein letzter Baustein eines Atoms, und auch das ist natürlich kein greifbares Gebilde. Protonen sind so klein, dass ein kleiner Fleck Druckerschwärze, beispielsweise der Punkt auf diesem *i*, ungefähr 500 000 000 000 von ihnen Platz bietet, das sind mehr als die Sekunden in einer halben Million Jahre.[1] Protonen sind also, gelinde gesagt, überaus mikroskopisch.

Nun stellen wir uns vor (was wir natürlich nicht können), eines dieser Protonen würde auf ein Milliardstel seiner normalen Größe schrumpfen und einen so kleinen Raum einnehmen, dass ein Proton daneben riesengroß wirkt. Und in diesen winzig kleinen Raum packen wir nun ungefähr 30 Gramm Materie. Ausgezeichnet. Jetzt können wir ein Universum gründen.[2]

Natürlich gehe ich davon aus, dass wir ein inflationäres Universum bauen wollen. Wer stattdessen das altmodische Standard-Urknalluniversum bevorzugt, braucht zusätzliches Material. Dann müssen wir sogar alles zusammensammeln, was es gibt – jedes kleine Fitzelchen und Teilchen der Materie von hier bis zu den Rändern der Schöpfung –, und alles in einen so unendlich kompakten Punkt zusammenpressen, dass er überhaupt keine Dimensionen hat. So etwas bezeichnet man als Singularität.

So oder so müssen wir uns auf einen richtig großen Knall vorbereiten. Dabei würden wir uns natürlich gern an einen sicheren Ort zurückziehen und das Schauspiel von dort aus beobachten. Leider können wir aber nirgendwo Zuflucht suchen, denn außerhalb der Singularität gibt es kein *Wo*. Wenn die Ausdehnung des Universums beginnt, füllt sich damit keine größere Leere. Es existiert nur ein einziger Raum: der Raum, der während des Vorganges erschaffen wird.

Sich die Singularität als eine Art schwangeren Punkt vorzustellen, der in einer dunklen, grenzenlosen Leere hängt, ist zwar eine natürliche, aber auch falsche Vorstellung. Es gibt weder Raum noch Dunkelheit. Um die Singularität herum ist nichts. Dort existiert kein Raum, den sie einnehmen könnte, kein Ort, an dem sie sich befindet. Wir können noch nicht einmal fragen, wie lange sie schon dort ist – ob sie wie eine gute Idee gerade erst ins Dasein getreten ist oder ob sie schon immer da war und in aller Ruhe auf den richtigen Augenblick gewartet hat. Die Zeit existiert nicht. Es gibt keine Vergangenheit, aus der sie hervortreten könnte.

Und so, aus dem Nichts, nimmt unser Universum seinen Anfang.

In einem einzigen blendenden Stoß, in einem Augenblick der Prachtentfaltung, der für jede Beschreibung mit Worten viel zu schnell und umfangreich ist, nimmt die Singularität himmlische Dimensionen an und wird zu einem unvorstellbar großen Raum. In der ersten, lebhaften Sekunde (und viele Kosmologen widmen ihre gesamte Berufslaufbahn dem Versuch, diese Sekunde in noch dünnere Scheiben zu zerlegen) entstehen die Schwerkraft und die anderen beherrschenden Kräfte der Physik. Nach noch nicht einmal einer Minute hat das Universum einen Durchmesser von weit mehr als einer Million Milliarden Kilometern, und es wächst schnell. Wärme ist jetzt reichlich vorhanden, zehn Milliarden Grad, genug, damit die Kernreaktionen beginnen und leichte Elemente entstehen lassen – im wesentlichen Wasserstoff und Helium mit einem Schuss (ungefähr einem unter hundert Millionen Atomen) Lithium. Nach drei Minuten sind 98 Prozent aller Materie entstanden, die existiert oder jemals existieren wird. Wir haben ein Universum. Es ist ein Ort der erstaunlichsten und lohnendsten Möglichkeiten, und wunderschön ist es auch. Und alles ist ungefähr in der Zeit geschehen, die man zur Zubereitung eines Sandwichs braucht.

Wann sich dieser Augenblick ereignet hat, ist noch ein wenig umstritten. Die Kosmologen haben lange darüber diskutiert, ob der Augenblick der Schöpfung sich vor zehn Milliarden Jahren abspielte, oder vor doppelt so langer Zeit, oder irgendwo dazwischen. Heute bewegt man sich offenbar auf eine Einigung bei ungefähr 13,7 Milliarden Jahren zu,[3] aber die Messung solcher Dinge ist, wie wir noch sehen werden, von berüchtigter Schwierigkeit. Eigentlich kann man nur eines mit Sicherheit sagen: An irgendeinem unbestimmten Punkt in der sehr weit entfernten Vergangenheit kam aus unbekannten Gründen der Augenblick, der in der Wissenschaft als $t = 0$ bezeichnet wird.[4] Von da an waren wir unterwegs.

Natürlich wissen wir vieles noch nicht, und von dem, was wir zu wissen glauben, wussten wir vieles vor kurzem ebenfalls noch nicht, oder wir glaubten noch nicht, es zu wissen. Selbst die Vorstellung vom Urknall ist noch relativ neu. Die Idee als solche geisterte schon seit den zwanziger Jahren des 20. Jahrhunderts herum, als der belgische Priester und Gelehrte Georges Lemaître sie erstmals vorsichtig äußerte, aber in der Kosmologie spielt sie erst seit Mitte der sechziger Jahre eine größere Rolle. Damals machten zwei junge Radioastronomen eine außergewöhnliche, unerwartete Entdeckung.

Die beiden – sie hießen Arno Penzias und Robert Wilson – wollten 1965 mit einer großen Funkantenne arbeiten, die den Bell Laboratories gehörte und in Holmdel, New Jersey, stand. Dabei störte sie aber ein ständiges Hintergrundgeräusch – ein ununterbrochenes Zischen, das jede experimentelle Arbeit unmöglich machte. Es war ein erbarmungsloser, unbestimmter Lärm, der Tag und Nacht, zu allen Jahreszeiten, von allen Stellen des Himmels kam. Ein Jahr lang versuchten die jungen Astronomen alles, was ihnen in den Sinn kam, um die Ursachen des Geräusches ausfindig zumachen und zu beseitigen. Sie überprüften sämtliche elektrischen Geräte. Sie bauten Instrumente um, prüften Stromkreise, spielten mit Kabeln herum, staubten Stecker ab. Sie kletterten in die Antennenschüssel und brachten Klebeband auf allen Schweißnähten und Nieten an. Sie kletterten noch einmal in die Schüssel, dieses Mal mit Besen und Bürsten, und schrubbten alles ab, was sie in einem späteren Fachaufsatz als »weißes dielektrisches Material« bezeichneten – normalerweise nennt man es Vogelscheiße. Aber was sie auch versuchten, es nützte nichts.[5]

Was sie nicht wussten: Nur 50 Kilometer entfernt, an der Princeton University, suchte ein Wissenschaftlerteam unter Leitung von Robert Dicke genau nach dem, was die beiden mit so viel Mühe loszuwerden versuchten. Die Forscher in Princeton waren von einem Gedanken ausgegangen, den der in Russland geborene Astrophysiker George Gamow schon in den vierziger Jahren geäußert hatte: Danach musste man nur weit genug in den Weltraum blicken, dann würde man eine kosmische Hintergrundstrahlung finden, die vom Urknall übrig geblieben war. Nachdem diese Strahlung die Weiten des Universums durchquert hatte, sollte sie nach Gamows Berechnungen in Form von Mikrowellen auf die Erde treffen. In einem späteren Fachaufsatz hatte er sogar ein Instrument genannt, das sich für ihren Nachweis eignete: die Bell-Antenne in Holmdel.[6] Leider hatten weder Penzias und Wilson noch irgendjemand aus der Arbeitsgruppe in Princeton diesen späteren Artikel gelesen.

Natürlich hatten Penzias und Wilson genau das Geräusch gehört, das Gamow postuliert hatte. Sie hatten den Rand des Universums gefunden, oder zumindest den Rand seines sichtbaren Teils, der 150 Milliarden Billionen Kilometer entfernt ist.[7] Sie »sahen« die ersten Photonen, das älteste Licht des Universums, das allerdings über Zeit und Entfernung hinweg zu Mikrowellen geworden war, genau wie Gamow es vorausgesagt hatte. Wenn wir diese Entdeckung im richtigen Licht betrachten wollen, hilft uns ein Vergleich, den Alan Guth in seinem Buch *Die Geburt des Kosmos aus dem Nichts* anstellte: Wenn man sich den Blick in die Tiefen des Universums als Blick vom 100. Stock des Empire State Building vorstellt (wobei der 100. Stock die Gegenwart und die Straße den Augenblick des Urknalls darstellt), befanden sich die am weitesten entfernten Galaxien zur Zeit von Wilsons und Penzias' Entdeckung ungefähr im 60. Stock, und die am weitesten entfernten Objekte überhaupt – die Quasare – lagen ungefähr in Höhe des 20. Geschosses. Mit ihrer Entdeckung erweiterten die beiden unsere Kenntnisse über das sichtbare Universum bis auf einen Zentimeter über dem Bürgersteig.[8]

Wilson und Penzias wussten immer noch nicht, woher die Geräusche kamen; sie riefen Dicke in Princeton an, beschrieben ihm ihr Problem und hofften, er würde eine Lösung vorschlagen. Dicke war sofort klar, was die beiden jungen Männer gefunden hatten. Als er den Hörer aufgelegt hatte, sagte er zu seinen Kollegen: »So Jungs, man hat uns überrundet.«

Kurz darauf erschienen im *Astrophysical Journal* zwei Artikel: In dem einen beschrieben Penzias und Wilson ihre Erfahrungen mit dem Zischen, in dem anderen erklärte Dickes Arbeitsgruppe, worum es sich dabei handelte. Obwohl Penzias und Wilson nicht nach der kosmischen Hintergrundstrahlung gesucht hatten, obwohl sie sie nicht erkannten, nachdem sie sie gefunden hatten, und obwohl sie auch ihre Eigenschaften in keinem Fachaufsatz beschrieben oder interpretiert hatten, erhielten sie 1978 den Nobelpreis für Physik. Den Wissenschaftlern in Princeton blieben nur freundliche Worte. Dazu schrieb Dennis Overbye in *Das Echo des Urknalls*, Penzias und Wilson hätten die wahre Bedeutung ihrer Entdeckung erst verstanden, als sie darüber etwas in der *New York Times* gelesen hätten.

Nebenbei bemerkt: Die Auswirkungen der kosmischen Hintergrundstrahlung hat jeder von uns schon einmal erlebt. Man braucht nur den Fernseher auf einen nicht belegten Kanal einzustellen: Das »Schneegestöber«, das man dort sieht, wird zu ungefähr einem Prozent von diesem uralten Überbleibsel des Urknalls hervorgerufen.[9] Wer sich das nächste Mal beschwert, dass es im Fernsehen nichts zu sehen gibt, sollte daran denken, dass man immer bei der Geburt des Universums zusehen kann.

Obwohl alle vom Urknall reden, werden wir in vielen Büchern gewarnt, man solle sich darunter keine Explosion im üblichen Sinn vorstellen. Es war vielmehr eine riesige, sehr plötzliche

Ausdehnung von ungeheuren Ausmaßen. Aber wodurch wurde sie ausgelöst?

Eine Vorstellung besagt, die Singularität sei vielleicht der Überrest eines früheren, zusammengebrochenen Universums – danach wären wir nur Teil eines ewigen Kreislaufs, in dem sich Universen ausdehnen und zusammenziehen wie der Blasebalg an einem Sauerstoffgerät. Andere führen den Urknall auf ein so genanntes »falsches Vakuum«, ein »Skalarfeld« oder eine »Vakuumenergie« zurück – in jedem Fall auf eine Qualität oder ein Etwas, das in das bestehende Nichts ein gewisses Maß an Instabilität hineinbrachte. Dass aus dem Nichts ein Etwas hervorgeht, erscheint unmöglich, aber die Tatsache, dass vorher nichts da war und jetzt ein Universum existiert, ist der Beweis, dass es möglich ist. Vielleicht ist unser Universum nur ein Teil vieler größerer Universen, von denen manche in anderen Dimensionen existieren, und vielleicht laufen ständig und überall Urknalle ab. Möglicherweise hatten Raum und Zeit auch vor dem Urknall eine völlig andere Form, die wir uns in ihrer Fremdartigkeit nicht vorstellen können, und der Urknall stellt eine Art Übergangsphase dar, in der das Universum sich von einer unbegreiflichen Form in eine andere verwandelte, die wir beinahe verstehen können. »Das sind schon fast religiöse Fragen«, erklärte der Kosmologe Dr. Andrei Linde aus Stanford im Jahr 2001 der *New York Times*.[10]

In der Urknalltheorie geht es eigentlich nicht um den Urknall selbst, sondern um das, was danach geschah. Nicht lange danach, wohlgemerkt. Nachdem die Wissenschaftler eine Menge Mathematik betrieben und genau zugesehen haben, was in Teilchenbeschleunigern vor sich geht, können sie heute nach eigenen Angaben bis 10^{-43} Sekunden nach dem Augenblick der Schöpfung zurückblicken – damals war das Universum noch so klein, dass man es nur mit dem Mikroskop hätte sehen können. Wir brauchen nicht jedes Mal in Ohnmacht zu fallen, wenn uns ungewöhnliche Zahlen begegnen, aber von Zeit zu Zeit sollten wir vielleicht doch innehalten und uns daran erinnern, wie erstaunlich und unbegreiflich sie sind. 10^{-43} ist gleichbedeutend mit 0,0000000000000000000000000000000000000000001 oder einer zehn millionstel billionstel billionstel billionstel Sekunde.*[11]

Was wir heute über die ersten Augenblicke des Universums wissen oder zu wissen glauben, geht zum größten Teil auf die »Inflationstheorie« zurück, einen Gedanken, der erstmals 1979 von einem jungen Teilchenphysiker namens Alan Guth geäußert wurde. Guth – er arbeitete damals in Stanford und ist heute am Massachusetts Institute of Technology tätig – war damals 32 und hatte nach eigenem Eingeständnis zuvor noch nicht viel zuwege gebracht.[12] Vermutlich wäre er nie auf seine großartige Idee gekommen, wenn er nicht einen Vortrag über den Urknall gehört hätte, den ausgerechnet Robert Dicke hielt. Der Vortrag weckte bei Guth das Interesse für Kosmologie und insbesondere für die Entstehung des Universums.[13]

Am Ende kam dabei die Inflationstheorie heraus. Sie besagt, das Universum habe einen kurzen Augenblick nach Anbeginn der Schöpfung eine drastische Ausweitung erlebt. Es wurde »aufgeblasen« – eigentlich lief es vor sich selbst davon, und seine Größe verdoppelte sich alle 10^{-34} Sekunden.[14] Die ganze Episode dürfte nicht länger als 10^{-30} Sekunden gedauert haben – eine millionstel millionstel millionstel millionstel millionstel Sekunde –, aber in dieser Zeit wurde das Universum von einem

* Ein paar Worte über wissenschaftliche Schreibweisen: Da sehr große Zahlen umständlich zu schreiben und fast unmöglich zu lesen sind, bedient man sich einer verkürzten Form mit Zehnerpotenzen (das heißt mit Vielfachen von 10). Aus 10 000 000 000 wird beispielsweise 10^{10}, und 6 500 000 wird zu $6,5 \times 10^6$. Grundlage sind ganz einfach die Vielfachen von 10: 10 x 10 (oder 100) wird zu 10^2, 10 x 10 x 10 (oder 1000) ist 10^3, und immer so weiter. Die kleine hochgestellte Zahl gibt an, wie viele Nullen auf die groß geschriebene Grundzahl folgen. Negative Werte bedeuten eigentlich das Spiegelbild: Dann besagt der Exponent, wie viele Stellen rechts nach dem Dezimalkomma stehen (10^{-4} bedeutet 0,0001). Ich finde das Prinzip zwar gut, aber es verblüfft mich dennoch immer wieder, dass jemand aus »$1,4 \times 10^9$ km^3« sofort 1,4 Milliarden Kubikkilometer herausliest, und nicht weniger wundere ich mich darüber, dass man lieber das erste als das zweite drucken lässt (insbesondere in Büchern für ein Laienpublikum – aus einem solchen stammt das Beispiel). Ich gehe davon aus, dass viele Leser mathematisch ebenso wenig bewandert sind wie ich, deshalb werde ich solche Schreibweisen sparsam verwenden; manchmal sind sie allerdings nicht zu vermeiden, schon gar nicht in einem Kapitel, das von kosmischen Maßstäben handelt.

Gebilde, das man in der Hand halten konnte, zu etwas mindestens 10 000 000 000 000 000 000 000 000 Mal Größerem.[15] Die Inflationstheorie erklärt die Wellen und Wirbel, die unser Universum möglich machen. Ohne sie gäbe es keine Materieklumpen und damit auch keine Sterne, sondern nur treibende Gase und immerwährende Dunkelheit.

Wenn Guths Theorie stimmt, entstand nach ungefähr einem Zehnmillionstel einer billionstel billionstel billionstel Sekunde die Schwerkraft. Nach einem weiteren lächerlich kurzen Zeitraum kamen der Elektromagnetismus sowie die starken und schwachen Kernkräfte hinzu – das Material der Physik. Einen Augenblick später folgten Schwärme von Elementarteilchen – das Material der Materie. Aus dem Nichts gab es plötzlich Schwärme von Photonen, Protonen, Elektronen, Neutronen und vieles andere – von jedem nach der Standard-Urknalltheorie etwa 10^{79} bis 10^{89} Stück.

Das sind natürlich unvorstellbare Mengen. Wir brauchen uns nur zu merken, dass nach einem einzigen entscheidenden Augenblick plötzlich ein riesiges Universum da war – es hat nach der Theorie einen Durchmesser von mindestens 100 Milliarden Lichtjahren, könnte aber auch noch viel größer oder sogar unendlich groß sein. Dieses Universum bot alle Voraussetzungen für die Entstehung der Sterne, Galaxien und anderer komplizierter Systeme.[16]

Aus unserer Sicht ist besonders bemerkenswert, wie sich für uns alles zum Guten gewendet hat. Hätte das Universum bei seiner Entstehung nur ein kleines bisschen anders ausgesehen – wäre die Schwerkraft geringfügig stärker oder schwächer gewesen oder wäre die Ausdehnung nur ein wenig schneller oder langsamer vonstatten gegangen –, dann hätte es wahrscheinlich nie stabile Elemente gegeben, die dich und mich und die Erde, auf der wir stehen, hätten bilden können. Bei einer geringfügig stärkeren Gravitation wäre wahrscheinlich das ganze Universum wie ein schlecht aufgestelltes Zelt in sich zusammengebrochen, und ohne genau die richtigen Werte hätte es weder die richtigen Dimensionen und Bestandteile noch die richtige Dichte gehabt.

Bei einer schwächeren Gravitation dagegen hätte sich nichts zusammenfinden können, und das Universum wäre für alle Zeiten eine langweilige, gleichmäßig verteilte Leere geblieben.

Das ist einer der Gründe, warum manche Experten glauben, es habe noch viele andere Urknalle gegeben, vielleicht sogar Billionen und Aberbillionen, die sich über die gewaltige Zeitspanne der Ewigkeit verteilen; dass wir gerade in diesem einen existieren, liegt demnach daran, dass es der Einzige ist, in dem wir existieren *können*. Edward B. Tryon von der Columbia University formulierte es einmal so: »Als Antwort auf die Frage, warum es passierte, unterbreite ich den bescheidenen Vorschlag, dass unser Universum schlicht und einfach eines von diesen Dingen ist, die von Zeit zu Zeit passieren.« Und Guth fügt hinzu: »Obwohl die Entstehung des Universums äußerst unwahrscheinlich erscheinen mag, hat niemand, wie Tryon betonte, die fehlgeschlagenen Versuche gezählt.«[17]

Nach Ansicht des britischen Astronomen Martin Rees gibt es viele Universen, möglicherweise sogar eine unendlich große Zahl, in denen unterschiedliche Eigenschaften jeweils in anderen Kombinationen vorkommen, und wir leben einfach in demjenigen, dessen Merkmalskombination uns die Existenz ermöglicht. Als Vergleich nennt er ein sehr großes Bekleidungsgeschäft: »Wenn ein sehr großer Vorrat von Kleidungsstücken vorhanden ist, wundert man sich nicht, wenn man einen passenden Anzug findet. Findet man viele Universen, die jemals von unterschiedlichen Zahlenkombinationen beherrscht werden, dann gibt es auch eines, dessen Kombination sich für das Leben eignet. Und in diesem einen befinden wir uns.«[18]

Rees weist darauf hin, dass insbesondere sechs Zahlen unser Universum beherrschen; würde sich nur der Wert von einer davon geringfügig ändern, könnte nichts mehr so sein, wie es ist. Damit das Universum in seiner uns bekannten Form existieren kann, muss Wasserstoff sich ständig in einem genau festgelegten, vergleichsweise großen Umfang in Helium verwandeln – nämlich so, dass sich sieben Tausendstel seiner Masse in Energie verwandeln. Wäre dieser Wert nur geringfügig niedriger – beispielsweise nicht 0,007, sondern 0,006 –, könnte keine

Umwandlung mehr stattfinden: Dann würde das Universum aus Wasserstoff und nichts anderem bestehen. Ein geringfügig höherer Wert – 0,008 – und die Verschmelzung würde so heftig ablaufen, dass der Wasserstoff schon längst aufgebraucht wäre. So oder so würde die geringste Abwandlung der Zahlen dazu führen, dass es das Universum, wie wir es kennen und brauchen, nicht gäbe.[19]

Ich sollte sagen: *Bisher* ist alles genau richtig. Auf lange Sicht könnte sich die Gravitation als ein wenig zu stark erweisen, und eines Tages bringt sie die Ausdehnung des Universums vielleicht zum Stillstand, sodass es in sich zusammenbricht und zu einer neuen Singularität zusammengedrängt wird – möglicherweise beginnt dann das Ganze wieder von vorn.[20] Andererseits könnte sie aber auch zu schwach sein, sodass das Universum für alle Zeiten auseinander strebt, bis alles so weit voneinander entfernt ist, dass keine Aussichten auf Materie-Wechselwirkungen mehr bestehen. Dann wird das Universum zu etwas Trägem und Totem, das aber sehr geräumig ist. Die dritte Möglichkeit besteht darin, dass die Gravitation tatsächlich genau richtig ist – die Kosmologen sprechen von der »kritischen Dichte« – und das Universum in den richtigen Abmessungen zusammenhält, sodass alles unendlich weiterlaufen kann. In lockeren Momenten bezeichnen die Kosmologen so etwas manchmal als Goldilock-Effekt: Alles ist genau richtig. (Nur der Vollständigkeit halber: Diese drei Möglichkeiten werden geschlossenes, offenes und flaches Universum genannt.)

Jetzt kommt die Frage, die wir uns alle schon irgendwann einmal gestellt haben: Was geschieht, wenn wir zum Rand des Universums reisen und dort den Kopf durch den Vorhang stecken? Wo wäre der Kopf, wenn er sich nicht mehr im Universum befindet? Was ist dahinter? Die enttäuschende Antwort lautet: Man gelangt nie an den Rand des Universums. Nicht weil es zu lange dauern würde – das natürlich auch –, sondern weil man nie eine Außengrenze erreicht, selbst wenn man sich hartnäckig und unendlich lange in gerader Richtung fortbewegt. Stattdessen wäre man irgendwann wieder am Ausgangspunkt (und dort würde man wahrscheinlich die Lust verlieren und aufgeben). Der Grund: Das Universum ist in Übereinstimmung mit Einsteins Relativitätstheorie (auf die wir zu gegebener Zeit noch zurückkommen werden) gekrümmt, und zwar auf eine Weise, die wir uns nicht richtig vorstellen können. Vorerst reicht die Erkenntnis, dass wir nicht in einer großen, sich ständig ausweitenden Blase schweben. Der Raum ist vielmehr gekrümmt, und zwar so, dass er zwar endlich, aber grenzenlos ist. Eigentlich kann man nicht einmal behaupten, dass der Raum sich ausdehnt, denn wie der Physiker und Nobelpreisträger Steven Weinberg richtig anmerkt, expandieren weder Sonnensysteme und Galaxien noch der Raum selbst. Stattdessen entfernen die Galaxien sich voneinander.[21] Das alles ist für unsere Vorstellungskraft eine echte Herausforderung. Oder, in einer berühmten Formulierung des Biologen J. B. S. Haldane: »Das Universum ist nicht nur merkwürdiger, als wir annehmen; es ist merkwürdiger, als wir überhaupt annehmen können.«

Wenn man die Krümmung des Raumes erklären will, stellt man sich zum Vergleich in der Regel ein Wesen aus einem Universum mit flachen Oberflächen vor, das nie eine Kugel gesehen hat und dann auf die Erde gebracht wird. Ganz gleich, wie weit es über die Oberfläche des Planeten streift, es wird nie einen Rand finden. Schließlich ist es wieder am Ausgangspunkt und kann sich natürlich überhaupt nicht erklären, wie so etwas möglich ist. In der gleichen Lage wie unser verblüffter Flachländer sind auch wir, nur werden wir in einer höheren Dimension an der Nase herumgeführt.

Genau wie man nirgendwo einen Rand des Universums finden kann, so gibt es auch keinen Ort, an dem man sich in die Mitte stellen und sagen könnte: »Hier hat alles angefangen. Hier ist der Mittelpunkt von allem.« Wir sind *alle* im Mittelpunkt von allem. Eigentlich wissen wir noch nicht einmal das ganz genau; mathematisch lässt es sich nicht beweisen. Die Wissenschaftler nehmen einfach an, dass wir nicht der Mittelpunkt des Universums sein können – man denke nur daran, welche Folgerungen sich daraus ergeben würden –, sondern dass alle Beobachter an allen Orten das gleiche Phänomen erleben würden. Aber letztlich wissen wir es nicht.[22]

Für uns reicht das Universum so weit, wie das Licht in den Jahrmilliarden seit seiner Entstehung gewandert ist. Dieses sichtbare Universum – das Universum, das wir kennen und über das wir reden können – hat einen Durchmesser von 1,6 Millionen Millionen Millionen Millionen (1 600 000 000 000 000 000 000 000) Kilometern.[23] Aber nach den meisten Theorien ist das gesamte Universum – das Meta-Universum, wie es manchmal genannt wird – noch bei weitem geräumiger. Die Zahl der Lichtjahre bis zum Rand dieses größeren, unsichtbaren Universums, so Rees, hat dann »nicht zehn und auch nicht hundert Nullen, sondern viele Millionen«.[24] Kurz gesagt existiert mehr Raum, als man sich vorstellen kann, auch wenn man nicht die Mühe auf sich nimmt, sich ein zusätzliches Dahinter auszumalen.

Die Urknalltheorie hatte lange Zeit eine große Lücke, über die sich viele Fachleute Sorgen machten: Sie konnte nicht einmal ansatzweise erklären, wie wir entstanden sind. Zwar wurden 98 Prozent aller vorhandenen Materie mit dem Urknall erschaffen, aber diese Materie bestand ausschließlich aus leichten Gasen: dem Helium, Wasserstoff und Lithium, von denen bereits die Rede war. Aus dem Gasgebräu der Schöpfung ging kein einziges Teilchen der schwereren Substanzen hervor, die für unser eigenes Dasein so unentbehrlich sind – Kohlenstoff, Stickstoff, Sauerstoff und so weiter. Andererseits aber – und das ist das Beunruhigende – braucht man die Wärme und Energie eines Urknalls, damit sich diese schweren Elemente bilden. Aber es gab nur einen Urknall, und bei dem entstanden sie nicht. Woher also kommen sie?

Der Mann, der die Antwort auf diese Frage fand, war interessanterweise ein Kosmologe, der die Urknalltheorie von ganzem Herzen ablehnte. Er prägte sogar den Begriff »Big Bang« ursprünglich als Ironie, mit der er sich darüber lustig machen wollte. Wir werden in Kürze auf ihn zurückkommen, aber bevor wir uns mit der Frage befassen, warum wir hier sind, sollten wir uns ein paar Minuten Zeit nehmen und überlegen, was »hier« eigentlich bedeutet.

2.
Willkommen im Sonnensystem

Die Astronomen vollbringen heutzutage erstaunliche Dinge. Würde jemand auf dem Mond ein Streichholz anzünden, könnten sie die Flamme sehen. Aus dem winzigsten Wackeln und Schwanken weit entfernter Sterne ziehen sie Schlüsse über Größe, Eigenarten und sogar die mögliche Bewohnbarkeit von Planeten, die viel zu weit entfernt sind, als dass man sie sehen könnte – mit einem Raumschiff würden wir eine halbe Million Jahre brauchen, um sie zu erreichen.[1] Mit ihren Radioteleskopen fangen sie das Flüstern einer so ungeheuer schwachen Strahlung ein, dass die Gesamtmenge der Energie, die sie alle gemeinsam seit dem Beginn der Beobachtungen (im Jahr 1951) aufgefangen haben, geringer ist als die Energie einer einzigen Schneeflocke, die auf den Boden trifft, wie Carl Sagan es formulierte.[2]

Kurz gesagt, gibt es im Universum nicht mehr viel, was die Astronomen nicht finden könnten, wenn sie es darauf anlegen. Umso bemerkenswerter ist es deshalb, dass bis 1978 niemand den Mond des Planeten Pluto bemerkt hatte. Im Sommer jenen Jahres, bei einer Routineuntersuchung von Fotos des Pluto, fiel dem jungen Astronomen James Christy vom U. S. Naval Observatory in Flagstaff, Arizona, etwas auf – es war verschwommen und unscharf, aber der Pluto war es eindeutig nicht.[3] Nachdem er sich mit seinem Kollegen Robert Harrington beraten hatte, gelangte er zu dem Schluss, dass er einen Mond gefunden hatte. Und es war nicht irgendein Mond, sondern im Verhältnis zu seinem Planeten der größte des Sonnensystems.

Seine Entdeckung stellte sogar die Einstufung des Pluto als

Planet, die eigentlich nie besonders hieb- und stichfest gewesen war, in Frage. Zuvor hatte man geglaubt, das von dem Mond und Pluto selbst eingenommene Volumen sei ein und dasselbe – die neue Entdeckung bedeutete also, dass der Pluto viel kleiner war, als irgendjemand bis dahin angenommen hatte, kleiner sogar als der Merkur.[4] Sogar sieben Monde im Sonnensystem, darunter unser eigener, sind größer.

Nun stellt sich natürlich die Frage, warum es so lange gedauert hat, bis jemand in unserem Sonnensystem einen Mond fand. Die Antwort: Solche Entdeckungen hängen zum Teil davon ab, wohin die Astronomen ihre Instrumente richten, zum Teil auch davon, für welche Beobachtungen diese Instrumente konstruiert sind; in gewisser Weise lag es aber auch am Pluto selbst. Entscheidend ist vor allem, wohin man Instrumente richtet. Oder, wie der Astronom Clark Chapman es formulierte: »Die meisten Leute glauben, ein Astronom geht nachts ins Observatorium und sucht den Himmel ab. Das stimmt nicht. Fast alle Teleskope, die wir auf der Erde besitzen, sind zur Betrachtung winziger Himmelsabschnitte konstruiert, damit man in weiter Ferne einen Quasar sehen, nach schwarzen Löchern suchen oder eine weit entfernte Galaxie untersuchen kann. Das einzige echte Netz von Teleskopen, das den Himmel systematisch absucht, wurde vom Militär geplant und gebaut.«[5]

Künstlerische Abbildungen von Planeten haben uns dazu verleitet, der Astronomie eine Schärfe der Wiedergabe zu unterstellen, die in Wirklichkeit nicht existiert. Der Pluto ist auf Christys Aufnahme sehr schwach und unscharf zu sehen – eine Art kosmisches Stäubchen – und sein Mond ist nicht der romantisch angestrahlte, scharf umrissene Trabant, den man auf einer Zeichnung von *National Geographic* sehen würde, sondern ein winziges, fast nicht zu unterscheidendes Fleckchen zusätzlicher Unschärfe. Die Unschärfe war sogar so groß, dass noch sieben Jahre vergehen sollten, bis wieder jemand den Mond sah und seine Existenz unabhängig bestätigen konnte.[6]

Christys Entdeckung hatte einen besonders hübschen Aspekt: Sie ereignete sich in Flagstaff, genau da, wo man den Pluto 1930 überhaupt erst gefunden hatte. Dieses bahnbrechende wissenschaftliche Ereignis war im Wesentlichen dem Astronomen Percival Lowell zu verdanken. Lowell stammte aus einer der ältesten und reichsten Bostoner Familien (sie kommt in einem bekannten kleinen Gedicht über Boston als Heimat von Bohnen und Kabeljau vor, wo die Lowells nur mit den Cabots und die Cabots nur mit Gott sprechen) und finanzierte das berühmte Observatorium, das seinen Namen trägt; unvergessen ist er aber insbesondere wegen seiner Ansicht, es gebe auf dem Mars ein Netz von Kanälen, welche die fleißigen Marsbewohner gebaut hätten, um Wasser aus den Polargebieten in das fruchtbare Land am Äquator zu leiten.

Lowells zweite unabänderliche Überzeugung besagte, es gebe irgendwo jenseits des Neptun einen noch unentdeckten neunten Planeten, den er als Planet X bezeichnete. Seine Ansicht stützte sich auf Unregelmäßigkeiten, die er in den Umlaufbahnen von Uranus und Neptun entdeckt hatte, und die letzten Jahre seines Lebens verwendete er auf die Suche nach dem Gasriesen, der dort nach seiner Auffassung existieren musste. Leider starb er 1916 sehr plötzlich – unter anderem sicher, weil er von der Suche erschöpft war –, und seine Forschungen wurden eine Zeit lang zurückgestellt, weil die Lowell-Erben sich um seinen Grundbesitz stritten. Im Jahr 1929 jedoch entschlossen sich die Direktoren des Lowell-Observatoriums, die Suche wieder aufzunehmen – unter anderem wohl deshalb, weil sie die Aufmerksamkeit von dem Märchen um die Marskanäle ablenken wollten, das zu jener Zeit bereits zu einer schwerwiegenden Peinlichkeit geworden war. Zu diesem Zweck stellten sie Clyde Tombaugh ein, einen jungen Mann aus Kansas.

Tombaugh besaß keine offizielle Ausbildung als Astronom, aber er war gewissenhaft und klug. Nachdem er ein Jahr lang geduldig gesucht hatte, stieß er irgendwie auf den Pluto, einen schwachen Lichtpunkt am funkelnden Firmament.[7] Seine Entdeckung grenzte geradezu an ein Wunder, und noch verblüffender war, dass die Beobachtungen, von denen Lowell bei seinen Aussagen über den Planeten jenseits des Neptun ausgegangen war, sich als vollständig falsch erwiesen. Tombaugh erkannte sofort, dass es sich bei dem neuen Planeten keineswegs um die riesige Gaskugel handelte, die Lowell vorausgesagt hatte, aber wenn er oder irgendjemand anderes im Zusammenhang mit den Eigenschaften des neuen Planeten noch Zurückhaltung übte, so wurde sie schon bald von der Begeisterung hinweggefegt, die in jenem leicht erregbaren Zeitalter fast jede Sensationsmeldung begleitete. Zum ersten Mal hatte ein Amerikaner einen Planeten entdeckt, und da wollte sich niemand mit dem Gedanken aufhalten, dass es sich eigentlich nur um einen weit entfernten Eisklumpen handelte. Den Namen Pluto erhielt er zumindest teilweise deshalb, weil die beiden ersten Buchstaben Lowells Initialen waren. Der Astronom wurde nun posthum als Genie ersten Ranges gefeiert, und Tombaugh geriet weitestgehend in Vergessenheit, außer bei den Astronomen, die sich auf die Planeten spezialisiert haben: Sie verehren ihn noch heute.

Manche Astronomen sind nach wie vor überzeugt, dass es einen Planeten X geben könnte – einen riesigen Brocken, vielleicht mit der zehnfachen Größe des Jupiter, aber so weit entfernt, dass wir ihn nicht sehen können.[8] (Er würde so wenig Sonnenlicht einfangen, dass er fast nichts reflektiert.) Nach dieser Vorstellung handelt es sich nicht um einen normalen Planeten wie Jupiter oder Saturn – dazu ist er viel zu weit weg, wir reden hier über mehr als sieben Billionen Kilometer –, sondern eher um eine Sonne, die es nie ganz geschafft hat. Die meisten Sternsysteme im Kosmos sind Doppelsterne, und das lässt unsere einsame Sonne ein wenig seltsam aussehen.

Was den Pluto selbst angeht, so weiß niemand ganz genau, wie groß er ist, woraus er besteht, was für eine Atmosphäre er besitzt oder was er überhaupt für ein Gebilde darstellt. Viele Astronomen halten ihn nicht für einen Planeten, sondern nur für das größte bisher entdeckte Objekt im Kuiper-Gürtel, einem Bereich mit galaktischen Trümmern. Der Kuiper-Gürtel wurde schon 1930 von dem Astronomen F. C. Leonard theoretisch vorausgesagt;[9] seinen Namen aber trägt er zu Ehren des Niederländers Gerard Kuiper, der in den Vereinigten Staaten arbeitete und die Idee weiter ausbaute. Aus dem Kuiper-Gürtel stammen die so genannten periodischen Kometen, die sich in recht regelmäßigen Abständen blicken lassen und deren berühmtester der

Halley-Komet ist. Die schwerer fassbaren nichtperiodischen Kometen (unter ihnen Hale-Bopp und Hyakutake, die kürzlich bei uns zu Besuch waren) stammen aus der weiter entfernten Oort-Wolke, mit der wir uns in Kürze noch genauer beschäftigen werden.

Eines ist sicher richtig: Pluto verhält sich in vielerlei Hinsicht nicht wie die anderen Planeten. Er ist nicht nur klein und rätselhaft, sondern in seinen Bewegungen auch so launisch, dass niemand genau weiß, wo er sich in 100 Jahren befinden wird. Während die Umlaufbahnen der anderen Planeten alle mehr oder weniger in derselben Ebene liegen, ist die von Pluto in einem Winkel von 17 Grad gekippt wie die Krempe eines Hutes, den sich jemand verwegen schief auf den Kopf gesetzt hat. Seine Umlaufbahn ist so unregelmäßig, dass er uns während beträchtlicher Abschnitte auf seiner einsamen Kreisbahn näher ist als der Neptun. Während großer Teile der achtziger und neunziger Jahre des 20. Jahrhunderts war Neptun eigentlich der äußerste Planet unseres Sonnensystems. Erst am 11. Februar 1999 kehrte Pluto auf die Überholspur zurück, wo er während der nächsten 228 Jahre bleiben wird.[10]

Wenn Pluto also wirklich ein Planet ist, dann mit Sicherheit ein sehr seltsamer. Er ist winzig: Seine Masse beträgt nur ein Viertelprozent der Erdmasse. Auf die Vereinigten Staaten gelegt, würde er noch nicht einmal die Hälfte der 48 zusammenhängenden Bundesstaaten bedecken. Schon das macht ihn zu etwas Ungewöhnlichem: Es bedeutet, dass unser Planetensystem aus vier inneren Gesteinsplaneten, vier äußeren Gasriesen und einem winzigen, einsamen Eisbrocken besteht. Außerdem haben wir allen Grund zu der Annahme, dass wir schon bald in der gleichen Raumregion noch andere, größere Eiskugeln finden werden. Dann allerdings werden sich wirklich Probleme ergeben. Nachdem Christy den Pluto-Mond ausfindig gemacht hatte, musterten die Astronomen den fraglichen Bereich des Kosmos eingehender, und schon Anfang Dezember 2002 hatten sie mehr als 600 weitere Trans-Neptun-Objekte gefunden, oder Plutinos, wie sie auch genannt werden.[11] Eines davon, Varuna genannt, ist fast so groß wie der Pluto-Mond. Die Astronomen gehen heute davon aus, dass es Milliarden derartiger Objekte gibt. Die Schwierigkeit besteht nur darin, dass viele von ihnen entsetzlich dunkel sind. In der Regel haben sie nur eine Albedo (Reflexionskraft) von vier Prozent, ungefähr ebenso viel wie ein Stück Kohle[12] – und diese Kohleklumpen sind natürlich rund sieben Milliarden Kilometer entfernt.

Wie weit ist das eigentlich? Man kann es sich fast nicht vorstellen. Der Weltraum ist nun einmal riesig – einfach riesig. Malen wir uns um der Erbauung und Unterhaltung willen einmal aus, wir würden mit einer Rakete eine Reise unternehmen. Wir fliegen nicht besonders weit – nur bis an den Rand unseres eigenen Sonnensystems –, aber wir müssen uns eine Vorstellung davon machen, wie groß der Weltraum ist und welch kleinen Teil davon wir besetzen.

Und jetzt kommt die schlechte Nachricht: Ich fürchte, bis zum Abendessen werden wir nicht zurück sein. Selbst mit Lichtgeschwindigkeit würden wir mehrere Stunden brauchen, bis wir beim Pluto ankommen. In Wirklichkeit können wir natürlich nicht einmal annähernd mit Lichtgeschwindigkeit reisen. Wir müssen mit der Geschwindigkeit eines Raumschiffs vorlieb nehmen, und das ist wirklich ein Schneckentempo. Die höchste Geschwindigkeit, die ein von Menschen gebauter Gegenstand jemals erreichte, ist die der Raumsonden *Voyager 1* und *Voyager 2*: Sie entfernen sich mit rund 57 000 Stundenkilometern von uns.[13]

Dass die *Voyager*-Sonden gerade damals (im August und September 1977) gestartet wurden, hatte einen besonderen Grund: Jupiter, Saturn, Uranus und Neptun standen in einer Linie, eine Anordnung, die sich nur alle 175 Jahre ergibt. Deshalb konnten die beiden Raumfahrzeuge sich mit Unterstützung der Schwerkraft nacheinander von einem Gasriesen zum anderen schwingen. Dennoch brauchten sie neun Jahre, um den Uranus zu erreichen, und erst nach zwölf weiteren kreuzten sie die Umlaufbahn des Pluto. Aber es gibt auch eine gute Nachricht: Wenn wir bis zum Januar 2006 warten (in diesem Monat soll einem vorläufigen Zeitplan zufolge die NASA-Raumsonde *New Hori-*

zons zum Pluto starten), können wir eine günstige Position des Jupiter ausnutzen, und dann sind wir – auch wegen einiger technischer Fortschritte – in ungefähr zehn Jahren dort. Der Rückweg, so befürchte ich, wird aber wesentlich länger dauern. So oder so ist es eine lange Reise.

Unterwegs würden wir als Erstes erkennen, dass der leere Raum tatsächlich sehr leer und entsetzlich ereignislos ist. Unser Sonnensystem mag auf viele Billionen Kilometer das lebhafteste Gebilde sein, aber die gesamte darin enthaltene sichtbare Materie – die Sonne, die Planeten mit ihren Monden, die vielleicht eine Milliarde treibenden Felsblöcke des Asteroidengürtels, die Kometen und alle anderen schwebenden Trümmerteile – füllen nicht mal ein Billionstel des zur Verfügung stehenden Raumes aus.[14] Ebenso wird uns klar werden, dass keine schematische Darstellung des Sonnensystems, die wir jemals gesehen haben, auch nur entfernt maßstabsgerecht gezeichnet war. Die meisten Schulbuchabbildungen zeigen die Planeten als Nachbarn mit regelmäßigen Abständen – in vielen Bildern werfen die äußeren Riesenplaneten sogar Schatten –, aber das ist nur eine notwendige Verfälschung, damit man sie alle auf einem Blatt Papier unterbringen kann. In Wirklichkeit liegt der Neptun keineswegs kurz hinter dem Jupiter, sondern sehr, sehr weit hinter dem Jupiter – fünfmal weiter, als der Jupiter von uns entfernt ist, und so weit weg, dass er nur drei Prozent des Sonnenlichts abbekommt, das auf den Jupiter fällt.

Die Entfernungen sind sogar so groß, dass es unter praktischen Gesichtspunkten völlig unmöglich ist, das Sonnensystem maßstabsgerecht zu zeichnen. Selbst wenn man in Lehrbücher viele Seiten zum Ausklappen einfügen oder ein wirklich langes Stück Plakatpapier verwenden würde, käme man nicht einmal annähernd zurecht. In einer maßstabsgerechten Schemazeichnung des Sonnensystems, in der die Erde ungefähr den Durchmesser einer Erbse hat, wäre der Jupiter mehr als 300 Meter entfernt, und den Pluto würden wir erst nach zweieinhalb Kilometern finden (außerdem hätte er ungefähr die Größe einer Bakterienzelle, das heißt, man könnte ihn ohnehin nicht sehen). Proxima Centauri, unser nächstgelegener Fixstern, wäre im gleichen Maßstab mehr als 15 000 Kilometer entfernt. Und selbst wenn man alles so weit verkleinert, dass der Jupiter so groß ist wie der Punkt am Ende dieses Satzes und der Pluto nicht größer als ein Molekül, wäre Pluto immer noch mehr als 100 Meter von uns entfernt.

Das Sonnensystem ist also wirklich riesengroß. Wenn wir den Pluto erreichen, sind wir von der Sonne – unserer geliebten, warmen, bräunenden, Leben spendenden Sonne – so weit entfernt, dass sie auf die Größe eines Stecknadelkopfes geschrumpft ist. Eigentlich ist sie dann nur noch ein heller Stern. Angesichts einer derart einsamen Leere versteht man besser, wie selbst die bedeutendsten Objekte – beispielsweise der Plutomond – der Aufmerksamkeit so lange entgehen konnten. Der Pluto steht in dieser Hinsicht sicher nicht allein. Bis zu den *Voyager*-Missionen glaubte man, Neptun habe zwei Monde; *Voyager* fand sechs weitere. Als ich klein war, kannte man im Sonnensystem insgesamt 30 Monde. Heute steht diese Zahl bei »mindestens 90«, und ungefähr ein Drittel davon wurde erst in den letzten zehn Jahren entdeckt.[15]

An eines müssen wir dabei natürlich immer denken: Wenn wir das Universum als Ganzes betrachten, wissen wir eigentlich noch nicht einmal, was alles zu unserem eigenen Sonnensystem gehört.

Wenn wir am Pluto vorüberfliegen, bedeutet es nichts anderes, als dass wir den Pluto jetzt hinter uns haben. Denken wir an unseren Reiseplan: Es soll ein Ausflug an den Rand des Sonnensystems werden, und ich fürchte, dort sind wir noch lange nicht angekommen. Pluto mag das letzte Objekt sein, das in den Schulbüchern eingezeichnet ist, aber das System endet dort noch nicht. Das Ende ist noch nicht einmal absehbar. An den Rand des Sonnensystems gelangen wir erst, wenn wir die Oort-Wolke durchquert haben, eine riesige, himmlische Domäne treibender Kometen. Und die Oort-Wolke erreichen wir erst – tut mir Leid – nach weiteren 10 000 Jahren.[16] Pluto kennzeichnet also keineswegs den äußeren Rand des Sonnensystems, wie die Schulbücher so schamlos behaupten, sondern er liegt auf einem Fünfzigtausendstel des Weges dorthin.

In Wirklichkeit besteht natürlich keinerlei Aussicht auf eine solche Reise. Schon ein Ausflug von 360 000 Kilometern zum Mond ist für uns ein großes Unternehmen. Die bemannte Marsmission, die der erste Präsident Bush in einem kurzen Augenblick der Unbesonnenheit forderte, ließ man stillschweigend fallen, nachdem jemand ausgerechnet hatte, dass sie 450 Milliarden Dollar kosten würde und wahrscheinlich den Tod aller Besatzungsmitglieder zur Folge hätte[17] (weil energiereiche Teilchen von der Sonne, die sich nicht abschirmen lassen, ihre DNA in Stücke reißen würden).

Auf Grund dessen, was wir heute wissen und uns vernünftigerweise ausmalen können, besteht absolut keine Aussicht, dass Menschen irgendwann einmal – und zwar wirklich irgendwann – den Rand unseres eigenen Sonnensystems besuchen werden. Er ist einfach zu weit weg. Selbst mit dem Hubble-Teleskop können wir nicht in die Oort-Wolke hineinsehen, und deshalb wissen wir nicht einmal, ob sie sich wirklich dort befindet. Dass sie existiert, ist wahrscheinlich, aber es handelt sich um eine reine Hypothese.*

Über die Oort-Wolke kann man nur eines mit Sicherheit sagen: Sie beginnt irgendwo jenseits des Pluto und erstreckt sich etwa zwei Lichtjahre weit in den Kosmos. Die Grundeinheit für Entfernungen im Sonnensystem ist die astronomische Einheit (*astronomical unit* oder AU): Sie entspricht der Entfernung von der Sonne zur Erde. Pluto ist ungefähr 40 AU von uns entfernt, zum Mittelpunkt der Oort-Wolke sind es 50 000 AU. Mit einem Satz: Sie ist weit weg.

Aber nehmen wir noch einmal an, wir hätten es bis in die Oort-Wolke geschafft. Als Erstes würde uns wahrscheinlich auffallen, wie friedlich hier draußen alles ist. Wir sind jetzt von allem anderen weit entfernt – so weit von unserer Sonne, dass sie nicht einmal der hellste Stern am Himmel ist. Es ist schon ein bemerkenswerter Gedanke: Dieses winzige, blinzelnde Ding hat so viel Schwerkraft, dass es alle Kometen auf ihren Umlauf-

* Vollständig heißt sie Öpik-Oort-Wolke: Der estnische Astronom Ernst Öpik postulierte 1932 aus theoretischen Gründen ihre Existenz, und der niederländische Astronom Jan Oort verfeinerte 18 Jahre später die Berechnungen.

bahnen hält. Stark ist die Bindung nicht – die Kometen bewegen sich sehr behäbig mit nur rund 350 Stundenkilometern.[18] Von Zeit zu Zeit werden einige dieser einsamen Kometen durch eine leichte Störung der Gravitation – vielleicht durch einen vorüberkommenden Stern – aus der Bahn geworfen. Manchmal werden sie dabei auf Nimmerwiedersehen in den leeren Raum geschleudert, manchmal geraten sie aber auch in eine neue, lange Umlaufbahn um die Sonne. Jedes Jahr durchqueren drei bis vier dieser »lang-periodischen« Kometen das innere Sonnensystem. Auf etwas Festes wie die Erde treffen solche unsteten Besucher dabei nur sehr selten. Das ist der Grund, warum wir hier sind: Der Komet, den wir sehen wollten, hat seinen langen Sturz ins Innere des Sonnensystems gerade begonnen. Sein Kurs zielt ausgerechnet auf Manson im US-Bundesstaat Iowa. Bis er dort ankommt, wird noch viel Zeit vergehen – mindestens drei bis vier Millionen Jahre. Vorerst verlassen wir ihn also, aber viel später werden wir ihm wieder begegnen.

Das ist also unser Sonnensystem. Und was gibt es sonst noch da draußen, jenseits seiner Grenzen? Nun, nichts und sehr viel, je nachdem, wie man es betrachtet.

Auf kurze Sicht ist da überhaupt nichts. Das vollkommenste Vakuum, das Menschen jemals erzeugt haben, ist nicht so leer wie die Leere des interstellaren Raumes.[19] Und es ist viel von diesem Nichts, bis man wieder auf ein Stückchen von Etwas trifft. Unser nächster Nachbar im Kosmos, Proxima Centauri, der zu einer aus drei Sternen bestehenden Gruppe namens Alpha Centauri gehört, ist 4,3 Lichtjahre entfernt – nach galaktischen Maßstäben ein winziger Sprung, aber doch 100 Millionen Mal weiter als eine Reise zum Mond.[20] Ein Raumschiff würde dorthin mindestens 25 000 Jahre brauchen, und selbst wenn man die Reise überstehen würde, wäre dort nichts außer einem einsamen kleinen Sternenhaufen mitten in einem gewaltigen Nichts. Zum Sirius, dem nächsten erwähnenswerten Meilenstein, müsste man noch einmal 4,6 Lichtjahre reisen. Und so würde es weitergehen, wenn man versuchen würde, von Stern zu Stern durch den Kosmos zu hüpfen. Der Weg zur Mitte unserer eigenen Galaxis würde weit mehr Zeit in Anspruch nehmen, als es der Lebensdauer unserer Spezies entspricht.

Noch einmal: Der Weltraum ist riesengroß. Der durchschnittliche Abstand zwischen den Sternen beträgt 32 Millionen Millionen Kilometer.[21] Selbst bei Geschwindigkeiten, die sich der Lichtgeschwindigkeit annähern, wären solche unglaublichen Entfernungen für jeden Reisenden kaum zu überwinden. Natürlich ist es *möglich*, dass Außerirdische einen Weg von Milliarden Kilometern zurücklegen, um zu ihrer Belustigung Kreise auf Feldern in Wiltshire zu ziehen oder irgendeinen armen Kerl in einem Lieferwagen auf einer einsamen Straße in Arizona zu Tode zu erschrecken (vielleicht waren es ja außerirdische Teenager), aber es hört sich sehr unwahrscheinlich an.

Dennoch besteht statistisch eine große Wahrscheinlichkeit, dass es im Weltraum andere denkende Wesen gibt. Niemand weiß, wie viele Sterne die Milchstraße enthält – die Schätzungen reichen von rund 100 Milliarden bis 400 Milliarden –, und die Milchstraße ist nur eine von rund 140 Milliarden Galaxien, von denen viele sogar größer sind als unsere. In den sechziger Jahren des 20. Jahrhunderts stellte Professor Frank Drake von der Cornell University unter dem Eindruck dieser frappierenden Zahlen eine berühmte Gleichung auf, mit der er auf der Grundlage einer Reihe immer kleiner werdender Wahrscheinlichkeiten die Aussichten auf hoch entwickeltes Leben im Kosmos berechnen wollte.

In Drakes Gleichung teilt man die Zahl der Sterne in einem ausgewählten Teil des Universums durch die Zahl derer, die wahrscheinlich Planetensysteme besitzen werden; das Ergebnis dividiert man durch die Zahl der Planetensysteme, die theoretisch Leben beherbergen könnten; dieses Resultat dividiert man dann durch die Zahl derer, auf denen ein einmal entstandenes Leben sich bis zum Zustand der Intelligenz weiterentwickelt haben könnte; und so weiter. Bei jeder derartigen Division wird die Zahl ungeheuer viel kleiner – aber selbst unter den vorsichtigsten Annahmen stellt sich am Ende heraus, dass die Zahl hoch entwickelter Zivilisationen in der Milchstraße in die Millionen gehen könnte.

Was für ein interessanter, spannender Gedanke! Wir sind vielleicht nur eine von Millionen fortgeschrittenen Zivilisationen. Da aber leider der Raum so geräumig ist, beträgt der durchschnittliche Abstand zwischen zwei solchen Zivilisationen den Berechnungen zufolge mindestens 200 Lichtjahre, und das ist weit mehr, als die Worte vermuten lassen. Zunächst einmal bedeutet es: Selbst wenn diese Wesen wissen, dass wir hier sind, und wenn sie uns irgendwie mit ihren Teleskopen sehen können, empfangen sie das Licht, das die Erde vor 200 Jahren verlassen hat. Sie sehen also nicht dich und mich, sondern die französische Revolution und Thomas Jefferson und Menschen mit Seidenstrümpfen und gepuderten Perücken – Menschen, die nicht wissen was ein Atom oder ein Gen ist, die ihre Elektrizität herstellen, indem sie einen Bernsteinstab an einem Stück Pelz reiben und sich dabei für sehr schlau halten. Jede Botschaft, die wir von ihnen erhalten, wird mit »Gnädiger Herr« beginnen, und sie werden uns zu unseren hübschen Pferden oder der Errungenschaft des Walfischtrans beglückwünschen. Eine Entfernung von 200 Lichtjahren liegt so weit jenseits unseres Begriffsvermögens, dass sie – nun ja – immer jenseitig bleibt.

Selbst wenn wir also in Wirklichkeit nicht allein sind, sind wir es unter allen praktischen Gesichtspunkten dennoch. Carl Sagan berechnete die mutmaßliche Zahl der Planeten im Universum insgesamt auf zehn Milliarden Billionen – eine Zahl, die unser Vorstellungsvermögen völlig übersteigt. Ebenso unvorstellbar ist aber die Größe des Raumes, in dem sie sich verteilen. Sagan schrieb einmal: »Würden wir aufs Geratewohl in den Kosmos geworfen, stünden die Chancen, dass wir auf oder auch nur nahe bei einem Planeten landeten, nicht einmal eins zu 10^{33} (eine Eins gefolgt von 33 Nullen). … wie man sieht, haben Welten Seltenheitswert.«[22]

Vielleicht ist es deshalb eine besonders gute Nachricht, dass die International Astronomical Union den Pluto im Februar 1999 offiziell in den Rang eines Planeten erhob. Das Universum ist groß und einsam. Wir sollten uns so viele Nachbarn wie möglich schaffen.

3.
Das Universum des Reverend Evans

Bei klarem Himmel, wenn das Mondlicht nicht zu hell ist, schleppt der Geistliche Robert Evans ein sperriges Teleskop auf die Dachterrasse seines Hauses in den australischen Blue Mountains, etwa 80 Kilometer westlich von Sydney. Der ruhige, freundliche Mann hat etwas Ungewöhnliches vor: Er blickt tief in die Vergangenheit und sucht nach sterbenden Sternen.

In die Vergangenheit zu blicken ist natürlich das Einfachste dabei. Man braucht nur den Nachthimmel zu betrachten, dann sieht man nichts als Geschichte, und zwar eine Menge davon – die Sterne sehen nicht so aus, wie sie heute sind, sondern wie sie waren, als das Licht sie verließ. Nach allem, was wir wissen, könnte der Polarstern, unser treuer Gefährte, in Wirklichkeit letzten Januar oder im Jahr 1854 oder irgendwann seit Anfang des 14. Jahrhunderts ausgebrannt sein, und die Information darüber ist einfach noch nicht bei uns angekommen. Wir können nur eines sagen – und werden auch immer nur das sagen können: Heute vor 680 Jahren hat er noch geleuchtet. Ständig sterben Sterne. Aber eines kann Bob Evans besser als alle anderen, die es einmal versucht haben: Er macht diese Augenblicke des kosmischen Abschieds ausfindig.

Tagsüber ist Evans ein freundlicher, mittlerweile teilweise im Ruhestand lebender Geistlicher der australischen Vereinigungskirche, der nebenbei ein wenig freiberuflich arbeitet und die Geschichte der religiösen Bewegungen im 19. Jahrhundert erforscht. Nachts dagegen ist er auf seine bescheidene Weise ein Titan des Himmels. Er macht Jagd auf Supernovae.

Eine Supernova entsteht, wenn ein Riesenstern, der viel größer ist als unsere Sonne, zusammenbricht und dann auf Aufsehen erregende Weise explodiert. Dabei wird in einem kurzen Augenblick die Energie von 100 Milliarden Sonnen frei, und der Stern leuchtet eine Zeit lang heller als alle Sterne seiner Galaxis zusammen.[1] »Es ist, als würde eine Billion Wasserstoffbomben gleichzeitig losgehen«, sagt Evans.[2] Würde sich eine Supernova-Explosion im Umkreis von 500 Lichtjahren um uns herum ereignen, wären wir nach Evans Aussagen erledigt – »es würde die Show kaputtmachen«, wie er es scherzhaft formuliert. Aber das Universum ist riesig, und Supernovae sind normalerweise so weit weg, dass sie uns keinen Schaden zufügen. In den meisten Fällen ist die Entfernung so unvorstellbar groß, dass ihr Licht uns nur als winziges Flackern erreicht. Eine Supernova ist ungefähr einen Monat lang sichtbar, und in dieser Zeit unterscheidet sie sich von den anderen Sternen am Himmel nur dadurch, dass sie eine Stelle besetzt, an der zuvor nichts zu sehen war. Nach diesen anormalen, sehr selten auftretenden Blitzen an der dicht bevölkerten Kuppel des Nachthimmels sucht Reverend Evans.

Um zu verstehen, worin seine Leistung besteht, können wir uns einen ganz normalen Esstisch vorstellen. Er ist mit einem schwarzen Tischtuch bedeckt, und jemand hat eine Hand voll Salz darauf geworfen. Die verstreuten Körner entsprechen der Galaxis. Nun stellen wir uns 1500 Tische vor, die genauso aussehen – genug, um damit einen Supermarkt-Parkplatz auszufüllen oder um sie hintereinander zu einer drei Kilometer langen Reihe aufzustellen –, und auf jedem davon liegt eine zufällige Anordnung von Salzkörnern. Jetzt fügen wir auf jedem Tisch ein einziges Salzkorn hinzu, und dann spaziert Bob Evans zwischen ihnen hin und her. Er erkennt es auf den ersten Blick. Dieses Salzkorn ist die Supernova.

Evans besitzt eine so außergewöhnliche Begabung, dass Oliver Sacks ihm in seinem Buch *Eine Anthropologin auf dem Mars* einen ganzen Abschnitt widmet; das Kapitel handelt von autistischen Genies – aber Sacks fügt eilig hinzu, das solle nicht bedeuten, dass Evans Autist sei.[3] Der Geistliche selbst hat Sacks nie kennen gelernt und amüsiert sich über die Vorstellung, er sei autistisch oder ein Genie, aber wenn er erklären soll, woher sein Talent stammt, ist er völlig hilflos.

»Anscheinend habe ich den Dreh heraus, wie man sich Sternenfelder einprägt«, sagt er mir mit offenkundig entschuldigendem Blick, als ich ihn und seine Frau Elaine in ihrem Bilderbuchbungalow in einem ruhigen Winkel des Dorfes Hazelbrook besuchte. Hier ist Sydney nun wirklich zu Ende, und der unendliche australische Busch beginnt. »In anderen Dingen bin ich nicht besonders gut«, fügt er hinzu, »ich kann mir zum Beispiel Namen nicht gut merken.«

»Oder wo er etwas hingelegt hat«, ruft Elaine aus der Küche.

Wieder nickt er offenherzig und grinst, und dann fragt er mich, ob ich sein Teleskop sehen möchte. Ich hatte mir vorgestellt, Evans müsse in seinem Garten ein richtiges Observatorium eingerichtet haben, eine verkleinerte Version von Mount Wilson oder Palomar, mit einer beweglichen Kuppel und einem elektrisch beweglichen Stuhl, den zu steuern das reine Vergnügen ist. Aber er führt mich nicht nach draußen, sondern in einen überfüllten Abstellraum hinter der Küche, wo er neben Büchern und Papieren auch sein Teleskop aufbewahrt: Der weiße Zylinder, der in Form und Größe an einen Haushalts-Warmwasserboiler erinnert, steht auf einem selbst gebauten, drehbaren Stativ aus Sperrholz. Wenn er den Himmel beobachten will, trägt er das Ganze in zwei Teilen auf eine kleine Veranda vor der Küche. Zwischen dem überhängenden Dach und den gefiederten Wipfeln der Eukalyptusbäume auf der Böschung unter ihm hat er nur einen briefkastengroßen Blick auf den Himmel, aber das, so sagt er selbst, ist für seine Zwecke mehr als ausreichend. Wenn der Himmel klar und der Mond nicht zu hell ist, findet er hier seine Supernovae.

Der Begriff *Supernova* wurde in den dreißiger Jahren des 20. Jahrhunderts von einem denkwürdig eigenwilligen Astrophysiker namens Fritz Zwicky geprägt. Geboren in Bulgarien und aufgewachsen in der Schweiz, kam er in den zwanziger Jahren an das California Institute of Technology, wo er mit seinem bissigen Charakter und seinen sprunghaften Begabungen sofort auffiel.

Außergewöhnlich intelligent schien er nicht zu sein, und viele seiner Kollegen hielten ihn eigentlich nur für »einen Spinner und Prahlhans«.[4] Er war eine Sportskanone und ließ sich manchmal im Speisesaal oder anderen Räumlichkeiten des Caltech auf den Boden fallen, um mit einarmigen Liegestützen allen, die zu Zweifeln neigten, seine Vitalität zu beweisen. Er war von berüchtigter Aggressivität, und sein Verhalten wurde irgendwann so beängstigend, dass sein engster Mitarbeiter, ein sanfter Mann namens Walter Baade, nicht mehr mit ihm allein gelassen werden wollte.[5] Baade war Deutscher, und Zwicky warf ihm unter anderem vor, er sei Nazi – was nicht stimmte. Bei mindestens einer Gelegenheit drohte Zwicky, er werde Baade umbringen, wenn dieser – er arbeitete oben auf dem Berg im Mount-Wilson-Observatorium – sich auf dem Gelände des Caltech blicken ließe.[6]

Aber Zwicky war auch zu verblüffend scharfsinnigen Erkenntnissen in der Lage. Anfang der dreißiger Jahre wandte er sich einer Frage zu, die den Astronomen schon lange Probleme bereitete: Am Himmel tauchten gelegentlich unerklärliche Lichtpunkte auf, neue Sterne. Er kam auf den ungewöhnlichen Gedanken, dahinter könnten Neutronen stecken, subatomare Teilchen, die James Chadwick in England kurz zuvor entdeckt hatte und die gerade völlig neu und in Mode waren. Seine Idee: Wenn ein Stern zusammenbricht und eine Dichte erreicht, wie sie im Atomkern herrscht, würde ein unvorstellbar kompaktes Gebilde entstehen. Die Atome würden buchstäblich zerquetscht, und ihre Elektronen würden in den Atomkern gedrückt, sodass Neutronen entstehen.[7] Das Ergebnis ist ein Neutronenstern. Man stelle sich eine Million wirklich schwergewichtiger Kanonenkugeln vor, die auf die Größe einer Murmel zusammengepresst werden – und selbst das reicht noch nicht annähernd aus. Der Kern eines Neutronensterns ist so dicht, dass ein einziger Löffel von seinem Material 100 Milliarden Kilo wiegt. Wie Zwicky erkannte, würde bei einem solchen Sternenkollaps eine Riesenmenge Energie übrig bleiben, genug, um den größten Knall im Universum zu erzeugen.[8] Solche Explosionen bezeichnete er als Supernovae. In der Tat sind sie die größten Ereignisse im Kosmos.

Am 15. Januar 1934 erschien in der Fachzeitschrift *Physical Review* eine sehr knappe Zusammenfassung eines Vortrages, den Zwicky und Baade einen Monat zuvor an der Stanford University gehalten hatten. Obwohl er sehr kurz war – er bestand nur aus einem Absatz von 24 Zeilen –, enthielt dieser Artikel eine ungeheure Menge neuer wissenschaftlicher Erkenntnisse: Er sprach zum ersten Mal von Supernovae und Neutronensternen, lieferte eine überzeugende Erklärung für ihre Entstehung sowie eine korrekte Berechnung ihrer Explosionskraft und stellte in einer Art Schlusseffekt eine Verbindung zwischen Supernova-Explosionen und dem neu entdeckten, rätselhaften Phänomen der kosmischen Strahlung her, die, wie man seit kurzem wusste, das ganze Universum durchzog. Es waren, gelinde gesagt, revolutionäre Gedanken. Dass es Neutronensterne tatsächlich gibt, wurde erst 34 Jahre später bestätigt. Und die Gedanken über die kosmische Strahlung gelten zwar als plausibel, ihr Wahrheitsgehalt konnte aber bis heute nicht nachgewiesen werden.[9] Insgesamt war der Artikel nach den Worten des Caltech-Astrophysikers Kip S. Thorne »eines der vorausschauendsten Dokumente in der Geschichte der Physik und Astronomie«.[10]

Interessanterweise begriff Zwicky so gut wie überhaupt nicht, warum das alles geschah. Thorne schreibt: »Nach eingehender Beschäftigung mit seinen Veröffentlichungen jener Zeit bin ich vielmehr zu der Überzeugung gelangt, dass er die physikalischen Gesetze nicht gut genug verstand, um seine Vermutung erhärten zu können.«[11] Zwicky hatte eine Begabung für große Ideen. Die mathematische Kleinarbeit überließ er anderen, insbesondere Baade.

Zwicky erkannte auch als Erster, dass die sichtbare Materie im Universum bei weitem nicht ausreicht, um die Galaxien zusammenzuhalten, und dass die Gravitation demnach noch eine andere Ursache haben muss – heute sprechen wir von dunkler Materie. Etwas anderes aber übersah er: Schrumpft ein Neutronenstern stark genug zusammen, wird er so dicht, dass selbst das Licht seiner ungeheuren Anziehungskraft nicht mehr entkommen kann: Ein schwarzes Loch entsteht. Leider war Zwicky bei den meisten seiner Kollegen so unbeliebt, dass seine Ideen fast nicht zur Kenntnis genommen wurden. Als der berühmte Robert Oppenheimer sich fünf Jahre später in einem bahnbrechenden Aufsatz mit Neutronensternen beschäftigte, erwähnte er Zwickys Erkenntnisse an keiner einzigen Stelle, obwohl dieser jahrelang in einem Büro auf demselben Flur an dem Problem gearbeitet hatte. Zwickys mathematische Ableitungen zur dunklen Materie rückten erst nahezu 40 Jahre später in den Mittelpunkt der Aufmerksamkeit.[12] Wir können nur annehmen, dass er während dieser Zeit eine Menge Liegestütze machte.

Wenn wir den Blick zum Himmel heben, sehen wir vom Universum erstaunlich wenig. Mit bloßem Auge sind von der Erde nicht mehr als 6000 Sterne zu erkennen, davon rund 2000 von einer einzelnen Stelle aus.[13] Mit einem Fernglas steigt die Zahl der von einem Punkt sichtbaren Sterne auf etwa 50 000, und mit einem kleinen Zwei-Zoll-Teleskop liegt sie schon bei 300 000. Mit einem 16-Zoll-Teleskop, wie Evans es benutzt, zählt man schon nicht mehr die Sterne, sondern die Galaxien. Von seiner Terrasse aus kann der Geistliche nach eigenen Schätzungen 50 000 bis 100 000 solcher Milchstraßensysteme erkennen, und jedes davon enthält Zigmilliarden Sterne. Das sind natürlich ansehnliche Zahlen, aber selbst bei einem so umfangreichen Ausgangsmaterial sind Supernovae äußerst selten. Ein Stern leuchtet meist viele Milliarden Jahre lang, aber er stirbt nur einmal, und das schnell; außerdem explodieren nur die wenigsten Sterne bei ihrem Tod. Die meisten hauchen in aller Stille ihr Leben aus wie ein Lagerfeuer in der Morgendämmerung. In einer typischen Galaxie mit ihren rund 100 Milliarden Sternen tritt nur durchschnittlich alle zwei- bis dreihundert Jahre eine Supernova auf. Ein solches Ereignis zu finden gleicht ein wenig dem Versuch, mit einem Teleskop von der Aussichtsplattform des Empire State Building aus die Fenster von Manhattan zu mustern und dabei jemanden zu entdecken, der gerade 21 wird und die Kerzen seines Geburtstagskuchens anzündet.

Als nun ein hoffnungsfroher, sanftmütiger Geistlicher sich an die Astronomengemeinde wandte und anfragte, ob es nützliche Himmelskarten für die Suche nach Supernovae gebe, glaubte man dort, er sei nicht ganz bei Trost. Evans besaß damals ein 10-Zoll-Teleskop – eine ansehnliche Größe für einen Amateur-Sterngucker, aber kaum das richtige Instrument für ernsthafte Kosmologie – und hatte vor, damit ein ungeheuer seltenes Phänomen im Universum aufzuspüren. Bevor Evans 1980 seine Beobachtungen aufnahm, hatte man in der gesamten Geschichte der Astronomie noch nicht einmal 60 Supernovae entdeckt. (Als ich ihn im August 2001 aufsuchte, hatte er gerade über seine vierunddreißigste visuelle Entdeckung berichtet; die fünfunddreißigste folgte wenige Monate später, die sechsunddreißigste Anfang 2003.)

Allerdings hatte Evans einige Vorteile auf seiner Seite. Die meisten Beobachter befinden sich – wie überhaupt der größere Teil der Menschheit – auf der nördlichen Erdhalbkugel, und deshalb hatte er vor allem am Anfang einen großen Abschnitt des Himmels fast für sich allein. Außerdem war er schnell, und er hatte ein ungeheuer gutes Gedächtnis. Große Teleskope sind schwerfällige Instrumente – ein beträchtlicher Teil ihrer Betriebszeit dient nur dazu, sie in die richtige Position zu bringen. Evans konnte sein kleines 16-Zoll-Teleskop hin- und herdrehen wie der Heckschütze im Luftkampf, und er brauchte sich an jedem Punkt des Himmels nicht länger als ein paar Sekunden aufzuhalten. Deshalb konnte er an einem Abend etwa 400 Galaxien durchmustern, während professionelle Astronomen mit ihren großen Instrumenten froh waren, wenn sie es auf 50 oder 60 brachten.

Wenn man nach Supernovae sucht, findet man meistens keine. Von 1980 bis 1996 gelangen Evans durchschnittlich zwei Entdeckungen pro Jahr – nicht gerade eine riesige Ausbeute für mehrere hundert Nächte am Teleskop. Einmal fand er drei Stück in 15 Tagen, ein anderes Mal vergingen aber auch drei Jahre ohne eine einzige Entdeckung.

»Selbst wenn man nichts findet, hat das einen gewissen Nutzen«, sagt er. »Die Kosmologen können auf diese Weise besser feststellen, wie schnell Galaxien sich weiterentwickeln. Es ist eines der wenigen Wissenschaftsgebiete, wo kein Befund auch ein Befund ist.«

Auf einem Tisch neben dem Teleskop liegen Stapel mit Fotos

und Fachartikeln, die mit seiner Tätigkeit zusammenhängen, und ein paar davon zeigt er mir. Wer schon einmal populärwissenschaftliche Veröffentlichungen über Astronomie gelesen hat, der weiß natürlich, dass sie in der Regel zahlreiche leuchtend bunte Fotos von Nebeln und Ähnlichem enthalten, magisch beleuchtete Wolken aus Himmelslicht von höchst raffinierter, bewegender Pracht. Ganz anders die Bilder, mit denen Evans arbeitet: Sie sind unscharfe Schwarzweißfotos mit kleinen, von einem Hof umgebenen Lichtpunkten. Auf einem davon erkennt man einen so schwach leuchtenden Sternenhaufen, dass ich mir das Bild ganz nahe vor das Gesicht halten muss, um die Sterne überhaupt zu sehen. Das, so Evans, sei ein Stern im Sternbild Fornax aus einer Galaxie namens NGC1365. (NGC bedeutet *New General Catalogue*; in diesem »Neuen Allgemeinen Katalog« sind solche Himmelskörper erfasst. Früher war er ein schweres Buch, das bei irgendjemandem in Dublin auf dem Schreibtisch lag; heute – wie könnte es anders sein – ist er eine Datenbank.) 60 Millionen schweigende Jahre lang wanderte das Licht nach dem dramatischen Tod des Sterns unablässig durch das All, bevor es an einem Abend im August 2001 in Form eines Strahlungsschubes, als winziger heller Fleck am Nachthimmel, auf der Erde ankam. Und natürlich war es Robert Evans auf seinem eukalyptusduftenden Hügel, der es entdeckte.

»Das ist irgendwie ein schöner Gedanke«, sagt Evans. »Das Licht wandert Jahrmillionen lang durch den Weltraum, und gerade in dem Augenblick, wenn es auf der Erde eintrifft, richtet jemand den Blick auf das richtige Stückchen Himmel und sieht es. Irgendwie ist es doch richtig, dass jemand Zeuge eines derart gewaltigen Ereignisses wird.«

Aber Supernovae lösen bei weitem nicht nur Staunen aus. Es gibt sie in mehreren Spielarten (eine wurde von Evans entdeckt). Von großer Bedeutung für die Astronomie ist vor allem die so genannte Supernova des Typs Ia: Solche Supernovae explodieren immer auf die gleiche Weise, bei der gleichen kritischen Masse. Deshalb kann man sie als Standard-Lichtquelle nutzen und mit ihrer Hilfe die Ausdehnungsgeschwindigkeit des Universums messen.

Im Jahr 1987 brauchte Saul Perlmutter vom kalifornischen Lawrence Berkeley Lab mehr Supernovae des Typs Ia, als man durch Beobachten allein gefunden hatte. Also machte er sich daran, ein systematischeres Suchverfahren zu entwickeln.[14] Perlmutter konstruierte ein raffiniertes System aus hoch entwickelten Computern und CCD-Instrumenten – das sind eigentlich nur richtig gute Digitalkameras. Damit konnte er die Suche nach Supernovae automatisieren. Die Teleskope machten Tausende von Aufnahmen, und darauf suchte ein Computer nach den verräterischen hellen Flecken, durch die sich eine Supernova verrät. Mit dem neuen Verfahren fanden Perlmutter und seine Kollegen innerhalb von fünf Jahren nicht weniger als 42 Supernovae. Heute können sogar Amateure mit CCD-Instrumenten Supernovae aufspüren. »Man braucht das Teleskop mit der CCD-Kamera nur zum Himmel zu richten, und dann geht man fernsehen«, sagt Evans leicht indigniert. »Es hat der Sache die ganze Romantik genommen.«

Ich frage ihn, ob er nicht versucht sei, die neue Technologie zu übernehmen. »Aber nicht doch«, erwidert er, »dazu macht mir meine Methode viel zu viel Spaß. Nebenbei bemerkt« – dabei macht er eine Kopfbewegung in Richtung des Fotos mit der neuesten Supernova und lächelt – »bin ich manchmal immer noch besser als die.«

Natürlich stellt sich die Frage, was geschehen würde, wenn ein Stern ganz in unserer Nähe explodiert. Wie wir bereits erfahren haben, ist Alpha Centauri mit einer Entfernung von 4,3 Lichtjahren unser nächster Sternennachbar. Würde er auseinander fliegen, hätten wir nach meiner Vorstellung 4,3 Jahre Zeit, bis wir sehen könnten, wie das Licht dieses gewaltigen Ereignisses sich über den Himmel ausbreitet, als würde eine riesige Konservendose auslaufen. Was würde geschehen, wenn wir vier Jahre und vier Monate lang zusehen müssten, wie der unausweichliche Untergang immer näher kommt, und wenn wir dabei genau wüssten, dass er uns wie Staub hinwegfegen wird, wenn er bei uns angelangt ist? Würden die Menschen noch zur Arbeit gehen? Würden die Bauern noch Getreide aussäen? Würde jemand noch Lebensmittel in die Läden liefern?

Als ich einige Wochen später wieder in meiner Heimatstadt in New Hampshire bin, stelle ich diese Fragen dem Astronomen John Thorstensen vom Dartmouth College. »Nein, nein«, erwidert er mit einem Lachen. »Die Information über ein solches Ereignis wandert mit Lichtgeschwindigkeit, ebenso schnell wie die Zerstörung. Wir würden also davon erfahren und im gleichen Augenblick sterben. Aber machen Sie sich keine Sorgen, das wird nicht geschehen.«[15]

Damit man durch eine Supernova-Explosion umkommt, so erklärt er mir, müsse man ihr »lächerlich nahe« sein – vermutlich in einem Umkreis von höchstens zehn Lichtjahren. »Die Gefahr liegt in der unterschiedlichen Art der Strahlung – kosmischen Strahlen und so weiter.« Sie würde großartige Lichterscheinungen entstehen lassen, schimmernde Vorhänge aus geisterhaftem Leuchten, die den ganzen Himmel einnehmen. Das wäre alles andere als angenehm. Eine Kraft, die solche Erscheinungen entstehen lässt, würde nämlich auch die Magnetosphäre hinwegfegen, jene magnetische Zone hoch über der Erde, die uns normalerweise vor ultravioletter Strahlung und anderen schädlichen Einflüssen aus dem Kosmos schützt. Ohne Magnetosphäre würde jeder, der sich unvorsichtigerweise ans Sonnenlicht begibt, sehr schnell das Aussehen einer zu lange gebackenen Pizza annehmen.

Nach Thorstensens Ansicht können wir aber einigermaßen zuversichtlich sein, dass es in unserem Winkel der Galaxis nicht zu einem solchen Ereignis kommt. Zunächst einmal können nämlich nur Sterne eines ganz bestimmten Typs zu Supernovae werden. Ein Stern komme nur dann dafür in Frage, so Thorstensen, wenn er zehn bis zwanzig Mal so viel Masse habe wie unsere Sonne, und »in unserer Nähe haben wir nicht annähernd etwas von der erforderlichen Größe. Das Universum ist glücklicherweise wirklich groß.« Der nächstgelegene Kandidat, so fügte er hinzu, sei Betelgeuse, der schon seit Jahren durch sein unstetes Verhalten den Verdacht geweckt hat, dass dort eine interessante Instabilität besteht. Aber Betelgeuse ist 50 000 Lichtjahre von uns entfernt.

In der gesamten schriftlich aufgezeichneten Menschheitsgeschichte explodierten nur ein halbes Dutzend Supernovae in so geringer Entfernung von uns, dass man sie mit bloßem Auge sehen konnte.[16] Eine davon fand im Jahr 1054 statt und führte zur Entstehung des Krebs-Nebels. Eine weitere im Jahr 1604 war so hell, dass man sie drei Wochen lang sogar tagsüber als Stern sehen konnte. Die letzte ereignete sich 1987: Damals flammte in einem Abschnitt des Weltraums, der als Große Magellan'sche Wolke bezeichnet wird, eine Supernova auf; sie war aber mit bloßem Auge nur gerade eben zu sehen, und auch das nur auf der Südhalbkugel – außerdem war sie beruhigende 169 000 Lichtjahre von uns entfernt.

Supernovae sind auch aus einem anderen wichtigen Grund für uns von großer Bedeutung. Ohne sie gäbe es uns nicht. Am Ende des ersten Kapitels war von dem großen kosmologischen Rätsel die Rede: Beim Urknall entstanden zwar riesige Mengen leichter Gase, aber keine schweren Elemente. Die kamen später hinzu – woher, wusste lange Zeit eigentlich niemand. Damit sich Kohlenstoff, Eisen und die anderen Elemente bilden konnten, ohne die wir entsetzlich materielos wären, war etwas wahrhaft Heißes notwendig – heißer als das Zentrum der heißesten Sterne. Die Erklärung lag in den Supernovae, und der englische Kosmologe, der das herausfand, war in seinem Verhalten fast ein ebensolcher Sonderling wie Fritz Zwicky.

Er stammte aus Yorkshire und hieß Fred Hoyle. Ein Nachruf in dem Wissenschaftsblatt *Nature* – Hoyle starb 2001 – bezeichnete ihn als »Kosmologen und Kontroversen«[17], und beides war er sicherlich auch. Weiter hieß es in dem Nachruf, er sei fast sein ganzes Leben lang in Streitigkeiten verwickelt gewesen und habe seinen Namen mit viel Unsinn in Verbindung gebracht. So behauptete er beispielsweise ohne jeden Beleg, das kostbare Fossil eines Archaeopteryx im Londoner National History Museum sei eine Fälschung nach Art des Piltdown-Menschen. Damit löste er bei den Paläontologen des Museums, die nun tagelang Telefonanrufe von Journalisten aus der ganzen Welt beantworten mussten, helle Empörung aus. Außerdem glaubte Hoyle, der Same für das Leben auf der Erde sei ebenso aus dem Weltraum gekommen wie viele Krankheitserreger, beispielsweise die für echte Grippe (Influenza) und Beulenpest. Irgendwann äußerte er sogar die Vermutung, die vorspringende Nase des Menschen mit den unten liegenden Öffnungen habe sich in der Evolution entwickelt, damit Krankheitserreger aus dem Kosmos nicht so leicht hineinfallen können.[18]

In einem Augenblick des schalkhaften Übermuts prägte Hoyle 1952 in einer Radiosendung auch den Begriff »Big Bang« für den Urknall. Er betonte, mit unseren physikalischen Kenntnissen sei nicht zu erklären, warum alles, was in einem einzigen Punkt konzentriert war, sich auf einmal drastisch ausgedehnt haben soll. Hoyle bevorzugte eine Gleichgewichtstheorie, nach der das Universum sich ständig ausdehnte, wobei ununterbrochen neue Materie entstehe.[19] Er erkannte auch, dass beim Zusammenbruch von Sternen gewaltige Wärmemengen entstehen müssen – die Temperatur kann auf 100 Millionen Grad oder mehr ansteigen, genug, damit in einem als Nukleosynthese bezeichneten Vorgang die schwereren Elemente entstehen konnten.[20] Im Jahr 1957 wies er in Zusammenarbeit mit anderen nach, wie die schwereren Elemente sich in einer Supernova-Explosion bilden können. Für diese Arbeiten erhielt W. A. Fowler, einer seiner Mitarbeiter, den Nobelpreis. Hoyle ging empörenderweise leer aus.

Nach Hoyles Theorie erzeugt ein explodierender Stern so viel Wärme, dass alle neuen Elemente entstehen und in den Kosmos versprüht werden. Dort bilden sie Gaswolken, die so genannte interstellare Materie, die sich schließlich zu neuen Sonnensystemen zusammenfinden. Mit dieser Theorie konnte man zumindest ein plausibles Szenario zur Beantwortung der Frage entwerfen, wie unser Dasein begann. Nach heutiger Kenntnis sieht es so aus:

Vor ungefähr 4,6 Milliarden Jahren sammelte sich im Weltraum ein großer Gas- und Staubwirbel mit einem Durchmesser von rund 25 Milliarden Kilometern. Praktisch seine ganze Materie – 99,9 Prozent der Masse des Sonnensystems – bildete die Sonne.[21] Zwei mikroskopisch kleine Körnchen des restlichen Materials näherten sich einander so stark an, dass sie durch elektrostatische Kräfte zusammenhielten. In diesem Augenblick wurde der Grundstein für unseren Planeten gelegt. Überall im Sonnensystem geschah das Gleiche: Staubkörner stießen zusammen und bildeten immer größere Klumpen. Schließlich wurden die Brocken so groß, dass man sie als Planetenvorläufer bezeichnen kann. Diese kollidierten immer und immer wieder, zerbrachen und fanden sich in endlosen Zufallskombinationen ständig neu zusammen, aber bei jeder Begegnung gab es einen Sieger, und einige dieser Sieger wurden so groß, dass sie in ihrer jeweiligen Umlaufbahn zum beherrschenden Element wurden.

Das alles ging bemerkenswert schnell. Von einer winzigen Ansammlung aus Staubkörnern bis zu einem Kleinplaneten von mehreren hundert Kilometern Durchmesser vergingen wahrscheinlich nur wenige zigtausend Jahre. Nach nur 200 Millionen Jahren oder sogar noch weniger war die Erde im Wesentlichen fertig; allerdings war sie noch geschmolzen und dem ständigen Bombardement der Trümmer ausgesetzt, die nach wie vor durch den Weltraum trieben.[22]

Zu jener Zeit, ungefähr vor 4,5 Milliarden Jahren, stieß ein Himmelskörper von der Größe des Mars mit der Erde zusammen und schlug so viel Materie los, dass daraus ein kugelförmiger Begleiter werden konnte: der Mond. Nach heutiger Kenntnis sammelte das Material sich innerhalb weniger Wochen zu einem einzigen Klumpen, und nach einem Jahr hatte sich die Gesteinskugel gebildet, die uns bis heute begleitet. Das Mondgestein stammt zum größten Teil nicht aus dem Erdkern, sondern aus der Kruste unseres Planeten und enthält deshalb nur wenig Eisen, obwohl es auf der Erde viel davon gibt.[23] Diese Theorie wird übrigens fast immer als ganz modern bezeichnet, in Wirklichkeit formulierte sie Reginald Daly von der Harvard University aber schon in den vierziger Jahren des 20. Jahrhunderts.[24] Neu ist daran nur, dass man ihr heute mehr Aufmerksamkeit schenkt.

Schon als die Erde erst ein Drittel ihrer endgültigen Größe hatte, dürfte sich eine erste Atmosphäre gebildet haben. Sie bestand vorwiegend aus Kohlendioxid, Stickstoff, Methan und Schwefel – nicht gerade Substanzen, die man mit Lebewesen in

Verbindung bringen würde, und doch ging aus diesem giftigen Gebräu das Leben hervor. Kohlendioxid ist ein hochwirksames Treibhausgas. Das war damals etwas Gutes, denn die Sonne leuchtete noch erheblich schwächer als heute. Hätte die Erde nicht vom Treibhauseffekt profitiert, wäre sie wahrscheinlich ständig gefroren gewesen, und das Leben hätte vielleicht niemals Fuß fassen können.[25] Aber irgendwie setzte es sich durch.

Während der nächsten 500 Millionen Jahre wurde die Erde weiterhin erbarmungslos von Kometen, Meteoriten und anderem galaktischen Schutt bombardiert, und mit ihm kamen das Wasser, das die Ozeane füllte, sowie die unentbehrlichen Bestandteile für die Entstehung des Lebens. Es war eine Umwelt von einzigartiger Unwirtlichkeit, und dennoch kam das Leben in Gang. Ein kleiner Beutel voller Chemikalien zuckte und wurde lebendig. Wir waren unterwegs.

Vier Milliarden Jahre später fragten sich die Menschen, wie das alles abgelaufen sein könnte. Damit sind wir bei der nächsten Station unserer Geschichte.

TEIL II

Die Größe der Erde

Natur und Naturgesetze lagen in dunkler Nacht,
Gott sprach: Newton sei! Und sie strahlten voll Pracht.

Alexander Pope

4.
Das Maß der Dinge

Wenn man nach der ungemütlichsten wissenschaftlichen Exkursion aller Zeiten sucht, ist die Peru-Expedition der französischen Akademie der Wissenschaften im Jahr 1735 sicher keine schlechte Wahl. Unter Leitung des Gewässerkundlers Pierre Bougouer und des mathematisch ausgebildeten Soldaten Charles Marie de La Condamine reiste eine Gruppe von Wissenschaftlern und Abenteurern durch das südamerikanische Land, um quer durch die Anden Entfernungen durch Triangulation zu messen.

Damals hatte sich gerade überall der starke Wunsch breit gemacht, die Erde zu verstehen – man wollte wissen, wie alt und wie groß sie ist, welchen Platz sie im Weltraum einnimmt und wie sie entstanden ist. Die französische Expedition sollte einen alten Streit um den Erdumfang beilegen und zu diesem Zweck die Länge eines Grades an einem Meridian messen (der 1/360 des Erdumfanges darstellt). Dazu hatte sie eine Linie von Yaroqui bei Quito bis kurz hinter Cuenca im heutigen Ecuador ausgewählt, eine Entfernung von rund 320 Kilometern.*

* Die von der Expedition gewählte Methode der Triangulation war damals sehr beliebt. Ihre Grundlage ist eine geometrische Erkenntnis: Wenn man eine Seitenlänge eines Dreiecks und die beiden Winkel an ihren Enden kennt, kann man die beiden anderen Seiten und den dritten Winkel berechnen, ohne dass man sich von seinem Stuhl erheben müsste. Ein Beispiel: Angenommen, wir wollten die Entfernung zum Mond ermitteln. Damit wir die Triangulation anwenden können, müssen wir zunächst eine gewisse Entfernung zwischen uns legen – der eine bleibt beispielsweise in Paris, der andere fährt nach Moskau, und dann sehen wir uns beide zur gleichen Zeit den Mond an. Die Linie, die nun die drei entscheidenden Punkte – Paris, Moskau, Mond – verbindet, bildet ein Dreieck. Misst man die Länge der

Fast von Anfang an ging alles Mögliche schief, manchmal auf spektakuläre Weise. In Quito fühlten sich die Einheimischen offenbar von den Besuchern provoziert, und ein Steine werfender Mob jagte sie aus der Stadt. Wenig später wurde der Expeditionsarzt wegen eines Missverständnisses um eine Frau ermordet. Der Botaniker wurde wahnsinnig. Andere starben am Fieber oder durch Stürze. Das Expeditionsmitglied mit dem dritthöchsten Rang, ein Mann namens Pierre Godin, brannte mit einer Dreizehnjährigen durch und war nicht mehr zur Rückkehr zu bewegen.

Irgendwann musste die Gruppe ihre Arbeiten für acht Monate einstellen, während La Condamine nach Lima fuhr, um Schwierigkeiten mit den staatlichen Genehmigungen auszuräumen. Schließlich kam es so weit, dass er und Bougouer nicht mehr miteinander sprachen und sich weigerten, zusammenzuarbeiten. Wohin die schrumpfende Gruppe auch kam, überall begegneten ihr die Behörden mit tiefem Misstrauen: Die Beamten konnten einfach nicht glauben, dass ein Trupp französischer Wissenschaftler um die halbe Welt reiste, nur um die Welt zu vermessen. Es erschien ihnen völlig sinnlos. Auch zweieinhalb Jahrhunderte später ist es eine durchaus vernünftige Frage: Warum stellten die Franzosen ihre Messungen nicht in Frankreich an und ersparten sich damit die ganzen Mühen und Unannehmlichkeiten ihres Anden-Abenteuers?

Die Antwort ergibt sich teilweise aus der Beobachtung, dass Wissenschaftler – insbesondere solche aus Frankreich – sich die

Grundlinie zwischen Paris und Moskau sowie die Winkel an diesen beiden Ecken des Dreiecks, kann man alles andere ausrechnen. (Die inneren Winkel in einem Dreieck ergeben zusammen immer eine Summe von 180 Grad; kennt man also zwei davon, kann man den dritten sofort berechnen. Und wenn man die genaue Form des Dreiecks sowie die Länge einer Seite kennt, weiß man auch über die Länge der beiden anderen Seiten Bescheid.) Der griechische Astronom Hipparchos von Nicaea berechnete mit diesem Verfahren tatsächlich schon 150 v. Chr. die Entfernung zwischen Mond und Erde. Nach den gleichen Prinzipien funktioniert die Triangulation auch auf der Erde, nur weisen die Dreiecke dabei nicht in den Weltraum, sondern sie liegen flach über der Landschaft. Als die Landvermesser ein Grad eines Meridians messen wollten, legten sie eine Kette von Dreiecken über das fragliche Gebiet.

Sache im 18. Jahrhundert nur in den seltensten Fällen einfach machten, wenn es eine Alternative von absurder Schwierigkeit gab; teilweise liegt sie aber auch in einem praktischen Problem, mit dem der englische Astronom Edmond Halley es viele Jahre zuvor zum ersten Mal zu tun gehabt hatte, lange bevor Bouguer und La Condamine auch nur davon geträumt hatten, nach Südamerika zu fahren, und erst recht lange bevor sie einen stichhaltigen Grund dafür hatten.

Halley war eine Ausnahmegestalt. Im Laufe seiner langen, ergiebigen Laufbahn war er Kapitän zur See, Kartograf, Professor für Geometrie an der Universität Oxford, stellvertretender Aufseher der königlichen Münze, königlicher Astronom und Erfinder der Tiefsee-Taucherglocke.[1] Er verfasste maßgebliche Werke über Magnetismus, Gezeiten und die Bewegungen der Planeten, äußerte sich aber auch freundlich über die Wirkungen des Opiums. Er erfand Wetterkarten und versicherungsstatistische Tabellen, schlug Methoden vor, mit denen man das Alter der Erde und ihre Entfernung von der Sonne ermitteln konnte, und entwickelte sogar ein praktikables Verfahren, um Fische außerhalb der Saison frisch zu halten. Nur eines tat er interessanterweise nicht: Er entdeckte nicht den Kometen, der seinen Namen trägt. Vielmehr erkannte er nur, dass es sich bei dem Kometen, den er 1682 beobachtete, um denselben handelte, den andere bereits 1456, 1531 und 1607 gesehen hatten. Zum Halleyschen Kometen wurde er erst 1758, 16 Jahre nach seinem Tod.

Bei allen seinen Leistungen bestand Halleys größter Beitrag zum Wissen der Menschheit aber wahrscheinlich einfach darin, dass er sich an einer bescheidenen wissenschaftlichen Wette mit zwei anderen Geistesgrößen seiner Zeit beteiligte: mit Robert Hooke, der vielleicht vor allem deshalb in Erinnerung blieb, weil er als Erster eine Zelle beschrieb, und mit dem großen, ehrwürdigen Sir Christopher Wren, der – was heute kaum noch jemand weiß – eigentlich an erster Stelle Astronom und nur nebenbei Architekt war. Als Halley, Hooke und Wren 1683 in London gemeinsam zu Abend aßen, kamen sie auf die Bewegungen der Himmelskörper zu sprechen. Man wusste bereits, dass die Planeten auf einer besonderen, als Ellipse bezeichneten ovalen

Bahn kreisen – »einer sehr speziellen, präzisen Kurve«, um Richard Feynman zu zitieren[2] –, aber den Grund dafür kannte niemand. Wren setzte großzügig einen Preis von 40 Schilling (damals mehrere Wochenlöhne) für denjenigen der drei Männer aus, der eine Lösung fand.

Hooke war dafür bekannt, dass er häufig den Verdienst für Ideen beanspruchte, die nicht unbedingt seine eigenen waren; nun behauptete er, er habe das Problem bereits gelöst, könne aber seine Erkenntnisse jetzt nicht mitteilen, und zwar aus einem höchst interessanten, fantasievollen Grund: Er würde sonst anderen die Befriedigung nehmen, die Antwort selbst zu entdecken.[3] Stattdessen wolle er sie »eine gewisse Zeit lang geheim halten, damit andere wissen, wie sie es einzuschätzen haben«. Wenn er darüber hinaus noch über die Angelegenheit nachdachte, hinterließ er keine Spuren seiner Bemühungen. Halley dagegen war nun versessen darauf, eine Antwort zu finden. Das ging so weit, dass er im folgenden Jahr sogar nach Cambridge reiste und an der dortigen Universität kühn den Mathematikprofessor am Lukas-Lehrstuhl, Isaac Newton, fragte, ob er nicht helfen könne.

Newton war entschieden eine seltsame Gestalt – über alle Maßen intelligent, aber auch eigenbrötlerisch, humorlos, empfindlich bis an die Grenze des Verfolgungswahns, von berühmter Zerstreutheit (wenn er morgens die Füße aus dem Bett bewegt hatte, blieb er angeblich manchmal stundenlang sitzen, weil eine plötzliche Welle von Gedanken ihn an seinen Platz fesselte) und fähig zu verblüffend seltsamen Verhaltensweisen. Er hatte sein eigenes Labor gebaut – es war das erste in Cambridge –, aber dort widmete er sich dann höchst bizarren Experimenten. Einmal führte er sich eine Ahle – eine lange Nadel, wie sie zum Nähen von Leder verwendet wird – in die Augenhöhle ein und schob sie »zwischen mein Auge und den Knochen so nahe an die Rückseite des Auges, wie ich konnte«, einfach weil er wissen wollte, welche Wirkung es hatte.[4] Wundersamerweise hatte es überhaupt keine Wirkung – jedenfalls keine, die von Dauer war. Bei einer anderen Gelegenheit schaute er in die Sonne, solange er es aushielt – dieses Mal wollte er wissen, wie sich dies auf sein Sehvermögen auswirken würde. Wieder blieben Newton dauerhafte Schäden erspart, aber er musste sich mehrere Tage lang in einem abgedunkelten Zimmer aufhalten, bevor seine Augen ihm verziehen.

Aber über solchen seltsamen Ansichten und Launen schwebte der Geist eines überragenden Genies – das allerdings selbst dann häufig eine Neigung zu Absonderlichkeiten zeigte, wenn sich seine Tätigkeit auf hergebrachten Pfaden bewegte. Als Student frustrierten ihn die Grenzen der herkömmlichen Mathematik, woraufhin er ein ganz neues Gebiet erfand, die Infinitesimalrechnung, von der er aber siebenundzwanzig Jahre lang niemandem etwas erzählte.[5] Mit seinen Arbeiten zur Optik revolutionierte er unsere Kenntnisse über das Licht, und damit legte er auch die Grundlagen für die Wissenschaft der Spektroskopie, aber auch hier entschloss er sich, drei Jahrzehnte lang niemandem die Ergebnisse mitzuteilen.

Bei aller Intelligenz machte echte Naturwissenschaft jedoch nur einen Teil von Newtons Interessengebieten aus. Mindestens die Hälfte seines Arbeitslebens widmete er der Alchemie und abgelegenen religiösen Themen. Dabei handelte es sich nicht nur um Spielerei, sondern um tiefe Überzeugungen. Er war heimlicher Anhänger der Arianer, einer gefährlich ketzerischen Sekte, nach deren wichtigster Glaubensüberzeugung es keine heilige Dreifaltigkeit gab (was nicht einer gewissen Ironie entbehrt, da Newton in Cambridge am Trinity College tätig war). Endlose Stunden brachte er damit zu, den Grundriss des untergegangenen salomonischen Tempels in Jerusalem zu studieren (wobei er sich selbst das Hebräische beibrachte, um besser in den Urtexten stöbern zu können); Newton glaubte, dort seien mathematische Hinweise auf den Zeitpunkt der zweiten Wiederkehr Christi und das Ende der Welt verborgen. Mit ebenso glühender Überzeugung war er ein Anhänger der Alchemie. Der Wirtschaftswissenschaftler John Keynes ersteigerte 1936 bei einer Auktion eine Kiste mit Papieren von Newton und musste zu seinem Erstaunen feststellen, dass sie sich in ihrer überwältigenden Mehrzahl nicht mit Optik oder der Planetenbewegung beschäftigten, sondern mit engstirnigen Bestrebungen, unedle Metalle in edle zu verwandeln. Als man in den siebziger Jahren des 20. Jahrhunderts eine Haarsträhne von Newton analysierte, fand man Quecksilber, ein Element, für das sich Alchemisten, Hutmacher und Thermometerhersteller interessierten, sonst aber so gut wie niemand – und die Konzentration lag um das 40-fache über dem natürlichen Wert. Da ist es vielleicht kein Wunder, dass er morgens manchmal das Aufstehen vergaß.

Was Halley im Einzelnen von Newton wollte, als er ihn im August 1684 unangemeldet aufsuchte, können wir nur vermuten. Aber dank der Aufzeichnungen eines Newton-Vertrauten namens Abraham DeMoivre besitzen wir einen Bericht über eine der wichtigsten Begegnungen in der Wissenschaftsgeschichte:

> Im Jahr 1684 kam Dr. Halley zu Besuch nach Cambridge, und nachdem sie eine gewisse Zeit zusammen verbracht hatten, fragte ihn der Dr., wie nach seiner Ansicht die Kurve aussehen müsse, welche die Planeten beschreiben, wenn man unterstellt, dass die Anziehungskraft der Sonne umgekehrt proportional zum Quadrat ihrer Entfernung ist.

Damit spielte er auf das Gesetz der umgekehrten Quadrate an, ein mathematisches Prinzip, das nach Halleys Überzeugung den Kern der Erklärung bilden musste, auch wenn er bisher nicht genau wusste, wie.

> Sir Isaac erwiderte sofort, es müsse eine Ellipse sein. Von Freude und Verblüffung überwältigt, fragte ihn der Dr., woher er das wisse. »Nun«, erwiderte er, »das habe ich berechnet.« Woraufhin Dr. Halley ihn unverzüglich nach seiner Berechnung fragte. Sir Isaac suchte zwischen seinen Papieren, konnte sie aber nicht finden.

Das war schon erstaunlich – als ob jemand erklärt, er habe ein Heilmittel gegen Krebs gefunden, könne sich aber nicht erinnern, wo er die Formel gelassen habe. Auf Halleys Drängen hin erklärte Newton sich einverstanden, die Berechnungen noch einmal vorzunehmen und einen Aufsatz darüber zu schreiben.

Das Versprechen hielt er auch, aber er beließ es nicht dabei. Nachdem er sich zwei Jahre zu intensivem Nachdenken und Schreiben zurückgezogen hatte, verfasste er endlich sein Meisterwerk, die *Philosophiae naturalis principia mathematica* oder *Mathematische Grundlagen der Naturphilosophie*, besser bekannt als *Principia*.

Nur sehr selten – in der gesamten Geschichte waren es nur wenige Male – gelingt dem Geist eines Menschen eine so scharfsinnige, unerwartete Beobachtung, dass andere sich nicht entscheiden können, was verblüffender ist: die Tatsache selbst oder der Gedanke daran. In einem solchen Augenblick entstanden die *Principia*. Durch sie wurde Newton mit einem Schlag berühmt. Während seines ganzen restlichen Lebens überhäufte man ihn mit Beifall und Ehrungen; unter anderem war er in Großbritannien der Erste, der wegen einer wissenschaftlichen Leistung zum Ritter geschlagen wurde. Selbst der große deutsche Mathematiker Gottfried von Leibniz, mit dem Newton lange und erbittert über das Erstlingsrecht an der Erfindung der Infinitesimalrechnung stritt, hielt dessen Beiträge zur Mathematik für ebenso bedeutend wie sämtliche früheren Arbeiten zusammen.[6] »Näher kann kein Sterblicher den Göttern kommen«, schrieb Halley in einer Stimmung, die sich auch bei seinen Zeitgenossen und vielen späteren Menschen widerspiegelte.

Die *Principia* wurden zwar auch als »eines der unverständlichsten Bücher aller Zeiten« bezeichnet[7] (Newton machte es absichtlich so schwierig, damit er nicht von mathematischen »Dilettanten« belästigt wurde, wie er sie nannte), aber für alle, die seinen Gedankengängen folgen konnten, waren sie ein helles Licht im Dunkel. Er lieferte darin nicht nur mathematische Erklärungen für die Umlaufbahn der Himmelskörper, sondern identifizierte auch die Anziehungskraft, die sie überhaupt erst in Bewegung bringt: die Gravitation. Plötzlich erschienen alle Bewegungen im Universum sinnvoll.

Das Kernstück der *Principia* waren die drei Newtonschen Bewegungsgesetze (die sehr verkürzt aussagen: Jedes Ding bewegt sich in der Richtung, in die es gestoßen wird; es bewegt sich in gerader Linie, bis irgendeine Kraft es abbremst oder ablenkt;

und zu jeder Aktion gibt es eine ebenso große, entgegengesetzte Reaktion) und sein allgemeines Gravitationsgesetz. Nach diesem Gesetz übt jedes Objekt im Universum auf jedes andere eine Anziehungskraft aus. Unter Umständen merkt man das nicht, aber alles um uns herum – Wände, Zimmerdecke, Lampe oder Katze – zieht uns mit einem eigenen schwachen (wirklich sehr schwachen) Gravitationsfeld an. Ebenso ziehen wir alle anderen Dinge an. Newton erkannte, dass die Anziehungskraft zwischen zwei beliebigen Gegenständen proportional zur Masse dieser Gegenstände ist und sich »umgekehrt proportional zum Quadrat des Abstands verändert«, um noch einmal Feynman zu zitieren.[8] Oder anders ausgedrückt: Verdoppelt man die Entfernung zwischen zwei Gegenständen, ist die Anziehungskraft zwischen ihnen viermal schwächer. Dies lässt sich mit der Formel

$$F = G \frac{m_1 m_2}{r^2}$$

ausdrücken. Sie ist natürlich weit von allem entfernt, was für die meisten von uns praktische Bedeutung hat, aber zumindest können wir beurteilen, dass sie von eleganter Kompaktheit ist. Ein paar kurze Multiplikationen, eine einfache Division, und voilà, schon kennen wir an jedem beliebigen Ort unsere Schwerkraftverhältnisse. Es war das erste wahrhaft allgemein gültige Naturgesetz, das ein menschlicher Geist jemals formulierte, und aus diesem Grund steht Newton in so ungeheuer hohem Ansehen.

Die Entstehung der *Principia* entbehrte nicht einer gewissen Dramatik. Gerade als die Arbeit sich der Vollendung näherte, gerieten Newton und Hooke zu Halleys Entsetzen in Streit über das Erstlingsrecht für das Gesetz der umgekehrten Quadrate, und Newton weigerte sich, den entscheidenden dritten Band freizugeben, ohne den die beiden ersten kaum einen Sinn machten. Erst nach hektischer Pendeldiplomatie und freigebig eingesetzten Schmeicheleien gelang es Halley schließlich, dem launischen Professor sein letztes Buch abzuluchsen.

Aber auch damit war Halleys Trauma noch nicht ganz vorüber. Die Royal Society hatte zugesagt, das Werk zu veröffentlichen, aber jetzt zog sie sich unter dem Vorwand finanzieller

Schwierigkeiten zurück. Im Jahr zuvor hatte die Gesellschaft einen kostspieligen Fehlschlag namens *Die Geschichte der Fische* finanziert, und nun ging man davon aus, dass für ein Buch über mathematische Prinzipien nicht gerade glänzende Marktchancen bestanden. Daraufhin zahlte Halley, der nicht über große Finanzmittel verfügte, die Veröffentlichung aus eigener Tasche. Newton trug, wie es seine Gewohnheit war, nichts dazu bei.[9] Noch schlimmer wurde die Sache, weil Halley zu jener Zeit gerade die Stellung als Schriftführer der Gesellschaft angenommen hatte, und nun setzte man ihn davon in Kenntnis, die Gesellschaft könne es sich nicht länger leisten, ihm das versprochene Gehalt von 50 Pfund im Jahr zu bezahlen. Stattdessen erhielt er sein Salär in Form von Exemplaren der *Geschichte der Fische.*[10]

Newtons Gesetze erklärten vieles – das Auf und Ab der Gezeiten in den Ozeanen, die Planetenbewegungen, die Bahn einer Kanonenkugel, bevor sie zu Boden fällt, oder die Tatsache, dass wir nicht in den Weltraum geschleudert werden, obwohl die Erde mit mehreren hundert Stundenkilometern rotiert.* Deshalb dauerte es eine gewisse Zeit, bis man sich über alle Folgerungen im Klaren war. Eine Erkenntnis war aber fast über Nacht heftig umstritten.

Damit meine ich die Vorstellung, dass die Erde nicht ganz rund ist. Nach Newtons Theorie sollte die durch die Erddrehung entstehende Zentrifugalkraft an den Polen für eine leichte Abflachung und am Äquator für eine Ausbeulung sorgen, sodass der Planet ein wenig abgeplattet aussieht. Demnach ist ein Breitengrad in Italien nicht genauso lang wie in Schottland, sondern seine Länge wird mit zunehmender Entfernung von den Polen immer geringer. Das war natürlich eine unangenehme Erkenntnis für jene, die sich mit ihren Messungen auf die Annahme von einer vollkommenen Kugelform der Erde stützten – das heißt für alle.

Schon seit einem halben Jahrhundert versuchte man, die

* Die Geschwindigkeit hängt dabei vom Aufenthaltsort ab: Am Äquator liegt sie bei über 1600 Stundenkilometern, an den Polen bei Null.

Größe der Erde zu ermitteln, und zwar vor allem mit Hilfe immer genauerer Messungen. Einen der ersten derartigen Versuche unternahm der englische Mathematiker Richard Norwood. Er war als junger Mann mit einer Taucherglocke, die nach dem Vorbild von Halleys Gerät konstruiert war, auf die Bermudas gereist. Dort wollte er Perlen vom Meeresboden einsammeln und damit ein Vermögen verdienen. Das Vorhaben scheiterte, weil es keine Perlen gab, und ohnehin funktionierte die Taucherglocke nicht, aber Norwood war nicht der Typ, der eine Erfahrung ungenutzt gelassen hätte. Die Bermudas waren bei den Seeleuten im 17. Jahrhundert dafür bekannt, dass man sie nur schwer aufspüren konnte. Der Ozean war groß, die Inseln waren klein, und die Navigationsinstrumente reichten bei weitem nicht aus, um mit dieser Diskrepanz fertig zu werden. Nicht einmal über die Länge einer Seemeile war man sich einig. Auf dem weiten Ozean vervielfachte sich schon der kleinste Rechenfehler, sodass Schiffe ein Ziel von der Größe der Bermudas häufig um riesige Entfernungen verfehlten. Norwood, der sich anfangs für Trigonometrie und damit auch für Winkel begeistert hatte, wollte in der Seefahrt ein wenig mehr mathematische Strenge anwenden und entschloss sich deshalb, die Länge eines Breitengrades zu berechnen.

Als Ausgangspunkt wählte er den Londoner Tower: Er stellte sich mit dem Rücken gegen die Mauer und marschierte von dort im Laufe von zwei Jahren entschlossen bis ins 335 Kilometer nördlich gelegene York. Unterwegs legte er immer wieder ein Stück Kette aus und vermaß es, wobei er peinlich genaue Korrekturen für das Auf und Ab des Geländes sowie für die Kurven der Straße anbrachte. Zuletzt maß er den Winkel des Sonnenstandes am gleichen Datum und zur gleichen Tageszeit wie bei seiner ersten Messung ein Jahr zuvor in London. Daraus, so seine Überlegung, konnte er die Länge eines Winkelgrades entlang des Meridians und somit auch den Gesamtumfang der Erde berechnen. Es war ein fast lächerlich ehrgeiziges Vorhaben – eine Abweichung um winzige Bruchteile eines Grades musste dazu führen, dass das Ergebnis um viele Meilen daneben lag –, aber Norwood gab stolz bekannt, sein Resultat sei

»bis auf eine winzige Kleinigkeit« richtig[11] – genauer gesagt, bis auf etwa 550 Meter. Er kam auf eine Strecke von 110,72 Kilometern je Winkelgrad.

The Seaman's Practice, Norwoods Meisterwerk über Navigation, erschien 1637 und fand sofort eine begeisterte Anhängerschaft. Es erlebte siebzehn Auflagen und war 25 Jahre nach seinem Tod immer noch in Druck. Norwood kehrte mit seinen Angehörigen auf die Bermudas zurück, wurde dort ein erfolgreicher Plantagenbesitzer und widmete seine Freizeit der ersten großen Liebe seines Lebens: der Trigonometrie. Er lebte noch 38 Jahre, und man würde gern berichten, dass er in dieser Zeit ein glücklicher, angesehener Mann war. Aber das stimmt nicht. Auf der Überfahrt von England wurden seine beiden kleinen Söhne in einer Kabine mit dem Geistlichen Nathaniel White untergebracht, und dort verursachten sie bei dem jungen Vikar irgendwie ein derartiges Trauma, dass dieser den Rest seiner Laufbahn zum größten Teil darauf verwendete, Norwood auf jede nur denkbare Weise zu verfolgen und zu piesacken.

Auch Norwoods beide Töchter bereiteten ihrem Vater Kummer, indem sie schlechte Ehen eingingen. Einer der Ehemänner, der vermutlich von dem Vikar aufgestachelt war, brachte vor Gericht ständig kleine Anklagen gegen Norwood vor, bereitete ihm auf diese Weise viel Verdruss und nötigte ihn mehrfach zu Reisen quer über die Bermudas, um sich zu verteidigen. In den fünfziger Jahren des 17. Jahrhunderts schließlich fanden auf Bermuda Hexenprozesse statt, und Norwood hatte während seiner letzten Lebensjahre schwere Befürchtungen, man könne seine Aufsätze über Trigonometrie mit ihren fremdartigen Symbolen für einen Briefwechsel mit dem Satan halten, sodass ihm eine grauenvolle Hinrichtung drohte. Heute wissen wir über Norwood sehr wenig, und vielleicht hatte er diese unglücklichen letzten Jahre tatsächlich verdient. Sicher ist nur, dass er sie durchlebte.

Mittlerweile war Frankreich zur treibenden Kraft für die Berechnung des Erdumfangs geworden. Dort entwickelte der Astronom Jean Picard eine eindrucksvolle, komplizierte Methode zur Triangulation mit Quadranten, Pendeluhren, Zenitsektoren und Teleskopen (mit denen er die Bewegung der Jupitermonde beobachtete). Nachdem Picard zwei Jahre lang triangulierend durch Frankreich gezogen war, gab er 1669 ein genaueres Messergebnis für das Winkelgrad bekannt: 110,46 Kilometer. Die Messung war in Frankreich Anlass zu großem Stolz, aber sie beruhte auf der Annahme, die Erde sei eine vollkommene Kugel – und nun behauptete Newton, das sei sie nicht.

Nach Picards Tod wurde die Sache noch komplizierter: Giovanni Cassini und sein Sohn Jacques wiederholten Picards Experimente in einem größeren Gebiet und gelangten zu dem Ergebnis, die Erde sei nicht am Äquator dicker, sondern an den Polen – Newton habe also nicht nur Unrecht, sondern es sei genau umgekehrt. Daraufhin sah sich die Akademie der Wissenschaften veranlasst, Bougouer und La Condamine nach Südamerika zu schicken, damit sie dort neue Messungen anstellten.

Sie entschieden sich für die Anden, weil sie nur durch Messungen in der Nähe des Äquators feststellen konnten, ob es dort tatsächlich eine Abweichung von der Kugelform gab, und weil sie sich überlegt hatten, dass die Berge ihnen gute Sichtlinien verschaffen würden. In Wirklichkeit war das Gebirge in Peru aber fast ständig in Wolken gehüllt, sodass die Arbeitsgruppe häufig wochenlang warten musste, bevor sie einen Tag lang freie Sicht hatten. Dazu kam noch, dass sie sich eines der schwierigsten Gelände auf der ganzen Erde ausgesucht hatten. Die Peruaner bezeichnen ihre Landschaft als *muy accidentado* – »sehr unfallträchtig« – und das stimmt sicher auch. Die Franzosen mussten nicht nur einige der anspruchsvollsten Berge der Welt besteigen – Berge, die sogar ihren Maultieren verschlossen blieben –, sondern um überhaupt dorthin zu gelangen, mussten sie reißende Flüsse durchqueren, sich mit der Machete ihren Weg durch den Dschungel bahnen und viele Kilometer hoch gelegener Steinwüsten überwinden. Und das fast ausschließlich in nicht kartierten Gebieten, die weit von jedem Nachschub entfernt waren. Aber wenn Bougouer und La Condamine eine herausragende Eigenschaft hatten, dann war es ihre Hartnäckigkeit, und sie hielten neuneinhalb lange, grausige, sonnendurchglühte Jahre an ihrem Vorhaben fest. Kurz vor Abschluss des Projekts erfuhren sie, nach den Befunden einer zweiten französischen Expedition, die in Nordskandinavien eigene Messungen vorgenommen hatte (und sich dort ebenfalls mit beträchtlichen Unannehmlichkeiten auseinander setzen musste, von nassen Sümpfen bis zu gefährlichen Eisschollen), dass ein Grad an den Polen tatsächlich länger sei, wie Newton es vorhergesagt hatte. Am Äquator gemessen, war der Umfang der Erde um 43 Kilometer größer als bei einer Messung über die Pole.[12]

Bougouer und La Condamine hatten also fast zehn Jahre lang für ein Ergebnis gearbeitet, das sie eigentlich gar nicht finden wollten, und nun erfuhren sie auch noch, dass sie nicht die Ersten waren, die es gefunden hatten. Entmutigt schlossen sie ihre Arbeiten ab und bestätigten mit ihren Ergebnissen, dass die andere französische Expedition Recht gehabt hatte. Anschließend – sie sprachen immer noch nicht miteinander – kehrten sie zur Küste zurück und fuhren auf verschiedenen Schiffen nach Hause.

Newton hatte in seinen *Principia* auch vorausgesagt, ein neben einem Berg aufgehängtes Bleilot werde sich leicht in Richtung des Berges neigen, weil es nicht nur von der Schwerkraft der Erde, sondern auch von der Gravitation des Berges angezogen wird. Das war mehr als nur eine Kuriosität: Wenn man die Ablenkung genau messen und die Masse des Berges herausfinden konnte, ließ sich daraus die allgemeine Gravitationskonstante berechnen, ein grundlegender Wert der Gravitation, der als G bezeichnet wird. Mit ihrer Hilfe lässt sich dann die Masse der Erde bestimmen.

Bougouer und La Condamine hatten dies am Chimborazo in Peru versucht, waren aber sowohl wegen technischer Schwierigkeiten als auch wegen ihrer eigenen Streitigkeiten gescheitert. Die Idee blieb 30 weitere Jahre unbeachtet, bis der königliche englische Astronom Nevil Maskelyne sie wieder aus der Versenkung holte. In dem bekannten Buch *Längengrad* von Dava Sobel wird Maskelyne als Dummkopf und Bösewicht dargestellt, der das überragende Können des Uhrmachers John Harrison nicht anerkennt. Vielleicht stimmt dieses Bild, aber wir verdanken Maskelyne andere Dinge, die in dem Buch nicht erwähnt werden, nicht zuletzt eine funktionierende Methode, um das Gewicht der Erde zu ermitteln. Wie er richtig erkannte, besteht das Hauptproblem darin, dass man einen Berg mit einer so regelmäßigen Form finden muss, dass man seine Masse beurteilen kann.

Auf sein Drängen hin beauftragte die Royal Society einen verlässlichen Mann, eine Rundreise um die britischen Inseln zu unternehmen und nach einem geeigneten Berg zu suchen. Maskelyne kannte genau den Richtigen für diese Aufgabe: den Astronomen und Landvermesser Charles Mason. Maskelyne und Mason hatten sich elf Jahre zuvor angefreundet, als sie damit beschäftigt waren, ein höchst bedeutsames astronomisches Ereignis zu messen: den Durchgang des Planeten Venus vor der Sonne. Der unermüdliche Edmund Halley hatte schon einige Jahre zuvor die Idee geäußert, man solle einen solchen Durchgang von verschiedenen Punkten auf der Erde messen und mit Hilfe der Triangulation die Entfernung zur Sonne berechnen; auf dieser Grundlage konnte man dann die Abstände zu allen anderen Objekten im Sonnensystem ermitteln.

Leider ereignen sich Venusdurchgänge nur in unregelmäßigen Abständen. Sie kommen paarweise mit einem Abstand von acht Jahren vor, aber dann bleiben sie 100 Jahre oder länger aus, und während Halleys Lebenszeit gab es keinen einzigen.* Aber die Idee schwelte weiter, und als 1761, fast zwei Jahrzehnte nach Halleys Tod, der nächste Durchgang bevorstand, war die wissenschaftliche Welt vorbereitet – und zwar besser als bei jedem astronomischen Ereignis zuvor.

Mit der typischen Leidensfähigkeit jener Zeit machten sich Wissenschaftler an mehr als 100 Orte rund um den Erdball auf den Weg: nach Sibirien, China, Südafrika und Indonesien, in die Wälder von Wisconsin und an viele andere Stellen. Frankreich schickte 32 Beobachter, 18 weitere kamen aus Großbritannien,

* Der nächste Durchgang findet am 8. Juni 2004 statt, ein zweiter folgt im Jahr 2012. Im 20. Jahrhundert gab es keinen.

andere stammten aus Schweden, Russland, Italien, Deutschland, Irland und anderen Ländern.

Es war das erste internationale wissenschaftliche Gemeinschaftsunternehmen aller Zeiten, und fast überall traten Probleme auf. Viele Beobachter wurden durch Kriege, Krankheiten oder Schiffbruch aufgehalten. Andere gelangten zwar an ihren Bestimmungsort, als sie aber ihre Gepäckkisten öffneten, fanden sie ihre Instrumente beschädigt oder von der tropischen Hitze verbogen vor. Wieder einmal war anscheinend den Franzosen das Schicksal beschieden, dass die am spektakulärsten vom Pech verfolgten Teilnehmer aus ihren Reihen stammten. Jean Chappe verwendete mehrere Monate darauf, mit Pferdewagen, Booten und Schlitten nach Sibirien zu reisen, wobei er seine empfindlichen Instrumente vor jedem gefährlichen Holpern bewahrte, aber dann musste er feststellen, dass die letzte, entscheidende Etappe durch angeschwollene Flüsse versperrt war – eine Folge des ungewöhnlich heftigen Frühjahrsregens. Als die Einheimischen nun sahen, wie Chappe seltsame Instrumente zum Himmel richtete, machten sie ihn sehr schnell für die Überschwemmung verantwortlich. Er kam zwar mit dem Leben davon, brachte aber keine brauchbaren Messergebnisse mit.

Noch mehr Pech hatte Guillaume Le Gentil, dessen Erlebnisse Timothy Ferris in seinem Buch *Kinder der Milchstraße* hervorragend beschrieben hat.[13] Le Gentil wollte den Durchgang in Indien beobachten und machte sich ein Jahr vorher in Frankreich auf den Weg, aber wegen verschiedener Pannen war er am Tag des Ereignisses immer noch auf See, und das war so ungefähr der schlechteste Ort – ununterbrochene Messungen sind auf einem schwankenden Schiff völlig unmöglich.

Aber Le Gentil ließ sich nicht abschrecken: Er setzte seine Reise nach Indien fort und wollte dort auf den nächsten Durchgang im Jahr 1769 warten. Nachdem ihm nun acht Jahre für die Vorbereitungen blieben, errichtete er eine erstklassige Beobachtungsstation; er prüfte immer wieder seine Instrumente und versetzte alles in einen Zustand der vollkommenen Bereitschaft. Als er am Tag des zweiten Durchganges, dem 4. Juni 1769, morgens aufwachte, war schönes Wetter, aber gerade als die Venus sich vor die Sonne schob, wurde diese von einer Wolke verdeckt, die fast während der gesamten Dauer des Durchganges – drei Stunden, 14 Minuten und sieben Sekunden – nicht mehr von der Stelle wich.

Ohne sich aus der Ruhe bringen zu lassen, packte Le Gentil seine Instrumente ein und machte sich zum nächsten Hafen auf, aber unterwegs zog er sich eine Ruhrerkrankung zu, die ihn fast ein Jahr lang ans Bett fesselte. Immer noch geschwächt, ging er schließlich an Bord eines Schiffes, das in einem Sturm vor der afrikanischen Küste fast untergegangen wäre. Als er endlich, elfeinhalb Jahre nach seiner Abreise, unverrichteter Dinge wieder nach Hause kam, musste er feststellen, dass seine Angehörigen ihn in Abwesenheit für tot erklärt und mit Begeisterung sein Anwesen geplündert hatten.

Im Vergleich dazu hatten die 18 weit verstreuten britischen Beobachter nur mit relativ geringfügigen Enttäuschungen zu kämpfen. Mason geriet an einen jungen Landvermesser namens Jeremiah Dixon und kam anscheinend gut mit ihm zurecht, denn die beiden gingen eine dauerhafte Partnerschaft ein. Sie hatten die Anweisung, nach Sumatra zu reisen und dort den Durchgang aufzuzeichnen, aber schon nach einer Nacht auf See wurde ihr Schiff von einer französischen Fregatte angegriffen. (Zwischen den Wissenschaftlern herrschte zwar ein Geist der internationalen Zusammenarbeit, zwischen einzelnen Staaten aber keineswegs.) In einer Notiz an die Royal Society teilten Mason und Dixon mit, es sei auf hoher See offensichtlich entsetzlich gefährlich, und sie fragten an, ob man nicht vielleicht das ganze Unternehmen abblasen sollte.[14] Als Antwort erhielten sie sehr schnell eine eisige Verneinung. Darin wurde betont, man habe sie bereits entlohnt, die Nation und wissenschaftliche Welt zählten auf sie, und wenn sie nicht weiterarbeiteten, würden sie ihren Ruf ein für alle Mal verlieren. Kleinlaut segelten sie weiter, aber unterwegs hörten sie, Sumatra sei den Franzosen in die Hände gefallen. Deshalb beobachteten sie den Durchgang vom Kap der Guten Hoffnung aus. Auf dem Rückweg machten sie bei dem einsamen Außenposten St. Helena im Atlantik Station, und dort trafen sie mit Maskelyne zusammen, dessen Beobachtungen durch eine Wolkendecke vereitelt worden waren. Mason und Maskelyne gingen eine dauerhafte Freundschaft ein und zeichneten während mehrerer glücklicher Wochen, die allerdings möglicherweise nur von geringfügigem Nutzen waren, die Gezeitenströmungen auf.

Wenig später kehrte Maskelyne nach England zurück und wurde dort königlicher Astronom, während Mason und Dixon – jetzt offenbar abgeklärter – sich für viele lange und häufig gefährliche Jahre zu Vermessungsarbeiten auf eine 390 Kilometer lange Strecke in der amerikanischen Wildnis begaben, um Grenzstreitigkeiten zwischen den Besitzungen von William Penn und Lord Baltimore sowie ihren jeweiligen Kolonien Pennsylvania und Maryland beizulegen. Das Ergebnis war die berühmte Mason-Dixon-Linie, die später als Grenze zwischen Sklavenhalter- und Freistaaten große symbolische Bedeutung erlangte. (Die Grenzziehung war zwar ihre Hauptaufgabe, sie nahmen aber auch mehrere astronomische Vermessungen vor, darunter die genaueste Messung eines Winkelgrades auf dem Meridian, die es in ihrem Jahrhundert gab – eine Leistung, die ihnen in England weit mehr Ruhm einbrachte als die Beendigung eines Grenzkonflikts zwischen eingebildeten Aristokraten.)

Wieder in Europa, waren Maskelyne sowie seine Kollegen in Deutschland und Frankreich zu der Schlussfolgerung gezwungen, dass die Messungen des Venusdurchganges von 1761 im Wesentlichen ein Fehlschlag waren. Ein Problem bestand paradoxerweise darin, dass es zu viele Beobachtungen gab, und wenn man sie zusammenstellte, ergaben sich häufig unlösbare Widersprüche. Die wirklich erfolgreiche Aufzeichnung eines Venusdurchganges blieb einem kaum bekannten, in Yorkshire geborenen Kapitän namens James Cook vorbehalten, der das Ereignis 1769 von einem sonnenbeschienenen Hügel auf Tahiti aus beobachtete, um dann im weiteren Verlauf Australien zu kartieren und für die britische Krone zu vereinnahmen. Als er zurückkehrte, verfügte man über so viele Erkenntnisse, dass der französische Astronom Joseph Lalande die mittlere Entfernung von der Erde zur Sonne auf etwas mehr als 150 Millionen Kilometer berechnen konnte. (Bei zwei weiteren Durchgängen im 19. Jahrhundert konnten die Astronomen den Abstand mit 149,59 Millionen Kilometern bestimmen, ein Wert, der seither Gültigkeit hat. Heute wissen wir, dass der genaue Abstand 149.597.870,691 Kilometer beträgt.) Endlich hatte die Erde eine Position im Weltraum.

Was Mason und Dixon anging, so kehrten sie als Helden der Wissenschaft nach England zurück und beendeten aus unbekannten Gründen ihre Partnerschaft. Angesichts der Tatsache, dass man im Zusammenhang mit entscheidenden wissenschaftlichen Ereignissen des 18. Jahrhunderts immer wieder auf ihre Namen stößt, wissen wir über beide erstaunlich wenig. Es gibt von ihnen keine Bilder und nur wenige schriftliche Erwähnungen. Interessanterweise schreibt das *Dictionary of National Biography* über Dixon, er sei »angeblich in einem Kohlebergwerk geboren worden«,[15] aber dann überlässt man es der Fantasie des Lesers, sich plausible Umstände zur Erklärung dieser Behauptung auszudenken, und anschließend heißt es nur noch, er sei 1777 in Durham gestorben. Abgesehen von seinem Namen und der langjährigen Verbindung mit Mason wissen wir nichts über ihn.

Auch Mason tritt nur geringfügig stärker aus dem Schatten der Geschichte. Bekannt ist, dass er 1772 auf Maskelynes Geheiß den Auftrag übernahm, einen geeigneten Berg für das Experiment mit der gravitationsbedingten Ablenkung zu finden, und dass er anschließend ausführlich berichtete, der gesuchte Berg liege mitten im schottischen Hochland unmittelbar über dem Loch Tay und trage den Namen Schiehallion. Dennoch war er nicht dazu zu bewegen, dort einen ganzen Sommer mit Vermessungsarbeiten zu verbringen. Ins Freiland begab er sich nie mehr. Der nächste Bericht über ihn stammt aus dem Jahr 1786: Damals tauchte er ganz plötzlich und auf geheimnisvolle Weise mit seiner Frau und acht Kindern in Philadelphia auf, wo er offenbar am Rande völliger Armut lebte. In Amerika war er nicht mehr gewesen, seit er 18 Jahre zuvor seine Vermessungsarbeiten abgeschlossen hatte, und es ist kein Grund bekannt, warum er sich dort aufhielt – er hatte weder Freunde noch Geldgeber, die ihn aufgenommen hätten. Einige Wochen später war er tot.

Nachdem Mason es abgelehnt hatte, den Berg zu vermessen, fiel diese Aufgabe an Maskelyne. Er richtete sich im Sommer 1774 vier Monate lang in einem Zelt in einer abgelegenen schottischen Bergschlucht ein und leitete dort eine ganze Mannschaft von Landvermessern, die von allen nur denkbaren Standpunkten aus Hunderte von Messungen vornahmen. Um aus den vielen Zahlen die Masse des Berges zu ermitteln, waren langwierige Berechnungen erforderlich, für die man einen Mathematiker namens Charles Hutton einstellte. Die Landvermesser hatten auf einer Landkarte eine Fülle von Messwerten eingetragen, von denen jeder die Höhenlage eines Punktes am Berg oder in seiner Umgebung bezeichnete.

Eigentlich war es nur ein verwirrender Zahlenfriedhof, aber Hutton bemerkte, dass alles viel geordneter aussah, wenn er Punkte gleicher Höhe mit Bleistiftlinien verband. Auf diese Weise konnte er sich sofort einen Eindruck von der gesamten Form und den Steigungen des Berges verschaffen. Er hatte die Höhenlinien erfunden.

Ausgehend von seinen Messungen am Schiehallion berechnete Hutton die Masse der Erde mit 5000 Millionen Millionen Tonnen, und daraus konnte er auch für die Masse aller anderen größeren Objekte im Sonnensystem, einschließlich der Sonne selbst, vernünftige Schätzungen ableiten. Aus diesem einen Experiment erfuhren wir also etwas über die Masse der Erde, der Sonne, des Mondes, der anderen Planeten und deren Monde. Und nebenbei fielen noch die Höhenlinien ab – kein schlechtes Ergebnis für die Arbeit eines einzigen Sommers.

Dennoch waren nicht alle mit der Ausbeute zufrieden. Das Experiment am Schiehallion hatte einen wichtigen Schwachpunkt: Man konnte nicht zu einer zuverlässigen Zahl gelangen, ohne über die tatsächliche Dichte des Berges Bescheid zu wissen. Hutton war bequemlichkeitshalber davon ausgegangen, dass der Berg wie gewöhnliches Gestein ungefähr die 2,5-fache Dichte von Wasser hatte, aber das war eigentlich nicht mehr als eine einigermaßen vernünftige Vermutung.[16]

Mit diesem Thema beschäftigte sich jemand, von dem man es kaum erwartet hätte: John Michell, ein Landpfarrer, der in dem einsamen Dorf Thornhill in Yorkshire seinen Dienst versah. Trotz seiner isolierten und relativ bescheidenen Stellung war Michell einer der großen wissenschaftlichen Denker des 18. Jahrhunderts, der deshalb auch großes Ansehen genoss.

Neben vielem anderen fiel ihm die Wellennatur von Erdbeben auf, er unternahm zahlreiche originelle Forschungsarbeiten rund um Magnetismus und Gravitation, und – besonders bemerkenswert – er dachte 200 Jahre früher als alle anderen an die Möglichkeit, es könne schwarze Löcher geben, ein Gedankensprung, zu dem nicht einmal Newton fähig war. Als der in Deutschland geborene Musiker William Herschel zu der Erkenntnis gelangte, dass das wahre Interesse in seinem Leben der Astronomie galt, wandte er sich an Michell und ließ sich von ihm den Bau von Teleskopen erklären – eine Hilfeleistung, der die Planetenforschung bis heute viel zu verdanken hat.*[17]

Aber die fantasievollste und folgenschwerste Leistung von Michell war ein von ihm entworfener und gebauter Apparat, mit dem man die Masse der Erde messen konnte. Leider starb er, bevor er die Experimente ausführen konnte, und sowohl die Idee als auch die erforderliche Ausrüstung gingen an den hochintelligenten, aber auch überaus zurückhaltenden Londoner Wissenschaftler Henry Cavendish über.

Über Cavendish allein könnte man ein ganzes Buch schreiben. Er stammte aus höchst privilegierten Kreisen – seine Großväter waren die Herzöge von Devonshire und Kent – und war der begabteste englische Wissenschaftler seiner Zeit, aber auch der seltsamste. Er litt, wie einer seiner wenigen Biografen es ausdrückte, an Schüchternheit »in einem Ausmaß, das an Krank-

* Herschel war 1781 der erste Wissenschaftler der Neuzeit, der einen Planeten entdeckte. Er wollte ihn nach dem britischen König auf den Namen George taufen, wurde aber überstimmt. Seitdem heißt der Planet Uranus.

heit grenzte«.[18] Jeder zwischenmenschliche Kontakt verursachte ihm tiefstes Unbehagen.

Als er einmal seine Haustür öffnete, stand ihm ein österreichischer, gerade aus Wien angereister Bewunderer gegenüber. Der aufgeregte Österreicher begann sofort, mit Lobeshymnen loszuplappern. Wenige Augenblicke lang nahm Cavendish die Komplimente auf wie Keulenschläge, aber dann hielt er es nicht mehr aus und flüchtete über den Kiesweg zum Gartentor hinaus, wobei er die Haustür weit offen ließ. Erst einige Stunden später ließ er sich dazu bewegen, auf sein Anwesen zurückzukehren. Selbst die Haushälterin verkehrte nur brieflich mit ihm.

Manchmal wagte er sich zwar durchaus in Gesellschaft – insbesondere besuchte er gern die wöchentlichen wissenschaftlichen Abendgesellschaften des großen Naturforschers Sir Joseph Banks –, aber den anderen Gästen war immer klar, dass man Cavendish unter keinen Umständen ansprechen oder auch nur ansehen durfte. Wer sich für seine Meinung interessierte, erhielt den Rat, sich wie zufällig in seiner Nähe herumzutreiben und »wie ins Leere zu reden«.[19] Handelte es sich um wissenschaftlich stichhaltige Äußerungen, kam dann möglicherweise eine gemurmelte Antwort, aber in den meisten Fällen war nur ein verärgertes Quieken zu hören (er hatte offensichtlich eine sehr hohe Stimme), und wenn man sich dann umdrehte, blickte man tatsächlich ins Leere, während Cavendish sich in eine ruhigere Ecke flüchtete.

Mit seinem Reichtum und seinen Einsamkeitsbestrebungen verwandelte Cavendish sein Haus in ein großes Labor, wo er ungestört in allen Ecken der Physik herumstöbern konnte – er beschäftigte sich mit Elektrizität, Wärme, Gravitation, Gasen und allem, was mit der Zusammensetzung der Materie zu tun hatte. In der zweiten Hälfte des 18. Jahrhunderts interessierten sich Menschen mit naturwissenschaftlichen Neigungen brennend für die physikalischen Eigenschaften grundlegender Dinge – insbesondere der Gase und der Elektrizität –, und sie erkannten allmählich immer deutlicher, was man mit diesen Dingen anfangen kann, wobei allerdings häufig mehr Begeisterung als Vernunft im Spiel war. In Amerika setzte Benjamin Franklin in einem berühmten Experiment sein Leben aufs Spiel, als er im Gewitter einen Drachen steigen ließ. In Frankreich untersuchte ein Chemiker namens Pilatre de Rozier die Brennbarkeit von Wasserstoff, indem er seinen Mund mit dem Gas füllte und es dann in eine offene Flamme blies; damit bewies er mit einem Schlag, dass Wasserstoff tatsächlich brennbar ist und dass Augenbrauen nicht unbedingt ein unverzichtbarer Bestandteil eines Gesichtes sind. Cavendish setzte sich in seinen Experimenten selbst immer stärkeren elektrischen Schlägen aus und führte dabei sorgfältige Aufzeichnungen über die zunehmenden Schmerzen, bis er seine Schreibfeder nicht mehr halten konnte und manchmal sogar das Bewusstsein verlor.

Im Laufe seines langen Lebens machte Cavendish eine Reihe bahnbrechender Entdeckungen – unter anderem war er der Erste, der Wasserstoff in reiner Form darstellte und ihn mit Sauerstoff reagieren ließ, sodass Wasser entstand. Aber fast nichts, was er tat, entbehrte einer gewissen Seltsamkeit. Zur ständigen Empörung seiner Wissenschaftlerkollegen spielte er in seinen Veröffentlichungen häufig auf die Ergebnisse zweideutiger Experimente an, von denen er niemandem etwas erzählt hatte. In seiner Geheimniskrämerei ähnelte er nicht nur Newton, sondern er legte es aktiv darauf an, diesen zu übertreffen. Seine Experimente zur elektrischen Leitfähigkeit waren ihrer Zeit um ein Jahrhundert voraus, blieben aber leider auch unbekannt, bis dieses Jahrhundert vorüber war. Seine Leistungen blieben sogar in ihrer Mehrzahl bis Ende des 19. Jahrhunderts unentdeckt – erst dann machte sich der Physiker James Clerk Maxwell aus Cambridge an die Aufgabe, Cavendishs Aufzeichnungen wissenschaftlich aufzuarbeiten, und zu jener Zeit hatten bereits in fast allen Fällen andere das Verdienst eingestrichen.

Neben vielem anderen – und ohne jemandem etwas davon zu sagen – entdeckte oder postulierte Cavendish den Energieerhaltungssatz, das Ohmsche Gesetz, Daltons Gesetz der Partialdrücke, Richters Gesetz der umgekehrten Proportionen, Charles' Gasgesetz und die Prinzipien der elektrischen Leitfähigkeit. Und das ist nur ein Teil seiner Leistungen. Nach Angaben des Wissenschaftshistorikers J. G. Crowther »nahm er auch die Arbeiten von Kelvin und G. H. Darwin über die Verlangsamung der Erddrehung durch die Reibung der Gezeiten und die 1915 veröffentlichte Entdeckung von Larmor über die Auswirkungen lokaler Abkühlung in der Atmosphäre vorweg... aber auch die Arbeiten von Pickering über gefrierende Mischungen und einen Teil der Arbeiten von Rooseboom über heterogene Gleichgewichte«.[20] Und schließlich hinterließ er Anhaltspunkte, die unmittelbar zur Entdeckung der Edelgase führten – manche Elemente aus dieser Gruppe sind so schwer fassbar, dass das letzte erst 1962 dingfest gemacht wurde. Besonders interessant ist in unserem Zusammenhang jedoch Cavendishs letztes bekanntes Experiment: Im Spätsommer 1797, mit 67 Jahren, wandte er seine Aufmerksamkeit den Kisten mit Ausrüstungsgegenständen zu, die ihm John Michell – anscheinend einfach aus wissenschaftlichem Respekt – hinterlassen hatte.

Zusammengebaut sah Michells Apparat ganz ähnlich aus wie eine ins 18. Jahrhundert versetzte Bodybuilding-Maschine. Sie war eine Konstruktion aus Gewichten, Gegengewichten, Pendeln, Drehachsen und Drahtseilen. Kernstück der Maschine waren zwei Bleikugeln von jeweils knapp 160 Kilo, die neben zwei kleineren Kugeln aufgehängt waren.[21] Damit sollte gemessen werden, wie stark die kleineren Kugeln durch die Gravitation der größeren abgelenkt werden, sodass man zum ersten Mal jene schwer fassbare Größe dingfest machen konnte, die als Gravitationskonstante bekannt ist. Mit ihrer Hilfe konnte man dann das Gewicht (oder genauer gesagt, die Masse)* der Erde berechnen.

Da die Gravitation sowohl die Planeten in ihren Umlaufbahnen hält als auch fallende Gegenstände mit einem Knall landen

* Für den Physiker sind Masse und Gewicht zwei ganz verschiedene Dinge. Die Masse eines Gegenstandes bleibt immer gleich, sein Gewicht dagegen verändert sich, je nachdem, wie weit er vom Mittelpunkt eines Planeten oder eines anderen großen Objektes entfernt ist. Ein Mensch, der zum Mond fliegt, ist dort viel leichter, hat aber nach wie vor die gleiche Masse. Auf der Erde kann man Masse und Gewicht unter allen praktischen Gesichtspunkten gleichsetzen und deshalb auch beide Begriffe zumindest außerhalb des Schulunterrichts als gleichbedeutend ansehen.

lässt, halten wir sie meist für eine starke Kraft, aber das stimmt eigentlich nicht. Stark ist sie nur in einem gewissermaßen kollektiven Sinn, wenn ein sehr massereiches Objekt, beispielsweise die Sonne, ein anderes massereiches Objekt wie die Erde festhält. Im kleineren Maßstab ist die Gravitation außerordentlich schwächlich. Jedes Mal, wenn wir ein Buch vom Tisch nehmen oder eine Münze vom Boden aufheben, überwinden wir mühelos die gesamte Schwerkraft eines ganzen Planeten. Auf einem solchen Federgewichtsniveau wollte Cavendish die Gravitation messen.

Das entscheidende Wort hieß Empfindlichkeit. In dem Raum mit dem Apparat durfte nicht die geringste Störung auftreten; deshalb postierte Cavendish sich im Nachbarzimmer und stellte seine Beobachtungen mit einem Teleskop an, mit dem er durch ein kleines Loch blickte. Es waren unglaublich heikle Arbeiten mit 17 raffinierten, gekoppelten Messungen, und bis zu ihrem endgültigen Abschluss verging fast ein Jahr. Als er seine Berechnungen schließlich beendet hatte, gab Cavendish bekannt, die Erde wiege ein wenig mehr als 13 000 000 000 000 000 000 000 englische Pfund oder sechs Milliarden Billionen Tonnen, um eine moderne Maßeinheit zu verwenden.[22]

Heute stehen den Wissenschaftlern so genaue Apparate zur Verfügung, dass sie das Gewicht einer einzigen Bakterienzelle feststellen können, und die Anzeige ist so empfindlich, dass sie noch beeinflusst wird, wenn jemand in 25 Metern Entfernung gähnt, aber Cavendishs Messungen von 1797 konnten sie nicht nennenswert verbessern. Nach der derzeit besten Schätzung wiegt die Erde 5,9725 Milliarden Billionen Tonnen, was im Vergleich zu Cavendishs Befunden nur einer Abweichung von etwa einem Prozent entspricht. Interessanterweise war das alles nur eine Bestätigung für Schätzungen, die Newton schon 110 Jahre vor Cavendish ohne den geringsten experimentellen Beleg vornahm.

Gegen Ende des 18. Jahrhunderts wussten die Wissenschaftler also über Form und Abmessungen der Erde sowie über ihre Entfernung von der Sonne und den Planeten sehr genau Bescheid, und Cavendish hatte das Gewicht beigetragen, ohne sein

Haus auch nur zu verlassen. Man könnte sich also vorstellen, dass es auch relativ einfach war, das Alter der Erde zu ermitteln. Schließlich lag das notwendige Material den Wissenschaftlern buchstäblich zu Füßen. Irrtum. Menschen spalteten das Atom und erfanden Fernsehen, Nylon und löslichen Kaffee, bevor sie das Alter ihres eigenen Planeten herausgefunden hatten.

Um die Gründe zu verstehen, müssen wir in den Norden nach Schottland reisen, und dabei begegnet uns zunächst ein hochintelligenter, geradezu genialer Mann, von dem nur die wenigsten schon einmal gehört haben. Er hatte kurz zuvor eine neue Wissenschaft erfunden: die Geologie.

5.
Die Steineklopfer

Zur gleichen Zeit, als Henry Cavendish in London seine Experimente beendete, war 600 Kilometer entfernt, in Edinburgh, mit dem Tod von James Hutton ebenfalls ein Schlusspunkt erreicht. Für Hutton war das natürlich unerfreulich, aber für die Wissenschaft brachte es großen Nutzen: Es eröffnete einem Mann namens John Playfair die Möglichkeit, Huttons Arbeit umzuschreiben, ohne dass er sich vor Peinlichkeiten fürchten musste.

Hutton war allen Berichten zufolge ein Mann der scharfsinnigen Erkenntnis und der lebhaften Unterhaltungen, ein blendender Gesellschafter und völlig konkurrenzlos, wenn es darum ging, jene geheimnisvollen, langsamen Vorgänge zu verstehen, die unseren Planeten geformt haben.[1] Leider lag es ihm aber nicht, seine Gedanken in einer Form niederzuschreiben, die andere auch nur ansatzweise verstehen konnten. Er war, wie ein Biograf mit fast hörbarem Seufzen feststellte, »nahezu bar jeder rhetorischen Errungenschaften«.[2] Fast jede Zeile, die er zu Papier brachte, war eine Einladung zum Schlafen. So heißt es beispielsweise in seinem 1795 erschienenen Meisterwerk *A Theory of the Earth with Proofs and Illustrations* über… irgendetwas:

Die Welt, welche wir bewohnen, besteht aus den Materialien, nicht aus der Erde, die der unmittelbare Vorgänger der Gegenwart war, sondern aus der Erde, welche wir in aufsteigender Linie von der Gegenwart als die dritte betrachten und die dem Land, welches über der Oberfläche des Meeres war, vorausgingen, während unser gegenwärtiges Land unter dem Wasser der Meere lag.

Fast völlig ohne fremde Hilfe begründete Hutton auf höchst intelligente Weise die Wissenschaft der Geologie und verwandelte unsere gesamte Vorstellung von der Erde. Hutton wurde 1726 als Sohn einer wohlhabenden schottischen Familie geboren und erfreute sich einer materiellen Sorglosigkeit, durch die er einen großen Teil seines Lebens in einem genial weit gefassten Bogen aus leichter Arbeit und geistigem Vorankommen verbringen konnte. Er studierte Medizin, aber sie war nicht nach seinem Geschmack, und so wandte er sich der Landwirtschaft zu, die er auf dem Familienanwesen in Berwickshire auf eine lockere, wissenschaftliche Art betrieb. Als er 1768 von Ackerbau und Viehzucht genug hatte, zog er nach Edinburgh und gründete dort eine erfolgreiche Firma, die Salmiak aus Ruß herstellte. Außerdem widmete er sich verschiedenen wissenschaftlichen Tätigkeiten. Edinburgh war zu jener Zeit ein Zentrum des geistigen Lebens, und Hutton schwelgte in den anregenden Möglichkeiten der Stadt. Er wurde zum führenden Mitglied einer Institution namens Oyster Club, wo er die Abende in der Gesellschaft von Männern wie dem Wirtschaftswissenschaftler Adam Smith, dem Chemiker Joseph Black und dem Philosophen David Hume verbringen konnte, und gelegentlich kamen auch flotte Burschen wie Benjamin Franklin und James Watt zu Besuch.[3]

Wie es der Tradition seiner Zeit entsprach, interessierte sich Hutton für fast alles von der Mineralogie bis zur Metaphysik. Er experimentierte mit Chemikalien, entwickelte Methoden für Kohlebergbau und Kanalbau, besichtigte Salzbergwerke, spekulierte über die Mechanismen der Vererbung, sammelte Fossilien, entwickelte Theorien über Regen, die Zusammensetzung der Luft sowie die Bewegungsgesetze und vieles andere. Sein ganz besonderes Interesse jedoch galt der Geologie.

Über eine der Fragen, die in jenem Zeitalter der Forschungsbesessenheit großes Interesse erregten, rätselte man schon seit sehr langer Zeit: Warum findet man auf Bergen so häufig uralte Muschelschalen und andere Fossilien von Meerestieren? Wie um alles in der Welt sind sie dorthin gekommen? Unter jenen, die eine Antwort zu haben glaubten, gab es zwei Lager. Nach

Überzeugung der einen, als Neptunisten bekannten Gruppe konnte man alles auf der Erde, auch Muschelschalen an unglaublich hoch gelegenen Orten, mit dem steigenden und fallenden Meeresspiegel erklären. Diese Partei war der Ansicht, Berge, Hügel und andere Geländemerkmale seien so alt wie die Erde selbst und würden sich nur dann verändern, wenn sie in Phasen der weltweiten Überschwemmungen vom Wasser überspült wurden.

Die Gegenposition vertraten die Plutonisten. Ihnen war aufgefallen, dass Vulkane, Erdbeben und andere Triebkräfte das Antlitz der Erde ständig veränderten, ohne dass die Launen der Meere dazu das Geringste beitrugen. Außerdem stellten die Plutonisten lästige Fragen wie die, wo das Wasser denn blieb, wenn gerade keine Überschwemmung herrschte. Wenn es irgendwann in so großer Menge vorhanden war, dass es sogar die Alpen bedeckte, wo blieb es dann in ruhigen Zeiten wie der jetzigen? Nach ihrer Ansicht waren nicht nur auf der Erdoberfläche, sondern auch im Erdinneren weit reichende Kräfte am Werk. Andererseits konnten sie aber nicht überzeugend erklären, woher die vielen Muschelschalen kamen.

Als Hutton über solche Themen nachgrübelte, gewann er eine Reihe außergewöhnlicher Erkenntnisse. Auf seinem eigenen Acker konnte er sehen, dass Boden durch die Erosion von Gestein entsteht und dass die Teilchen dieses Bodens ständig von Bächen und Flüssen weggeschwemmt und anderswo wieder abgelagert werden. Setzte dieser Vorgang sich bis zu seinem natürlichen Ende fort, dann, so seine Erkenntnis, wäre die Erde irgendwann ziemlich glatt geschliffen. In Wirklichkeit waren aber überall um ihn herum Berge. Offensichtlich musste ein weiterer Prozess ablaufen, der in irgendeiner Form für Erneuerung und Hebung sorgte, der neue Hügel und Berge entstehen ließ, damit der Kreislauf sich fortsetzen konnte. Die Fossilien von Meerestieren auf den Bergen waren nach seiner Vorstellung nicht bei Überschwemmungen abgelagert worden, sondern mit den Bergen selbst in die Höhe gestiegen. Außerdem gelangte er zu dem Schluss, dass Hitze aus dem Erdinneren die Triebkraft war, die neues Gestein sowie ganze Kontinente entstehen ließ und die Gebirge emportrieb. Man kann mit Fug und Recht behaupten, dass die Geologen erst 200 Jahre später, als die Theorie der Plattentektonik sich durchsetzte, wirklich begriffen, was Hutton erkannt hatte. Vor allem aber legten Huttons Überlegungen die Vermutung nahe, dass erdgeschichtliche Vorgänge riesige Zeiträume beanspruchen, weit mehr, als man sich jemals hätte träumen lassen. Seine Erkenntnisse reichten aus, um unsere Vorstellungen von der Erde völlig zu verändern.

Im Jahr 1785 ließ Hutton seine Gedanken in einen langen Aufsatz einfließen, der bei mehreren aufeinander folgenden Sitzungen der Royal Society of Edinburgh verlesen wurde. Er blieb fast unbeachtet. Die Gründe sind nicht schwer zu erkennen. Seinem Publikum präsentierte er unter anderem Folgendes:

In dem einen Fall liegt die formende Ursache in dem Körper, welcher abgetrennt wird; denn nachdem der Körper durch Wärme angeregt wurde, geschieht es durch die Reaktion der richtigen Materie im Körper, dass die Kluft entsteht, welche die Gesteinsader bildet. Im anderen Fall ist die Ursache wiederum äußerlicher Natur in Beziehung zu dem Körper, in dem sich die Kluft bildet. Es gab höchst gewaltsame Brüche und Risse; aber die Ursache gilt es noch zu suchen; sie scheint nicht in der Ader zu liegen; denn es ist nicht jeder Bruch und jede Verschiebung des festen Körpers unserer Erde, in der sich Mineralien oder die eigentlichen Substanzen der Mineraladern finden.

Es braucht wohl nicht besonders betont zu werden, dass niemand im Publikum auch nur die geringste Ahnung hatte, wovon er eigentlich redete. Von seinen Freunden zu einer Erweiterung seiner Theorie ermutigt und in der rührenden Hoffnung, er werde durch den erweiterten Umfang irgendwie zu mehr Klarheit gelangen, arbeitete Hutton während der nächsten zehn Jahre an seinem Hauptwerk, das 1795 schließlich in zwei Bänden erschien.

Die beiden Bücher umfassten zusammen nahezu 1000 Seiten

und waren – wirklich bemerkenswert – noch schlechter, als selbst seine pessimistischsten Freunde gefürchtet hatten. Von allem anderen abgesehen, bestand das fertige Werk fast zur Hälfte aus Zitaten französischer Autoren in ihrer Ursprungssprache.[4] Ein dritter Band war so reizlos, dass er erst 1899 veröffentlicht wurde, mehr als 100 Jahre nach Huttons Tod, und der vierte und letzte Band erschien überhaupt nie.[5] Huttons *Theory of the Earth* ist ein aussichtsreicher Kandidat für den Titel des am wenigsten gelesenen bedeutenden Wissenschaftswerks (oder zumindest würde es ihn erhalten, wenn es nicht auch viele andere gäbe). Selbst Charles Lyell, der größte Geologe des folgenden Jahrhunderts, der eigentlich alles las, musste eingestehen, dass er an Huttons Werk gescheitert war.[6]

Glücklicherweise hatte Hutton einen treuen Freund und Helfer in Gestalt des Mathematikprofessors John Playfair von der Universität Edinburgh. Playfair konnte nicht nur geschliffene Prosa schreiben, sondern dank vieler Jahre in Huttons Dunstkreis verstand er in den meisten Fällen sogar, was dieser sagen wollte. Im Jahr 1802, fünf Jahre nach Huttons Tod, veröffentlichte er unter dem Titel *Illustrations of the Huttonian Theory of the Earth* eine vereinfachte Erklärung der Prinzipien seines Freundes. Das Buch wurde von allen, die sich für Geologie interessierten, freudig begrüßt. Ihre Zahl war zwar 1802 noch gering, aber das sollte sich ändern – und wie!

Im Winter 1807 versammelten sich im Freimaurerlokal von Long Acre im Londoner Covent Garden dreizehn Geistesverwandte und gründeten einen Gesellschaftsklub namens Geological Society.[7] Sie wollten sich einmal im Monat treffen und bei ein paar Gläschen Madeira sowie einem gemütlichen Abendessen neue Ideen über Geologie austauschen. Um jene abzuschrecken, die ausschließlich mit geistigen Gütern gesegnet waren, wurde der Preis für die Mahlzeit auf horrende 15 Schilling festgelegt. Bald zeigte sich jedoch, dass ein Bedarf für eine stärker institutionalisierte Einrichtung bestand, mit einer ständig besetzten Zentrale, wo die Mitglieder sich treffen und über neue Entdeckungen diskutieren konnten. In knapp zehn Jahren wuchs die Mitgliederzahl auf 400 – natürlich ausschließlich Männer gehobenen Standes –, und die Geological Society drohte, die Royal Society als wichtigste wissenschaftliche Gesellschaft des Landes in den Schatten zu stellen.

Die Mitglieder trafen sich von November bis Juni zweimal im Monat, danach begaben sich praktisch alle den Sommer über zu Arbeiten ins Freiland.[8] Dabei gilt es zu bedenken, dass es sich nicht um Personen mit finanziellen Interessen an Mineralien handelte, ja meist waren sie noch nicht einmal Akademiker, sondern einfach feine Herren, die so viel Geld und Zeit hatten, dass sie ihrem Hobby auf mehr oder weniger professionellem Niveau frönen konnten. Im Jahr 1830 waren es bereits 745 Personen – etwas Ähnliches sollte die Welt nie wieder erleben.

Man kann es sich heute kaum vorstellen, aber die Geologie war im 19. Jahrhundert so aufregend und schlug die Menschen dermaßen in ihren Bann, wie es keiner anderen Wissenschaft zuvor oder danach jemals wieder gelang. Das 1839 erschienene Werk *The Silurian System* von Roderick Murchison, eine schwerfällige, gewichtige Untersuchung über einen als Grauwacke bezeichneten Gesteinstyp, wurde sofort zum Bestseller; obwohl ein Exemplar acht Guineen kostete und obwohl es nach wahrhaft Hutton'scher Art eigentlich unlesbar war, erlebte es schnell hintereinander vier Auflagen. (Selbst ein Murchison-Anhänger räumte ein, dass es ihm »völlig an literarischem Reiz mangelte«.[9]) Und als der große Charles Lyell 1841 nach Amerika reiste, um in Boston eine Vortragsreihe zu halten, drängte sich ein Publikum von 3000 Menschen im Lowell Institute, um sich seine langatmigen Beschreibungen mariner Zeolithe oder seismischer Verwerfungen in der Kampania anzuhören.

In der gesamten neuzeitlichen Welt, insbesondere aber in Großbritannien, machten sich gelehrte Männer in ländliche Gebiete auf den Weg, um ein wenig »Steine zu klopfen«, wie sie es nannten. Es galt als ernsthafte Beschäftigung, und entsprechend würdig kleideten sie sich mit Zylinder und dunklem Anzug. Eine Ausnahme machte nur der Geistliche William Buckland aus Oxford: Er hatte die Gewohnheit, seine Freilandarbeit im Professorentalar auszuführen.

Die Tätigkeit zog viele ungewöhnliche Gestalten an, nicht zuletzt den bereits erwähnten Murchison, der ungefähr die ersten 30 Jahre seines Lebens damit zugebracht hatte, im Galopp hinter Füchsen herzujagen oder fliegerisch angeschlagene Vögel mit Schrotladungen in Wolken fliegender Federn zu verwandeln, ohne aber eine geistige Beweglichkeit an den Tag zu legen, die über die Anforderungen beim Lesen der *Times* oder beim Kartenspiel hinausgegangen wäre. Dann entdeckte er sein Interesse an Gestein und wurde mit atemberaubender Geschwindigkeit zu einer der großen Gestalten im geologischen Denken.

Dann gab es da Dr. James Parkinson, der auch einer der ersten Sozialisten war und zahlreiche provokative Streitschriften mit Titeln wie »Revolution ohne Blutvergießen« verfasst hatte. Er war 1794 in eine leicht hirnrissig klingende »Kindergewehr-Verschwörung« verwickelt – König George III. sollte mit einem Giftpfeil getötet werden, den man ihm in den Hals schießen wollte, als er in seiner Theaterloge saß.[10] Parkinson wurde zum Verhör vor die Berater des Königs zitiert und wäre um ein Haar in Ketten nach Australien deportiert worden, bevor man die Anklage in aller Stille fallen ließ. Nachdem er sich eine etwas konservativere Lebenseinstellung zu Eigen gemacht hatte, interessierte er sich für Geologie und wurde zum Gründungsmitglied der Geological Society. Außerdem verfasste er das bahnbrechende geologische Werk *Organic Remains of a Former World*, das ein halbes Jahrhundert lang im Druck war. Ärger machte er nie mehr. Heute kennen wir ihn vor allem wegen seiner bahnbrechenden Untersuchung des Leidens, das damals »Schüttellähmung« genannt wurde, seither aber unter dem Namen Parkinson-Krankheit bekannt ist.[11] (Es gab noch einen anderen kleinen Grund, warum Parkinson hätte berühmt werden können. Er war 1785 der vermutlich einzige Mensch aller Zeiten, der bei einer Tombola ein naturhistorisches Museum gewann. Das Museum am Londoner Leicester Square war von Sir Ashton Lever gegründet worden, der über seinem ungehemmten Sammeltrieb für Naturwunder Bankrott gegangen war. Parkinson behielt das Museum bis 1805; dann konnte er es nicht mehr finanzieren, und die Sammlung wurde aufgelöst und verkauft.)

Charakterlich nicht ganz so ungewöhnlich, aber einflussreicher als alle anderen zusammen war Charles Lyell. Er war in Huttons Todesjahr nur rund 110 Kilometer von diesem entfernt in dem Dorf Kinnordy geboren worden. Obwohl also von Geburt her Schotte, wuchs er ganz im Süden Englands im New Forest von Hampshire auf, denn seine Mutter hielt alle Schotten für schwächliche Trunkenbolde.[12] Wie es bei wissenschaftlich gebildeten Gentlemen im 19. Jahrhundert üblich war, stammte Lyell aus angenehm wohlhabenden, geistig anspruchsvollen Kreisen. Sein Vater, der ebenfalls Charles hieß, genoss den ungewöhnlichen Ruf, ein führender Fachmann für den Dichter Dante sowie für Moose zu sein. (Nach ihm ist *Orthotrichum lyelli* benannt, auf dem wohl fast jeder, der ländliche Gegenden in England besucht, schon einmal gesessen hat.) Vom Vater übernahm Lyell das ausgeprägte Interesse an Naturgeschichte, aber erst in Oxford, wo er dem Zauber des Reverend William Buckland – der mit dem Talar – verfiel, entwickelte sich bei dem jungen Lyell das lebenslange Engagement für die Geologie.

Buckland war so etwas wie ein liebenswürdiger Kauz. Er hatte einige echte Leistungen vorzuweisen, in Erinnerung blieb er aber vor allem durch seine Exzentrizität. Insbesondere war er dafür bekannt, dass er eine ganze Menagerie wilder Tiere besaß, manche davon groß und gefährlich, die frei in seinem Haus und Garten herumliefen; außerdem hatte er den Wunsch, jedes Tier der Schöpfung wenigstens einmal zu essen. Je nach Laune und Verfügbarkeit ließ Buckland seinen Gästen gebratene Meerschweinchen, Mäuse im Bierteig, gegrillte Igel oder gekochte südostasiatische Meeresschnecken vorsetzen. Buckland fand an allen etwas Gutes, außer am gemeinen Gartenmaulwurf, den er für ekelhaft erklärte. Da ließ es sich fast nicht vermeiden, dass er auch zur führenden Autorität für Koprolithen – versteinerte Exkremente – wurde, und er ließ sich einen Tisch bauen, der ausschließlich aus von ihm gesammelten Exemplaren solcher Versteinerungen bestand.

Selbst wenn Buckland ernsthafte Wissenschaft betrieb, legte

er ein einzigartiges Verhalten an den Tag. Eines Nachts wurde seine Frau unsanft aus dem Schlaf gerissen, weil ihr Mann sie schüttelte und aufgeregt schrie: »Mein Liebling, ich glaube, die Fußabdrücke von *Cheirotherium* müssen die einer Schildkröte sein.«[13] Gemeinsam eilten sie im Nachthemd in die Küche. Mrs. Buckland stellte aus Mehl eine Paste her und verteilte sie auf dem Tisch, während der Geistliche die Schildkröte der Familie holte. Sie setzten das Tier in die Paste, trieben es vorwärts und stellten zu ihrem Entzücken fest, dass ihre Fußabdrücke tatsächlich sehr gut zu denen des Fossils passten, das Buckland zuvor untersucht hatte. Charles Darwin bezeichnete Buckland als Hanswurst, aber Lyell fand ihn offenbar anregend und mochte ihn so sehr, dass die beiden 1824 gemeinsam eine Rundreise durch Schottland unternahmen. Kurz danach entschloss sich Lyell, seine Juristenlaufbahn aufzugeben und sich ganz der Geologie zu widmen.

Lyell war stark kurzsichtig und litt fast sein ganzes Leben lang an einem schmerzhaften Schielen, was ihm ein gequältes Aussehen verlieh. (Am Ende erblindete er völlig.) Ein wenig seltsam war auch, dass er auf Sitz- oder Liegemöbeln häufig eine sehr eigenartige Position einnahm, wenn er sich seinen Gedanken hingab – dann legte er sich beispielsweise quer über zwei Stühle oder »ließ den Kopf auf dem Sitz eines Stuhles ruhen, während er aufstand« (so eine Formulierung seines Freundes Darwin).[14] Wenn er in Gedanken versunken war, rutschte er auf seinem Stuhl häufig so weit nach vorn, dass das Gesäß fast den Fußboden berührte.[15] Die einzige echte berufliche Anstellung, die Lyell in seinem Leben innehatte, war die eines Professors für Geologie am Londoner King's College von 1831 bis 1833. Ungefähr zu dieser Zeit verfasste er auch sein Werk *The Principles of Geology*, dessen drei Bände zwischen 1830 und 1833 erschienen. Darin festigte und verfeinerte er in vielerlei Hinsicht die Gedanken, die Hutton eine Generation zuvor als Erster formuliert hatte. (Lyell hatte Huttons Buch zwar nie im Original gelesen, dafür aber eifrig Playfairs überarbeitete Version studiert.)

In der Zeit zwischen Hutton und Lyell war in der Geologie

eine neue Meinungsverschiedenheit aufgebrochen, die den alten Konflikt zwischen Neptuniern und Plutoniern im Wesentlichen verdrängt hatte, aber häufig mit ihm verwechselt wird. Jetzt stritt man um Katastrophentheorie oder Uniformitarianismus – abschreckende Begriffe für eine wichtige Diskussion, die sich über viele Jahre hinzog. Die Überzeugung der Katastrophentheoretiker wurde schon in ihrer Bezeichnung deutlich: Sie glaubten, die Erde werde durch plötzliche, katastrophale Ereignisse geformt, vor allem durch Überschwemmungen – das ist der Grund, warum Katastrophentheorie und Neptunismus vielfach fälschlich in einen Topf geworfen werden. Besonders angenehm war die Katastrophentheorie für Geistliche wie Buckland, denn mit ihrer Hilfe konnte man die biblische Sintflut in ernsthafte wissenschaftliche Erörterungen einbinden. Nach Ansicht der Uniformitarianisten dagegen spielen sich Veränderungen auf der Erde ganz allmählich ab, und fast alle Vorgänge ereignen sich sehr langsam über ungeheure Zeiträume hinweg. Der Vater dieser Vorstellung war eigentlich nicht Lyell, sondern Hutton, aber Lyells Werke fanden wesentlich mehr Leser, und deshalb wurde er in den Augen der meisten Menschen damals wie heute zum Urheber des modernen geologischen Gedankengebäudes.[16]

Lyell glaubte an einheitliche, stetige Veränderungen auf der Erde – danach lässt sich alles, was in der Vergangenheit jemals geschehen ist, mit heute noch laufenden Vorgängen erklären. Lyell und seine Anhänger lehnten die Katastrophentheorie nicht nur ab, sondern sie verabscheuten sie sogar. Die Katastrophentheoretiker hielten jedes Aussterben für den Teil einer Kette, in der Tiere immer wieder ausgerottet und durch neue ersetzt wurden – eine Ansicht, die der Naturforscher T. H. Huxley einmal spöttisch mit einer Serie von Doppelsiegen im Kartenspiel verglich, an deren Ende die Spieler den Tisch umstürzen und nach einem neuen Blatt rufen.[17] Es war eine allzu bequeme Methode, das Unbekannte zu erklären. »Nie war ein Dogma mehr darauf berechnet, der Trägheit Vorschub zu leisten und die scharfe Schneide der Neugier stumpf zu machen«, wetterte Lyell.[18]

Aber auch Lyells Ansicht hatte beträchtliche Schwächen. Er

konnte nicht überzeugend erklären, wie Gebirge entstehen, und die Gletscher als Ursache des Wandels übersah er völlig.[19] Auch die von Louis Agassiz geäußerte Idee von Eiszeiten – vom »Einfrieren des Globus«, wie er es abschätzig nannte[20] – lehnte er ab, und er war zuversichtlich, man werde Säugetiere »in den ältesten fossiltragenden Schichten finden«. Lyell hatte etwas gegen die Vorstellung, Tiere und Pflanzen könnten ganz plötzlich vernichtet werden, und stattdessen glaubte er, alle großen Tiergruppen – Säugetiere, Reptilien, Fische und so weiter – hätten seit Anbeginn der Zeiten nebeneinander existiert.[21] In allen diesen Punkten sollte er später widerlegt werden.

Dennoch kann man Lyells Einfluss gar nicht hoch genug einschätzen. Seine *Principles of Geology* erlebten noch zu seinen Lebzeiten zwölf Auflagen und enthielten Gedanken, die das geologische Denken bis weit ins 20. Jahrhundert hinein prägten. Darwin hatte die erste Auflage auf seiner Reise mit der *Beagle* dabei und schrieb anschließend: »Es war das große Verdienst der *Principles*, dass sie die ganze Geisteshaltung veränderten, sodass man einen Gegenstand selbst dann teilweise durch Lyells Augen sah, wenn er selbst diesen nie zu Gesicht bekommen hatte.«[22] Kurz gesagt, war Lyell für Darwin wie für viele seiner Zeitgenossen fast eine göttliche Gestalt. Lyells starker Einfluss war noch in den achtziger Jahren des 20. Jahrhunderts zu spüren: Als die Geologen damals nur einen Teil seiner Lehre aufgeben mussten, um sich mit der Theorie des Aussterbens durch Meteoriteneinschläge anzufreunden, hätte es ihnen fast das Genick gebrochen. Aber das ist ein anderes Kapitel.

Vorerst gab es in der Geologie noch viel zu klären, und das ging nicht immer reibungslos. Man hatte von Anfang an versucht, Gesteine nach der Zeit ihrer Ablagerung einzuteilen, aber häufig gab es verbitterte Meinungsverschiedenheiten um die Frage, wo man die Grenzen ziehen sollte – nirgendwo wurde das so deutlich wie bei der langjährigen Debatte, die als große Devon-Kontroverse bekannt wurde. Die Frage wurde aufgeworfen, als der Geistliche Adam Sedgwick aus Cambridge für das Kambrium eine Gesteinsschicht beanspruchte, die nach Ansicht von Roderick Murchison eindeutig zum Silur gehörte. Die

Diskussion tobte über Jahre hinweg und wurde äußerst hitzig. »De la Beche ist ein dreckiger Hund«, schrieb Murchison in einem seiner typischen Wutanfälle an einen Freund.[23]

Einen Eindruck von der gefühlsmäßigen Heftigkeit kann man sich verschaffen, wenn man sich die Titel der einzelnen Kapitel in dem Buch *The Great Devonian Controversy* von Martin J. S. Rudwick ansieht, das einen ausgezeichneten, erschütternden Bericht über das Thema enthält. Es beginnt ganz harmlos mit Überschriften wie »Arena einer Diskussion unter Gentlemen« und »Erforschung der Grauwacke«, aber dann geht es weiter mit »Angriff und Verteidigung der Grauwacke«, »Erneute Beweise und Widerlegungen«, »Verbreitung hässlicher Gerüchte«, »Weaver widerruft seine Ketzerei«, »Ein Provinzler wird in die Schranken gewiesen« und (falls noch Zweifel bestehen sollten, dass es sich um einen Krieg handelte) »Murchison eröffnet den Rheinland-Feldzug«. Der Streit wurde 1879 endgültig beigelegt, und zwar durch einen einfachen Ausweg: Man definierte eine neue Periode, das Ordovizium, das zwischen den beiden anderen eingefügt wurde.

Da die Briten in den Anfangsjahren am aktivsten waren, herrschen Namen von der Insel im biologischen Wörterbuch vor. Die Epoche des *Devon* ist natürlich nach der gleichnamigen englischen Grafschaft benannt, *Kambrium* kommt vom römischen Namen für Wales, *Ordovizium* und *Silur* erinnern an die alten walisischen Stämme der Ordovizen und Siluren. Aber mit dem Aufschwung der geologischen Forschung in anderen Ländern wurde auch die Herkunft der Namen vielfältiger. Die Jurazeit wurde nach dem Juragebirge an der Grenze zwischen Frankreich und der Schweiz benannt, das Perm erinnert an die gleichnamige russische Provinz im Ural. Die Kreidezeit verdanken wir einem belgischen Geologen mit dem flotten Namen J. J. d'Omalius d'Halloy.[24]

Ursprünglich wurde die Erdgeschichte in vier Phasen eingeteilt: Primär, Sekundär, Tertiär und Quartär. Das System war so ordentlich, dass es nicht von Dauer sein konnte: Schon wenig später nahmen die Geologen weitere Unterteilungen vor, während andere verworfen wurden. Primär und Sekundär wurden völlig ungebräuchlich, das Quartär dagegen behielten einige bei, während andere es aufgaben. Heute ist nur das Tertiär noch eine überall anerkannte Bezeichnung, es stellt allerdings nicht mehr irgendeine dritte Periode dar.

Für die Phase seit dem Dinosaurierzeitalter führte Lyell in seinen *Principles* weitere Einheiten ein, die als Epochen oder Serien bezeichnet wurden, so beispielsweise das Pleistozän (»das Neueste«), das Pliozän (»das Neuere«), das Miozän (»das mäßig Neue«) und das liebenswert unbestimmte Oligozän (das »nur ein wenig Neue«). Als Endung hatte Lyell ursprünglich »*-synchronous*« vorgesehen,[25] sodass sich gebundene Bezeichnungen wie Meiosynchron und Pleiosynchron ergeben hätten. Aber der einflussreiche Geistliche William Whewell erhob aus etymologischen Gründen Einwände und schlug stattdessen »*-eous*« als Änderung vor, was zu Meioneous, Pleioneous und so weiter geführt hätte. Die Änderungen auf »*-cene*« (deutsch »-zän«) waren also eine Art Kompromiss.

Heute unterteilt man die Erdgeschichte ganz allgemein zunächst einmal in vier große Abschnitte: Präkambrium, Paläozoikum (nach dem griechischen »altes Leben«), Mesozoikum (»mittleres Leben«) und Känozoikum (»neues Leben«). Diese vier Ären gliedern sich dann in ein Dutzend bis 20 Untergruppen, die in der Regel als Perioden, manchmal aber auch als Systeme bezeichnet werden. Die meisten davon sind ebenfalls einigermaßen gut bekannt: Kreide, Jura, Trias, Silur und so weiter.*

Dann folgen Lyells Epochen – Pleistozän, Miozän und so weiter –, die aber nur auf die jüngsten (paläontologisch allerdings sehr reichhaltigen) 65 Millionen Jahre angewandt werden, und schließlich gelangen wir zu zahlreichen feineren Unterteilungen, die als Stadien oder Zeitalter bezeichnet werden. Die meisten davon sind nach Orten benannt, und das fast immer auf

* Hier soll nicht abgefragt werden, aber wer sie auswendig lernen muss, kann sich einer von John Wilford vorgeschlagenen Gedächtnisstütze bedienen und die Ären (Präkambrium, Paläozoikum, Mesozoikum und Känozoikum) als Jahreszeiten betrachten; die Perioden (Perm, Trias, Jura usw.) sind dann die Monate.

merkwürdige Weise: Illinoium, Desmoinesium, Croixium, Kimmeridgium und so immer weiter. Ihre Zahl beläuft sich nach Angaben von John McPhee insgesamt auf »zigdutzend«.[26] Wer nicht gerade die Geologie als Beruf wählt, wird zu seinem Glück wahrscheinlich nie wieder etwas von ihnen hören.

Noch verwirrender wird die Angelegenheit, weil die Stadien oder Zeitalter in Nordamerika andere Namen tragen als in Europa und sich oft auch zeitlich nur grob überschneiden. Das nordamerikanische Stadium des Cincinnatian fällt zum größten Teil mit dem Ashgillium in Europa zusammen, aber ein kleines Stück des geringfügig älteren Caradocium gehört auch noch dazu.

Unterschiede gibt es darüber hinaus auch von Lehrbuch zu Lehrbuch und von einem Autor zum nächsten: Manche Experten unterscheiden in neuerer Zeit sieben Epochen, andere geben sich mit vier zufrieden. In manchen Büchern fehlen auch Tertiär und Quartär, und an ihre Stelle treten unterschiedlich lange Zeiträume namens Paläogen und Neogen. Andere unterteilen das Präkambrium in ein sehr altes Archäum und ein etwas neueres Proterozoikum. Manchmal werden auch Känozoikum, Mesozoikum und Paläozoikum unter dem Begriff Phanerozoikum zusammengefasst.

Und das alles gilt nur für die *zeitliche* Einteilung. Gesteine unterteilt man in ganz andere Einheiten, die als Systeme, Serien und Stadien bezeichnet werden.[27] Außerdem unterscheidet man zwischen früh und spät (womit die Zeit gemeint ist) sowie zwischen oberen und unteren Gesteinsschichten. Das alles mag dem Laien schrecklich verwirrend erscheinen, für einen Geologen können sich aber daran die Leidenschaften entzünden. »Mag dies auch nur ein Problem für Spezialisten sein, so habe ich dennoch erwachsene Männer vor Wut schäumen sehen über diese – metaphorisch gesprochen – Millisekunde in der Geschichte des Lebens«, schrieb der britische Paläontologe Richard Fortey im Zusammenhang mit einem Streit um die Abgrenzung zwischen Kambrium und Ordovizium, der sich im 20. Jahrhundert lange hinzog.[28]

Heute können wir wenigstens raffinierte Datierungsverfahren

in die Waagschale werfen. Den Geologen des 19. Jahrhunderts blieb nichts als hoffnungsvolles Raten. Sie waren damals in einer frustrierenden Situation: Zwar konnte man die verschiedenen Gesteine und Fossilien entsprechend ihrem Alter in der richtigen Reihenfolge anordnen, aber man hatte keine Ahnung, wie hoch dieses Alter eigentlich war. Als Buckland über die Datierung eines Ichthyosaurus-Skeletts spekulierte, konnte er lediglich die Vermutung anstellen, das Tier habe irgendwann vor 10 000 oder mehr als 10 000 mal 10 000 Jahren gelebt.[29]

Aber obwohl es keine zuverlässige Methode zur Datierung der Zeitalter gab, herrschte kein Mangel an Personen, die es versuchen wollten. Einen der bekanntesten frühen Versuche unternahm 1650 der Erzbischof James Ussher von der Church of Ireland: Er gelangte nach sorgfältigem Studium der Bibel und anderer historischer Quellen in einem umfangreichen Werk namens *Annals of the Old Testament* zu dem Schluss, die Erde sei am Mittag des 23. Oktober 4004 v. Chr. erschaffen worden, eine Behauptung, über die sich Historiker und Lehrbuchautoren seither immer wieder lustig gemacht haben.*

Nebenbei bemerkt: Hartnäckig – auch in vielen seriösen Büchern – hält sich der Mythos, Usshers Ansichten hätten das wissenschaftliche Denken bis weit ins 19. Jahrhundert hinein geprägt, und erst Lyell habe die Sache zurechtgerückt. Ein typisches Beispiel aus einem populärwissenschaftlichen Buch, das in den achtziger Jahren des 20. Jahrhunderts erschien, zitiert Stephen Jay Gould in seinem Werk *Die Entdeckung der Tiefenzeit*: »Bis zum Erscheinen von Lyells Buch akzeptierten die meisten denkenden Menschen die Vorstellung, dass die Erde jung sei…«[31] In Wirklichkeit stimmt das nicht. Martin J. S. Rudwick formuliert es so: »Kein Geologe aus irgendeinem Land, dessen

* Ussher kommt zwar in praktisch allen Büchern vor, in den Details sind die Beschreibungen aber verblüffend unterschiedlich. Manche Bücher erklären, er habe seine Behauptung 1650 aufgestellt, andere nennen das Jahr 1654 und wieder andere 1664. Vielfach wird als Datum für die angebliche Entstehung der Erde auch der 26. Oktober angegeben. Mindestens ein maßgebliches Buch schreibt seinen Namen »Usher«. Ein interessanter Überblick über das Thema findet sich in dem Buch *Eight Little Piggies* von Stephen Jay Gould.[30]

Arbeiten von anderen Geologen ernst genommen wurden, vertrat einen zeitlichen Ablauf innerhalb der Grenzen, die durch eine wörtliche Auslegung des Ersten Buches Mose vorgegeben waren.«[32] Selbst der Reverend Buckland, eine fromme Seele, wie sie nur das 19. Jahrhundert hervorbringen konnte, wies darauf hin, dass die Bibel an keiner Stelle berichtet, Gott habe Himmel und Erde am ersten Tag erschaffen; es heißt dort vielmehr nur, er habe sie »am Anfang« gemacht.[33] Dieser Anfang konnte sich nach seiner Überlegung über »Millionen und Abermillionen von Jahren« hingezogen haben. Alle waren sich einig, dass die Erde sehr alt ist. Die Frage war nur: Wie alt?

Einer der besseren frühen Versuche, den Entstehungszeitpunkt unseres Planeten zu ermitteln, stammte von dem stets zuverlässigen Edmond Halley: Er schlug 1715 vor, man solle die gesamte Salzmenge in den Weltmeeren durch die Menge dividieren, die jedes Jahr hinzukommt; auf diese Weise, so seine Überlegung, könnte man herausfinden, seit wie vielen Jahren es die Ozeane bereits gibt, und damit hätte man eine ungefähre Vorstellung vom Alter der Erde. Es war eine reizvolle Logik, aber leider wusste niemand, wie viel Salz die Meere enthielten oder wie viel jedes Jahr hinzukam, und damit war das Experiment nicht durchführbar.

Den ersten Versuch einer Messung, den man entfernt als wissenschaftlich bezeichnen könnte, unternahm der Franzose Georges-Louis Leclerc, Comte de Buffon, in den siebziger Jahren des 18. Jahrhunderts. Man wusste schon seit langem, dass die Erde beträchtliche Wärmemengen abstrahlt – das erkennt jeder, der sich einmal in ein Kohlebergwerk begibt –, aber man hatte keine Möglichkeit, den Umfang dieser Abstrahlung abzuschätzen. In seinen Experimenten erhitzte Buffon Metallkugeln bis zur Weißglut, und dann schätzte er die Geschwindigkeit des Wärmeverlustes ab, indem er sie beim Abkühlen (und anfangs wahrscheinlich sehr vorsichtig) berührte. Auf diese Weise gelangte er für das Alter der Erde zu einer Schätzung zwischen 75 000 und 168 000 Jahren.[34] Damit lag er natürlich bei weitem zu niedrig, aber es war dennoch eine radikale Vorstellung, für deren Verbreitung Buffon mit der Exkommunikation bedroht wurde. Der Pragmatiker entschuldigte sich sofort für seine gedankenlose Ketzerei, wiederholte aber in späteren Schriften fröhlich seine ursprünglichen Behauptungen.

Mitte des 19. Jahrhunderts waren die meisten gebildeten Menschen davon überzeugt, dass die Erde mindestens einige Millionen Jahre alt ist, vielleicht sogar einige Zigmillionen, viel mehr aber auch nicht. Deshalb sorgte Charles Darwin 1859 für eine große Überraschung, als er in seiner *Entstehung der Arten* verkündete, die geologischen Entstehungsprozesse im Weald – einer Region im Süden Englands, zu der Kent, Surrey und Sussex gehören – hätten insgesamt 306.662.400 Jahre in Anspruch genommen.[35] Diese Behauptung war schon wegen ihrer verblüffenden Genauigkeit bemerkenswert, insbesondere aber weil sie ein Schlag ins Gesicht der herrschenden Lehre über das Alter der Erde war.* In der Folgezeit wurde darüber so heftig gestritten, dass Darwin sie aus der dritten Auflage seines Buches entfernte. Im Kern blieb das Problem aber bestehen. Darwin und seine Geologenfreunde waren darauf angewiesen, dass die Erde alt ist, aber niemand kannte einen Weg, um ihr wahres Alter zu bestimmen.

Darwin und der Fortschritt hatten Pech: Die Frage weckte das Interesse des großen Lord Kelvin (der damals bei aller unzweifelhaften Größe noch einfach William Thomson hieß; in den Adelsstand wurde er erst 1892 erhoben, als er 68 Jahre war und fast am Ende seiner Laufbahn stand; ich werde den Namen aber hier, wie es allgemein üblich ist, auch rückwirkend verwenden). Kelvin war eine der ungewöhnlichsten Gestalten des 19. Jahrhunderts, ja eigentlich sogar aller Jahrhunderte. Der deutsche Wissenschaftler Hermann von Helmholtz, selbst geistig alles andere als minderbemittelt, schrieb einmal, Kelvin habe mit Abstand die größte Intelligenz, Klugheit und geistige Beweglichkeit aller Menschen, die ihm jemals begegnet seien.[36] »Neben

* Darwin liebte genaue Zahlenangaben. In einer späteren Arbeit behauptete er, in einem Acre (4046,8 m^2) englischen Ackerbodens seien im Durchschnitt 53 767 Würmer zu finden.

ihm fühlte ich mich manchmal richtig hölzern«, fügte er ein wenig niedergeschlagen hinzu.

Solche Gefühle sind nur allzu verständlich: Kelvin war tatsächlich eine Art Supermann des viktorianischen Zeitalters. Er wurde 1824 in Belfast geboren; sein Vater, Mathematikprofessor an der Royal Academical Institution, zog wenig später nach Glasgow. Dort erwies sich der kleine Kelvin als ein solches Wunderkind, dass er im zarten Alter von zehn Jahren an der Universität Glasgow aufgenommen wurde. Mit Anfang zwanzig hatte er bereits an Hochschulen in London und Paris studiert, in Cambridge ein Examen gemacht (er gewann auch die Preise der dortigen Universität für Rudern und Mathematik, und nebenbei fand er noch die Zeit, eine Musikgesellschaft zu gründen), man hatte ihn zum Mitglied des Peterhouse (eines besonders angesehenen Colleges in Cambridge) gewählt, und er hatte (auf Französisch und Englisch) ein Dutzend Aufsätze über reine und angewandte Mathematik geschrieben, die von so atemberaubender Originalität waren, dass er sie anonym veröffentlichen musste, um seinen Vorgesetzten Peinlichkeiten zu ersparen.[37] Mit 22 kehrte er an die Universität Glasgow zurück und übernahm dort eine Professur für Naturphilosophie, eine Stellung, die er während der nächsten 53 Jahre behielt.[38]

Im Laufe seiner langen Karriere (er starb erst 1907 mit 83 Jahren) schrieb er 661 wissenschaftliche Artikel, sammelte 69 Patente (durch die er zu üppigem Reichtum gelangte) und wurde in fast allen Teilgebieten der Physik zu einer angesehenen Gestalt. Neben vielem anderen schlug er eine Methode vor, die unmittelbar zur Erfindung von Kühlmaschinen führte; er entwickelte die absolute Temperaturskala, die heute noch seinen Namen trägt, erfand Verstärker, mit deren Hilfe man Telegramme über Ozeane hinweg versenden konnte, und sorgte für unzählige Verbesserungen in Schifffahrt und Navigation, von der Erfindung eines allgemein beliebten Schiffskompasses bis zum ersten Tiefenecholot. Und das waren nur seine praktischen Errungenschaften.

Ebenso revolutionär waren Kelvins theoretische Arbeiten über Elektromagnetismus, Thermodynamik und die Wellentheorie des Lichts.* Er hatte nur eine große Schwäche, und die bestand darin, dass er das Alter der Erde nicht richtig berechnen konnte. Die Frage nahm ihn in der zweiten Hälfte seiner Laufbahn stark in Anspruch, aber er kam dem richtigen Ergebnis nie auch nur nahe. Den ersten Versuch unternahm er 1862 in einem Aufsatz für die populäre Zeitschrift *Macmillans*: Darin äußerte er die Vermutung, die Erde sei 98 Millionen Jahre alt, aber vorsichtshalber räumte er ein, die Zahl könne auch nur bei 20 Millionen Jahren liegen oder aber 400 Millionen Jahre betragen. Mit bemerkenswerter Klugheit gestand er, seine Berechnungen könnten falsch sein, wenn »die große Fundgrube der Schöpfung noch Quellen zugänglich macht, die uns bisher nicht bekannt sind« – aber es war ganz deutlich, dass er so etwas für unwahrscheinlich hielt.

Im Laufe der Zeit äußerte Kelvin immer selbstbewusstere Behauptungen, die immer weniger stimmten. Er revidierte seine Schätzungen ständig nach unten: Aus dem Höchstwert von 400 Millionen Jahren wurden 100 Millionen, dann 50 Millionen und 1897 schließlich nur noch 24 Millionen Jahre. Damit verfolgte Kelvin keine bösen Absichten. Man konnte einfach mit keinem der damals bekannten physikalischen Vorgänge erklären, wie ein Körper von der Größe der Sonne länger als ein paar Zigmillionen Jahre leuchten konnte, ohne dass der Brennstoff

* Insbesondere verfeinerte er den Zweiten Hauptsatz der Thermodynamik. Eine Erörterung dieser Gesetze würde allein ein ganzes Buch füllen; um einen Eindruck davon zu vermitteln, zitiere ich hier nur eine prägnante Zusammenfassung des Chemikers P. W. Atkins: »Es gibt vier Gesetze. Das dritte davon, der Zweite Hauptsatz, wurde als Erstes entdeckt; das erste, der Nullte Hauptsatz, wurde als Letztes formuliert; der erste kam als Zweiter; und der dritte ist vielleicht nicht einmal ein Naturgesetz in dem gleichen Sinne wie die anderen.« Ganz kurz zusammengefasst, besagt der Zweite Hauptsatz, dass immer ein wenig Energie verloren geht. Ein Perpetuum mobile kann es nicht geben, denn selbst wenn eine Maschine noch so effizient arbeitet, verliert sie immer Energie, sodass sie letztlich zum Stillstand kommt. Nach dem Ersten Hauptsatz kann Energie nicht neu erschaffen werden, und der Dritte besagt, dass die Temperatur nicht bis zum absoluten Nullpunkt sinken kann; ein wenig Restwärme bleibt immer übrig. Wie Dennis Overbye feststellt, kann man die drei Hauptsätze manchmal scherzhaft so formulieren: Erstens – du kannst nicht gewinnen; zweitens – du kannst kein Unentschieden erreichen; und drittens – du kannst aus dem Spiel nicht ausscheiden.

zur Neige ging. Daraus ergab sich die Schlussfolgerung, dass die Sonne und ihre Planeten zwangsläufig relativ jung sein mussten.

Es stellte sich nur das Problem, dass fast alle Fossilfunde dem widersprachen, und im 19. Jahrhundert gab es plötzlich jede Menge Fossilfunde.

6.
Wissenschaft, rot an Zähnen und Klauen

Im Jahr 1787 fand irgendjemand – wer es genau war, ist heute anscheinend vergessen – an einer Stelle namens Woodbury Creek in New Jersey einen riesigen Oberschenkelknochen, der aus einem Bachufer ragte. Der Knochen gehörte ganz offensichtlich nicht zu einer heute lebenden Tierart, und erst recht nicht zu einer, die in New Jersey vorkam. Nach dem wenigen, was wir heute wissen, war es vermutlich der Knochen eines Hadrosauriers, das heißt eines großen Dinosauriers mit Entenschnabel. Aber von Dinosauriern wusste man zu jener Zeit noch nichts.

Man schickte den Knochen an Dr. Caspar Wistar, den führenden Anatomen des Landes, und der beschrieb ihn im Herbst des gleichen Jahres in Philadelphia bei einer Tagung der American Philosophical Society.[1] Leider erkannte er aber in keiner Weise die Bedeutung des Knochens, sondern machte nur ein paar vorsichtige, wenig anregende Bemerkungen über seine ungeheure Größe. Damit verpasste er die Gelegenheit, ein halbes Jahrhundert vor allen anderen zum Entdecker der Dinosaurier zu werden. Der Knochen weckte so wenig Interesse, dass man ihn in einem Magazin unterbrachte, und schließlich verschwand er völlig. Der erste Dinosaurier, der gefunden wurde, ging also auch als Erster wieder verloren.

Dass der Knochen kein größeres Interesse weckte, ist ein durchaus nicht geringes Rätsel, denn er tauchte zu einer Zeit auf, als eine Welle der Begeisterung über die Reste großer, vorzeitlicher Tiere durch Amerika schwappte. Auslöser der Aufregung war eine seltsame Behauptung des großen französischen

Naturforschers Comte de Buffon, der uns mit seinen erhitzten Kugeln schon im vorherigen Kapitel begegnet ist: Danach waren die Lebewesen Amerikas denen der Alten Welt in nahezu jeder Hinsicht unterlegen.[2] Amerika, so schrieb Buffon in seiner riesigen, hoch angesehenen *Histoire Naturelle*, sei ein Land der stehenden Gewässer, des unfruchtbaren Bodens und der kleinen, kraftlosen Tiere, deren Konstitution durch die »giftigen Dämpfe« aus faulenden Sümpfen und lichtlosen Wäldern geschwächt werde. In einem solchen Umfeld fehlte angeblich sogar den einheimischen Indianern die Lebenskraft. Klugerweise nur am Rande meinte Buffon: »Sie haben weder Bart noch Körperbehaarung und keine Leidenschaft für die Frauen. Ihre Fortpflanzungsorgane sind klein und schwächlich.«

Buffons Behauptungen wurden von anderen Autoren überraschend eifrig unterstützt, insbesondere von jenen, deren Erkenntnisse nicht durch tatsächliche Vertrautheit mit dem Land komplizierter gemacht wurden. Ein Niederländer namens Corneille de Pauw gab in einem beliebten Werk mit dem Titel *Recherches Philosophiques sur les Américains* bekannt, die männlichen amerikanischen Ureinwohner seien nicht nur wenig leistungsfähig, was die Fortpflanzung angehe, sondern ihnen fehle die Manneskraft so stark, »dass sie sogar Milch in den Brüsten haben«.[3] Derartige Ansichten erfreuten sich durchaus einer gewissen Dauerhaftigkeit und waren wörtlich oder sinngemäß bis gegen Ende des 19. Jahrhunderts in vielen europäischen Büchern zu finden.

Wie nicht anders zu erwarten, wurden solche Verleumdungen in Amerika mit Empörung aufgenommen. Thomas Jefferson nahm in seinen *Notes on the State of Virginia* eine wütende (und wenn man den Zusammenhang nicht kennt, ganz und gar verblüffende) Erwiderung auf und veranlasste seinen Freund, den General John Sullivan aus New Hampshire, 20 Soldaten in die Wälder des Nordens zu entsenden: Sie sollten dort einen männlichen Elch finden, den man Buffon als Beweis für Größe und Majestät der amerikanischen Vierbeiner vorführen konnte. Die Männer brauchten zwei Wochen, bis sie ein geeignetes Exemplar ausfindig gemacht hatten. Aber dem Elch, den sie schließlich erlegten, fehlten die eindrucksvollen Hörner, die Jefferson verlangt hatte; deshalb schickte Sullivan klugerweise das Geweih eines Hirsches mit und schlug vor, man solle es stattdessen an dem toten Tier anbringen. Wer sollte das in Frankreich schon bemerken?

Mittlerweile hatten Naturforscher in Philadelphia – der Stadt Wistars – damit begonnen, die Knochen eines riesigen, elefantenähnlichen Tiers zusammenzusetzen, das anfangs als »das große amerikanische Unbekannte« bezeichnet wurde; später erkannte man darin – nicht ganz richtig – eine Form des Mammuts. Die ersten derartigen Knochen hatte man an einem Ort namens Big Bone Lick in Kentucky entdeckt, bald kamen sie aber auch an vielen anderen Stellen ans Licht. Amerika, so schien es nun, war einst die Heimat einer Tierart von wahrhaft beträchtlicher Größe gewesen, und damit würde man sicher Buffons törichte gallische Behauptungen widerlegen können.

In ihrem eifrigen Bemühen, Größe und Aggressivität des Unbekannten zu beweisen, schossen die amerikanischen Naturforscher offensichtlich ein wenig über das Ziel hinaus. Sie überschätzten seine Ausmaße um den Faktor sechs und statteten es mit Furcht erregenden Klauen aus, die in Wirklichkeit von einem in der Nähe ausgegrabenen Riesenfaultier der Gattung Megalonyx stammte. Bemerkenswerterweise gelangten sie zu der Überzeugung, das Tier habe »die Beweglichkeit und Wildheit des Tigers« besessen, und in ihren Zeichnungen sprang es von Felsblöcken aus mit der Anmut einer Raubkatze seine Beute an. Als man die ersten Stoßzähne entdeckte, fügte man sie zwanghaft auf alle möglichen fantasievollen Arten in den Kopf des Tieres ein. In einer Rekonstruktion standen die Stoßzähne sogar auf dem Kopf und sahen aus wie die Reißzähne einer Säbelzahnkatze, was dem Tier das gewünschte, aggressive Aussehen verlieh. Ein anderer Wissenschaftler ordnete die Stoßzähne so an, dass sie nach hinten gebogen waren; dahinter stand die faszinierende Theorie, das Tier habe im Wasser gelebt und sich mit ihrer Hilfe beim Dösen an Bäumen festgehakt. Die wichtigste Erkenntnis über das Unbekannte bestand jedoch darin, dass es offensichtlich ausgestorben war – und diese Tatsache führte Buffon vergnügt als Beweis an, dass es doch zweifellos degeneriert war.

Buffon starb 1788, aber die Kontroverse schwelte weiter. Im Jahr 1795 gelangte eine Knochensammlung nach Paris, wo sie von dem emporstrebenden Star der Paläontologie untersucht wurde, dem jugendlichen, aristokratischen Georges Cuvier. Dieser hatte sein Umfeld bereits damit verblüfft, dass er einen Haufen einzelner Knochen nahm und sie auf geniale Weise zu vernünftigen Formen zusammensetzte. Angeblich konnte er auf Grund eines einzigen Zahnes oder eines kleinen Stücks Kiefer das ganze Aussehen und Wesen eines Tieres beschreiben, und gleichzeitig nannte er häufig auch Gattung und Art. Als Cuvier erkannte, dass in Amerika bisher noch niemand die schwerfällige Bestie formal beschrieben hatte, holte er es nach, und damit wurde er zu ihrem offiziellen Entdecker. Er bezeichnete das Tier als *Mastodon* (was – ein wenig unerwartet – »Brustwarzenzahn« bedeutet).

Durch den Streit angeregt, schrieb Cuvier 1796 einen bahnbrechenden Aufsatz mit dem Titel »Bemerkung über die Arten lebender und fossiler Elefanten«. Darin formulierte er zum ersten Mal ausdrücklich eine Theorie des Aussterbens.[4] Nach seiner Überzeugung erlebte die Erde hin und wieder globale Katastrophen, bei denen ganze Gruppen von Lebewesen ausgerottet wurden. Für gläubige Menschen, darunter auch Cuvier selbst, ergaben sich aus dieser Vorstellung unangenehme Folgerungen, denn sie unterstellte der Vorsehung eine unerklärliche Gleichgültigkeit. Zu welchem Zweck erschuf Gott die Tier- und Pflanzenarten, wenn er sie später wieder hinwegfegte? Die Idee widersprach dem Glauben an die große Seinskette, wonach die Welt genau geordnet war, sodass jedes Lebewesen seinen Platz und sein Ziel hatte, die es auch schon immer besessen hatte und immer behalten würde. Für Jefferson war es beispielsweise ein unerträglicher Gedanke, dass ganze biologische Arten einfach verschwinden können (oder – was auf das Gleiche hinausläuft – sich in der Evolution weiterentwickeln).[5] Als man ihm nun den Gedanken nahe brachte, es könne von wissenschaftlichem und politischem Wert sein, eine Expedition mit der Erforschung des Inneren von Amerika jenseits des Mississippi zu beauftragen, griff er die Idee begeistert auf, hoffte er doch, die furchtlosen Abenteurer würden Herden gesunder Mastodons und anderer riesiger Tiere finden, die in den üppigen Ebenen grasten. Zum leitenden Naturforscher der Expedition ernannte Jefferson seinen Privatsekretär und Vertrauten Meriwether Lewis. Und als Berater, der ihm sagen sollte, wonach er im Hinblick auf lebende und ausgestorbene Tiere Ausschau zu halten hatte, wurde kein Geringerer als Caspar Wistar ernannt.

Im gleichen Jahr – und sogar im gleichen Monat –, als der aristokratische, gefeierte Cuvier in Paris seine Theorien über das Aussterben vortrug, gewann ein Engländer von wesentlich zweifelhafterem Ruf auf der anderen Seite des Ärmelkanals eine Erkenntnis über den Wert von Fossilien, die ebenfalls dauerhaften Einfluss haben sollte. William Smith war ein junger Bauleiter am Somerset Coal Canal. Am Abend des 5. Januar 1796 saß er in Somerset in einer Kutscherkneipe und schrieb die Gedanken nieder, auf die sich später sein Ruf gründen sollte.[6] Um Gesteine zu deuten, braucht man ein Mittel, um Zusammenhänge herzustellen, eine Grundlage, damit man behaupten kann, jenes Karbongestein aus Devon sei jünger als ein anderes aus dem Kambrium, das in Wales gefunden wurde. Smith erkannte, dass die Antwort in den Fossilien liegt. Mit jeder neuen Gesteinsschicht verschwanden bestimmte Fossilienarten, andere dagegen fanden sich auch in nachfolgenden Schichten. Indem man feststellte, welche Arten in welcher Schicht auftreten, konnte man die Altersverhältnisse der Gesteine an jedem beliebigen Ort bestimmen. Vor dem Hintergrund seiner Kenntnisse als Landvermesser ging Smith sofort daran, eine Karte der Gesteinsschichten in Großbritannien zu zeichnen, die nach vielen Entwürfen 1815 schließlich erschien und zu einem Grundstein der modernen Geologie wurde. (Umfassend wiedergegeben ist die Geschichte in Simon Winchesters populärwissenschaftlichem Buch *Eine Karte verändert die Welt.*)

Aber nachdem Smith zu dieser Erkenntnis gelangt war, zeigte er sich seltsam desinteressiert an der Frage, warum die Gesteinsschichten so und nicht anders übereinander lagen. »Ich habe davon abgelassen, über die Herkunft der Schichten zu rätseln, und gebe mich damit zufrieden, dass es so und nicht anders ist«, hielt er fest. »Das Warum und Wozu zu erkunden, liegt nicht in der Domäne eines Mineralsuchers.«[7]

Smith' Kenntnisse über die Gesteinsschichten ließen das Aussterben moralisch noch fragwürdiger erscheinen. Zunächst einmal bestätigten sie, dass Gott nicht nur gelegentlich, sondern immer wieder Lebewesen ausgelöscht hatte. Damit erschien Er nicht nur achtlos, sondern richtig bösartig. Außerdem zog dieses Wissen die unangenehme Notwendigkeit nach sich, zu erklären, warum manche Arten weggefegt wurden, während andere ungehindert über mehrere Zeitalter fortdauern konnten. Offensichtlich war es häufiger zum Aussterben gekommen, als es sich mit einer einzigen biblischen Sintflut erklären ließ. Cuvier löste das Problem zu seiner eigenen Zufriedenheit mit der Vermutung, das Erste Buch Mose beschreibe nur die letzte Überflutung.[8] Anscheinend sei Gott daran gelegen gewesen, Moses nicht mit Berichten über frühere, bedeutungslose Aussterbe-Ereignisse abzulenken oder zu beunruhigen.

In den ersten Jahren des 19. Jahrhunderts hatten Fossilien also eine gewisse unausweichliche Wichtigkeit erlangt, und das lässt Wistars Unfähigkeit, die Bedeutung dieses Dinosaurierknochens zu erkennen, noch unglücklicher erscheinen. Jedenfalls tauchten plötzlich überall Knochen auf. Für die Amerikaner ergaben sich noch mehrere weitere Gelegenheiten, die Entdeckung der Dinosaurier für sich in Anspruch zu nehmen, aber sie ließen sie jedes Mal ungenutzt verstreichen. Im Jahr 1806 durchquerten Lewis und Clark mit ihrer Expedition die Formation des Hell Creek in Montana, ein Gebiet, wo Fossilsammler später buchstäblich über Dinosaurierknochen stolperten, und sie untersuchten sogar einen Gegenstand, bei dem es sich eindeutig um einen im Gestein eingebetteten Dinosaurierknochen handelte, wussten aber nichts damit anzufangen.[9] Andere fossile Knochen und Fußabdrücke fand man im Tal des Connecticut River in Neuengland, nachdem ein Bauernjunge namens Plinus Moody an einem Felsvorsprung bei South Hadley in Massachusetts auf urzeitliche Hinterlassenschaften gestoßen war. Zumindest einige davon sind heute noch vorhanden, insbesondere die Knochen eines Anchisaurus, die sich in der Sammlung des Peabody Museums an der Yale University befinden. Die Funde von 1818 waren die ersten Dinosaurierknochen, die man untersuchte und aufbewahrte, aber um was es sich dabei handelte, wurde leider erst 1855 klar. Im Jahr 1818 starb auch Caspar Wistar, aber er sicherte sich unerwarteterweise eine gewisse Unsterblichkeit, weil ein Botaniker namens Thomas Nuttall einen hübschen Kletterstrauch nach ihm benannte. Manche puristisch veranlagten Botaniker bestehen noch heute darauf, ihn *wistaria* zu schreiben.

Zu jener Zeit stammten die wichtigsten Impulse für die Paläontologie aus England. Bei Lyme Regis an der Küste von Dorset fand ein ungewöhnliches Kind namens Mary Anning – sie war elf, zwölf oder dreizehn Jahre alt, je nachdem, welchen Bericht man liest – im Jahr 1812 ein seltsames, fossiles Seeungeheuer von etwa fünf Meter Länge; das Fossil – es ist heute unter dem Namen Ichthyosaurus bekannt – lag in den steilen, gefährlichen Klippen am Ärmelkanal.

Damit begann eine bemerkenswerte Laufbahn. Anning sammelte während ihrer nächsten 35 Lebensjahre Fossilien, die sie an Besucher verkaufte. (Häufig wird sie auch als Anlass für den Zungenbrecher »*she sells seashells on the seashore*« genannt.)[10] Anning fand auch den ersten Plesiosaurus (ein weiteres Seeungeheuer) sowie einen der ersten und besten Pterodactyla. Streng genommen, handelte es sich bei keinem der Funde um Dinosaurier, aber das spielte zu jener Zeit keine große Rolle, denn damals wusste noch niemand, was ein Dinosaurier eigentlich ist. Viel wichtiger war die Erkenntnis, dass die Welt einst Tiere beherbergte, die mit allen heutigen Formen keine große Ähnlichkeit hatten.

Annings Begabung bestand nicht nur darin, dass sie Fossilien leicht entdeckte – in dieser Hinsicht machte es ihr kein anderer nach –, sondern sie konnte die Funde auch mit der gebotenen Vorsicht unbeschädigt aus dem Boden holen. Wer jemals die

Möglichkeit hat, den Saal mit urzeitlichen Meeresreptilien im Londoner Natural History Museum zu besichtigen, sollte die Gelegenheit unbedingt beim Schopfe packen; nirgendwo sonst bekommt man ein Gespür für Umfang und Schönheit der Leistungen dieser jungen Frau, die unter nahezu unerträglichen Bedingungen praktisch ohne Hilfe und mit den einfachsten Werkzeugen arbeitete.[11] Allein auf den Plesiosaurier verwendete sie zehn Jahre geduldiger Ausgrabungen. Obwohl Anning keinerlei Ausbildung hatte, konnte sie sogar fachlich richtige Zeichnungen und Beschreibungen für Wissenschaftler anfertigen. Aber trotz all dieser Fähigkeiten waren bedeutsame Funde selten, und sie verbrachte fast ihr ganzes Leben in Armut.

Wohl kaum eine andere Gestalt in der Geschichte der Paläontologie wurde so ungerechtfertigt übersehen wie Mary Anning, aber es gab in der Tat einen, der ihr in dieser Hinsicht schmerzlich nahe kam. Er hieß Gideon Algernon Mantell und war Landarzt in Sussex.

Der schlaksige Mantell vereinigte in sich alle möglichen Schwächen – er war eitel, introvertiert, eingebildet und achtlos gegenüber seiner Familie –, aber es gab wohl nie einen engagierteren Amateurpaläontologen. Außerdem hatte er das Glück, dass seine Frau zu ihm hielt und aufmerksam war. Im Jahr 1822 – er war gerade bei einem Patienten in einer ländlichen Gegend von Sussex auf Hausbesuch – machte Mrs. Mantell auf einem Fahrweg in der Nähe einen kleinen Spaziergang. In einem Kieshaufen, den man dort zum Auffüllen von Schlaglöchern aufgeschüttet hatte, fand sie etwas Seltsames: einen braunen, gebogenen Stein ungefähr von der Größe einer kleinen Walnuss. Da sie das Interesse ihres Mannes für Fossilien kannte und dachte, sie könnte es hier mit einem solchen zu tun haben, nahm sie den Fund mit. Mantell erkannte darin sofort einen fossilen Zahn, und nach kurzer Untersuchung war er sicher, dass er von einem Pflanzen fressenden, sehr großen Reptil stammte, das mindestens sechs Meter lang war und in der Kreidezeit gelebt hatte.[12] Damit hatte er in allen Punkten Recht, aber es waren kühne Behauptungen, denn etwas Ähnliches hatte noch nie jemand gesehen oder sich auch nur ausgemalt.

Mantell war sich bewusst, dass sein Fund alles auf den Kopf stellen konnte, was man bisher über die Vergangenheit zu wissen glaubte. Sein Freund, der Reverend William Buckland – der mit dem Talar und dem experimentellen Appetit – riet ihm, äußerst vorsichtig zu sein, und deshalb suchte er drei Jahre lang mit peinlicher Sorgfalt nach weiteren Belegen, die seine Schlussfolgerungen stützen konnten. Er schickte den Zahn nach Paris zu Cuvier und fragte den berühmten Franzosen nach seiner Meinung, aber der tat ihn als Zahn eines Flusspferdes ab. (Später entschuldigte sich Cuvier in aller Form für diesen ganz untypischen Fehler.) Eines Tages, als Mantell im Londoner Hunterian Museum arbeitete, kam er mit einem anderen Wissenschaftler ins Gespräch, und der erklärte, der Zahn sehe ganz ähnlich aus wie bei den von ihm untersuchten Tieren, den südamerikanischen Iguana-Echsen. Ein eilig angestellter Vergleich bestätigte die Ähnlichkeit. So wurde Mantells Tier zum *Iguanodon*, benannt nach einer tropischen Echse, mit der es nicht im Entferntesten verwandt war.

Jetzt bereitete Mantell einen Vortrag vor, den er bei der Royal Society halten wollte. Leider stellte sich aber heraus, dass man in einem Steinbruch in Oxfordshire bereits einen anderen Dinosaurier gefunden hatte, der kurz zuvor offiziell beschrieben worden war – von dem Reverend Buckland, der ihn gedrängt hatte, sich bei der Arbeit Zeit zu lassen. Es war der Megalosaurus; den Namen hatte Buckland ihm auf Vorschlag seines Freundes Dr. James Parkinson gegeben, des späteren Radikalen und Namenspatrons für die Parkinson-Krankheit.[13] Wie bereits erwähnt wurde, war Buckland in erster Linie Geologe, und das zeigte sich auch in seinen Arbeiten am Megalosaurus. In seinem Bericht für die *Transactions of the Geological Society of London* stellte er fest, die Zähne des Tieres seien nicht wie bei den Echsen unmittelbar mit dem Kieferknochen verbunden, sondern sie steckten nach Art der Krokodile in eigenen Höhlungen. Aber als Buckland diese Aussage machte, war ihm nicht klar, was sie bedeutete: Megalosaurus war ein ganz neuer Typus von Tieren. Sein Bericht ließ wenig Scharfsinn oder neue Einsichten erkennen, aber immerhin war es die erste veröffentlichte Beschreibung eines Dinosauriers; deshalb stand Buckland die Anerkennung als Entdecker dieser vorzeitlichen Abstammungslinie von Lebewesen zu und nicht Mantell, der sie weit eher verdient hätte.

Ohne zu wissen, dass Enttäuschungen zum herausragenden Merkmal seines Lebens werden sollten, setzte Mantell die Fossilsuche fort und fand 1833 einen weiteren Riesen, den Hylaeosaurus. Andere kaufte er von Steinbrucharbeitern und Bauern, bis er schließlich über die vermutlich größte Fossilsammlung Großbritanniens verfügte. Mantell war ein hervorragender Arzt und ein ebenso begabter Knochensammler, aber es gelang ihm nicht, beiden Talenten gerecht zu werden. Als seine Sammelwut wuchs, vernachlässigte er seine ärztliche Praxis immer stärker. Sein Haus in Brighton war schon bald von oben bis unten voller Fossilien, die auch den größten Teil seines Einkommens verschlangen. Von dem Rest flossen erhebliche Beträge in die Subskription der Veröffentlichung von Büchern, für deren Besitz sich nur die wenigsten interessierten. Von den 1827 erschienenen *Illustrations of the Geology of Sussex* wurden 50 Exemplare verkauft, und er blieb auf einem Defizit von 300 Pfund sitzen – für die damalige Zeit eine unangenehm hohe Summe.

Mit einer gewissen Verzweiflung kam Mantell auf die Idee, sein Haus zum Museum zu machen und Eintrittsgelder zu verlangen; dabei erkannte er erst zu spät, dass ein solches kaufmännisches Verhalten sein Ansehen als Gentleman untergraben würde, von seinem Ruf als Wissenschaftler ganz zu schweigen, weshalb er den Besuchern gestattete, sein Haus umsonst zu besichtigen. Woche für Woche kamen sie zu Hunderten, was sowohl seine Praxis als auch sein häusliches Leben beeinträchtigte. Schließlich musste er den größten Teil seiner Sammlung verkaufen, um seine Schulden bezahlen zu können.[14] Wenig später verließ ihn seine Frau und nahm die vier Kinder mit.

Aber bemerkenswerterweise hatten seine Schwierigkeiten damit gerade erst begonnen.

In dem Bezirk Sydenham im Süden von London, am so genannten Crystal Palace Park, bietet sich ein seltsamer, in Vergessenheit geratener Anblick: Hier stehen die weltweit ersten lebensgroßen Modelle von Dinosauriern. Heutzutage kommt kaum jemand hierher, aber früher waren sie eine der beliebtesten Attraktionen in der britischen Hauptstadt – eigentlich war es sogar, wie Richard Fortey feststellt, der erste Themenpark der Welt.[15] Vieles an den Modellen stimmt nicht ganz. Der Daumen des Iguanodon sitzt wie ein Stachel auf der Nase, und das Tier steht auf vier stämmigen Beinen, sodass es wie ein recht kräftiger, seltsam überdimensionierter Hund aussieht. (In Wirklichkeit schlich das Iguanodon nicht auf allen vieren herum, sondern es ging aufrecht.) Wer diese eigenartigen, schwerfälligen Tiermodelle heute betrachtet, kommt kaum auf die Idee, dass sie früher tatsächlich Streit und Verbitterung auslösten. Vielleicht kein anderes Objekt der Naturgeschichte stand so im Mittelpunkt hitziger, lang anhaltender Streitigkeiten wie jene Familie urzeitlicher Tiere, die wir Dinosaurier nennen.

Zu der Zeit, als die Dinosauriermodelle gebaut wurden, lag Sydenham am Stadtrand von London, und der geräumige Park galt als idealer Ort für den Wiederaufbau des berühmten Kristallpalastes, einer Konstruktion aus Glas und Gusseisen, die den Mittelpunkt der Weltausstellung von 1851 gebildet hatte und natürlich Pate für den Namen des neuen Parks stand. Die aus Beton modellierten Dinosaurier stellten eine Art zusätzliche Attraktion dar. Am Silvesterabend 1853 fand im Inneren des unfertigen Iguanodon ein berühmtes Abendessen für 21 angesehene Wissenschaftler statt. Gideon Mantell, der Mann, der das Iguanodon gefunden und identifiziert hatte, war nicht unter ihnen. Den Vorsitz führte der größte Star in der jungen Wissenschaft der Paläontologie. Er hieß Richard Owen und hatte zu jener Zeit bereits mehrere produktive Jahre darauf verwendet, Gideon Mantell das Leben zur Hölle zu machen.

Owen war in Lancaster im Norden Englands aufgewachsen und hatte eine Ausbildung als Arzt hinter sich. Er war der geborene Anatom und widmete sich seinen Untersuchungen so hingebungsvoll, dass er sich manchmal sogar illegal Gliedmaßen, Organe und andere Körperteile von Leichen besorgte, die er dann mit nach Hause nahm und in seiner Freizeit sezierte.[16]

Einmal hatte er einen Beutel dabei, in dem sich der kurz zuvor amputierte Kopf eines farbigen afrikanischen Seemannes befand; Owen glitt auf einem feuchten Kiesel aus und musste entsetzt zusehen, wie der Kopf die Straße hinunter und durch eine offene Haustür rollte, um drinnen in der Diele liegen zu bleiben. Wie die Bewohner reagierten, als ein Kopf ohne Körper vor ihre Füße rollte, kann man sich leicht ausmalen. Vermutlich waren sie mit ihren Erkenntnissen noch nicht sehr weit gediehen, als einen Augenblick später ein junger Mann mit bedeutungsvollem Blick hereingestürmt kam, wortlos den Kopf aufhob und wieder auf die Straße eilte.

Im Jahr 1825, mit nur 21 Jahren, zog Owen nach London. Wenig später erhielt er eine Stelle am Royal College of Surgeons, wo er die umfangreiche, aber ungeordnete Sammlung medizinischer und anatomischer Gegenstände neu organisieren sollte. Die meisten Stücke hatte John Hunter der Institution hinterlassen, ein angesehener Chirurg und unermüdlicher Sammler medizinischer Kuriositäten, aber sie waren nie katalogisiert oder geordnet worden, insbesondere weil die Papiere, in denen die Bedeutung jedes einzelnen Stücks erklärt wurde, kurz nach Hunters Tod verloren gegangen waren.

Owen machte sich mit Organisationstalent und logischem Denken schnell einen Namen. Gleichzeitig erwies er sich als konkurrenzloser Anatom, dessen Gespür für Rekonstruktionen fast an das des großen Cuvier in Paris heranreichte. Er wurde ein solcher Experte für die Anatomie der Tiere, dass man ihm ein Vorkaufsrecht für alle Exemplare einräumte, die im Londoner Zoologischen Garten starben, und diese wurden zur Untersuchung stets in sein Haus gebracht. Einmal kam seine Frau nach Hause und fand ein kürzlich verstorbenes Nashorn vor, das die ganze Diele ausfüllte.[17] Schnell wurde er zum führenden Fachmann für alle lebenden und ausgestorbenen Tiere, von Schnabeltieren, Ameisenigeln und anderen kurz zuvor entdeckten Beuteltieren bis hin zu dem unglückseligen Dodo und den Moas, ausgestorbenen Riesenvögeln, die früher Neuseeland bevölkert hatten und von den Maoris gejagt wurden, bis sie ausgerottet waren. Er beschrieb als Erster den Archäopteryx, den man 1861 in Bayern entdeckt hatte, und als Erster verfasste er einen offiziellen Nachruf auf den Dodo. Insgesamt schrieb er 600 anatomische Fachaufsätze – eine wahrhaft üppige Produktion.

In Erinnerung blieb Owen aber vor allem durch seine Erforschung der Dinosaurier. Er war es, der 1841 den Begriff *dinosauria* prägte. Er bedeutet »schreckliche Echse« und war ein seltsam unzutreffender Name. Wie wir heute wissen, waren die Dinosaurier durchaus nicht schrecklich – manche waren nicht größer als Kaninchen und vermutlich äußerst scheu[18] –, und außerdem waren sie ganz eindeutig keine Echsen, denn die gehören in Wirklichkeit zu einer um 30 Millionen Jahre älteren Abstammungslinie.[19] Owen war sich sehr wohl bewusst, dass es sich bei den Tieren um Reptilien handelte, und ihm stand dafür auch das hervorragend geeignete griechische Wort *herpeton* zur Verfügung, aber aus irgendeinem Grund entschloss er sich, ihn nicht zu benutzen. Ein anderer Fehler war angesichts der wenigen Funde, die man zu seiner Zeit kannte, eher verzeihlich: Die Dinosaurier stellen in Wirklichkeit nicht eine, sondern zwei Reptilienordnungen dar, die Vogelbecken-Dinosaurier oder Ornithischia und die Echsenbecken-Dinosaurier oder Saurischia.[20]

Owen war weder im Aussehen noch im Temperament ein attraktiver Mann. Ein Foto, das in seinen mittleren Jahren aufgenommen wurde, zeigt einen mageren, mürrischen Menschen, der den Bösewicht in einem viktorianischen Melodram abgeben könnte, mit langen, schütteren Haaren und hervorquellenden Augen – ein Gesicht, das einem Baby Angst machen könnte. Sein Verhalten war kühl und anmaßend, und er hatte keine Skrupel, seinen Ehrgeiz durchzusetzen. Soweit man weiß, war er auch der einzige Mensch, den Darwin wirklich nicht leiden konnte.[21] Selbst Owens eigener Sohn (der sich kurz danach das Leben nahm) sprach von der »beklagenswerten Herzenskälte« seines Vaters.[22]

Aber wegen seiner unbestrittenen Begabung als Anatom kam Owen selbst mit den offenkundigsten Unredlichkeiten ungeschoren davon. Als der Naturforscher T. H. Huxley 1857 die neueste Auflage von *Churchill's Medical Dictionary* durchblätterte, fiel ihm auf, dass Owen dort als Professor für Vergleichende Anatomie und Physiologie an der staatlichen Bergbauschule aufgeführt war, worüber Huxley sich sehr wunderte – es war nämlich seine eigene Position.[23] Als er nachforschte, wie das *Churchill's* einen derart schweren Fehler begehen konnte, erfuhr er, Dr. Owen selbst habe der Redaktion die Informationen gegeben. Zur gleichen Zeit ertappte ein Naturforscher namens Hugh Falconer seinen Kollegen Owen dabei, wie er eine von Falconers Entdeckungen für sich beanspruchte. Andere warfen ihm vor, er habe sich Fundstücke ausgeliehen und dies später geleugnet. Außerdem wurde Owen in einen verbitterten Streit mit dem Zahnarzt der Königin verwickelt – hier ging es um das Erstlingsrecht für eine Theorie, die mit der Physiologie der Zähne zu tun hatte.

Ohne Zögern verfolgte er alle, die er nicht mochte. In der Frühzeit seiner Laufbahn nutzte Owen seinen Einfluss bei der Zoological Society, damit ein junger Mann namens Robert Grant ausgeschlossen wurde, der sich nur eines hatte zu Schulden kommen lassen: sich ebenfalls als viel versprechender Anatom zu erweisen. Zu seinem Erstaunen musste Grant erleben, dass ihm der Zugang zu den anatomischen Materialien verwehrt wurde, die er für seine Forschungen brauchte. Nachdem er auf diese Weise an der Fortsetzung seiner Arbeiten gehindert war, geriet er, verständlicherweise mutlos geworden, in Vergessenheit.

Aber niemand hatte so unter Owens unfreundlicher Aufmerksamkeit zu leiden wie der unglückselige Gideon Mantell, der immer stärker zur tragischen Gestalt wurde. Nachdem er seine Frau, seine Kinder, seine Arztpraxis und den größten Teil seiner Fossilsammlung verloren hatte, zog er nach London. Dort war Mantell 1841 – in dem schicksalsträchtigen Jahr, als Owen für die Benennung und Identifizierung der Dinosaurier den größten Ruhm einheimste – in einen schrecklichen Unfall verwickelt. Als er in einer Kutsche den Clapham Common überquerte, stürzte er aus irgendeinem Grund von seinem Sitz, verfing sich im Geschirr der Pferde und wurde von den panisch verängstigten Tieren im Galopp über den unebenen Boden geschleift. Nach dem Vorfall litt er an einer gebeugten Haltung,

Körperbehinderungen und chronischen Schmerzen – der Schaden an der Wirbelsäule war nicht wieder gutzumachen.

Owen schlug Kapital aus Mantells geschwächtem Zustand und ging systematisch daran, die Beiträge des Konkurrenten aus den Aufzeichnungen zu tilgen. Er taufte biologische Arten um, denen Mantell schon Jahre zuvor einen Namen gegeben hatte, und beanspruchte ihre Entdeckung für sich. Mantell bemühte sich, weiterhin Forschung zu betreiben, aber Owen sorgte mit seinem Einfluss bei der Royal Society dafür, dass seine Aufsätze in den meisten Fällen abgelehnt wurden. Im Jahr 1852, als Mantell die Schmerzen und Demütigungen nicht mehr ertragen konnte, nahm er sich das Leben. Seine geschädigte Wirbelsäule wurde entnommen und an das Royal College of Surgeons geschickt, wo sie – Ironie des Schicksals – in die Obhut von Richard Owen kam, der das Hunterian Museum der Hochschule leitete.[24]

Aber auch damit waren die Beleidigungen noch nicht zu Ende. Kurz nach Mantells Tod erschien in der *Literary Gazette* ein auffallend hartherziger Nachruf. Darin wurde Mantell als mittelmäßiger Anatom bezeichnet, dessen bescheidene Beiträge zur Paläontologie durch einen »Mangel an exakten Kenntnissen« eingeschränkt worden seien. Der Nachruf sprach ihm sogar die Entdeckung des Iguanodon ab und schrieb sie stattdessen Cuvier, Owen und anderen zu. Der Artikel war zwar nicht unterzeichnet, aber der Stil wies auf Owen hin, und in der wissenschaftlichen Welt zweifelte niemand daran, wer der Autor war.

Als es so weit war, holten Owens Unbotmäßigkeiten ihn aber allmählich ein. Der Niedergang begann, als ein Komitee der Royal Society – ganz zufällig war er der Vorsitzende dieses Gremiums – die Entscheidung traf, ihm die höchste Ehrung der Gesellschaft zu verleihen, die Royal Medal. Anlass war ein Aufsatz, den er über die Belemniten geschrieben hatte, eine Gruppe ausgestorbener Weichtiere. Wie Deborah Cadbury aber in *Dinosaurierjäger*, einer ausgezeichneten historischen Beschreibung der Epoche, schildert, basierte diese Arbeit »jedoch nicht ganz so auf eigenen Forschungsergebnissen, wie es den Anschein hatte«.[25] Wie sich herausstellte, hatte ein Amateur-Naturforscher namens Channing Pearce die Belemniten schon vier Jahre früher entdeckt, und über den Fund war bei einer Tagung der Geological Society auch ausführlich berichtet worden. Owen hatte an der Tagung teilgenommen, erwähnte sie aber nicht, als er der Royal Society seinen eigenen Bericht vorlegte – und darin taufte er das Tier durchaus nicht zufällig sich selbst zu Ehren auf den Namen *Belemnites owenii*. Anschließend durfte er die Royal Medal zwar behalten, aber die Episode hinterließ selbst bei seinen wenigen verbliebenen Anhängern einen dauerhaften Schatten auf seinem Ruf.

Huxley gelang es schließlich, Owen das Gleiche anzutun, was dieser vielen anderen angetan hatte: Er ließ ihn aus den Vorständen der Zoological und Royal Society abwählen. Als letzte Demütigung für Owen erhielt Huxley auch die Stellung als Hunterian Professor am Royal College of Surgeons.

Wichtige Forschungsarbeiten unternahm Owen nie wieder, aber die zweite Hälfte seiner Laufbahn widmete er einer untadeligen Tätigkeit, für die wir ihm alle dankbar sein können. Er wurde 1856 Leiter der naturgeschichtlichen Abteilung des Britischen Museums, und in dieser Position wurde er zur Triebkraft bei der Schaffung des Londoner Natural History Museum.[26] Der großartige, allgemein beliebte neugotische Bau in South Kensington wurde 1880 eröffnet und ist in erster Linie seinen Visionen zu verdanken.

Vor Owens Zeit dienten Museen fast ausschließlich den Bedürfnissen und der Erbauung der Elite, und selbst die erhielt nur unter Schwierigkeiten Zutritt.[27] In der Anfangszeit des Britischen Museums mussten potenzielle Besucher einen schriftlichen Antrag stellen und sich einer kurzen Befragung unterziehen, in der festgestellt werden sollte, ob sie sich überhaupt für den Besuch eigneten. War diese Prüfung zur Zufriedenheit ausgefallen, mussten sie ein zweites Mal wiederkommen und sich die Eintrittskarte holen – und bei einem dritten Besuch schließlich durften sie die Schätze des Museums betrachten. Auch dabei wurden sie gruppenweise geführt, allein herumzuspazieren war nicht gestattet. Owen wollte alle einlassen, ja sogar Arbeiter sollten ermutigt werden, das Museum abends zu besuchen; die Räumlichkeiten sollten zum größten Teil für öffentliche Ausstellungen verwendet werden. Er äußerte sogar die radikale Idee, an jedem Museumsstück eine Beschriftung anzubringen, damit die Besucher einschätzen konnten, was sie eigentlich sahen.[28] Damit brachte er sich – was vielleicht ein wenig erstaunlich ist – in Gegensatz zu T. H. Huxley, nach dessen Ansicht Museen vor allem Forschungsinstitute sein sollten. Indem Owen das Natural History Museum zu einer Einrichtung für die breite Bevölkerung machte, veränderte er unsere gesamten Vorstellungen davon, wozu Museen da sind.

Aber auch dieser allgemeine Altruismus gegenüber seinen Mitmenschen hielt Owen nicht davon ab, weiterhin persönliche Rivalitäten zu pflegen. In einer seiner letzten Amtshandlungen setzte er sich gegen den Vorschlag ein, eine Statue zur Erinnerung an Charles Darwin zu errichten. In diesem Fall schlugen seine Bemühungen fehl, aber er brachte es tatsächlich zu einem gewissen verspäteten, unbeabsichtigten Triumph. Sein Denkmal bietet heute im Treppenhaus der Haupthalle des Natural History Museum einen majestätischen Anblick, Darwin und T. H. Huxley dagegen wurden an eine unauffällige Stelle im Café des Museums abgeschoben, wo sie gewichtig auf Menschen mit Teetassen und Marmeladengebäck herabblicken.

Nun könnte man mit Fug und Recht vermuten, dass Richard Owens kleinliche Rivalitäten den Tiefpunkt in der Paläontologie des 19. Jahrhunderts darstellten, aber in Wirklichkeit sollte noch Schlimmeres nachkommen, und zwar diesmal von Übersee. In Amerika entwickelte sich in den letzten Jahrzehnten des Jahrhunderts eine Konkurrenz, die vielleicht nicht ganz so destruktiv, aber noch Aufsehen erregender und giftiger war. Die Kontrahenten waren zwei eigenwillige, erbarmungslose Männer: Edward Drinker Cope und Othniel Charles Marsh.

Die beiden hatten vieles gemeinsam. Sie waren gehässig, zielstrebig, egozentrisch, streitlustig, eifersüchtig, misstrauisch und stets unglücklich. Gemeinsam veränderten sie die Welt der Paläontologie ein für alle Mal.

Anfangs waren sie Freunde und gegenseitige Bewunderer, die sogar fossile Arten nach dem jeweils anderen benannten, und 1868 verbrachten sie eine angenehme Woche zusammen. Dann aber ging irgendetwas zwischen ihnen schief – was es war, kann niemand ganz genau sagen –, und im folgenden Jahr hatte sich eine Feindschaft entwickelt, die im Laufe der nächsten dreißig Jahre zu einem alles umfassenden Hass heranwachsen sollte. Man kann vermutlich ohne weiteres behaupten, dass nie wieder zwei Menschen in den Naturwissenschaften sich gegenseitig so verabscheuten.

Marsh, acht Jahre älter als Cope, war ein zurückhaltender Bücherwurm mit kurz gestutztem Bart und gewandtem Auftreten. Er begab sich nur selten ins Freiland, und wenn er dort war, fand er kaum etwas Bedeutsames. Als er einmal die berühmten Dinosaurierfelder von Como Bluff in Wyoming besuchte, bemerkte er nicht einmal die Knochen, die nach den Worten eines Historikers »überall herumlagen wie Baumstämme«.[29] Aber er verfügte über die Mittel, um fast alles zu kaufen, was er sich wünschte. Zwar stammte er aus bescheidenen Verhältnissen – sein Vater war Bauer im Bundesstaat New York –, aber sein Onkel war der ungeheuer reiche und außergewöhnlich nachsichtige Finanzexperte George Peabody. Als Marsh ein Interesse für Naturgeschichte zeigte, ließ Peabody für ihn in Yale ein Museum bauen und stellte ihm so viele Mittel zur Verfügung, dass Marsh es mit fast allem füllen konnte, was seine Fantasie hergab.

Cope wurde unmittelbar in privilegierten Verhältnissen geboren – sein Vater war ein reicher Geschäftsmann in Philadelphia – und war der bei weitem Abenteuerlustigere der beiden. Im Sommer 1876, als George Armstrong Custer und seine Soldaten am Little Big Horn in Montana niedergemetzelt wurden, war Cope nicht weit davon entfernt auf Knochensuche. Als man ihn darauf hinwies, es sei vermutlich nicht sonderlich klug, gerade jetzt im Land der Indianer auf Schatzsuche zu gehen, dachte Cope kurz nach und entschloss sich dann, weiterzumachen. Seine Glückssträhne war einfach zu gut. Irgendwann stieß er auf eine Gruppe misstrauischer Crow-Indianer, aber die konnte er auf seine Seite ziehen, indem er mehrmals sein künstliches Gebiss herausnahm und wieder einsetzte.[30]

Ungefähr zehn Jahre lang äußerte sich die Abneigung zwischen Marsh und Cope vor allem in Form kleiner Sticheleien, aber 1877 nahm sie heftigere Ausmaße an. In diesem Jahr fand Arthur Lakes, ein Lehrer aus Colorado, bei einer Wanderung mit einem Freund in der Nähe von Morrison mehrere Knochen. Lakes erkannte sofort, dass sie von einem »riesigen Saurier« stammten, und schickte klugerweise sowohl an Marsh als auch an Cope einige Fundstücke. Der entzückte Cope ließ Lakes hundert Dollar für seinen Aufwand zukommen und bat ihn, niemandem etwas von der Entdeckung zu sagen, insbesondere nicht Marsh. Verwirrt wandte sich Lakes nun an Marsh und bat ihn, die Knochen an Cope weiterzugeben. Marsh tat es auch, aber es war ein Affront, den er nie mehr vergessen sollte.[31]

Mit diesem Ereignis begann ein Krieg zwischen den beiden, der zunehmend verbittert, heimtückisch und häufig mit lächerlichen Mitteln geführt wurde. Manchmal ließen sie sich sogar so weit herab, dass die Grabungsarbeiter des einen Steine auf die des anderen warfen. Cope wurde einmal dabei ertappt, wie er sich mit dem Brecheisen an Kisten zu schaffen machte, die Marsh gehörten. Sie beleidigten einander in gedruckter Form und überhäuften die Befunde des jeweils anderen mit Hohn und Spott. Vielleicht kein zweites Mal wurde wissenschaftlicher Fortschritt so schnell und erfolgreich durch persönliche Empfindlichkeiten vorangetrieben. Während der nächsten Jahre sorgten die beiden gemeinsam dafür, dass die Zahl der bekannten Dinosaurierarten in Amerika von neun auf fast 150 wuchs.[32] Fast jeder Dinosaurier, den ein normaler Mensch beim Namen nennen kann – Stegosaurus, Brontosaurus, Diplodocus, Triceratops – wurde entweder von Cope oder von Marsh entdeckt.[33]* Leider arbeiteten aber beide in fahrlässiger Eile, und deshalb bemerkten sie häufig nicht, dass eine angeblich neue Entdeckung bereits bekannt war. Gemeinsam schafften sie es, eine Art namens *Uintatherium anceps*

* Die bemerkenswerte Ausnahme ist der Tyrannosaurus rex, den Barnum Brown 1902 entdeckte.

nicht weniger als 22 Mal zu »entdecken«.[34] Das von ihnen angerichtete Durcheinander in der Klassifizierung zu ordnen dauerte Jahre. Manche Einteilungen sind bis heute noch nicht geklärt.

Das größere wissenschaftliche Erbe der beiden hinterließ Cope. Mit atemberaubendem Fleiß schrieb er im Laufe seiner Laufbahn ungefähr 1400 Fachaufsätze, und er beschrieb fast 1300 neue Arten von Fossilien (nicht nur Dinosaurier, sondern Lebewesen aus allen möglichen Gruppen) – in beiden Fällen mehr als doppelt so viel wie Marsh. Wahrscheinlich hätte Cope sogar noch mehr geschafft, wenn es mit ihm nicht in höherem Alter rapide bergab gegangen wäre. Er hatte 1875 ein Vermögen geerbt, das er aber unklug in Silber anlegte und völlig verlor. Am Ende wohnte er, umgeben von Büchern, Papieren und Knochen, in einem einzigen Zimmer in einer Pension in Philadelphia. Marsh dagegen beschloss sein Leben in einem prachtvollen Haus in New Haven. Cope starb 1897, Marsh zwei Jahre später.

Bei Cope entwickelte sich in seinen letzten Jahren noch eine andere interessante Leidenschaft. Er hatte ernsthaft den Wunsch, sich zum Typusexemplar des *Homo sapiens* erklären zu lassen – das heißt, seine Knochen sollten zum offiziellen Maßstab für die menschliche Spezies werden. Normalerweise werden die ersten Knochen, die man findet, zum Typusexemplar einer Spezies, aber da es keine ersten Knochenfunde des *Homo sapiens* gab, klaffte hier eine Lücke, und die wollte Cope schließen. Es war ein seltsamer, eitler Wunsch, aber niemand fand ein stichhaltiges Argument, um ihn abzulehnen. Zu diesem Zweck vermachte Cope seine Knochen dem Wistar Institute, einer Wissenschaftsinstitution in Philadelphia, die von den Nachkommen des offenbar allgegenwärtigen Caspar Wistar finanziert wurde. Aber nachdem man seine Knochen präpariert und zusammengefügt hatte, stellte sich unglücklicherweise heraus, dass sie Anzeichen einer beginnenden Syphilis erkennen ließen, und das war wohl kaum ein Merkmal, das man beim Typusexemplar der eigenen Spezies konservieren wollte. Also verschwanden Copes Testament und seine Knochen in aller Stille in den Archiven. Ein Typusexemplar für den Jetztmenschen gibt es bis heute nicht.

Wie erging es den anderen Mitspielern in dem Drama? Owen starb 1892, wenige Jahre vor Cope und Marsh. Buckland war am Ende geistesgestört und verbrachte seine letzten Tage als menschliches Wrack in einem Heim in Clapham, nicht weit von der Stelle, wo Mantell seinen entsetzlichen Unfall erlebt hatte. Mantells verbogene Wirbelsäule war fast 100 Jahre lang im Hunterian Museum ausgestellt, bevor eine deutsche Bombe sie im Zweiten Weltkrieg in gnädige Vergessenheit beförderte.[35] Was von Mantells Sammlung nach seinem Tod noch übrig war, ging an seine Kinder; sein Sohn Walter nahm einen großen Teil davon mit nach Neuseeland, wohin er 1840 auswanderte.[36] Walter wurde in der neuen Heimat zu einer angesehenen Persönlichkeit und übernahm schließlich das Amt des Ministers für die Angelegenheiten der Eingeborenen. Im Jahr 1865 stiftete er die schönsten Stücke aus der Sammlung seines Vaters, darunter den berühmten Iguanodonzahn, dem Colonial Museum (heute Museum of New Zealand) in Wellington, wo sie seither aufbewahrt werden. Der Iguanodonzahn, mit dem alles begann und den man durchaus als den wichtigsten Zahn der Paläontologie bezeichnen kann, ist heute allerdings nicht mehr ausgestellt.

Natürlich war die Suche nach Dinosauriern mit dem Tod der großen Dinosaurierexperten des 19. Jahrhunderts nicht zu Ende. Eigentlich hatte sie sogar gerade erst begonnen. Im Jahr 1898, dem Jahr zwischen den Todesjahren von Cope und Marsh, entdeckte man an einer Stelle namens Bone Cabin Quarry, nur wenige Kilometer von Marshs wichtigsten Fundstellen bei Como Bluff in Wyoming entfernt, einen neuen Schatz. Er war weit größer als alles, was man bis dahin gefunden hatte: In den Bergen wurden durch Verwitterung Hunderte fossiler Knochen freigelegt. Ihre Zahl war so groß, dass jemand daraus sogar eine Hütte gebaut hatte – daher der Name des Ortes.[37] Schon in den ersten beiden Jahren wurden rund 45 Tonnen vorzeitliche Knochen ausgegraben, und weitere folgten in den nächsten sechs Jahren.

So kam es, dass die Paläontologen zu Beginn des 20. Jahrhunderts buchstäblich tonnenweise urzeitliche Knochen durchstöbern konnten. Dabei stellte sich nur das Problem, dass man immer noch keine Ahnung hatte, wie alt die Knochen eigentlich waren. Noch schlimmer war, dass das allgemein anerkannte Alter der Erde keine Erklärung für die vielen Äonen, Zeitalter und Epochen bot, die es in der Vergangenheit offensichtlich gegeben hatte. Wenn die Erde wirklich nur rund 20 Millionen Jahre alt war, wie der große Lord Kelvin steif und fest behauptete, mussten ganze Ordnungen urzeitlicher Tiere praktisch in einem erdgeschichtlichen Augenblick gekommen und wieder gegangen sein. Es erschien schlicht und einfach unsinnig.

Neben Kelvin beschäftigten sich auch andere Wissenschaftler mit der Frage, und ihre Befunde ließen die Ungewissheit nur noch wachsen. Der angesehene Geologe Samuel Haughton vom Trinity College in Dublin nannte für das Alter der Erde eine Schätzung von 2,3 Milliarden Jahren – weit mehr, als alle anderen bisher vorgeschlagen hatten. Als man ihn darauf aufmerksam machte, rechnete er auf Grund derselben Befunde noch einmal neu und gelangte zu einer Schätzung von 153 Millionen Jahren. John Joly, der ebenfalls am Trinity College arbeitete, versuchte es noch einmal mit Edmond Halleys Idee vom Salz in den Ozeanen, aber seine Methode stützte sich auf so viele falsche Voraussetzungen, dass er hoffnungslos daneben lag. Er berechnete das Alter der Erde auf 89 Millionen Jahre[38] – ein Wert, der zwar hübsch nahe an Kelvins Annahme lag, leider aber weit von der Realität entfernt war.

Gegen Ende des 19. Jahrhunderts war die Verwirrung perfekt: Je nachdem, in welchem Lehrbuch man nachschlug, erfuhr man für die Zahl der Jahre, die zwischen uns und den Anfängen des komplexen Lebens im Kambrium stehen, einen Wert von drei Millionen, 18 Millionen, 600 Millionen, 794 Millionen oder 2,4 Milliarden – oder irgendeine andere Zahl innerhalb dieses Spektrums.[39] Noch 1910 lag das Alter der Erde nach einer der anerkanntesten Schätzungen – sie stammte von dem Amerikaner George Becker – bei nur 55 Millionen Jahren.

Gerade als alles hoffnungslos verworren zu sein schien, erschien eine weitere außergewöhnliche Gestalt auf der Bildfläche und brachte ein neues Verfahren mit: Ernest Rutherford, ein selbstbewusster, hochintelligenter Bauernsohn aus Neuseeland. Er legte praktisch unbestreitbare Indizien dafür vor, dass die Erde mindestens mehrere hundert Millionen Jahre alt war, vielleicht auch noch viel älter.

Mit seinen Belegen stützte er sich bemerkenswerterweise auf die Alchemie – sie war zwar natürlich, nahe liegend, wissenschaftlich glaubwürdig und ganz und gar nicht okkult, aber eben doch Alchemie. Es stellte sich heraus, dass Newton gar nicht so Unrecht gehabt hatte. Wie es im Einzelnen dazu kam – das ist eine eigene Geschichte.

7.
Elemente der Materie

Häufig wird gesagt, die Chemie als ernsthafte, angesehene Wissenschaft habe ihren Anfang 1661 genommen, als Robert Boyle aus Oxford sein Werk *The Sceptical Chymist* herausbrachte, das zum ersten Mal zwischen Chemikern und Alchemisten unterschied. In Wirklichkeit war es ein langsamer und häufig ungeordneter Wandel. Im 18. Jahrhundert konnten Gelehrte sich seltsamerweise in beiden Lagern wohl fühlen – so wie der Deutsche Johann Becher, der mit seiner *Physica Subterranea* ein unvergleichliches Werk über Mineralogie schrieb, gleichzeitig aber auch überzeugt war, mit dem richtigen Ausgangsmaterial könne er sich unsichtbar machen.[1]

Wie eigenartig und häufig vom Zufall geprägt die chemische Wissenschaft in ihren Anfangstagen war, wird vielleicht an nichts anderem so deutlich wie an einer Entdeckung, die ein Deutscher namens Henning Brand 1675 machte. Brand war zu der Überzeugung gelangt, man könne aus menschlichem Urin irgendwie Gold destillieren. (Für diese Schlussfolgerung spielte die ähnliche Farbe offenbar durchaus eine Rolle.) Also sammelte er fünfzig Eimer mit Urin, die er monatelang in seinem Keller aufbewahrte. Mit verschiedenen geheimnisvollen Methoden machte er aus dem Urin zunächst eine stinkende Paste und dann eine durchsichtige, wachsartige Substanz. Gold kam dabei natürlich nicht heraus, aber es ereignete sich etwas Eigenartiges und höchst Interessantes. Die Substanz begann nach einiger Zeit zu leuchten. Und wenn sie mit Luft in Berührung kam, fing sie häufig von selbst Feuer.

Geschäftstüchtigen Zeitgenossen entging natürlich nicht, welche kommerziellen Möglichkeiten in der Substanz steckten, die nach den griechischen und lateinischen Wortbestandteilen für »Lichtträger« schon bald als Phosphor bezeichnet wurde, aber die Herstellung war so schwierig, dass sich die Nutzung nicht lohnte. Eine Unze Phosphor wurde für sechs Guineas verkauft – in heutiger Währung knapp 600 Euro – und war damit teurer als Gold.[2]

Zur Gewinnung des Rohstoffs griff man zunächst auf Soldaten zurück, aber für die industrielle Produktion waren sie sicher keine geeignete Quelle. In den fünfziger Jahren des 18. Jahrhunderts entwickelte der schwedische Chemiker Karl Scheele ein Verfahren, mit dem sich Phosphor in großen Mengen und ohne den Schmutz und Gestank von Urin herstellen ließ. Vor allem wegen dieser Errungenschaft wurde Schweden damals zu einem führenden Herstellungsland für Streichhölzer und ist es bis heute geblieben.

Scheele war ein außergewöhnlicher, aber auch außergewöhnlich glückloser Mann. Obwohl er nur ein armer Apotheker war und kaum über hoch entwickelte Apparate verfügte, entdeckte er acht Elemente – Chlor, Fluor, Mangan, Barium, Molybdän, Wolfram, Stickstoff und Sauerstoff –, aber keine dieser Leistungen wurde ihm angerechnet.[3] In allen Fällen wurden seine Befunde entweder übersehen oder erst dann publiziert, als ein anderer unabhängig die gleiche Entdeckung gemacht hatte. Außerdem stieß er auf viele nützliche Verbindungen, so auf Ammoniak, Glyzerin und Gerbsäure, und er erkannte als Erster die kommerziellen Möglichkeiten, die im Chlor als Bleichmittel steckten – alles bahnbrechende Befunde, mit denen andere sehr reich wurden.

Scheele hatte nur eine nennenswerte Schwäche: Er bestand darauf, den Geschmack aller Substanzen festzustellen, mit denen er arbeitete, darunter so berüchtigte, unangenehme Stoffe wie Quecksilber und Blausäure (ebenfalls eine seiner Entdeckungen), eine Verbindung von so berühmt starker Giftwirkung, dass Erwin Schrödinger sie 150 Jahre später als geeignetes Gift für ein berühmtes Gedankenexperiment wählte (siehe Seite 190). Scheeles Unbesonnenheit wurde ihm schließlich zum Verhängnis. Im Jahr 1786 – er war erst 43 Jahre alt – fand man ihn tot an seinem Arbeitstisch auf, umgeben von verschiedenen giftigen Chemikalien, von denen jede einzelne die Ursache für den verblüfften, endzeitlichen Ausdruck auf seinem Gesicht sein konnte.

Wenn andere Menschen gerecht wären und Schwedisch sprächen, wäre Scheele allgemeiner Beifall sicher gewesen. So aber ging das Verdienst zum größten Teil an berühmtere Chemiker, die meisten von ihnen aus angelsächsischen Ländern. Scheele entdeckte 1772 den Sauerstoff, aber aus verschiedenen herzzerreißend komplizierten Gründen konnte er seinen Aufsatz nicht rechtzeitig veröffentlichen. Stattdessen wurde die Entdeckung Joseph Priestley zuerkannt, der das gleiche Element unabhängig von Scheele ebenfalls gefunden hatte, allerdings erst im Sommer 1774, also viel später. Noch bemerkenswerter war, dass dem Schweden auch das Verdienst für die Entdeckung des Chlors versagt blieb. Fast alle Lehrbücher schreiben sie auch heute noch Humphry Davy zu, der das Gas tatsächlich fand, allerdings erst 36 Jahre später.

In dem Jahrhundert, das Newton und Boyle von Scheele, Priestley und Henry Cavendish trennte, war die Chemie weit vorangekommen, aber ein langer Weg lag auch noch vor ihr. Bis in die letzten Jahre des 18. Jahrhunderts (und was Priestley anging, auch noch ein wenig darüber hinaus) suchten die Wissenschaftler überall nach Dingen, die es nicht gab, und manchmal glaubten sie sogar, sie hätten tatsächlich etwas gefunden: vergiftete Lüfte, phlogistonfreie Meeressäuren, Phloxine, Ausdünstungen der Erde und vor allem das Phlogiston, eine Substanz, die das aktive Prinzip der Verbrennung sein sollte. Und irgendwo zwischen alledem, so glaubte man, lag der geheimnisvolle *élan vital*, die Kraft, die unbelebte Gegenstände zum Leben erweckt. Wo man diese rätselhafte Essenz suchen sollte, wusste niemand genau, aber zweierlei erschien plausibel: dass man sie mit einem elektrischen Schlag zum Leben erwecken kann (eine Vorstellung, die Mary Shelley in ihrem Roman *Frankenstein* sehr wirkungsvoll ausnutzte) und dass sie in manchen Substanzen enthalten ist, in anderen aber nicht, sodass sich zwei

Zweige der Chemie ergaben – die organische (mit den Stoffen, in denen die Lebenskraft enthalten sein sollte) und die anorganische (mit allen anderen).[4]

Um die Chemie in die Neuzeit zu führen, war eine Gestalt mit neuen Einsichten notwendig, und die kam aus Frankreich. Sein Name war Antoine-Laurent Lavoisier. Er wurde 1743 geboren und gehörte dem niederen Adel an (sein Vater hatte für die Familie einen Titel gekauft). Im Jahr 1768 erwarb er einen Gewinn bringenden Anteil an der so genannten Ferme Générale (»Generalfarm«), einer zutiefst verhassten Institution, die im Namen der Regierung Steuern und Abgaben einzog. Lavoisier selbst war zwar allen Berichten zufolge nachsichtig und gerecht, aber die Organisation, für die er arbeitete, hatte keine dieser Eigenschaften: Sie belegte nicht die Reichen, sondern nur die Armen mit Steuern, und das oft sehr willkürlich. Für Lavoisier hatte die Institution ihren Reiz, weil sie ihm die finanziellen Mittel verschaffte, mit denen er seiner wichtigsten Leidenschaft nachgehen konnte: der Wissenschaft. Seine persönlichen Einnahmen erreichten auf dem Höhepunkt 150 000 Livres im Jahr – nach heutiger Währung wohl um die 25 Millionen Euro.[5]

Drei Jahre nachdem er diese lukrative Berufslaufbahn eingeschlagen hatte, heiratete er die 14-jährige Tochter eines Vorgesetzten.[6] In dieser Ehe hatten sich zwei Geistes- und Seelenverwandte gefunden. Madame Lavoisier war von überragender Intelligenz und arbeitete schon bald produktiv mit ihrem Mann zusammen. Trotz seiner beruflichen Belastung und zahlreicher gesellschaftlicher Verpflichtungen gelang es ihnen an den meisten Tagen, sich fünf Stunden lang der Wissenschaft zu widmen – zwei am frühen Morgen und drei am Abend, sowie den ganzen Sonntag, den sie als ihren *jour de bonheur* (Tag des Glücks) bezeichneten.[7] Irgendwie fand Lavoisier auch noch die Zeit, die Schießpulvervorräte zu verwalten, den Bau einer Mauer rund um Paris zur Abwehr von Schmugglern zu beaufsichtigen, bei der Entwicklung des metrischen Systems mitzuwirken und als Mitverfasser des Handbuches *Méthode de Nomenclature Chimique* tätig zu werden, das geradezu den Rang einer Bibel hatte, als man sich auf die Namen der Elemente einigen musste.

Als führendes Mitglied der Académie Royale des Sciences wurde auch von ihm erwartet, dass er ein begründetes, aktives Interesse an allen aktuellen Themen zeigte – an Hypnose, der Gefängnisreform, der Atmung der Insekten, der Wasserversorgung von Paris. Bis 1780 war Lavoisier zu einer derart angesehenen Persönlichkeit geworden, dass er sich einige abfällige Bemerkungen über eine neue Theorie der Verbrennung gestattete, die ein hoffnungsvoller junger Wissenschaftler der Akademie vorgelegt hatte.[8] Die Theorie war tatsächlich falsch, aber der Wissenschaftler vergab ihm nie mehr. Sein Name war Jean-Paul Marat.

Nur eines entdeckte Lavoisier nie: ein neues Element. Zu einer Zeit, als scheinbar jeder mit einem Glaskolben, ein wenig Feuer und ein paar interessanten Pulvern auf etwas Neues stoßen konnte – und als bezeichnenderweise zwei Drittel der Elemente noch nicht entdeckt waren –, fand Lavoisier kein einziges.[9] Das lag sicherlich nicht daran, dass es ihm an Glaskolben gemangelt hätte. In seinem Privatlabor, das in einem fast absurden Ausmaß das Beste seiner Zeit war, besaß Lavoisier 13 000 solcher Gefäße.

Stattdessen ging er von den Entdeckungen anderer aus und erkannte, welchen Sinn sie hatten. Er verwarf das Phlogiston und die üblen Lüfte. In Sauerstoff und Wasserstoff erkannte er das, was sie wirklich sind, und gab ihnen ihre heutigen Namen. Kurz gesagt, führte er wissenschaftliche Strenge, Klarheit und Methodik in die Chemie ein.

Dabei kam ihm seine raffinierte Ausrüstung tatsächlich sehr zugute. Jahrelang hatten er und Madame Lavoisier äußerst genaue Untersuchungen angestellt, die sehr exakte Messungen erforderten. So stellten sie beispielsweise fest, dass ein rostender Metallgegenstand nicht leichter wird, wie man bis dahin stets angenommen hatte, sondern dass sein Gewicht zunimmt – eine ungewöhnliche Entdeckung. Wenn der Gegenstand rostete, zog er also irgendwie die Teilchen eines Elements aus der Luft an. Damit war zum ersten Mal klar, dass Materie sich zwar umwandeln, aber nicht verschwinden kann. Wenn wir dieses Buch jetzt verbrennen, verwandelt sich seine Materie in Asche und

Rauch, aber die Gesamtmenge des Materials im Universum bleibt gleich. Dieses so genannte Masseerhaltungsgesetz war völlig revolutionär. Leider fiel es aber zeitlich mit einer anderen Revolution – der Französischen – zusammen, und dieses eine Mal stand Lavoisier völlig auf der falschen Seite.

Er gehörte nicht nur der verhassten Ferme Générale an, sondern er hatte auch begeistert die Mauer gebaut, die Paris einschloss – ein so übel beleumundetes Bauwerk, dass es von den aufständischen Bürgern als Erstes angegriffen wurde. Im Jahr 1791 schlug Marat, jetzt eine Führungsgestalt in der Nationalversammlung, daraus Kapital: Er denunzierte Lavoisier und erklärte, dessen Tod am Galgen sei überfällig. Wenig später wurde die Ferme Générale aufgelöst. Nicht lange danach wurde Marat in der Badewanne von einer verbitterten jungen Frau namens Charlotte Corday ermordet, aber da war es für Lavoisier schon zu spät.

Im Jahr 1793 legte die ohnehin bereits heftige Schreckensherrschaft noch einmal einen Gang zu. Im Oktober schickte man Marie Antoinette auf die Guillotine. Im folgenden Monat – Lavoisier und seine Frau schmiedeten gerade sehr verspätete Pläne, sich nach Schottland abzusetzen – wurde der Chemiker festgenommen. Im Mai stellte man ihn und 31 Kollegen aus der Ferme Générale vor das Revolutionsgericht (über dessen Gerichtssaal eine Büste von Marat thronte). Acht Angeklagte wurden freigesprochen, aber Lavoisier und die anderen brachte man sofort zur Place de la Revolution (der heutigen Place de la Concorde), wo die meistbeschäftigte französische Guillotine stand. Lavoisier musste zusehen, wie sein Schwiegervater enthauptet wurde, dann stieg er selbst nach oben und ergab sich seinem Schicksal. Noch nicht einmal drei Monate später, am 27. Juli, wurde auch Robespierre auf die gleiche Weise und am gleichen Ort beseitigt, und die Schreckensherrschaft nahm ein schnelles Ende.

100 Jahre nach seinem Tod errichtete man Lavoisier in Paris ein Denkmal, das vielfach bewundert wurde, bis irgendjemand darauf hinwies, dass es ihm überhaupt nicht ähnlich sah. Auf Nachfragen räumte der Bildhauer ein, er habe den Kopf des

Mathematikers und Philosophen Marquis de Condorcet verwendet – den er offenbar noch auf Vorrat hatte – und dabei gehofft, es werde niemand bemerken, oder wenn es jemand bemerkte, werde es ihn nicht kümmern. In dem zweiten Punkt behielt er Recht. Die Statue des Lavoisier-Condorcet-Zwitters durfte noch ein weiteres halbes Jahrhundert stehen bleiben. Erst im Zweiten Weltkrieg wurde sie eines Morgens abgeholt und als Alteisen eingeschmolzen.[10]

Anfang des 19. Jahrhunderts kam in England die Mode auf, Stickoxid (Lachgas) zu inhalieren, nachdem man entdeckt hatte, dass dies »von einem höchst angenehmen Gefühl« begleitet war.[11] Während der nächsten 50 Jahre war es unter jungen Menschen die Modedroge. Auch eine wissenschaftliche Gesellschaft, die Askesian Society, beschäftigte sich eine Zeit lang mit kaum etwas anderem. Die Theater veranstalteten »Lachgasabende«,[12] bei denen Freiwillige sich mit einem kräftigen Zug des Gases erfrischen konnten und zur Belustigung des Publikums herumtorkelten.

Erst 1846 gelang es jemandem, eine praktische Anwendung für das Stickoxid zu finden: als Narkosemittel. Niemand kann sagen, wie viele zigtausend Menschen unter dem Messer der Chirurgen unnötig Schmerzen litten, weil niemand an die nahe liegendste praktische Anwendung des Gases gedacht hatte.

Mit diesem Beispiel möchte ich deutlich machen, dass die Chemie, die im 18. Jahrhundert so weit vorangekommen war, in den ersten Jahrzehnten des 19. viel von ihrem Einfluss verlor, ganz ähnlich, wie es der Geologie zu Beginn des 20. Jahrhunderts erging. Teilweise hatte dies mit der beschränkten Ausrüstung zu tun – so gab es beispielsweise bis zur zweiten Hälfte des Jahrhunderts keine Zentrifugen, was für viele Experimente eine schwerwiegende Einschränkung darstellte –, es hatte aber auch gesellschaftliche Gründe. Chemie galt ganz allgemein als Wissenschaft für Geschäftsleute, für jene, die mit Kohle, Pottasche und Farbstoffen arbeiteten; wahre Gentlemen dagegen fühlten sich eher zu Geologie, Naturgeschichte und Physik hingezogen. (Auf dem europäischen Festland galt das etwas – aber nur etwas – weniger als in Großbritannien.) Aufschlussreich ist vielleicht, dass eine der wichtigsten Entdeckungen des Jahrhunderts, die Brown'sche Bewegung, mit der die Beweglichkeit der Moleküle nachgewiesen wurde, nicht von einem Chemiker stammte, sondern von dem schottischen Botaniker Robert Brown. (Brown beobachtete 1827, dass winzige, im Wasser schwebende Pollenkörner unendlich lange in Bewegung blieben, ganz gleich, wie viel Zeit er ihnen ließ, um zur Ruhe zu kommen. Die Ursache dieser ständigen Bewegung – sie entsteht durch die Wirkung unsichtbarer Moleküle – war lange ein Rätsel.[13])

Alles wäre vielleicht noch viel schlimmer gekommen, hätte es nicht die Ausnahmegestalt des Grafen von Rumford gegeben. Anders als sein großartiger Titel vermuten lässt, wurde er 1753 in Woburn in Massachusetts schlicht als Benjamin Thompson geboren. Er war von Anfang an energisch und ehrgeizig, »hübsch in Gesicht und Körperbau«, gelegentlich wagemutig und höchst intelligent, aber völlig unbeeinflusst von Skrupeln und ähnlichen unbequemen Dingen. Mit 19 heiratete er eine 14 Jahre ältere reiche Witwe, aber als in den Kolonien die Revolution ausbrach, schlug er sich unklugerweise auf die Seite der Loyalen, für die er eine Zeit lang spionierte. Als er im Schicksalsjahr 1776 »wegen lauwarmer Einstellungen in Sachen Freiheit«[14] festgenommen werden sollte, verließ er Frau und Kind und flüchtete vor einem königsfeindlichen Mob, der mit Eimern voll heißem Teer und Säcken voller Federn hinter ihm her war, um ihn allen Ernstes damit zu schmücken.

Thompson entkam zunächst nach England und dann nach Deutschland, wo er bei der bayerischen Regierung als Militärberater tätig war. Dort beeindruckte er die Behörden so, dass man ihn 1791 zum Grafen von Rumford des Heiligen Römischen Reiches ernannte. In München plante und baute er auch den berühmten Englischen Garten.

Zwischen allen diesen Unternehmungen fand er noch die Zeit, eine ganze Menge handfeste Wissenschaft zu betreiben. Er wurde zur weltweit führenden Autorität für Thermodynamik und klärte als Erster die Gesetzmäßigkeiten der Konvektion von Flüssigkeiten und des Kreislaufs der Meeresströmungen auf.

Außerdem erfand er mehrere nützliche Gegenstände, darunter eine Kaffeemaschine, Kälteschutzunterwäsche und eine Art von Feuerstellen, die noch heute als Rumford-Kamine bekannt sind. Im Jahre 1805, während eines Frankreichurlaubs, machte er Madame Lavoisier den Hof, der Witwe von Antoine-Laurent, die er schließlich auch heiratete. Es war aber keine glückliche Ehe, und sie trennten sich bald darauf. Rumford blieb in Frankreich, und als er dort 1814 starb, stand er bei allen außer seinen früheren Ehefrauen in hohem Ansehen.

Dass wir ihn hier erwähnen, hat aber einen anderen Grund: 1799, während eines relativ kurzen Zwischenspiels in London, gründete er die Royal Institution, eine der vielen wissenschaftlichen Gesellschaften, die Ende des 18. und Anfang des 19. Jahrhunderts überall in Großbritannien entstanden. Eine Zeit lang war sie nahezu die einzige angesehene Organisation, die aktiv die junge Wissenschaft der Chemie unterstützte, und das war fast ausschließlich einem hochintelligenten jungen Mann namens Humphry Davy zu verdanken, der kurz nach der Gründung der Gesellschaft zu ihrem Chemieprofessor ernannt wurde und mit seinen hervorragenden Vorträgen wie auch mit produktiven Experimenten schnell zu Ruhm und Ansehen gelangte.

Kurz nachdem Davy seine Stelle angetreten hatte, stellte er ein neues Element nach dem anderen vor: Kalium, Natrium, Magnesium, Calcium, Strontium und Aluminium. Dass er so viele neue Elemente entdeckte, lag weniger an seiner wirklich großen Klugheit als vielmehr an einer von ihm entwickelten, genialen Methode, elektrischen Strom auf eine geschmolzene Substanz einwirken zu lassen – die Chemiker sprechen von Elektrolyse. Insgesamt fand er ein Dutzend Elemente, ein Fünftel der zu seiner Zeit bekannten Gesamtzahl. Davy hätte noch weit mehr schaffen können, aber leider entwickelte sich bei ihm schon in jungen Jahren ein hartnäckiger Hang zu den flüchtigen Freuden des Stickoxids. Er wurde von dem Gas derart abhängig, dass er es sich (ganz buchstäblich) drei- oder viermal am Tag »reinzog«. 1829 kam er vermutlich aus diesem Grund ums Leben.

Glücklicherweise waren anderswo aber auch nüchternere

Charaktere am Werk. Der mürrische Quäker John Dalton erklärte 1808 zum ersten Mal, was ein Atom ist (ein Fortschritt, mit dem wir uns in Kürze noch ausführlicher befassen werden), und 1811 machte ein Italiener mit dem wohlklingenden Namen Lorenzo Romano Amadeo Carlo Avogadro, Graf von Quarequa und Cerreto, eine Entdeckung, die sich auf lange Sicht als höchst bedeutungsvoll erweisen sollte: Zwei gleiche Volumina beliebiger Gase, die den gleichen Druck und die gleiche Temperatur haben, enthalten stets die gleiche Anzahl von Molekülen.

An dem Avogadro-Prinzip, wie es schon bald genannt wurde, ist zweierlei bemerkenswert. Erstens bot es eine Grundlage, auf der man Größe und Gewicht von Atomen genauer bestimmen konnte. Mit Hilfe von Avogadros Berechnungen konnten die Chemiker schließlich unter anderem herausfinden, dass ein typisches Atom einen Durchmesser von 0,00000008 Zentimetern hat und damit wirklich sehr klein ist.[15] Und zweitens wusste fast 50 Jahre lang so gut wie niemand etwas von Avogadros erfreulich einfachem Prinzip.*

Unter anderem lag das daran, dass Avogadro selbst ein zurückhaltender Mensch war – er arbeitete allein, korrespondierte kaum mit Wissenschaftlerkollegen, veröffentlichte nur wenige Aufsätze und besuchte keine Tagungen. Darüber hinaus gab es aber auch keine Tagungen, an denen er hätte teilnehmen können, und nur wenige chemische Fachzeitschriften für Veröffentlichungen. Das ist recht bemerkenswert. Die Industrielle Revo-

* Das Prinzip führte viel später zur Avogadro-Zahl (auch Loschmidt-Zahl genannt), einer grundlegenden Maßeinheit in der Chemie, die erst lange nach dem Tod des Italieners nach ihm benannt wurde. Sie gibt die Zahl der Moleküle an, die in 2,016 Gramm Wasserstoff (oder dem gleichen Volumen eines beliebigen anderen Gases) enthalten sind. Ihr Wert beträgt $6{,}0221367 \times 10^{23}$, eine wahrhaft gewaltige Zahl. Chemiestudenten machen sich immer wieder einen Spaß daraus, zu berechnen, wie groß sie eigentlich ist. Deshalb kann ich berichten, dass sie der Zahl von Popcorn-Kernen entspricht, mit denen man die gesamten Vereinigten Staaten 15 Kilometer hoch bedecken könnte, oder der Zahl von Tassen mit Wasser im Pazifischen Ozean, oder der Zahl von Getränkedosen, mit der man die ganze Erde 300 Kilometer hoch bedecken könnte, wenn man sie sorgfältig stapelt. Die gleiche Zahl von amerikanischen Ein-Cent-Stücken würde ausreichen, um jeden Menschen auf der Erde zum Dollarbillionär zu machen. Es ist eine riesige Zahl.

lution wurde in erheblichem Umfang durch die Entwicklung der Chemie vorangetrieben, und doch gab es jahrzehntelang kaum eine organisierte chemische Wissenschaft.

Die Londoner Chemical Society wurde erst 1841 gegründet und gab seit 1848 regelmäßig eine Zeitschrift heraus; zu dieser Zeit waren die meisten anderen Wissenschaftsgesellschaften in Großbritannien – die Geological, Geographical, Zoological, Horticultural und Linnean Society (die beiden letzten für Naturforscher und Botaniker) – schon mindestens 20 Jahre alt, in vielen Fällen aber auch viel älter. Das konkurrierende Institute of Chemistry entstand sogar erst 1877, ein Jahr nach der Gründung der American Chemical Society. Da die Organisation in der Chemie so langsam voranschritt, wurde die Nachricht über Avogadros bahnbrechende Entdeckung von 1811 erst auf dem ersten internationalen Chemikerkongress, der 1860 in Karlsruhe stattfand, allgemein bekannt gemacht.

Da die Chemiker so lange isoliert gearbeitet hatten, kristallisierten sich auch erst allmählich anerkannte Konventionen heraus. Noch bis weit in die zweite Hälfte des 19. Jahrhunderts bedeutete die Formel H_2O_2 für manche Chemiker Wasser, für andere aber Wasserstoffperoxid, und C_2H_4 konnte entweder für Ethylen oder für Sumpfgas stehen. Es gab kaum ein Molekül, das überall die gleiche Bezeichnung trug.

Ebenso verwendeten die Chemiker eine verwirrende Vielfalt von Symbolen und Abkürzungen, viele davon eigene Erfindungen. Für die dringend notwendige Ordnung sorgte der Schwede J. J. Berzelius mit der Vorschrift, man solle die Elemente mit Abkürzungen auf Grundlage ihrer griechischen oder lateinischen Namen bezeichnen. Das ist der Grund, warum Eisen die chemische Bezeichnung *Fe* trägt (vom lateinischen *ferrum*) und warum Silber *Ag* heißt (vom lateinischen *argentum*). Dass viele andere Abkürzungen auch mit den englischen Namen der Elemente übereinstimmen – *N* für *nitrogen* (Stickstoff), *O* für *oxygen* (Sauerstoff), *H* für *hydrogen* (Wasserstoff) – liegt nicht daran, dass das Englische damals schon eine Sonderstellung eingenommen hätte, sondern nur an seinen lateinischen Wurzeln. Um die Zahl der Atome in einem Molekül anzugeben, verwendete Berzelius eine hochgestellte Zahl (zum Beispiel H^2O). Später wurde es ohne besonderen Grund üblich, tiefgestellte Zahlen zu schreiben: H_2O.[16]

Aber trotz solcher Versuche, Ordnung zu schaffen, herrschte in der Chemie während der zweiten Hälfte des 19. Jahrhunderts ein ziemliches Durcheinander. Deshalb waren alle hocherfreut, als 1869 ein eigenwilliger, verschroben aussehender Professor der Universität von St. Petersburg berühmt wurde. Sein Name: Dmitrij Iwanowitsch Mendelejew.

Mendelejew wurde 1834 in Tobolsk im äußersten Westen Sibiriens als Sohn einer gebildeten, einigermaßen wohlhabenden und sehr großen Familie geboren – sie war so groß, dass die Geschichtsforschung den Überblick darüber verloren hat, wie viele Mendelejews es eigentlich gab: Manche Quellen berichten von 14 Kindern, andere von 17. Immerhin sind sich aber alle einig, dass Dmitrij der Jüngste war. Das Glück war der Familie nicht immer hold.[17] Schon als Dmitrij noch ein kleiner Junge war, erblindete sein Vater, der den Posten des Dorfschulmeisters bekleidete, und seine Mutter musste arbeiten gehen. Sie war sicher eine außergewöhnliche Frau und leitete schließlich eine profitable Glasfabrik. Bis 1848 ging alles gut, aber dann brannte die Fabrik ab, und in der Familie zog Armut ein. Dennoch war Mutter Mendelejew entschlossen, ihrem Jüngsten eine gute Ausbildung zu ermöglichen, und so schlug sie sich mit dem kleinen Dmitrij 6500 Kilometer weit nach St. Petersburg durch – das entspricht der Entfernung von London nach Äquatorialguinea. Dort brachte sie ihn am pädagogischen Institut unter. Durch die Anstrengung erschöpft, starb sie wenig später.

Mendelejew schloss pflichtschuldigst sein Studium ab und erhielt schließlich eine Stelle an der Universität der Stadt. Dort arbeitete er als fähiger, aber nicht sonderlich hervorragender Chemiker.[18] Bekannt war er weniger wegen seiner wissenschaftlichen Begabung als vielmehr wegen seines wilden Haar- und Bartwuchses, den er nur einmal im Jahr stutzen ließ.

Im Jahr 1869 jedoch, mit 35 Jahren, machte er sich eingehend Gedanken darüber, wie man die Elemente anordnen kann. Zu jener Zeit gab es zwei verbreitete Methoden, die Elemente einzuteilen: entweder nach dem Atomgewicht (wobei man das Avogadro-Prinzip anwandte) oder auf Grund gemeinsamer Eigenschaften (beispielsweise je nachdem, ob es sich um Metalle oder Gase handelte). Mendelejews bahnbrechende Errungenschaft war die Erkenntnis, dass man beide Prinzipien in einer einzigen Tabelle vereinigen kann.

Wie so oft in der Wissenschaft, so wurde auch dieses Prinzip eigentlich schon vorweggenommen: Wie der englische Amateurwissenschaftler John Newlands drei Jahre zuvor deutlich gemacht hatte, wiederholen sich bestimmte Eigenschaften der Elemente in jeder achten Position, wenn man sie nach ihrem Atomgewicht anordnet – es ergibt sich also eine gewisse Harmonie. Newlands gab diesem Prinzip, dessen Zeit noch nicht gekommen war, den nicht ganz klugen Namen »Oktavengesetz« in Anlehnung an die Anordnung der Oktaven auf einer Klaviertastatur.[19] Vielleicht lag es an Newlands' Darstellung – jedenfalls galt die Idee grundsätzlich als lächerlich, und man machte sich allgemein darüber lustig. Auf Tagungen wurde er von humoristisch veranlagten Zuhörern gefragt, ob seine Elemente nicht eine kleine Melodie spielen könnten. Newland gab entmutigt auf, vertrat seine Idee nicht weiter und verschwand kurz darauf völlig von der Bildfläche.

Mendelejew ging ein wenig anders vor: Er ordnete die Elemente in Siebenergruppen an, hielt sich dabei aber im Wesentlichen an das gleiche Prinzip. Plötzlich schien es eine ausgezeichnete, wunderbar nahe liegende Idee zu sein. Da die Eigenschaften sich periodisch wiederholen, wurde seine Erfindung unter dem Namen Periodensystem bekannt.

Angeregt wurde Mendelejew angeblich durch das Kartenspiel, das allgemein unter dem Namen Patience bekannt ist. Darin ordnet man die Karten waagerecht nach der Farbe und senkrecht nach der Zahl an. Nach einem entfernt ähnlichen System stellte er die Elemente in waagerechten Reihen zusammen, die er als Perioden bezeichnete, und in senkrechten Spalten, die er Gruppen nannte. Dabei zeigten sich sofort zwei Verwandtschaftsbeziehungen: die eine, wenn man von oben nach unten las, die andere von rechts nach links. Kupfer steht über dem Silber, und Silber steht über dem Gold, weil alle drei als Metalle chemisch verwandt sind; Helium, Neon und Argon dagegen stehen als Gase in einer anderen senkrechten Spalte. (Fachlich korrekt müsste man sagen: Die Anordnung erfolgt auf Grund der Elektronenvalenzen, aber wer das verstehen will, muss sich bei der Abendschule einschreiben.) Die waagerechten Reihen dagegen enthalten die Elemente in aufsteigender Reihenfolge nach der Zahl der Protonen in ihren Atomkernen, das heißt nach ihrer so genannten Ordnungszahl.

Auf den Aufbau der Atome und die Bedeutung der Protonen werden wir in einem späteren Kapitel zu sprechen kommen; vorerst reicht es, wenn wir das Ordnungsprinzip verstehen: Ein Wasserstoffatom enthält nur ein Proton, hat deshalb die Ordnungszahl 1 und steht in der Tabelle an erster Stelle; das Uran mit seinen 92 Protonen ist fast am Ende angesiedelt und trägt die Ordnungszahl 92. In diesem Sinn ist Chemie, wie Philip Ball deutlich gemacht hat, wirklich nur eine Frage des Zählens.[20] (Nebenbei bemerkt: Die Ordnungszahl ist nicht mit dem Atomgewicht zu verwechseln, das die Gesamtzahl der Protonen und Neutronen in den Atomen eines Elements angibt.) Immer noch gab es vieles, was man nicht wusste oder verstand. Der Wasserstoff ist im Universum das häufigste Element, und doch hatte noch weitere 30 Jahre niemand eine Ahnung, dass es ihn gab. Helium, das zweithäufigste Element, war erst im Jahr vorher entdeckt worden – über seine Existenz hatte man zuvor nicht einmal Vermutungen angestellt –, und das nicht auf der Erde, sondern auf der Sonne. Dort hatte man es während einer Sonnenfinsternis mit dem Spektroskop nachgewiesen, und deshalb erinnert sein Name an den griechischen Sonnengott Helios. In reiner Form dargestellt wurde es erst 1895. Aber immerhin: Dank Mendelejews Erfindung stand die Chemie jetzt auf einem sicheren Fundament.

Für die meisten Menschen ist das Periodensystem im abstrakten Sinn etwas Schönes, aber für Chemiker brachte es sofort eine Ordnung und Klarheit mit sich, die man gar nicht hoch genug einschätzen kann. »Das Periodensystem der chemischen Elemente ist zweifellos das eleganteste Ordnungsdiagramm, das jemals entwickelt wurde«, schrieb Robert E. Krebs in seinem Buch *The History and Use of Our Earth's Chemical Elements*, und ähnliche Einschätzungen findet man in praktisch allen heutigen Büchern über die Geschichte der Chemie.[21]

Heute kennen wir »ungefähr 120« Elemente[22]; 92 davon kommen in der Natur vor, ein paar Dutzend weitere wurden im Labor erzeugt. Die wirkliche Zahl ist ein wenig umstritten, denn die schweren, synthetisch hergestellten Elemente existieren nur wenige Millionstelsekunden, und in manchen Fällen streiten die Chemiker darüber, ob sie nun wirklich nachgewiesen wurden oder nicht. Zu Mendelejews Zeit kannte man erst 63 Elemente, und seine Klugheit bestand unter anderem in der Erkenntnis, dass die Elemente, über die man damals Bescheid wusste, nicht das vollständige Bild ausmachten, sondern dass noch viele Puzzlesteine fehlten. Seine Tabelle sagte erfreulich genau voraus, wo neue Elemente einzuordnen waren, wenn man sie entdeckte.

Übrigens weiß niemand genau, wie hoch die Zahl der Elemente noch steigen kann: Alles, was über das Atomgewicht 168 hinausgeht, gilt als »reine Spekulation«. Aber was man auch findet, es wird mit Sicherheit fein säuberlich in Mendelejews großes Schema passen.[23]

Eine letzte große Überraschung hielt das 19. Jahrhundert noch für die Chemiker bereit. Es begann 1896, als Henri Becquerel in Paris ein Paket mit Uransalzen in einer Schublade achtlos auf eine eingepackte Fotoplatte legte. Als er die Platte einige Zeit später herausnahm, musste er zu seiner Überraschung feststellen, dass das Salz darauf eine Schwärzung hinterlassen hatte, ganz als ob man die Platte dem Licht ausgesetzt hätte. Die Salze gaben also irgendeine Art von Strahlung ab.

Nachdem Becquerel über die Bedeutung seiner Beobachtung nachgedacht hatte, tat er etwas sehr Seltsames: Er übergab das Thema zur weiteren Untersuchung an eine Doktorandin. Glücklicherweise handelte es sich bei der Studentin um die kürzlich nach Frankreich ausgewanderte Polin Marie Curie. In Zusammenarbeit mit ihrem Mann Pierre, den sie kurz zuvor geheiratet hatte, stellte sie fest, dass bestimmte Gesteinstypen ständig ungewöhnlich große Energiemengen abstrahlen, ohne dass sich ihre Größe oder sonst eine erkennbare Eigenschaft verändert. Was die Curies nicht wissen konnten – und was niemand wusste, bevor Einstein es im darauf folgenden Jahrzehnt erklärte: In dem Gestein verwandelte sich Masse auf äußerst effiziente Weise in Energie. Marie Curie taufte das Phänomen auf den Namen »Radioaktivität«.[24] Im Laufe ihrer Arbeiten fanden die Curies auch zwei neue Elemente: das Polonium, das sie nach ihrem Heimatland benannten, und das Radium. Im Jahr 1903 erhielt das Ehepaar Curie zusammen mit Becquerel den Nobelpreis für Physik. (Marie Curie erhielt 1911 noch einen zweiten Nobelpreis, dieses Mal in Chemie; damit war sie die Einzige, die jemals mit den Preisen für Chemie und Physik ausgezeichnet wurde.)

An der McGill University in Montreal interessierte sich jetzt der junge, in Neuseeland geborene Ernest Rutherford für die neuen radioaktiven Substanzen. Mit seinem Kollegen Frederick Soddy entdeckte er, dass in diesen kleinen Materiemengen gewaltige Energiereserven gebunden sind und dass der radioaktive Zerfall dieser Reserven die Wärme der Erde zum größten Teil erklären kann. Außerdem fanden sie heraus, dass die radioaktiven Elemente sich bei ihrem Zerfall in andere Elemente verwandeln – ein Uranatom kann beispielsweise am nächsten Tag zu einem Bleiatom geworden sein. Das war eine wahrhaft außergewöhnliche Entdeckung. Es war schlicht und einfach Alchemie; niemand hätte sich je träumen lassen, dass so etwas ganz natürlich und von selbst stattfinden kann.

Der stets pragmatische Rutherford erkannte als Erster, dass in alledem wertvolle praktische Anwendungsmöglichkeiten steckten. Ihm fiel auf, dass immer die gleiche Zeit – die berühmte Halbwertszeit – verstreicht, bis eine bestimmten Probe radioaktiven Materials zur Hälfte zerfallen ist, und dass man diese konstante, zuverlässige Zerfallsgeschwindigkeit als Uhr benutzen kann. Wenn man weiß, wie viel Strahlung das Material heute abgibt und wie schnell es zerfällt, kann man zurückrechnen und so sein Alter bestimmen. Er untersuchte ein Stück Pechblende (das wichtigste Uranerz) und gelangte zu einem Alter von 700 Millionen Jahren – weit mehr, als die meisten seiner Zeitgenossen der Erde als Lebensdauer zugestehen mochten.

Im Frühjahr 1904 reiste Rutherford nach London und hielt einen Vortrag bei der Royal Institution, jener altehrwürdigen Organisation, die der Graf von Rumford 105 Jahre zuvor gegründet hatte, in einer Puder- und Perückenzeit, die jetzt im Vergleich zur hemdsärmeligen Deftigkeit der späten viktorianischen Ära unendlich weit entfernt schien. Rutherford sollte über seine neue Theorie des radioaktiven Zerfalls berichten, und dazu brachte er auch ein Stück Pechblende mit. Taktvoll – der betagte Kelvin war anwesend, allerdings nicht immer ganz wach – bemerkte Rutherford, Kelvin selbst habe gesagt, dass die Entdeckung einer neuen Wärmequelle seine Berechnungen über den Haufen werfen würde. Diese neue Quelle hatte Rutherford gefunden. Dank der Radioaktivität konnte die Erde viel älter sein als die 24 Millionen Jahre, die Kelvins Berechnungen zuließen – und selbstverständlich war sie es auch.

Kelvin strahlte über Rutherfords respektvolle Worte, rückte aber in Wahrheit nicht von seiner Meinung ab. Er erkannte die neuen Zahlen nie an und war bis zu seinem Tod überzeugt, seine Arbeiten über das Alter der Erde seien sein klügster und wichtigster Beitrag zur Wissenschaft – weit bedeutsamer als seine Erkenntnisse in der Thermodynamik.[25]

Wie die meisten wissenschaftlichen Umwälzungen, so wurden auch Rutherfords neue Erkenntnisse nicht sofort überall anerkannt. John Joly aus Dublin behauptete noch in den dreißiger Jahren des 20. Jahrhunderts steif und fest, die Erde sei nicht älter als 89 Millionen Jahre, und nahm diese Ansicht auch mit ins Grab. Andere machten sich Sorgen, Rutherford habe ihnen jetzt vielleicht zu viel Zeit zugestanden. Aber auch mit der radiometrischen Datierung, wie man die Zerfallsmessung jetzt nannte, sollten noch Jahrzehnte ins Land gehen, bevor man sich dem wahren Alter der Erde bis auf etwa eine Milliarde Jahre genähert hatte. Die Wissenschaft war auf der richtigen Spur, hatte aber noch einen langen Weg vor sich.

Kelvin starb 1907, im gleichen Jahr wie Dmitrij Mendelejew.

Dieser hatte wie Kelvin seine produktive Phase längst hinter sich, aber seine letzten Jahre waren von weitaus weniger Gelassenheit geprägt. Mendelejew wurde mit zunehmendem Alter immer exzentrischer und schwieriger; unter anderem erkannte er weder die Existenz der Strahlung an noch die Entdeckung der Elektronen oder andere neue Erkenntnisse. In den letzten Jahrzehnten seines Lebens stürmte er auch häufig überall in Europa wütend aus Labors und Hörsälen. Im Jahr 1955 wurde das Element Nummer 101 zu seinen Ehren auf den Namen Mendelevium getauft. »Im Gegensatz zu seinen Leistungen, die bis heute Bestand haben, ist es ein instabiles Element«, wie Paul Strathern dazu anmerkt.[26]

Die Strahlung zog natürlich immer weitere Kreise, ganz buchstäblich und auf eine Art, mit der niemand gerechnet hatte. Schon in den ersten Jahren des 20. Jahrhunderts waren bei Pierre Curie eindeutige Anzeichen der Strahlenkrankheit zu erkennen, insbesondere ein dumpfer Gliederschmerz und chronisches Unwohlsein, und die Beschwerden wären sicher auf unangenehme Weise fortgeschritten. Genau werden wir es nie wissen, denn er kam 1906 ums Leben, als ihn beim Überqueren einer Straße in Paris eine Kutsche überfuhr.

Die mittlerweile hoch angesehene Marie Curie arbeitete zeitlebens weiter auf dem Gebiet und war unter anderem 1914 an der Gründung des berühmten Radiuminstituts der Pariser Universität beteiligt. Trotz ihrer beiden Nobelpreise wurde sie nie in die Akademie der Wissenschaften gewählt, vor allem weil sie nach Pierres Tod ein Verhältnis mit einem verheirateten Physiker anfing, bei dem die Diskretion so wenig gewahrt blieb, dass es selbst in Frankreich zum Skandal wurde – zumindest in den Augen der alten Männer, die in der Akademie das Sagen hatten, aber das ist vielleicht eine andere Geschichte.

Lange Zeit nahm man an, eine so wundersame Energie wie die Radioaktivität müsse nützlich sein. Hersteller von Zahnpasta und Abführmitteln setzten ihren Produkten jahrelang radioaktives Thorium zu, und mindestens bis Ende der zwanziger Jahre wiesen das Glen Springs Hotel in der Region der Finger Lakes im US-Bundesstaat New York (und zweifellos auch viele andere) stolz auf die therapeutischen Wirkungen ihrer »radioaktiven Mineralquellen« hin.[27] Erst 1938 wurden radioaktive Zusätze in Konsumartikeln verboten.[28] Für Marie Curie war es zu jener Zeit bereits viel zu spät: Sie starb 1934 an Leukämie. In Wirklichkeit ist die Strahlung so heimtückisch und dauerhaft, dass man Curies Papiere aus den neunziger Jahren des 19. Jahrhunderts und sogar ihre Kochbücher noch heute nicht anfassen darf. Ihre Labortagebücher werden in Schachteln mit Bleieinlage aufbewahrt, und wer sie sehen will, muss Schutzkleidung anlegen.[29]

Durch die hingebungsvolle, unwissentlich riskante Arbeit der ersten Atomwissenschaftler stellte sich in den Anfangsjahren des 20. Jahrhunderts heraus, dass die Erde zweifellos ein ehrwürdiges Alter hat. Aber noch ein halbes Jahrhundert wissenschaftlicher Forschung musste vergehen, bevor man verlässliche Kenntnisse darüber hatte, wie alt sie nun wirklich ist. Gleichzeitig begann auch in der Wissenschaft eine neue Ära: das Atomzeitalter.

TEIL III

Ein neues Zeitalter bricht an

Ein Physiker ist das Mittel der Atome, um über Atome nachzudenken.

Anonym

8.
Einsteins Universum

Als das 19. Jahrhundert zu Ende ging, konnten die Wissenschaftler mit Befriedigung daran zurückdenken, dass sie die meisten Rätsel der physikalischen Welt gelöst hatten: Elektrizität, Magnetismus, Gase, Optik, Akustik, Kinetik und statistische Mechanik – um nur einige zu nennen – lagen fein säuberlich geordnet vor ihnen. Sie hatten Röntgen- und Kathodenstrahlen, Elektronen und Radioaktivität entdeckt, das Ohm, das Watt, das Grad Kelvin, das Joule, das Ampère und das kleine Erg erfunden.

Wenn man etwas in Schwingung versetzen, beschleunigen, durcheinander bringen, destillieren, zusammenfügen, wiegen oder gasförmig machen konnte, hatten sie es getan, und dabei hatten sie eine Fülle gewichtiger und majestätischer Universalgesetze gefunden: die elektromagnetische Feldtheorie des Lichts, Richters Gesetz der umgekehrten Proportionen, Charles' Gasgesetz, das Gesetz der Vereinigung von Volumina, den Nullten Hauptsatz der Thermodynamik, den Valenzbegriff, das Massenwirkungsgesetz und zahllose andere. In der ganzen Welt ratterten und klapperten die Maschinen und Instrumente, die sie mit ihrem Erfindungsreichtum hergestellt hatten. Viele kluge Menschen waren der Ansicht, es bleibe für die Wissenschaft nicht mehr viel zu tun.

Als ein junger Deutscher namens Max Planck sich 1875 in Kiel entscheiden musste, ob er sein Leben der Mathematik oder der Physik widmen sollte, wurde er eindringlich gewarnt, er solle nicht die Physik wählen, weil alle bahnbrechenden Entdeckungen bereits gemacht seien. Man versicherte ihm, das bevorstehende Jahrhundert werde nicht von Revolutionen, sondern von Konsolidierung und Verfeinerung geprägt sein. Planck hörte nicht darauf. Er studierte theoretische Physik und stürzte sich mit Körper und Seele in die Erforschung der Entropie, eines Vorganges, der zum innersten Kern der Thermodynamik gehört und für einen ehrgeizigen jungen Mann sehr viel versprechend zu sein schien.* Als er 1891 zu Ergebnissen gelangt war, musste er zu seinem Entsetzen feststellen, dass die wichtigsten Arbeiten über die Entropie bereits existierten; der Urheber war in diesem Fall J. Willard Gibbs, ein zurückhaltender Wissenschaftler der Yale University.

Es gab vielleicht kaum einen anderen Menschen, der so intelligent war wie Gibbs und dennoch so unbekannt blieb. Bescheiden bis an die Grenze der Selbstverleugnung, verbrachte er praktisch sein ganzes Leben – abgesehen von drei Studienjahren in Europa – in einem Gebiet von drei Häuserblocks, das durch sein Haus und das Gelände der Yale University in New Haven, Connecticut, begrenzt war. Während der ersten zehn Jahre an der Hochschule wagte er es nicht einmal, ein Gehalt zu verlangen. (Finanziell war er unabhängig.) Von 1871, als er an der Universität seine Professorenstelle antrat, bis zu seinem Tod im Jahr 1903 zogen seine Vorlesungen durchschnittlich nur wenig mehr als einen Studenten pro Semester an.[1] Seine schriftlichen Arbeiten waren schwer verständlich, und er bediente sich darin einer eigenen Schreibweise, die für viele andere undurchschaubar blieb. Aber hinter seinen exotischen Formulierungen verbargen sich Einsichten von allergrößtem Tiefsinn.

* Genauer gesagt, ist die Entropie ein Maß für die Zufälligkeit oder Unordnung in einem System. Einen sehr anschaulichen Vergleich stellt Darrell Ebbing in dem Lehrbuch *General Chemistry* an: Man stelle sich ein Kartenspiel vor, das frisch aus der Packung kommt, sortiert nach Farben und in der Reihenfolge vom As bis zum König; ein solches Blatt befindet sich in einem geordneten Zustand. Mischt man die Karten, stellt sich ein Zustand der Unordnung ein. Die Entropie ist ein Maß dafür, wie ungeordnet dieser Zustand ist und mit welcher Wahrscheinlichkeit sich durch weiteres Mischen ein bestimmtes Ergebnis einstellen wird. Wer seine Beobachtungen in einer angesehenen Fachzeitschrift veröffentlichen will, muss natürlich auch über weitere Begriffe Bescheid wissen, so über Thermische Ungleichförmigkeit, Gitterabstände oder stöchiometrische Beziehungen, aber dies ist der Grundgedanke.

In den Jahren 1875 bis 1878 brachte Gibbs unter dem Titel *On the Equilibrium of Heterogeneous Substances* (»Über das Gleichgewicht heterogener Substanzen«) eine Reihe von Aufsätzen heraus, in denen er auf glänzende Weise die thermodynamischen Gesetzmäßigkeiten von – nun ja – fast allem aufklärte: von »Gasen, Gemischen, Oberflächen, Feststoffen, Phasenveränderungen... chemischen Reaktionen, elektrochemischen Zellen, Sedimentation und Osmose«, wie William H. Cropper es formulierte.[2] Letztlich wies Gibbs nach, dass die Thermodynamik nicht nur für Wärme und Energie im Maßstab der großen, lauten Dampfmaschinen gilt, sondern dass sie auch auf der Ebene der chemischen Reaktionen und ihrer einzelnen Atome großen Einfluss hat.[3] Gibbs' *Equilibrium* wurde als »*Principia* der Thermodynamik«[4] bezeichnet, aber aus Gründen, die sich jeder Spekulation entziehen, veröffentlichte er seine bahnbrechenden Beobachtungen in den *Transactions of the Connecticut Academy of Arts and Sciences*, einer Fachzeitschrift, der es gelungen war, sogar in Connecticut relativ unbekannt zu bleiben; das war der Grund, warum Planck erst davon hörte, als es zu spät war.

Unbeeindruckt – nun ja, oder vielleicht doch geringfügig beeindruckt – wandte Planck sich anderen Themen zu.* Wir werden in Kürze darauf zurückkommen, aber zuvor müssen wir einen kleinen und dennoch wichtigen Abstecher nach Cleveland in Ohio unternehmen, zu einer Institution, die sich damals Case School of Applied Science nannte. Dort machte sich Albert Michelson, ein Physiker im mittleren Alter, in den achtziger Jahren des 19. Jahrhunderts mit Hilfe des befreundeten Chemikers Edward Morley an eine Versuchsreihe, die zu eigenartigen, be-

* Planck hatte im Leben oft Pech. Seine erste Frau, die er innig liebte, starb schon 1909, und der jüngere seiner beiden Söhne kam im Ersten Weltkrieg ums Leben. Außerdem hatte er Zwillingstöchter, die er anbetete. Eine starb bei einer Entbindung. Die zweite kümmerte sich um das Baby und verliebte sich in den Mann ihrer Schwester. Zwei Jahre später heirateten die beiden, und dann starb auch diese Schwester im Kindbett. Im Jahr 1944, als Planck 85 Jahre alt war, wurde sein Haus von einer Bombe der Alliierten getroffen, und er verlor alles: Papiere, Tagebücher, die gesammelten Schätze eines ganzen Lebens. Im folgenden Jahr wurde sein verbliebener Sohn wegen einer Verschwörung zur Ermordung Hitlers verhaftet und hingerichtet.

unruhigenden Ergebnissen führte. Ihre Befunde sollten für alles Weitere wichtige Folgen haben.

Ohne dass sie es beabsichtigt hätten, zerstörten Michelson und Morley den uralten Glauben an etwas, das als Licht tragender Äther bezeichnet wurde – ein stabiles, unsichtbares, gewichtsloses Medium, das keine Reibung verursachte und sich durch das ganze Universum ziehen sollte, in Wirklichkeit aber ein reines Fantasieprodukt war. Die Vorstellung vom Äther war von Descartes entwickelt worden, Newton hatte sie übernommen und seitdem hatten auch fast alle anderen sich ihr angeschlossen; in der Physik des 19. Jahrhunderts bildete sie das Kernstück aller Erklärungen dafür, wie Licht durch die Leere des Raumes wandern kann. Sie war zu jener Zeit vor allem deshalb unentbehrlich, weil man Licht und Elektromagnetismus jetzt für Wellen – das heißt für eine Art von Schwingungen – hielt. Schwingungen gibt es nur, wenn irgendetwas schwingt; deshalb brauchte man den Äther und hielt sehr lange an ihm fest. Noch 1909 beharrte der große britische Physiker J. J. Thomson: »Der Äther ist kein Fantasieprodukt spekulativer Philosophen, sondern er ist für uns ebenso notwendig wie die Luft, die wir atmen« – und das vier Jahre nachdem eigentlich zweifelsfrei nachgewiesen worden war, dass er nicht existierte. Kurz gesagt: Alle hingen am Äther.

Wenn man sich klar machen möchte, warum Amerika im 19. Jahrhundert als Land der unbegrenzten Möglichkeiten galt, kann man dafür kaum ein besseres Beispiel finden als das Leben von Albert Michelson. Er wurde 1852 als Sohn armer jüdischer Kaufleute an der deutsch-polnischen Grenze geboren, kam als Säugling mit seiner Familie in die Vereinigten Staaten und wuchs mitten im kalifornischen Goldrausch in einem Goldgräberlager auf, wo sein Vater ein Textilgeschäft betrieb.[5] Da das Geld für ein College fehlte, reiste er nach Washington und trieb sich vor dem Eingang des Weißen Hauses herum, sodass er mit dem Präsidenten Ulysses S. Grant zusammentreffen konnte, wenn dieser seinen täglichen Gesundheitsspaziergang unternahm. (Damals herrschte offensichtlich größere Arglosigkeit als heute.) Während dieser Spaziergänge machte Michelson sich beim Präsidenten so beliebt, dass Grant ihm einen kostenlosen Platz an der US-Marineakademie zusagte. Dort erwarb Michelson seine physikalischen Kenntnisse.

Zehn Jahre später – mittlerweile war er Professor an der Case School in Cleveland – wollte Michelson etwas messen, das als Ätherströmung bezeichnet wurde, eine Art Gegenwind, den bewegte Objekte erzeugten, wenn sie durch den Raum pflügten. Die Newton'sche Physik sagte unter anderem voraus, dass Licht sich im Verhältnis zu einem Beobachter mit unterschiedlicher Geschwindigkeit fortpflanzt, je nachdem, ob die Lichtquelle sich auf ihn zu oder von ihm wegbewegt, aber niemand hatte bisher einen Weg gefunden, um diesen Effekt zu messen. Michelson fiel ein, dass die Erde sich ja ein halbes Jahr lang der Sonne nähert und sich anschließend ein halbes Jahr lang von ihr entfernt; demnach, so seine Überlegung, musste man nur zu verschiedenen Jahreszeiten genaue Messungen anstellen und die Wanderungszeit des Lichtes vergleichen, dann hätte man die Antwort.

Michelson unterhielt sich mit Alexander Graham Bell, dem Erfinder des Telefons, der kurz zuvor reich geworden war; dieser stellte die Mittel zum Bau eines Interferometers zur Verfügung, eines raffinierten, höchst empfindlichen Instruments zur genauen Messung der Lichtgeschwindigkeit, das Michelson selbst entworfen hatte. Anschließend machte sich Michelson mit Hilfe des genialen, aber äußerst zurückhaltenden Morley an jahrelange, mühsame Messungen. Es waren heikle, anstrengende Arbeiten, und sie mussten eine Zeit lang unterbrochen werden, weil Michelson einen kurzen, aber schweren Nervenzusammenbruch erlitt. Im Jahr 1887 lag das Ergebnis schließlich vor, und es war alles andere als das, womit die beiden Wissenschaftler gerechnet hatten.

Der Astrophysiker Kip S. Thorne vom California Institute of Technology schrieb dazu: »Die Lichtgeschwindigkeit schien... in allen Richtungen und zu allen Jahreszeiten gleich zu sein.«[6] Es war seit 200 Jahren – und zwar wirklich genau 200 Jahren – der erste Anhaltspunkt, dass Newtons Gesetze nicht immer und überall gültig sind. Der Befund von Michelson und Morley wurde zum »vermutlich berühmtesten negativen Ergebnis in der gesamten Geschichte der Physik«, wie William H. Cropper es formulierte.[7] Michelson erhielt für die Arbeiten den Physik-Nobelpreis – es war das erste Mal, dass ein Amerikaner damit ausgezeichnet wurde –, aber bis es so weit war, vergingen noch 20 Jahre. In der Zwischenzeit hingen die Experimente von Michelson und Morley unangenehm über dem wissenschaftlichen Denken wie ein fauliger Geruch.

Interessanterweise zählte Michelson sich zu Beginn des 20. Jahrhunderts trotz seiner Befunde zu denjenigen, nach deren Ansicht die Arbeit am Gebäude der Wissenschaft fast beendet war, sodass »nur noch ein paar Türmchen und Zinnen hinzukommen, nur noch ein paar Dachverzierungen geschnitzt werden mussten«, wie die Wissenschaftszeitschrift *Nature* es einmal ausdrückte.[8]

In Wirklichkeit stand die Welt natürlich am Beginn eines Jahrhunderts der Wissenschaft, in dem viele Menschen überhaupt nichts mehr verstanden und niemand alles verstand. Wenig später fanden sich die Wissenschaftler hilflos zwischen einer verwirrenden Vielfalt von Teilchen und Antiteilchen wieder, in der die Dinge so schnell kommen und gehen, dass Nanosekunden dagegen wie lange, langweilige Zeiträume wirken, und in der alles wirklich seltsam ist. Die Wissenschaft wandelte sich von einer Welt der Makrophysik, deren Objekte man sehen, in die Hand nehmen und messen kann, zur Mikrophysik mit Ereignissen, die sich unvorstellbar schnell und in Größenmaßstäben weit unterhalb unseres Vorstellungsvermögens abspielen. Man stand an der Schwelle des Quantenzeitalters, und der Erste, der an die Tür klopfte, war der bisher so vom Pech verfolgte Max Planck.

Im Jahr 1900 verkündete Planck, mittlerweile theoretischer Physiker an der Berliner Universität und bereits 42 Jahre alt, eine neue »Quantentheorie«. Darin postulierte er, dass Energie nichts Kontinuierliches ist wie fließendes Wasser, sondern aus abgegrenzten Paketen besteht, die er Quanten nannte. Es war eine ganz neue Vorstellung, und zwar eine gute. Kurzfristig trug sie dazu bei, das Rätsel der Michelson-Morley-Experimente zu lösen, denn durch sie wurde gezeigt, dass Licht nicht unbedingt eine Welle sein muss. Auf längere Sicht legte sie das Fundament für die gesamte moderne Physik. Und in jedem Fall war sie der erste Hinweis, dass die Welt sich verändern würde.

Das entscheidende Ereignis jedoch – den wirklichen Beginn einer neuen Epoche – brachte das Jahr 1905: In der deutschen physikalischen Fachzeitschrift *Annalen der Physik* erschien eine Serie von Aufsätzen eines jungen Schweizer Beamten, der nicht an einer Universität arbeitete, keinen Zugang zu einem Labor hatte und regelmäßig nur die kleine Bibliothek des Nationalen Patentamtes in Bern benutzen konnte, wo er als technischer Prüfer dritter Klasse tätig war. (Ein Antrag auf Beförderung zum technischen Prüfer zweiter Klasse war kurz zuvor abgelehnt worden.)

Sein Name war Albert Einstein. In jenem ereignisreichen Jahr reichte er bei den *Annalen der Physik* fünf Aufsätze ein, die nach Ansicht von C. P. Snow zu den größten in der gesamten Geschichte der Physik gehörten.[9] In einem davon untersuchte er mit Hilfe von Plancks neuer Quantentheorie den fotoelektrischen Effekt, ein anderer handelte vom Verhalten kleiner Teilchen in Lösungen (das heißt von der so genannten Brown'schen Bewegung), und in einem dritten umriss er eine spezielle Relativitätstheorie.

Der erste Aufsatz brachte seinem Autor den Nobelpreis ein. Darin erklärte Einstein das Wesen des Lichts (was unter anderem dazu beitrug, dass das Fernsehen möglich wurde).* Der zweite lieferte den Beweis, dass Atome tatsächlich existieren, eine Tatsache, die erstaunlicherweise zuvor noch ein wenig umstritten war. Und der dritte veränderte schlicht und einfach die ganze Welt.

* Einstein wurde ein wenig unbestimmt »für Verdienste um die theoretische Physik« geehrt. Auf den Preis musste er 16 Jahre – bis 1921 – warten, angesichts aller Umstände sehr lange, aber eine kurze Spanne im Vergleich zu Frederick Reines, der 1957 das Neutrino entdeckte und erst 1995, 38 Jahre später, den Nobelpreis erhielt, oder auch zu dem Deutschen Ernst Ruska, der 1932 das Elektronenmikroskop erfand und über ein halbes Jahrhundert danach, 1986, mit dem höchsten Wissenschaftspreis ausgezeichnet wurde. Da Nobelpreise niemals posthum verliehen werden, ist eine lange Lebensdauer für die Preisträger manchmal ebenso wichtig wie geniale Gedanken.

Einstein wurde 1879 in Ulm geboren, wuchs aber in München auf. In seiner Jugend ließ kaum etwas die zukünftige Größe vorausahnen. Berühmt wurde die Tatsache, dass er erst mit drei Jahren sprechen lernte. In den neunziger Jahren des 19. Jahrhunderts machte die Elektrikerfirma seines Vaters Bankrott, und die Familie zog nach Mailand; Albert, der mittlerweile ein Teenager war, ging in die Schweiz und setzte seine Ausbildung fort – fiel aber in der Aufnahmeprüfung für die Hochschule beim ersten Versuch durch. Im Jahr 1896 gab er die deutsche Staatsbürgerschaft auf, um der Einziehung zum Militärdienst zu entgehen, und schrieb sich am Züricher Polytechnikum zu einem vierjährigen Studiengang als Oberschullehrer für Naturwissenschaften ein. Er war ein guter, aber kein herausragender Student.

Schon wenige Monate nachdem er 1900 sein Examen gemacht hatte, reichte er bei den *Annalen der Physik* die ersten Artikel ein. Sein allererster Aufsatz über die physikalischen Verhältnisse von Flüssigkeiten in Trinkstrohhalmen (ausgerechnet) erschien in der gleichen Ausgabe wie Plancks Quantentheorie.[10] Von 1902 bis 1904 verfasste er eine ganze Reihe von Abhandlungen über statistische Mechanik, aber dann musste er feststellen, dass der produktive J. Willard Gibbs aus Connecticut in aller Stille auch diese Arbeit bereits erledigt und 1901 in seinen *Elementary Principles of Statistical Mechanics* veröffentlicht hatte.[11]

Zur gleichen Zeit verliebte Einstein sich in eine Kommilitonin, die Ungarin Mileva Maric. Die beiden hatten 1901 eine uneheliche Tochter, die ganz diskret zur Adoption freigegeben wurde. Einstein bekam sein Kind nie zu Gesicht. Zwei Jahre später war er mit Maric verheiratet. Zwischen diesen beiden Ereignissen, im Jahr 1902, nahm Einstein eine Stelle am Schweizer Patentamt an, die er während der folgenden sieben Jahre behielt. Die Arbeit machte ihm Spaß: Sie war so anspruchsvoll, dass sie ihn geistig forderte, andererseits aber auch nicht so schwierig, dass sie ihn von seinen physikalischen Arbeiten abgelenkt hätte. Vor diesem Hintergrund erdachte er 1905 seine spezielle Relativitätstheorie.

Der Aufsatz mit dem Titel »Zur Elektrodynamik bewegter Körper« ist eine der herausragendsten wissenschaftlichen Veröffentlichungen aller Zeiten,[12] und zwar sowohl in der Art der Darstellung als auch im Inhalt. Er enthält weder Fußnoten noch Zitate und nur sehr wenig Mathematik, erwähnt keine anderen Arbeiten, auf denen er aufbaut oder die ihn beeinflusst hätten, und dankt nur einer einzigen Person für Hilfe: Michele Besso, einem Kollegen aus dem Patentamt. Es war, wie C. P. Snow schrieb, als sei Einstein »durch reines Denken zu seinen Erkenntnissen gelangt, ohne Hilfe, ohne auf die Meinungen anderer zu hören. In einem überraschend großen Ausmaß hat er tatsächlich genau das getan.«[13]

Seine berühmte Gleichung $E = mc^2$ kommt in dem Artikel nicht vor, sie stand aber in einer kurzen Ergänzung, die wenige Monate später folgte. Wie manch einer sicher noch aus seiner Schulzeit weiß, steht das E in der Gleichung für die Energie, m für die Masse und c^2 für das Quadrat der Lichtgeschwindigkeit.

Ganz einfach ausgedrückt, besagt diese Gleichung, dass Masse und Energie letztlich äquivalent sind. Sie sind Formen der gleichen Sache: Energie ist freigesetzte Materie, und Materie ist Energie, die auf ihre Befreiung wartet. Da c^2 (die Lichtgeschwindigkeit, mit sich selbst multipliziert) eine wahrhaft riesige Zahl ist, geht aus der Gleichung auch hervor, dass in jedem Ding, welches aus Materie besteht, eine wirklich ungeheuere Energiemenge gebunden ist.*

Ein durchschnittlich großer Erwachsener enthält selbst dann, wenn er sich nicht besonders kräftig fühlt, in seinem bescheidenen Körper eine potenzielle Energie von nicht weniger als 7×10^{18} Joule,[14] genug, um mit der Gewalt von 30 großen Wasserstoffbomben zu explodieren – vorausgesetzt, man weiß, wie man die Energie freisetzt, und man will es wirklich beweisen. In jeder Materie ist in dem gleichen Umfang Energie gefangen. Es gelingt uns nur nicht sehr gut, sie nutzbar zu machen. Selbst

* Wie c zum Symbol für die Lichtgeschwindigkeit wurde, ist ein wenig rätselhaft; David Bodanis vermutet, es käme von dem lateinischen *celeritas* (Schnelligkeit). Der einschlägige Band des *Oxford English Dictionary*, der ein Jahrzehnt vor Einsteins Theorie verfasst wurde, nennt c als Symbol für viele Dinge vom Kohlenstoff bis zum Kricket, erwähnt aber weder die Lichtgeschwindigkeit noch die Schnelligkeit allgemein.

eine Uranbombe – das Energiereichste, was wir bisher hergestellt haben – erzeugt noch nicht einmal ein Prozent der Energie, die wir freisetzen könnten, wenn wir schlauer wären.[15]

Neben vielem anderen erklärte Einsteins Theorie auch, wie Strahlung funktioniert und wie beispielsweise ein Klumpen Uran einen ständigen, starken Energiestrom abgeben kann, ohne dahinzuschmelzen wie ein Eiswürfel. (Er wandelt Masse nach dem Prinzip $E = mc^2$ sehr effizient in Energie um.) Auf einmal war klar, wie Sterne Jahrmilliarden lang leuchten können, ohne dass ihr Brennstoff zur Neige geht. Mit einem Schlag, mit einer einzigen, einfachen Formel, verschaffte Einstein den Geologen und Astronomen den Luxus vieler Milliarden Jahre. Vor allem aber zeigte die spezielle Relativitätstheorie, dass die Lichtgeschwindigkeit immer gleich ist und eine Obergrenze darstellt. Nichts kann sie übertreffen. Sie brachte Licht (kein Wortspiel, ehrlich!) in unsere tiefsten Kenntnisse über das Wesen des Universums. Und nicht ganz zufällig löste sie damit auch das Problem des Licht tragenden Äthers, denn sie machte klar, dass er nicht existiert. Einstein bescherte uns ein Universum, in dem er nicht notwendig ist.

In der Regel schenken Physiker den Verlautbarungen eines Schweizer Patentbeamten keine übermäßig große Aufmerksamkeit, und deshalb nahm man von Einsteins Aufsätzen trotz ihres über alle Maßen nützlichen Inhalts kaum Notiz. Nachdem er gerade einige der größten Rätsel des Universums gelöst hatte, bewarb er sich als Universitätsdozent und wurde abgelehnt; anschließend versuchte er es als Oberschullehrer, und wieder wurde er abgelehnt. Also kehrte er zu seiner Tätigkeit als Patentprüfer dritter Klasse zurück, aber natürlich hörte er nicht auf, nachzudenken. Genauer gesagt war ein Ende noch gar nicht absehbar.

Als der Dichter Paul Valéry sich einmal bei Einstein erkundigte, ob er seine Gedanken in einem Notizbuch festhielt, sah Einstein ihn mit leichter, aber ehrlicher Verwunderung an. »Ach, das ist nicht notwendig« erwiderte er. »Ich habe so selten welche.«[16] Wenn ihm jedoch eine Idee kam, das braucht wohl nicht besonders betont zu werden, war sie gut. Einsteins nächste Idee war eine der größten, die jemals einem Menschen einfiel, oder sogar die allergrößte – das jedenfalls meinen Boorse, Motz und Weaver in ihrer nachdenklichen Geschichte der Atomforschung. Dort schreiben sie: »Als Hervorbringung eines einzigen Kopfes ist es zweifellos die größte intellektuelle Leistung der Menschheit.«[17] Ein größeres Kompliment kann man natürlich niemandem machen.

Manche Autoren behaupten, Einstein habe ungefähr 1907 einen Arbeiter von einem Dach fallen sehen und daraufhin über die Gravitation nachgedacht. Aber wie viele gute Geschichten ist auch diese offensichtlich nicht verbürgt. Nach Einsteins eigenem Bericht saß er einfach auf einem Stuhl, als ihm plötzlich die Frage der Gravitation in den Sinn kam.[18]

Eigentlich war Einsteins Einfall mehr als nur ein Lösungsansatz für das Problem der Gravitation, denn ihm war von Anfang an klar gewesen, dass genau in dieser Frage in seiner speziellen Relativitätstheorie eine Lücke klaffte. Das »Spezielle« bestand darin, dass die Theorie sich mit Dingen beschäftigte, die sich im Wesentlichen ungehindert bewegten. Aber was geschah, wenn etwas Bewegtes – insbesondere das Licht – auf ein Hindernis wie die Gravitation traf? Mit dieser Frage beschäftigte er sich fast während der gesamten nächsten zehn Jahre, und Anfang 1917 führten seine Überlegungen zur Veröffentlichung eines Aufsatzes mit dem Titel »Kosmologische Betrachtungen zur allgemeinen Relativitätstheorie«.[19] Schon die spezielle Relativitätstheorie von 1905 war natürlich eine tief greifende, wichtige Arbeit gewesen, aber wie C. P. Snow einmal bemerkte, wäre innerhalb von fünf Jahren auch jemand anderes darauf gekommen, wenn es Einstein zu diesem Zeitpunkt nicht gelungen wäre; die Zeit war reif dafür. Ganz anders die allgemeine Relativitätstheorie: »Auf sie würden wir ohne Einstein wahrscheinlich noch heute warten«, schrieb Snow 1979.[20]

Mit seiner Pfeife, seiner genial-bescheidenen Art und seiner wilden Mähne war Einstein einfach eine zu auffällige Gestalt, als dass er auf Dauer hätte im Dunkeln bleiben können, und 1919, als der Krieg vorüber war, wurde er von der Welt entdeckt.

Fast über Nacht stand seine Theorie auf einmal in dem Ruf, ein normaler Mensch könne sie unmöglich begreifen. Wie David Bodanis in seinem ausgezeichneten Buch *Bis Einstein kam* deutlich macht, half es auch nicht, als die *New York Times* sich zu einem Bericht entschloss und aus Gründen, die immer wieder Staunen erregen, ausgerechnet ihren Golfreporter, einen gewissen Henry Crouch, mit dem Interview beauftragte.

Crouch war hoffnungslos überfordert und gab fast alles falsch wieder.[21] Einer der folgenschwersten Fehler in seinem Bericht war die Behauptung, Einstein habe einen Verleger gefunden, der das Wagnis auf sich nahm und ein Buch veröffentlichen wolle, »das nur zwölf Menschen auf der ganzen Welt verstehen«. Es gab weder ein solches Buch noch einen solchen Verleger oder einen solchen Kreis gelehrter Männer, aber die Formulierung blieb hängen. Wenig später war die Zahl der Menschen, die nach allgemeiner Vorstellung die Relativitätstheorie begreifen konnten, noch weiter geschrumpft – und das wissenschaftliche Establishment gab sich auch keine Mühe, den Mythos zu zerstören.

Als ein Journalist den britischen Astronomen Sir Arthur Eddington fragte, ob es richtig sei, dass dieser zu den drei Menschen in der Welt gehöre, die Einsteins Relativitätstheorie verstehen könnten, dachte Eddington einen Augenblick lang nach und erwiderte dann: »Ich überlege gerade, wer der Dritte sein könnte.«[22] In Wirklichkeit bestand das Problem bei der Relativitätstheorie nicht darin, dass sie eine Menge Differentialgleichungen, Lorentz-Transformationen und andere komplizierte mathematische Ausdrücke enthielt (bei denen selbst Einstein in einigen Fällen Hilfe brauchte), sondern das Schwierigste war, dass sie der Intuition so völlig widerspricht.

Im Kern besagt die Relativitätstheorie, dass Raum und Zeit nichts Absolutes sind, sondern relativ zum Beobachter und zu dem beobachteten Objekt. Je schneller sich das eine gegenüber dem anderen bewegt, desto ausgeprägter wird der Effekt.[23] Wir können uns selbst nie bis auf Lichtgeschwindigkeit beschleunigen, und je energischer wir es versuchen (und je schneller wir uns bewegen), desto stärker werden wir im Verhältnis zu einem außenstehenden Beobachter verzerrt.

Von Anfang an versuchten populärwissenschaftliche Autoren, solche Vorstellungen einem Laienpublikum verständlich zu machen. Zu den erfolgreicheren Versuchen – zumindest was die wirtschaftliche Seite angeht – gehörte *Das ABC der Relativitätstheorie* des Mathematikers und Philosophen Bertrand Russell. Darin bediente sich Russell eines Bildes, das seither immer wieder benutzt wurde. Der Leser soll sich einen Eisenbahnzug vorstellen, der 100 Meter lang ist und sich mit 60 Prozent der Lichtgeschwindigkeit bewegt. Für jemanden, der auf dem Bahnsteig steht und den Zug vorüberfahren sieht, scheint er nur 80 Meter lang zu sein, und entsprechend zusammengedrückt erscheint auch alles, was sich darin befindet. Könnten wir die Fahrgäste im Zug sprechen hören, würden ihre Stimmen undeutlich und schwerfällig klingen wie eine Schallplatte, die mit zu geringer Drehzahl abgespielt wird, und ebenso träge würden ihre Bewegungen aussehen. Selbst die Uhren in dem Zug würden, von außen betrachtet, nur mit vier Fünfteln ihrer normalen Geschwindigkeit laufen.

Aber – und das ist das Wesentliche – die Menschen in dem Zug würden von diesen Verzerrungen nichts bemerken. Ihnen würde alles, was sich im Zug befindet, völlig normal erscheinen. Dafür würden wir, die wir auf dem Bahnsteig stehen, seltsam zusammengedrückt und verlangsamt aussehen. Alles hängt nur von der eigenen Position relativ zu dem bewegten Gegenstand ab.

In Wirklichkeit tritt dieser Effekt jedes Mal ein, wenn wir uns fortbewegen. Wer einmal quer über die Vereinigten Staaten fliegt, ist beim Aussteigen aus dem Flugzeug ungefähr eine Quadrillionstel Sekunde jünger als jene, die er zurückgelassen hat. Selbst wenn wir nur durch das Zimmer gehen, tritt in unserem Erleben von Raum und Zeit eine geringfügige Veränderung ein. Manchen Berechnungen zufolge gewinnt ein Baseball, der mit 160 Stundenkilometern geworfen wird, auf seinem Weg zum Home Plate ungefähr 0,000000000002 Gramm an Masse hinzu.[24] Die Relativitätstheorie hat also echte Auswirkungen, die man auch messen kann. Das Problem besteht nur darin, dass die Veränderungen viel zu klein sind, als dass wir auch nur den geringsten Unterschied wahrnehmen würden. Für andere Phänomene im Universum jedoch – Licht, Gravitation, das Universum selbst – sind sie eine folgenschwere Angelegenheit.

Wenn die Vorstellungen der Relativitätstheorie also verrückt erscheinen, dann liegt das nur daran, dass wir solche Wechselbeziehungen in unserem Alltag nicht erleben. Aber um noch einmal auf Bodanis zurückzugreifen: Andere Formen der Relativität begegnen uns häufig, beispielsweise im Zusammenhang mit dem Schall.[25] Angenommen, wir befinden uns in einem Park, und irgendwo spielt nervtötende Musik. Dann wissen wir ganz genau, dass die Musik leiser wird, wenn wir uns von dem Musikgerät entfernen. Das liegt natürlich nicht daran, dass die Musik selbst leiser würde, sondern nur an unserer eigenen Position, die sich relativ zum Standort der Musik verändert. Für jemanden, der so klein oder so langsam ist, dass er diese Erfahrung nicht nachvollziehen kann – beispielsweise für eine Schnecke – wird es wahrscheinlich eine unglaubliche Vorstellung sein, dass ein und derselbe Lautsprecher für zwei verschiedene Beobachter mit ganz unterschiedlicher Lautstärke spielt.

Das schwierigste Konzept der Relativitätstheorie, das auch der Intuition am stärksten widerspricht, ist die Erkenntnis, dass die Zeit ein Teil des Raumes ist. Wir betrachten die Zeit instinktiv als etwas Ewiges, Absolutes, Unveränderliches – nichts kann ihr stetiges Ticken beeinflussen. In Wirklichkeit aber, so Einstein, ist die Zeit veränderlich, und sie wandelt sich ständig. Sie hat sogar eine Form. Sie ist mit den drei Dimensionen des Raumes in einer seltsamen, als Raumzeit bekannten Dimension verbunden – unentwirrbar verwoben, wie Stephen Hawking es formuliert.

Um die Raumzeit zu verstehen, sollen wir uns in der Regel einen flachen, elastischen Gegenstand vorstellen, beispielsweise eine Matratze oder ein gespanntes Gummituch, auf dem eine Eisenkugel oder ein ähnliches schweres, rundes Objekt liegt. Das Gewicht der Eisenkugel sorgt dafür, dass das Material darunter sich dehnt und ein wenig nach unten sinkt. Eine ungefähr analoge Wirkung übt ein massereiches Objekt wie die Sonne (die Eisenkugel) auf die Raumzeit (das Material darunter) aus: Sie wird gedehnt, gekrümmt und verdreht. Eine kleinere Kugel, die man nun über das Tuch rollen lässt, hat das Bestreben, sich entsprechend den Newtonschen Bewegungsgesetzen in gerader Linie fortzubewegen, aber je näher sie dem schweren Gegenstand und dem geneigten, durchhängenden Teil des Tuches kommt, desto schneller rollt sie bergab, unausweichlich angezogen von dem massereichen Objekt. Nichts anderes ist die Gravitation: Sie entsteht durch die Krümmung der Raumzeit.

Jedes Objekt, das eine Masse hat, sorgt im Gewebe des Kosmos für eine kleine Vertiefung. Das Universum ist also »wie eine Liege, die unter dem Gewicht eines beleibten Schläfers nachgibt«, wie Dennis Overbye es formulierte.[26] Gravitation ist damit eigentlich kein eigenständiges Phänomen mehr, sondern sie »ergibt sich aus der Krümmung der Raumzeit«, so der Physiker Michio Kaku. Er schreibt weiter: »In einem gewissen Sinn existiert die Gravitation nicht; die Bewegungen der Planeten und Sterne sind auf die Verzerrung von Raum und Zeit zurückzuführen.«[27]

Natürlich hat der Vergleich mit der durchhängenden Matratze seine Grenzen, denn er bezieht die Auswirkungen der Zeit nicht mit ein. Grenzen setzt uns aber auch unser Gehirn: Es ist fast unmöglich, sich eine Dimension aus drei Teilen Raum und einem Teil Zeit vorzustellen, die alle verwoben sind wie die Fäden einer Wolldecke. Immerhin können wir uns aber nach meiner Überzeugung darauf einigen, dass es für einen jungen Mann, der in der Hauptstadt der Schweiz aus dem Fenster des Patentamtes blickte, eine bewundernswerte geistige Leistung war.

Neben vielem anderen besagt Einsteins allgemeine Relativitätstheorie auch, dass das Universum sich entweder ausdehnen oder zusammenziehen muss. Aber Einstein war kein Kosmologe und glaubte an die Lehrmeinung seiner Zeit, wonach das Universum etwas Feststehendes, Ewiges war. Mehr oder weniger automatisch ließ er in seine Gleichungen eine so genannte kosmologische Konstante einfließen, die willkürlich den Effekt der

Gravitation ausgleichen sollte und eine Art mathematische Verlegenheitslösung darstellte. Wissenschaftshistorische Werke sehen Einstein diese Schwäche stets nach, aber in Wirklichkeit war sie aus wissenschaftlicher Sicht ziemlich entsetzlich, und das wusste er auch. Er bezeichnete sie als »den größten Unsinn meines Lebens«.

Ungefähr zur gleichen Zeit, als Einstein in seine Theorie eine kosmologische Konstante einbaute, nahm ein Astronom mit dem fröhlich-intergalaktischen Namen Vesto Slipher (der aber in Wirklichkeit aus Indiana stammte) am Lowell Observatory in Arizona spektrografische Messungen an weit entfernten Sternen vor. Dabei entdeckte er, dass sie sich offensichtlich von uns entfernen. Das Universum war nicht unbeweglich. Die von Slipher untersuchten Sterne ließen eindeutig einen Dopplereffekt* erkennen – das ist der Mechanismus, der auch für das charakteristische, an- und absteigende Heulen der vorübersausenden Autos auf einer Rennstrecke sorgt. Das gleiche Phänomen gibt es auch beim Licht, und wenn es sich um zurückweichende Galaxien handelt, spricht man von der Rotverschiebung (weil Licht, dessen Quelle sich von uns wegbewegt, sich zum roten Ende des Spektrums verschiebt; kommt die Lichtquelle näher, gibt es eine Blauverschiebung).

Slipher beobachtete diesen Effekt erstmals beim Licht und erkannte auch sofort, welche Bedeutung er für unsere Kenntnisse über die Bewegungen im Kosmos gewinnen konnte. Leider hörte aber fast niemand auf ihn. Wie bereits erwähnt wurde, nahm das Lowell Observatory wegen Percival Lowells Leidenschaft für die Marskanäle eine Sonderstellung ein, und deshalb stand es in den Jahren nach 1910 in jeder Hinsicht am Rand der

* Der Name erinnert an den österreichischen Physiker Johann Christian Doppler, der den Effekt 1842 zum ersten Mal bemerkte. Er entsteht, kurz gesagt, folgendermaßen: Wenn ein bewegter Gegenstand sich einem stehenden Objekt nähert, werden die Schallwellen zusammengeschoben, während sie sich der Vorrichtung (beispielsweise dem Ohr) nähern, die sie aufnimmt, ganz ähnlich wie bei einem Gegenstand, den man von hinten gegen eine unbewegliche Wand drückt. Die derart zusammengedrängten Schallwellen nimmt der Hörer als höheren Ton wahr. Entfernt sich die Schallquelle wieder, werden die Schallwellen gedehnt, und der Ton hört sich tiefer an.

astronomischen Forschung. Slipher wusste nichts über Einsteins Relativitätstheorie, und ebenso wusste die Welt nichts über Slipher. Deshalb blieben seine Befunde ohne Wirkung.

Den Ruhm heimste stattdessen ein sehr selbstbewusster Mann namens Edwin Hubble ein. Hubble wurde 1889, zehn Jahre nach Einstein, in einer kleinen Stadt im US-Bundesstaat Missouri am Rand des Ozark-Plateaus geboren und verbrachte seine Jugend dort sowie in Wheaton, Illinois, einem Vorort von Chicago. Sein Vater war ein erfolgreicher Versicherungsmanager, sodass Edwin immer ein angenehmes Leben führen konnte, und außerdem erfreute er sich auch zahlreicher körperlicher Vorzüge.[28] Er war ein starker, begabter Sportler, charmant, klug und ungeheuer gut aussehend – William H. Cropper nennt ihn »fast verboten schön«, ein anderer Bewunderer bezeichnete ihn als »Adonis«. Seinen eigenen Berichten zufolge gelang es ihm, in seinem Leben immer wieder Heldentaten zu vollbringen – er rettete ertrinkende Schwimmer, brachte verängstigte Männer auf den Schlachtfeldern Frankreichs in Sicherheit, bereitete Boxweltmeistern in Schaukämpfen peinliche Niederlagen durch K.O. Das alles klingt zu schön, um wahr zu sein. Es stimmte auch nicht. Bei aller Begabung war Hubble nämlich auch ein unverbesserlicher Lügner.

Eigentlich unverständlich, denn Hubble genoss von Anfang an und während seines ganzen Lebens einen derart guten Ruf, dass es manchmal schon fast an Lächerlichkeit grenzte. Im Jahr 1906 gewann er bei einem einzigen Highschool-Leichtathletikwettbewerb im Stabhochsprung, Kugelstoßen, Diskus- und Hammerwerfen sowie beim Hochsprung mit und ohne Anlauf, und er gehörte auch der siegreichen Eine-Meile-Staffel an; neben diesen sieben ersten Plätzen belegte er auch noch den dritten im Weitsprung.[29] Im gleichen Jahr stellte er für Illinois einen neuen Rekord im Hochsprung auf.

Ebenso herausragend waren Hubbles wissenschaftliche Leistungen, und er wurde ohne Schwierigkeiten zum Physik- und Astronomiestudium an der Chicagoer Universität zugelassen (wo übrigens Albert Michelson zu jener Zeit das betreffende Institut leitete). Dort erhielt er als einer der Ersten eines der neu geschaffenen Rhodes-Stipendien der englischen Universität Oxford. Drei Jahre mit britischer Lebensart krempelten ihn offenbar völlig um: Als er 1913 nach Wheaton zurückkehrte, trug er eine Schottenmütze, rauchte Pfeife und sprach mit einem seltsam blasierten Akzent, der irgendwie britisch und doch nicht britisch war und ihm sein ganzes Leben erhalten bleiben sollte. Später behauptete er zwar, er habe das zweite Jahrzehnt des Jahrhunderts fast ausschließlich als Jurist in Kentucky gelebt, in Wirklichkeit arbeitete er aber als Lehrer und Basketballtrainer an einer Highschool in New Albany in Indiana, bevor er sehr verspätet seinen Doktor machte und kurze Zeit bei der Armee diente. (Nach Frankreich kam er einen Monat vor dem Waffenstillstand, und mit ziemlicher Sicherheit hörte er nie einen einzigen im Gefecht abgegebenen Schuss.)

Im Jahr 1919, er war mittlerweile 30, zog er nach Kalifornien und nahm eine Stellung am Mount Wilson Observatory nicht weit von Los Angeles an. Jetzt wurde er schnell und völlig unerwartet zum herausragendsten Astronomen des 20. Jahrhunderts.

Es lohnt sich, hier einen Augenblick innezuhalten und zu überlegen, wie wenig man zu jener Zeit über den Kosmos wusste. Nach heutiger Kenntnis gibt es im sichtbaren Universum bis zu 140 Milliarden Galaxien. Das ist eine gewaltige Zahl, viel größer, als man beim ersten Hören annehmen würde. Wäre jede Galaxie eine tiefgefrorene Erbse, könnte man damit einen großen Saal füllen, beispielsweise die Royal Albert Hall oder die Berliner Philharmonie. (Dies hat ein Astrophysiker namens Bruce Gregory tatsächlich ausgerechnet.) Im Jahr 1919 jedoch, als Hubble zum ersten Mal durch das Okular eines Teleskops blickte, gab es nur eine einzige bekannte Galaxie: die Milchstraße. Alles andere hielt man entweder für Teile der Milchstraße selbst oder für weit entfernte, unbedeutende Gaswolken. Hubble wies sehr schnell nach, dass diese Ansicht völlig falsch war.

Während der folgenden zehn Jahre beschäftigte er sich mit zwei ganz grundlegenden Rätseln des Universums: Wie alt ist es, und wie groß? Beide Fragen muss man beantworten, wenn man zweierlei wissen will: wie weit bestimmte Galaxien entfernt sind und wie schnell sie sich von uns entfernen (wie groß ihre so genannte Rezessionsgeschwindigkeit ist). Die Rotverschiebung sagt etwas darüber aus, wie schnell die Galaxien sich von uns entfernen, aber damit wissen wir noch nicht, wie groß der Abstand zu ihnen eigentlich ist. Um das herauszufinden, braucht man so genannte »Standardkerzen«, Sterne, deren Helligkeit man zuverlässig berechnen und als Maßstab für die Helligkeit (und damit den relativen Abstand) anderer Sterne verwenden kann.

Hubble hatte das Glück, dass kurz zuvor eine geniale Frau namens Henrietta Swan Leavitt eine entsprechende Methode ausgearbeitet hatte. Leavitt war am Harvard Observatory als Rechnerin tätig, wie man es damals nannte. Rechner sichteten ihr ganzes Leben lang Fotos von Sternen und stellten Berechnungen an – daher der Name. Es war eine ungeheuere Plackerei, aber näher konnte eine Frau der wirklichen Astronomie an der Harvard University – oder eigentlich auch überall sonst – zu jener Zeit kaum kommen. Das System war zwar ungerecht, brachte aber einen unerwarteten Nutzen: Die Hälfte der besten Köpfe beschäftigte sich mit Arbeiten, die ansonsten kaum zum Nachdenken angeregt hätten, und es war sichergestellt, dass Frauen am Ende zu einer Einschätzung über den Aufbau des Kosmos gelangten, die ihren männlichen Kollegen entging.

Annie Jump Cannon, eine andere Rechnerin des Harvard-Observatoriums, nutzte ihre Vertrautheit mit den Sternen und entwickelte ein System zu ihrer Einteilung, das ungeheuer praktisch war und deshalb noch heute in Gebrauch ist.[30] Leavitt leistete einen noch tief greifenderen Beitrag. Ihr fiel auf, dass Sterne eines Typs, der als variable Sterne oder (nach dem Sternbild Cepheus, wo man sie erstmals entdeckte) als Cepheiden bezeichnet wird, in einem regelmäßigen Rhythmus pulsieren wie mit einem Sternen-Herzschlag. Cepheiden sind ziemlich selten, aber mindestens ein solcher Stern ist allgemein bekannt: Der Polarstern gehört in diese Gruppe.

Heute wissen wir, dass die Helligkeit der Cepheiden schwankt, weil sie alte Sterne sind, die ihre »Hauptreihenphase«

hinter sich haben und zu roten Riesen geworden sind, um den Ausdruck der Astronomen zu benutzen.[31] Die chemischen Vorgänge in roten Riesen zu erläutern, würde hier ein wenig zu weit führen (man muss dazu neben vielem anderen über die Eigenschaften einfach ionisierter Heliumatome Bescheid wissen), aber vereinfacht kann man sagen: Ihr verbliebener Brennstoff wird so verbraucht, dass sich ein rhythmisches, sehr zuverlässiges An- und Abschwellen der Helligkeit ergibt. Leavitts geniale Erkenntnis bestand darin, dass man die relative Lage verschiedener Cepheiden zueinander ermitteln kann, indem man ihre Größenverhältnisse vergleicht. Sie können als »Standardkerzen«[32] dienen – dieser von ihr geprägte Begriff ist noch heute allgemein gebräuchlich. Mit der Methode erhält man keine absoluten, sondern nur relative Entfernungen, aber immerhin war es das erste Mal, dass jemand ein praktikables Verfahren zur Entfernungsmessung im Universum entwickelt hatte.

(Um diese Erkenntnisse in den richtigen Zusammenhang zu stellen, sollte man vielleicht auch auf etwas anderes hinweisen: Zur gleichen Zeit, als Leavitt und Cannon aus unscharfen Flecken auf Fotoplatten ihre Schlüsse über die grundlegenden Eigenschaften des Kosmos zogen, entwickelte der Astronom William H. Pickering von der Harvard University, der natürlich beliebig oft durch ein erstklassiges Teleskop blicken konnte, ebenfalls eine Theorie – danach wurden die dunklen Flecken auf dem Mond durch die jahreszeitlichen Wanderungen von Insektenschwärmen verursacht.[33])

Hubble kombinierte nun Leavitts kosmischen Entfernungsmaßstab mit Vesto Sliphers nützlicher Rotverschiebung und vermaß unter diesen neuen Prämissen ausgewählte Punkte im Weltraum. Im Jahr 1923 wies er nach, dass es sich bei einem weit entfernten, zarten Nebel im Sternbild Andromeda, den man bis dahin als M31 bezeichnet hatte, keineswegs um eine Gaswolke handelte, sondern um eine riesige Ansammlung von Sternen, eine eigenständige Galaxie mit einem Durchmesser von 100 000 Lichtjahren, die mindestens 900 000 Lichtjahre von uns entfernt ist.[34] Das Universum war viel größer – ungeheuer viel größer – als irgendjemand bisher angenommen hatte. Im Jahr 1924 wies er in seinem bahnbrechenden Aufsatz »Cepheids in Spiral Nebulae« (als *nebulae*, von dem lateinischen Wort für »Wolken«, bezeichnete er die Galaxien) nach, dass es im Universum nicht nur die Milchstraße gibt, sondern eine Fülle unabhängiger Galaxien, »Inseln im Universum«, die in zahlreichen Fällen viel größer als die Milchstraße und viel weiter von uns entfernt sind.

Allein diese Entdeckung hätte Hubbles Ruf gesichert, aber jetzt wandte er sich der Frage zu, um wie viel größer das Universum eigentlich ist, und dabei stellte er etwas noch Verblüffenderes fest. Hubble vermaß die Spektren weit entfernter Galaxien und setzte damit die Arbeiten fort, die Slipher in Arizona begonnen hatte. Mit dem neuen Zweieinhalb-Meter-Teleskop des Mount Wilson Observatory fand er heraus, dass alle Galaxien am Himmel (mit Ausnahme derer in unserer eigenen lokalen Gruppe) sich von uns wegbewegen. Außerdem verhalten sich Geschwindigkeit und Entfernung genau proportional: Je weiter eine Galaxie entfernt ist, desto schneller bewegt sie sich.

Das war wirklich verblüffend. Das Universum dehnt sich aus, und zwar sehr schnell und gleichmäßig in allen Richtungen. Nun brauchte man nicht mehr viel Fantasie, um das Rad in Gedanken zurückzudrehen und zu der Erkenntnis zu gelangen, dass es von einem Mittelpunkt ausgegangen sein muss. Das Universum war also bei weitem nicht die stabile, feststehende, ewige Leere, die sich alle immer vorgestellt hatten, sondern es hatte einen Anfang. Und ebenso könnte es auch ein Ende haben.

Wie Stephen Hawking anmerkt, ist es eigentlich erstaunlich, dass zuvor noch nie jemand auf die Idee von einem expandierenden Universum gekommen war.[35] Ein unbewegliches Universum müsste in sich selbst zusammenfallen – das hätte für Newton und alle anderen denkenden Astronomen seit seiner Zeit eigentlich auf der Hand liegen müssen. Und es gab noch ein weiteres Problem: Wenn die Sterne in einem statischen Universum unendlich lange leuchten, müsste das Ganze unerträglich heiß werden – sicher zu heiß für unsereinen. Ein expandierendes Universum löst viele dieser Schwierigkeiten mit einem Schlag.

Hubble war im Beobachten viel besser als im Nachdenken, und die Folgerungen aus seinen Entdeckungen waren ihm nicht sofort in vollem Umfang klar. Teilweise lag das daran, dass er erbärmlich wenig über Einsteins allgemeine Relativitätstheorie wusste – was wirklich bemerkenswert ist, denn einerseits waren Einstein und seine Theorie mittlerweile weltberühmt, und andererseits nahm Albert Michelson im Jahr 1929 – als er bereits im Zwielicht stand, aber immer noch einer der eifrigsten und angesehensten Wissenschaftler der Welt war – am Mount Wilson Observatory eine Stelle an, um die Lichtgeschwindigkeit mit seinem zuverlässigen Interferometer zu messen; er muss Hubble gegenüber zumindest erwähnt haben, dass Einsteins Theorie sich auch auf dessen Befunde anwenden ließ.

Jedenfalls konnte Hubble keine theoretischen Lorbeeren ernten, als sich die Gelegenheit dazu ergab. Das blieb einem belgischen Geistlichen und Gelehrten namens Georges Lemaître vorbehalten (der am Massachusetts Institute of Technology seinen Doktor gemacht hatte). Er führte die beiden Gedankengänge in seiner »Feuerwerkstheorie« zusammen und äußerte die Vermutung, das Universum habe als geometrischer Punkt begonnen, als »Uratom«, das in Pracht und Herrlichkeit explodiert sei und sich seitdem ständig auseinander bewege. Mit dieser Idee nahm er fast genau die heutige Vorstellung vom Urknall vorweg, aber damit war er seiner Zeit so weit voraus, dass man Lemaître kaum einmal mehr als die ein oder zwei Sätze widmet, die wir auch hier auf ihn verwendet haben. Jahrzehnte mussten noch vergehen, und Penzias und Wilson mussten mit ihrer zischenden Antenne in New Jersey noch die kosmische Hintergrundstrahlung entdecken, bevor der Urknall von einer interessanten Idee zum Gegenstand einer allgemein anerkannten Theorie werden konnte.

In dieser großen Geschichte spielten weder Hubble noch Einstein eine nennenswerte Rolle. Zu jener Zeit wusste es zwar noch niemand, aber beide hatten bereits fast alles geleistet, was sie überhaupt leisten konnten.

Im Jahr 1936 schrieb Hubble ein populärwissenschaftliches Buch mit dem Titel *The Realm of the Nebulae*[36]; darin legt er in selbstverliebtem Stil seine eigenen beträchtlichen Leistungen dar. Zumindest jetzt zeigte er auch, dass er sich mit Einsteins Theorie vertraut gemacht hatte, jedenfalls bis zu einem gewissen Punkt: Er widmete ihr vier der rund 200 Seiten.

Hubble starb 1953 an einem Herzinfarkt. Auch im Zusammenhang mit seinem Tod gibt es eine letzte kleine Seltsamkeit. Aus geheimnisumwitterten Gründen lehnte seine Frau es ab, eine Begräbnisfeier zu veranstalten, und sie offenbarte nie, was sie mit dem Leichnam gemacht hatte. Auch 50 Jahre später ist über den Verbleib des größten Astronomen eines ganzen Jahrhunderts nichts bekannt.[37] Wer seiner gedenken will, muss zum Himmel und auf das Hubble-Weltraumteleskop blicken, das 1990 gestartet und zu seinen Ehren so genannt wurde.

9.
Das mächtige Atom

Während Einstein und Hubble neue Erkenntnisse über die großen Strukturen des Kosmos sammelten, schlugen andere sich damit herum, etwas näher Liegendes zu verstehen, das aber auf seine Weise genauso weit entfernt war: das winzige, immer noch rätselhafte Atom.

Der große Physiker Richard Feynman vom California Institute of Technology machte einmal eine sehr zutreffende Bemerkung: Wenn man die gesamte Wissenschaftsgeschichte auf eine einzige Aussage reduzieren sollte, müsste diese lauten: »Alle Dinge bestehen aus Atomen.«[1] Atome sind überall und bilden die Bausteine von allem. Man braucht sich nur umzusehen: Alles setzt sich aus Atomen zusammen – nicht nur feste Gegenstände wie Mauern, Tisch oder Sofa, sondern auch die Luft dazwischen. Und ihre Zahl ist so groß, dass man sie sich nun wirklich nicht vorstellen kann.

Die grundlegende Funktionseinheit aus Atomen ist das Molekül (von dem lateinischen Wort für »kleine Masse«). Einfach gesagt besteht ein Molekül aus mindestens zwei Atomen, die in einer mehr oder weniger stabilen Anordnung zusammenwirken: Fügt man zwei Wasserstoffatome mit einem Atom Sauerstoff zusammen, entsteht ein Wassermolekül. Chemiker denken meist eher an Moleküle als an Elemente, ganz ähnlich wie ein Schriftsteller, der nicht an die einzelnen Buchstaben denkt, sondern an Wörter. Man zählt also die Moleküle, und die sind, gelinde gesagt, wirklich zahlreich. Auf Meereshöhe und bei 0 °C enthält ein Kubikzentimeter Luft (das ist ungefähr ein Volumen von der Größe eines Zuckerwürfels) nicht weniger als 45 Milliarden

Milliarden Moleküle.[2] Und ebenso viele sind auch in jedem anderen Kubikzentimeter um uns herum. Man stelle sich nur vor, wie viele Kubikzentimeter die Welt vor unserem Fenster enthält – wie viele Zuckerwürfel man brauchen würde, um das Blickfeld auszufüllen. Und wie viele sind es erst im Universum! Die Atome sind, kurz gesagt, in wahrhaft riesiger Zahl vorhanden.

Außerdem sind sie unglaublich dauerhaft. Mit ihrer Langlebigkeit kommen die Atome wirklich weit herum. Jedes Atom in einem Menschen hat wahrscheinlich schon Aufenthalte in mehreren Sternen hinter sich und war auf dem Weg zu seiner jetzigen Position schon Bestandteil von Millionen Lebewesen. Jeder von uns besteht bei seinem Tod aus so vielen ständig wieder verwerteten Atomen, dass eine beträchtliche Zahl davon – nach manchen Schätzungen bis zu einer Milliarde in jedem Menschen – vermutlich einst zu Shakespeare gehörte.[3] Jeweils eine weitere Milliarde stammt von Buddha, Dschingis Khan und Beethoven oder jeder anderen historischen Gestalt, die uns einfällt. (Aus der entfernteren Vergangenheit müssen sie allerdings stammen, denn es dauert natürlich ein paar Jahrzehnte, bis die Atome aus einem Körper sich wieder verteilt haben; bisher ist also niemand auf diese Weise mit Elvis Presley vereint, so sehr manch einer sich das auch wünschen mag.)

Jeder von uns ist also eine Reinkarnation – allerdings eine kurzlebige. Wenn wir gestorben sind, lösen unsere Atome sich voneinander und finden anderswo eine neue Verwendung – als Teil eines Blattes, eines anderen Menschen oder eines Tautropfens. Die Atome selbst jedoch leben praktisch ewig.[4] Wie lange ein Atom erhalten bleiben kann, weiß niemand genau, aber nach Angaben von Martin Rees sind es vermutlich etwa 10^{35} Jahre – eine so große Zahl, dass sogar ich es angenehm finde, sie in verkürzter Schreibweise auszudrücken.

Vor allem aber sind Atome klein – sehr klein. Eine halbe Million von ihnen, nebeneinander aufgereiht, könnten sich hinter einem menschlichen Haar verstecken. Bei solchen Größenverhältnissen ist es praktisch unmöglich, sich ein einzelnes Atom vorzustellen, aber wir können es natürlich versuchen.

Wir fangen mit einem Millimeter an; das ist eine Linie von folgender Länge: -. Jetzt stellen wir uns vor, diese Linie sei in 1000 gleiche Abschnitte unterteilt. Jeder davon ist einen Mikrometer lang. Damit befinden wir uns im Größenbereich der Mikroorganismen. Ein typisches Pantoffeltierchen ist beispielsweise 0,002 Millimeter oder zwei Mikrometer breit und damit wirklich schon sehr klein. Wollte man ein Pantoffeltierchen mit bloßem Auge in einem Wassertropfen schwimmen sehen, müsste man diesen Tropfen bis auf einen Durchmesser von zwölf Metern vergrößern.[5] Wollte man jedoch die Atome in diesem Tropfen erkennen, müsste er einen Durchmesser von 23 Kilometern haben.

Mit anderen Worten: Für Atome gilt noch einmal ein ganz anderer Kleinheitsmaßstab. Um in den Größenbereich der Atome vorzudringen, müssten wir eine jener Linien von einem Mikrometer nehmen und nochmals in 10 000 Abschnitte unterteilen. Erst dann sind wir im Bereich der Atome angelangt: einem Zehnmillionstel Millimeter. Ein solches Ausmaß der Verkleinerung übersteigt die Fähigkeiten unserer Fantasie, aber eine Vorstellung von den Verhältnissen kann man sich verschaffen, wenn man bedenkt, dass ein Atom sich zur Länge einer Linie von einem Millimeter ebenso verhält wie die Dicke eines Blattes Papier zur Höhe des Empire State Building.

Nützlich sind die Atome natürlich wegen ihrer großen Zahl und ihrer extremen Haltbarkeit, und an ihrer Winzigkeit liegt es, dass sie so schwer nachzuweisen und zu verstehen sind. Die Erkenntnis, dass Atome diese drei Eigenschaften haben – sie sind klein, zahlreich und praktisch unzerstörbar – und dass alle Dinge aus ihnen bestehen, hatte als Erster nicht Antoine-Laurent Lavoisier (wie man vielleicht vermuten könnte) und auch nicht Henry Cavendish oder Humphry Davy, sondern ein recht unscheinbarer, nur oberflächlich gebildeter englischer Quäker namens John Dalton, der uns bereits in dem Kapitel über Chemie begegnet ist.

Dalton wurde 1776 am Rand des Lake District nicht weit von Cockermouth als Sohn einer armen Weberfamilie geboren, die überzeugte Quäker waren. (Viele Jahre später erblickte der Dichter William Wordsworth ebenfalls in Cockermouth das

Licht der Welt.) John war ein außergewöhnlich intelligenter Schüler – seine Klugheit führte dazu, dass man ihm im ungewöhnlich jungen Alter von zwölf Jahren die Leitung der örtlichen Quäkerschule übertrug. Dies sagt über die Schule vielleicht ebenso viel aus wie über Daltons Frühreife, vielleicht aber auch nicht: Aus seinen Tagebüchern wissen wir, dass er ungefähr zu dieser Zeit bereits Newtons *Principia* in der lateinischen Originalfassung las und sich auch mit anderen, ähnlich anspruchsvollen Werken beschäftigte. Mit 15 – er war immer noch Schulmeister – nahm er eine Stellung in der nahe gelegenen Kleinstadt Kendal an, und zehn Jahre später zog er nach Manchester, das er während seiner restlichen 50 Lebensjahre kaum noch verließ. In Manchester wurde er so etwas wie ein intellektueller Hansdampf in allen Gassen: Er schrieb Bücher und Aufsätze über ein breites Themenspektrum von der Meteorologie bis zur Grammatik. Die Farbenblindheit, an der er selbst litt, wurde wegen seiner Untersuchungen lange Zeit als Daltonismus bezeichnet. Seinen Ruf begründete er aber durch ein gewichtiges Buch mit dem Titel *A New System of Chemical Philosophy*, das 1808 erschien.

Darin begegnete den gebildeten Lesern in einem kurzen Kapitel von nur fünf Seiten (das ganze Buch hatte über 900) zum ersten Mal eine annähernd moderne Vorstellung von Atomen. Daltons einfache Erkenntnis lautete: Der innerste Kern aller Materie sind äußerst kleine, nicht weiter teilbare Teilchen. »Ein Wasserstoffteilchen zu zerstören suchen, wäre genauso aussichtslos, wie einen neuen Planeten in das Sonnensystem einzuführen oder einen bereits bestehenden zu leugnen«, schrieb er.[6]

Eigentlich waren weder die Idee, dass es Atome gibt, noch der Begriff wirklich neu. Beide stammten bereits aus der griechischen Antike. Daltons Errungenschaft bestand darin, dass er sich Gedanken darüber machte, wie die Größenverhältnisse und Eigenschaften dieser Atome aussehen und wie sie zusammenpassen. So wusste er beispielsweise, dass Wasserstoff das leichteste Element ist, und deshalb schrieb er ihm ein Atomgewicht von 1 zu. Außerdem glaubte er, Wasser bestünde aus sieben Teilen Sauerstoff auf einen Teil Wasserstoff; also musste der Sauerstoff nach seiner Überzeugung das Atomgewicht 7 haben. Mit solchen Mitteln gelangte er zu den relativen Gewichten aller bekannten Elemente. Nicht immer hatte er dabei genau Recht – das Atomgewicht des Sauerstoffs beträgt in Wirklichkeit nicht 7, sondern 16 –, aber das Prinzip war stichhaltig und bildet die Grundlage für die gesamte moderne Chemie sowie für große Teile der übrigen modernen Naturwissenschaften.

Mit diesen Arbeiten wurde Dalton berühmt – allerdings nach Art der englischen Quäker auf eine bescheidene Weise. Der französische Chemiker P. J. Pelletier reiste 1826 nach Manchester, um den Helden der Atome kennen zu lernen.[7] Pelletier rechnete damit, er werde Dalton an einer großen Institution vorfinden, und musste dann zu seinem Erstaunen feststellen, dass er kleinen Jungen an einer Schule in einer Seitenstraße die Grundlagen der Arithmetik beibrachte. Wie der Wissenschaftshistoriker E. J. Holmyard berichtet, stammelte Pelletier, nachdem er den berühmten Mann gesehen hatte, völlig verwirrt:

»*Est-ce que j'ai l'honneur de m'adresser à Monsieur Dalton?*« Er traute seinen Augen kaum: Derselbe Mann, der hier einem Jungen die Grundrechnungsarten beibrachte, sollte der in ganz Europa berühmte Chemiker sein? »Ja«, sagte der Quäker kurz angebunden. »Nehmen Sie doch Platz, bis ich dem Kleinen hier seine Arithmetik eingetrichtert habe.«[8]

Dalton versuchte zwar, sich allen Ehrungen zu entziehen, aber er wurde gegen seinen Wunsch in die Royal Society gewählt, mit Orden überhäuft und mit einer hübschen staatlichen Pension ausgestattet. Als er 1844 starb, erwiesen ihm 40 000 Menschen die letzte Ehre, und der Trauerzug war drei Kilometer lang.[9] Der Eintrag über ihn ist einer der längsten im *Dictionary of National Biography*, vergleichbar unter den Wissenschaftlern des 19. Jahrhunderts nur mit denen von Darwin und Lyell.

Nachdem Dalton seine Gedanken geäußert hatte, blieben sie noch 100 Jahre eine reine Hypothese,[10] und einige angesehene Wissenschaftler – insbesondere der Wiener Physiker Ernst Mach, nach dem die Schallgeschwindigkeit benannt ist – bezweifelten, dass es überhaupt Atome gibt. »Atome sind mit den Sinnen nicht wahrzunehmen … sie sind ein reines Gedankenprodukt«, schrieb Mach. An der Existenz der Atome bestanden insbesondere im deutschsprachigen Raum so starke Zweifel, dass das Thema angeblich sogar für den Selbstmord des großen theoretischen Physikers und begeisterten Atomanhängers Ludwig Boltzmann im Jahr 1906 eine Rolle gespielt haben soll.[11]

Den ersten unwiderleglichen Beweis für die Existenz der Atome lieferte Einstein 1905 mit seinem Aufsatz über die Brown'sche Molekularbewegung, aber diese Arbeit erregte kaum Aufmerksamkeit, und Einstein wurde ohnehin schon wenig später völlig durch seine Arbeit an der allgemeinen Relativitätstheorie in Anspruch genommen. Der erste wahre Held des Atomzeitalters, ja eigentlich sogar überhaupt die erste Gestalt auf dieser Bühne, war Ernest Rutherford.

Rutherford wurde 1871 in einer abgelegenen Ecke von Neuseeland geboren. Seine Eltern waren aus Schottland eingewandert, bauten Flachs an und zogen viele Kinder groß (so eine Formulierung von Steven Weinberg).[12] Aufgewachsen in einem abgelegenen Teil eines abgelegenen Landes, war er von den Hauptströmungen der Wissenschaft so weit entfernt, wie es überhaupt nur möglich war, aber 1895 erhielt er ein Stipendium, das ihm die Arbeit am Cavendish Laboratory der Universität Cambridge ermöglichte, und das war so ungefähr der angesagteste Ort der Welt, wenn man Physik betreiben wollte.

Physiker sind berüchtigt für die Verachtung, die sie Wissenschaftlern anderer Fachgebiete entgegenbringen. Als die Frau des großen österreichischen Physikers Wolfgang Pauli ihn wegen eines Chemikers verließ, war er vor Unglauben sprachlos. »Wenn sie einen Stierkämpfer genommen hätte, das hätte ich ja noch verstanden«, meinte er einmal verwundert zu einem Freund, »aber ein Chemiker …«[13]

Dieses Gefühl hätte auch Rutherford nachempfinden können.[14] »Naturwissenschaft ist entweder Physik oder Briefmarkensammeln«, sagte er einmal, und dieser Ausspruch wurde seither vielfach wiederholt. Es entbehrt deshalb nicht einer gewissen Ironie, dass er den Nobelpreis 1908 nicht für Physik bekam, sondern für Chemie.

Rutherford hatte Glück – einerseits, weil er ein Genie war, vor allem aber weil er in einer Zeit lebte, als Physik und Chemie so spannend waren und einander (seinen eigenen Empfindungen zum Trotz) so gut ergänzten. Derart angenehme Überschneidungen sollte es später nie mehr geben.

Bei allen seinen Erfolgen war Rutherford nicht besonders scharfsinnig, und seine Kenntnisse in Mathematik waren sogar ziemlich schlecht. In seinen Vorlesungen verlor er sich häufig so sehr in seinen eigenen Gleichungen, dass er auf halbem Wege aufgeben und den Studenten sagen musste, sie sollten es selbst herausfinden.[15] Nach den Berichten seines langjährigen Kollegen James Chadwick, der die Neutronen entdeckte, war er nicht einmal beim Experimentieren besonders schlau, sondern nur hartnäckig und aufgeschlossen. Was ihm an Eleganz fehlte, machte er jedoch durch Vielseitigkeit und eine Art Wagemut wett. Sein Geist arbeitete nach den Worten eines Biografen »immer an den Grenzen dessen, was er erkennen konnte, und das war beträchtlich mehr als bei den meisten anderen Menschen«.[16] Angesichts eines unlösbaren Problems war Rutherford bereit, länger und härter zu arbeiten als die meisten anderen, und dabei war er auch aufgeschlossener für unorthodoxe Erklärungen. Seine größte Entdeckung gelang ihm, weil er unglaublich lange Stunden vor einem Bildschirm saß und die so genannte Szintillation von Alphateilchen zählte – eine Arbeit, die man normalerweise delegiert. Als einer der Ersten – vielleicht sogar überhaupt als Erster – erkannte er, dass man durch Nutzbarmachung der in den Atomen steckenden Kräfte eine Bombe bauen kann, die »diese alte Welt in Rauch aufgehen lässt«.[17]

Körperlich war er groß und kräftig, und seine Stimme ließ ängstliche Charaktere zusammenzucken. Als ein Kollege hörte, Rutherford solle in einer Radiosendung auftreten, die über den Atlantik übertragen wurde, fragte er trocken: »Wozu braucht er das Radio?«[18] Außerdem besaß er ein gerüttelt Maß an gutmütigem Selbstvertrauen. Einmal meinte jemand zu ihm, er scheine immer auf dem Kamm einer Welle zu reiten; darauf erwiderte Rutherford: »Kann sein, aber ich habe doch die Welle gemacht, oder?« C. P. Snow berichtet, wie er einmal in einem Schneiderladen in Cambridge eine Bemerkung von Rutherford mithörte: »Mein Bauch wird jeden Tag größer. Mein Geist auch.«[19]

1895 jedoch, als Rutherford am Cavendish Laboratory* anfing, lagen Bauch und Ruhm noch weit in der Zukunft. Es war in der Naturwissenschaft eine Phase von einzigartigem Ereignisreichtum. In dem Jahr, als Rutherford in Cambridge eintraf, entdeckte Wilhelm Röntgen an der Universität Würzburg die nach ihm benannten Strahlen, und im folgenden Jahr stieß Henri Becquerel auf die Radioaktivität. Und am Cavendish Laboratory selbst begann eine lange Phase großartiger Errungenschaften. Hier entdeckten J. J. Thomson und seine Kollegen 1897 das Elektron, 1911 baute C. T. R. Wilson den ersten Teilchendetektor (auf den wir noch genauer zu sprechen kommen werden), und 1932 entdeckte James Chadwick das Neutron. Und in noch fernerer Zukunft, 1953, sollten James Watson und Francis Crick an dem gleichen Ort die Struktur der DNA aufklären.

Anfangs beschäftigte sich Rutherford mit Funkwellen, und das durchaus mit Erfolg: Es gelang ihm, ein deutliches Signal über weit mehr als einen Kilometer zu übertragen, zu jener Zeit eine beachtliche Leistung. Dann aber gab er die Arbeiten auf, weil ein älterer Kollege ihn überzeugt hatte, dass es für den Funk kaum eine Zukunft gebe.[20] Insgesamt betrachtet, ging es Rutherford am Cavendish Laboratory allerdings nicht besonders gut. Als er nach drei Jahren den Eindruck gewonnen hatte, dass seine Bemühungen ihn nicht weiterführten, übernahm er eine Stelle an der McGill University in Montreal, und dort begann sein langer, stetiger Aufstieg zum Ruhm. Als er den Nobelpreis erhielt (für »Untersuchungen zum Zerfall der Ele-

* Der Name erinnert an die gleiche Familie Cavendish, aus der auch Henry stammte. Das Labor wurde nach William Cavendish, dem siebten Duke von Devonshire benannt, der im viktorianischen England ein begabter Mathematiker und Stahlmagnat war. Er stiftete der Universität 1870 die Summe von 6300 Pfund, damit sie ein Experimentallabor bauen konnte.

mente und zur Chemie radioaktiver Substanzen«, so die offizielle Formulierung), hatte er bereits an die Universität Manchester gewechselt, und dort unternahm er seine wichtigsten Forschungsarbeiten zur Aufklärung von Struktur und Eigenschaften der Atome.

Anfang des 20. Jahrhunderts wusste man bereits, dass Atome aus verschiedenen Teilen bestehen – das hatte Thomson mit seiner Entdeckung des Elektrons nachgewiesen; wie viele Teile es sind, wie sie zusammenpassen und welche Form sie haben, war jedoch nicht geklärt. Manche Physiker vermuteten, die Atome könnten würfelförmig sein, denn Würfel kann man dicht zusammenpacken, ohne dass Platz verschwendet wird.[21] Allgemein herrschte jedoch die Ansicht vor, ein Atom habe Ähnlichkeit mit einem Rosinenbrötchen: Ein dichtes, festes Gebilde, das eine positive Ladung trägt, aber mit negativ geladenen Elektronen besetzt ist wie das Brötchen mit den Rosinen.

Im Jahr 1910 beschoss Rutherford (mit Hilfe seines Studenten Hans Geiger, der später das nach ihm benannte Strahlen-Nachweisinstrument erfand) Goldfolie mit ionisierten Heliumatomen, die man auch Alphateilchen nennt. Zu Rutherfords Überraschung prallten manche Teilchen ab. Es war, so erklärte er, als habe er eine 15-Zoll-Granate auf ein Blatt Papier gefeuert, und sie sei in seine Arme zurückgeschleudert worden. Damit hatte niemand gerechnet. Nach eingehendem Nachdenken erkannte er, dass es eigentlich nur eine Erklärungsmöglichkeit gab: Die Teilchen, die zurückgeworfen wurden, waren im Inneren des Atoms auf etwas sehr Kleines, Dichtes gestoßen, die anderen Teilchen dagegen waren ungehindert hindurchgeflogen. Ein Atom, das erkannte Rutherford jetzt, besteht zum größten Teil aus leerem Raum, hat aber in der Mitte einen sehr dichten Kern. Es war eine höchst erfreuliche Entdeckung, aber sie warf sofort ein Problem auf. Nach allen Gesetzen der herkömmlichen Physik dürfte es eigentlich keine Atome geben.

Halten wir einmal kurz inne und betrachten wir, was wir heute über den Aufbau der Atome wissen. Jedes Atom besteht aus dreierlei Elementarteilchen: den positiv geladenen Protonen, den negativ geladenen Elektronen und den Neutronen, die überhaupt keine Ladung tragen. Protonen und Neutronen liegen dicht gedrängt im Atomkern, den die Elektronen in einiger Entfernung umkreisen. Die Zahl der Protonen ist entscheidend für die chemische Identität eines Atoms.[22] Enthält es ein Proton, handelt es sich um ein Wasserstoffatom, ein Atom mit zwei Protonen ist Helium, mit drei Protonen Lithium und so weiter. Mit jedem neuen hinzukommenden Proton entsteht ein neues Element. (Da der Zahl der Protonen in einem Atom immer die gleiche Zahl von Elektronen gegenübersteht, liest man manchmal auch, dass die Zahl der Elektronen ein Element definiert; das läuft aber auf das Gleiche hinaus. Mir hat man es so erklärt, dass die Protonen einem Atom seine Identität verleihen und die Elektronen für seine Persönlichkeit verantwortlich sind.)

Neutronen wirken sich nicht auf die Identität eines Atoms aus, tragen aber zu seiner Masse bei. Ihre Zahl ist in der Regel ungefähr ebenso groß wie die der Protonen, sie kann aber nach oben und unten ein wenig schwanken. Durch ein oder zwei Neutronen mehr entsteht ein neues Isotop.[23] Die Zahlen, die man im Zusammenhang mit archäologischen Datierungsverfahren hört, bezeichnen Isotope: Kohlenstoff-14 beispielsweise ist ein Kohlenstoffatom mit sechs Protonen und acht Neutronen (zusammen also 14 Teilchen).

Neutronen und Protonen bilden den Atomkern. Dieser Kern ist winzig – er nimmt vom Gesamtvolumen des Atoms nur ein Millionstel eines Milliardstels in Anspruch.[24] Andererseits ist er aber unglaublich dicht, denn er enthält praktisch die gesamte Masse des Atoms. Cropper formuliert es so: Würde man ein Atom auf die Ausmaße einer Kathedrale vergrößern, wäre der Kern nur ungefähr so groß wie eine Fliege – aber die wäre viele tausend Mal schwerer als die Kathedrale.[25] Diese Geräumigkeit – diese unglaubliche, überraschende Menge an leerem Raum – war es, was Rutherford 1910 ins Grübeln brachte.

Noch heute ist es eine recht erstaunliche Vorstellung, dass

Atome vorwiegend aus leerem Raum bestehen und dass die feste Materie, die wir überall um uns herum wahrnehmen, eigentlich eine Illusion ist. Wenn zwei Gegenstände in unserer Wirklichkeit zusammentreffen – als Beispiel dienen meist Billardkugeln –, stoßen sie in Wirklichkeit nicht aneinander, sondern, wie Timothy Ferris erklärt, »die negativ geladenen Felder der beiden Kugeln stoßen einander ab ... und sie könnten, wenn nicht ihre gleichmäßige elektrische Ladung sie daran hinderte, einander wie Galaxien unversehrt durchdringen«.[26] Wenn ich auf einem Stuhl sitze, sitze ich eigentlich nicht dort, sondern ich schwebe in einer Höhe von ungefähr einem Ångström (einem Hundertmillionstel Zentimeter) darüber, weil meine Elektronen und die des Stuhls sich jedem engeren Kontakt widersetzen.

In dem Bild eines Atoms, das fast jeder im Kopf hat, kreisen ein oder zwei Elektronen um den Atomkern wie Planeten um die Sonne. Dieses Bild schuf der japanische Physiker Hantaro Nagaoka im Jahr 1904, und dabei stützte er sich eigentlich nur auf kluge Vermutungen. Es ist völlig falsch, hält sich aber hartnäckig. Isaac Asimov wies gern darauf hin, dass es Generationen von Sciencefiction-Autoren zu Geschichten von der Welt in der Welt anregte, von Atomen, die zu winzigen, bewohnten Sonnensystemen wurden, oder von unserem Sonnensystem, das sich nur als winziger Baustein von etwas viel Größerem erweist. Noch heute benutzt CERN, die Europäische Organisation für Kernforschung, Nagaokas Bild als Logo für ihre Website. In Wirklichkeit erkannten die Physiker schon recht bald, dass Elektronen keineswegs kreisende Planeten sind, sondern eher die Blätter eines rotierenden Propellers, die jedes Stückchen Raum in ihrer Umlaufbahn gleichzeitig ausfüllen (allerdings mit dem entscheidenden Unterschied, dass die Propellerblätter nur überall zugleich zu sein *scheinen*; Elektronen sind es wirklich).

Es braucht wohl nicht besonders betont zu werden, dass man 1910 und noch viele Jahre danach von alledem kaum etwas wusste. Rutherfords Befund warf sofort einige große Probleme auf; nicht zuletzt sollte man ja auch annehmen, dass ein Elektron nicht um den Atomkern kreist, sondern in ihn hineinstürzt. Nach der herkömmlichen Theorie der Elektrodynamik verliert ein fliegendes Elektron sehr schnell – in einem kurzen Augenblick – seine Energie, sodass es sich spiralförmig in Richtung des Atomkerns bewegt, was für beide katastrophale Folgen hat. Außerdem stellte sich die Frage, warum die Protonen mit ihrer positiven Ladung im Atomkern zusammenbleiben und nicht auseinander fliegen, sodass das ganze Atom sich auflöst. Was in der Welt des Allerkleinsten auch vorgehen mochte, es unterlag ganz eindeutig nicht den Gesetzen der makroskopischen Erfahrungen, auf die sich unsere Erwartungen stützen.

Als die Physiker immer tiefer in den subatomaren Bereich eindrangen, erkannten sie, dass er sich nicht nur von allem unterscheidet, was man bis dahin kannte, sondern auch von allem, was man sich überhaupt vorstellen konnte. Richard Feynman meinte dazu einmal: »Da Atome sich so ganz anders verhalten, als nun dies auch unserer alltäglichen Erfahrung vertraut ist, fällt es äußerst schwer, sich daran zu gewöhnen; jedem, sowohl dem Neuling auf diesem Gebiet wie auch dem erfahrenen Physiker, erscheint es seltsam und geheimnisvoll.«[27] Als Feynman das sagte, hatten die Physiker bereits ein halbes Jahrhundert Zeit gehabt, sich auf das seltsame Verhalten der Atome einzustellen. Man stelle sich nur vor, wie Rutherford und seine Kollegen sich kurz nach 1910 gefühlt haben müssen, als das alles völlig neu war.

Einer von Rutherfords Mitarbeitern war ein sanftmütiger, umgänglicher Däne namens Niels Bohr. Als er 1913 über dem Aufbau des Atoms rätselte, kam ihm eine so spannende Idee, dass er sogar seine Flitterwochen verschob und erst einmal einen Aufsatz schrieb, der sich als bahnbrechend erweisen sollte. Da die Physiker ein Gebilde von der Größe eines Atoms nicht sehen konnten, mussten sie es zu beeinflussen versuchen und dann aus seinem Verhalten auf seine Struktur schließen, wie Rutherford es getan hatte, als er eine Folie mit Alphateilchen bombardierte. Wie nicht anders zu erwarten, führten solche Experimente manchmal zu verblüffenden Ergebnissen. Ein Rätsel, das schon seit langer Zeit im Raum stand, hatte mit den Wellenlängen des Wasserstoffs im Spektrum zu tun. Das beobachtete Muster zeigte, dass Wasserstoffatome ihre Energie mit ganz bestimmten Wellenlängen abgeben, mit anderen jedoch nicht. Es war, als ob man jemanden beobachtete, der immer an bestimmten Stellen auftauchte, ohne dass man jemals sehen konnte, wie er von einem Ort zum anderen gelangte. Warum das so war, wusste niemand.

Als Bohr an diesem Problem herumrätselte, fiel ihm eine Lösung ein, und er schrieb seinen berühmten Artikel. Unter dem Titel »Über den Aufbau der Atome und Moleküle« erklärte er, wie den Elektronen der Sturz in den Atomkernen erspart bleiben konnte: Dazu, so seine Vermutung, müssten sie nur ganz bestimmte, genau definierte Umlaufbahnen besetzen. Nach dieser neuen Theorie würde ein Elektron, das zwischen zwei Umlaufbahnen wechselt, aus der einen verschwinden und sofort in der anderen auftauchen, *ohne sich in dem Raum zwischen ihnen aufzuhalten*. Diese Idee vom so genannten »Quantensprung« hört sich natürlich sehr seltsam an, aber sie war so gut, dass sie einfach wahr sein musste. Sie verhinderte nicht nur, dass Elektronen auf die katastrophale Spiralbahn in Richtung des Atomkerns gerieten, sondern sie erklärte gleichzeitig auch die verwirrenden Wellenlängen des Wasserstoffspektrums. Die Elektronen tauchen nur in bestimmten Umlaufbahnen auf, weil sie nur in bestimmten Umlaufbahnen existieren. Das war eine verblüffende Erkenntnis, und sie brachte Bohr 1922, ein Jahr nach Einstein, den Nobelpreis ein.

In der Zwischenzeit entwickelte der unermüdliche Rutherford, der mittlerweile die Nachfolge von J. J. Thomson als Leiter des Cavendish Laboratory angetreten hatte und sich wieder in Cambridge befand, ein Modell zur Beantwortung der Frage, warum der Atomkern nicht auseinander fliegt. Er erkannte, dass es dort noch andere, neutralisierende Teilchen geben musste, die er deshalb als Neutronen bezeichnete. Es war eine einfache, reizvolle Idee, aber sie war nicht leicht zu beweisen. Rutherfords Mitarbeiter James Chadwick widmete der Suche nach den Neutronen elf Jahre harter Arbeit, bevor er 1932 schließlich Erfolg hatte. Auch er erhielt 1935 den Physik-Nobelpreis. Boorse und seine Kollegen vertreten in ihrer historischen Darstellung des Themas im Übrigen die Ansicht, die verspätete Entdeckung sei vermutlich sehr vorteilhaft gewesen, denn die Beherrschung der Neutronen war eine unabdingbare Voraussetzung für die Entwicklung der Atombombe.[28] (Da Neutronen keine Ladung tragen, werden sie von den elektrischen Feldern im Inneren eines Atoms nicht abgestoßen, und man kann sie wie winzige Torpedos auf den Atomkern schießen, was dann den zerstörerischen Vorgang der Kernspaltung in Gang setzt.) Hätte man das Neutron schon in den zwanziger Jahren dingfest gemacht, so Boorse, »wäre die Atombombe zuerst höchstwahrscheinlich in Europa entwickelt worden, und zwar zweifellos von den Deutschen«.

So jedoch hatten die Europäer alle Hände voll zu tun, das seltsame Verhalten der Elektronen zu begreifen. Vor allem standen sie vor dem Problem, dass ein Elektron sich manchmal wie ein Teilchen und manchmal wie eine Welle verhielt. Diese unverständliche Dualität trieb die Physiker fast zur Verzweiflung. Während der folgenden zehn Jahre dachten sie überall in Europa angestrengt nach, kritzelten Zahlen und boten konkurrierende Hypothesen an. Prinz Louis-Victor de Broglie, Spross einer Familie französischer Herzöge, fand beispielsweise heraus, dass bestimmte Anomalien im Verhalten der Elektronen verschwinden, wenn man sie als Welle betrachtet. Auf diesen Befund wurde der Österreicher Erwin Schrödinger aufmerksam: Er brachte einige raffinierte Verfeinerungen an und entwickelte ein nützliches System, das als Wellenmechanik bezeichnet wurde. Fast zur gleichen Zeit stellte der deutsche Physiker Werner Heisenberg eine Konkurrenztheorie vor, die er Matrizenmechanik nannte. Sie war mathematisch so kompliziert, dass kaum jemand sie wirklich verstand, auch Heisenberg selbst nicht (»Ich weiß nicht einmal, was eine Matrix ist«, sagte der Physiker einmal verzweifelt zu einem Freund[29]), aber anscheinend löste sie manche Probleme, die mit Schrödingers Wellenmechanik nicht zu erklären waren.

Nun hatte die Physik zwei Theorien, die von gegensätzlichen

Voraussetzungen ausgingen und zu den gleichen Ergebnissen führten. Es war eine unmögliche Situation.

Im Jahr 1926 schließlich schlug Heisenberg zur allgemeinen Erleichterung einen Kompromiss vor, und daraus entstand ein neues Fachgebiet, das unter dem Namen Quantenmechanik bekannt wurde. Ihr Kernstück war die Heisenberg'sche Unschärferelation: Es besagt, dass das Elektron ein Teilchen ist, das sich aber mit Wellenbegriffen beschreiben lässt. Die Unschärfe, auf der die gesamte Theorie aufbaut, besteht darin, dass wir den Weg eines Elektrons kennen können, wenn es sich durch den Raum bewegt, oder aber den Ort, an dem es sich zu einem bestimmten Zeitpunkt befindet; man kann aber niemals beides genau feststellen. Jeder Versuch, eines von beiden zu messen, führt zwangsläufig zu einer Beeinträchtigung des anderen. Dabei handelt es sich nicht um einen Mangel an ausreichend genauen Messinstrumenten, sondern es ist eine unveränderliche Eigenschaft des Universums.[30]

In der Praxis bedeutet das, dass man nie genau voraussagen kann, wo sich ein Elektron in einem bestimmten Augenblick aufhält. Man kann nur die Wahrscheinlichkeit benennen, dass es dort ist. In einem gewissen Sinn, so eine Formulierung von Dennis Overbye, existiert das Elektron erst dann, wenn man es beobachtet. Oder, etwas anders ausgedrückt: Solange man ein Elektron nicht beobachtet, muss man davon ausgehen, dass es sich »überall und nirgendwo zugleich« befindet.[31]

Wem das verwirrend erscheint, der findet vielleicht ein wenig Trost in dem Gedanken, dass auch die Physiker verwirrt waren. Laut Overbye bemerkte Bohr einmal, »wer zum ersten Mal von der Quantentheorie hörte und nicht empört sei ... der habe sie nicht richtig verstanden«.[32] Und als Heisenberg gefragt wurde, wie man sich ein Atom vorstellen solle, erwiderte er: »Versucht es gar nicht erst!«[33]

Nun hatte sich also herausgestellt, dass ein Atom ganz und gar nicht dem Bild entspricht, das die meisten Menschen sich davon gemacht hatten. Die Elektronen fliegen nicht um den Zellkern wie Planeten um die Sonne, sondern man muss sie sich eher als formlose, wolkenähnliche Gebilde vorstellen. Die

»Hülle« eines Atoms ist keine harte, glänzende Kapsel, wie Zeichnungen es uns manchmal weismachen wollen, sondern nur die äußerste dieser unscharfen Elektronenwolken. Die Wolke selbst ist eigentlich bloß eine Zone der statistischen Wahrscheinlichkeit und kennzeichnet den Bereich, außerhalb dessen das Elektron nur selten anzutreffen ist.[34] Könnte man ein Atom sehen, hätte es also eher Ähnlichkeit mit einem sehr verwaschenen Tennisball als mit einer scharf abgegrenzten Metallkugel (in Wirklichkeit sieht es allerdings wie keines von beiden aus und auch nicht wie irgendetwas anderes, das wir schon gesehen haben; wir haben es hier mit einer ganz anderen Welt zu tun als der, die wir um uns herum wahrnehmen).

Die Seltsamkeiten schienen kein Ende zu nehmen. Zum ersten Mal waren die Wissenschaftler »auf einen Bereich des Universums gestoßen, zu dessen Verständnis die Verdrahtung unseres Gehirns nicht ausreicht«, wie James Trefil es formulierte.[35] Oder mit den Worten von Feynman: »Dinge in kleinem Maßstab verhalten sich keineswegs wie Dinge in großem Maßstab.«[36] Als die Physiker sich näher damit beschäftigten, erkannten sie, was für eine Welt sie entdeckt hatten: Hier konnten Elektronen nicht nur von einer Umlaufbahn in die andere springen, ohne den dazwischenliegenden Raum zu durchqueren, sondern Materie konnte auch aus dem Nichts zu existieren beginnen – »vorausgesetzt, sie verschwindet ausreichend schnell wieder«, so Alan Lightman vom Massachusetts Institute of Technology.[37]

Der vielleicht faszinierendste unwahrscheinliche Aspekt der Quantenmechanik ist eine Idee, die sich aus dem Ausschlussprinzip ergibt, das Wolfgang Pauli 1925 formulierte: Danach »wissen« paarweise zusammengehörige subatomare Teilchen selbst dann, wenn sie durch beträchtliche Entfernungen getrennt sind, was der jeweils andere Partner gerade tut. Teilchen haben eine Eigenschaft, die man als Spin bezeichnet, und nach der Quantentheorie braucht man nur den Spin eines Teilchens festzustellen, dann nimmt sein Schwesterteilchen im gleichen Augenblick den entgegengesetzten, ebenso großen Spin an, ganz gleich, wie weit es entfernt ist.

Zur Verdeutlichung schreibt der Wissenschaftsautor Lawrence Joseph: Stellen wir uns zwei genau gleiche Billardkugeln vor, von denen sich die eine in Ohio und die andere auf den Fidschi-Inseln befindet; sobald wir die eine in Drehung versetzen, beginnt die andere genau mit der gleichen Geschwindigkeit in entgegengesetzter Richtung zu rotieren.[38] Dass dieses Phänomen tatsächlich existiert, wurde 1997 bewiesen: Damals schickten Physiker der Universität Genf Photonen elf Kilometer weit in entgegengesetzte Richtungen und wiesen nach, dass ein Eingriff bei einem davon auch bei dem anderen sofort zu einer Reaktion führt.[39]

Die Sache gewann eine solche Dynamik, dass Bohr auf einer Tagung über eine neue Theorie meinte, es sei nicht die Frage, ob sie verrückt sei, sondern ob sie verrückt genug sei. Um deutlich zu machen, wie sehr die Quantenwelt der Intuition widerspricht, formulierte Schrödinger ein berühmtes Gedankenexperiment. Darin sitzt eine hypothetische Katze in einer Schachtel, in der ein Atom einer radioaktiven Substanz an ein Gefäß mit Blausäure geheftet ist. Zerfällt das Teilchen innerhalb einer Stunde, löst es einen Mechanismus aus, durch den das Gefäß zerbricht und die Katze vergiftet wird. Geschieht das nicht, überlebt die Katze. Da wir aber nicht wissen, welche der beiden Fälle eintritt, haben wir wissenschaftlich keine andere Wahl, als die Katze als zu 100 Prozent lebendig und gleichzeitig zu 100 Prozent tot zu betrachten. Das bedeutet, wie Stephen Hawking mit einem Hauch verständlicher Erregung feststellt: »Man kann künftige Ereignisse nicht exakt voraussagen, wenn man noch nicht einmal in der Lage ist, den gegenwärtigen Zustand des Universums genau zu messen!«[40]

Wegen solcher Seltsamkeiten hatten viele Physiker eine Abneigung gegen die Quantentheorie oder zumindest gegen einige ihrer Aspekte, und für keinen galt das stärker als für Einstein. Es entbehrte nicht einer gewissen Ironie, war er es doch in seinem traumhaften Jahr 1905 gewesen, der so überzeugend erklärt hatte, dass die Photonen des Lichts sich manchmal als Teilchen und manchmal als Welle verhalten können – die Vorstellung, die das Kernstück der neuen Physik bildete. »Die Quantentheorie ist durchaus beachtenswert«, meinte er einmal höflich, aber eigentlich mochte er sie nicht. Sein berühmter Ausspruch dazu lautete: »Gott würfelt nicht.«*

Einstein konnte den Gedanken nicht ertragen, dass Gott ein Universum geschaffen haben soll, in dem man manche Dinge prinzipiell nicht wissen kann. Außerdem war die Vorstellung von Fernwirkungen – dass ein Teilchen im gleichen Augenblick ein anderes beeinflussen kann, das sich Milliarden Kilometer weit entfernt befindet – eine krasse Verletzung der speziellen Relativitätstheorie. Diese besagte ausdrücklich, dass nichts die Lichtgeschwindigkeit übertreffen kann, und nun beharrten die Physiker darauf, dass Informationen im subatomaren Maßstab doch dazu in der Lage waren. (Nebenbei bemerkt: Bis heute hat niemand erklärt, wie die Teilchen diese Leistung vollbringen. Die Wissenschaftler bewältigten dieses Problem, »indem sie nicht darüber nachdachten«, so eine Formulierung des Physikers Yakir Aharonov.[41])

Vor allem aber stellte sich das Problem, dass mit der Quantenphysik ein Maß an »Unsauberkeit« ins Spiel kam, das es zuvor nicht gegeben hatte. Plötzlich brauchte man zwei Systeme von Gesetzmäßigkeiten, um das Verhalten des Universums zu erklären – die Quantentheorie für die Welt des Allerkleinsten, die Relativitätstheorie für das Universum darum herum. Mit der Gravitation der Relativitätstheorie ließ sich ausgezeichnet erklären, warum Planeten um Sonnen kreisen oder warum Galaxien zu Haufenbildung neigen, aber wie sich herausstellt, hat sie auf der Ebene der Elementarteilchen keinerlei Auswirkungen. Um zu erklären, was die Atome zusammenhält, brauchte man andere Kräfte, und zwei solche Kräfte entdeckte man in den dreißiger Jahren des 20. Jahrhunderts: die starke und die schwache atomare Wechselwirkung. Die starke Wechselwirkung hält die Atome zusammen und ermöglicht es den Protonen, sich im Atomkern miteinander zu verbinden. Die schwache Wech-

* Zumindest wird der Ausspruch in der Regel so zitiert. In Wirklichkeit lautet er: »Es ist anscheinend schwierig, Gott in die Karten zu sehen. Aber dass er würfelt und sich ›telepathischer‹ Methoden bedient… kann ich keinen Augenblick lang glauben.«

selwirkung erfüllt eine ganze Reihe verschiedener Aufgaben, die meist mit der Steuerung bestimmter Formen des radioaktiven Zerfalls zu tun haben.[42]

Die schwache atomare Wechselwirkung ist trotz ihres Namens zehn Milliarden Milliarden Milliarden Mal stärker als die Gravitation, und die starke Wechselwirkung ist noch kräftiger – sogar ungeheuer viel kräftiger –, aber beide üben ihren Einfluss nur auf winzigste Entfernungen aus. Der Einflussbereich der starken Wechselwirkung umfasst nur 1/100 000 des Durchmessers eines Atoms.[43] Das ist der Grund, warum Atomkerne so kompakt und dicht sind, und warum Elemente mit einem großen Atomkern aus vielen Teilchen meist instabil sind: Die starke Wechselwirkung kann einfach nicht alle Protonen zusammenhalten.

Unter dem Strich hatte das alles zur Folge, dass es in der Physik zwei Systeme von Gesetzmäßigkeiten gab, eines für die Welt des sehr Kleinen, das andere für das große Universum, und beide führten ein völlig getrenntes Eigenleben. Diese Situation gefiel auch Einstein nicht. Den Rest seines Lebens widmete er der Suche nach einem Weg, um beide in einer großen vereinheitlichten Theorie zusammenzuführen, aber darin scheiterte er. Hin und wieder glaubte er, es sei gelungen, aber am Ende löste sich jedes Mal alles in Luft auf. Im Laufe der Zeit wurde er immer mehr zur Randerscheinung und sogar zum Gegenstand des Mitleids. Oder, wie Snow es formuliert: »Seine Kollegen glaubten und glauben noch heute fast ohne Ausnahme, dass er die zweite Hälfte seines Lebens vergeudete.«[44]

Anderswo jedoch machte man echte Fortschritte. Mitte der vierziger Jahre waren die Wissenschaftler so weit, dass sie das Atom weitgehend verstanden – das zeigte sich nur allzu deutlich im August 1945, als über Japan zwei Atombomben detonierten.

Als es so weit war, glaubten die Physiker, sie hätten das Atom im Griff, und diese Ansicht ist durchaus verständlich. In Wirklichkeit jedoch sollte alles in der Teilchenphysik noch erheblich komplizierter werden. Aber bevor wir diese ein wenig anstrengende Geschichte in Angriff nehmen, müssen wir noch einen anderen Strang unserer historischen Handlung weiterverfolgen.

Es ist eine wichtige, heilsame Geschichte über Habsucht, Betrug, schlechte Wissenschaft, mehrere unnötige Todesfälle und die endgültige Klärung der Frage, wie alt die Erde ist.

10.
Weg mit dem Blei!

Ende der vierziger Jahre des 20. Jahrhunderts wollte Clair Patterson, ein Doktorand der Universität von Chicago (der trotz seines Vornamens ein Farmersohn aus Iowa war) mit einer neuen Methode der Bleiisotopenmessung endlich herausfinden, wie alt die Erde wirklich ist. Leider war sein Probenmaterial ausnahmslos verunreinigt – und zwar meist sehr stark. In der Regel enthielt es das Zweihundertfache der Bleimenge, mit der man normalerweise rechnen würde. Es mussten noch viele Jahre vergehen, bevor Patterson erkannte, dass die Ursache bei einem unglückseligen Erfinder aus Ohio namens Thomas Midgley jun. lag.

Midgley war von seiner Ausbildung her Ingenieur und die Welt wäre zweifellos sicherer, wenn er bei diesem Beruf geblieben wäre. Stattdessen erwachte bei ihm aber ein Interesse an den industriellen Anwendungsmöglichkeiten der Chemie. Im Jahr 1921 – er arbeitete damals bei der General Motors Research Corporation in Dayton, Ohio – beschäftigte er sich mit einer Verbindung namens Tetraethylblei (zur allgemeinen Verwirrung häufig auch Bleitetraethyl genannt). Dabei entdeckte er, dass diese Substanz bei Automotoren die Geräusche, die man meist als Klopfen bezeichnet, erheblich vermindert.

Zwar war allgemein bekannt, dass Blei gefährlich ist, in den ersten Jahren des 20. Jahrhunderts war es aber dennoch in allen möglichen Konsumprodukten zu finden. Lebensmittel verpackte man in Konservendosen, die mit Bleilot verschlossen waren. Wasser wurde häufig in Tanks mit Bleiauskleidung aufbewahrt. In Form von Bleiarsenid sprühte man es als Pestizid auf Früchte. Sogar in Zahnpastatuben war es enthalten. Es gab kaum ein Produkt, das zum Leben der Konsumenten nicht ein wenig Blei beisteuerte. Den stärksten und dauerhaftesten Kontakt verursachte es jedoch als Beimischung zum Benzin.

Blei ist ein Nervengift. Nimmt man zu viel davon auf, kann es in Gehirn und Zentralnervensystem irreparable Schäden anrichten. Zu den vielen Symptomen einer solchen Bleivergiftung gehören Blindheit, Schlaflosigkeit, Nierenversagen, Gehörschäden, Krebs, Lähmungserscheinungen und Krampfanfälle.[1] In ihrer schwersten Form ist sie mit plötzlichen, beängstigenden Halluzinationen verbunden, die bei Betroffenen und Außenstehenden gleichermaßen Entsetzen auslösen; als Nächstes folgen in der Regel Koma und Tod. Eine zu große Bleimenge im Körper gilt es also unbedingt zu vermeiden.

Andererseits war Blei so einfach zu gewinnen und zu verarbeiten, dass seine industrielle Produktion geradezu peinlich hohe Gewinne abwarf – und Tetraethylblei verhinderte bei den Motoren das Klopfen. Deshalb gründeten drei der größten amerikanischen Industriekonzerne – General Motors, Du Pont und Standard Oil of New Jersey – im Jahr 1923 ein Gemeinschaftsunternehmen namens Ethyl Gasoline Corporation (der Name wurde später zu Ethyl Corporation verkürzt). Sein Ziel war es, so viel Tetraethylblei zu produzieren, wie auf dem Weltmarkt abzusetzen war, und wie sich herausstellte, war das eine gewaltige Menge. Den Zusatzstoff nannten sie »Ethyl«, weil das freundlicher und weniger giftig klang als »Blei«. Am 1. Februar 1923 wurde es zum allgemeinen Verbrauch auf den Markt gebracht (und das auf mehr Wegen, als die meisten Menschen wussten).

Bei den Arbeitern in der Produktion waren schon kurz darauf der stolpernde Gang und die anderen Beeinträchtigungen zu erkennen, die für den akuten Vergiftungszustand charakteristisch sind. Außerdem verfolgte die Ethyl Corporation fast von Anfang an eine Strategie des leisen, aber beharrlichen Leugnens, die ihr jahrzehntelang großen Nutzen bringen sollte. Wie Sharon Bertsch McGrayne in ihrer fesselnden Geschichte der industriellen Chemie unter dem Titel *Prometheans in the Lab* berichtet, litten die Arbeiter in einer Fabrik an unheilbaren Wahnvorstellungen; daraufhin erklärte ein Firmensprecher den Journalisten unverfroren: »Diese Leute sind vermutlich verrückt geworden, weil sie zu hart gearbeitet haben.«[2] Insgesamt kamen mindestens 15 Arbeiter in der Anfangszeit der Produktion verbleiten Benzins ums Leben, und unzählige andere erkrankten, in vielen Fällen sehr schwer; die genauen Zahlen sind nicht bekannt, weil es der Firma fast immer gelang, Nachrichten über peinliche Lecks, Freisetzungen und Vergiftungen zu vertuschen. Hin und wieder jedoch war es nicht mehr möglich, solche Informationen zu unterdrücken, insbesondere als 1924 in einer einzigen schlecht belüfteten Anlage innerhalb weniger Tage fünf Produktionsarbeiter starben und 35 weitere sich in stolpernde menschliche Wracks verwandelten.

Als immer mehr Gerüchte über die Gefahren des neuen Produkts die Runde machten, setzte Thomas Midgley, der redselige Erfinder des Ethyls, eine Vorführung für Journalisten an, um ihre Bedenken zu zerstreuen. Während er fröhlich über die Sicherheitsvorkehrungen in der Firma schwatzte, schüttete er sich Tetraethylblei über die Hände, hielt sich dann ein Gefäß mit der Substanz eine volle Minute lang unter die Nase und behauptete unermüdlich, dies könne er ohne Schaden jeden Tag tun. In Wirklichkeit wusste Midgley nur allzu gut über die Gefahren der Bleivergiftung Bescheid.[3] Er war selbst nur wenige Monate zuvor ernsthaft daran erkrankt, und auch jetzt begab er sich möglichst nicht in die Nähe der Substanz, außer wenn er Journalisten beruhigen wollte.

Durch den Erfolg des verbleiten Benzins beflügelt, wandte sich Midgley nun einem anderen technischen Problem seiner Zeit zu. Die Benutzung von Kühlschränken war in den zwanziger Jahren vielfach entsetzlich riskant, denn in ihnen befanden sich gefährliche Gase, die manchmal austraten. Durch ein solches Leck in einem Kühlschrank kamen 1929 in einem Krankenhaus in Cleveland, Ohio, über 100 Menschen ums Leben.[4] Midgley wollte ein Gas herstellen, das stabil, unbrennbar, nicht ätzend und beim Einatmen ungefährlich war. Mit einem fast gespenstischen Instinkt für gefährliche Dinge erfand er die Fluorchlorkohlenwasserstoffe, kurz FCKWs genannt.

Nur selten hat sich ein Industrieprodukt so schnell allgemein durchgesetzt, und das mit so unglückseligen Folgen. FCKWs wurden seit Anfang der dreißiger Jahre produziert und fanden tausenderlei Anwendungsmöglichkeiten, von Auto-Klimaanlagen bis zu Spraydosen. Erst ein halbes Jahrhundert später erkannte man, dass sie das Ozon in der Stratosphäre zerstören. Und das ist, wie mittlerweile wohl jeder weiß, wirklich schlimm.

Ozon ist eine besondere Form des Sauerstoffs, bei der jedes Molekül nicht nur zwei, sondern drei Atome enthält. Es stellt in gewisser Weise eine chemische Kuriosität dar: Am Erdboden ist es ein Giftstoff, hoch oben in der Stratosphäre jedoch hat es eine sehr nützliche Wirkung, denn es schirmt die gefährliche ultraviolette Strahlung ab. Aber dieses nützliche Ozon ist nur in relativ geringer Menge vorhanden. Gleichmäßig in der gesamten Stratosphäre verteilt, würde es nur eine Schicht von ungefähr drei Millimetern Dicke bilden. Das ist der Grund, warum es so leicht zu beeinträchtigen ist und warum solche Beeinträchtigungen so schnell lebensgefährlich werden.

Auch die Menge der Fluorchlorkohlenwasserstoffe ist nicht sonderlich groß – in der gesamten Atmosphäre machen sie nur einen unter einer Milliarde Teilen aus –, aber sie wirken außerordentlich zerstörerisch. Ein Kilo FCKWs kann mehrere tausend Kilo Ozon aus der Atmosphäre einfangen und vernichten.[5] Außerdem bleiben die FCKWs sehr lange erhalten – im Durchschnitt 100 Jahre – und vollbringen während dieser ganzen Zeit ihr zerstörerisches Werk. Zusätzlich saugen sie wie ein Schwamm die Wärme auf. Ein einziges FCKW-Molekül trägt ungefähr zehntausendmal stärker zum Treibhauseffekt bei als ein Molekül Kohlendioxid – und auch das Kohlendioxid ist als Treibhausgas ja nicht gerade von schlechten Eltern.[6] Kurz gesagt, könnten sich die Fluorchlorkohlenwasserstoffe letztlich als schlimmste Erfindung des 20. Jahrhunderts erweisen.

Midgley erfuhr davon nie etwas: Er starb lange bevor irgendjemandem klar wurde, wie zerstörerisch die FCKWs wirken. Auch sein Tod blieb durch seine ungewöhnlichen Umstände in Erinnerung.[7] Nachdem eine Kinderlähmung bei Midgley eine dauerhafte Behinderung zurückgelassen hatte, entwickelte er einen Apparat mit einer Reihe motorgetriebener Flaschenzügen, der ihn im Bett automatisch anhob oder herumdrehte. Im Jahr 1944 verfing er sich in den Seilen, als die Maschine zu arbeiten begann, und wurde erdrosselt.

Wer wissen wollte, wie alt die verschiedensten Dinge sind, für den war die Universität Chicago in den vierziger Jahren die richtige Adresse. Willard Libby erfand dort gerade die Radiokarbondatierung, mit deren Hilfe man das Alter von Knochen und anderen organischen Überresten genau ermitteln konnte, was zuvor niemals möglich gewesen war. Vor jener Zeit reichten die ältesten zuverlässigen Datierungen nur bis zur ersten Dynastie in Ägypten zurück, das heißt bis ungefähr 3000 v. Chr.[8] So konnte beispielsweise niemand stichhaltige Angaben darüber machen, wann sich das Eis der letzten Eiszeit zurückgezogen hatte oder zu welcher Zeit in der Vergangenheit die Cromagnon-Menschen die Höhle von Lascaux in Frankreich ausgemalt hatten.

Libbys Idee war so nützlich, dass er 1960 dafür den Nobelpreis erhielt. Ihre Grundlage war die Erkenntnis, dass alle Lebewesen ein Kohlenstoffisotop namens Kohlenstoff-14 enthalten, das vom Augenblick ihres Todes an mit einer messbaren Geschwindigkeit zerfällt. Die Halbwertszeit – das heißt, die Zeit, bis die Hälfte der anfänglichen Menge verschwunden ist* – liegt für den Kohlenstoff-14 bei rund 5600 Jahren. Libby ermittelte nun

* Manch einer hat sich vielleicht schon gefragt, wie die Atome entscheiden, welche 50 Prozent sterben und welche 50 Prozent bis in die nächste Periode überleben. Die Antwort lautet: Die Halbwertszeit ist wirklich nur eine statistische Größe – eine Art Sterbetafel für Materieteilchen. Angenommen, wir haben eine Materialprobe mit einer Halbwertszeit von 30 Sekunden. Das heißt nicht, dass jedes Atom in der Probe genau 30, 60 oder 90 Sekunden oder einen anderen genau festgelegten Zeitraum überlebt. In Wirklichkeit wird die Lebensdauer jedes Atoms ausschließlich vom Zufall bestimmt, und sie hat nichts mit Vielfachen von 30 zu tun; das Atom kann in zwei Sekunden zerfallen oder auch noch Jahre, Jahrzehnte oder Jahrhunderte erhalten bleiben. Das weiß niemand. Wir können nur eines sagen: Insgesamt ist die Zerfallsgeschwindigkeit so, dass in der gesamten Probe innerhalb von 30 Sekunden die Hälfte der Atome verschwindet. Mit anderen Worten: Die 30 Sekunden sind ein Durchschnittswert, den man auf jede große Zahl von Atomen anwenden kann. Irgendjemand hat beispielsweise herausgefunden, dass die Zehn-Cent-Stücke in den Vereinigten Staaten eine Halbwertszeit von rund 30 Jahren haben.

genau, welcher Anteil des Kohlenstoffs in einer Probe bereits zerfallen war, und konnte damit stichhaltige Angaben über das Alter des Gegenstandes machen. Allerdings funktioniert das nur bis zu einer gewissen Grenze: Nach der achtfachen Halbwertszeit ist nur noch 1/256 des ursprünglichen radioaktiven Kohlenstoffs vorhanden[9] – so wenig, dass man keine zuverlässigen Messungen mehr anstellen kann. Die Radiokarbondatierung eignet sich also nur für Objekte mit einem Alter von bis zu 40 000 Jahren.

Aber gerade als die Methode sich allgemein durchsetzte, zeigten sich seltsamerweise auch gewisse Schwachpunkte. Zunächst einmal entdeckte man, dass eines der Grundelemente in Libbys Formel, die so genannte Zerfallskonstante, mit einem Fehler von rund drei Prozent behaftet war. Zu jener Zeit hatte man aber auf der ganzen Welt schon Tausende von Messungen vorgenommen. Statt nun jede einzelne zu korrigieren, entschlossen sich die Fachleute, die ungenaue Konstante beizubehalten. Deshalb, so merkt Tim Flannery an, »ist jede Rohdatierung mit der Radiokarbonmethode, über die man heute liest, um ungefähr drei Prozent zu jung«.[10] Aber damit waren die Probleme noch nicht zu Ende. Wie man fast ebenso schnell herausfand, wird Material mit Kohlenstoff-14 leicht durch Kohlenstoff anderer Herkunft verunreinigt, beispielsweise durch winzige Pflanzenteile, die man mit einem Fund geborgen und nicht bemerkt hat. Bei jüngeren Proben, deren Alter weniger als ungefähr 20 000 Jahre beträgt, sind solche Verunreinigungen oft nicht weiter von Bedeutung, aber bei älterem Material kann sie zu Schwierigkeiten führen, weil man nur noch wenige verbliebene Atome zum Zählen hat. Um noch einmal Flannery zu zitieren: Im ersten Fall ist es so, als ob man 1000 Dollar hat und sich um einen Dollar verzählt; im zweiten hat man nur zwei Dollar und verzählt sich um einen.[11]

Außerdem gründete sich Libbys Methode auf die Annahme, dass sowohl die Menge des Kohlenstoffs-14 in der Atmosphäre als auch die Geschwindigkeit, mit der das Isotop von den Lebewesen aufgenommen wird, während der gesamten Erdgeschichte gleich geblieben sind. In Wirklichkeit war das aber nicht der Fall. Heute wissen wir, dass das Volumen des Kohlenstoffs-14 in der Atmosphäre schwankt, je nachdem, wie gut das Magnetfeld der Erde die kosmische Strahlung zurückwirft – und dieser Wert kann über längere Zeiträume beträchtlich schwanken. Demnach sind manche Kohlenstoff-14-Datierungen zweifelhafter als andere. Insbesondere gilt das gerade für die Zeit, in der die ersten Menschen nach Amerika kamen, und dies ist einer der Gründe, warum das Thema schon seit langen Jahren umstritten ist.[12]

Schließlich – und das ist vielleicht ein wenig überraschend – können die Werte auch durch äußere Faktoren, die auf den ersten Blick scheinbar nichts damit zu tun haben, über den Haufen geworfen werden, beispielsweise durch die Ernährung der Lebewesen, deren Knochen man untersucht. In einem Fall aus jüngerer Zeit ging es um die alte Debatte, ob die Syphilis in der Neuen oder in der Alten Welt entstanden ist.[13] Archäologen in der nordenglischen Stadt Hull fanden heraus, dass die Mönche auf dem Friedhof eines Klosters an Syphilis gelitten hatten, aber die anfängliche Schlussfolgerung, die Krankheit sei schon vor Columbus' Reise ausgebrochen, wurde später angezweifelt: Die Mönche hatten nämlich viel Fisch gegessen, und deshalb wirkten die Knochen älter, als sie wirklich waren. Die Mönche dürften tatsächlich Syphilis gehabt haben, aber wie sie sich die Krankheit zuzogen, bleibt ein ungelöstes Rätsel.

Wegen der vielen Schwächen der Radiokarbonmethode entwickelte man andere Verfahren zur Datierung alter Funde, unter anderem die Thermolumineszenz, bei der man die im Ton eingefangenen Elektronen misst, und die Elektronenspinresonanz, bei der man das Material mit elektromagnetischen Wellen bombardiert und die dadurch ausgelösten Schwingungen der Elektronen misst. Aber auch mit den besten derartigen Verfahren kann man keine Altersbestimmung vornehmen, wenn das Material aus einer Zeit vor mehr als 200 000 Jahren stammt, und ebenso lassen sich damit keine anorganischen Substanzen wie beispielsweise Gestein datieren. Genau das wäre aber natürlich nötig, wenn man Genaueres über das Alter unseres Planeten wissen möchte.

Die Datierung von Gestein bereitete so große Schwierigkeiten, dass irgendwann fast alle Fachleute das Thema aufgegeben hatten. Hätte es in England nicht einen wild entschlossenen Professor namens Arthur Holmes gegeben, wäre die Frage vielleicht bis heute in der Schwebe geblieben.

Zum Helden wurde Holmes sowohl wegen der Hindernisse, die er überwand, als auch wegen der dabei erzielten Befunde. In den zwanziger Jahren des 20. Jahrhunderts, als er sich auf dem Höhepunkt seiner Berufslaufbahn befand, war die Geologie aus der Mode – die aufregendste Wissenschaft jener Zeit war die Physik –, und entsprechend litten die Geologen insbesondere in Großbritannien, ihrem geistigen Ursprungsland, stark unter einem Mangel an Forschungsmitteln. An der Universität Durham bestand das gesamte geologische Institut jahrelang ausschließlich aus Holmes. Um seine radiometrischen Gesteinsdatierungen fortzuführen, musste er sich häufig Ausrüstungsgegenstände leihen oder selbst zusammenbauen. Irgendwann kamen seine Berechnungen ein volles Jahr lang praktisch zum Stillstand, weil er darauf warten musste, dass die Universität ihm eine einfache Addiermaschine zur Verfügung stellte. Hin und wieder musste er dem akademischen Leben sogar ganz den Rücken kehren, um Geld für die Ernährung seiner Familie zu verdienen – eine Zeit lang betrieb er in Newcastle upon Tyne ein Kuriositätengeschäft –, und manchmal konnte er sich nicht einmal den Jahresbeitrag von fünf Pfund für die Mitgliedschaft in der Geological Society leisten.

Die Methode, deren Holmes sich in seinen Arbeiten bediente, war theoretisch einfach und ergab sich unmittelbar aus einem Vorgang, den Ernest Rutherford 1914 zum ersten Mal beobachtet hatte: Manche Atome zerfallen und verwandeln sich dabei in andere Elemente, und das mit einer so konstanten Geschwindigkeit, dass man sie als Uhr verwenden kann. Wenn man weiß, wie lange es dauert, bis Kalium-40 zu Argon-40 geworden ist, und wenn man dann die Menge beider Elemente in einer Materialprobe misst, kann man daraus das Alter der Probe ableiten. Holmes' Leistung bestand darin, dass er den Zerfall von Uran zu Blei verfolgte, um daraus das Alter des Gesteins und – so hoffte er – auch das Alter der Erde zu berechnen.

In der Praxis waren aber viele technische Schwierigkeiten zu überwinden. Eigentlich brauchte Holmes hoch entwickelte Instrumente, mit denen er an winzigen Materialproben sehr genaue Messungen vornehmen konnte – oder zumindest hätte er solche Instrumente sehr zu schätzen gewusst. Wie bereits erwähnt wurde, stand ihm aber in Wirklichkeit nur eine einfache Addiermaschine zur Verfügung. Deshalb war es eine beträchtliche Leistung, als er 1946 mit einem gewissen Selbstvertrauen bekannt geben konnte, die Erde sei mindestens drei Milliarden Jahre alt, möglicherweise aber auch noch viel älter. Leider stand seiner Anerkennung aber nun ein anderes ansehnliches Hindernis im Weg: die konservative Einstellung seiner Wissenschaftlerkollegen.[14] Zwar lobten alle begeistert seine neue Methode, viele behaupteten aber, er habe nicht das Alter der Erde ermittelt, sondern nur das Alter des Materials, aus dem sich die Erde gebildet hatte.

Genau zur gleichen Zeit entwickelte Harrison Brown an der Universität Chicago ein neues Verfahren, um die Menge von Bleiisotopen in Vulkangestein zu bestimmen (das heißt in Gestein, das durch Erhitzen entstanden ist und nicht durch die Ablagerung von Sedimenten). Als er erkannte, dass die Arbeiten sich sehr lange hinziehen würden, übertrug er sie dem jungen Clair Patterson als Thema für seine Doktorarbeit. Dabei machte er seinem Studenten eine berühmte Versprechung: Die Altersbestimmung der Erde mit seiner neuen Methode werde »ein dicker Fisch« werden. In Wirklichkeit sollte sie noch Jahre auf sich warten lassen.

Patterson begann 1948 mit der Arbeit an dem Projekt. Im Vergleich zu Thomas Midgleys buntscheckigen Beiträgen zum Fortschritt wirkt Pattersons Altersbestimmung der Erde in vielerlei Hinsicht wie ein Gegenpol. Sieben Jahre lang – zuerst an der Universität Chicago, dann am California Institute of Technology, an das er 1952 wechselte – stellte er in einem keimfreien Labor an sorgfältig ausgewählten alten Gesteinsproben sehr genaue Messungen des Verhältnisses von Blei zu Uran an.

Wenn man das Alter der Erde ermitteln will, stellt sich das Problem, dass man sehr altes Gestein braucht: Es muss blei- und uranhaltige Kristalle enthalten, die ungefähr so alt sind wie unser Planet selbst – alles, was jünger ist, würde natürlich zu einer zu geringen Schätzung des Alters führen. Derart alte Gesteine findet man aber auf der Erde nur an wenigen Stellen. Warum das so war, verstand Ende der vierziger Jahre niemand so ganz. Erstaunlich, aber wahr: Das Weltraumzeitalter war längst angebrochen, als zum ersten Mal jemand plausibel erklären konnte, wo das ganze alte Gestein der Erde geblieben war. (Die Antwort liegt in der Plattentektonik, auf die wir natürlich noch zu sprechen kommen werden.) Vorerst musste Patterson mit sehr begrenztem Material versuchen, sinnvolle Erklärungen zu finden. Schließlich kam er auf den genialen Gedanken, den Mangel an geeignetem Gestein zu umgehen, indem er auf Steine von außerhalb der Erde zurückgriff: Er beschäftigte sich mit Meteoriten.

Dabei ging er von einer Annahme aus, die damals kühn war, sich später aber als richtig erwies: Viele Meteoriten sind übrig gebliebene Bausteine aus der Frühzeit des Sonnensystems, in denen eine mehr oder weniger urtümliche chemische Zusammensetzung erhalten geblieben ist. Man brauchte nur das Alter dieser wandernden Gesteinsproben zu messen, dann kannte man auch (wenigstens annähernd) das Alter der Erde.

Natürlich war die Sache in Wirklichkeit wieder einmal nicht so einfach, wie sie sich in einer solch flotten Beschreibung anhört. Meteoriten sind nicht gerade häufig, und Proben davon in die Hand zu bekommen, ist alles andere als einfach. Außerdem erwies sich Browns Messverfahren als überaus knifflig und stark verbesserungsbedürftig. Das Hauptproblem aber bestand darin, dass Pattersons Materialproben ausnahmslos und unberechenbar stark mit großen Bleimengen aus der Atmosphäre verunreinigt wurden, sobald man sie der Luft aussetzte. Das war der Grund, warum er ein steriles Labor einrichtete, zumindest einem Bericht zufolge das erste der Welt.[15]

Sieben Jahre geduldiger Arbeit waren nötig, bis Patterson auch nur die geeigneten Materialproben für eine letzte Untersuchung zusammengestellt hatte. Im Frühjahr 1953 reiste er zum Argonne National Laboratory in Illinois, wo er eine gewisse

Zeit lang einen Massenspektrographen neuester Bauart benutzen durfte, ein Gerät, mit dem man winzige, in alten Kristallen eingeschlossene Mengen von Uran und Blei nachweisen und vermessen konnte. Als er endlich seine Ergebnisse in der Hand hatte, war Patterson so aufgeregt, dass er geradewegs in sein Elternhaus nach Iowa fuhr; dort brachte seine Mutter ihn ins Krankenhaus, weil sie dachte, er hätte einen Herzinfarkt.

Wenig später nannte Patterson auf einer Tagung in Wisconsin ein definitives Alter für die Erde: 4550 Millionen Jahre (plus oder minus 70 Millionen Jahre) – »eine Zahl, die sich auch 50 Jahre später noch nicht verändert hat«, wie McGrayne bewundernd anmerkt.[16] Nach 100 Jahren vergeblicher Versuche kannte man endlich das Alter der Erde.

Nachdem das Wichtigste erledigt war, wandte Patterson seine Aufmerksamkeit der drängenden Frage nach dem vielen Blei in der Atmosphäre zu. Wie er zu seiner Überraschung feststellen musste, war das Wenige, was man über die Wirkung von Blei auf den Menschen wusste, falsch oder zumindest irreführend – was aber auch nicht verwunderlich war, denn seit 40 Jahren waren alle Untersuchungen über die Wirkungen des Bleis ausschließlich durch die Hersteller von Bleizusatzstoffen finanziert worden.

In einer solchen Untersuchung ließ ein Arzt, der keine besondere Ausbildung in chemischer Pathologie besaß, Freiwillige im Rahmen eines fünfjährigen Programms erhöhte Bleimengen einatmen oder schlucken.[17] Anschließend wurden Urin und Stuhl untersucht. Was der Arzt aber anscheinend nicht wusste: Blei wird vom Körper nicht ausgeschieden, sondern es sammelt sich in Knochen und Blut an – deshalb ist es so gefährlich. An Knochen und Blut wurden aber keine Messungen vorgenommen, und deshalb stellte man dem Blei fälschlicherweise einen gesundheitlichen Persilschein aus.

Wie Patterson sehr schnell nachweisen konnte, enthielt die Atmosphäre eine Menge Blei – das ist auch heute noch so, denn Blei verschwindet nie –, und rund 90 Prozent davon stammten offensichtlich aus den Auspuffrohren von Autos.[18] Beweisen konnte er das aber nicht. Dazu brauchte er eine Methode, um die Bleimengen in der Atmosphäre seiner Zeit mit der vor 1923 zu vergleichen, als das Tetraethylblei eingeführt wurde. Ihm kam die Idee, die Lösung könne in Eisbohrkernen liegen.

Wie man bereits wusste, sammelt sich der Schnee in Grönland und anderen Gebieten in Form abgegrenzter jährlicher Schichten an (weil die jahreszeitlichen Temperaturunterschiede im Winter und Sommer zu geringfügigen Farbveränderungen führen). Wenn man sich durch diese Schichten in die Vergangenheit vorarbeitet und in jeder davon den Bleigehalt misst, kann man die weltweite Bleikonzentration für jeden Zeitpunkt der letzten Jahrhunderte oder sogar Jahrtausende feststellen. Dieser Gedanke wurde zur Grundlage der Untersuchung von Eisbohrkernen und damit zu einem wichtigen Fundament der modernen klimatologischen Forschung.[19]

Nach Pattersons Befunden enthielt die Atmosphäre vor 1923 fast überhaupt kein Blei, und seit jener Zeit war die Bleikonzentration stetig bis auf gefährliche Werte angestiegen. Jetzt machte er es sich zum Lebensziel, das Blei aus dem Benzin zu verbannen. Zu diesem Zweck wurde er zu einem ständigen, häufig sehr lautstarken Kritiker der Bleiindustrie und ihrer Interessenvertreter.

Der Feldzug sollte zur Hölle werden. Die Ethyl Corporation war ein mächtiger multinationaler Konzern und hatte zahlreiche hoch gestellte Freunde. (Unter ihren Direktoren waren der Richter am Obersten US-Gerichtshof Lewis Powell und Gilbert Grosvenor von der National Geographic Society.) Patterson musste plötzlich feststellen, dass ihm Forschungsmittel entzogen wurden und neues Geld kaum zu bekommen war. Das American Petroleum Institute kündigte ein Forschungsabkommen, das es mit ihm geschlossen hatte, und das Gleiche tat auch die Bundesgesundheitsbehörde der USA, eine angeblich neutrale staatliche Organisation.

Als Patterson für das California Institute of Technology immer mehr zur Belastung wurde, übten führende Vertreter der Bleiindustrie mehrfach Druck auf die Gremien der Hochschule aus, damit sie ihn entweder zum Schweigen brachten oder hinauswarfen. Nach einem Bericht von Jamie Lincoln Kitman, der 2000 in *Nation* erschien, sollen Manager der Ethyl Corporation dem Caltech die Finanzierung eines ganzen Lehrstuhls angeboten haben, »wenn Patterson seine Koffer packen muss«.[20] Absurd, aber wahr: 1971 schloss man ihn beim National Research Council aus einem Gremium aus, das die Gefahren der Luftverschmutzung durch Blei untersuchen sollte. Und das, obwohl er mittlerweile unumstritten der führende Experte auf diesem Gebiet war.

Es gereicht Patterson zur Ehre, dass er nie schwankend wurde oder klein beigab. Seine Bemühungen führten schließlich dazu, dass 1970 der Clean Air Act mit strengeren Abgasvorschriften in Kraft trat, und 1986 wurde der Verkauf verbleiten Benzins in den Vereinigten Staaten völlig verboten. Daraufhin sank der Bleigehalt im Blut der Amerikaner fast sofort um 80 Prozent.[21] Aber da Blei ewig erhalten bleibt, hat heute jeder Mensch 625-mal mehr von dem Metall im Blut als vor hundert Jahren.[22] Auch der Bleigehalt der Atmosphäre steigt immer noch ganz legal um rund 100 000 Tonnen im Jahr – die Hauptverursacher sind Bergbau, Metallindustrie und produzierendes Gewerbe.[23] Mittlerweile wurde Blei auch als Inhaltsstoff von Innenanstrichen verboten – »44 Jahre später als in Europa«, wie McGrayne anmerkt.[24] Und was angesichts der starken Giftwirkung wirklich erstaunlich ist: Erst 1993 wurde Blei aus dem Lötzinn von Lebensmittelkonservendosen verbannt.

Der Ethyl Corporation geht es nach wie vor gut, auch wenn General Motors, Standard Oil und Du Pont heute keine Anteile an dem Unternehmen mehr besitzen (die verkauften sie 1962 an einen Konzern namens Albemarle Paper). Nach Angaben von McGrayne behauptete die Ethyl Corporation noch 2001, es sei »nicht wissenschaftlich bewiesen, dass verbleites Benzin eine Gefahr für Gesundheit oder Umwelt darstellt«.[25] Auf ihrer Website wird das Blei – und auch Thomas Midgley – in der Firmengeschichte nicht erwähnt; es heißt dort nur, das ursprüngliche Produkt habe »eine gewisse Kombination chemischer Verbindungen« enthalten.

Die Ethyl Corporation stellt heute kein verbleites Benzin

mehr her, aber nach dem Firmenbericht von 2001 brachte Tetraethylblei (oder TEL, wie es dort genannt wird) im Jahr 2000 immer noch einen Umsatz von 25,1 Millionen Dollar (bei einem Gesamtumsatz von 795 Millionen), im Vergleich zu 1999 (24,1 Millionen) eine Steigerung, aber ein Rückgang gegenüber 1998, als es noch 117 Millionen waren. In dem Bericht erklärt das Unternehmen seine Entschlossenheit, »den durch TEL generierten Gewinn zu maximieren, während seine Anwendung auf der ganzen Welt weiter zurückgeht«. Das TEL wird von der Ethyl Corporation im Rahmen eines Abkommens mit der englischen Associated Octel vermarktet.

Wie steht es mit der zweiten Geißel, die Thomas Midgley uns hinterließ? Fluorchlorkohlenwasserstoffe wurden 1974 in den Vereinigten Staaten verboten, aber sie sind heimtückische kleine Teufel: Alles, was vorher in die Atmosphäre entlassen wurde (beispielsweise durch Deo- oder Haarspray), ist noch heute vorhanden und zerstört das Ozon, auch wenn wir die Verwendung längst eingestellt haben.[26] Und was noch schlimmer ist: Auch heute gelangen jedes Jahr gewaltige FCKW-Mengen in die Atmosphäre.[27] Nach Angaben von Wayne Biddle hat der Markt für diese Verbindungen nach wie vor ein Volumen von rund 27 Millionen Kilo im Wert von 1,5 Milliarden Dollar. Wer stellt sie her? Die Antwort: wir – das heißt, viele große Konzerne, die es in ihren Fabriken auf anderen Kontinenten produzieren. In Drittweltländern werden die FCKWs erst 2010 verboten.

Clair Patterson starb 1995. Einen Nobelpreis bekam er nicht für seine Arbeiten – das schaffen Geologen nie. Noch erstaunlicher aber ist, dass er für die stetigen, zunehmend selbstlosen Leistungen eines halben Jahrhunderts nicht einmal Ruhm oder auch nur sonderlich große Aufmerksamkeit erntete. Man kann mit Fug und Recht behaupten, dass er der einflussreichste Geologe des 20. Jahrhunderts war. Aber wer hat schon einmal den Namen Clair Patterson gehört? Die meisten Lehrbücher der Geologie erwähnen ihn nicht. Zwei kürzlich erschienene populärwissenschaftliche Bücher über die Altersbestimmung der Erde und ihre Geschichte schaffen es sogar, seinen Namen falsch zu schreiben.[28] Und Anfang 2001 beging ein Rezensent eines dieser Bücher in der Fachzeitschrift *Nature* zusätzlich den Fehler, Patterson für eine Frau zu halten.[29]

Jedenfalls hat die Erde dank der Arbeiten von Clair Patterson seit 1953 ein allgemein anerkanntes Alter. Jetzt gab es nur noch ein Problem: Sie war älter als das Universum, in dem sie sich befand.

11.
Muster Marks Quarks

Im Jahr 1911 beschäftigte sich der britische Wissenschaftler C. T. R. Wilson mit Wolkenformationen. Zu diesem Zweck wanderte er regelmäßig zum Gipfel des Mount Wilson, eines berühmten, fast immer nasskalten Berges in Schottland. Dort kam ihm der Gedanke, es müsse doch einen einfacheren Weg geben, um Wolken zu untersuchen.[1] Zu Hause im Cavendish Laboratory in Cambridge baute er eine künstliche Wolkenkammer: In diesem einfachen Apparat konnte er Luft anfeuchten und abkühlen, sodass sich unter Laborbedingungen ein vernünftiges Modell für die Wolkenbildung ergab.

Das Gerät funktionierte gut, hatte aber außerdem einen weiteren, unerwarteten Nutzen. Als Wilson ein Alphateilchen durch die Kammer wandern ließ, um den Samen für die zukünftigen Wolken zu legen, hinterließ es eine sichtbare Spur, ähnlich dem Kondensstreifen eines Flugzeugs. Damit hatte er den Teilchendetektor erfunden. Dieses Instrument lieferte den überzeugenden Beleg, dass es die subatomaren Teilchen tatsächlich gibt.

Später erfanden zwei andere Wissenschaftler des Cavendish Laboratory ein leistungsfähigeres Gerät zur Herstellung von Protonenstrahlen, und Ernest Lawrence entwickelte im kalifornischen Berkeley sein berühmtes, eindrucksvolles Zyklotron, den Teilchenzertrümmerer, wie man solche spannenden Apparate lange Zeit nannte. Alle derartigen Geräte funktionierten – und funktionieren noch heute – mehr oder weniger nach dem gleichen Prinzip: Man beschleunigt ein Proton oder ein anderes geladenes Teilchen auf einem festgelegten Weg (der manchmal linear, manchmal auch ringförmig ist) auf sehr hohe Geschwindigkeit, lässt es dann auf ein anderes Teilchen prallen und beobachtet, was dabei weggeschleudert wird. Das ist der Grund, warum man von Teilchenzertrümmerern sprach. Es war nicht gerade die raffinierteste Form der Wissenschaft, aber es erfüllte im Allgemeinen seinen Zweck.

Voller Ehrgeiz bauten die Physiker immer größere Maschinen, und nun fanden oder postulierten sie eine scheinbar unendliche Zahl von Teilchen oder ganzen Teilchenfamilien: Vektorbosonen, Pionen, Hyperonen, Mesonen, K-Mesonen, Higgs-Bosonen, intermediäre Vektorbosonen, Baryonen, Tachyonen. Irgendwann war sogar den Physikern selbst nicht mehr wohl bei der Sache. Als der große Physiker Enrico Fermi einmal von einem Studenten nach einem bestimmten Teilchen gefragt wurde, erwiderte er: »Junger Mann, wenn ich mir die Namen dieser ganzen Teilchen merken könnte, wäre ich Botaniker geworden.«[2]

Heute tragen die Teilchenbeschleuniger Namen, wie Flash Gordon sie in der Schlacht verwenden würde: Super-Protonensynchrotron, Großer Elektronen-Positronen-Collider, Großer Hadronen-Collider, Relativistischer Schwerionen-Collider. Mit gewaltigen Energiemengen (manche Anlagen arbeiten nur nachts, damit in den Städten der Umgebung nicht die Lichter ausgehen, wenn die Maschine anläuft) peitschen sie die Teilchen derart voran, dass ein einziges Elektron in einer Sekunde 47 000 Runden durch einen sieben Kilometer langen Tunnel dreht.[3] Deshalb wurden Befürchtungen laut, die Wissenschaftler könnten in ihrer Begeisterung unabsichtlich schwarze Löcher oder so genannte »seltsame Quarks« schaffen, die theoretisch mit anderen Teilchen in Wechselwirkung treten können und sich dann unkontrolliert vermehren. Wenn Sie diesen Text lesen können, ist so etwas noch nicht geschehen.

Damit man Teilchen findet, müssen sie eine gewisse Konzentration haben. Sie sind nicht nur winzig klein und rasend schnell, sondern oftmals auch entsetzlich schwer fassbar. Manche Teilchen sind in 0,000 000 000 000 000 000 000 001 (10^{-24}) Sekunden entstanden und wieder verschwunden. Und selbst die langsamsten dieser instabilen Teilchen bleiben nicht länger als 0,000 0001 (10^{-7}) Sekunden erhalten.[4]

Manche Teilchen sind geradezu lächerlich flüchtig. Die Erde wird in jeder Sekunde von 10 000 Billionen Billionen winzigen, fast masselosen Neutrinos heimgesucht (die in ihrer Mehrzahl aus dem nuklearen Schmelztiegel der Sonne stammen). Praktisch alle gehen durch den Planeten und alles, was sich auf ihm befindet, ungehindert hindurch, als würde es nicht existieren, auch durch dich und mich. Um nur ein paar von ihnen einzufangen, brauchen die Wissenschaftler riesige Tanks mit bis zu 50 Millionen Litern schwerem Wasser (das heißt Wasser mit einem besonders hohen Gehalt an schwerem Wasserstoff oder Deuterium), und diese Tanks müssen sich tief unter der Erde befinden (in der Regel in alten Bergwerken), damit andere Strahlungen sie nicht beeinflussen.

In sehr seltenen Fällen trifft ein vorüberkommendes Neutrino auf einen der Atomkerne im Wasser und erzeugt dabei einen kleinen Energieausbruch. Die Wissenschaftler zählen solche Ereignisse und bringen uns damit einem Verständnis für die grundlegenden Eigenschaften des Universums ein klein wenig näher. Im Jahr 1998 berichteten japanische Forscher, Neutrinos hätten tatsächlich eine Masse, allerdings nur eine sehr kleine: Sie beträgt demnach ein Zehnmillionstel der Masse eines Elektrons.[5]

Um heutzutage Teilchen zu finden, braucht man Geld, und zwar eine Menge. In der modernen Physik besteht eine seltsame, umgekehrte Proportionalität zwischen der Kleinheit des Gesuchten und den Ausmaßen der Gerätschaften, die für eine solche Suche notwendig sind. Die Europäische Organisation für Kernforschung (CERN) gleicht einer kleinen Stadt. Sie erstreckt sich über die Grenze zwischen Frankreich und der Schweiz, beschäftigt 3000 Menschen und besetzt ein Gelände, das sich nach Quadratkilometern bemisst. CERN kann mit einer Reihe von Magneten aufwarten, die mehr wiegen als der Eiffelturm, und ihr unterirdischer Tunnel hat einen Umfang von rund 26 Kilometern.

Wie James Trefil feststellt, ist es sehr einfach, Atome zu zerlegen: Wir tun es jedes Mal, wenn wir eine Leuchtstoffröhre einschalten.[6] Atomkerne zu spalten, erfordert jedoch viel Geld und eine üppige Stromversorgung. Noch höher sind die Anforderungen, wenn man sich auf die Ebene der Quarks begibt, jener Teilchen, aus denen die Teilchen bestehen: Dann braucht man viele Millionen Kilowattstunden an Elektrizität und den Etat eines kleinen mittelamerikanischen Staates. Der neue große Hadronenbeschleuniger, der 2005 bei CERN in Betrieb gehen soll, wird eine Energie von 14 Billionen Elektronenvolt erreichen, und sein Bau kostet mehr als 1,3 Milliarden Euro.*[7]

Aber solche Zahlen sind noch gar nichts im Vergleich zu Leistung und Kosten des riesigen, mittlerweile leider aufgegebenen »Superconducting Supercollider«, mit dessen Bau man in den achtziger Jahren des 20. Jahrhunderts in der Nähe von Waxahachie in Texas begann. Er erlebte dann einen Zusammenstoß ganz eigener Art mit dem Kongress der Vereinigten Staaten. Mit dem Beschleuniger verfolgen die Wissenschaftler das Ziel, »das letzte Wesen der Materie« zu untersuchen, wie es immer formuliert wird: Sie wollten so weit wie möglich die Bedingungen nachvollziehen, die im Universum während der ersten 10 000 Milliardstelsekunden herrschten. Man wollte Teilchen durch einen 84 Kilometer langen Tunnel schießen und dabei eine Energie von atemberaubenden 99 Billionen Elektronenvolt erreichen. Es war ein großartiger Plan, der Bau hätte aber auch acht Milliarden Dollar gekostet (eine Zahl, die am Ende auf zehn Milliarden geklettert war), und der Betrieb hätte jedes Jahr mehrere hundert Millionen Dollar verschlungen.

Es war vielleicht eines der besten Beispiele aller Zeiten dafür, wie man Geld im wahrsten Sinne des Wortes in den Sand setzen kann: Der Kongress bewilligte zunächst zwei Milliarden Dollar für das Projekt, und 1993, nachdem man bereits fast 23 Kilometer Tunnel gegraben hatte, wurde es aufgegeben. Damit kann Texas heute die teuerste Baugrube der Welt vorweisen. Wie mein Freund Jeff Guinn vom *Fort Worth Star-Telegram* berichtet, ist die Baustelle heute »eigentlich ein riesiges, gerodetes Feld mit einer Reihe enttäuschter Kleinstädte drumherum.«[8]

* Aus solchen kostspieligen Projekten erwachsen auch praktische Nebenwirkungen. Das World Wide Web ist ursprünglich ein Produkt von CERN. Es wurde dort 1989 von dem Wissenschaftler Tim Berners-Lee erfunden.

Seit dem Debakel mit dem Superbeschleuniger haben die Teilchenphysiker ihre Messlatte ein wenig tiefer gehängt, aber selbst vergleichsweise bescheidene Projekte verursachen geradezu atemberaubende Kosten, wenn man sie mit – nun ja – fast allem anderen vergleicht. Der Bau eines geplanten Neutrino-Observatoriums in der alten Homestale Mine in Lead, South Dakota, würde 500 Millionen Dollar kosten – und das, obwohl das Bergwerk bereits existiert. Von den jährlichen Betriebskosten ist dabei noch nicht einmal die Rede.[9] Außerdem würden 281 Millionen Dollar an »allgemeinen Umwandlungskosten« anfallen. Allein die Modernisierung eines Teilchenbeschleunigers am Fermilab in Illinois verschlingt mittlerweile 260 Millionen Dollar.[10]

Teilchenphysik ist also, kurz gesagt, ein ungeheuer teures Unternehmen – aber auch ein produktives. Die Zahl der bekannten Teilchen liegt heute bei weit über 150, und über weitere 100 gibt es Vermutungen, aber leider ist es »sehr schwierig, die Beziehungen dieser Teilchen zueinander zu verstehen und herauszufinden, wozu die Natur sie braucht oder was für eine Verbindung zwischen ihnen besteht«, wie Richard Feynman es formulierte.[11] Jedes Mal, wenn man eine Kiste aufgeschlossen hat, findet man darin zwangsläufig eine neue, verschlossene Kiste. Nach Ansicht mancher Fachleute gibt es so genannte Tachyonen, Teilchen, die sich schneller bewegen können als das Licht.[12] Andere möchten gern Gravitonen finden, die Träger der Gravitation. Wann wir endgültig den Boden erreichen werden, ist nicht leicht zu sagen. Carl Sagan warf in seinem Buch *Unser Kosmos* die Möglichkeit auf, man könne sich ins Innere eines Elektrons begeben und dort wiederum ein eigenständiges Universum vorfinden – ein Gedanke, der an die Sciencefiction-Geschichten der fünfziger Jahre erinnert. »Dieser Hypothese zufolge würde sich ein Elementarteilchen wie ein Elektron in unserem Universum ... seinerseits als geschlossenes Universum enthüllen, aufgegliedert in die Entsprechungen zu Galaxien und kleineren Gebilden, bestehend aus einer unermesslichen Anzahl anderer, weit kleinerer Elementarteilchen, die wiederum ihrerseits lauter Universen geringerer Größenordnung darstellten und so weiter bis in alle Ewigkeit – ein unendlicher Regress nach unten, Universen in Universen ohne Ende. Und genauso verhielte es sich auch nach oben.«[13]

Es ist eine Welt, die sich dem Verständnis der meisten von uns entzieht. Selbst wenn man heute nur eine grundlegende Einführung in die Teilchenphysik liest, muss man sich in einem Wortgestrüpp wie diesem zurechtfinden: »Das positiv geladene Pion zerfällt nach einer mittleren Lebensdauer von $2{,}603 \times 10^{-8}$ Sekunden in ein Myon und ein Antineutrino; sein Antiteilchen verwandelt sich entsprechend in ein Antimyon und ein Neutrino. Das neutrale Pion schließlich zerfällt nach einer mittleren Lebensdauer von ungefähr $0{,}8 \times 10^{-16}$ Sekunden in zwei Photonen ...«[14] So geht es immer weiter – und das in einem Buch für ein Laienpublikum, das von einem der (normalerweise) begnadetsten Dolmetscher verfasst wurde: von Steven Weinberg.

In den sechziger Jahren des 20. Jahrhunderts unternahm der Physiker Murray Gell-Mann vom California Institute of Technology den Versuch, alles ein wenig zu vereinfachen. Dazu erfand er eigentlich eine neue Klasse von Teilchen; Steven Weinberg schreibt: »Schon bald versuchte man, Ordnung in die Vielfalt der Hadronen zu bringen.«[15] Mit diesem Sammelbegriff bezeichnet man in der Physik die Protonen, Neutronen und andere Teilchen, die der starken Kernkraft unterliegen. Nach Gell-Manns Theorie bestehen alle Hadronen aus noch kleineren, grundlegenderen Teilchen. Sein Kollege Richard Feynman wollte diese neuen, fundamentalen Teilchen auf den Namen *Partonen* taufen, konnte sich damit aber nicht durchsetzen.[16] Stattdessen wurden sie als *Quarks* bekannt.

Den Namen entlehnte Gell-Mann aus einer Zeile in *Finnegans Wake*: »Three quarks for Muster Mark!« (Physiker, die genau sein wollen, sprechen das Wort so aus, dass es sich nicht mit *larks*, sondern mit *storks* reimt, obwohl Joyce sicher die erste Aussprachevariante im Sinn hat.) Aber die Vorstellung, Quarks seien etwas Grundsätzliches und Einfaches, lebte nicht lange. Als man mehr über sie in Erfahrung brachte, musste man Unterteilungen einführen. Obwohl Quarks viel zu klein sind, als dass sie eine Farbe, einen Geschmack oder irgendeine andere erkennbare physikalische Eigenschaft haben könnten, gruppierte man sie in sechs Kategorien: *up, down, strange, charm, top* und *bottom*. Die Physiker bezeichnen diese Gruppen seltsamerweise als »Geschmäcker« (*flavors*) und unterteilen sie nochmals in drei »Farben«: rot, grün und blau. (Die Begriffe wurden in Kalifornien zur Zeit der psychedelischen Drogen geprägt – man hat den Verdacht, dass dies kein Zufall war.)

Am Ende erwuchs aus alledem das so genannte Standardmodell, das eigentlich eine Art Baukasten für die subatomare Welt ist.[17] Das Standardmodell besteht aus sechs Quarks, sechs Leptonen, fünf bekannten Bosonen und einem postulierten sechsten, dem Higgs-Boson (benannt nach dem schottischen Wissenschaftler Peter Higgs), sowie drei der vier physikalischen Kräfte: starke und schwache Kernkraft und Elektromagnetismus.

Entscheidend dabei ist, dass unter den Grundbausteinen der Materie auch die Quarks sind; diese werden durch weitere Teilchen, die Gluonen, zusammengehalten; Quarks und Gluonen bilden gemeinsam die Protonen und Neutronen, das Material des Atomkerns. Leptonen sind die Quelle der Elektronen und Neutrinos. Quarks und Leptonen bezeichnet man zusammenfassend als Fermionen. Die Bosonen, die nach dem indischen Physiker S. N. Bose benannt sind, erzeugen und transportieren Kräfte; zu ihnen gehören die Photonen und Gluonen.[18] Das Higgs-Boson könnte tatsächlich existieren oder auch nicht; es wurde erfunden, weil es eine Möglichkeit bietet, die Teilchen mit Masse auszustatten.

Wie man leicht erkennt, ist das alles ein wenig umständlich, aber es ist das einfachste Modell, mit dem man alle Vorgänge in der Welt der Teilchen erklären kann. Den Eindruck der meisten Teilchenphysiker gab Leon Lederman 1985 in einer Sendung des amerikanischen Fernsehsenders PBS wieder: Dem Standardmodell fehlt es an Eleganz und Einfachheit. »Es ist zu kompliziert. Es enthält zu viele willkürliche Parameter«, sagte Lederman.[19] »Man mag nicht mit ansehen, wie der Schöpfer an 20 Knöpfen dreht, um 20 Parameter festzulegen und so das Universum zu schaffen, wie wir es kennen.« Eigentlich ist Physik nichts anderes als eine Suche nach letztmöglicher Einfachheit, aber bisher stehen wir nur vor einer Art elegantem Durcheinander – oder, wie Lederman es formulierte: »Es gibt ein tief sitzendes Gefühl, dass das Bild alles andere als schön ist.«

Das Standardmodell ist nicht nur unbeholfen, sondern auch unvollständig. Es sagt nämlich nichts über die Gravitation aus. Man kann im Standardmodell suchen, wo man will, nirgendwo wird man eine Erklärung dafür finden, warum ein Hut, den man auf einen Tisch legt, nicht zur Decke schwebt. Und ebenso bietet es auch, wie wir gerade festgestellt haben, keine Erklärung für die Masse. Damit Teilchen überhaupt eine Masse haben können, müssen wir den Begriff des Higgs-Bosons[20] einführen; die Frage, ob es tatsächlich existiert, ist ein Thema für die Physik des 21. Jahrhunderts. Oder, wie Feynman vergnügt feststellt: »Da stehen wir also und haben eine Theorie, wissen aber nicht, ob sie richtig oder falsch ist; allerdings wissen wir sehr wohl, sie ist ein *bisschen falsch* oder zumindest unvollständig.«[21]

In dem Versuch, alles unter einen Hut zu bringen, haben die Physiker ein Gedankengebäude namens Superstringtheorie geschaffen. Danach sind alle diese kleinen Dinger wie Quarks und Leptonen, die wir uns bisher als Teilchen vorgestellt haben, in Wirklichkeit »Strings«, vibrierende Energiestränge, die in elf Dimensionen schwingen: den dreien, wie wir bereits kennen, dazu die Zeit und sieben weitere, die wir – nun ja – einfach nicht kennen können.[22] Die Strings sind winzig klein – so klein, dass man sie als punktförmige Teilchen betrachten kann.[23]

Mit den zusätzlich eingeführten Dimensionen schafft die Superstringtheorie für die Physiker die Möglichkeit, aus Quanten- und Gravitationsgesetzen ein vergleichsweise ordentliches Paket zu schnüren, aber sie hat auch zur Folge, dass alle Aussagen der Wissenschaftler über die Theorie beunruhigend stark wie jene Gedanken klingen, die uns aufstehen lassen, wenn ein Fremder auf der Parkbank sie äußert. Der Physiker Michio Kaku beispielsweise erklärt den Aufbau des Universums aus Sicht der Superstringtheorie so: »Der heterotische String besteht aus einem geschlossenen String mit zwei Schwingungsmoden, im Uhrzeigersinn und gegen den Uhrzeigersinn, die unterschiedlich behandelt werden. Wenn die Schwingungen gegen den Uhrzeigersinn erfolgen, ist ein sechsundzwanzigdimensionaler Raum erforderlich, wobei sechzehn Dimensionen kompaktifiziert sind. (Wie wir uns erinnern, wurde in Kaluzas ursprünglicher Theorie die fünfte Dimension kompaktifiziert, indem man sie zu einem Kreis aufwickelte.)«[24] In dem gleichen Ton geht es etwa 430 Seiten lang weiter.

Aus der Stringtheorie ging im weiteren Verlauf die so genannte »M-Theorie« hervor. In ihr kommen Oberflächen vor, die als Membranen bezeichnet werden – oder, für die besonders hippen Geister in der Physik – einfach als »Branes«.[25] Ich fürchte, an dieser Haltestelle auf der Autobahn des Wissens müssen die meisten von uns aussteigen. Mit dem folgenden Satz versuchte die *New York Times*, das Thema einem Laienpublikum so einfach wie möglich zu erklären: »Der ekpyrotische Prozess beginnt weit in der unbegrenzten Vergangenheit mit zwei flachen, leeren Branes, die parallel zueinander in einem verzerrten, fünfdimensionalen Raum liegen ... Die beiden Branes, welche die Wände der fünften Dimension bilden, könnten in der noch weiter entfernten Vergangenheit durch eine Quantenfluktuation aus dem Nichts entstanden und dann auseinander getrieben sein.«[26] Darüber kann man nicht diskutieren. Verstehen kann man es auch nicht. Nebenbei bemerkt: *ekpyrotisch* kommt von dem griechischen Wort für »Feuersbrunst«.

In der Physik sind die Dinge mittlerweile auf einer Stufe angelangt, auf der »es für den Nichtfachmann nahezu unmöglich ist, zwischen dem zu Recht Sonderbaren und dem wirklich Verrückten zu unterscheiden«, wie Paul Davies es in der Wissenschaftszeitschrift *Nature* formulierte.[27] Eine interessante Zuspitzung erlebte die Frage im Herbst 2002, als zwei französische Physiker, die Zwillingsbrüder Igor und Grichka Bogdanov, eine Theorie von ehrgeiziger Dichte entwickelten, in der Begriffe wie »imaginäre Zeit« und »Kubo-Schwinger-Martin-Zustand« vorkamen; angeblich konnten sie damit das Nichts beschreiben, aus dem das Universum vor dem Urknall bestand – eine Zeit, von der man immer angenommen hatte, man werde nie etwas darüber wissen können (weil sie der Geburt der Physik und der physikalischen Eigenschaften vorausging).[28]

Der Aufsatz der Bogdanovs löste unter Physikern sofort hitzige Debatten aus: War sie Unsinn, die Arbeit von Genies oder schlichter Betrug? »Wissenschaftlich betrachtet, ist sie eindeutig mehr oder weniger völliger Unsinn«, erklärte der Physiker Peter Woit von der Columbia University gegenüber der *New York Times,* »aber darin unterscheidet sie sich heutzutage kaum von großen Teilen der übrigen Literatur.«

Karl Popper, den Steven Weinberg als »Haupt der modernen Wissenschaftsphilosophen« bezeichnete, äußerte einmal die Vermutung, es gebe vielleicht keine letzte Theorie der Physik, sondern jede Erklärung werde eine weitere Erklärung erfordern, sodass sich eine unendliche Kette immer grundlegenderer Prinzipien ergibt.[29] Andererseits wäre es denkbar, dass solche Kenntnisse einfach unsere Fähigkeiten übersteigen. Aber »zum Glück scheinen wir noch nicht am Ende unserer intellektuellen Möglichkeiten zu sein«, so Weinberg in seinem Buch *Der Traum von der Einheit des Universums.*[30]

Auf diesem Gebiet wird es mit ziemlicher Sicherheit weitere gedankliche Entwicklungen geben, und ebenso sicher werden diese Gedanken das Begriffsvermögen der meisten Menschen übersteigen.

Während die Physiker in den mittleren Jahrzehnten des 20. Jahrhunderts verblüfft in die Welt des Allerkleinsten blickten, mussten die Astronomen nicht weniger fasziniert feststellen, dass auch ihr Wissen über das Universum unvollständig war.

Sie erinnern sich: Bei unserer letzten Begegnung mit Edwin Hubble hatte er gerade herausgefunden, dass fast alle Galaxien in unserem Blickfeld sich von uns entfernen, wobei Geschwindigkeit und Entfernung dieses Rückzugs genau proportional sind: Je größer der Abstand zu einer Galaxie ist, desto schneller bewegt sie sich. Hubble erkannte, dass sich dieser Zusammenhang mit der einfachen Gleichung $Ho = v/d$ ausdrücken lässt (wobei Ho eine Konstante, v die Rückzugsgeschwindigkeit einer Galaxie und d ihre Entfernung von uns ist). Ho wird seither als Hubble-Konstante bezeichnet, und die ganze Gleichung nennt man Hubble-Gesetz. Mit dieser Formel berechnete Hubble das

Alter des Universums auf rund zwei Milliarden Jahre[31]; das war ein wenig seltsam, denn selbst Anfang der zwanziger Jahre war man sich ziemlich sicher, dass viele Dinge innerhalb des Universums – nicht zuletzt auch die Erde selbst – erheblich älter sind. Die genauere Bestimmung dieser Zahl ist seither in der Kosmologie ein wichtiges Tätigkeitsfeld.

Fast das einzig Konstante an der Hubble-Konstante war das Ausmaß der Meinungsverschiedenheiten über ihren Zahlenwert. Im Jahr 1956 entdeckten die Astronomen, dass die variablen Cepheiden viel variabler sind, als man zuvor geglaubt hatte: Es gibt nicht eine, sondern zwei Formen von ihnen. Diese Erkenntnis ermöglichte eine Neuberechnung, und nun gelangte man für das Alter des Universums zu einer Zahl zwischen sieben und 20 Milliarden Jahren[32] – nicht gerade eine genaue Schätzung, aber zumindest war das Alter nun endlich so groß, dass es auch die Entstehung der Erde einschließen konnte.

In den folgenden Jahren entspann sich eine lang anhaltende Diskussion zwischen Allan Sandage, der Hubbles Nachfolger am Mount Wilson Observatory geworden war, und dem in Frankreich geborenen Astronomen Gérard de Vaucouleurs, der an der University of Texas arbeitete.[33] Sandage gelangte nach jahrelangen, sorgfältigen Berechnungen zu einem Wert von 50 für die Hubble-Konstante, und daraus ergab sich für das Universum ein Alter von 20 Milliarden Jahren. De Vaucouleurs war sich ebenso sicher, dass die Hubble-Konstante einen Wert von 100 hat.* Das hätte bedeutet, dass Größe und Alter des Uni-

* Natürlich kann man zu Recht fragen, was mit einer »Konstante von 50« oder »Konstante von 100« gemeint ist. Die Antwort liegt in den astronomischen Maßeinheiten. Astronomen sprechen, außer in umgangssprachlichen Unterhaltungen, nie von Lichtjahren. Ihre Entfernungseinheit ist das *Parsec* (eine Kurzform aus *Parallaxe* und *Sekunde*), das sich auf ein universelles Maß namens Sternenparallaxe gründet und 3,26 Lichtjahren entspricht. Sehr große Entfernungen, beispielsweise die Größe eines Universums, werden in Megaparsec gemessen: ein Megaparsec entspricht einer Million Parsec. Die Konstante wird in Kilometern je Sekunde und Megaparsec angegeben. Wenn Astronomen also für die Hubble-Konstante einen Wert von 50 nennen, meinen sie in Wirklichkeit »50 Kilometer je Sekunde und Megaparsec«. Die meisten Menschen können sich unter einer solchen Maßeinheit überhaupt nichts vorstellen, aber wenn es um astronomische Maßstäbe geht, gilt das eigentlich für fast alle Entfernungen.

versums nur halb so groß waren, wie Sandage annahm – dass es also nur 10 Milliarden Jahre alt war. Noch größer wurden die Unsicherheiten im Jahr 1994, als eine Arbeitsgruppe der Carnegie Observatories in Kalifornien auf der Grundlage neuer Messungen des Hubble-Weltraumteleskops die Vermutung äußerte, das Universum sei möglicherweise nur acht Milliarden Jahre alt – wobei die Wissenschaftler allerdings einräumten, das sei weniger als das Alter mancher Sterne im Universum. Im Februar 2003 gab ein Team der NASA und des Goddard Space Flight Center in Maryland nach Auswertung der Daten eines neuen, weit reichenden Satelliten namens Wilkinson Microwave Anisotropy Probe recht zuversichtlich bekannt, das Alter des Universums betrage 13,7 Milliarden Jahre, vielleicht auch etwa 100 Millionen Jahre mehr oder weniger. Damit war der Streit zumindest vorerst beigelegt.

Die Schwierigkeit bei einer eindeutigen Altersbestimmung besteht darin, dass häufig weite Spielräume für Interpretationen bleiben. Angenommen, wir stehen nachts auf einem Feld, sehen in der Dunkelheit zwei elektrische Lichter und sollen entscheiden, wie weit sie von uns entfernt sind. Mit recht einfachen astronomischen Hilfsmitteln kann man herausfinden, dass die beiden Lampen gleich hell sind und dass eine beispielsweise um 50 Prozent weiter von uns entfernt ist als die andere. Wir können aber nicht mit Sicherheit sagen, ob es sich bei dem näher gelegenen Licht beispielsweise um eine 58-Watt-Birne handelt, die 40,6 Meter weit weg ist, oder um eine 61-Watt-Birne in einer Entfernung von 39,9 Metern. Zusätzlich muss man berücksichtigen, dass Schwankungen in der Erdatmosphäre, intergalaktischer Staub, Licht von Sternen im Vordergrund und viele andere Faktoren zu Verzerrungen führen. Insgesamt stützen sich die Berechnungen also zwangsläufig auf eine ganze Reihe von Annahmen, die aufeinander aufbauen und von denen jede den Anlass zu Meinungsverschiedenheiten geben kann. Hinzu kommt, dass Arbeitszeit am Teleskop immer kostbar ist, und insbesondere die Messung von Rotverschiebungen war stets sehr zeitaufwändig. Manchmal braucht man eine ganze Nacht, um eine einzige Aufnahme zu machen. Deshalb waren die Astronomen immer wieder gezwungen (oder zumindest bereit), ihre Schlussfolgerungen auf bemerkenswert spärliche Befunde zu stützen. In der Kosmologie ist »ein Berg von Theorien auf einem Maulwurfshügel aus Befunden aufgebaut«, wie der Journalist Geoffrey Carr es formulierte.[34] Und Martin Rees meint: »In der derzeitigem Zufriedenheit [bei unserem heutigen Kenntnisstand] spiegelt sich möglicherweise eher der Mangel an Daten als die Qualität der Theorie wider.«[35]

Diese Unsicherheit besteht übrigens nicht nur im Hinblick auf die äußersten Ränder des Universums, sondern auch für relativ nahe gelegene Objekte. Ein Beispiel nennt Donald Goldsmith: Wenn Astronomen sagen, die Galaxie M87 sei 60 Millionen Lichtjahre entfernt, meinen sie in Wirklichkeit (»auch wenn sie es in der Öffentlichkeit nicht gerade an die große Glocke hängen«), dass der Abstand irgendwo zwischen 40 Millionen und 90 Millionen Lichtjahren liegt[36] – was nun nicht gerade genau das Gleiche ist. Für das Universum als Ganzes vervielfachen sich natürlich die Probleme. Vor diesem Hintergrund liegen die besten heutigen Schätzungen für das Alter des Universums anscheinend in einem Bereich von 12 bis 13,5 Milliarden Jahren, aber von einer einheitlichen Meinung sind wir in dieser Frage weit entfernt.[37]

Nach einer interessanten, kürzlich veröffentlichten Theorie ist das Universum nicht annähernd so groß, wie wir bisher geglaubt haben, sondern wenn wir manche Galaxien in sehr großer Entfernung zu sehen glauben, beobachten wir in Wirklichkeit nur Spiegelungen – Geisterbilder, die durch zurückgeworfenes Licht entstehen.

Tatsache ist, dass uns auch auf einer ganz grundlegenden Ebene noch sehr viele Kenntnisse fehlen – wir wissen nicht einmal, woraus das Universum besteht. Wenn Wissenschaftler berechnen wollen, welche Materiemenge notwendig ist, um alles zusammenzuhalten, klafft immer eine gewaltige Lücke. Anscheinend bestehen mindestens 90 Prozent des Universums, vielleicht aber auch 99 Prozent aus »dunkler Materie«, wie Fritz Zwicky sie nannte, Material, das von seinem Wesen her für uns unsichtbar ist. Es ist schon ein ärgerlicher Gedanke: Wir leben in einem Universum, das wir zum größten Teil nicht einmal sehen können. Aber so ist es. Wenigstens die Namen der beiden Hauptschuldigen sind unterhaltsam: Verantwortlich sind entweder die WIMPs (*weakly interacting massive particles*, schwach interagierende massereiche Teilchen) – unsichtbare Materiestückchen, die vom Urknall übrig geblieben sind – oder aber die MACHOs (*massive compact halo objects*, massive, kompakte Halo-Objekte), was nur ein anderer Name für schwarze Löcher, braune Zwerge und andere sehr lichtschwache Sterne ist.

Teilchenphysiker bevorzugen als Erklärung die WIMPs, den Astronomen sind die MACHOs als sternenartige Ursache lieber. Eine Zeit lang lagen die MACHOs im Rennen vorn, aber man fand sie nicht annähernd in ausreichender Zahl; dann schlug das Pendel in Richtung der WIMPs aus, aber dabei stellte sich das Problem, dass man noch kein einziges solches Teilchen gefunden hat. Da zwischen ihnen nur schwache Wechselwirkungen herrschen, sind sie (selbst wenn man annimmt, dass sie existieren) sehr schwer nachzuweisen – die Störungen durch kosmische Strahlung wären zu stark. Also müssen die Wissenschaftler sich unter die Erde begeben. In 1000 Meter Tiefe hat das Bombardement aus dem Kosmos nur ein Millionstel der Stärke auf der Oberfläche. Aber selbst wenn man das alles in Rechnung stellt, »fehlen in der Bilanz zwei Drittel des Universums«, wie ein Autor es formulierte.[38] Vorerst können wir sie ohne weiteres als DUNNOs bezeichnen (für dunkle, unbekannte, nichtreflektierende, nicht nachweisbare Objekte).

Indizien aus jüngster Zeit legen die Vermutung nahe, dass die Galaxien im Universum sich nicht nur von uns entfernen, sondern dass ihre Geschwindigkeit dabei sogar stetig zunimmt. Das widerspricht allen Erwartungen. Anscheinend ist das Universum nicht nur voll dunkler Materie, sondern auch voll dunkler Energie. Die Wissenschaftler sprechen in diesem Zusammenhang manchmal von Vakuumenergie oder – noch exotischer – von Quintessenz. Was es auch sein mag, es sorgt offenbar für eine Ausdehnung, die niemand erklären kann. Nach dieser Theorie ist der leere Raum gar nicht so leer, sondern es gibt Materie- und Antimaterieteilchen, die ins Dasein treten und wieder verschwinden – und dabei treiben sie das Universum mit stetig steigender Geschwindigkeit auseinander.[39] Erstaunlicherweise gibt es für all das nur eine Lösung: Einsteins kosmologische Konstante, jenen kleinen mathematischen Ausdruck, den er in die allgemeine Relativitätstheorie hineinschrieb, um die angenommene Ausdehnung des Universums zum Stillstand zu bringen, und den er später als »größten Unsinn meines Lebens« bezeichnete.[40] Heute sieht es so aus, als hätte er damit letztlich doch Recht behalten.

Das Fazit aus alledem lautet: Wir leben in einem Universum, dessen Alter wir nicht berechnen können, umgeben von Sternen, deren Entfernung wir nicht kennen, zwischen Materie, die wir nicht identifizieren können, und alles funktioniert nach physikalischen Gesetzen, deren Eigenschaften wir eigentlich nicht verstehen.

Mit dieser recht beunruhigenden Feststellung wollen wir zum Planeten Erde zurückkehren und uns mit einem Thema befassen, das wir tatsächlich verstehen, auch wenn es jetzt vielleicht nicht mehr verwunderlich erscheint, dass wir es nicht ganz begreifen und dass auch das, was wir wissen, erst seit kurzem bekannt ist.

12.
Die Erde bewegt sich

Es war eine von Einsteins letzten beruflichen Tätigkeiten: Kurz bevor er 1955 starb, verfasste er ein kurzes, aber leidenschaftliches Vorwort zu dem Buch *Earth's Shifting Crust. A Key to Some Basic Problems of Earth Science* von Charles Hapgood. Dieser machte in dem ganzen Buch die Idee nieder, die Kontinente seien in Bewegung. Der Ton sollte den Leser dazu einladen, mit Hapgood in ein nachsichtiges Kichern einzustimmen: Ein paar leichtgläubige Geister, so meinte er, hätten »eine scheinbare Entsprechung in der Form einiger Kontinente gefunden«. Es sehe so aus, »als passe Südamerika zu Afrika, und so weiter... Man behauptet sogar, die Gesteinsformationen beiderseits des Atlantiks entsprächen einander«.[1]

Mr. Hapgood tat solche Vorstellungen brüsk ab und verwies darauf, die Geologen K. E. Caster und J. C. Mendes hätten durch umfangreiche Freilandforschung auf beiden Seiten des Atlantiks zweifelsfrei nachgewiesen, dass es solche Ähnlichkeiten nicht gebe. Weiß der Himmel, welche Gesteinsaufschlüsse die Herren Caster und Mendes untersuchten: In Wirklichkeit sind viele Gesteinsformationen auf beiden Seiten des Atlantiks tatsächlich gleich – nicht nur ähnlich, sondern genau gleich.

Aber auf diese Idee kamen Mr. Hapgood und viele andere Geologen seiner Zeit einfach nicht. Die Theorie, auf die er anspielte, wurde erstmals 1908 von dem amerikanischen Amateurgeologen Frank Bursley Taylor vorgelegt. Taylor stammte aus einer wohlhabenden Familie, verfügte über ausreichende Mittel und war frei von den Einschränkungen des akademischen Lebens, sodass er auch unkonventionelle Gedankengänge verfolgen konnte. Wie andere war er verblüfft über die ähnliche Form der gegenüberliegenden Küsten Afrikas und Südamerikas, und aus dieser Beobachtung leitete er die Vorstellung ab, dass die Kontinente hin und her gewandert waren. Er äußerte – wie sich herausstellen sollte, viel zu früh – die Vermutung, durch das Zusammenpressen der Kontinente könnten die Gebirge der Erde in die Höhe gestiegen sein. Allerdings konnte er kaum handfeste Belege beibringen, und die Theorie galt als so abwegig, dass man ihr keine ernsthafte Aufmerksamkeit schenkte.

Nur in Deutschland wurde Taylors Idee aufgegriffen und von einem Theoretiker namens Alfred Wegener mehr oder weniger vereinnahmt. Wegener, ein Meteorologe der Universität Marburg, erforschte an Pflanzen und Fossilien die vielen Anomalien, die sich nicht ohne weiteres mit dem üblichen Modell der Erdgeschichte vertrugen, und dabei erkannte er, dass ihre konventionelle Deutung kaum einen Sinn ergab. Immer wieder wurden Fossilien von Tieren beiderseits eines Ozeans gefunden, der offensichtlich durch Schwimmen nicht zu überwinden war. Wie, so fragte er sich beispielsweise, gelangten die Beuteltiere von Südamerika nach Australien? Wie konnte man in Skandinavien und Neuengland die gleichen Schnecken finden? Und wie schließlich waren Kohleflöze und andere halb tropische Überreste an eisigen Stellen wie Spitzbergen 700 Kilometer nördlich von Norwegen zu erklären, wenn sie nicht irgendwie aus wärmeren Klimazonen dorthin gewandert waren?

Wegener entwickelte eine Theorie, wonach die Kontinente der Erde früher eine einzige zusammenhängende Landmasse gebildet hatten, die er Pangäa nannte. Dort konnten Tier- und Pflanzenwelt sich vermischen, bevor die Kontinente auseinander brachen und an ihre heutigen Positionen wanderten. Seine Vorstellungen formulierte er in einem Buch mit dem Titel *Die Entstehung der Kontinente und Ozeane*, das 1912 auf Deutsch und drei Jahre später – obwohl inzwischen der Erste Weltkrieg ausgebrochen war – auch auf Englisch erschien.

In den Kriegswirren schenkte man Wegeners Theorie anfangs kaum Aufmerksamkeit, aber als er 1920 eine überarbeitete, erweiterte Auflage seines Buches herausbrachte, wurde es schnell zum Gegenstand hitziger Diskussionen. Alle waren sich einig, dass die Kontinente sich bewegen – aber nicht in seitlicher Richtung, sondern nach oben und unten. Die senkrechten Bewegungen, Isostasie genannt, waren schon seit Generationen ein Grundstein des geologischen Denkens gewesen, obwohl niemand eine gute theoretische Begründung dafür hatte, wie oder warum sie sich abspielen. Eine Idee, die sich noch bis in meine Schulzeit in den Lehrbüchern erhielt, hatte der Österreicher Eduard Suess kurz vor der Jahrhundertwende formuliert. Sie war als »Bratapfel-Theorie« bekannt und sagte, die geschmolzene Erde sei beim Abkühlen wie ein Bratapfel geschrumpft und runzelig geworden, sodass Ozeanbecken und Gebirge entstanden. Und das, obwohl James Hutton schon lange zuvor nachgewiesen hatte, dass eine solche unbewegliche Anordnung letztlich zu einer gleichförmigen Kugel führen muss, weil die Erosion alle Vorsprünge einebnet und Vertiefungen auffüllt. Auf ein weiteres Problem hatten Rutherford und Soddy schon zu Beginn des Jahrhunderts hingewiesen: Die Bausteine der Erde enthalten große Wärmereserven – viel zu viel, als dass es zu der Abkühlung und Schrumpfung kommen könnte, die Suess sich vorgestellt hatte. Und wenn seine Theorie stimmen würde, müssten die Gebirge sich außerdem gleichmäßig über die Erdoberfläche verteilen und mehr oder weniger gleich alt sein, was eindeutig nicht der Fall ist; schon Anfang des 19. Jahrhunderts wusste man, dass manche Gebirgszüge, beispielsweise der Ural und die Appalachen, mehrere 100 Millionen Jahre älter sind als andere wie die Alpen oder die Rocky Mountains. Die Zeit war eindeutig reif für eine neue Theorie. Aber leider war Alfred Wegener nicht der Mann, von dem die Geologen sie sich gewünscht hätten.

Zunächst einmal stellten seine radikalen Gedanken die Grundlagen ihres ganzen Fachgebietes in Frage, und das ist selten der richtige Weg, wenn man bei einem Publikum freundlich aufgenommen werden möchte. Eine solche Herausforderung wäre selbst dann schmerzlich genug gewesen, wenn sie von einem Geologen gekommen wäre, aber Wegener verfügte nicht über eine Ausbildung in Geologie. Um Himmels willen, er war Meteorologe. Ein Wetterfrosch – und dann auch noch aus Deutschland. Das waren unverzeihliche Mängel.

Also unternahmen die Geologen alle nur denkbaren Anstrengungen, um seine Belege unglaubwürdig zu machen und seine Gedanken zu schmähen. Um das Problem der Fossilverteilung zu umgehen, postulierten sie immer da, wo es ihnen notwendig erschien, frühere »Landbrücken«.[2] Stellte sich heraus, dass ein Urpferd namens *Hipparion* zur gleichen Zeit in Frankreich und Florida gelebt hatte, zeichneten sie schnell eine Landbrücke über den Atlantik. Als man erkannte, dass prähistorische Tapire zur gleichen Zeit in Südamerika und Südostasien zu Hause waren, unterstellte man auch dort eine Landbrücke. Es dauerte nicht lange, dann waren die Landkarten der prähistorischen Meere voller hypothetischer Landbrücken – von Nordamerika nach Europa, von Brasilien nach Afrika, von Südostasien nach Australien, von Australien in die Antarktis. Diese Verbindungswege sollten nicht nur nach Belieben überall da aufgetaucht sein, wo eine Art der Lebewesen von einer Landmasse zur anderen wandern musste, sondern sie waren angeblich auch stets wieder verschwunden, ohne die geringsten Spuren zu hinterlassen. Natürlich wurde nichts davon auch nur durch den Hauch tatsächlicher Befunde gestützt – das ist bei derart falschen Vorstellungen nicht möglich –, und doch sollte es während der nächsten 50 Jahre zur Lehrmeinung der Geologie werden.

Aber manches war selbst mit Landbrücken nicht zu erklären.[3] Eine Trilobitenart, die man aus Europa gut kannte, wurde auch in Neufundland gefunden – aber nur auf einer Seite. Niemand konnte überzeugend erklären, wie es diesen Tieren gelungen war, mehr als 3000 Kilometer lebensfeindlichen Ozean zu überwinden, obwohl sie es doch angeblich nicht geschafft hatten, auf die andere Seite einer 300 Kilometer breiten Insel zu gelangen. Noch seltsamer war, dass man eine andere Trilobitenart in Europa und im Nordwestpazifik gefunden hatte, aber nirgendwo dazwischen – das hätte nicht nur eine Landbrücke erfordert, sondern sogar eine Flugreise. Trotz alledem behauptete die *Encyclopedia Britannica* noch 1964 in ihrer Beschreibung verschiedener konkurrierender Theorien, Wegeners Vorstellungen seien

»mit zahlreichen schwer wiegenden theoretischen Schwierigkeiten« verbunden.[4]

Sicher, Wegener machte auch Fehler. Er behauptete, Grönland treibe um ungefähr eineinhalb Kilometer im Jahr nach Westen, was eindeutig Unsinn ist (die Geschwindigkeit liegt eher bei einem Zentimeter). Vor allem aber hatte er keine überzeugende Begründung dafür, *warum* die Landmassen sich bewegen. Wer an seine Theorie glauben wollte, musste sich mit der Vorstellung anfreunden, dass riesige Kontinente sich irgendwie durch die feste Erdkruste schieben wie ein Pflug durch den Boden, ohne aber hinter sich die geringste Furche zurückzulassen. Was diese gewaltigen Bewegungen antreibt, war mit dem Wissen jener Zeit nicht plausibel zu erklären.

Einen möglichen Mechanismus formulierte Arthur Holmes, der englische Geologe, der auch so viel zur Altersbestimmung der Erde beitrug. Er begriff als Erster, dass Radioaktivität im Erdinneren zu Erwärmung und damit zu Konvektionsströmungen führen kann. Theoretisch können diese Strömungen so stark sein, dass sie die Kontinente auf der Oberfläche verschieben. In seinem beliebten, einflussreichen Lehrbuch *Principles of Physical Geology*, das 1944 erstmals erschien, legte Holmes eine Theorie der Kontinentalverschiebung dar, die in ihren Grundgedanken bis heute Gültigkeit hat. Zu jener Zeit war sie immer noch ein radikales Gedankengebäude, und sie wurde allgemein kritisiert, insbesondere in den Vereinigten Staaten, wo der Widerstand gegen die Kontinentalverschiebung sich länger hielt als irgendwo sonst. Ein amerikanischer Rezensent giftete offensichtlich ohne den geringsten Anflug von Ironie, Holmes habe seine Argumente so klar und überzeugend dargelegt, dass Studenten versucht sein könnten, sie tatsächlich zu glauben.[5]

In anderen Ländern jedoch fand die neue Theorie immer stärkere, wenn auch vorsichtige Anerkennung. Im Jahr 1950 zeigte eine Abstimmung auf der Jahrestagung der British Association for the Advancement of Science, dass ungefähr die Hälfte der Anwesenden sich mittlerweile die Vorstellung von der Kontinentalverschiebung zu Eigen gemacht hatte.[6] (Wenig später zitierte Hapgood diese Zahl als Beweis, auf welch tragische

Weise die britischen Geologen mittlerweile in die Irre gegangen seien.) Seltsamerweise wurde Holmes selbst hin und wieder in seinen Überzeugungen schwankend. Im Jahr 1953 räumte er ein: »Es ist mir nie gelungen, mich ganz von einem quälenden Vorurteil gegen die Kontinentalverschiebung frei zu machen; ich spüre sozusagen in meinen Geologenknochen, dass diese Hypothese allzu fantastisch ist.«[7]

Auch in den Vereinigten Staaten blieb der Theorie der Kontinentalverschiebung die Unterstützung nicht völlig versagt. Reginald Daly von der Harvard University setzte sich dafür ein, aber wie bereits erwähnt wurde, hatte er auch die Vermutung geäußert, der Mond sei durch den Einschlag eines Himmelskörpers entstanden; seine Ideen galten deshalb als interessant und sogar seriös, aber ihnen haftete auch ein Hauch des Übertriebenen an, sodass ihnen die ernsthafte Auseinandersetzung versagt blieb. Deshalb hielten die meisten amerikanischen Wissenschaftler an der Überzeugung fest, die Kontinente hätten sich zu allen Zeiten in ihren heutigen Positionen befunden, und ihre Oberflächenmerkmale seien nicht auf eine Seitwärtsbewegung zurückzuführen, sondern auf etwas anderes.

Interessanterweise wussten die Geologen der Ölkonzerne schon seit vielen Jahren, dass man nur dann Öl finden kann, wenn man genau die Oberflächenbewegungen unterstellt, die sich aus der Plattentektonik ergeben.[8] Aber Geologen von Ölkonzernen schreiben keine wissenschaftlichen Abhandlungen; sie finden nur Öl.

Es gab im Zusammenhang mit Theorien über die Erde noch ein weiteres Problem, für das niemand auch nur ansatzweise eine Lösung kannte: Was geschieht mit den Sedimenten? Die Flüsse der Erde transportieren Jahr für Jahr ein riesiges Volumen an Erosionsmaterial ins Meer – unter anderem allein 500 Millionen Tonnen Calcium. Multipliziert man diese Menge mit der Zahl der Jahre, seit der Vorgang schon abläuft, gelangt man zu einer beunruhigenden Summe: Der Meeresboden müsste ungefähr 20 Kilometer hoch mit Sedimenten bedeckt sein – oder anders ausgedrückt: Der Ozeanboden müsste weit höher liegen als der Meeresspiegel. Im Umgang mit diesem Widerspruch wählten die Wissenschaftler den Weg des geringsten Widerstandes – sie ignorierten ihn. Aber schließlich war man an einem Punkt angelangt, an dem man nicht mehr darüber hinwegsehen konnte.

Im Zweiten Weltkrieg übertrug man dem Mineralogen Harry Hess den Befehl über die *USS Cape Johnson*, ein Transportschiff der Kriegsmarine. An Bord befand sich ein Sonar, ein hochmoderner neuer Tiefenmesser, der bei Landungsoperationen die Manöver in Küstennähe erleichtern sollte.[9] Wie Hess jedoch sehr schnell erkannte, war das Gerät ebenso gut auch für wissenschaftliche Zwecke zu gebrauchen, und deshalb schaltete er es selbst auf hoher See oder im Gefecht niemals aus. Dabei entdeckte er etwas völlig Unerwartetes. Wenn der Meeresboden so alt war, wie alle annahmen, müsste er dick mit Sedimenten bedeckt sein wie der Boden eines Flusses oder Sees mit seiner Schlammschicht. Dagegen konnte Hess an seinen Messwerten ablesen, dass der Meeresboden nichts von der glitschigen Glätte alten Schlicks hatte. Stattdessen gab es dort überall Schluchten, Gräben und Felsspalten, und er war mit Vulkankegeln übersät, die er nach Arnold Guyot, einem früheren Geologen der Princeton University, als Guyots bezeichnete.[10] Der Befund war ein großes Rätsel, aber Hess musste sich am Krieg beteiligen und drängte solche Gedanken in seinen Hinterkopf ab.

Nach dem Krieg nahm Hess in Princeton seine Lehrtätigkeit wieder auf, aber die Geheimnisse des Meeresbodens fesselten seine Gedanken nach wie vor. In den fünfziger Jahren stellten die Ozeanografen immer umfangreichere, genauere Vermessungen des Meeresbodens an. Dabei erlebten sie eine noch größere Überraschung: Das gewaltigste, umfangreichste Gebirge der Erde liegt – jedenfalls zum größten Teil – unter Wasser. Es zieht sich als ununterbrochene Bergkette über die Meeresböden der Erde, ganz ähnlich wie die Naht an einem Baseball. Geht man von Island aus, kann man es in der Mitte des Atlantiks nach Süden verfolgen; von dort verläuft es um die Südspitze Afrikas quer durch den Indischen Ozean und das Südpolarmeer, südlich an Australien vorüber und dann schräg über den Pazifik in Richtung der Halbinsel Baja California, von wo aus es dann in nördlicher Richtung parallel zur Westküste der Vereinigten Staaten schließlich Alaska erreicht. Seine höchsten Gipfel ragen hier und da über die Oberfläche und bilden Inseln oder Inselgruppen: die Azoren und die Kanarischen Inseln im Atlantik, Hawaii im Pazifik, und andere. Zum größten Teil liegt es aber, unerkannt und unerwartet, unter vielen tausend Metern Salzwasser. Mit allen Verzweigungen summiert sich die Länge dieser Bergkette auf über 75 000 Kilometer.

Zu einem ganz geringen Teil war das schon seit einiger Zeit bekannt. Als man Mitte des 19. Jahrhunderts die ersten Kabel am Meeresboden verlegte, konnte man an ihrem Verlauf ablesen, dass sich in der Mitte des Atlantiks eine gebirgige Erhebung befinden muss, aber dass die Kette ununterbrochen ist und derart gewaltige Ausmaße hat, war eine völlige Überraschung. Außerdem besitzt sie anormale physikalische Eigenschaften, die sich nicht erklären ließen. In der Mitte des mittelatlantischen Rückens verläuft auf seiner gesamten Länge von über 19 000 Kilometern eine Schlucht, die bis zu 20 Kilometer breit ist. Dies legte die Vermutung nahe, dass die Erde an ihren Nahtstellen aufplatzt wie eine Nuss, die man aus ihrer Umhüllung holt. Es war eine absurde, nervtötende Vorstellung, aber die Belege ließen sich nicht wegdiskutieren.

In den sechziger Jahren konnte man dann an Bohrkernen ablesen, dass der Meeresboden am mittelatlantischen Rücken recht jung ist, nach Osten und Westen mit zunehmender Entfernung von ihm aber immer älter wird. Harry Hess erkannte, dass es für diese Beobachtung nur eine Erklärung gibt: Beiderseits der Schlucht in der Mitte muss sich ständig neue ozeanische Kruste bilden, die dann durch nachrückende Krustenteile zur Seite geschoben wird. Der Atlantikboden besteht eigentlich aus zwei großen Förderbändern: Das eine transportiert die Erdkruste in Richtung Nordamerika, das andere in Richtung Europa. Dieser Vorgang wurde als Ausbreitung des Meeresbodens bekannt.

Ist die Kruste nach ihrer Wanderung schließlich an der Begrenzung der Kontinente angelangt, taucht sie durch einen als Subduktion bezeichneten Vorgang wieder in das Erdinnere ein. Nun wusste man, wo die Sedimente bleiben. Sie kehren in die Eingeweide der Erde zurück. Ebenso war erklärt, warum der Meeresboden überall vergleichsweise jung ist. Man hatte niemals einen Abschnitt gefunden, der älter als rund 175 Millionen Jahre war – ein Rätsel angesichts der Tatsache, dass Gestein auf den Kontinenten häufig mehrere Milliarden Jahre alt ist. Hess wusste jetzt, warum. Das Gestein in den Meeren bleibt nur so lange erhalten, bis es seinen Weg zur Küste zurückgelegt hat. Es war eine wunderschöne Theorie, die vieles erklärte. Hess legte seine Gedanken in einem wichtigen Aufsatz dar, der aber fast nirgendwo zur Kenntnis genommen wurde. Manchmal ist die Welt einfach noch nicht reif genug für eine gute Idee.

Zur gleichen Zeit machten zwei Wissenschaftler unabhängig voneinander einige verblüffende Beobachtungen. Sie waren dabei von einer seltsamen Tatsache der Erdgeschichte ausgegangen, die man schon mehrere Jahrzehnte zuvor entdeckt hatte. Wie der französische Physiker Bernard Brunhes bereits 1906 feststellte, kehrt das Magnetfeld der Erde sich von Zeit zu Zeit um, und dieser Wechsel hinterlässt in manchen Gesteinsarten, die zu dem jeweiligen Zeitpunkt entstehen, dauerhafte Spuren. Genauer gesagt, orientieren sich winzige Eisenerzkörner im Gestein in die Richtung, in der sich die Magnetpole zur Zeit ihrer Ablagerung befunden haben, und wenn das Gestein dann abkühlt und fest wird, bleiben sie in dieser Position liegen. Eigentlich »erinnern« sie sich also daran, wo die Magnetpole sich zum Zeitpunkt ihrer Entstehung befunden haben. Jahrelang sah man darin wenig mehr als eine Kuriosität, aber als Patrick Blackett von der Londoner Universität und S. K. Runcorn von der Universität Newcastle in den fünfziger Jahren die in britischem Gestein eingefrorenen magnetischen Verhältnisse untersuchten, waren sie, gelinde gesagt, verblüfft: Nach ihren Feststellungen hatte sich Großbritannien irgendwann in entfernter Vergangenheit um seine Achse gedreht und war ein ganzes Stück nach Norden gewandert, als hätte es sich irgendwie aus einer Vertäuung gelöst. Wie sie außerdem entdeckten, kann man eine Landkarte mit der Verteilung der Magnetfelder in Europa neben eine entsprechende Karte Amerikas aus der gleichen Zeit legen, und dann passen beide zusammen wie die Hälften eines zerrissenen Briefes. Es war geradezu gespenstisch.

Auch diese Befunde wurden nicht zur Kenntnis genommen.

Zwei Wissenschaftlern der Universität Cambridge – dem Geophysiker Drummond Matthews und seinem Doktoranden Fred Vine – blieb es schließlich überlassen, alle Stränge der Geschichte zusammenzuführen. Im Jahr 1963 wiesen sie mit Magnetfelduntersuchungen des Atlantikbodens schlüssig nach, dass der Meeresboden sich genau so ausbreitet, wie Hess es vermutet hatte, und dass auch die Kontinente in Bewegung sind. Ein unglückseliger kanadischer Geologe namens Lawrence Morley gelangte zur gleichen Zeit zu derselben Schlussfolgerung, fand aber niemanden, der seinen Aufsatz veröffentlicht hätte. Die Abfuhr, die er vom Redakteur des *Journal of Geophysical Research* erhielt, wurde später berühmt: »Solche Spekulationen sind ein interessantes Gesprächsthema für Cocktailpartys, aber sie gehören nicht zu den Dingen, die unter ernsthaften wissenschaftlichen Vorzeichen veröffentlicht werden sollten.« Ein Geologe bezeichnete den Aufsatz später als »vermutlich wichtigsten Artikel in den Geowissenschaften, dem jemals die Veröffentlichung verweigert wurde«.[11]

Jedenfalls war die Zeit nun endlich reif für die Vorstellung, dass die Erdkruste beweglich ist. In London kamen 1964 unter der Schirmherrschaft der Royal Society zahlreiche wichtige Vertreter des Fachgebietes zusammen, und plötzlich, so schien es, waren alle bekehrt. Die Versammlung erklärte übereinstimmend, die Erde sei ein Mosaik untereinander verbundener Teile, deren gewaltige Zusammenstöße zu einem großen Teil für das Verhalten der Oberfläche unseres Planeten verantwortlich sind.

Nachdem man erkannt hatte, dass nicht nur die Kontinente in Bewegung sind, sondern die gesamte Erdkruste, gab man den Begriff »Kontinentalverschiebung« schnell auf. Es dauerte aber einige Zeit, bis sich ein Name für die einzelnen Abschnitte durchgesetzt hatte. Anfangs sprach man von »Krustenblöcken« oder manchmal auch von »Pflastersteinen«. Erst Ende 1968, als im *Journal of Geophysical Research* ein Aufsatz von drei amerikanischen Seismologen erschien, erhielten die Krustenteile den Namen, unter dem sie seither bekannt sind: Platten. In demselben Artikel wurde die neue Wissenschaft als Plattentektonik bezeichnet.

Aber alte Vorstellungen halten sich hartnäckig, und nicht alle machten sich eilig die spannende neue Theorie zu Eigen. Bis weit in die siebziger Jahre hinein behauptete der altehrwürdige Harold Jeffreys in seinem weit verbreiteten, einflussreichen geologischen Lehrbuch *The Earth*, die Plattentektonik sei physikalisch unmöglich – das Gleiche hatte schon 1924 in der ersten Auflage des Werks gestanden.[12] Ebenso tat er die Konvektion und die Ausbreitung des Meeresbodens ab. Und in seinem 1980 erschienenen Buch *Basin and Range* bemerkte John McPhee, noch immer glaube jeder achte amerikanische Geologe nicht an die Plattentektonik.[13]

Heute wissen wir, dass die Erdoberfläche aus acht bis zwölf großen (je nachdem, wie man »groß« definiert) und rund 20 kleineren Platten besteht, die sich alle mit unterschiedlicher Geschwindigkeit in verschiedene Richtungen bewegen.[14] Manche Platten sind groß und vergleichsweise wenig aktiv, andere kleiner, aber voller Energie. Zu den Landmassen, die über ihnen liegen, stehen sie nur in weitläufiger Beziehung. Die nordamerikanische Platte beispielsweise ist viel größer als der Kontinent, dessen Namen sie trägt. Im Westen folgt ihre Grenze zwar ungefähr der Westküste des Kontinents (die wegen der Kollisionen und Schwankungen an der Plattengrenze seismisch sehr aktiv ist), sie erstreckt sich aber über die Ostküste hinaus bis in die Mitte des Atlantiks zum mittelatlantischen Rücken. Island ist in der Mitte gespalten und gehört demnach tektonisch halb zu Amerika und halb zu Europa. Neuseeland ist Teil der riesigen indisch-ozeanischen Platte, obwohl es sich nicht einmal in der Nähe des Indischen Ozeans befindet. Ähnliches gilt auch für die meisten anderen Platten.

Wie sich herausstellte, bestehen zwischen den heutigen Landmassen und denen der Vergangenheit weitaus kompliziertere Zusammenhänge, als irgendjemand es sich hätte träumen lassen.[15] Kasachstan beispielsweise hing früher mit Norwegen und Neuengland zusammen. Eine Ecke von Staten Island – aber wirklich nur eine Ecke – ist ebenso europäischen Ursprungs wie ein Teil von Neufundland. Ein Kiesel, den man an einem Strand in Massachusetts aufliest, hat seinen nächsten Verwandten in Afrika. Das schottische Hochland und große Teile Skandinaviens gehören eigentlich zu Amerika. Und das Shackleton-Gebirge in der Antarktis dürfte nach heutiger Kenntnis früher zu den Appalachen im Osten der USA gehört haben. Oder kurz gesagt: Gestein kommt weit herum.

Die ständigen Umwälzungen verhindern, dass die Platten sich zu einem einzigen, unbeweglichen Block vereinigen. Wenn man davon ausgeht, dass die derzeitige Entwicklung sich im Wesentlichen fortsetzt, wird der Atlantik immer breiter werden, bis er eines Tages größer ist als der Pazifik. Große Teile Kaliforniens werden sich lösen und zu einer Art pazifischem Madagaskar werden. Afrika wird sich nach Norden in Richtung Europa schieben und das Mittelmeer zusammenquetschen, bis es nicht mehr existiert, und dann wird sich eine Gebirgskette von der majestätischen Größe des Himalaya auffalten, die sich von Paris bis Kalkutta erstreckt. Australien wird die Inseln in seinem Norden schlucken und sich durch eine Art nabelschnurartige Landenge mit Asien verbinden. Das alles sind zukünftige Ergebnisse, aber keine zukünftigen Prozesse. Die Vorgänge spielen sich schon jetzt ab. Während wir hier sitzen, treiben die Kontinente weiter wie Blätter auf einem Teich. Mit Hilfe des Global Positioning System erkennen wir, dass Europa und Nordamerika auseinander weichen, und zwar mit der gleichen Geschwindigkeit, mit der auch ein Fingernagel wächst: etwa zwei Meter während eines Menschenlebens.[16] Man braucht nur lange genug zu warten, dann kann man sich auf diese Weise von Los Angeles bis nach San Francisco mitnehmen lassen. Dass wir die Veränderungen nicht richtig einschätzen können, liegt nur an der Kürze unseres eigenen Lebens. Das heutige Bild der Erde ist eigentlich eine Momentaufnahme: Ihre heutige Position hatten die Kontinente nur während eines Prozents der gesamten Erdgeschichte.[17]

Die Erde ist unter den Gesteinsplaneten der Einzige, auf dem es eine Plattentektonik gibt, und die Gründe sind ein wenig rätselhaft. An Größe oder Dichte allein kann es nicht liegen – die Venus gleicht in beiden Eigenschaften fast genau der Erde, und doch gibt es dort keine tektonische Aktivität. Man glaubt – und mehr als ein Glaube ist es wirklich nicht –, dass die Tektonik ein wichtiger Aspekt für das organische Wohlbefinden des Planeten ist.[18] Der Physiker und Autor James Trefil formuliert es so: »Es wäre kaum vorstellbar, dass die ständige Bewegung der tektonischen Platten keine Folgen für die Entwicklung des Lebens auf der Erde hat.« Nach seiner Vermutung waren die Schwierigkeiten, welche die Tektonik aufwarf – beispielsweise Klimaveränderungen – ein wichtiger Impuls für die Entwicklung der Intelligenz. Andere nehmen an, dass die Bewegungen der Kontinente zumindest einige der großen Aussterbe-Ereignisse auf der Erde ausgelöst haben könnten. In einem Bericht, den Tony Dickson von der Universität Cambridge im November 2002 in dem Fachblatt *Science* veröffentlichte, äußerte er nachdrücklich die Vermutung, es könne durchaus einen Zusammenhang zwischen der Geschichte der Gesteine und der Geschichte des Lebendigen geben.[19] Dickson hatte nachgewiesen, dass die chemische Zusammensetzung der Weltmeere sich während der letzten halben Milliarde Jahre sehr plötzlich und tief greifend geändert hat und dass diese Veränderungen häufig mit wichtigen Ereignissen der biologischen Geschichte zusammenfallen – beispielsweise mit der gewaltigen Vermehrung winziger Lebewesen, aus denen an der englischen Südküste die Kalkklippen entstanden, mit dem plötzlichen Auftauchen von Kalkgehäusen bei den Meereslebewesen während des Kambriums, und so weiter. Warum sich die chemische Zusammensetzung der Ozeane hin und wieder so dramatisch veränderte, weiß niemand; es könnte daran gelegen haben, dass Risse im Meeresboden sich öffneten und schlossen.

So oder so bietet die Plattentektonik nicht nur Erklärungen für die Dynamik an der Erdoberfläche – beispielsweise für die Frage, wie ein vorzeitliches *Hipparion* von Frankreich nach Florida gelangte –, sondern auch für viele Vorgänge im Erdinneren.

Erdbeben, die Entstehung von Inselketten, der Kohlenstoffzyklus, die Lage der Gebirge, die Entstehung von Eiszeiten, der Ursprung des Lebens – es gab kaum ein Thema, auf das die bemerkenswerte neue Theorie nicht unmittelbare Auswirkungen hatte. Die Geologen waren plötzlich in der Schwindel erregenden Lage, dass »die ganze Erde einen Sinn zu haben schien«, wie McPhee es formulierte.[20]

Allerdings nur bis zu einer gewissen Grenze. Über die Lage der Kontinente zu früheren Zeiten weiß man weit weniger gut Bescheid, als die meisten Menschen außerhalb der Geophysikerkreise annehmen. In den Lehrbüchern findet man zwar scheinbar gesicherte Darstellungen vorzeitlicher Landmassen mit Namen wie Laurasia, Gondwana, Rodinia und Pangäa, aber solche Bilder stützen sich in manchen Fällen auf Schlussfolgerungen, die alles andere als stichhaltig sind. Wie George Gaylord Simpson in seinem Buch *Fossilien* erläutert, hatten die Pflanzen- und Tierarten der Vorzeit die unangenehme Gewohnheit, plötzlich unerwartet aufzutauchen und an Stellen auszusterben, wo man mit ihrem Überleben gerechnet hätte.[21]

Als man die Umrisse des früheren Riesenkontinents Gondwana zeichnete, zu dem Australien, Afrika, die Antarktis und Südamerika gehörten, stützte man sich zu einem großen Teil auf die Verteilung einer vorzeitlichen Farngattung namens *Glossopteris*, die man überall an den richtigen Stellen gefunden hatte. Viel später jedoch entdeckte man *Glossopteris* auch in Gebieten, die nach unserer Kenntnis keine Verbindung zu Gondwana hatten. Dieser beunruhigende Widerspruch wurde – und wird bis heute – weit gehend nicht zur Kenntnis genommen. Ähnlich ging es mit *Lystrosaurus*, einem Reptil aus dem Trias: Es wurde von der Antarktis bis nach Asien überall gefunden, was für die angenommene frühere Verbindung zwischen den beiden Kontinenten sprach, aber in Südamerika und Australien entdeckte man es nie, obwohl beide zur gleichen Zeit ebenfalls zu demselben Kontinent gehört haben sollen.

Auch viele Eigenschaften der Erdoberfläche lassen sich mit der Plattentektonik nicht erklären.[22] Nehmen wir als Beispiel die amerikanische Stadt Denver: Sie liegt rund 1600 Meter über dem Meeresspiegel, aber diese Erhebung ist relativ jungen Datums. Als die Dinosaurier über die Erde streiften, lag die Region am Meeresboden, also mehrere 1000 Meter tiefer. Aber das Gestein, auf dem Denver sich heute befindet, ist nicht gebrochen oder verformt, wie man es erwarten würde, wenn es durch die Kollision von Platten in die Höhe gehoben wurde, und ohnehin ist Denver so weit von den Rändern der Platten entfernt, dass es durch ihre Tätigkeit nicht beeinflusst wird. Es ist, als würde man auf den Rand eines Teppichs drücken, um damit am anderen Ende eine Falte zu erzeugen. Rätselhafterweise steigt das Gebiet von Denver anscheinend seit Jahrmillionen in die Höhe wie Brot im Backofen. Das Gleiche gilt für große Teile Südafrikas: Hier ist eine Region mit einem Durchmesser von 1600 Kilometern in 100 Millionen Jahren ohne erkennbare tektonische Aktivität rund 1600 Meter in die Höhe gestiegen. Australien dagegen kippt zur Seite und sinkt gleichzeitig ab. Während es in den letzten 100 Millionen Jahren nach Norden in Richtung Asien trieb, ist seine Vorderkante um rund 180 Meter abgesunken. Es sieht so aus, als ob Indonesien sehr langsam im Meer versinkt und Australien mit sich zieht. Für all das gibt es in der Theorie der Plattentektonik keine Erklärung.

Alfred Wegener erlebte die Bestätigung seiner Gedanken nicht mehr.[23] Im Jahr 1930 machte er sich auf einer Grönlandexpedition an seinem 50. Geburtstag allein auf den Weg, um ein Nachschubdepot zu überprüfen. Er kam nie zurück. Ein paar Tage später fand man ihn erfroren auf dem Eis. Er wurde an Ort und Stelle begraben und liegt dort bis heute, allerdings rund einen Meter näher an Nordamerika als zur Zeit seines Todes.

Auch Einstein lebte nicht lange genug, um zu erkennen, dass er aufs falsche Pferd gesetzt hatte. Er starb 1955 in Princeton in New Jersey, noch bevor Charles Hapgoods Verriss der Kontinentalverschiebungstheorien überhaupt erschienen war.

Harry Hess, der in der Entstehung der Theorie der Plattentektonik die zweite Hauptrolle gespielt hatte, befand sich zu jener Zeit ebenfalls in Princeton und blieb auch während seiner restlichen Laufbahn dort. Einer seiner Studenten, ein begabter junger Bursche namens Walter Alvarez, sollte die Welt der Wissenschaft später auf ganz andere Weise verändern.[24]

Was die Geologie anging, so hatten die Umwälzungen gerade erst begonnen, und dazu leistete der junge Alvarez einen beträchtlichen Beitrag.

TEIL IV

Der gefährliche Planet

Die Geschichte jedes Teils der Erde besteht wie das Leben eines Soldaten aus langen Phasen der Langeweile und kurzen Zeiten des Schreckens.

Derek V. Ager, britischer Geologe

13.
Peng!

Dass mit der Erde unter Manson, Iowa, etwas nicht stimmte, wusste man schon lange. Im Jahr 1912 berichtete ein Arbeiter, der für die städtische Wasserversorgung einen Brunnen bohrte, es seien zahlreiche seltsam geformte Steine zum Vorschein gekommen – »kristalline Trümmerbrekzien mit geschmolzener Matrix« und »umgewälztes flaches Auswurfgestein«, wie ein offizieller Bericht es später nannte.[1] Auch das Wasser war eigenartig – fast so weich wie Regenwasser. Natürliche Vorkommen von weichem Wasser hatte man in Iowa bis dahin noch nie gefunden.

Die ungewöhnlichen Steine und das seidenweiche Wasser von Manson erregten zwar Neugier, aber es sollten noch 41 Jahre vergehen, bis eine Arbeitsgruppe der University of Iowa sich aufraffte und der Gemeinde im Nordwesten des Bundesstaates, die mittlerweile eine Kleinstadt mit ungefähr 2000 Einwohnern war, einen Besuch abstattete. Im Jahr 1953, nach einer Serie von Versuchsbohrungen, gelangten die Geologen der Universität übereinstimmend zu der Ansicht, es handle sich in der Tat um eine Anomalie. Die Verformung des Gesteins führte man auf eine vorzeitliche, nicht näher beschriebene Vulkantätigkeit zurück. Damit befanden sich die Wissenschaftler in Übereinstimmung mit der Lehrmeinung ihrer Zeit, aber es war ungefähr so falsch, wie eine geologische Aussage überhaupt nur sein kann.

Die große Umwälzung in der geologischen Vergangenheit von Manson hatte ihren Ursprung nicht im Erdinneren, sondern mindestens 150 Millionen Kilometer davon entfernt. Irgendwann in sehr ferner Vergangenheit, als das Gebiet sich am Rande eines flachen Meeres befand, raste ein Gesteinsbrocken von ungefähr zweieinhalb Kilometern Durchmesser und einem Gewicht von zehn Milliarden Tonnen mit etwa 200-facher Schallgeschwindigkeit durch die Atmosphäre und schlug ganz plötzlich mit nahezu unvorstellbarer Gewalt auf der Erde ein. An der Stelle, wo sich heute Manson befindet, tat sich ein Loch von fünf Kilometern Tiefe und mehr als 30 Kilometern Durchmesser auf. Der Kalkstein, dem Iowa ansonsten sein hartes, kalkhaltiges Wasser verdankt, wurde hinweggefegt, und an seine Stelle trat das erschütterte Muttergestein, das dem Bohrarbeiter 1912 so rätselhaft erschien.

Der Einschlag von Manson war das Größte, was sich jemals auf dem Gebiet der heutigen Vereinigten Staaten ereignete. Das Größte überhaupt. Zu allen Zeiten. Er hinterließ einen so gewaltigen Krater, dass man von seinem Rand aus nur bei klarem Wetter gerade eben die gegenüberliegende Seite sehen konnte. Der Grand Canyon sieht daneben klein und unbedeutend aus. Pech für sensationshungrige Schaulustige: In den darauf folgenden 2,5 Millionen Jahren füllten Eisschichten durch ihr Kommen und Gehen den Manson-Krater bis zum Rand mit Gletscherschutt und schliffen ihn glatt, sodass die Landschaft in Manson und im Umkreis von vielen Kilometern heute flach wie eine Tischplatte ist. Das ist natürlich der Grund, warum niemand etwas vom Manson-Krater wusste.

In der Bibliothek der Kleinstadt zeigt man dem Besucher mit Vergnügen eine Sammlung von Zeitungsartikeln und eine Kiste voller Bohrkerne aus einem Forschungsprojekt von 1991/92. Wenn man sie sehen will, muss man zwar fragen, aber dann werden sie auch mit großem Eifer herausgeholt. Ständig ausgestellt ist nichts, und nirgendwo in der Stadt gibt es irgendeinen historischen Anhaltspunkt.

Für die meisten Bewohner von Manson war das größte Ereignis aller Zeiten ein Tornado, der 1979 die Hauptstraße verwüstete und das Geschäftsviertel in Trümmer legte. Die flache Landschaft hat unter anderem den Vorteil, dass man Gefahren schon lange im Voraus kommen sieht. Praktisch die ganze Stadt versammelte sich an einem Ende der Hauptstraße und sah eine halbe Stunde lang zu, wie der Tornado näher kam. Alle hofften, er werde abdrehen, und als das nicht geschah, brachten sie sich klugerweise in Sicherheit.[2] Aber vier Menschen waren leider nicht schnell genug und kamen ums Leben. Heute werden in Manson jedes Jahr im Juni eine Woche lang die »Crater Days« gefeiert – dies hatte man sich einfallen lassen, damit die Menschen den unglückseligen Jahrestag vergessen. Mit dem Krater haben sie in Wirklichkeit nichts zu tun. Wie man Kapital aus einer Einschlagstelle ziehen soll, die man nicht sehen kann, hat noch niemand herausgefunden.

»Ganz selten kommen Leute und fragen, wohin sie fahren sollen, um den Krater zu sehen. Wir müssen ihnen erklären, dass es nichts zu sehen gibt«, sagt Anna Schlapkohl, die freundliche städtische Bibliothekarin.[3] »Dann reisen sie wieder ab und sind ein wenig enttäuscht.« Aber die meisten Menschen, auch der größte Teil der Bewohner Iowas, haben nie etwas von dem Krater in Manson gehört. Selbst den Geologen ist er kaum eine Fußnote wert. Nur während einer kurzen Zeit in den achtziger Jahren des 20. Jahrhunderts war Manson, geologisch betrachtet, der aufregendste Ort der Welt.

Die Geschichte beginnt Anfang der fünfziger Jahre, als ein begabter junger Geologe namens Eugene Shoemaker den Meteor Crater in Arizona besichtigte. Heute ist dieser Krater die berühmteste Einschlagstelle der Erde und eine beliebte Touristenattraktion. Damals jedoch zog er nur wenige Besucher an, und nach dem wohlhabenden Bergbauingenieur Daniel M. Barringer, der dort 1903 seine Claims abgesteckt hatte, wurde er häufig auch als Barringer-Krater bezeichnet. Barringer glaubte, der Krater sei durch einen Meteor von zehn Millionen Tonnen entstanden, der viel Eisen und Nickel mitbrachte, und er rechnete zuversichtlich damit, er könne mit der Förderung dieser Metalle ein Vermögen verdienen. Da er nicht wusste, dass der Meteor und alle seine Bestandteile bei dem Einschlag verdampft sein mussten, vergeudete er riesige Geldbeträge und die nächsten 26 Jahre mit dem Graben von Stollen, die nichts zu Tage brachten.

Nach heutigen Maßstäben war die Kraterforschung zu Beginn des 20. Jahrhunderts noch nicht sonderlich hoch entwickelt, um es vorsichtig auszudrücken. Der führende Fachmann jener Frühzeit, G. K. Gilbert von der Columbia University, ahmte die Auswirkungen von Einschlägen nach, indem er Glasmurmeln in eine Schüssel mit Haferflocken fallen ließ.[4] (Aus Gründen, über die ich keine näheren Angaben machen kann, führte Gilbert diese Experimente nicht in einem Labor an der Universität durch, sondern in einem Hotelzimmer.[5]) Aus den Ergebnissen zog er irgendwie den Schluss, die Mondkrater seien tatsächlich durch Einschläge entstanden – schon das zu jener Zeit eine radikale Idee –, die auf der Erde aber nicht. Noch nicht einmal so weit mochten die meisten Wissenschaftler gehen. In ihren Augen waren die Mondkrater ein Beleg für alte Vulkane und sonst gar nichts. Die wenigen Krater, die auf der Erde noch zu erkennen waren (die meisten waren durch Erosion verschwunden), führte man in der Regel auf andere Ursachen zurück, oder man betrachtete sie als seltene Zufallserscheinungen.

Als Shoemaker nach Arizona kam, galt der Meteor Crater allgemein als das Ergebnis einer unterirdischen Dampfexplosion. Shoemaker hatte keine Ahnung von unterirdischen Dampfexplosionen – das war auch nicht möglich, denn es gibt sie nicht –, aber dafür wusste er alles über die Auswirkungen oberirdischer Detonationen. Nach dem College war es eine seiner ersten beruflichen Tätigkeiten gewesen, auf dem Nukleartestgelände von Yucca Flats in Nevada die Explosionsringe zu untersuchen. In Arizona gelangte er wie vor ihm schon Barringer zu der Erkenntnis, dass nichts am Meteor Crater auf Vulkantätigkeit schließen ließ; dafür gab es aber große Mengen anderen Materials – vor allem ungewöhnlich feinkörnige Silikat- und Magnetitmineralien –, die auf den Einschlag eines Himmelskörpers hindeuteten. Er war fasziniert und beschäftigte sich von nun an in seiner Freizeit mit dem Thema.

Zusammen mit seinem Mitarbeiter David Levy sowie zunächst mit seiner Kollegin Eleanor Helin und später mit seiner Frau Carolyn machte Shoemaker sich an eine systematische Übersichtsuntersuchung des inneren Sonnensystems. Jeden Monat verbrachten sie eine Woche am Palomar-Observatorium in Kalifornien und suchten nach Objekten – insbesondere Asteroiden –, die auf ihren Bahnen die Umlaufbahn der Erde kreuzen mussten.

»Als wir anfingen, hatte man in der gesamten Geschichte der Astronomie nur wenig mehr als ein Dutzend solcher Dinger entdeckt«, berichtete Shoemaker einige Jahre später in einem Fernsehinterview.[6] Dann fügte er hinzu: »Im 20. Jahrhundert hatten die Astronomen das Sonnensystem im Wesentlichen aufgegeben. Ihre Aufmerksamkeit richtete sich nur noch auf die Sterne und die Galaxien.«

Shoemaker und seine Kollegen stellten fest, dass es dort draußen mehr – viel mehr – Gefahren gibt, als man sich jemals hätte träumen lassen.

Wie allgemein bekannt ist, sind Asteroiden nichts anderes als Gesteinsbrocken, die in lockerer Anordnung in einem Gürtel zwischen Mars und Jupiter um die Sonne kreisen. In Zeichnungen werden sie immer dicht gedrängt dargestellt, in Wirklichkeit ist das Sonnensystem aber recht geräumig, und jeder Asteroid hat im Durchschnitt rund eineinhalb Millionen Kilometer Abstand von seinem nächsten Nachbarn. Wie viele Asteroiden durch den Weltraum taumeln, kann niemand auch nur annähernd angeben, aber vermutlich liegt ihre Zahl nicht unter einer Milliarde. Nach heutiger Kenntnis sind sie wahrscheinlich Planeten, die es nie ganz geschafft haben, weil die ungeheuer starke Gravitation des Jupiter sie daran gehindert hat und bis heute hindert, sich zu größeren Objekten zusammenzulagern.

Als die Asteroiden im 19. Jahrhundert entdeckt wurden – den ersten fand der Sizilianer Giuseppe Piazzi am ersten Tag des Jahrhunderts –, hielt man sie für Planeten, und die beiden ersten taufte man auf die Namen Ceres und Pallas. Erst der Astronom William Herschel wies mit mehreren geistreichen Gedankengängen nach, dass sie nicht einmal annähernd die Größe von Planeten erreichen. Deshalb bezeichnete er sie als Asteroiden – das lateinische Wort bedeutet »sternähnlich«[7]. Es ist eigentlich ein unglücklich gewählter Begriff, denn Asteroiden sind alles andere als Sterne. Heute spricht man zutreffender manchmal auch von Planetoiden.

Das Aufspüren von Asteroiden wurde seit 1800 zu einer beliebten Tätigkeit, und am Ende des 19. Jahrhunderts kannte man etwa 1000 solcher Objekte. Das Problem war nur, dass niemand sie systematisch erfasste. Anfang des 20. Jahrhunderts konnte man in vielen Fällen nicht mehr wissen, ob man einen neuen Asteroiden im Visier hatte, oder ob er früher schon einmal beobachtet wurde und dann in Vergessenheit geraten war. Mittlerweile war auch die Astrophysik so weit vorangekommen, dass kaum noch ein Astronom sein Leben den profanen, steinernen Planetoiden widmen wollte. Nur wenige, unter ihnen insbesondere der in den Niederlanden geborene Gerard Kuiper, nach dem der Kuiper-Kometengürtel benannt ist, interessierten sich überhaupt noch für das Sonnensystem. Durch seine Arbeiten am McDonald Observatory in Texas, die später von anderen am Minor Planet Center in Cincinnati und am Spacewatch-Projekt in Arizona fortgeführt wurden, schrumpfte die lange Liste der verlorenen Asteroiden allmählich, bis man am Ende des 20. Jahrhunderts nur noch für einen bekannten Asteroiden keine Erklärung hatte. Das Objekt mit dem Namen 719 Albert war im Oktober 1911 das letzte Mal beobachtet worden und dann 89 Jahre lang aus dem Blickfeld verschwunden, bis man es im Jahr 2000 schließlich wieder dingfest machen konnte.[8]

Was die Asteroidenforschung angeht, war das 20. Jahrhundert also eigentlich nur eine Übung in Buchhalterei. Erst seit wenigen Jahren sind die Astronomen damit beschäftigt, auch die übrige Asteroidengemeinschaft zu beobachten und zu zählen. Im Juni 2001 hatte man 26 000 derartige Objekte benannt und identifiziert, die Hälfte davon erst in den vorangegangenen zwei Jahren.[9] Da es insgesamt bis zu einer Milliarde sind, hat das Zählen gerade erst begonnen.

In gewisser Hinsicht ist das aber auch bedeutungslos. Ein Asteroid wird durch die Identifizierung nicht ungefährlich. Selbst wenn man jedem Asteroiden im Sonnensystem einen Namen gegeben hätte und über seine Umlaufbahn Bescheid wüsste, könnte niemand etwas darüber aussagen, welche Störungen ihn möglicherweise in unserer Richtung ablenken. Schon die Bewegungen des Gesteins auf der Oberfläche unseres eigenen Planeten können wir nicht voraussagen. Über das Verhalten von Objekten, die im Weltraum treiben, sind nicht einmal begründete Vermutungen möglich. Selbst wenn wir einem Asteroiden einen Namen gegeben haben, sind wir höchstwahrscheinlich nicht zu weiteren Aussagen über ihn in der Lage.

Man kann sich die Erdumlaufbahn als eine Art Autobahn vorstellen, auf der unser Planet das einzige Fahrzeug ist; häufig gehen aber Fußgänger über die Straße, die nicht wissen, dass man sich umsehen muss, bevor man die Fahrbahn betritt. Mindestens 90 Prozent dieser Fußgänger kennen wir nicht. Wir wissen nicht, wo sie wohnen, wie ihr Tagesablauf aussieht, wie oft sie uns in die Quere kommen. Nur eines ist klar: Irgendwann, in nicht genau bekannten Abständen, trotten sie über die Straße, auf der wir mit mehr als 100 000 Stundenkilometern dahinrasen.[10] Oder, wie Steven Ostro vom Jet Propulsion Laboratory es formulierte: »Angenommen, man könnte auf einen Knopf drücken und damit alle Asteroiden erleuchten, die größer als etwa zehn Meter sind und die Umlaufbahn der Erde kreuzen – dann würde man am Himmel mehr als 100 Millionen solcher Objekte sehen.« Kurz gesagt, würden wir dann am Himmel nicht ein paar 1000 weit entfernte, blinzelnde Sterne erkennen, sondern Millionen und Abermillionen Objekte, die uns viel näher sind und auf zufälligen Bahnen wandern – »und alle können mit der Erde zusammenstoßen, alle wandern mit unterschiedlicher Geschwindigkeit und auf geringfügig unterschiedlichen Bahnen über den Himmel. Es wäre zutiefst beunruhigend.«[11] Nun ja, wir sollten beunruhigt sein, weil es so ist. Wir sehen es nur nicht.

Insgesamt glaubt man – und das ist wirklich nur eine Vermutung, die sich aus der Fortschreibung der Kraterbildung auf dem Mond ergibt –, dass rund 2000 Asteroiden, die mit ihrer Größe unser zivilisiertes Dasein gefährden könnten, regelmäßig unsere Umlaufbahn kreuzen. Aber schon ein kleineres Objekt, das beispielsweise so groß wie ein Haus ist, kann eine ganze Stadt zerstören. Die Zahl dieser Winzlinge, deren Bahn die unsere kreuzt, geht mit ziemlicher Sicherheit in die Hunderttausende und vielleicht sogar in die Millionen. Ihnen auf der Spur zu bleiben, ist so gut wie unmöglich.

Den ersten entdeckte man erst 1991, und das, nachdem er

bereits vorübergezogen war. Er erhielt den Namen 1991 BA, und man bemerkte ihn, als er in einem Abstand von rund 170 000 Kilometern an uns vorüberzog – nach kosmischen Maßstäben entspricht das einer Gewehrkugel, die den Ärmel durchschlägt, ohne den Arm zu treffen. Zwei Jahre später verfehlte uns ein anderer, etwas größerer Asteroid um nur 150 000 Kilometer – es war die nächste Begegnung, die bisher aufgezeichnet wurde. Auch ihn sah man erst, als er bereits vorübergeflogen war, das heißt, er wäre ohne Vorwarnung gekommen. Glaubt man einem Artikel von Timothy Ferris im *New Yorker*, ereignen sich solche Beinahe-Zusammenstöße vermutlich zwei- bis dreimal in der Woche, und immer bleiben sie unbemerkt.[12]

Ein Objekt von 100 Metern Durchmesser wird von erdgebundenen Teleskopen erst wenige Tage vor dem Einschlag erfasst, und auch das nur, wenn das Teleskop zufällig darauf ausgerichtet ist – was wahrscheinlich nicht der Fall sein wird, weil selbst heute nur eine bescheidene Zahl von Fachleuten nach solchen Objekten sucht. Nach einem interessanten Vergleich ist die Zahl der Menschen, die auf der ganzen Welt aktiv nach Asteroiden suchen, kleiner als die Belegschaft eines typischen McDonalds-Restaurants. (In Wirklichkeit ist sie heute ein wenig höher, allerdings nur geringfügig.)

Während Gene Shoemaker bestrebt war, die Menschen für die potenziellen Gefahren des inneren Sonnensystems zu sensibilisieren, nahm in Italien eine andere Entwicklung ihren Lauf, die auf den ersten Blick nichts damit zu tun hatte. Auslöser waren die Arbeiten eines jungen Geologen vom Lamont Doherty Laboratory an der Columbia University. Anfang der siebziger Jahre arbeitete Walter Alvarez im Freiland, und zwar in der malerischen Bottaccione-Schlucht nicht weit von dem Bergstädtchen Gubbio in Umbrien. Dort interessierte er sich besonders für ein schmales Band aus rötlichem Lehm, das zwei alte Kalksteinschichten trennte, die eine aus der Kreidezeit, die andere aus dem Tertiär. Diese Trennlinie, die in der Geologie KT-Grenze genannt wird, kennzeichnet den Zeitpunkt vor 65 Millionen Jahren, als die Dinosaurier und ungefähr die Hälfte aller anderen Tierarten der Erde sehr plötzlich aus den Fossilfunden verschwanden. Alvarez fragte sich, ob die dünne, etwa einen halben Zentimeter dicke Lehmschicht vielleicht einen Hinweis darauf enthielt, was die Ursache dieses dramatischen erdgeschichtlichen Augenblickes gewesen sein könnte.

Was das Aussterben der Dinosaurier anging, war die herkömmliche Lehrmeinung zu jener Zeit noch die gleiche wie ein Jahrhundert zuvor, in den Tagen von Charles Lyell: Danach waren die Dinosaurier im Laufe von mehreren Millionen Jahren verschwunden. Die geringe Dicke der Lehmschicht legte jedoch die Vermutung nahe, dass zumindest in Umbrien ein abrupteres Ereignis im Spiel war. Leider gab es in den siebziger Jahren noch keine Methoden, mit denen man hätte feststellen können, wie lange die Ablagerung eines solchen Sediments dauert.

Wäre alles normal verlaufen, hätte Alvarez die Frage sicher auf sich beruhen lassen müssen, aber glücklicherweise verfügte er über konkurrenzlos gute Beziehungen zu jemandem außerhalb seines Fachgebiets, der ihm helfen konnte. Dieser Jemand war sein Vater Luis, ein angesehener Kernphysiker, der ein Jahrzehnt zuvor den Physik-Nobelpreis erhalten hatte. Er war der Begeisterung seines Sohnes für Gestein immer ein wenig spöttisch begegnet, aber diese Fragestellung faszinierte ihn. Ihm kam die Idee, Staub aus dem Weltraum könnte die Antwort bringen.

Jedes Jahr sammeln sich auf der Erde rund 30 000 Tonnen »sphärische Partikel aus dem Kosmos« – man kann auch einfach Weltraumstaub sagen.[13] Auf einen Haufen zusammengefegt, wäre das eine ganze Menge, aber wenn man es auf dem gesamten Erdball verteilt, ist es unendlich wenig. In diesem dünnen Staubschleier befinden sich auch exotische chemische Elemente, die auf der Erde nur in sehr geringen Mengen vorkommen. Eines davon ist das Iridium, das im Weltraum in tausendmal größerer Menge vorhanden ist als in der Erdkruste (vermutlich weil der größte Teil des Iridiums in den Erdkern abgesunken ist, als unser Planet noch jung war).

Alvarez wusste, dass Frank Asaro, ein Kollege am Lawrence Berkeley Laboratory in Kalifornien, eine neue Methode entwickelt hatte, mit der er die chemische Zusammensetzung von

Lehm sehr genau messen konnte. Dazu bediente er sich eines Vorganges, der als Neutronenaktivierungsanalyse bezeichnet wird: Man bombardiert die Materialprobe mit Neutronen aus einem kleinen Kernreaktor und misst sehr genau die Gammastrahlung, die das Material daraufhin abgibt. Es ist eine ausgesprochen heikle Arbeit. Zuvor hatte Asaro das Verfahren zur Analyse von Keramikscherben benutzt, aber Alvarez hatte die Idee, damit die Menge eines exotischen Elements in den Bodenproben seines Sohnes zu messen und das Ergebnis mit der jährlich abgelagerten Menge zu vergleichen; auf diese Weise, so seine Überlegung, konnte man herausfinden, wie lange die Entstehung der Bodenproben gedauert hatte. An einem Nachmittag im Oktober 1977 kamen Luis und Walter Alvarez bei Asaro zu Besuch und fragten ihn, ob er für sie die erforderlichen Untersuchungen durchführen wolle.

Es war eine dreiste Anfrage. Asaro sollte monatelang an geologischen Materialproben äußerst mühsame Messungen vornehmen, nur um das zu bestätigen, was von vornherein auf der Hand zu liegen schien: dass die dünne Lehmschicht sich so schnell gebildet hatte, wie man auf Grund ihrer geringen Dicke annehmen musste. Dass aus seinen Untersuchungen dramatische neue Erkenntnisse erwachsen würden, erwartete sicher niemand.

»Nun ja, sie waren sehr liebenswürdig und überzeugend«, erinnerte sich Asaro 2002 in einem Interview.[14] »Außerdem schien es eine interessante Aufgabe zu sein, also willigte ich ein, es zu versuchen. Leider hatte ich auch eine Menge andere Arbeit, und deshalb dauerte es acht Monate, bevor ich dazu kam.« Er blätterte in seinen Notizen aus jener Zeit. »Am 21. Juni 1978 um 13:45 Uhr steckten wir eine Probe in den Detektor. Die Analyse lief 224 Minuten, und wir konnten erkennen, dass wir interessante Ergebnisse erhalten würden. Also schalteten wir das Gerät aus und sahen nach.«

Das Ergebnis war tatsächlich so unerwartet, dass alle drei Wissenschaftler zuerst glaubten, es müsse falsch sein. Die Iridiummenge in Alvarez' Proben lag um mehr als das 300-fache über dem Normalwert – weit höher, als sie jemals prophezeit hätten. In den folgenden Monaten arbeiteten Asaro und seine

Kollegin Helen Michel manchmal bis zu 30 Stunden ohne Pause (»Wenn man einmal angefangen hatte, konnte man nicht mehr aufhören«, erklärte Asaro): Immer wieder analysierten sie Material, und immer wieder erhielten sie das gleiche Ergebnis. Bei der Untersuchung anderer Proben – aus Dänemark, Spanien, Frankreich, Neuseeland und der Antarktis – stellte sich heraus, dass die Iridiumablagerungen weltweit verbreitet und überall stark erhöht waren, manchmal bis zum 500-fachen der üblichen Menge. Dieser erstaunliche Maximalwert war eindeutig durch irgendein großes, plötzliches Ereignis entstanden, vermutlich durch eine riesige Katastrophe.

Nach langem Nachdenken gelangten Vater und Sohn Alvarez zu einer Erklärung, die zumindest ihnen als die plausibelste erschien: Danach war die Erde von einem Asteroiden oder Kometen getroffen worden.

Der Gedanke, dass die Erde möglicherweise von Zeit zu Zeit verheerenden Einschlägen ausgesetzt ist, war nicht ganz so neu, wie heute manchmal behauptet wird. Schon 1942 hatte der Astrophysiker Ralph B. Baldwin von der Northwestern University in einem Artikel für die Zeitschrift *Popular Astronomy* eine solche Möglichkeit in Erwägung gezogen.[15] (Er veröffentlichte den Aufsatz dort, weil keine Fachzeitschrift ihn angenommen hatte.) Und auch mindestens zwei angesehene Wissenschaftler, der Astronom Ernst Öpik sowie der Chemiker und Nobelpreisträger Harold Urey, hatten ebenfalls zu verschiedenen Zeitpunkten solche Vorstellungen vertreten. Selbst unter Paläontologen waren sie nicht unbekannt. M. W. de Laubenfels, ein Professor an der Oregon State University, hatte bereits 1956 im *Journal of Paleontology* die Alvarez-Theorie vorweggenommen und die Vermutung geäußert, der Einschlag eines Himmelskörpers könne den Dinosauriern einen tödlichen Schlag versetzt haben.[16] Im Jahr 1970 brachte Dewey J. McLaren, damals Präsident der American Paleontological Society, auf der Jahrestagung seiner Gesellschaft den Gedanken ins Gespräch, ein Einschlag aus dem Weltraum könne die Ursache für ein früheres Aussterbe-Ereignis in einer Epoche namens Frasnium gewesen sein.[17]

Sogar Hollywood, so schien es, wollte unterstreichen, wie

wenig originell die Idee zu jener Zeit bereits war: Ein Studio produzierte 1979 einen Film mit dem Titel *Meteor* (»Es ist fünf Meilen breit ... Es kommt mit 30 000 Meilen in der Stunde – und nirgendwo kann man sich verstecken ...«). In den Hauptrollen: Henry Fonda, Natalie Wood, Karl Malden und ein sehr großer Stein.

Deshalb hätte es eigentlich keine Überraschung sein dürfen, als Vater und Sohn Alvarez in der ersten Woche des Jahres 1980 auf einer Tagung der American Association for the Advancement of Science ihre Überzeugung äußerten, die Dinosaurier seien nicht im Laufe mehrerer Millionen Jahre durch einen langsamen, unaufhaltsam fortschreitenden Prozess ausgestorben, sondern sehr plötzlich durch ein einziges katastrophales Ereignis.

Es war dennoch ein Schock. Überall, insbesondere aber in der Paläontologengemeinde, wurde die Ansicht als empörende Ketzerei empfunden.

»Nun ja, man muss daran denken, dass wir auf diesem Gebiet Amateure waren«, erinnert sich Asaro. »Walter war Geologe und auf Paläomagnetismus spezialisiert, Luis war Physiker, und ich war Kernchemiker. Und jetzt erzählten wir den Paläontologen, wir hätten ein Problem gelöst, an dem sie seit über einem Jahrhundert herumrätselten. Eigentlich ist es nicht weiter verwunderlich, dass sie sich unsere Antwort nicht sofort zu Eigen machten.« Und Luis Alvarez scherzte: »Man hatte uns ertappt, wie wir ohne Lizenz Paläontologie praktizierten.«

Die Theorie vom Meteoriteneinschlag hatte aber auch auf einer tieferen, grundsätzlicheren Ebene etwas Entsetzliches. Seit Lyells Zeit gehörte die Vorstellung, dass alle Prozesse auf der Erde sehr langsam ablaufen, zu den Grundfesten der Naturgeschichte. In den achtziger Jahren des 20. Jahrhunderts war die Katastrophentheorie schon so lange aus der Mode, dass sie buchstäblich undenkbar war. Die Idee von einem verheerenden Einschlag richtete sich »gegen die wissenschaftliche Religion« der meisten Geologen, wie Eugene Shoemaker es formulierte.

Auch die Tatsache, dass Luis Alvarez gegenüber den Paläontologen und ihren Beiträgen zu den naturwissenschaftlichen Kenntnissen offen eine verächtliche Haltung an den Tag legte, machte die Sache nicht gerade einfacher. »Sie sind wirklich keine guten Wissenschaftler. Sie sind eher wie Briefmarkensammler«, schrieb er in einem Artikel der *New York Times*, der noch heute schmerzt.[18]

Gegner der Alvarez-Theorie lieferten jede Menge anderer Erklärungen für die Iridiumablagerungen – unter anderem wurde behauptet, sie seien durch länger anhaltende Vulkanausbrüche in Indien entstanden –, vor allem aber beharrten sie darauf, es gebe keinen Beweis, dass die Dinosaurier an der Iridium-Grenzlinie plötzlich aus den Fossilfunden verschwinden. Einer der engagiertesten Gegner war Charles Officer vom Dartmouth College. Er blieb bei seiner Ansicht, das Iridium sei durch Vulkantätigkeit abgelagert worden, obwohl er in einem Zeitungsinterview einräumen musste, dass er dafür keinen echten Beleg hatte.[19] Noch 1988 gab mehr als die Hälfte der amerikanischen Paläontologen in einer Umfrage an, sie seien nach wie vor der Ansicht, dass das Aussterben der Dinosaurier nichts mit dem Einschlag eines Asteroiden oder Kometen zu tun habe.[20]

Und gerade der Beleg, der die Theorie der Alvarez' am nachdrücklichsten unterstützt hätte, war der einzige, den sie nicht besaßen: die Einschlagstelle. Hier hatte Eugene Shoemaker seinen großen Auftritt. Er besaß eine Verbindung nach Iowa – seine Schwiegertochter unterrichtete an der Universität des Bundesstaates – und kannte aus seinen eigenen Untersuchungen den Krater von Manson. Ihm war es zu verdanken, dass sich nun alle Blicke auf Iowa richteten.

Das Fachgebiet der Geologie hatte von Ort zu Ort einen unterschiedlichen Charakter. In Iowa, einem flachen und im Hinblick auf die Gesteinsschichtungen relativ gleichförmigen Staat, geht es unter den Geologen vergleichsweise behäbig zu. Es gibt weder Hochgebirgsgipfel noch Gletscher, welche die Landschaft planieren, keine großen Öl- oder Edelmetall-Lagerstätten, keine Spur von Lavaströmen. Als Geologe in Diensten des Bundesstaates Iowa verbringt man die Arbeitszeit zum größten Teil damit, Gülle-Bewirtschaftungspläne zu prüfen,[21] die von allen »geschlossenen Nutztierzuchtbetrieben« – normale Menschen sprechen von Schweinezüchtern – in regelmäßigen Abständen erstellt werden müssen. Es gibt in Iowa 15 Millionen Schweine und damit auch eine Menge Gülle, die bewirtschaftet werden muss. Ich will mich darüber überhaupt nicht lustig machen – es ist eine lebenswichtige Arbeit, die viel Fachkunde verlangt; durch sie bleibt das Trinkwasser in Iowa sauber –, aber sie ist auch mit noch so viel gutem Willen nicht das Gleiche, als wenn man am Pinatubo den fliegenden Lavabrocken ausweichen muss oder in Gletscherspalten des Grönlandeises nach vorzeitlichen Quarzbrocken sucht, die möglicherweise Lebewesen enthalten. Man kann sich also durchaus vorstellen, welche Aufregung sich im Umweltministerium von Iowa breit machte, als Geologen aus der ganzen Welt Mitte der achtziger Jahre ihre Aufmerksamkeit auf Manson und seinen Krater richteten.

Die Trowbridge Hall in Iowa City ist ein roter Backsteinbau aus der Zeit der Jahrhundertwende. Hier ist das geowissenschaftliche Institut der University of Iowa untergebracht, und ganz oben, in einer Art Dachstube, arbeiten die Geologen des Umweltministeriums von Iowa. Heute kann sich niemand mehr erinnern, wann – und noch viel weniger warum – die staatlichen Geologen sich in einem Universitätsgebäude einquartierten, aber man hat den Eindruck, dass die Räume nur widerwillig zur Verfügung gestellt wurden: Die Büros sind eng, die Decken sind niedrig, und der Zugang ist schwierig. Wenn man den Weg erklärt bekommt, rechnet man fast damit, dass man über ein Dachsims klettern und durch ein Fenster einsteigen muss.

Hier oben verbrachten Ray Anderson und Brian Witzke ihr Berufsleben zwischen unordentlichen Papierstapeln, Fachzeitschriften, aufgerollten Lageplänen und massiven Gesteinsproben. (Geologen sind nie um einen Briefbeschwerer verlegen.) Um in solchen Räumen irgendetwas zu finden – einen freien Stuhl, eine Kaffeetasse, ein klingelndes Telefon –, muss man grundsätzlich erst irgendwelche Papierstapel bewegen.

»Plötzlich standen wir im Mittelpunkt«, erzählt mir Anderson, als ich ihn und Witzke an einem trüben, regnerischen Vormittag im Juni in ihrem Büro aufsuche. Bei der Erinnerung leuchten seine Augen auf. »Es war eine großartige Zeit.«[22]

Ich erkundige mich nach Gene Shoemaker, der zu jener Zeit offenbar allgemein verehrt wurde. »Das war einfach ein toller Kerl«, erwidert Witzke ohne zu zögern. »Hätte es ihn nicht gegeben, wäre die ganze Sache nicht von der Stelle gekommen. Trotz seiner Unterstützung dauerte es noch zwei Jahre, bis alles lief. Bohrungen sind teuer – damals kostete ein Meter ungefähr 100 Dollar, heute ist es noch mehr. Und wir mussten bis in fast 1000 Meter Tiefe vorstoßen.«

»Manchmal auch noch mehr«, fügt Anderson hinzu.

»Manchmal auch noch mehr«, stimmt Witzke zu. »Und das an mehreren Orten. Es ging also um eine Menge Geld. Sicher um mehr, als unser Etat hergab.«

Deshalb einigten sich die Iowa Geological Survey und die U. S. Geological Survey auf ein Gemeinschaftsprojekt.

»Jedenfalls glaubten wir, es sei ein Gemeinschaftsprojekt«, sagt Anderson mit einem schwachen, gequälten Lächeln.

»Für uns war es ein echter Lernprozess«, fährt Witzke fort. »Damals lief in der Wissenschaft tatsächlich eine Menge Mist – die Leute brachten Befunde, die einer ernsthaften Überprüfung nicht immer standhielten.« Ein solcher Augenblick kam auf der Jahrestagung 1985 der American Geophysical Union: Dort gaben Glenn Izett und C. L. Pillmore von der U. S. Geological Survey bekannt, der Krater von Manson habe genau das richtige Alter und könne daher mit dem Aussterben der Dinosaurier in Zusammenhang stehen.[23] Die Erklärung stieß bei der Presse auf großes Interesse, aber leider war sie voreilig. Bei genauerer Überprüfung der Daten stellte sich heraus, dass der Manson-Krater nicht nur zu klein war, sondern auch neun Millionen Jahre zu alt.

Von diesem Rückschlag für ihre Karriere erfuhren Anderson und Witzke, als sie zu einer Tagung nach South Dakota kamen. Kollegen traten mit mitfühlenden Blicken auf sie zu und sagten: »Wir haben gehört, Sie haben Ihren Krater verloren.« Erst dadurch hörten sie, dass Izett und die anderen Wissenschaftler der USGS kurz zuvor genauere Zahlen vorgelegt hatten, aus denen sich ergab, dass Manson nicht der gesuchte Einschlagkrater sein konnte.

»Es war schon erstaunlich«, erinnert sich Anderson. »Ich

meine, wir hatten dieses Ding, das war wirklich wichtig, und plötzlich hatten wir es nicht mehr. Aber noch schlimmer war eine andere Erkenntnis: Die Leute, die angeblich mit uns zusammenarbeiteten, hatten es nicht einmal nötig gehabt, uns ihre neuen Befunde mitzuteilen.«

»Warum nicht?«

Er zuckt die Achseln. »Wer weiß? Aber jedenfalls war es ein gutes Beispiel dafür, wie unangenehm Wissenschaft werden kann, wenn man auf einer gewissen Ebene angelangt ist.«

Die Suche verlagerte sich. Einer der Beteiligten, Alan Hildebrand von der University of Arizona, traf 1990 zufällig mit einem Journalisten des *Houston Chronicle* zusammen, der etwas über eine große, unerklärliche, ringförmige Gesteinsformation von 194 Kilometern Durchmesser und fast 50 Kilometern Tiefe wusste. Sie befand sich bei Chicxulub auf der mexikanischen Halbinsel Yucatán, in der Nähe der Stadt Progreso und rund 1000 Kilometer südlich von New Orleans. Entdeckt worden war sie 1952 von der mexikanischen Ölgesellschaft Pemex[24] – übrigens im gleichen Jahr, in dem auch Gene Shoemaker zum ersten Mal den Meteor Crater in Arizona besucht hatte –, aber die Geologen des Unternehmens waren entsprechend der allgemeinen Lehrmeinung ihrer Zeit zu der Ansicht gelangt, die Formation sei vulkanischen Ursprungs. Hildebrand reiste in das Gebiet und war sich sehr schnell sicher, dass sie ihren Krater gefunden hatten. Anfang 1991 war in den Augen fast aller Fachleute schlüssig nachgewiesen, dass es sich bei Chicxulub um die Einschlagstelle handelt.

Aber viele Beteiligte begriffen immer noch nicht ganz, welche Wirkung ein solcher Einschlag haben kann. Stephen Jay Gould berichtet in einem seiner Essays: »Ich kann mich noch gut erinnern, dass ich anfangs stark an den Auswirkungen eines solchen Ereignisses zweifelte … warum sollte ein zehn Kilometer großer Himmelskörper eine solche Katastrophe auf einem Planeten anrichten, dessen Durchmesser mehr als 12 000 Kilometer beträgt?«[25]

Angenehm war, dass sich bald darauf eine natürliche Gelegenheit ergab, die Theorie zu überprüfen: Die Shoemakers und

Levy entdeckten den Kometen Shoemaker-Levy 9 und erkannten sehr schnell, dass er in Richtung des Jupiter unterwegs war. Zum ersten Mal würden Menschen zu Zeugen eines kosmischen Zusammenstoßes werden – und mit dem neuen Hubble-Weltraumteleskop war er sehr gut zu beobachten. Wie Curtis Peebles berichtet, hatten die meisten Astronomen keine großen Erwartungen, insbesondere da es sich bei dem Kometen nicht um eine zusammenhängende Kugel handelte, sondern um eine Kette aus einundzwanzig Bruchstücken. Einer schrieb: »Nach meinem Gefühl wird der Jupiter diese Kometen schlucken und dabei nicht einmal rülpsen.«[26] Eine Woche vor dem Einschlag brachte die Wissenschaftszeitschrift *Nature* einen Artikel mit der Überschrift »Das große Fiasko steht bevor«. Darin prophezeite sie, der Einschlag werde nicht mehr sein als ein Meteorschauer.

Das Ereignis begann am 16. Juli 1994, setzte sich eine Woche lang fort und war bei weitem größer, als irgendjemand – vielleicht mit Ausnahme von Gene Shoemaker – erwartet hatte. Ein Bruchstück, das als »Nucleus G« bezeichnet wurde, schlug mit der Energie von ungefähr sechs Millionen Megatonnen ein[27] – dem 75-fachen aller Atomwaffen auf der Erde. Nucleus G hatte nur die Größe eines kleinen Berges, aber auf der Jupiteroberfläche riss er Wunden von der Größe der Erde. Für jede Kritik an der Alvarez-Theorie war es der Todesstoß.

Luis Alvarez erfuhr von der Entdeckung des Kraters in Chicxulub und von dem Shoemaker-Levy-Kometen nichts mehr: Er starb 1988. Auch Shoemaker wurde nicht alt. Am dritten Jahrestag des Einschlages auf dem Jupiter befand er sich mit seiner Frau im australischen Outback, wo die beiden jedes Jahr nach Einschlagstellen suchten. Auf einer unbefestigten Straße in der Tanami-Wüste – normalerweise einem der einsamsten Gebiete auf Erden – fuhren sie gerade über eine leichte Anhöhe, als ihnen ein anderes Fahrzeug entgegenkam. Shoemaker war sofort tot, seine Frau wurde verletzt.[28] Ein Teil seiner Asche reiste mit der Raumsonde »Lunar Prospector« zum Mond, der Rest wurde rund um den Meteor Crater verstreut.

Anderson und Witzke besaßen nun zwar nicht mehr den Krater, der die Dinosaurier das Leben gekostet hatte, »aber wir haben immer noch den größten und besterhaltenen Einschlagkrater auf dem US-amerikanischen Festland«, sagt Anderson. (Um die Spitzenstellung des Manson-Kraters zu bewahren, muss man sprachlich ein wenig spitzfindig sein: Andere Krater – insbesondere der von Chesapeake Bay, in dem man 1994 eine Einschlagstelle erkannte – sind größer, aber sie liegen entweder vor der Küste oder sind stark verformt.) »Chicxulub ist unter zwei oder drei Kilometern Kalkstein begraben und liegt zum größten Teil vor der Küste. Deshalb ist es schwierig, ihn zu untersuchen«, fährt Anderson fort. »Manson dagegen ist wirklich gut zugänglich. Gerade weil er immer zugedeckt war, ist er noch verhältnismäßig unberührt.«

Ich frage ihn, wie viel Vorwarnzeit uns wohl bleibt, wenn heute ein ähnlicher Brocken auf uns zusteuert.

»Ach, vermutlich überhaupt keine«, erwidert Anderson kess. »Mit bloßem Auge ist er erst zu sehen, wenn er sich erhitzt, und das geschieht erst dann, wenn er in die Atmosphäre eintritt, also vermutlich ungefähr eine Sekunde vor dem Einschlag. Wir reden hier über ein Objekt, das zehnmal schneller ist als die schnellste Gewehrkugel. Wenn es nicht irgendjemand vorher im Teleskop gesehen hat – und das ist keineswegs sicher –, würde es uns völlig überraschen.«

Wie hart ein solches Objekt auftrifft, hängt von vielen Faktoren ab, von Eintrittswinkel, Geschwindigkeit und Flugbahn, von der Richtung der Kollision – ob das Objekt genau von oben oder von der Seite kommt –, von Masse und Dichte des Himmelskörpers und vielem anderen. Nichts davon können wir nach so vielen Millionen Jahren noch mit Sicherheit feststellen. Etwas anderes aber können die Wissenschaftler tun, und das haben Anderson und White auch getan: Sie haben die Einschlagstelle vermessen und daraus die freigesetzte Energiemenge berechnet. Auf diese Weise gelangt man zu einem plausiblen Szenario, nach dem das Ereignis abgelaufen sein dürfte – oder, beängstigender, nach dem es wieder ablaufen könnte.

Ein Asteroid oder Komet, der mit kosmischer Geschwindigkeit unterwegs ist, würde so schnell in die Erdatmosphäre eintreten, dass die Luft vor ihm nicht ausweichen kann und wie in einer Fahrradpumpe zusammengepresst wird. Wie jeder weiß, der schon einmal eine solche Pumpe bedient hat, wird komprimierte Luft sehr schnell heiß. Die Temperatur unterhalb des Objekts würde auf bis zu 60 000 Grad ansteigen, das Zehnfache der Temperatur an der Oberfläche der Sonne. In dem Augenblick, wenn der Meteor in unserer Atmosphäre angelangt ist, würde alles, was ihm im Weg steht – Menschen, Häuser, Fabriken, Autos – verbrennen und verschwinden wie Zellophan in einer Kerzenflamme.

Eine Sekunde nach dem Eintritt in die Atmosphäre würde der Meteorit auf die Erdoberfläche treffen, wo die Menschen einen Augenblick zuvor noch ihren normalen Tätigkeiten nachgegangen sind. Der Meteorit selbst würde sofort verdampfen, aber der Aufschlag würde 1000 Kubikkilometer Gestein, Erde und überhitzte Gase in die Luft schleudern. In einem Umkreis von rund 250 Kilometern würden alle Lebewesen, die noch nicht durch die Hitze beim Eintritt ums Leben gekommen sind, durch die Explosion getötet. Von der Einschlagstelle würde sich fast mit Lichtgeschwindigkeit eine Druckwelle in sämtliche Richtungen ausbreiten und alles hinwegfegen, was vor ihr liegt.

Für die Beobachter außerhalb der unmittelbaren Zerstörungszone wäre ein blendender Lichtblitz – der hellste, den menschliche Augen jemals gesehen haben – das erste Anzeichen der Katastrophe. Eine oder zwei Minuten später würde sich ein apokalyptischer Anblick von unvorstellbarer Großartigkeit bieten: eine brodelnde Wand aus Dunkelheit, die bis zum Himmel reicht, das gesamte Blickfeld ausfüllt und mit mehreren 1000 Stundenkilometern wandert. Da sie sich mit einem Vielfachen der Schallgeschwindigkeit bewegt, wäre ihre Ankunft von gespenstischer Stille begleitet. Wer sich beispielsweise in Omaha oder Des Moines in einem Hochhaus befindet und in die richtige Richtung blickt, würde einen bestürzenden Schleier des Durcheinanders sehen, auf den die sofortige Vernichtung folgt.

Nach wenigen Minuten wären in einem Gebiet von Denver bis Detroit, das auch Chicago, St. Louis, Kansas City, die Zwillingsstädte St. Paul und Minneapolis umfasst – also kurz gesagt, im gesamten mittleren Westen der USA – fast alle Gebäude plattgewalzt oder in Flammen aufgegangen, und nahezu alle Lebewesen wären tot.[29] Noch 1500 Kilometer entfernt würden Menschen umgeworfen und von einem Hagel aus fliegenden Gegenständen aufgeschlitzt oder erschlagen. Erst in noch größerem Abstand würde die Zerstörungswirkung allmählich nachlassen.

Und das ist nur die erste Druckwelle. Wie groß die Zerstörungen wären, kann man nur vermuten, aber in jedem Fall kämen sie plötzlich und hätten weltweite Ausmaße. Der Einschlag würde mit ziemlicher Sicherheit eine ganze Serie verheerender Erdbeben auslösen. Überall auf der Erde würden Vulkane zu grummeln beginnen und Feuer speien. Flutwellen würden sich aufbauen und an weit entfernten Küsten riesige Zerstörungen anrichten. Innerhalb einer Stunde würden schwarze Wolken den ganzen Planeten einhüllen, überall würden glühende Steine und andere Trümmer herabregnen und große Teile der Erdoberfläche in Brand setzen. Nach Schätzungen wären am Ende des ersten Tages bereits eineinhalb Milliarden Menschen tot. Durch die gewaltigen Störungen in der Ionosphäre würden weltweit die Kommunikationsverbindungen zusammenbrechen, sodass die Überlebenden keine Ahnung mehr hätten, was in anderen Regionen vor sich geht. Es würde auch kaum eine Rolle spielen. Flüchten, so ein Kommentator, würde bedeuten, dass man statt des schnellen den langsamen Tod wählt. Die Zahl der Opfer würde durch alle nur denkbaren Ausweichbewegungen kaum beeinflusst, denn die Fähigkeit der Erde, Leben zu erhalten, wäre ganz allgemein vermindert.[30]

Ruß und Asche vom Einschlag und den nachfolgenden Bränden würden die Sonne sicher einige Monate, vielleicht auch mehrere Jahre lang verdunkeln und die biologischen Wachstumskreisläufe unterbrechen. Im Jahr 2001 analysierten Wissenschaftler am California Institute of Technology Heliumisotope aus Sedimenten, die vom Einschlag an der KT-Grenze übrig geblieben waren. Dabei stellte sich heraus, dass das Weltklima ungefähr 10 000 Jahre lang beeinträchtigt war.[31] Der Befund sprach wieder einmal für die Vorstellung, dass die Dinosaurier nach erdgeschichtlichen Maßstäben sehr schnell und auf dramatische Weise ausstarben. Wie gut – und ob überhaupt – die Menschheit mit einem solchen Ereignis zurechtkäme, können wir nur vermuten.

Und wie gesagt: Aller Wahrscheinlichkeit nach käme es ohne Vorwarnung buchstäblich aus heiterem Himmel.

Aber nehmen wir einmal an, wir hätten das Objekt kommen sehen. Was würden wir tun? Allgemein nimmt man an, wir würden einen Atomsprengkopf in den Weltraum jagen, der es in Stücke reißt. Aber diese Idee hat ihre Probleme. Zunächst einmal weist John S. Lewis darauf hin, dass unsere Waffen nicht für den Einsatz im Weltraum konstruiert sind.[32] Sie entwickeln nicht genügend Schub, um das Schwerefeld der Erde zu verlassen, und selbst wenn das gelänge, besäßen sie keinen Mechanismus, mit dem man sie Zigmillionen Kilometer durch den Weltraum steuern könnte. Und noch weniger können wir wie in dem Film *Armageddon* eine Schiffsladung voller Weltraumcowboys beauftragen, die Sache für uns zu erledigen; wir besitzen nicht einmal mehr eine Rakete, die stark genug ist, um einen Menschen auf den Mond zu transportieren. Das letzte Modell, das dazu in der Lage war, die Saturn V, wurde schon vor Jahren ausgemustert und nie ersetzt. Wir könnten auch nicht schnell eine neue bauen, denn die Pläne für die Startvorrichtungen der Saturn-Raketen wurden im Rahmen eines Hausputzes bei der NASA vernichtet.

Und selbst wenn wir irgendwie einen Atomsprengkopf zum Asteroiden bringen und ihn zertrümmern könnten, wird er mit großer Wahrscheinlichkeit nur zu einer Kette kleinerer Stücke werden, die nacheinander bei uns einschlagen wie Shoemaker-Levy 9 auf dem Jupiter – nur mit dem Unterschied, dass die Brocken jetzt stark radioaktiv wären. Nach Ansicht des Asteroidenfachmannes Tom Gehrels von der University of Arizona würde selbst eine Vorwarnzeit von einem Jahr nicht ausreichen, um geeignete Maßnahmen zu ergreifen.[33] Größer ist jedoch die Wahrscheinlichkeit, dass wir jedes Objekt – auch einen Kometen – erst sehen würden, wenn es nur noch sechs Monate von uns entfernt ist, und das wäre viel zu spät. Shoemaker-Levy 9 umkreiste den Jupiter schon seit 1929 auf einer verdächtigen Bahn, aber es dauerte über ein halbes Jahrhundert, bis ihn jemand bemerkte.[34]

Interessant ist noch etwas anderes: Da solche Dinge sehr schwierig und meist nur mit einer großen Fehlerspanne zu berechnen sind, wüssten wir selbst dann, wenn ein Objekt auf uns zusteuert, erst ganz am Ende – während der letzten Wochen –, ob mit Sicherheit eine Kollision bevorsteht. Vorher würden wir uns während der Annäherung in einer Art Trichter der Unsicherheit befinden. Es wären mit Sicherheit die interessantesten Monate der Weltgeschichte. Und man stelle sich nur die Party vor, wenn die Kollision ausbleibt!

»Wie oft kommen Einschläge wie der von Manson vor?«, frage ich Anderson und Witzke, bevor ich mich verabschiede.

»Ach, im Durchschnitt ungefähr alle Million Jahre«, erwidert Witzke.

»Und denken Sie daran«, fügt Anderson hinzu, »das hier war ein relativ unbedeutendes Ereignis. Wissen Sie, wie viele biologische Arten durch den Einschlag von Manson ausgestorben sind?«

»Keine Ahnung.«

»Keine«, erklärt er mit seltsam zufriedenem Gesicht. »Keine Einzige.«

Aber natürlich, so fügen beide eilig und mehr oder weniger gleichzeitig hinzu, habe es auf der Erde die gerade beschriebenen schrecklichen Zerstörungen gegeben, und in mehreren 100 Kilometern Umkreis um die Einschlagstelle sei alles vernichtet worden. Aber das Leben ist zäh, und als der Rauch sich verzog, gab es aus allen biologischen Arten so viele Überlebende, dass keine auf Dauer verschwand.

Die gute Nachricht lautet offenbar: Es muss schon entsetzlich viel passieren, damit eine Spezies ausgelöscht wird. Die schlechte: Auf die gute Nachricht kann man sich nicht verlassen. Und noch schlimmer ist, dass wir eigentlich gar nicht in den Weltraum blicken müssen, um schreckliche Gefahren zu finden. Wie wir noch sehen werden, hält auch die Erde selbst eine Fülle von Bedrohungen für uns bereit.

14.
Feuer von unten

Im Sommer 1971 erkundete der junge Geologe Mike Voorhies ein Stück Weideland im Osten Nebraskas, nicht weit von der Kleinstadt Orchard, wo er aufgewachsen war. Während er durch einen Graben mit steilen Böschungen ging, sah er über sich im Gebüsch einen seltsamen Schimmer. Als er hochgeklettert war und sich die Sache genauer ansah, fand er den hervorragend erhaltenen Schädel eines jungen Nashorns, den starker Regen kurz zuvor freigelegt hatte.

Wie sich herausstellte, befand sich wenige Meter weiter eine der ungewöhnlichsten Fossillagerstätten, die man jemals in Nordamerika entdeckt hatte. Ein ausgetrocknetes Wasserloch war zum Massengrab für eine Fülle von Tieren geworden – Nashörner, zebraähnliche Pferde, Säbelzahnhirsche, Kamele, Schildkröten. Alle waren vor knapp 12 Millionen Jahren – zu einer Zeit, die in der Geologie als Miozän bezeichnet wird – durch eine rätselhafte Katastrophe ums Leben gekommen. Nebraska war damals eine riesige, warme Ebene, ganz ähnlich wie heute die Serengeti in Afrika. Als man die Tiere fand, waren sie unter einer bis zu drei Meter dicken Schicht aus Vulkanasche begraben. Das Rätselhafte dabei: Es gibt in Nebraska keine Vulkane und hat auch nie welche gegeben.

Heute trägt die Stelle, wo Voorhies seine Entdeckung machte, den Namen Ashfall Fossil Beds State Park. Es gibt hier ein schickes neues Besucherzentrum und ein Museum, das die geologischen Verhältnisse des Bundesstaates und die Geschichte der Fossillagerstätten auf wohl überlegte Weise präsentiert. Zu dem Besucherzentrum gehört auch ein Labor mit gläsernen Wänden, wo die Besucher zusehen können, wie Paläontologen die Knochen reinigen. An dem Morgen, als ich hier zu Besuch bin, arbeitet ein einziger Mann ganz allein in dem Labor: ein fröhlicher, grauhaariger Bursche im blauen Arbeitshemd. Es ist Mike Voorhies – ich kenne ihn aus der Fernsehdokumentation der BBC, in der er mitgewirkt hat. Der Ashfall Fossil Beds State Park hat nicht übermäßig viele Besucher – dazu ist seine Lage zu abgeschieden –, und Voorhies hat ganz offensichtlich Spaß daran, mich herumzuführen. Er zeigt mir die Stelle oberhalb des sechs Meter tiefen Grabens, wo er seine Entdeckung gemacht hat.

»Es war ein blöder Ort, um nach Knochen zu suchen«, sagt er fröhlich. »Aber ich habe gar nicht nach Knochen gesucht. Eigentlich wollte ich damals eine geologische Karte des Ostens von Nebraska zeichnen, und deshalb habe ich nur herumgestöbert. Wenn ich nicht diesem Graben gefolgt wäre, und wenn der Regen nicht kurz zuvor den Schädel freigelegt hätte, wäre ich vorbeigelaufen, und man hätte das alles nicht gefunden.«[1] Er zeigt auf einen überdachten Verschlag, in dem die wichtigste Ausgrabungsstelle liegt. Dort hat man ein riesiges Durcheinander von etwa 200 Tieren gefunden.

Ich frage ihn, warum es ein blöder Ort für die Suche nach Knochen war. »Nun ja, wenn man nach Knochen sucht, braucht man eigentlich frei liegendes Gestein. Deshalb findet Paläontologie meist in heißen, trockenen Regionen statt. Dort gibt es nicht etwa mehr Knochen, aber man hat eine bessere Chance, sie ausfindig zu machen. In einer Umgebung wie hier« – er macht mit dem Arm eine weit ausholende Bewegung über die riesige, eintönige Prärie – »weiß man überhaupt nicht, wo man anfangen soll. Da draußen könnten wirklich tolle Sachen liegen, aber die Oberfläche bietet keinen Anhaltspunkt, wo man am besten mit der Suche beginnt.«

Anfangs glaubte man, die Tiere seien lebendig begraben worden, und das schrieb Voorhies 1981 auch in einem Artikel des *National Geographic Magazine*.[2] »In dem Bericht wurde die Stelle als ›Pompeji der prähistorischen Tiere‹ bezeichnet«, erklärt er mir, »aber das war ein unglücklicher Name, denn kurz danach wurde uns klar, dass die Tiere durchaus nicht plötzlich gestorben waren. Sie litten alle an der so genannten hypertrophen pulmonalen Osteodystrophie – die bekommt man, wenn man viel körnige Asche einatmet. Und sie müssen viel davon aufgenommen haben, denn die Asche lag über Hunderte von Kilometern in einer meterdicken Schicht.« Er hebt einen grauen, lehmartigen Erdbrocken auf und zerkrümelt ihn in meine Hand. Es fühlt sich pulverig, aber auch ein wenig wie Sand an. »Übles Zeug, wenn man es einatmen muss«, fährt er fort. »Es ist zwar sehr feinkörnig, aber die Körner sind auch scharf. Jedenfalls sind die Tiere hier zu der Wasserstelle gekommen, vermutlich um ihren Durst zu löschen, und dann sind sie elend gestorben. Die Asche muss alles kaputtgemacht haben. Sie hat das ganze Gras unter sich begraben, alle Blätter bedeckt und das Wasser zu einem ungenießbaren grauen Schlamm gemacht. Das war sicher alles andere als angenehm.«

In dem BBC-Bericht hatte es sich so angehört, als seien derart große Aschevorkommen in Nebraska eine Überraschung. In Wirklichkeit wusste man schon lange, dass dort viel Asche abgelagert war. Seit fast einem Jahrhundert baute man sie ab und stellte daraus Scheuerpulver wie Comet und Ajax her. Aber seltsamerweise hatte sich nie jemand die Frage gestellt, woher die ganze Asche eigentlich stammte.

»Es ist ein bisschen peinlich«, sagt Voorhies mit einem kurzen Lächeln, »aber das erste Mal habe ich darüber nachgedacht, als der Redakteur von *National Geographic* mich nach der Herkunft der Asche fragte. Ich musste gestehen, dass ich es nicht wusste. Niemand wusste es.«

Voorhies schickte Proben an Kollegen im gesamten Westen der Vereinigten Staaten und fragte sie, ob sie daran irgendetwas wiedererkannten. Mehrere Monate später nahm der Geologe Bill Bonnichsen vom Idaho Geological Survey Kontakt mit ihm auf und erklärte, die Asche stimme mit einer vulkanischen Ablagerung an einem Ort namens Bruneau-Jarbidge im Südwesten von Idaho überein. Die Tiere in den Ebenen Nebraskas waren durch einen Vulkanausbruch ums Leben gekommen, dessen Ausmaße bis dahin undenkbar erschienen – er war so gewaltig, dass er 1500 Kilometer entfernt, im Osten von Nebraska, eine drei Meter hohe Ascheschicht hinterlassen hatte. Wie sich herausstellte, liegt unter dem Westen der Vereinigten Staaten ein riesiger Magmaherd, ein Zentrum der Vulkanaktivität, das vor rund 600 000 Jahren mit seinem Ausbruch eine riesige Katastrophe auslöste. Der letzte Ausbruch liegt also etwas mehr als 600 000 Jahre zurück. Den Magmaherd gibt es immer noch. Heute heißt er Yellowstone-Nationalpark.

Über das, was sich unter unseren Füßen abspielt, wissen wir verblüffend wenig. Es ist ein bemerkenswerter Gedanke: Autos von Ford rumpelten über die Straßen und Baseball-Clubs traten schon in den World Series gegeneinander an, bevor wir wussten, dass die Erde einen Kern hat. Und die Vorstellung, dass die Kontinente auf der Erdoberfläche driften wie Seerosenblätter auf dem Wasser, ist erst seit einer Generation Allgemeingut. »So seltsam dies auch erscheinen mag«, schrieb Richard Feynman, »wir verstehen die Verteilung von Materie im Inneren der Sonne weit besser als das Erdinnere.«[3]

Die Entfernung von der Oberfläche zum Mittelpunkt der Erde beträgt gut 6400 Kilometer – keine besonders große Strecke.[4] Würde man ein Loch bis zum Mittelpunkt bohren und einen Backstein hineinfallen lassen, so würde er Berechnungen zufolge nach nur 45 Minuten unten ankommen (dort hätte er allerdings kein Gewicht mehr, weil die Schwerkraft der Erde nicht mehr nur unter ihm, sondern über ihm und um ihn herum ist). Bisher haben wir aber nur wahrhaft bescheidene Versuche unternommen, in Richtung des Mittelpunkts vorzudringen. Die eine oder andere Goldmine in Südafrika ist bis zu drei Kilometer tief, die meisten Bergwerke liegen aber nicht mehr als 400 Meter unter der Oberfläche. Wäre die Erde ein Apfel, hätten wir damit noch nicht einmal die Schale durchstoßen. Wir sind sogar nicht einmal annähernd so weit.

Bis vor einem knappen Jahrhundert wussten auch die kenntnisreichsten wissenschaftlichen Köpfe über das Erdinnere nicht mehr als ein Bergmann: Man kann ein Stück weit durch Erde graben, dann trifft man auf Gestein, und das war's. Erst 1906 fiel dem irischen Geologen Richard Dixon Oldham nach einem Beben in Guatemala bei der Analyse von Erdbebenwellen auf, dass manche Stoßwellen bis zu einer Stelle tief im Inneren der Erde vorgedrungen und dann in einem Winkel abgeprallt waren, als wären sie auf eine Art Barriere gestoßen. Daraus zog er den Schluss, dass die Erde einen Kern haben muss. Drei Jahre später untersuchte der kroatische Seismologe Andrija Mohorovičić die Messkurven von einem Erdbeben in Zagreb, und dabei bemerkte er eine ähnlich seltsame Ablenkung, die aber in weit geringerer Tiefe stattgefunden hatte. Damit hatte er die Grenze zwischen der Erdkruste und der unmittelbar darunter liegenden Schicht, dem Erdmantel, gefunden; diese Zone ist seitdem als Mohorovičić-Diskontinuität oder kurz Moho bekannt.

Allmählich kristallisierte sich eine vage Vorstellung von der Schichtstruktur des Erdinneren heraus – aber sie war wirklich nur vage. Erst 1936 entdeckte die dänische Wissenschaftlerin Inge Lehmann bei der Untersuchung der Seismogramme von Erdbeben in Neuseeland, dass der Kern zwei Teile hat: einen inneren, der nach heutiger Kenntnis fest ist, und einen äußeren (denjenigen, den Oldham entdeckt hatte), der vermutlich flüssig ist und von dem das Magnetfeld der Erde ausgeht.

Ungefähr zur gleichen Zeit, als Lehmann die seismischen Wellen von Erdbeben untersuchte und damit unsere Grundkenntnisse über das Erdinnere erweiterte, entwickelten zwei Geologen am California Institute of Technology eine Methode, um verschiedene Erdbeben zu vergleichen. Sie hießen Charles Richter und Beno Gutenberg, aber aus Gründen, die nichts mit Fairness zu tun haben, wurde ihr Maßstab sofort ausschließlich Richter-Skala genannt. (Es lag auch nicht an Richter. Er war ein bescheidener Mensch und bezeichnete die Skala selbst nie mit seinem Namen; stattdessen sprach er immer nur von »der Größenskala«[5].)

Die Richter-Skala wurde von Nichtwissenschaftlern fast immer missverstanden, heute vielleicht etwas weniger als am Anfang: Damals wollten Besucher, die Richter in seinem Arbeitszimmer aufsuchten, häufig die berühmte Skala sehen, die sie für eine Art Maschine hielten. In Wirklichkeit ist sie natürlich mehr ein Gedanke als ein Gegenstand, ein willkürliches Maß für die Erschütterungen der Erde, wie man sie an der Oberfläche messen kann. Sie steigt logarithmisch an: Ein Beben der Stärke 7,3 ist fünfzigmal stärker als eines der Stärke 6,3 und tausendmal stärker als eines, bei dem der Wert 5,3 gemessen wird.[6]

Für die Stärke von Erdbeben gibt es zumindest theoretisch keine Obergrenze – und übrigens auch keine Grenze nach unten. Die Skala ist nur ein Maß für die Kraft, sagt aber nichts über Zerstörungen aus. Ein Beben der Stärke 7, das sich tief im Erdmantel ereignet – beispielsweise in 600 Kilometer Tiefe –, richtet an der Oberfläche vielleicht überhaupt keinen Schaden an; ein wesentlich kleineres dagegen, das nur sieben Kilometer unter der Oberfläche abläuft, ist möglicherweise mit verheerenden, weiträumigen Zerstörungen verbunden. Viel hängt auch von der Art des Unterbodens, von der Dauer des Bebens, von Häufigkeit und Schwere der Nachbeben sowie von den physikalischen Gegebenheiten in dem betroffenen Gebiet ab. Aus allen diesen Gründen sind die erschreckendsten Erdbeben nicht unbedingt die stärksten, auch wenn die Kraft natürlich eine wichtige Rolle spielt.

Das größte Erdbeben seit der Erfindung der Skala fand (je nachdem, welcher Quelle man Glauben schenkt) entweder im März 1964 im Prince William Sound vor Alaska statt – es erreichte den Wert 9,2 auf der Richter-Skala – oder aber 1960 im Pazifik vor der Küste Chiles, wo anfangs die Stärke 8,6 gemessen wurde, die aber manche maßgeblichen Institutionen (darunter die United States Geological Survey) später auf wahrhaft gewaltige 9,5 korrigierten. Wie man schon an dieser Tatsache ablesen kann, ist die Messung von Erdbeben nicht immer exakte Wissenschaft, insbesondere wenn man Messwerte aus abgelegenen Gegenden interpretieren muss. So oder so hatten beide Erdbeben riesige Ausmaße. Das Beben von 1960 richtete nicht nur an der gesamten Küste Südamerikas umfangreiche Schäden an, sondern es setzte auch eine ungeheure Flutwelle in Gang, die 10 000 Kilometer weit über den Pazifik rollte, bis sie schließlich die Innenstadt von Hilo auf Hawaii hinwegfegte, 500 Gebäude zerstörte und 60 Menschen tötete.

Ähnliche Überflutungen forderten im weit entfernten Japan und auf den Philippinen sogar noch mehr Opfer.

Was aber die reine gezielte Zerstörung angeht, war eines der heftigsten Erdbeben in historischer Zeit jenes, das am Allerheiligentag (dem 1. November) 1755 die portugiesische Hauptstadt Lissabon erschütterte und weitgehend dem Erdboden gleichmachte. Kurz vor zehn Uhr morgens erlebte die Stadt plötzlich einen seitlichen Ruck, der nach heutigen Schätzungen die Stärke 9,0 hatte, und dann wurde sie volle sieben Minuten lang durchgeschüttelt. Das Beben war so stark, dass das Wasser aus dem Hafen der Stadt strömte und als 15 Meter hohe Welle zurückkehrte, die ebenfalls zur Zerstörung beitrug. Als die Bewegung schließlich nachließ, konnten die Überlebenden sich nur über drei ruhige Minuten freuen, dann kam der zweite Stoß, der nur geringfügig schwächer war als der erste. Ein dritter und letzter folgte zwei Stunden später. Am Ende waren 60 000 Menschen tot, und im Umkreis von mehreren Kilometern lag praktisch kein Stein mehr auf dem anderen.[7] Im Vergleich dazu war das Erdbeben von 1906 in San Francisco mit einer Stärke von schätzungsweise 7,8 auf der Richter-Skala und einer Dauer von weniger als 30 Sekunden ein relativ kleines Ereignis.

Erdbeben kommen recht häufig vor. Jeden Tag ereignen sich irgendwo auf der Erde durchschnittlich zwei Beben mit einer Stärke von mindestens 2,0 – genug, damit alle Menschen in der Nähe einen ordentlichen Stoß verspüren. Zwar beobachtet man eine Häufung in bestimmten Regionen – insbesondere rund um den Pazifik –, Erdbeben können aber fast überall auftreten. In den Vereinigten Staaten sind nur Florida, der Osten von Texas und der Norden des Mittleren Westens fast immun – jedenfalls bisher. Neuengland erlebte in den letzten 200 Jahren zwei Beben der Stärke 6,0 oder größer. Im April 2002 erschütterte ein Beben der Stärke 5,1 die Region nicht weit vom Lake Champlain an der Grenze der Bundesstaaten New York und Vermont. Es richtete im näheren Umkreis umfangreiche Schäden an, und wie ich aus eigener Anschauung bestätigen kann, fielen noch in New Hampshire Bilder von den Wänden und Kinder aus dem Bett.

Der häufigste Typ von Erdbeben entsteht, wenn zwei tektonische Platten zusammentreffen, wie in Kalifornien entlang der San-Andreas-Störung. Schieben die Platten sich gegeneinander, baut sich eine Spannung auf, bis beide mit einem Ruck nachgeben. Je mehr Zeit zwischen zwei Erdbeben vergeht, desto größer ist in der Regel die angestaute Spannung, und desto höher ist demnach auch die Wahrscheinlichkeit für einen starken Erdstoß. Besonders beunruhigend ist dies im Falle Tokios. Bill McGuire, ein Gefahrenexperte am Londoner University College, bezeichnet die japanische Hauptstadt als »Stadt, die auf ihren Tod wartet«[8] (eine Formulierung, die man sicher nicht in Touristenprospekten finden wird). Tokio steht auf der Grenze zwischen drei tektonischen Platten, und das in einem Land, das ohnehin für seinen geologisch unruhigen Untergrund bekannt ist. In böser Erinnerung ist das Jahr 1995, als die knapp 500 Kilometer westlich gelegene Großstadt Kobe von einem Beben der Stärke 7,2 betroffen war, bei dem 6394 Menschen ums Leben kamen. Der Schaden wurde damals auf 99 Milliarden Dollar geschätzt. Aber das war noch gar nichts – nun ja, oder jedenfalls relativ wenig – im Vergleich zu dem, was Tokio möglicherweise noch bevorsteht.

Die japanische Hauptstadt war schon einmal Schauplatz eines der verheerendsten Erdbeben der Neuzeit. Am 1. September 1923, kurz vor zwölf Uhr mittags, wurde die Stadt von dem so genannten Großen Kanto-Beben erschüttert, das über zehntausendmal stärker war als das Beben von Kobe. Es forderte 200 000 Todesopfer. Seit jener Zeit herrscht in Tokio geradezu gespenstische Ruhe, das heißt, unter der Oberfläche bauen sich seit 80 Jahren Spannungen auf. Irgendwann werden sie sich lösen. Im Jahr 1923 hatte Tokio rund drei Millionen Einwohner, heute sind es fast 30 Millionen. Niemand macht sich die Mühe, die Zahl der möglichen Todesopfer zu schätzen, aber der potenzielle wirtschaftliche Schaden wurde mit bis zu sieben Billionen Dollar beziffert.[9]

Noch beunruhigender, weil weniger gut bekannt und überall jederzeit möglich, sind die selteneren Erdbeben, die sich innerhalb einzelner tektonischer Platten entladen. Sie ereignen sich weitab von den Plattengrenzen und sind deshalb völlig unvorhersehbar. Und da ihr Ausgangspunkt in viel größerer Tiefe liegt, pflanzen sie sich häufig auch über viel größere Gebiete fort. Berüchtigt war beispielsweise eine Serie von drei Beben, die sich im Winter 1811/12 in New Madrid im US-Bundesstaat Missouri ereignete. Es begann am 16. Dezember kurz nach Mitternacht. Die Bewohner erwachten zunächst vom panischen Geschrei des Viehs (dass Tiere vor einem Erdbeben nervös werden, ist kein Ammenmärchen, sondern eine gut belegte Tatsache, auch wenn niemand den genauen Grund kennt), und dann folgte ein gewaltiges, brechendes Geräusch, das tief aus der Erde kam. Die Bewohner stürzten aus ihren Häusern und wurden Zeugen, wie das Land sich in bis zu einem Meter hohen Wellen bewegte. Spalten von mehreren Metern Tiefe öffneten sich, und stechender Schwefelgeruch erfüllte die Luft. Das Beben dauerte vier Minuten und richtete die üblichen, verheerenden materiellen Schäden an. Unter den Augenzeugen war der Künstler John James Audubon, der sich zufällig gerade in der Gegend aufhielt. Das Beben pflanzte sich mit derartiger Kraft in alle Richtungen fort, dass es noch im fast 700 Kilometer entfernten Cincinnati im US-Staat Ohio die Schornsteine umstürzen ließ, und zumindest nach einem Bericht »zerstörte es die Schiffe in den Häfen an der Ostküste und ... ließ sogar Gerüste einstürzen, die man in Washington, D. C., rund um das Kapitol errichtet hatte«.[10] Am 23. Januar und 4. Februar folgten weitere, ähnlich starke Beben. Seitdem ist in New Madrid alles ruhig geblieben – was aber nicht verwunderlich ist, denn soweit man weiß, haben sich solche Episoden nie zweimal am gleichen Ort abgespielt. Nach heutiger Kenntnis ereignen sie sich ebenso zufällig wie Blitze. Das nächste Beben könnte unter Chicago, Paris oder Kinshasa stattfinden. Man kann darüber nicht einmal Vermutungen anstellen. Und was ist die Ursache für derart gewaltige Störungen innerhalb einer Platte? Irgendein Vorgang tief in der Erde. Viel mehr wissen wir nicht.

In den sechziger Jahren des 20. Jahrhunderts waren die Wissenschaftler wegen ihrer mangelnden Kenntnisse über das Erdinnere so frustriert, dass sie sich entschlossen, etwas Grundlegendes herauszufinden. Genauer gesagt, kamen sie auf die Idee, durch den Meeresboden (die kontinentale Kruste erschien ihnen zu dick) eine Bohrung bis zur Moho-Diskontinuität zu treiben und so Proben aus dem Erdmantel zu gewinnen, die sie dann nach Belieben untersuchen konnten. Dahinter stand der Gedanke, man müsse etwas über die verschiedenen Gesteine im Erdinneren wissen, um so ihre gegenseitigen Wechselwirkungen zu verstehen und daraus möglicherweise Vorhersagen über Erdbeben und andere unangenehme Ereignisse abzuleiten.

Wie nicht anders zu erwarten, wurde das Projekt unter dem Namen Mohole (Moho-Loch) bekannt, und es endete mit einem Debakel.[11] Man wollte einen Bohrer vor der Küste Mexikos mehr als 4000 Meter tief im Pazifik versenken und dann durch das Krustengestein bohren, das dort mit etwas über 5000 Metern relativ dünn ist. Von einem Schiff auf hoher See aus zu bohren, »gleicht dem Versuch, von der obersten Etage des Empire State Building aus mit einem Spaghetti ein Loch in den Bürgersteig von New York zu bohren«, wie ein Meeresforscher es formulierte.[12] Alle Versuche endeten mit Fehlschlägen. Die tiefste Bohrung kam über 183 Meter nicht hinaus, und aus dem Mohole wurde das No-Hole. Im Jahr 1966 hatte man genug von ständig steigenden Kosten und ausbleibenden Ergebnissen: Der amerikanische Kongress stellte das Vorhaben ein.

Vier Jahre später entschlossen sich sowjetische Wissenschaftler, an Land ihr Glück zu versuchen. Sie entschieden sich für eine Stelle auf der Kola-Halbinsel in Russland, nicht weit von der finnischen Grenze. Als sie an die Arbeit gingen, hatten sie vor, die Bohrung bis in eine Tiefe von 15 Kilometern zu treiben. Das erwies sich als unerwartet schwierig, aber die Sowjets waren von lobenswerter Hartnäckigkeit. Als sie 19 Jahre später schließlich aufgaben, waren sie bis in eine Tiefe von 12 262 Metern vorgedrungen. Wenn man bedenkt, dass die Erdkruste nur rund 0,3 Prozent des Volumens unseres Planeten ausmacht[13] und dass das Loch auf der Kola-Halbinsel diese Kruste noch nicht einmal zu einem Drittel durchdrungen hatte, können wir kaum behaupten, wir hätten das Erdinnere erobert.

Interessanterweise erlebten die Wissenschaftler aber schon mit diesem bescheidenen Loch jede Menge Überraschungen. Auf Grund seismischer Untersuchungen waren sie mit ziemlicher Sicherheit davon überzeugt, dass sie bis in eine Tiefe von 4700 Metern auf Sedimentgestein stoßen würden, gefolgt von Granit auf den nächsten 2300 Metern und dann von Basalt. Als es so weit war, stellte sich heraus, dass das Sedimentgestein um 50 Prozent dicker war, als man erwartet hatte, und die Basaltschicht fand man überhaupt nicht. Außerdem war es dort unten viel wärmer, als irgendjemand angenommen hatte: In 10 000 Metern Tiefe herrschten bereits 180 Grad Celsius, fast das Doppelte der vorhergesagten Temperatur. Am überraschendsten aber war, dass das Gestein in dieser Tiefe mit Wasser gesättigt war – das hatte nun wirklich niemand für möglich gehalten.

Da wir nicht ins Erdinnere blicken können, müssen wir uns anderer Methoden bedienen; in den meisten Fällen handelt es sich dabei um die Interpretation von Wellen, die durch die Erde gewandert sind. Einige Kenntnisse über den Erdmantel stammen auch aus den so genannten Kimberlit-Schloten, in denen die Diamanten entstehen.[14] Tief in der Erde findet eine Explosion statt, die eigentlich eine Kanonenkugel aus Magma mit Überschallgeschwindigkeit in Richtung der Oberfläche abfeuert. Das geschieht rein zufällig. Gerade während Sie dieses Buch lesen, könnte hinter Ihrem Haus ein Kimberlit-Schlot explodieren. Da das Material aus großer Tiefe – bis zu 200 Kilometern – stammt, bringt es alle möglichen Dinge mit, die an der Oberfläche oder in ihrer Nähe normalerweise nicht zu finden sind, beispielsweise ein als Peridotit bezeichnetes Gestein, Olivinkristalle und ganz gelegentlich, ungefähr in einem unter 100 Schloten, Diamanten. Das Material, das die Schlote ausstoßen, enthält eine Menge Kohlenstoff, der aber zum größten Teil verdampft oder sich in Graphit verwandelt. Nur in seltenen Fällen schießt ein Schwall genau mit der richtigen Geschwindigkeit nach oben und kühlt sich ausreichend schnell ab, sodass er zum Diamanten wird. Ein solcher Schlot machte Johannesburg zur Welthauptstadt des Diamantenbergbaus, aber es könnte auch andere, noch größere geben, die wir nur nicht kennen. Die Geologen wissen, dass es irgendwo im Nordosten des US-Bundesstaates Indiana Anhaltspunkte für einen Schlot oder eine Gruppe von Schloten von wahrhaft gewaltigen Ausmaßen gibt. An verschiedenen Stellen in dieser Region hat man Diamanten von bis zu 20 Karat gefunden, aber die Ursprungsstelle konnte bisher niemand ausfindig machen. Nach Ansicht von John McPhee könnte sie wie der Krater von Manson in Iowa unter Gletscherschutt begraben liegen oder sich unter den Großen Seen befinden.

Was wissen wir denn nun eigentlich über das Erdinnere? Die Antwort: sehr wenig. Allgemein sind sich die Fachleute einig, dass die Welt unter unseren Füßen aus vier Schichten besteht: einer äußeren Kruste aus Gestein, einem Mantel aus zähflüssigem Gestein, einem flüssigen äußeren Kern und einem festen inneren Kern.*[15] Wir wissen, dass an der Oberfläche die Silikate vorherrschen, die relativ leicht sind und deshalb nicht allein die Gesamtdichte des Planeten ausmachen können. Im Inneren muss sich demnach schwereres Material befinden. Weiterhin wissen wir, dass es irgendwo im Erdinneren einen dichten Gürtel aus flüssigen metallischen Elementen geben muss, der das Erdmagnetfeld erzeugt. Bis hierher herrscht allgemein Einigkeit. Alles, was darüber hinausgeht – die Wechselbeziehungen zwischen den Schichten, die Ursachen ihres Verhaltens und ihr Verhalten in der Zukunft –, ist zumindest mit einer gewissen Unsicherheit behaftet, und ganz allgemein sind die Ungewissheiten groß.

Selbst der einzige Teil, den wir sehen können, die Kruste, ist Gegenstand einer recht hitzigen Debatte. In fast allen Lehrbüchern der Geologie kann man nachlesen, die kontinentale

* Hier die Ausmaße der einzelnen Schichten für jene, die sich ein genaueres Bild vom Erdinneren machen möchten (Zahlen sind jeweils Durchschnittswerte): Kruste bis 40 Kilometer, oberer Mantel 40 bis 400 Kilometer, Übergangszone zwischen oberem und unterem Mantel 400 bis 650 Kilometer, unterer Mantel 650 bis 2700 Kilometer. Dann folgt von 2700 bis 2890 Kilometer die »D«-Schicht (eine Übergangszone), von 2890 bis 5150 Kilometer die äußere Schale des Kerns und von 5150 bis 6378 Kilometer der eigentliche Kern.

Kruste sei unter den Meeren fünf bis zehn Kilometer, unter den Kontinenten rund 40 Kilometer und unter hohen Gebirgen bis 70 Kilometer dick, aber in diesem allgemeinen Rahmen beobachtet man zahlreiche rätselhafte Schwankungen. Unter dem Gebirge der Sierra Nevada beispielsweise hat die Kruste nur eine Dicke von 25 bis 40 Kilometern – warum, weiß niemand. Nach allen Gesetzmäßigkeiten der Geophysik müsste die Sierra Nevada eigentlich versinken, als stünde sie auf Treibsand.[16] (Und manche Fachleute glauben auch, dass es so ist.)

In der Frage, wie und wann die Erde mit ihrer Kruste ausgestattet wurde, sind die Geologen in zwei große Lager gespalten: Die einen glauben, es sei sehr plötzlich in der Frühzeit der Erdgeschichte geschehen, nach Ansicht der anderen bildete sich die Kruste erst sehr viel später und ganz allmählich. Solche Themen sind sehr gefühlsbeladen. Richard Armstrong von der Yale University formulierte Anfang der sechziger Jahre des 20. Jahrhunderts eine Theorie der frühzeitigen Entstehung und musste dann den Rest seiner Berufslaufbahn darauf verwenden, sich mit den Vertretern anderer Ansichten auseinander zu setzen. Er starb 1991 an Krebs, aber kurz vor seinem Tod »holte er in einer australischen geowissenschaftlichen Fachzeitschrift zu einem polemischen Rundumschlag gegen seine Kritiker aus und warf ihnen vor, sie verbreiteten Märchen«, so ein Artikel der Zeitschrift *Earth* aus dem Jahr 1998. Und ein Kollege berichtete: »Er starb als verbitterter Mensch.«

Die Kruste und ein Teil des äußeren Mantels werden gemeinsam auch als Lithosphäre bezeichnet (von griechisch *lithos*, Stein). Sie schwimmt auf einer weicheren Gesteinsschicht, der Asthenosphäre (von den griechischen Ausdrücken für »ohne Kraft«), aber solche Begriffe sind nie ganz zufrieden stellend. Wenn man sagt, dass die Lithosphäre auf der Asthenosphäre schwimmt, denkt man an ein leichtes Schweben, das es in diesem Ausmaß in Wirklichkeit nicht gibt. Ähnlich irreführend ist es auch, wenn man sich vorstellt, Gestein würde so fließen, wie wir es von anderen Materialien auf der Erdoberfläche kennen. Gestein ist zwar zähflüssig, aber nur ungefähr in dem gleichen

Umfang wie Glas.[17] Auch wenn man es nicht sieht, fließt Glas unter dem unbarmherzigen Zug der Schwerkraft ständig abwärts. Eine wirklich alte Fensterscheibe, die man aus einer europäischen Kathedrale entnimmt, ist am unteren Ende stets merklich dicker als oben. Von dieser Art des »Fließens« ist hier die Rede. Der Stundenzeiger einer Uhr bewegt sich ungefähr zehntausendmal schneller als das »fließende« Gestein des Erdmantels.

Dabei handelt es sich nicht nur um seitliche Bewegungen, mit denen die Platten der Erdkruste über die Oberfläche treiben, sondern sie verlaufen auch auf und ab: Das Gestein steigt und fällt unter dem Einfluss eines Umwälzungsprozesses, den man als Konvektion bezeichnet.[18] Zu dem Schluss, dass es einen solchen Vorgang geben muss, gelangte der exzentrische Graf von Rumford erstmals gegen Ende des 18. Jahrhunderts. 60 Jahre später äußerte ein englischer Geistlicher namens Osmond Fisher die weitsichtige Vermutung, das Erdinnere könne so flüssig sein, dass sein Inhalt sich hin und her bewege, aber bis diese Idee eine größere Anhängerschaft fand, sollte noch viel Zeit vergehen.[19]

Als den Geophysikern um 1970 klar wurde, welche Umwälzungen sich da unten abspielen, war das ein ziemlicher Schock. Shawna Vogel formuliert es in dem Buch *Naked Earth. The New Geophysics* so: »Es war, als hätten die Wissenschaftler Jahrzehnte damit zugebracht, die Schichten der Erdatmosphäre – Troposphäre, Stratosphäre und so weiter – gegeneinander abzugrenzen, um dann plötzlich festzustellen, dass es auch so etwas wie den Wind gibt.«[20]

Wie tief die Konvektion hinabreicht, ist immer noch umstritten. Nach Ansicht mancher Fachleute beginnt sie in einer Tiefe von einigen hundert Kilometern, andere geben 3000 Kilometer an. Nach Angaben von Donald Trefil besteht das Problem darin, »dass es zwei Gruppen von Daten gibt, die aus unterschiedlichen Fachgebieten stammen und nicht miteinander zu vereinbaren sind«.[21] Die Geochemiker behaupten, bestimmte Elemente auf der Erdoberfläche könnten nicht aus dem oberen Mantel stammen, sondern müssten ihren Ursprung in tieferen

Schichten haben. Deshalb müsse sich das Material aus oberem und unterem Mantel hin und wieder vermischen. Die Seismologen dagegen beharren darauf, es gebe keine Indizien, die eine solche Ansicht stützen.

Deshalb kann man nur eines mit Sicherheit sagen: Wenn wir immer weiter in Richtung des Erdmittelpunkts vordringen, verlassen wir an irgendeiner nicht ganz genau bestimmten Stelle die Asthenosphäre und treten in den eigentlichen Mantel ein. Angesichts der Tatsache, dass er 82 Prozent des Volumens der Erde und 65 Prozent ihrer Masse ausmacht,[22] zieht der Mantel relativ wenig Aufmerksamkeit auf sich, insbesondere weil die Vorgänge, für die sich Wissenschaftler und Laienpublikum gleichermaßen interessieren, sich entweder (wie der Magnetismus) in größerer Tiefe oder (wie beispielsweise die Erdbeben) dichter unter der Oberfläche abspielen. Wir wissen, dass der Mantel bis in einer Tiefe von rund 160 Kilometern vorwiegend aus einem als Peridotit bezeichneten Gestein besteht, aber was das Material in dem Bereich jenseits davon betrifft, herrscht Unsicherheit. Nach einem Bericht in dem Fachblatt *Nature* scheint es sich jedenfalls nicht um Peridotit zu handeln. Viel mehr wissen wir nicht.

Unter dem Mantel liegen die beiden Schichten des Kerns: der feste innere und der flüssige äußere Kern. Wie man sich leicht vorstellen kann, verfügen wir nur über indirekte Erkenntnisse, aber immerhin kann man in diesem Bereich einige vernünftige Vermutungen anstellen. So weiß man beispielsweise, dass am Erdmittelpunkt ein derart hoher Druck herrscht – er ist etwa drei Millionen Mal höher als an der Oberfläche[23] –, dass Gestein dort in jedem Fall fest wird. Außerdem kann man aus der Erdgeschichte (und anderen Indizien) ableiten, dass der innere Kern seine Wärme sehr gut festhält. Es ist zwar eigentlich nur eine Vermutung, aber man nimmt an, dass die Temperatur im Kern über vier Milliarden Jahre hinweg nur um rund 110 Grad Celsius gesunken ist. Wie hoch die Temperatur im Erdkern liegt, weiß niemand genau; die Schätzungen reichen von 3900 bis 7200 Grad – damit wäre er ungefähr so heiß wie die Oberfläche der Sonne.

Über den äußeren Kern weiß man in vielerlei Hinsicht weniger gut Bescheid, aber es herrscht allgemein Einigkeit, dass er flüssig ist und dass hier das Magnetfeld seinen Ursprung hat. Im Jahr 1949 stellte Edward Crisp Bullard von der Universität Cambridge die Theorie auf, dass dieser flüssige Teil des Erdkerns durch seine besondere Art der Drehung zu einer Art Elektromotor wird, der das Magnetfeld der Erde erzeugt. Nach dieser Vorstellung verhalten sich die flüssigen Substanzen in der Erde, die sich durch Konvektion bewegen, in gewisser Weise wie der Strom in einem Draht. Was sich dabei im Einzelnen abspielt, weiß man nicht, aber man ist sich ziemlich sicher, dass es mit der Rotation des Erdkerns und seinem flüssigen Zustand zu tun hat. Himmelskörper, die keinen flüssigen Kern besitzen, wie beispielsweise Mond und Mars, haben auch kein Magnetfeld.

Bekannt ist auch, dass die Stärke des Erdmagnetfeldes sich ab und an verändert: Zur Zeit der Dinosaurier war es bis zu dreimal so stark wie heute.[24] Darüber hinaus wissen wir, dass seine Richtung durchschnittlich rund alle 500 000 Jahre wechselt, wobei sich hinter diesem Durchschnittswert aber ein starkes Maß an Unberechenbarkeit verbirgt. Die letzte Umkehrung liegt etwa 750 000 Jahre zurück. Manchmal bleibt die Orientierung des Magnetfeldes mehrere Millionen Jahre lang gleich – die längste derartige Phase erstreckte sich anscheinend über 37 Millionen Jahre[25] –, zu anderen Zeiten wechselte sie jeweils schon nach 20 000 Jahren. Insgesamt haben in den letzten 100 Millionen Jahren ungefähr 200 derartige Umkehrungen stattgefunden, aber was die Ursachen angeht, haben wir nicht einmal eine vernünftige Ahnung. Das Phänomen wurde als »die größte unbeantwortete Frage der Geowissenschaften« bezeichnet.[26]

Möglicherweise erleben wir auch gerade jetzt eine solche Umkehrung. Das Magnetfeld der Erde hat sich allein in den letzten 100 Jahren um bis zu sechs Prozent abgeschwächt. Jede derartige Verminderung des Magnetfeldes ist vermutlich etwas Schlechtes, denn Magnetismus hält nicht nur Notizen am Kühlschrank fest und sorgt dafür, dass Kompassnadeln in die richtige Richtung zeigen, sondern er ist für uns lebenswichtig. Im Weltraum gibt es eine Fülle schädlicher kosmischer Strahlungen, und ohne magnetischen Schutz würden diese Strahlen unseren Körper durchdringen und die Information in großen Teilen unserer DNA unleserlich machen. Solange das Magnetfeld funktioniert, hält es die Strahlen in sicherer Entfernung von der Erdoberfläche und lenkt sie in die so genannten Van-Allen-Gürtel, zwei Zonen im Weltraum nicht weit von unserem Planeten. Außerdem treten sie mit Teilchen in den oberen Atmosphäreschichten in Wechselwirkung und erzeugen so die zauberhaften Lichtschleier, die wir unter dem Namen Nord- und Südlicht kennen.

Interessanterweise hat unser Unwissen seine Ursache zu einem großen Teil darin, dass man sich traditionell wenig Mühe gegeben hat, die Erforschung der Vorgänge über und innerhalb der Erde zu koordinieren. Oder, wie Shawna Vogel es formuliert: »Geologen und Geophysiker besuchen kaum einmal dieselben Tagungen, und ebenso selten arbeiten sie gemeinsam an den gleichen Fragestellungen.«[27]

Vielleicht nirgendwo zeigt sich unser unzulängliches Wissen über die Dynamik im Erdinneren so deutlich wie in der Tatsache, dass es uns kalt erwischt, wenn sie sich bemerkbar macht. Wohl kaum ein anderes Ereignis war deshalb eine so heilsame Erinnerung an die Grenzen unserer Kenntnisse wie der Ausbruch des Mount St. Helens im US-Bundesstaat Washington im Jahre 1980.

Damals hatte es in den zusammenhängenden 48 Bundesstaaten der USA seit über 65 Jahren keinen Vulkanausbruch mehr gegeben. Die staatlichen Vulkanologen, die das Verhalten des St. Helens überwachen und vorhersagen sollten, hatten nur auf Hawaii aktive Vulkane gesehen, und wie sich herausstellte, war das keineswegs das Gleiche.

Das unheilvolle Grummeln des Mount St. Helens begann am 20. März. Eine Woche später spie er bis zu 100-mal am Tag Magma aus, allerdings nur in bescheidenen Mengen. Außerdem wurde er ständig von Erdbeben erschüttert. Man evakuierte die Menschen und brachte sie in eine Entfernung von 13 Kilometern, die man für sicher hielt. Als die Aktivität sich verstärkte, wurde der St. Helens zur Attraktion für Touristen aus der ganzen Welt. Die Zeitungen gaben täglich Tipps, von welchen Stellen aus man den besten Blick hatte. Immer wieder flogen Fernsehteams mit Hubschraubern zum Gipfel und man sah sogar Menschen, die auf den Berg kletterten. An einem Tag umkreisten über 70 Helikopter und Kleinflugzeuge den Gipfel. Aber als ein Tag nach dem anderen verging, ohne dass sich aus dem Grummeln etwas Dramatisches entwickelt hätte, machte sich Unruhe breit, und allgemein setzte sich die Ansicht durch, der Vulkan werde letztlich doch nicht ausbrechen.

Am 19. April beulte sich die Nordflanke des Berges verdächtig aus. Bemerkenswerterweise erkannte kein Verantwortlicher, dass sich damit eine seitliche Eruption ankündigte. Die Seismologen stützten sich mit ihren Erkenntnissen ausschließlich auf ihre Beobachtungen an den Vulkanen auf Hawaii, die niemals in seitlicher Richtung ausbrechen.[28] Eigentlich gab es nur einen, der etwas wahrhaft Schlimmes vorhersagte: Jack Hyde, Professor für Geologie an einem kommunalen College in Tacoma. Er wies darauf hin, dass der St. Helens im Gegensatz zu den hawaiianischen Vulkanen nicht über einen offenen Schlot verfügte, sodass der Druck, der sich im Inneren aufstaute, irgendwann unter dramatischen und möglicherweise katastrophalen Umständen abgebaut werden musste. Aber Hyde gehörte nicht zu den amtlichen Beobachtern, und seine Überlegungen fanden kaum Aufmerksamkeit.

Was als Nächstes geschah, wissen wir alle. Am Sonntag, dem 18. Mai um 8 Uhr 32 morgens brach die Nordseite des Vulkans auf, und eine riesige Staub- und Gesteinslawine raste mit fast 250 Stundenkilometern den Bergabhang hinunter. Es war der größte Erdrutsch der Menschheitsgeschichte, und die dabei transportierte Materialmenge hätte ausgereicht, um ganz Manhattan unter einer 120 Meter tiefen Schicht zu begraben.[29] Eine Minute später detonierte der St. Helens mit der Kraft von 500 Hiroshima-Atombomben[30] und stieß eine mörderisch heiße Wolke mit bis zu 1000 Stundenkilometern aus – natürlich viel zu schnell, als dass irgendjemand im näheren Umkreis hätte fliehen können. Sie holte auch viele Menschen ein, die sich in sicherer Entfernung glaubten und den Vulkan unter Umständen noch nicht einmal sehen konnten. 57 Personen kamen ums

Leben,[31] und die Leichen von 23 der Opfer wurden nie gefunden. Hätte sich der Ausbruch nicht an einem Sonntag ereignet, hätte die Zahl der Toten noch viel höher gelegen. An einem Werktag wären viele Waldarbeiter in der Todeszone tätig gewesen. Noch in fast 30 Kilometern Entfernung kamen Menschen ums Leben.

Das größte Glück hatte an jenem Tag ein Doktorand namens Harry Glicken. Er hatte zuvor einen Beobachtungsposten neun Kilometer vom Berg entfernt besetzt, sollte aber am 18. Mai in Kalifornien zu einem Einstellungsgespräch an einem College erscheinen und war deshalb am Tag vor dem Ausbruch abgereist. Seinen Platz nahm David Johnston ein; dieser berichtete als einer der Ersten über den Ausbruch und war wenige Augenblicke später tot. Seine Leiche fand man nie. Auch Glickens Glück war nicht von langer Dauer. Elf Jahre später gehörte er zu einer Gruppe von 43 Wissenschaftlern und Journalisten, die an dem japanischen Vulkan Unzen in ein tödliches Gemisch aus überhitzter Asche, Gasen und geschmolzenem Gestein – eine so genannte pyroklastische Strömung – geriet; auch hier hatte man die Aktivität des Vulkans falsch eingeschätzt, und das mit katastrophalen Folgen.

Vulkanforscher gehören vielleicht nicht unbedingt zu den Wissenschaftlern auf der Welt, die am wenigsten in der Lage sind, Voraussagen zu machen, aber in jedem Fall erkennen sie am wenigsten von allen, wie schlecht ihre Voraussagen sind. Noch nicht einmal zwei Jahre nach der Katastrophe am Unzen stieg eine andere Gruppe unter Leitung von Stanley Williams von der University of Arizona in den Krater des aktiven Vulkans Galeras in Kolumbien hinunter. Obwohl es in den vorangegangenen Jahren so viele Todesfälle gegeben hatte, trugen nur zwei der 16 Mitglieder Sicherheitshelme und andere Schutzausrüstung. Der Vulkan brach aus, sechs Wissenschaftler und mit ihnen auch drei Touristen, die ihnen gefolgt waren, kamen ums Leben, und mehrere andere, darunter Williams selbst, wurden schwer verletzt.

In einem außerordentlich wenig selbstkritischen Buch mit dem Titel *Der Feuerberg* schrieb Williams später, er habe »nur erstaunt den Kopf geschüttelt«[32], als er erfahren habe, dass er nach

Ansicht seiner Vulkanforscherkollegen wichtige seismische Signale übersehen oder missachtet und sich verantwortungslos verhalten habe. »Es ist so einfach, hinterher nachzutreten und sich auf die Kenntnisse zu berufen, die wir heute über die Ereignisse von 1993 besitzen«, schrieb er. Nach seiner eigenen Überzeugung hatte er sich keines schlimmeren Vergehens schuldig gemacht als einen unglücklichen Zeitpunkt zu wählen, als der Galeras »sich launisch verhielt, wie Naturkräfte es so häufig tun. Ich habe mich täuschen lassen, und dafür übernehme ich die Verantwortung. Aber ich fühle mich nicht schuldig am Tod meiner Kollegen. Es gibt keine Schuld. Es gab nur eine Eruption.«

Aber zurück in den US-Bundesstaat Washington. Der Mount St. Helens verlor mehr als 400 Meter an Höhe, und fast 600 Quadratkilometer Wald wurden verwüstet. Die umgeknickten Bäume hätten ausgereicht, um 150 000 Einfamilienhäuser (nach manchen Berichten auch 300 000) zu bauen. Der Schaden wurde mit 2,7 Milliarden Dollar beziffert. Eine riesige Säule aus Rauch und Asche stieg in noch nicht einmal zehn Minuten bis in eine Höhe von 20 000 Metern auf. Der Pilot einer rund 50 Kilometer entfernten Linienmaschine berichtete, sein Flugzeug sei von Steinbrocken bombardiert worden.[33]

90 Minuten nach dem Ausbruch begann in Yakima, einer kleinen, rund 130 Kilometer entfernten Stadt mit 50 000 Einwohnern, der Ascheregen. Wie nicht anders zu erwarten, machte die Asche den Tag zur Nacht und setzte sich überall ab – sie verstopfte Motoren, Generatoren und elektrische Schalter, nahm Fußgängern die Luft, blockierte Filtersysteme und brachte das gesamte Leben zum Stillstand. Der Flughafen wurde ebenso geschlossen wie die Landstraßen, die in die Stadt führten.

Wohlgemerkt: Das alles spielte sich im unmittelbaren Umfeld eines Vulkans ab, der bereits seit zwei Monaten drohend grummelte. Dennoch gab es in Yakima keinen Notfallplan für Vulkanausbrüche.[34] Das städtische Rundfunksystem, das eigentlich in Krisensituationen in Aktion treten sollte, ging nicht auf Sendung; der Grund: »Die Sonntagmorgenschicht wusste nicht, wie man die Geräte bedient.« Drei Tage lang war Yakima gelähmt und von der Außenwelt abgeschnitten, der Flughafen war geschlossen, die Zufahrtsstraßen unpassierbar. Und dabei regnete nach dem Ausbruch des Mount St. Helens insgesamt nur eine knapp zwei Zentimeter dicke Ascheschicht auf die Stadt herab. Das sollte man im Hinterkopf behalten, wenn wir uns als Nächstes ansehen, welche Auswirkungen ein Ausbruch in der Yellowstone-Region hätte.

15.
Gefährliche Schönheit

In den sechziger Jahren des 20. Jahrhunderts beschäftigte sich Bob Christiansen vom United States Geological Survey mit der Geschichte der vulkanischen Aktivitäten im Yellowstone-Nationalpark. Dabei stieß er auf ein Rätsel, das vor ihm seltsamerweise noch niemandem aufgefallen war: Er konnte den Vulkan des Parks nicht finden. Dass das Yellowstone-Gebiet vulkanischer Natur war, wusste man schon lange – es ist der Grund, dass es dort so viele Geysire und andere natürliche Wärmequellen gibt –, und ein Vulkan ist ja normalerweise ein sehr auffälliges Gebilde. Dennoch konnte Christiansen nirgendwo im Yellowstone-Park einen Vulkan ausfindig machen. Insbesondere fand er nicht die typische Struktur, die man als Caldera bezeichnet.

Wenn wir an Vulkane denken, stellen wir uns meist die klassische Kegelform eines Fuji oder Kilimandscharo vor. Sie entsteht, wenn ausgebrochene Lava als symmetrischer Berg erstarrt, und das geschieht unter Umständen bemerkenswert schnell. Im Jahr 1943 bemerkte ein erstaunter Bauer in der mexikanischen Ortschaft Paricutin, wie Rauch von seinem Land aufstieg.[1] Eine Woche später war er der verblüffte Besitzer eines 150 Meter hohen Kegels. Nach zwei Jahren war der Berg mehr als 400 Meter hoch und hatte einen Durchmesser von fast einem Kilometer. Insgesamt gibt es auf der Erde rund 10 000 solche offen sichtbaren Vulkane, die mit Ausnahme von ein paar 100 erloschen sind. Es gibt aber auch einen zweiten, weniger bekannten Vulkantyp, der nicht mit der Entstehung von Bergen in Verbindung steht. Diese Vulkane sind so explosiv, dass sie mit einem einzigen großen Knall ausbrechen, und anschließend bleibt eine riesige, abgesunkene Grube zurück, die Caldera (von dem lateinischen Wort für einen Kessel). Der Yellowstone-Vulkan musste zu diesem zweiten Typ gehören, aber eine Caldera fand Christiansen nirgendwo.

Zur gleichen Zeit wollte die NASA gerade einige neue Kameras für Aufnahmen aus großer Höhe testen, und dabei wurden auch Bilder des Yellowstone-Gebiets gemacht. Ein hilfsbereiter Beamter gab Kopien an die Parkbehörde weiter in der Annahme, sie könnten zu einem neuen Schmuckstück für eines der Besucherzentren werden. Als Christiansen die Fotos sah, wusste er sofort, warum er die Caldera nicht ausfindig gemacht hatte: Praktisch der gesamte Park, eine Fläche von fast 9000 Quadratkilometern, gehörte dazu. Der Ausbruch hatte einen Krater von fast 70 Kilometern Durchmesser hinterlassen, und deshalb war die Senke viel zu groß, als dass ein bodengebundener Beobachter sie bemerken konnte. Irgendwann in der Vergangenheit muss der Yellowstone-Vulkan mit einer Gewalt ausgebrochen sein, die alle menschlichen Maßstäbe bei weitem überstieg.

Heute wissen wir, dass Yellowstone ein Supervulkan ist. Er liegt über einem riesigen Magmaherd, einem Reservoir mit geschmolzenem Gestein, das aus einer Tiefe von mindestens 200 Kilometern aufsteigt. Seine Wärme liefert die Energie für die vielen Schlote, Geysire, heißen Quellen und kochenden Schlammtümpel im Yellowstone-Nationalpark. Die unterirdische Magmakammer hat einen Durchmesser von rund 73 Kilometern – damit ist sie ungefähr ebenso groß wie der Park –, und an der dicksten Stelle ist sie 14 Kilometer hoch. Man stelle sich einen Stapel TNT von der eineinhalbfachen Größe des Saarlandes vor, der 14 Kilometer hoch in den Himmel ragt und dort die höchsten Federwolken berührt, dann hat man eine Ahnung davon, über was für einem Gebilde die Besucher des Yellowstone-Parks herumspazieren. Durch den Druck, den dieser Magmavorrat auf die Erdkruste ausübt, liegen die Yellowstone-Region und ein Gebiet in 500 Kilometern Umkreis um etwa 500 Meter höher, als es sonst der Fall wäre. Welche Katastrophe ein Ausbruch hervorrufen würde, kann man sich überhaupt nicht vorstellen. Professor Bill McGuire vom Londoner University College meint: »Bei einer Eruption käme man nicht näher als 1000 Kilometer heran.«[2] Und die Folgen wären noch in einem weitaus größeren Umkreis zu spüren.

Riesige Magmaherde wie der, über dem die Yellowstone-Region liegt, ähneln ein wenig einem Martiniglas: Sie sind unten schmal, werden zur Oberfläche hin breiter und bilden ein gewaltiges Gefäß voll instabilen Magmas. Ein solches Reservoir kann einen Durchmesser von bis zu 2000 Kilometern haben. Verschiedenen Theorien zufolge muss es nicht unbedingt mit einer Explosion ausbrechen, sondern es kann auch platzen und sich in einem großen, ununterbrochenen Strom aus geschmolzenem Gestein entladen. Auf diese Weise entstanden beispielsweise vor 65 Millionen Jahren die Deccan Traps in Indien. (*Traps* kommt in diesem Zusammenhang von einem schwedischen Wort für einen bestimmten Lavatyp; Deccan ist einfach der Name der Region.) Sie bedeckten ein Gebiet von über 500 000 Quadratkilometern und trugen durch das ausströmende, giftige Gas vermutlich zum Aussterben der Dinosaurier bei – oder zumindest verlangsamten sie es nicht gerade. Ähnliche Magmaherde dürften auch die Grabenbrüche erzeugen, die dann zum Auseinanderbrechen der Kontinente führen.

Solche Herde sind durchaus nicht selten. Derzeit gibt es auf der Erde etwa 30 aktive derartige Stellen, und sie haben viele der bekanntesten Inseln und Inselgruppen hervorgebracht – Island, Hawaii, die Azoren, die Kanarischen und die Galapagos-Inseln, das kleine Pitcairn mitten im Südpazifik und viele andere –, aber mit Ausnahme des Yellowstone-Gebiets liegen sie alle unter dem Ozean. Niemand hat auch nur die geringste Ahnung, warum dieser eine unter einer kontinentalen Platte zu liegen kam. Sicher ist nur zweierlei: Die Erdkruste ist im Yellowstone-Gebiet besonders dünn, und die Bereiche darunter sind sehr heiß. Aber ob die Kruste wegen der heißen Stelle so dünn ist, oder ob die heiße Stelle sich dort befindet, weil die Kruste dünn ist, wird hitzig (wie passend!) diskutiert. Die Tatsache, dass es sich um eine kontinentale Kruste handelt, spielt für die Ausbrüche eine große Rolle. Während die anderen Supervulkane meist stetig blubbern und relativ gutartig sind, neigt der in der Yellowstone-Region zu explosiven Ausbrüchen. Sie ereignen sich nicht oft, aber wenn es geschieht, sollte man sich nicht in der Nähe befinden.

Seit der ersten bekannten Eruption vor 16,5 Millionen Jahren ist er ungefähr 100 Mal ausgebrochen, aber nur über die letzten drei derartigen Ereignisse wird ausführlich geschrieben. Die jüngste Eruption war 1000-mal größer als die des Mount St. Helens, die davor 280-mal größer, und die drittletzte war so groß, dass niemand ihr genaues Ausmaß kennt. Im Vergleich zum St. Helens lag der Faktor bei mindestens 2500, vielleicht aber auch bei 8000.

Wir kennen absolut nichts Vergleichbares. Der größte Ausbruch in jüngerer Zeit war der des Krakatau in Indonesien im August 1883. Der Knall war neun Tage lang rund um die Erde zu hören,[3] und er erzeugte noch im Ärmelkanal eine Flutwelle. Aber wenn man das Volumen des dabei ausgestoßenen Materials auf die Größe eines Golfballs verkleinern würde, wären die Produkte des größten Yellowstone-Ausbruchs immer noch so groß, dass man sich hinter der Kugel verstecken könnte. Der Mount St. Helens wäre nach diesem Maßstab noch nicht einmal so groß wie eine Erbse.

Bei dem Yellowstone-Ausbruch vor zwei Millionen Jahren wurde so viel Asche frei, dass sie den gesamten US-Bundesstaat New York 22 Meter hoch oder Kalifornien sechs Meter hoch unter sich begraben hätte. Aus dieser Asche entstanden die Fossillagerstätten, die Mike Voorhies im Osten Nebraskas fand. Die Eruption ereignete sich im heutigen Idaho, aber im Laufe der Jahrmillionen hat sich die Erdkruste mit einer Geschwindigkeit von rund zweieinhalb Zentimetern im Jahr verschoben, sodass die Stelle heute unmittelbar unter dem Nordwesten von Wyoming liegt. (Der Magmaherd selbst bleibt immer am gleichen Ort, wie ein Acetylenschneidbrenner, den man gegen die Zimmerdecke richtet.) Dahinter blieben Ebenen mit fruchtbarem Vulkanboden zurück, der sich ideal für den Kartoffelanbau eignet – das wissen die Bauern von Idaho schon seit langer Zeit.

Geologen scherzen gern, die Yellowstone-Region werde in weiteren zwei Millionen Jahren die Pommes frites für McDonald's liefern, und die Bevölkerung von Billings in Montana werde zwischen Geysiren herumlaufen.

Der Ascheregen der letzten Yellowstone-Eruption bedeckte das Gebiet von 19 heutigen US-Bundesstaaten sowie Teile Kanadas und Mexikos – fast die gesamten Vereinigten Staaten westlich des Mississippi. In diesem Gebiet, das sollte man nicht vergessen, liegt der Brotkorb Amerikas: Hier wächst ungefähr die Hälfte der Weltgetreideproduktion. Und Asche, auch daran sollte man denken, ist kein Schnee, der im nächsten Frühjahr wieder taut. Wenn man danach wieder Getreide anbauen will, muss man einen Ort finden, an den man die ganze Asche bringt. Tausende von Arbeitern waren acht Monate lang damit beschäftigt, 1,8 Milliarden Tonnen Trümmer von dem 65 Hektar großen Gelände des World Trade Center in New York zu beseitigen. Wie lange würde es wohl dauern, Kansas aufzuräumen?

Und dabei sind die Folgen für das Klima noch nicht einmal berücksichtigt. Der letzte Ausbruch eines Supervulkans war der des Toba auf Sumatra vor 74 000 Jahren.[4] Man weiß nur, dass er riesig war, aber das genaue Ausmaß kennt niemand. Wie man an Eisbohrkernen aus Grönland erkennt, setzte anschließend ein sechsjähriger »Vulkanwinter« ein, und danach war das Pflanzenwachstum wahrscheinlich noch längere Zeit gestört. Dieses Ereignis hätte nach heutiger Kenntnis vermutlich fast zum Aussterben der Menschen geführt – die Weltbevölkerung wurde auf nur noch 1000 Personen dezimiert. Demnach stammen alle heutigen Menschen von einer sehr kleinen Ausgangspopulation ab, und damit haben wir eine Erklärung für unsere geringe genetische Vielfalt. Jedenfalls deuten manche Indizien darauf hin, dass die Gesamtzahl der Menschen während der nachfolgenden 20 000 Jahre nie über einige 1000 hinausging.[5] Es braucht wohl nicht besonders betont zu werden, dass dies nach einem einzigen Vulkanausbruch eine sehr lange Erholungszeit ist.

Das alles war bis 1973 eigentlich nur von theoretischem Interesse, aber dann wurde es durch eine seltsame Beobachtung plötzlich sehr konkret: Das Wasser im Yellowstone Lake mitten in dem Nationalpark stieg am Südrand des Sees plötzlich über die Ufer und überschwemmte eine Wiese, während es am anderen Ende auf rätselhafte Weise absank. Bei eiligen Vermessungsarbeiten stellten die Geologen fest, dass sich in einem großen Bereich des Parks eine unheilvolle Ausbeulung gebildet hatte. Das eine Ende des Sees hob sich, sodass das Wasser in die andere Richtung strömte, als würde man ein Kinderplanschbecken auf einer Seite anheben. Schon 1984 lag der gesamte Mittelteil des Parks – rund 100 Quadratkilometer – um ungefähr einen Meter höher als 1924, als man den Park offiziell vermessen hatte. Im Jahr 1985 sank dann die Mitte des Parks wiederum 20 Zentimeter ab. Derzeit scheint sie erneut aufzusteigen.

Den Geologen war klar, dass der Vorgang nur eine Ursache haben konnte: eine unruhige Magmakammer. Unter dem Yellowstone-Nationalpark befand sich kein alter, sondern ein sehr aktiver Supervulkan. Ungefähr zur gleichen Zeit fand man auch heraus, dass der Kreislauf der Yellowstone-Eruptionen durchschnittlich alle 600 000 Jahre zu einem großen Ausbruch führt. Der letzte liegt interessanterweise 630 000 Jahre zurück. Yellowstone, so scheint es, ist überfällig.

»Sie merken es vielleicht nicht, aber Sie stehen hier auf dem größten aktiven Vulkan der Welt«[6], erklärt mir Paul Doss, Geologe beim Yellowstone-Nationalpark, nachdem er von seiner riesigen Harley Davidson gestiegen ist und mir die Hand geschüttelt hat. Wir haben uns am frühen Morgen eines angenehmen Junitages beim Verwaltungszentrum des Parks in Mammoth Hot Springs getroffen. Doss, gebürtig aus Indiana, ist ein liebenswürdiger, sanfter, sehr nachdenklicher Mann. Mit dem grauen Bart und den zu einem langen Pferdeschwanz zusammengebundenen Haaren sieht er überhaupt nicht so aus, wie man sich einen Nationalparkmitarbeiter vorstellt. Ein Saphir-Piercing schmückt ein Ohr, und unter der adretten Uniform der Parkverwaltung zeichnet sich ein kleines Bäuchlein ab. Man würde ihn eher für einen Bluesmusiker als für einen Angestellten des öffentlichen Dienstes halten. Blues spielt er tatsächlich (auf der Mundharmonika), aber sein Beruf und seine große

Liebe ist die Geologie. »Dafür bin ich hier am besten Ort der Welt«, sagt er, als wir uns in einem robusten, mitgenommenen Wagen mit Allradantrieb in Richtung des Geysirs »Old Faithful« auf den Weg machen. Ich darf Doss einen Tag lang bei der normalen Arbeit eines Nationalparkgeologen zusehen. Heute besteht seine erste Aufgabe darin, vor einer neuen Gruppe von Fremdenführern einen Einführungsvortrag zu halten.

Es braucht wohl nicht besonders erwähnt zu werden, dass der Yellowstone-Nationalpark von atemberaubender Schönheit ist: gedrungene, majestätische Berge, Wiesen voller Bisons, murmelnde Wasserläufe, ein himmelblauer See, unzählige wilde Tiere. »Besser kann man es nicht haben, wenn man Geologe ist«, sagt Doss. »Oben bei Beartooth Gap gibt es Gestein, das ist fast drei Milliarden Jahre alt – drei Viertel des Alters der Erde. Und dann haben wir hier die Mineralquellen« – dabei zeigt er auf die heißen Schwefelquellen, denen Mammoth seinen Namen verdankt. »An denen kann man sehen, wie Gestein geboren wird. Und dazwischen liegt alles, was man sich nur vorstellen kann. Ich habe nie eine Stelle kennen gelernt, wo die Geologie offenkundiger ist – oder schöner.«

»Es gefällt Ihnen also?«, frage ich.

»O nein, ich liebe es von ganzem Herzen«, erwidert er mit tiefster Überzeugung. »Ich meine, ich habe es wirklich lieb. Der Winter ist hart, und die Bezahlung ist nicht gerade toll, aber wenn alles stimmt, ist es einfach …«

Er unterbricht sich und zeigt nach Westen. In der Ferne ist gerade eine Lücke der Bergkette ins Blickfeld gerückt. Wie er mir erklärt, wurden diese Berge früher als Gallatins bezeichnet. »Die Lücke hat einen Durchmesser von 100 oder vielleicht auch 110 Kilometern. Lange wusste niemand, warum sie dort ist, aber dann erkannte Bob Christiansen, dass es die Berge einfach weggerissen haben muss. Wenn Berge auf einer Strecke von 100 Kilometern verschwinden, dann weiß man, dass das einen ziemlich heftigen Grund haben muss. Sechs Jahre hat Christiansen gebraucht, um das alles herauszufinden.«

Ich will wissen, was damals die Ursache für den großen Ausbruch war.

»Keine Ahnung. Das weiß niemand. Vulkane sind seltsam. Eigentlich verstehen wir sie überhaupt nicht. Der Vesuv in Italien war 300 Jahre aktiv, bis zu einem Ausbruch im Jahr 1944, und seither schweigt er einfach. Er ist ganz ruhig. Manche Vulkanforscher glauben, dass er sich ganz heftig neu auflädt, und das ist natürlich ein bisschen beunruhigend, denn in seiner Nähe leben zwei Millionen Menschen. Aber genau weiß es niemand.«

»Und welche Vorwarnzeit hätten Sie, wenn es im Yellowstone-Park losgeht?«

Er zuckt die Achseln. »Als er das letzte Mal gespuckt hat, war noch niemand dabei, und deshalb weiß auch niemand, wie die Warnzeichen aussehen. Vermutlich gäbe es viele Erdbeben, die Oberfläche würde sich ein wenig heben, und möglicherweise würde sich auch das Verhalten von Geysiren und Dampfschloten verändern, aber das sind nur Vermutungen.«

»Er könnte also auch ohne Vorwarnung ausbrechen?«

Doss nickt nachdenklich. Wie er mir erklärt, besteht das Hauptproblem darin, dass alle Phänomene, die Warnzeichen darstellen könnten, im Yellowstone-Gebiet bereits in einem gewissen Umfang vorhanden sind. »Erdbeben sind in der Regel die Vorboten eines Vulkanausbruchs, aber es gibt in dem Park auch jetzt schon eine Menge Erdbeben – allein im letzten Jahr waren es 1260. Die meisten sind so klein, dass man sie nicht spürt, aber Erdbeben sind es dennoch.«

Weiter erklärt er mir, dass auch eine Veränderung im Zeitplan der Geysirausbrüche ein Hinweis sein könnte, aber der ist ohnehin unberechenbaren Schwankungen unterworfen. Früher war der Excelsior Geyser die berühmteste Heißwasserfontäne des Parks. Er brach regelmäßig aus und erreichte spektakuläre Höhen von fast 100 Metern, aber im Jahr 1888 stellte er seine Aktivität einfach ein. 1985 brach er dann erneut aus, allerdings nur mit einer Höhe von 25 Metern. Wenn der Steamboat Geyser ausbricht, ist er der größte Geysir in der Welt – sein Wasser schießt 130 Meter hoch in die Luft –, aber die Abstände zwischen den Ausbrüchen schwanken zwischen vier Tagen und fast 50 Jahren. »Wenn er heute aktiv wird und dann nächste Woche wieder, besagt das überhaupt nichts über sein Verhalten in der übernächsten Woche oder in der danach oder in 20 Jahren«, sagt Doss. »Alles in dem Park ist so launisch, dass man aus den Vorgängen fast nie irgendwelche Schlüsse ziehen kann.«

Ohnehin wäre es nicht einfach, den Yellowstone-Park zu evakuieren. Er ist jedes Jahr das Ziel von rund drei Millionen Besuchern, und die meisten kommen in den drei Monaten der sommerlichen Hochsaison. Es gibt in dem Park verhältnismäßig wenig Straßen, und die sind absichtlich eng gebaut, einerseits damit der Verkehr langsam fließt, andererseits aber auch damit das Landschaftsbild erhalten bleibt und teilweise außerdem wegen geländebedingter Notwendigkeiten. Im Hochsommer braucht man häufig einen halben Tag, um den Park zu durchqueren, und es dauert Stunden, bis man in dem Gelände irgendein Ziel erreicht hat. »Wenn die Leute ein Tier sehen, halten sie einfach an, ganz egal, wo«, erklärt Doss. »Wir haben einen Bär-Stau. Wir haben einen Bison-Stau. Wir haben einen Wolf-Stau.«

Im Herbst 2000 setzten sich Vertreter des U. S. Geological Survey und der Nationalparkverwaltung mit einigen Wissenschaftlern zusammen und gründeten eine Institution namens Yellowstone Volcanic Observatory. Vier solche Körperschaften gab es bereits – in Hawaii, Kalifornien, Alaska und Washington –, aber seltsamerweise existierte keine in dem größten Vulkangebiet der Welt. Das YVO ist eigentlich nichts Greifbares, sondern eher eine Idee – die Übereinkunft, bei der Untersuchung und Analyse der vielfältigen geologischen Verhältnisse in dem Park zusammenzuarbeiten. Wie Doss mir erzählt, bestand eine ihrer ersten Aufgaben darin, einen »Erdbeben- und Vulkan-Notfallplan« auszuarbeiten – einen Plan, wie man im Fall einer Krise vorgehen will.

»Gibt es den nicht schon?«, will ich wissen.

»Nein. Ich fürchte nicht. Aber bald haben wir ihn.«

»Ist das nicht ein bisschen spät?«

Er lächelt. »Na ja, sagen wir mal, es ist bestimmt nicht zu früh.«

Wenn er fertig ist, sollen drei Fachleute – Christiansen im kalifornischen Menlo Park, Professor Robert B. Smith an der University of Utah und Doss im Park selbst – die Katastrophengefahr beurteilen und die Parkverwaltung beraten. Der Parkleiter würde dann entscheiden, ob das Gebiet evakuiert wird. Für die umgebenden Regionen gibt es keine Pläne. Bei einem wirklich großen Ausbruch wäre jeder, der die Tore des Parks hinter sich gelassen hat, auf sich selbst gestellt.

Bis es so weit ist, können natürlich ohne weiteres noch Zehntausende von Jahren vergehen. Nach Doss' Ansicht muss ein solches Ereignis sogar überhaupt nicht eintreten. »Nur weil es früher eine Gesetzmäßigkeit gegeben hat, bedeutet das nicht, dass sie auch für die Zukunft gilt«, sagt er. »Manche Befunde legen die Vermutung nahe, dass zu dieser Gesetzmäßigkeit eine Reihe katastrophaler Explosionen gehört, auf die dann eine lange Ruhepause folgt. Vielleicht befinden wir uns jetzt in dieser Periode. Derzeit sprechen die Anhaltspunkte dafür, dass große Teile der Magmakammer sich abkühlen und auskristallisieren. Flüchtige Stoffe werden frei; die müssen aber aufgestaut werden, damit es zu einer explosiven Eruption kommt.«

Vorerst aber gibt es im Yellowstone-Park und um ihn herum zahlreiche andere Gefahren. Dies zeigte sich auf verheerende Weise in der Nacht des 17. August 1959 an einem Ort namens Hebgen Lake knapp außerhalb des Parks.[7] An jenem Tag, rund 20 Minuten vor Mitternacht, ereignete sich dort ein katastrophales Erdbeben. Es war mit einer Stärke von 7,5 auf der Richter-Skala nicht so heftig, wie Erdbeben sein können, aber mit seinen abrupten Stößen ließ es eine ganze Bergkette einstürzen. Das Ganze spielte sich auf dem Höhepunkt der sommerlichen Reisesaison ab, aber glücklicherweise besuchten damals noch nicht so viele Menschen den Yellowstone-Park wie heute. 80 Millionen Tonnen Gestein stürzten mit über 150 Stundenkilometern von dem Berg. Dabei erreichten sie eine derart hohe Energie, dass das vordere Ende des Erdrutsches sich auf der anderen Seite des Tales noch 120 Meter bergauf bewegte. Auf seinem Weg lag ein Teil des Campingplatzes von Rock Creek. 28 Camper kamen ums Leben, und 19 von ihnen wurden so tief begraben, dass man sie nicht mehr fand. Es waren sehr plötzliche und entsetzlich unberechenbare Zerstörungen. Drei Brüder zum Beispiel, die in einem Zelt schliefen, wurden verschont. Ihre Eltern dagegen lagen unmittelbar neben ihnen in einem zweiten Zelt – sie wurden hinweggefegt, und man sah sie nie wieder.

»Irgendwann wird sich ein großes Erdbeben ereignen – und ich meine ein wirklich großes«, erklärt mir Doss. »Darauf können Sie wetten. Das hier ist eine große Erdbeben-Verwerfungszone.«

Trotz des Bebens von Hebgen Lake und aller anderen bekannten Risiken wurden im Yellowstone-Nationalpark erst in den siebziger Jahren des 20. Jahrhunderts ständige Seismometer installiert.

Wer noch nicht richtig einschätzen kann, wie gewaltig und unausweichlich geologische Vorgänge sind, sollte sich die Tetons ansehen, eine großartig zerklüftete Bergkette unmittelbar südlich des Yellowstone-Nationalparks. Vor neun Millionen Jahren gab es die Tetons noch nicht. Rund um Jackson Hole erstreckten sich nur grasbewachsene Hochebenen. Aber dann öffnete sich in der Erde ein 65 Kilometer langer Graben, und seither erleben die Tetons ungefähr alle 900 Jahre ein großes Erdbeben, das ausreicht, um sie jedes Mal rund zwei Meter weiter in die Höhe zu heben. Diese Stöße, die sich über die Erdzeitalter hinweg ständig wiederholten, ließen die Berge zu ihrer heutigen majestätischen Höhe von mehr als 2000 Metern aufsteigen.

Die 900 Jahre sind ein Durchschnittswert, und der ist ein wenig irreführend. Nach Angaben von Robert B. Smith und Lee J. Siegel in ihrem Buch *Windows into the Earth*, einer geologischen Geschichte der Region, ereignete sich das letzte große Erdbeben im Bereich der Bergkette irgendwann vor 5000 bis 7000 Jahren. Die Tetons sind, kurz gesagt, unter allen Erdbebenregionen der Erde schon am längsten überfällig.

Beträchtliche Gefahren gehen auch von hydrothermalen Explosionen aus. Sie können sich jederzeit praktisch überall ereignen und sind völlig unberechenbar. »Wissen Sie, natürlich leiten wir die Besucher in die Senken mit den Thermalquellen«, erklärt mir Doss, nachdem wir gemeinsam einen Ausbruch des Geysirs Old Faithful beobachtet haben. »Deshalb kommen sie her. Wussten Sie, dass es im Yellowstone-Nationalpark mehr Geysire und heiße Quellen gibt als auf der ganzen übrigen Erde zusammen?«

»Nein.«

Er nickt. »Es sind 10000, und niemand weiß, wann sich die nächste Öffnung auftut.« Wir fahren zum Duck Lake, einem stehenden Gewässer mit einem Durchmesser von ein paar 100 Metern. »Der sieht völlig harmlos aus«, sagt er. »Es ist nur ein großer Teich. Aber früher gab es dieses Loch nicht. Irgendwann in den letzten 15 000 Jahren hat es hier richtig geknallt. Da wurden mehrere zigmillionen Tonnen Erde, Gestein und überhitztes Wasser mit Überschallgeschwindigkeit ausgestoßen. Sie können sich vorstellen, was passieren würde, wenn so etwas beispielsweise unter dem Parkplatz am Old Faithful oder bei einem der Besucherzentren passiert.« Er blickt unglücklich drein.

»Gäbe es denn überhaupt keine Warnung?«

»Vermutlich nicht. Die letzte nennenswerte Explosion in dem Park ereignete sich 1989 an einer Stelle namens Pork Chop Geyser. Sie hinterließ einen Krater von fünf Metern Durchmesser – nicht gerade riesig, aber groß genug, wenn man zu jener Zeit gerade dort stand. Glücklicherweise war niemand in der Nähe, und deshalb gab es keine Verletzten, aber es geschah völlig ohne Vorwarnung. In sehr ferner Vergangenheit haben Explosionen durchaus Löcher von eineinhalb Kilometer Durchmesser gerissen. Und niemand kann Ihnen sagen, wo oder wann so etwas wieder geschieht. Man kann nur hoffen, dass man dann nicht gerade daneben steht.«

Eine weitere Gefahr sind herabstürzende große Steine. Einen solchen Steinschlag gab es 1999 im Gardiner Canyon, aber wieder kamen glücklicherweise keine Menschen zu Schaden. Am späten Nachmittag halten Doss und ich an einer Stelle, wo über einer belebten Nationalparkstraße ein Felsüberhang droht. Die Risse im Gestein sind deutlich zu sehen. »Der könnte jederzeit runterkommen«, sagt Doss nachdenklich.

»Das ist doch nicht Ihr Ernst«, erwidere ich. Es gibt nicht

einen Augenblick, in dem nicht mindestens zwei Autos darunter vorbeifahren, und in allen sitzen vergnügte Touristen.

»Nun ja, die Wahrscheinlichkeit ist nicht sehr groß«, fügt er hinzu. »Ich sage nur, er *könnte.* Ebenso könnte alles noch jahrzehntelang so bleiben. Man kann es einfach nicht sagen. Die Leute müssen akzeptieren, dass es mit einem gewissen Risiko verbunden ist, wenn man hierher kommt. Das ist einfach so.«

Während wir zu seinem Auto zurückkehren und uns wieder in Richtung Mammoth Hot Springs auf den Weg machen, fügt Doss hinzu: »Das Merkwürdige ist, dass die schlimmen Dinge meistens nicht passieren. Felsen stürzen nicht ab. Erdbeben finden nicht statt. Neue heiße Quellen öffnen sich nicht plötzlich. Für so viel Instabilität ist es hier meistens erstaunlich ruhig.«

»Wie die Erde selbst«, bemerkte ich.

»Genau.«

Von den Risiken sind die Mitarbeiter des Yellowstone-Nationalparks genauso betroffen wie die Besucher. Ein grausiges Gespür dafür bekam Doss vor fünf Jahren, eine Woche nachdem er seine Stelle angetreten hatte. Spät an einem Abend taten drei junge Praktikanten etwas, das eigentlich verboten ist: Sie schwammen oder lümmelten in den warmen Wasserlöchern – ein Vergnügen, das als »Hotpotting« bezeichnet wird. Nicht alle Wasserstellen des Nationalparks sind gefährlich heiß – auch wenn die Parkverwaltung dies aus nahe liegenden Gründen nicht an die große Glocke hängt. In manchen kann man sehr angenehm liegen, und manche Saisonkräfte machten es sich zur Gewohnheit, spätabends noch ein Bad zu nehmen, auch wenn es gegen die Vorschriften war. Die drei waren so dumm und hatten keine Taschenlampe mitgenommen, was äußerst gefährlich ist – der Boden rund um die warmen Quellen ist an vielen Stellen nur eine dünne Kruste, und wenn man durchbricht, fällt man unter Umständen in einen kochend heißen Dampfschlot. Als sie sich auf den Rückweg zu ihrer Unterkunft machten, kamen sie an einen Bachlauf, den sie zuvor bereits übersprungen hatten. Sie traten ein paar Schritte zurück, hakten sich mit den Armen unter, zählten bis drei und nahmen Anlauf für den Sprung. Aber es war nicht der Wasserlauf. Es war eine kochend heiße Quelle. Sie hatten sich in der Dunkelheit verirrt. Alle drei kamen ums Leben.

Daran muss ich denken, als ich am nächsten Morgen auf meinem Weg zum Parkausgang kurz an einer Stelle namens Emerald Pool im Upper Geyser Basin Station mache. Am Tag zuvor hatte Doss keine Zeit mehr, mit mir hierher zu fahren, aber jetzt möchte ich doch zumindest einen Blick darauf werfen, denn Emerald Pool ist eine historische Stätte.

Im Jahr 1965 tat das Biologenehepaar Thomas und Louise Brock auf einer sommerlichen Studienfahrt etwas Verrücktes. Sie sammelten ein wenig von dem gelblichbraunen Schaum ein, der sich am Rand der heißen Quelle abgesetzt hatte, und suchten darin nach Lebewesen. Zu ihrer eigenen Überraschung, und später auch zur Verwunderung der ganzen Welt, war er tatsächlich voller lebendiger Mikroorganismen. Sie hatten die ersten Extremophilen gefunden – solche Organismen können in Wasser leben, das man zuvor für viel zu heiß, zu sauer oder zu schwefelhaltig gehalten hatte. Auf den Emerald Pool trafen tatsächlich alle diese Eigenschaften zu, und doch fühlten sich mindestens zwei Arten von Lebewesen, die später unter den Namen *Sulpholobus acidocaldarius* und *Thermophilus aquaticus* bekannt wurden, hier sehr wohl. Bis dahin hatte man stets angenommen, Leben sei bei Temperaturen von über 50 °C völlig unmöglich, und nun hatte man Organismen, die sich in stinkendem, saurem Wasser von fast der doppelten Temperatur fröhlich vermehrten.

Fast 20 Jahre lang blieb *Thermophilus aquaticus*, eines der von den Brocks entdeckten Bakterien, eine Laborkuriosität. Dann aber erkannte der kalifornische Wissenschaftler Kary B. Mullis, dass man mit den hitzeresistenten Enzymen dieser Lebewesen einen chemischen Kunstgriff bewerkstelligen kann, der unter dem Namen Polymerase-Kettenreaktion bekannt wurde. Mit ihrer Hilfe kann man eine äußerst kleine DNA-Menge stark vermehren – als Ausgangsmaterial reicht im Idealfall ein einziges Molekül.[8] Es ist, als ob man genetische Fotokopien herstellt, und das Verfahren wurde zur Grundlage für viele genetische Untersuchungen von der Grundlagenforschung bis zur Gerichtsmedizin. Mullis erhielt dafür 1993 den Chemie-Nobelpreis.

Gleichzeitig fanden Wissenschaftler sogar noch widerstandsfähigere Mikroorganismen.[9] Diese Lebewesen, die heute als Hyperthermophile bezeichnet werden, *brauchen* sogar Temperaturen von 80 °C oder mehr. Wie Frances Ashcroft in dem Buch *Am Limit. Leben und Überleben in Extremsituationen* erläutert, lebt das hitzebeständigste bisher entdeckte Lebewesen, eine Spezies namens *Pyrolobus fumarii*, an den Wänden von Schloten am Meeresboden bei Temperaturen bis zu 113 °C. Als Obergrenze für das Leben gelten heute rund 120 °C, aber genau weiß es niemand. Jedenfalls bedeuteten die Erkenntnisse der Brocks für unser Bild vom Leben eine völlige Umwälzung. Oder, wie der Wissenschaftler Jay Bergstralh von der NASA es formulierte: »Wohin man auf der Erde auch blickt, selbst in der scheinbar lebensfeindlichsten Umwelt, finden wir Leben, vorausgesetzt, es gibt dort flüssiges Wasser und eine Quelle für chemische Energie.«[10]

Wie sich mittlerweile herausgestellt hat, ist das Lebendige weitaus schlauer und anpassungsfähiger, als man jemals angenommen hatte. Das ist auch gut so, denn wie wir in Kürze noch genauer erfahren werden, leben wir in einer Welt, in der wir anscheinend alles andere als erwünscht sind.

TEIL V

Das Leben als solches

Je länger ich das Universum erforsche und die Einzelheiten seiner Architektur untersuche, desto mehr Indizien deuten für mich darauf hin: In einem gewissen Sinn muss das Universum gewusst haben, dass wir kommen.

Freeman Dyson

16.
Der einsame Planet

Ein Lebewesen zu sein, ist nicht einfach. Soweit wir bis heute wissen, gibt es nur einen einzigen Ort, einen unscheinbaren Außenposten der Milchstraße mit Namen Erde, der uns am Leben erhalten kann, und auch das oft nur äußerst widerwillig.

Die Zone, die fast sämtliche bekannten Lebensformen beherbergt, vom Boden des tiefsten Tiefseegrabens bis zum Gipfel der höchsten Berge, ist nur rund 20 Kilometer dick – nicht viel im Vergleich zur gewaltigen Ausdehnung des Kosmos.

Wir Menschen sind noch schlechter dran: Zufällig gehören wir zu dem Teil der Lebewesen, der vor 400 Millionen Jahren den eiligen, waghalsigen Beschluss fasste, aus dem Meer zu kriechen, an Land zu leben und Sauerstoff zu atmen. Deshalb sind uns, was das Volumen angeht, einer Schätzung zufolge nicht weniger als 99,5% der gesamten bewohnbaren Räume auf der Erde grundsätzlich – und in der Praxis vollständig – verschlossen.[1]

Es liegt nicht nur daran, dass wir im Wasser nicht atmen können. Wir könnten dort auch den Druck nicht aushalten. Wasser ist rund 1300-mal schwerer als Luft,[2] und deshalb steigt der Druck mit zunehmender Tiefe schnell an: Er wird alle zehn Meter um eine Atmosphäre größer. Steigt man an Land auf eine 150 Meter hohe Spitze – beispielsweise auf den Kölner Dom oder das Washington Monument –, ist der Druckunterschied so gering, dass man ihn überhaupt nicht bemerkt. Unter Wasser jedoch würden in gleicher Tiefe die Venen zusammenfallen, und die Lunge würde ungefähr auf die Ausmaße einer Coladose zusammengepresst.[3] Erstaunlicherweise tauchen Menschen freiwillig und ohne Atemgerät in solche Tiefen, einfach weil sie Spaß an einem Sport namens Free Diving haben. Das Erlebnis, dass die inneren Organe schwer verformt werden, gilt offenbar als amüsant (noch amüsanter ist es allerdings vermutlich, wenn sie beim Auftauchen wieder ihre ursprüngliche Form annehmen). Um solche Tiefen zu erreichen, müssen die Taucher sich allerdings sehr flott von Gewichten hinunterziehen lassen. Der Mensch, der ohne solche Hilfsmittel die größte Tiefe erreichte und überlebte, sodass er noch darüber reden konnte, war der Italiener Umberto Pelizzari: Er tauchte 1992 bis auf ungefähr 70 Meter, blieb einen kurzen Augenblick dort und schoss dann wieder zurück zur Oberfläche. An Land sind 70 Meter nur wenig mehr als die Länge eines Häuserblocks in New York. Selbst mit unseren kühnsten Kunststücken können wir also kaum behaupten, wir seien die Herrscher der Tiefe.

Andere Lebewesen kommen natürlich mit dem Druck unter Wasser zurecht, auch wenn es in manchen Fällen ein Rätsel ist, wie sie das schaffen. Die tiefste Stelle der Weltmeere ist der Marianengraben im Pazifik. Dort, in rund elf Kilometern Tiefe, herrscht ein Wasserdruck von 1125 Kilogramm pro Quadratzentimeter. Ein einziges Mal ist es Menschen gelungen, in einem dickwandigen Tauchboot bis in diese Tiefe vorzudringen, ansonsten ist sie die Domäne großer Kolonien der Flohkrebse, krabbenähnlicher Tiere, die aber durchsichtig sind und dort ohne jeden Schutz überleben. Die meisten Ozeane sind natürlich weitaus flacher, aber selbst bei der durchschnittlichen Meerestiefe von rund 4000 Metern herrscht noch ein Druck, als würde man von 14 voll beladenen Zementlastwagen zusammengedrückt.[4]

Fast alle, auch die Autoren mehrerer populärwissenschaftlicher Bücher über Ozeanografie, gehen davon aus, dass der menschliche Körper unter dem ungeheueren Druck der Tiefsee einfach in sich zusammenschrumpfen würde. In Wirklichkeit stimmt das offenbar nicht. Da wir vorwiegend aus Wasser bestehen und da Wasser sich praktisch nicht komprimieren lässt, herrscht in unserem Körper, so Frances Ashcroft von der Universität Oxford, der gleiche Druck wie im umgebenden Wasser, sodass er in der Tiefe nicht zusammengequetscht wird.[5] Probleme entstehen jedoch durch die Gase im Organismus, insbesondere in der Lunge. Sie werden tatsächlich zusammengedrückt, aber von welchem Punkt an diese Kompression tödlich ist, weiß niemand. Bis vor kurzem glaubte man, jeder Taucher müsse in einer Tiefe von rund 100 Metern qualvoll sterben, weil die Lunge unter dem Brustkorb in sich zusammenfällt, aber mittlerweile haben Taucher, die ohne Geräte unterwegs waren, mehrfach das Gegenteil bewiesen. Nach Ashcrofts Angaben sieht es so aus, als ähnelten die Menschen den Walen und Delfinen stärker, als man erwartet hatte.[6]

Aber auch vieles andere kann schief gehen. Im Zeitalter der Taucheranzüge, die über einen langen Schlauch mit der Oberfläche in Verbindung standen, erlebten die Taucher manchmal ein gefürchtetes Phänomen, das als Barotrauma oder »Squeeze« bezeichnet wurde. Es trat ein, wenn die Pumpen an der Oberfläche ausfielen, sodass es in dem Anzug zu einem katastrophalen Druckverlust kam. Die Luft entwich mit solcher Gewalt aus dem Anzug, dass der unglückselige Taucher buchstäblich in den Helm und den Luftschlauch hineingesaugt wurde. Zog man ihn dann an die Oberfläche, »waren in dem Anzug nur noch die Knochen und einige Fleischfetzen übrig«, so der Biologe J. B. S. Haldane 1947; und für standhafte Zweifler fügte er hinzu: » Dies ist tatsächlich vorgekommen.«[7]

(Übrigens: Der erste Taucherhelm, den der Engländer Charles Deane 1823 konstruierte, war ursprünglich nicht zum Tauchen gedacht, sondern zur Brandbekämpfung. Man nannte ihn auch »Rauchhelm«, aber da er aus Metall bestand, war er schwerfällig, und außerdem wurde er heiß; wie Deane schon bald bemerkte, waren Feuerwehrleute nicht sonderlich darauf erpicht, brennende Gebäude mit irgendeiner Form von Schutzkleidung zu betreten, insbesondere aber nicht mit Ausrüstungsgegenständen, die sich wie ein Kochkessel aufheizten und sie obendrein noch unbeweglich machten. Um seine Investition zu retten, probierte Deane den Helm unter Wasser aus, und dabei stellte sich heraus, dass er sich ideal für Rettungsarbeiten eignete.)

Der wahre Schrecken der Tiefe jedoch ist die Taucherkrankheit – nicht so sehr, weil sie unangenehm ist, sondern weil sie sich mit so viel größerer Wahrscheinlichkeit einstellt. Luft besteht zu 80 Prozent aus Stickstoff. Wirkt auf den menschlichen Organismus ein äußerer Druck ein, verwandelt sich dieser Stickstoff in winzige Bläschen, die in Blut und Gewebe wandern. Verändert sich der Druck zu schnell – beispielsweise wenn ein Taucher sehr rasch zur Oberfläche schwimmt –, sprudeln die Bläschen im Körper ganz ähnlich wie in einer gerade geöffneten Sektflasche; sie verstopfen kleine Blutgefäße, schneiden die Zellen von der Sauerstoffversorgung ab und verursachen derart quälende Schmerzen, dass die Betroffenen sich zusammenkrümmen.

Für Schwamm- und Perlentaucher war die Taucherkrankheit seit jeher ein Berufsrisiko, aber im Abendland wurde man eigentlich erst im 19. Jahrhundert auf sie aufmerksam. Auch dann beschäftigten sich vorwiegend jene damit, die sich selbst überhaupt nicht nass machten (oder zumindest nicht sehr nass und nicht oberhalb der Fußgelenke). Betroffen waren die Caisson-Arbeiter. Ein Caisson oder Senkkasten ist eine geschlossene, trockene Kammer, die man am Boden eines Flusses errichtet, um den Bau von Brückenpfeilern zu erleichtern. Die Senkkästen waren mit Pressluft gefüllt, und wenn die Arbeiter nach längerer Tätigkeit unter diesem erhöhten Druck wieder an die Oberfläche kamen, spürten sie leichte Symptome, beispielsweise ein Prickeln oder Jucken auf der Haut. Einige wenige jedoch bekamen hartnäckige Gliederschmerzen und brachen gelegentlich sogar vor Qual zusammen. Manche standen nie wieder auf.

Das alles war höchst rätselhaft. Manche Arbeiter fühlten sich beim Zubettgehen völlig wohl, und wenn sie am nächsten Morgen aufwachten, waren sie gelähmt. Manchmal wachten sie auch überhaupt nicht mehr auf. Ashcroft berichtet von den Konstrukteuren eines neuen Tunnels unter der Themse, die kurz vor der Fertigstellung des Bauwerks ein Festessen veranstalteten.[8] Zu ihrer Verblüffung sprudelte der Champagner nicht, als sie ihn in der Pressluft des Tunnels entkorkten. Als sie sich schließlich wieder in die frischer Londoner Nachtluft begaben, sorgten die Bläschen jedoch sofort für sehr viel Schaum und trugen auf denkwürdige Weise zur Verdauung bei.

Wenn man eine Umgebung mit hohem Luftdruck nicht völlig vermeiden kann, ist die Taucherkrankheit nur mit zwei Methoden zuverlässig zu verhindern. Die erste besteht darin, dass man sich der Druckveränderung nur für sehr kurze Zeit aussetzt. Aus diesem Grund können die bereits erwähnten Freitaucher bis in 150 Meter Tiefe vordringen, ohne unangenehme Wirkungen zu spüren. Sie bleiben nicht so lange unter Wasser, dass der Stickstoff in ihrem Körper sich im Gewebe lösen könnte. Die zweite Methode besteht darin, vorsichtig und stufenweise an die Oberfläche zurückzukehren. Dann können sich die Stickstoffbläschen verteilen und auflösen, ohne Schaden anzurichten.

Viele unserer Kenntnisse über das Überleben in Extremsituationen verdanken wir einem außergewöhnlichen Gespann von Vater und Sohn: den beiden Wissenschaftlern John Scott und J. B. S. Haldane. Sie waren selbst nach den anspruchsvollen Maßstäben britischer Intellektueller ausgesprochene Exzentriker. Haldane der Ältere wurde 1860 als Sohn einer schottischen Adelsfamilie geboren (sein Bruder war der Viscount Haldane), während eines großen Teils seiner Berufslaufbahn bekleidete er jedoch eine relativ bescheidene Stellung als Professor für Physiologie in Oxford. Er war für seine Zerstreutheit berühmt. Einmal schickte seine Frau ihn ins Schlafzimmer, wo er sich für eine Abendgesellschaft umziehen sollte. Er kam aber nicht zurück, und schließlich fand sie ihn, mit seinem Pyjama bekleidet, schlafend im Bett. Als sie ihn weckte, erklärte Haldane, er habe sich ausgezogen und deshalb geglaubt, es sei an der Zeit, zu Bett zu gehen.[9] Unter einem Urlaub stellte er sich vor, nach Cornwall zu reisen und dort bei Bergarbeitern die Hakenwürmer zu untersuchen. Aldous Huxley, Romanschriftsteller und Enkelsohn von T. H. Huxley, wohnte eine Zeit lang bei dem Ehepaar Haldane und parodierte ihn in seinem Buch *Kontrapunkt des Lebens* ein wenig unbarmherzig als Wissenschaftler Edward Tantamount.

Als Beitrag zum Tauchen ermittelte Haldane die Länge der Ruhepausen, die notwendig sind, damit man ohne Taucherkrankheit aus größerer Tiefe wieder aufsteigen kann. Sein Interessensgebiet umfasste aber die gesamte Physiologie von der

Höhenkrankheit bei Bergsteigern bis zum Hitzschlag in Wüstengebieten.[10] Insbesondere faszinierten ihn die Wirkungen giftiger Gase auf den menschlichen Organismus. Um genauer herauszufinden, warum Bergarbeiter durch ausströmendes Kohlenmonoxid ums Leben kommen, vergiftete er sich selbst systematisch, während er sich ständig Blutproben entnahm und analysierte. Er hörte erst auf, als er die Kontrolle über seine Muskeln fast völlig verloren hatte und sein Blut zu 56 Prozent mit dem Gas gesättigt war[11] – ein Prozentsatz, mit dem er dem Tod gefährlich nahe war, so jedenfalls Trevor Norton in seinem Buch *In unbekannte Tiefen. Taucher, Abenteurer, Pioniere*, einer unterhaltsamen Geschichte des Tauchens.

Haldanes Sohn Jack, der Nachwelt mit seinen Initialen J. B. S. bekannt, war ein bemerkenswerter Sprössling, der sich fast vom Säuglingsalter an für die Arbeit des Vaters interessierte. Als er drei Jahre alt war, hörte jemand zufällig mit an, wie er missmutig von seinem Vater wissen wollte: »Aber ist es nun Oxyhämoglobin oder Carboxyhämoglobin?«[12] Während seiner gesamten Jugendzeit assistierte er seinem Vater bei den Experimenten. Als er ein junger Mann war, erprobten die beiden häufig gemeinsam Gase und Gasmasken, wobei sie abwechselnd die Zeit maßen, bis der andere ohnmächtig wurde.

Obwohl J. B. S. Haldane nie ein naturwissenschaftliches Examen ablegte (er studierte in Oxford alte Sprachen), wurde er zu einem ausgezeichneten Wissenschaftler. Vorwiegend war er in Cambridge tätig. Der Biologe Peter Medawar, der während seines ganzen Lebens andere Geistesgrößen um sich hatte, bezeichnete ihn einmal als »den klügsten Mann, den ich jemals kennen gelernt habe«.[13] Huxley parodierte auch Haldane den Jüngeren in seinem Roman *Narrenreigen*, nutzte seine Gedanken über die genetische Manipulation von Menschen aber auch in seinem berühmtesten Werk *Schöne neue Welt*. Neben vielen anderen Leistungen war Haldane maßgeblich daran beteiligt, Darwins Evolutionsprinzipien mit Gregor Mendels genetischen Entdeckungen zu verbinden und das zu erreichen, was unter Genetikern als »moderne Synthese« bezeichnet wird.

Vielleicht als einziger Mensch überhaupt hielt Haldane der

Jüngere den Ersten Weltkrieg für ein sehr erfreuliches Erlebnis, und er räumte freimütig ein, »dass ihm die Möglichkeit, Menschen zu töten, gefiel…«.[14] Selbst wurde er zweimal verwundet. Nach dem Krieg wurde er zu einem erfolgreichen populärwissenschaftlichen Autor: Er schrieb insgesamt 23 Bücher (und daneben 400 Fachaufsätze). Seine Bücher sind noch heute durchaus lesbar und lehrreich, in vielen Fällen findet man sie aber kaum noch. Außerdem wurde er zu einem begeisterten Marxisten. Vielfach wurde die nicht nur zynische Vermutung geäußert, er sei dies aus reinem Widerspruchsgeist geworden, und wenn er in der Sowjetunion aufgewachsen wäre, hätte er sich vielleicht zu einem leidenschaftlichen Monarchisten entwickelt. Jedenfalls erschienen seine Artikel meist zunächst in dem kommunistischen Blatt *Daily Worker*.

Während sich das Hauptinteresse seines Vaters auf Bergarbeiter und Vergiftungen richtete, war Haldane der Jüngere besessen von der Idee, Taucher und Unterwasserarbeiter vor den unangenehmen Folgen ihrer Tätigkeit zu schützen. Mit Geldern der Admiralität ließ er eine Dekompressionskammer bauen, die er als »Drucktopf« bezeichnete. In diesem luftdicht verschließbaren Metallzylinder konnte er an drei Personen gleichzeitig die unterschiedlichsten Versuche anstellen, die ausnahmslos schmerzhaft und fast immer gefährlich waren. Die Freiwilligen mussten beispielsweise in Eiswasser sitzen und eine »abweichende Atmosphäre« einatmen, oder sie wurden raschen Druckveränderungen ausgesetzt. In einem Experiment simulierte Haldane an sich selbst einen gefährlich schnellen Aufstieg aus tiefem Wasser, weil er wissen wollte, was dabei geschah. Das Ergebnis: Seine Zahnfüllungen explodierten. »Einmal gab einer seiner verplombten Zähne einen hohen Ton von sich, und die Füllung flog heraus, da sich eine darunter befindliche Lufttasche nicht schnell genug dem Druck hatte anpassen können«, schreibt Norton.[15] Die Kammer war praktisch schalldicht, sodass die Insassen sich bei Unwohlsein oder Schmerzen nur dadurch bemerkbar machen konnten, dass sie hartnäckig gegen die Wand der Kammer klopften oder Notizen vor ein kleines Fenster hielten.

Ein anderes Mal hatte Haldane sich mit einer erhöhten

Sauerstoffmenge vergiftet; dabei bekam er einen so schweren Krampfanfall, dass er sich mehrere Wirbel brach. Eine zusammengefallene Lunge gehörte noch zu den kleineren Gefahren. Auch Löcher im Trommelfell kamen häufig vor, aber in einem seiner Aufsätze schrieb Haldane beruhigend: »Im Allgemeinen heilt das Trommelfell wieder; und wenn darin ein Loch bleibt, ist man zwar ein wenig schwerhörig, aber dafür kann man Tabakrauch aus dem fraglichen Ohr blasen, und das ist eine soziale Errungenschaft.«[16]

Das Ungewöhnliche daran war nicht, dass Haldane bereit war, sich im Dienste der Wissenschaft solchen Gefahren und Unannehmlichkeiten auszusetzen, sondern dass er ohne zu zögern auch Kollegen und Angehörige überredete, in die Kammer zu klettern. Seine Frau hatte während eines simulierten Tauchganges einmal einen Krampfanfall, der 13 Minuten dauerte. Als sie schließlich nicht mehr auf den Boden schlug, half er ihr auf die Füße und schickte sie nach Hause, wo sie das Abendessen machen sollte. Vergnügt spannte Haldane jeden ein, der sich zufällig in der Nähe befand, einmal bei einer denkwürdigen Gelegenheit sogar den früheren spanischen Premierminister Juan Négrin. Dieser klagte später über ein leichtes Prickeln und ein »seltsam pelziges Gefühl auf den Lippen«, aber ansonsten kam er offenbar unbeschadet davon. Damit hatte er großes Glück: Haldane selbst hatte nach einem ähnlichen Experiment mit Sauerstoffentzug sechs Jahre lang im Gesäß und unteren Rücken kein Gefühl mehr.[17]

Zu Haldanes vielen Einzelinteressen gehörte auch die Stickstoffvergiftung. Aus Gründen, die man bis heute nicht ganz versteht, wird Stickstoff in Tiefen von mehr als rund 30 Metern zu einem sehr wirksamen Gift. Unter seinem Einfluss boten Taucher bekanntermaßen ihre Luftschläuche vorüberkommenden Fischen an, oder sie entschlossen sich, erst einmal eine Zigarettenpause einzulegen. Außerdem verursacht das Gas starke Stimmungsschwankungen.[18] In einem Versuch, so Haldane, »wechselte die Versuchsperson zwischen Depression und gehobener Stimmung. Im einen Augenblick verlangte er, dekomprimiert zu werden, weil er sich ›einfach entsetzlich‹ fühlte, in der nächsten Minute lachte er und versuchte, die Geschicklichkeitsprüfung seiner Kollegen zu stören.« Um bei einer Versuchsperson die Beeinträchtigung zu messen, musste ein Wissenschaftler sich mit dem Freiwilligen in die Kammer begeben, wo dieser einfache mathematische Aufgaben lösen sollte. Aber wie Haldane später berichtete, »war der Prüfer nach wenigen Minuten in der Regel ebenso vergiftet wie der Geprüfte, und dann vergaß er häufig, den Knopf seiner Stoppuhr zu drücken oder ausreichende Notizen zu machen«.[19] Warum es zu der Vergiftung kommt, ist bis heute ein Rätsel.[20] Man vermutet, dass sie dem gleichen Mechanismus folgt wie ein Alkoholrausch, aber da man auch dessen Ursache nicht genau kennt, sind wir damit nicht klüger. Jedenfalls kann man schnell in Schwierigkeiten geraten, wenn man sich unter die Wasseroberfläche begibt, ohne dabei größte Vorsicht walten zu lassen.

Womit wir wieder (nun ja, fast) bei unserer Beobachtung wären, dass es eigentlich gar nicht einfach ist, auf der Erde ein Lebewesen zu sein, auch wenn sie der einzige Ort ist, an dem es überhaupt geht. Nur ein kleiner Teil ihrer Oberfläche ist so trocken, dass man darauf stehen kann, und überraschend große Flächen sind zu heiß, zu kalt, zu trocken, zu steil oder zu hoch gelegen, als dass sie uns von großem Nutzen sein könnten. Allerdings müssen wir zugeben, dass dies zum Teil unsere eigene Schuld ist. Was die Anpassungsfähigkeit angeht, sind Menschen verblüffend unnütze Wesen. Wie die meisten Tiere mögen wir heiße Gegenden eigentlich nicht, aber da wir stark schwitzen und leicht einen Hitzschlag bekommen, sind wir in dieser Hinsicht besonders empfindlich. Im schlimmsten Fall – wenn wir zu Fuß und ohne Wasser in der Wüste unterwegs sind – stellt sich bei den meisten Menschen schon nach sechs bis sieben Stunden das Delirium ein, und dann fallen sie um, um nie wieder aufzustehen. Nicht weniger hilflos sind wir auch in der Kälte. Wie alle Säugetiere kann der Mensch gut Wärme erzeugen, aber da wir fast unbehaart sind, hält unser Körper sie nur schlecht fest. Selbst bei recht mildem Wetter fließt die Hälfte der Kalorien, die wir verbrennen, in die Aufrechterhaltung der Körperwärme.[21]

Natürlich machen wir solche Schwächen zu einem großen Teil durch die Nutzung von Kleidung und Unterkünften wett, aber trotz alledem können oder wollen wir nur auf einem wahrhaft bescheidenen Teil der Erdoberfläche leben: auf zwölf Prozent der gesamten Landfläche oder nur vier Prozent der Erdoberfläche, wenn man die Meere mitrechnet.[22]

Betrachtet man allerdings die Bedingungen an anderen Orten im bekannten Universum, dann staunt man eigentlich nicht darüber, dass wir nur einen so kleinen Teil unseres Planeten nutzen; viel verwunderlicher ist es, dass wir überhaupt einen Planeten gefunden haben, von dem wir einen solchen Teil nutzen können. Man muss sich nur in unserem eigenen Sonnensystem umsehen – oder übrigens auch auf der Erde zu bestimmten Zeiten ihrer Vergangenheit –, dann erkennt man, dass die meisten Gebiete weitaus unwirtlicher und lebensfeindlicher sind als unser milder, blauer, von Wasser bedeckter Globus.

Die Weltraumforschung hat bisher rund 70 Planeten außerhalb unseres Sonnensystems entdeckt, insgesamt dürfte es aber rund 10 Milliarden Billionen von ihnen geben. Wir Menschen können also kaum behaupten, wir seien zu begründeten Aussagen in der Lage, aber nach bisheriger Kenntnis muss man offenbar unglaubliches Glück haben, wenn man auf einen Planeten treffen will, der sich für das Leben eignet, und je höher dieses Leben entwickelt ist, desto größer muss das Glück sein. Verschiedene Autoren haben ungefähr zwei Dutzend besonders nützliche Umstände genannt, die uns auf der Erde geholfen haben, aber in diesem Schnellüberblick wollen wir uns auf die wichtigsten vier beschränken. Das sind folgende:

Hervorragende Lage. Wir befinden uns fast gespenstisch genau in der richtigen Entfernung vom richtigen Stern – er ist immerhin so groß, dass er eine Menge Energie abgibt, aber auch nicht so riesig, dass er schnell ausbrennen würde. Hätte unsere Sonne die zehnfache Masse, wäre sie nicht nach zehn Milliarden, sondern schon nach zehn Millionen Jahren erschöpft gewesen, und es gäbe uns heute nicht.[23] Auch mit unserer Umlaufbahn haben wir Glück. Läge sie näher an der Sonne, würde alles auf der Erde verbrennen. Ein Stück weiter entfernt, und alles wäre eingefroren.

Im Jahr 1978 kam der Astrophysiker Michael Hart nach einer Reihe von Berechnungen zu dem Schluss, die Erde müsse unbewohnbar sein, wenn ihre Entfernung von der Sonne nur um ein Prozent größer oder um fünf Prozent geringer wäre. Das ist nicht viel, und es reicht auch in der Tat nicht aus. Die Zahlen wurden seither verfeinert, und mittlerweile sind wir ein wenig großzügiger: Als zutreffende Grenzen gelten heute eine um fünf Prozent geringere und 15 Prozent größere Entfernung. Aber auch das ist noch ein sehr schmaler Streifen.*

Wenn wir uns klar machen wollen, wie schmal er wirklich ist, brauchen wir uns nur die Venus anzusehen. Sie steht der Sonne nur rund 40 Millionen Kilometer näher als wir, und die Wärmestrahlung erreicht sie ganze zwei Minuten früher.[24] In Größe und Zusammensetzung gleicht die Venus fast völlig der Erde, aber der kleine Unterschied im Abstand der Umlaufbahn war für die Folgen von entscheidender Bedeutung. Nach heutiger Kenntnis war es auf der Venus in der Frühzeit des Sonnensystems nur geringfügig wärmer als auf der Erde, und vermutlich gab es dort auch Ozeane.[25] Aber wegen dieses Unterschiedes von wenigen Grad konnte die Venus ihr Oberflächenwasser nicht festhalten, und das hatte verheerende Folgen für das Klima. Das Wasser verdunstete, die Wasserstoffatome verflüchtigten sich in den Weltraum, und die Sauerstoffatome verbanden sich mit Kohlenstoff zu einer dichten Atmosphäre aus dem Treibhausgas CO_2. Auf der Venus herrschten nun erstickende Verhältnisse. Der eine oder andere in meinem Alter erinnert sich vielleicht noch an eine Zeit, als die Astronomen hofften, unter den Wolkenbergen der Venus könnte sich Leben und vielleicht sogar eine Art tropischer Vegetation verbergen, aber wie wir heute wissen, sind die

* Nachdem man in den siedenden Schlammtümpeln des Yellowstone-Nationalparks die Extremophilen entdeckt hatte, wurde den Wissenschaftlern klar, dass irgendwelche Lebensformen in einem sehr viel größeren Bereich existieren könnten, vielleicht sogar unter der eisigen Außenhaut des Pluto. Gemeint sind hier die Voraussetzungen für einigermaßen kompliziert gebaute Lebewesen, die an der Oberfläche eines Planeten leben.

Umweltverhältnisse dort für jede Lebensform, wie wir uns vernünftigerweise vorstellen können, völlig ungeeignet. Die Oberflächentemperatur liegt bei sengenden 470 Grad, genug, um Blei schmelzen zu lassen, und der Atmosphärendruck an der Oberfläche ist 90-mal so hoch wie auf der Erde[26] – mehr, als ein menschlicher Organismus aushalten könnte. Uns fehlen die technischen Mittel zur Herstellung von Schutzanzügen oder auch nur Raumschiffen, die uns einen Besuch erlauben würden. Unsere Kenntnisse über die Oberfläche der Venus stützen sich auf Radar-Fernerkundung und einige hilflose Signale einer unbemannten sowjetischen Raumsonde, die man 1972 voller Hoffnung in die Wolken fallen ließ; sie funktionierte eine knappe Stunde und gab dann endgültig den Geist auf.

So sieht es also aus, wenn man sich um zwei Lichtminuten näher an der Sonne befindet. Entfernen wir uns weiter von ihr, wird nicht die Wärme, sondern die Kälte zum Problem, das lässt der Mars auf eisige Weise erkennen. Auch dort herrschten früher viel angenehmere Verhältnisse, aber er konnte seine nutzbare Atmosphäre nicht festhalten und verwandelte sich in eine gefrorene Wüste.

Aber die richtige Entfernung von der Sonne kann allein nicht alles sein, denn sonst würde auch der Mond liebliche Wälder tragen, und das ist eindeutig nicht der Fall. Vielmehr müssen noch weitere Voraussetzungen gegeben sein:

Der richtige Planet. Würde man Geophysiker nach den wichtigsten Vorteilen unseres Planeten befragen, so würden nach meiner Vermutung nur die wenigsten in ihre Liste auch das geschmolzene Innere aufnehmen. In Wirklichkeit aber ist es so gut wie sicher, dass es uns ohne die großen, kreisenden Magmamengen nicht gäbe. Neben vielem anderen lieferte das aktive Erdinnere sowohl die Gase, die zum Aufbau einer Atmosphäre beitrugen, als auch das Magnetfeld, das uns vor der kosmischen Strahlung schützt. Außerdem macht es die Plattentektonik möglich, die für eine ständige Erneuerung und Umwälzung der Oberfläche sorgt. Wäre die Erde völlig glatt, läge ihre gesamte Oberfläche vier Kilometer tief unter Wasser begraben. In diesem eintönigen Ozean könnte es zwar Lebewesen geben, aber sicher keine menschlichen Errungenschaften.

Neben diesen nützlichen Auswirkungen des Erdinneren stehen uns auch die richtigen chemischen Elemente in genau den richtigen Mengenanteilen zur Verfügung. Wir sind ganz buchstäblich aus dem richtigen Stoff gemacht. Das ist für unser Wohlergehen so entscheidend, dass wir uns in Kürze noch genauer damit befassen werden. Zunächst aber müssen wir die beiden restlichen Faktoren betrachten, und dabei beginnen wir mit einem, der ebenfalls häufig übersehen wird:

Wir leben auf einem Doppelplaneten. Den Mond betrachten wir in der Regel nicht als Begleitplaneten, aber eigentlich ist er das. Die meisten Monde sind im Vergleich zu ihrem Planeten winzig. So haben beispielsweise die Marsbegleiter Phobos und Deimos nur einen Durchmesser von rund zehn Kilometern. Unser Mond dagegen besitzt mehr als ein Viertel des Erddurchmessers, und damit ist unser Planet der einzige im Sonnensystem, dessen Mond in seiner Größe mit ihm selbst vergleichbar ist (abgesehen von Pluto, aber der zählt eigentlich nicht, weil er selbst so klein ist). Für uns ist das von allergrößter Bedeutung.

Ohne den stabilisierenden Einfluss des Mondes würde die Erde wackeln wie ein Kreisel kurz vor dem Umfallen. Welche Auswirkungen das für Klima und Wetter hätte, ist überhaupt nicht abzusehen. Die stetige Schwerkraft des Mondes sorgt dafür, dass die Erde mit der richtigen Geschwindigkeit und dem richtigen Winkel rotiert, und das verleiht ihr die Stabilität, die für die langfristige, erfolgreiche Entwicklung des Lebendigen notwendig ist. Allerdings wird es nicht immer so weitergehen: Der Mond entgleitet uns mit einer Geschwindigkeit von rund dreieinhalb Zentimetern im Jahr.[27] In zwei Milliarden Jahren wird er so weit von uns entfernt sein, dass er die Erde nicht mehr stabilisiert. Dann wird man sich eine andere Lösung einfallen lassen müssen, aber vorerst sollten wir in ihm nicht nur eine angenehme Erscheinung am Nachthimmel sehen.

Lange hatten die Astronomen angenommen, Mond und Erde

seien entweder gemeinsam entstanden, oder die Erde habe den Mond eingefangen, als er vorübertrieb. Von der heutigen Vorstellung war in einem früheren Kapitel bereits die Rede: Danach prallte vor rund 4,5 Milliarden Jahren ein Objekt von der Größe des Mars gegen die Erde und schlug so viel Material los, dass der Mond aus den Trümmern entstehen konnte. Das war für uns natürlich sehr vorteilhaft – insbesondere weil es sich vor so langer Zeit ereignete. Wäre es 1896 oder letzten Mittwoch geschehen, würden wir uns darüber natürlich bei weitem nicht so freuen. Womit wir bei unserer vierten und in vielerlei Hinsicht entscheidenden Überlegung wären:

Zeitlicher Ablauf. Im Universum geht es erstaunlich launenhaft und ereignisreich zu. Dass wir darin überhaupt existieren, ist ein Wunder. Wäre eine lange, unvorstellbar komplizierte Abfolge von Ereignissen nicht über 4,6 Milliarden Jahre hinweg zu ganz bestimmten Zeitpunkten auf ganz bestimmte Weise abgelaufen – wären beispielsweise, um nur ein nahe liegendes Beispiel zu nennen, die Dinosaurier nicht gerade damals von einem Meteor hinweggefegt worden –, dann wären wir jetzt vermutlich 15 Zentimeter groß, hätten Schnurrhaare und einen Schwanz und würden dieses Buch in einem unterirdischen Bau lesen.

Aber auch das wissen wir eigentlich nicht mit Sicherheit, denn wir haben nichts, womit wir unser eigenes Dasein vergleichen könnten. Eines aber scheint auf der Hand zu liegen: Wenn am Ende eine einigermaßen fortgeschrittene, denkende Gesellschaft stehen soll, muss davor eine sehr lange Kette von Zwischenergebnissen liegen, mit längeren Phasen der Stabilität, zwischen denen immer wieder Belastungen und Herausforderungen genau im richtigen Umfang eingestreut waren (Eiszeiten sind in dieser Hinsicht anscheinend besonders hilfreich). Gleichzeitig muss eine wirkliche Katastrophe völlig ausgeblieben sein. Wie wir auf den noch vor uns liegenden Seiten sehen werden, haben wir großes Glück gehabt, dass wir uns genau in dieser Lage befinden.

Vor diesem Hintergrund wollen wir uns nun kurz mit den Elementen befassen, aus denen wir bestehen.

In der Natur kommen auf der Erde 92 chemische Elemente vor, und rund 20 weitere hat man im Labor hergestellt. Einige davon können wir aber sofort beiseite lassen – das tun meist sogar die Chemiker. Über eine beträchtliche Zahl der chemischen Substanzen auf der Erde wissen wir erstaunlich wenig. Das Astatin zum Beispiel ist praktisch unerforscht. Es hat einen Namen und einen Platz im Periodensystem (gleich neben Marie Curies Polonium), aber sonst auch fast nichts. Das hat weniger mit wissenschaftlicher Gleichgültigkeit zu tun als vielmehr mit seinem seltenen Vorkommen. Es gibt auf der Erde nicht besonders viel Astatin. Am schwersten unter allen Elementen ist aber wahrscheinlich das Francium dingfest zu machen: Es ist so selten, dass auf der gesamten Erde nach heutiger Kenntnis wahrscheinlich zu jedem beliebigen Zeitpunkt noch nicht einmal 20 Franciumatome existieren.[28] Insgesamt sind nur ungefähr 30 natürlich vorkommende Elemente auf der Erde weit verbreitet, und knapp ein halbes Dutzend davon ist für das Leben von zentraler Bedeutung.

Wie vielleicht nicht anders zu erwarten, ist der Sauerstoff das häufigste Element: Er macht knapp 50 Prozent der Erdkruste aus, aber dahinter sind die Mengenverhältnisse häufig eine Überraschung. Wer hätte beispielsweise angenommen, dass das Silicium das zweithäufigste Element auf der Erde ist und dass das Titan an zehnter Stelle steht? Die Häufigkeit hat kaum etwas damit zu tun, ob ein Element uns vertraut ist oder einen Nutzen bringt. Viele relativ unbekannte Elemente sind sogar häufiger als die besser bekannten. Es gibt auf der Erde mehr Cer als Kupfer, mehr Neodym oder Lanthan als Kobalt oder Stickstoff. Das Zinn schafft es gerade eben in die obersten 50, wird aber von Exoten wie Praseodym, Samarium, Gadolinium und Dysprosium in den Schatten gestellt.

Auch mit der Frage, wie einfach ein Element nachzuweisen ist, hat die Häufigkeit wenig zu tun. Aluminium ist das vierthäufigste Element auf der Erde: Es macht fast ein Zehntel von allem aus, was sich unter unseren Füßen befindet. Dennoch ahnte man nichts von seiner Existenz, bis Humphry Davy es im 19. Jahrhundert entdeckte, und noch lange danach galt es als seltene, kostbare Substanz. Der US-Kongress hätte an der Spitze des Washington Monument fast eine glänzende Verkleidung aus Aluminiumfolie anbringen lassen, um zu zeigen, was für eine großartige, wohlhabende Nation die Vereinigten Staaten geworden waren, und die französische Kaiserfamilie warf zur gleichen Zeit das staatliche Silbergeschirr weg und ersetzte es durch Gerätschaften aus Aluminium.[29] Es war das Modernste, was man haben konnte.

Ebenso besteht kein zwangsläufiger Zusammenhang zwischen Häufigkeit und Bedeutung. Kohlenstoff steht, was seinen Anteil angeht, nur an 15. Stelle und macht bescheidene 0,48 Prozent der Erdkruste aus,[30] aber ohne ihn würden wir nicht existieren. Die Besonderheit des Kohlenstoffatoms besteht darin, dass es schamlose Promiskuität betreibt. Es ist der Partylöwe in der Welt der Atome und geht Bindungen zu vielen anderen Atomen (auch zu seinesgleichen) ein, an denen es dann eisern festhält. So entstehen molekulare Menschenketten von handfester Widerstandskraft – genau das ist der Kunstgriff der Natur, der den Aufbau von Proteinen und DNA erst möglich macht. Oder, wie Paul Davies schrieb: »Ohne Kohlenstoff wäre Leben, wie wir es kennen, unmöglich. Wahrscheinlich wäre auch jede andere Art von Leben ausgeschlossen.«[31] Aber selbst im menschlichen Organismus, der so entscheidend darauf angewiesen ist, macht der Kohlenstoff keinen sonderlich großen Anteil aus. Von jeweils 200 Atomen in unserem Körper sind 120 Wasserstoff, 51 Sauerstoff und nur 19 Kohlenstoff.*[32]

Andere Elemente sind nicht für die Entstehung des Lebens unentbehrlich, aber für seine Erhaltung. Wir brauchen Eisen, um Hämoglobin bilden zu können, und wenn es fehlt, gehen wir zu Grunde. Kobalt ist notwendig für die Entstehung von Vitamin B_{12}, Kalium und sehr wenig Natrium sind im wahrsten Sinne des Wortes gut für die Nerven. Molybdän, Mangan und Vanadium tragen dazu bei, dass die Enzyme reibungslos funktionieren. Und Zink – gelobt sei es – oxidiert den Alkohol.

* Unter den restlichen vier sind drei Stickstoff, das letzte verteilt sich auf alle anderen Elemente.

Wir haben uns in der Evolution so entwickelt, dass wir solche Dinge nutzen oder zumindest ertragen können – ansonsten wären wir wohl kaum hier. Unsere Toleranzgrenzen sind allerdings eng. Selen ist für jeden Menschen lebenswichtig, aber man braucht nur ein wenig zu viel davon zu nehmen, dann ist es das Letzte, was man in seinem Leben getan hat. In welchem Umfang ein Lebewesen bestimmte Elemente verbraucht oder verträgt, ergibt sich aus seiner jeweiligen Evolution.[33] Schafe und Rinder grasen heute nebeneinander, haben aber einen sehr unterschiedlichen Mineralstoffbedarf. Moderne Rinder brauchen viel Kupfer, weil ihre Evolution sich in Teilen Europas und Afrikas abgespielt hat, wo dieses Element in großen Mengen vorkommt. Die Schafe dagegen sind in den kupferarmen Gebieten Kleinasiens entstanden. In der Regel – und darüber braucht man sich eigentlich nicht zu wundern – ist unsere Toleranz für einzelne Elemente unmittelbar proportional zu ihrer Häufigkeit der Erdkruste. Auf Grund unserer Evolution erwarten wir die winzigen Mengen seltener Elemente, die sich in unserer Nahrung ansammeln, und in manchen Fällen brauchen wir sie sogar. Erhöht man aber die Dosis in manchen Fällen nur geringfügig, überschreitet man schon bald einen Grenzwert. Viele dieser Zusammenhänge sind bisher nur unvollständig erforscht. So weiß beispielsweise niemand, ob Arsen in winzigen Mengen für unser Wohlbefinden notwendig ist oder nicht. Manche Fachleute sagen ja, andere nein. Sicher ist nur eines: zu viel ist tödlich.

Noch seltsamer werden die Eigenschaften der Elemente, wenn sie sich verbinden. Sauerstoff und Wasserstoff beispielsweise sind zwei der verbrennungsfreudigsten Elemente überhaupt, aber gemeinsam bilden sie das unbrennbare Wasser.* Noch seltsamer verhält sich die Kombination zwischen Na-

* Sauerstoff selbst ist nicht brennbar, aber er erleichtert die Verbrennung anderer Substanzen. Im Endeffekt ist das auch gut so: Wäre Sauerstoff brennbar, würde die Luft jedes Mal in Flammen aufgehen, wenn wir ein Streichholz anzünden. Wasserstoffgas dagegen ist äußerst feuergefährlich; das zeigte sich sehr deutlich am 6. Mai 1937, als das wasserstoffbetriebene Luftschiff *Hindenburg* in Lakehurst in New Jersey explodierte. Bei dem Unfall kamen 36 Menschen ums Leben.

trium, einem der instabilsten Elemente, und Chlor, das so giftig ist wie kaum ein anderes. Wirft man ein kleines Stück Natrium in ganz gewöhnliches Wasser, explodiert es mit solcher Kraft, dass es tödlich wirken kann.[34] Die Gefährlichkeit von Chlor ist noch berüchtigter. In geringer Konzentration ist es zwar nützlich, weil es Mikroorganismen abtötet (es verleiht der Chlorbleichlauge ihren Geruch), in größeren Mengen jedoch wirkt es tödlich. Deshalb war es erste Wahl für viele Giftgase des Ersten Weltkrieges. Und wie so mancher Schwimmer mit roten Augen bestätigen kann, ist es für Menschen selbst in äußerst stark verdünnter Form nicht bekömmlich. Aber dann verbinden sich diese beiden unangenehmen Elemente, und was kommt heraus? Natriumchlorid – ganz gewöhnliches Kochsalz.

Generell kann man sagen: Wenn ein Element von Natur aus nicht seinen Weg in unseren Organismus findet – beispielsweise weil es nicht wasserlöslich ist –, vertragen wir es meist auch nicht. Mit Blei können wir uns vergiften, weil wir ihm nie ausgesetzt waren, bevor es zum Bestandteil von Konservendosen und Wasserleitungen wurde. (Nicht ganz zufällig kommt *Pb*, das chemische Symbol für Blei, von dem lateinischen *plumbum*, von dem sich das englische Wort *plumbing* für eine Wasserleitung ableitet.) Die Römer aromatisierten auch ihren Wein mit Blei,[35] und das dürfte einer der Gründe gewesen sein, warum ihnen im Laufe der Zeit die Kräfte verloren gingen. Wie wir an anderer Stelle bereits erfahren haben, lässt uns unsere geringe Toleranz für Blei (von Quecksilber, Cadmium und vielen anderen industriellen Schadstoffen, die wir tagtäglich aufnehmen, gar nicht zu reden) kaum Spielraum für Unachtsamkeit. Für Elemente, die von Natur aus auf der Erde nicht vorkommen, hat sich beim Menschen auch keine Toleranz entwickelt, und deshalb sind sie für uns in der Regel äußerst giftig – ein gutes Beispiel ist das Plutonium. Unsere Toleranz für Plutonium liegt bei Null: Auch eine noch so geringe Menge haut uns um.

Jetzt habe ich weit ausgeholt, um eine einfache Aussage zu verdeutlichen: Dass die Erde uns so wunderbar angenehm erscheint, liegt zu einem großen Teil daran, dass wir uns im Laufe der Evolution entsprechend ihren Bedingungen entwickelt haben. Wir staunen eigentlich nicht darüber, dass sie sich für Leben eignet, sondern dass sie sich für *unser* Leben eignet – und das ist wirklich kein Wunder. Viele Dinge, die uns so großartig erscheinen – eine wohlproportionierte Sonne, ein liebevoller Mond, der bindungsfreudige Kohlenstoff, mehr Magma, als wir uns vorstellen können, und alles andere –, erscheinen einfach deshalb so großartig, weil wir gerade von ihnen auf Grund unserer Geburt abhängig sind. Wieweit das gilt, weiß niemand ganz genau.

Andere Welten könnten Wesen beherbergen, die dankbar für silbrige Quecksilberseen und treibende Ammoniakwolken sind. Sie freuen sich vielleicht darüber, dass ihr Planet sie nicht mit seinen schiebenden Platten durchschüttelt oder ein Durcheinander von Lavaklumpen in die Landschaft schleudert, sondern ohne Tektonik in stetiger Ruhe verharrt. Jeder Besucher, der von weither zur Erde kommt, wäre mit ziemlicher Sicherheit verblüfft darüber, dass wir in einer Atmosphäre aus Stickstoff leben, einem ausgesprochen trägen Gas, das keine Neigung hat, mit irgendetwas anderem zu reagieren, während der ebenfalls darin enthaltene Sauerstoff die Verbrennung so stark begünstigt, dass wir in unseren Städten eine Feuerwehr brauchen, um uns vor seinen augenfälligsten Effekten zu schützen. Aber selbst wenn unsere Besucher Sauerstoff atmen und auf zwei Beinen gehen würden, wenn sie eine Vorliebe für Einkaufspassagen und Actionfilme hätten, wäre die Erde für sie wahrscheinlich kein geeigneter Ort. Wir könnten ihnen nicht einmal etwas zu essen geben, denn alle unsere Lebensmittel enthalten Spuren von Mangan, Selen, Zink und anderen Bestandteilen, von denen zumindest manche für sie giftig wären. Ihnen wird die Erde wahrscheinlich nicht gerade wie ein wundersames Paradies vorkommen.

Der Physiker Richard Feynman machte gern einen Witz über im Nachhinein gewonnene Erkenntnisse, oder Schlussfolgerungen *a posteriori*, wie man sie auch nennt. So sagte er zum Beispiel: »Sehen Sie, heute Abend ist mir etwas wirklich Erstaunliches passiert. Auf dem Weg zu dieser Vorlesung bin ich über den Parkplatz spaziert, und – Sie werden es nicht glauben: Ich entdeckte ein Auto mit dem Kennzeichen ARW 357. Stellen Sie sich das einmal vor! Wie groß war die Wahrscheinlichkeit, von den Millionen Nummernschildern in diesem Staat ausgerechnet dieses zu sehen? Wirklich, höchst erstaunlich!«[36] Natürlich ging es ihm darum, dass man aus jeder alltäglichen Situation etwas Ungewöhnliches machen kann, wenn man sie als schicksalhaft betrachtet.

Möglicherweise sind also die Ereignisse und Bedingungen, die zum Aufstieg des Lebens auf der Erde geführt haben, überhaupt nicht so außergewöhnlich, wie wir gern glauben. Immerhin waren sie aber doch ungewöhnlich, und eines ist sicher: Wir werden damit auskommen müssen, bis wir etwas Besseres finden.

17.
In die Troposphäre

Bloß gut, dass es die Atmosphäre gibt. Sie hält uns warm. Ohne sie wäre die Erde eine leblose Eiskugel mit einer Durchschnittstemperatur von minus 50 Grad.[1] Außerdem verschluckt oder reflektiert die Atmosphäre auch kosmische Strahlung, geladene Teilchen, ultraviolettes Licht und Ähnliches. Insgesamt hat das Gas der Atmosphäre die gleiche Schutzwirkung wie eine viereinhalb Meter dicke Betonschicht, und ohne sie würden die unsichtbaren Einflüsse aus dem All in uns eindringen wie winzige Dolche.

Am auffälligsten an unserer Atmosphäre ist jedoch ihre geringe Größe. Sie erstreckt sich bis in eine Höhe von rund 200 Kilometern. Vom Boden aus betrachtet, mag das relativ üppig erscheinen, aber wenn man die Erde bis auf die Größe eines üblichen Globus verkleinert, wäre sie nur ungefähr so dick wie ein paar Lackschichten.

Aus Gründen der wissenschaftlichen Bequemlichkeit unterteilt man die Atmosphäre in vier ungleiche Schichten: Troposphäre, Stratosphäre, Mesosphäre und Ionosphäre (Letztere wird mittlerweile häufig auch Thermosphäre genannt). Besonders lieb und teuer ist uns die Troposphäre. Sie allein enthält so viel Wärme und Sauerstoff, dass wir existieren können, aber selbst sie wird bereits sehr schnell lebensfeindlich, wenn man in ihre höheren Schichten vordringt. Vom Boden bis zu ihrer Obergrenze misst die Troposphäre (die »Wendesphäre«) am Äquator rund 16 Kilometer, in den gemäßigten Breiten dagegen, wo die meisten Menschen leben, sind es nicht mehr als zehn oder elf Kilometer. 80 Prozent der Masse unserer Atmosphäre sowie praktisch das gesamte Wasser sind in dieser dünnen Schicht enthalten, und deshalb spielt sich in ihr auch der allergrößte Teil des Wettergeschehens ab. Zwischen uns und dem Tod liegt wirklich nicht viel.

Über der Troposphäre befindet sich die Stratosphäre. Wenn eine Gewitterwolke sich auf ihrer Oberseite in der typischen Ambossform abflacht, hat sie die Grenze zwischen Troposphäre und Stratosphäre erreicht. Dieser unsichtbare Grenzbereich, der auch als Tropopause bezeichnet wird, wurde 1902 von dem französischen Ballonfahrer Léon-Philippe Teisserenc de Bort entdeckt.[2] Mit *-pause* ist in diesem Fall kein vorübergehendes Stehenbleiben gemeint, sondern ein endgültiges Ende; der Begriff hat die gleiche griechische Wurzel wie das Wort *Menopause*.[3] Die Tropopause ist selbst in ihrer größten Ausdehnung nicht weit von uns entfernt. Mit einem schnellen Aufzug, wie er in modernen Wolkenkratzern zu finden ist, wären wir in rund 20 Minuten dort, es wäre allerdings sehr ratsam, auf eine solche Reise zu verzichten. Ein derart schneller Aufstieg ohne Druckausgleich würde mindestens zu schweren Gehirn- und Lungenödemen sowie zu einer gefährlichen Flüssigkeitsansammlung im Körpergewebe führen.[4] Wenn die Türen sich an der Aussichtsplattform öffnen, wären wahrscheinlich alle in dem Aufzug bereits tot oder lägen im Sterben. Auch ein vorsichtigerer Aufstieg wäre von großen Unannehmlichkeiten begleitet. Die Temperatur liegt in zehn Kilometern Höhe häufig bei rund minus 60 Grad, und eine zusätzliche Sauerstoffversorgung wäre notwendig oder zumindest äußerst wünschenswert.[5]

Nachdem wir die Troposphäre verlassen haben, steigt die Temperatur schnell wieder auf rund vier Grad an. Ursache ist die Absorptionswirkung des Ozons (die de Bort ebenfalls 1902 bei seinem waghalsigen Aufstieg entdeckte). In der Mesophäre sinkt sie dann wieder auf bis zu minus 90 Grad, bevor sie in der zu Recht so bezeichneten, aber sehr wechselhaften Thermosphäre auf bis zu 1500 Grad oder mehr in die Höhe schießt; in dieser Höhe kann die Temperatur zwischen Tag und Nacht um mehrere 1000 Grad schwanken – wobei man allerdings dazu sagen muss, dass »Temperatur« hier ein mehr oder weniger theoretischer Begriff ist. Eigentlich ist die Temperatur ein Maß für die Bewegungen der Moleküle. Auf Meereshöhe sind die Gasmoleküle der Luft so eng benachbart, dass jedes einzelne von ihnen sich nur über winzige Entfernungen bewegen kann – genauer gesagt, ungefähr um einen Millionstel Zentimeter[6] – und dann sofort mit einem anderen zusammenstößt. Da auf diese Weise ständig Billionen von Molekülen kollidieren, wird auch eine Menge Wärme ausgetauscht. In der Thermosphäre jedoch, in Höhen von 80 Kilometern und mehr, ist die Luft äußerst dünn: Hier sind zwei Moleküle im Durchschnitt mehrere Kilometer voneinander entfernt, sodass sie sich kaum einmal berühren. Obwohl also jedes einzelne Molekül sich sehr schnell bewegt und deshalb sehr »warm« ist, gibt es kaum Wechselwirkungen und damit auch kaum eine Wärmeübertragung. Für Satelliten und Raumschiffe ist das sehr nützlich, denn bei einem stärkeren Wärmeaustausch würde jeder von Menschen hergestellte Gegenstand, der in solchen Höhen um die Erde kreist, in Flammen aufgehen.

Dennoch müssen Raumschiffe in der äußeren Atmosphäre große Vorsicht walten lassen. Das gilt insbesondere für die Rückkehr zur Erde – dies machte die Raumfähre *Columbia* im Februar 2003 auf tragische Weise deutlich. Die Atmosphäre ist zwar sehr dünn, aber wenn das Raumschiff in einem zu steilen Winkel – mehr als ungefähr sechs Grad – oder zu schnell in sie eintritt, trifft es auf so viele Moleküle, dass es sich durch den Luftwiderstand stark aufheizt. Ist der Eintrittswinkel in die Thermosphäre dagegen zu klein, kann das Raumschiff auch abprallen und wieder in den Weltraum fliegen wie ein Kiesel, den man flach über das Wasser wirft.[7]

Aber man muss sich nicht bis an den Rand der Atmosphäre begeben, wenn man daran erinnert werden will, wie hoffnungslos wir an den Erdboden gefesselt sind. Das weiß jeder, der sich einmal eine Zeit lang in einer hoch gelegenen Stadt aufgehalten hat: Man braucht sich nur wenige 1000 Meter von der Meereshöhe zu entfernen, und schon protestiert der Organismus. Selbst erfahrene Bergsteiger, die über ausreichende Fitness, Übung und Sauerstoffflaschen verfügen, neigen in großer

Höhe zu Verwirrungszuständen, Übelkeit, Erschöpfung, Erfrierungen, Unterkühlung, Migräne, Appetitlosigkeit und vielen anderen körperlichen Fehlfunktionen. Unser Organismus erinnert uns auf hunderterlei Weise nachdrücklich daran, dass er nicht dazu konstruiert ist, so weit oberhalb der Meereshöhe zu funktionieren.

Über die Bedingungen auf dem Gipfel des Mount Everest schrieb der Bergsteiger Peter Habeler: »Selbst unter den günstigsten Umständen erfordert jeder Schritt in dieser Höhe eine ungeheure Willensanstrengung. Man muss sich zu jeder Bewegung zwingen, nach jedem Haltepunkt greifen. Ständig ist man durch eine bleierne, tödliche Müdigkeit bedroht.« Und der britische Bergsteiger und Filmemacher Matt Dickinson berichtet in seinem Buch *The Other Side of Everest*, wie Howard Somervell bei einer britischen Everest-Expedition im Jahr 1924 »fast erstickt wäre, weil ein Stück infiziertes Fleisch sich gelöst hatte und seine Luftröhre verstopfte«.[8] Mit ungeheurer Anstrengung gelang es Somervell, den Brocken auszuhusten. Wie sich herausstellte, handelte es sich um »die gesamte Schleimhaut seines Kehlkopfes«.

Die körperlichen Beeinträchtigungen in Höhen von mehr als 7500 Metern sind berüchtigt – dieser Bereich ist bei Bergsteigern als »Todeszone« bekannt. Viele Menschen sind aber auch schon in Höhen von nur 5000 Metern stark geschwächt oder sogar gefährlich krank. Die Anfälligkeit für diese Höhenkrankheit hat kaum etwas mit der Fitness zu tun. Manchmal machen Großmütter in hoch gelegenen Gebieten noch Luftsprünge, während ihre durchtrainierten Nachkommen als hilflose Häufchen Elend in geringere Höhen zurückkehren müssen.

Die absolute Obergrenze für Höhen, in denen Menschen dauerhaft leben können, scheint bei rund 5500 Metern zu liegen,[9] aber auch wer an solche Bedingungen gewöhnt ist, erträgt sie nicht über längere Zeit. Wie Frances Ashcroft in *Am Limit. Leben und Überleben in Extremsituationen* berichtet, liegen manche Schwefelbergwerke in den Anden 5800 Meter hoch, aber die Arbeiter ziehen es vor, jeden Abend bis auf eine Höhe von 460 Metern hinunterzufahren und am folgenden Tag wieder aufzusteigen, statt ständig in dieser Höhenlage zu leben. Bei den Bewohnern hoch gelegener Gebiete hat sich häufig im Laufe mehrerer 1000 Jahre ein besonders großer Brustkorb mit entsprechend vergrößerter Lunge entwickelt, und die Dichte der Sauerstoff transportierenden roten Blutzellen liegt um fast ein Drittel höher als bei anderen. Allerdings verträgt der Kreislauf eine solch erhöhte Zellzahl nur bis zu einer gewissen Grenze. Außerdem können auch gut angepasste Frauen in Höhen über 5500 Metern einen heranwachsenden Fetus nicht mehr so gut mit Sauerstoff versorgen, dass sie die Schwangerschaft zu Ende bringen könnten.[10]

Als man in den achtziger Jahren des 18. Jahrhunderts in Europa die ersten experimentellen Ballonflüge unternahm, war man unter anderem überrascht, weil es in großer Höhe so eisig kalt wurde. Die Temperatur sinkt mit 1000 Metern Höhenunterschied jeweils um rund fünf Grad. Eigentlich wäre es logisch, dass man umso mehr Wärme empfindet, je näher man der Wärmequelle kommt. Die Erklärung liegt zum Teil darin, dass man sich der Sonne in größerer Höhe nicht nennenswert annähert. Unser Zentralgestirn ist 150 Millionen Kilometer von uns entfernt. Ihm um ein paar 1000 Meter näher zu kommen, ist das Gleiche, als würde man in Bayern einen Schritt in Richtung eines Buschfeuers in Australien gehen und dann damit rechnen, dass man den Rauch riecht. Von viel größerer Bedeutung ist deshalb die Dichte der Moleküle in der Atmosphäre. Sonnenlicht überträgt Energie auf die Atome. Es verstärkt ihre ungeordneten Bewegungen, und in diesem aktivierten Zustand stoßen sie zusammen, sodass Wärme frei wird. Wenn wir an einem Sommertag die warme Sonne im Rücken spüren, nehmen wir in Wirklichkeit angeregte Atome wahr. Je höher man klettert, desto weniger Moleküle sind vorhanden, und entsprechend geringer ist auch die Zahl ihrer Kollisionen.

Luft ist ein trügerischer Stoff. Selbst auf Meereshöhe erscheint sie uns in der Regel nicht greifbar und nahezu gewichtslos. In Wirklichkeit hat sie ziemlich viel Masse, und die macht sich auch häufig bemerkbar. Der Meeresforscher Wyville Thomson schrieb schon vor über 100 Jahren: »Wenn wir morgens aufstehen, stellen wir manchmal fest, dass das Barometer um einen Zoll gestiegen ist und dass sich demnach über Nacht in aller Stille eine halbe Tonne über uns aufgetürmt hat, und doch empfinden wir kein Unwohlsein, sondern ein Gefühl der Freude und Leichtigkeit, erfordert es doch etwas weniger Anstrengung, unseren Körper in dem dichteren Medium zu bewegen.«[11] Dass wir unter dem zusätzlichen Druck von einer halben Tonne nicht zusammengequetscht werden, hat den gleichen Grund, aus dem unser Körper auch den Druck tief unter Wasser aushält: Er besteht zum größten Teil aus Flüssigkeit, die sich nicht zusammendrücken lässt, sondern einen Gegendruck ausübt, sodass der Druck innen und außen ausgeglichen ist.

Gerät die Luft aber in Bewegung, beispielsweise in einem Wirbelsturm oder auch nur in einer steifen Brise, so werden wir schnell daran erinnert, dass sie eine beträchtliche Masse hat. Insgesamt sind wir von rund 5200 Millionen Millionen Tonnen Luft umgeben – etwa zehn Millionen Tonnen über jedem Quadratkilometer der Erdoberfläche, und dieses Volumen bleibt nicht ohne Wirkung. Wenn Millionen Tonnen Luft mit 50 oder 60 Stundenkilometern an uns vorüberrauschen, ist es nicht verwunderlich, dass Zweige abbrechen und Dachziegel davonfliegen. Nach Angaben von Anthony Smith besteht eine typische Schlechtwetterfront aus 750 Millionen Tonnen kalter Luft, die unter einer Milliarde Tonnen wärmerer Luft festgehalten werden.[12] Da ist es kein Wunder, dass die Folgen manchmal meteorologisch durchaus aufregend sind.

An Energie herrscht in der Welt über unseren Köpfen mit Sicherheit kein Mangel. Berechnungen zufolge enthält ein einziges Gewitter so viel davon, dass es den gesamten Elektrizitätsbedarf der Vereinigten Staaten vier Tage lang decken könnte.[13] Unter geeigneten Voraussetzungen können Gewitterwolken sich zu einer Höhe von zehn bis 15 Kilometern auftürmen. Die Auf- und Abwinde in ihrem Inneren erreichen Geschwindigkeiten von 150 Stundenkilometern, und das häufig dicht nebeneinander – deshalb fliegen Piloten nicht gern hindurch. Außerdem nehmen die Teilchen in einem solchen Wirbel elektrische Ladungen auf. Aus nicht ganz geklärten Gründen werden leichtere

Teilchen dabei eher positiv geladen, und die Luftströmungen tragen sie zur Oberseite der Wolken. Schwerere Partikel bleiben weiter unten und sammeln negative Ladungen an. Diese negativ geladenen Teilchen haben das starke Bestreben, zum positiv geladenen Erdboden zu gelangen, und dann ist alles, was sich ihnen in den Weg stellt, auf Gedeih und Verderb seinem Schicksal ausgeliefert. Ein Blitz pflanzt sich mit über 400 000 Stundenkilometern fort und heizt die Luft in seiner Umgebung auf bis zu 28 000 Grad auf, ein Mehrfaches der Temperatur auf der Sonnenoberfläche. Rund um die Erde toben in jedem Augenblick rund 1800 Gewitter – an einem ganzen Tag sind es etwa 40 000.[14] Tag und Nacht schlagen auf unserem Planeten in jeder Sekunde rund 100 Blitze ein. Am Himmel geht es wirklich lebhaft zu.

Unsere Kenntnisse über die Vorgänge dort oben sind zu einem beträchtlichen Teil noch erstaunlich jungen Datums.[15] Die Jetstreams, Luftströmungen in Höhen von 9000 bis 11 000 Metern, rasen mit bis zu 300 Stundenkilometern dahin und beeinflussen das Wetter ganzer Kontinente, und doch hatte man von ihrer Existenz keine Ahnung, bis im Zweiten Weltkrieg die ersten Piloten in solche Höhen vordrangen. Auch heute ist ein großer Teil der Phänomene in der Atmosphäre noch kaum erforscht. Auf Flugreisen erlebt man manchmal eine Abwechslung in Form wellenförmiger Bewegungen, die unter dem Namen Turbulenzen bei klarer Luft bekannt sind. Jedes Jahr sind rund 20 solche Vorfälle so schwerwiegend, dass ein Bericht darüber gefertigt werden muss. Sie stehen nicht im Zusammenhang mit Wolkenstrukturen oder irgendetwas anderem, das zu sehen oder mit dem Radar wahrzunehmen wäre. Es sind einfach Bereiche mit plötzlichen Turbulenzen in ansonsten ruhiger Luft. Bei einem typischen derartigen Vorfall sackte ein Flugzeug auf dem Weg von Singapur nach Sydney über Zentralaustralien bei ruhigem Wetter plötzlich um 100 Meter ab, genug, dass nicht angeschnallte Passagiere gegen die Kabinendecke geschleudert wurden. Zwölf Menschen wurden verletzt, einer davon schwer. Wie solche unruhigen Luftregionen entstehen, weiß niemand.

Angetrieben werden die Luftbewegungen in der Atmosphäre durch den gleichen Mechanismus, der auch den Motor im Inneren unseres Planeten in Bewegung hält: durch Konvektion. Feuchte, warme Luft aus der Äquatorregion steigt auf, trifft auf die Barriere der Tropopause und verteilt sich in waagerechter Richtung. Sie entfernt sich vom Äquator, wird kühler und sinkt wieder ab. Am Boden angelangt, füllt ein Teil der abgesunkenen Luft die Tiefdruckgebiete auf und wandert wieder zum Äquator, sodass der Kreis geschlossen ist.

Am Äquator ist die Konvektion in der Regel ein stabiler Vorgang, sodass man ständig mit gutem Wetter rechnen kann. In den gemäßigten Klimazonen dagegen sind die Abläufe weit mehr von Jahreszeiten, örtlichen Bedingungen und vom Zufall abhängig, und das führt zu einem endlosen Konflikt zwischen Hoch- und Tiefdruckgebieten. Ein Tief entsteht durch aufsteigende Luft, die Wassermoleküle in große Höhen befördert, wo sie dann Wolken bilden und als Regen wieder zur Erde fallen. Warme Luft nimmt mehr Feuchtigkeit auf als kalte – das ist der Grund, warum im Sommer und in den Tropen die heftigsten Unwetter toben. Tiefdruckgebiete sind deshalb in der Regel mit Wolken und Regen verbunden, ein Hoch dagegen verspricht meist Sonnenschein und schönes Wetter. Wo zwei solche Systeme aufeinander treffen, bilden sich häufig auffällige Wolken. Stratuswolken zum Beispiel – diese unbeliebten, konturlosen Wolken, denen wir den bedeckten Himmel verdanken – entstehen, wenn eine mit Feuchtigkeit beladene Aufwärtsströmung nicht genügend Kraft hat, um eine darüber liegende, stabilere Luftschicht zu durchdringen, und sich stattdessen seitlich ausbreitet wie Rauch an einer Zimmerdecke. Eine recht gute Vorstellung von diesem Vorgang kann man sich verschaffen, wenn man einen Raucher beobachtet und zusieht, wie der Zigarettenrauch in einem geschlossenen Raum nach oben steigt. Zunächst bewegt er sich in gerader Linie aufwärts (wer Eindruck machen will, kann hier von laminarer Strömung sprechen), um sich anschließend als unscharfe, wellenförmige Schicht auszubreiten. Wie diese Wellen im Einzelnen geformt sein werden, lässt sich auch mit dem größten Supercomputer der Welt und genauen

Messungen in einer sorgfältig kontrollierten Umgebung nicht voraussagen. Man kann sich also vorstellen, mit welchen Schwierigkeiten die Meteorologen zu kämpfen haben, wenn sie derartige Bewegungen auf unserem rotierenden, windigen, riesigen Erdball prophezeien wollen.

Eines aber wissen wir: Da die Sonnenwärme sich ungleichmäßig über unseren Planeten verteilt, entstehen Luftdruckunterschiede. In dem Bestreben, sie auszugleichen, gerät die Luft in Bewegung. Wind entsteht schlichtweg dadurch, dass die Luft das Gleichgewicht wieder herstellen will. Sie fließt stets von Bereichen mit hohem zu solchen mit niedrigerem Druck (was auch nicht anders zu erwarten ist; man braucht sich nur vorzustellen, wie Luft in einem Ballon oder einer Pressluftflasche unter Druck steht – sie hat immer das Bestreben, zu entweichen), und je größer der Unterschied ist, desto höher wird die Windgeschwindigkeit.

Nebenbei bemerkt: Wie die meisten angehäuften Dinge, so wächst auch die Windenergie exponentiell mit der Windgeschwindigkeit. Wenn der Wind mit 200 Stundenkilometern weht, ist er also nicht zehnmal so stark wie ein Wind von 20 Stundenkilometern, sondern er hat die hundertfache Kraft, und entsprechend größer ist seine Zerstörungswirkung.[16] Da es sich um viele Millionen Tonnen Luft handelt, können die Folgen verheerend sein. Ein tropischer Wirbelsturm setzt in 24 Stunden so viel Energie frei, wie ein reicher, mittelgroßer Staat – beispielsweise Großbritannien oder Frankreich – in einem Jahr verbraucht.[17]

Dass die Atmosphäre bestrebt ist, Ausgleich zu schaffen, vermutete schon der allgegenwärtige Edmond Halley.[18] Verfeinert wurden seine Vorstellungen im 18. Jahrhundert von seinem Landsmann, dem Briten George Hadley: Er erkannte, dass steigende und absinkende Luftsäulen so genannte »Zellen« entstehen lassen, die seither als »Hadley-Zellen« bekannt sind. Hadley war zwar Anwalt von Beruf, er interessierte sich aber brennend für das Wetter (schließlich war er Engländer) und äußerte auch bereits die Vermutung, zwischen seinen Zellen, der Erddrehung und den offenkundigen Luftströmungen der Passatwinde könne ein Zusammenhang bestehen. Die Einzelheiten dieser Wechselwirkungen wurden jedoch 1835 von Gustave-Gaspard de Coriolis aufgeklärt, einem Professor für Ingenieurwesen an der Pariser École Polytechnique, und deshalb sprechen wir seither vom Coriolis-Effekt. (Außerdem verschaffte Coriolis sich an seiner Hochschule einen besonderen Ruf, indem er dort offensichtlich die Wasserkühler einführte, die noch heute als Corios bekannt sind.[19]) Die Erde rotiert am Äquator mit flotten 1674 Stundenkilometern, aber je mehr man sich den Polen nähert, desto geringer wird diese Geschwindigkeit, und beispielsweise in London und Paris liegt sie nur noch bei knapp 1000 Stundenkilometern. Der Grund liegt auf der Hand, wenn man genauer darüber nachdenkt. Wenn wir am Äquator stehen, muss die rotierende Erde uns über eine Entfernung von rund 40 000 Kilometern transportieren, bis wir wieder am gleichen Punkt ankommen. Stehen wir dagegen am Nordpol, brauchen wir uns nur wenige Meter fortzubewegen, um eine Umdrehung zu vollenden; dennoch dauert es in beiden Fällen 24 Stunden, bis wir wieder am Ausgangspunkt sind. Deshalb muss die Rotationsgeschwindigkeit umso größer sein, je näher man dem Äquator kommt.

Der Coriolis-Effekt ist auch die Erklärung für ein anderes Phänomen: Ein Gegenstand, der sich in gerader Linie rechtwinklig zur Erddrehung durch die Luft bewegt, scheint bei Betrachtung aus ausreichend großer Entfernung auf der Nordhalbkugel eine Rechts- und auf der Südhalbkugel eine Linkskurve zu beschreiben, weil die Erde sich unter ihm dreht. Um diesen Effekt zu verdeutlichen, stellt man sich in der Regel vor, dass man in der Mitte eines großen Karussells steht und jemandem am Rand einen Ball zuwirft. Bis der Ball an der Außenseite ankommt, scheint sich das Ziel weiterbewegt zu haben, und der Ball fliegt hinter ihm vorbei. Aus der Sicht der Zielperson hat der Ball sich in einer Kurve entfernt. Das ist der Coriolis-Effekt, der die Wettersysteme rotieren lässt und Hurrikane wie einen Kreisel in Drehung versetzt.[20] Ebenso hat der Coriolis-Effekt zur Folge, dass die Kanonen von Kriegsschiffen nicht genau auf das Ziel, sondern ein wenig weiter nach links oder rechts eingestellt werden müssen; eine Granate, die 25 Kilometer weit fliegt, würde sonst den gewünschten Punkt um rund 100 Meter verfehlen und unverrichteter Dinge ins Meer stürzen.

Wenn man bedenkt, welche praktische und psychologische Bedeutung das Wetter für nahezu alle Menschen hat, ist es eigentlich verwunderlich, dass die Meteorologie erst kurz vor Beginn des 19. Jahrhunderts zu einer richtigen Wissenschaft wurde. (Den Begriff selbst gibt es allerdings schon seit 1626, als ein gewisser T. Granger ihn in einem Buch über Logik erstmals verwendete.)

Eine große Schwierigkeit bestand anfangs darin, dass Meteorologie sehr genaue Temperaturmessungen erfordert, und die Herstellung von Thermometern war lange Zeit erheblich problematischer, als man es sich heute oft vorstellt. Um eine genaue Ablesung zu ermöglichen, musste man ein Glasrohr mit gleichmäßigem Innendurchmesser herstellen, und das war nicht einfach. Der Erste, der das Problem löste, war der niederländische Instrumentenbauer Daniel Gabriel Fahrenheit. Er stellte 1717 ein genaues Thermometer her. Aus nicht geklärten Gründen eichte er sein Instrument jedoch so, dass der Gefrierpunkt des Wassers bei 32 und der Siedepunkt bei 212 Grad lag. Diese eigenartigen Zahlen galten von Anfang an vielfach als störend, und im Jahr 1742 schlug der schwedische Astronom Anders Celsius eine andere Skala vor. Wie als Beweis für die Behauptung, dass Erfinder nur selten alles richtig machen, legte Celsius den Siedepunkt auf Null und den Gefrierpunkt auf 100 Grad, aber das wurde schon wenig später umgedreht.[21]

Als Vater der modernen Meteorologie wird meist der englische Apotheker Luke Howard genannt, der Anfang des 19. Jahrhunderts bekannt wurde. In Erinnerung blieb er vor allem, weil er 1803 den verschiedenen Wolkentypen ihren Namen gab.[22] Howard war zwar ein aktives, angesehenes Mitglied der Linnaean Society und bediente sich in seinem System auch deren Prinzipien, aber als Forum, vor dem er seine neue Einteilung bekannt gab, wählte er die eher zweifelhafte Askesian Society. (Wie in einem früheren Kapitel bereits erwähnt wurde, gaben sich die Angehörigen dieser Gesellschaft besonders gern den Freuden des Stickoxids hin. Wir können also nur hoffen, dass sie Howards Vortrag mit der nüchternen Aufmerksamkeit verfolgten, die er verdiente. In diesem Punkt schweigen sich die Fachleute, die sich mit Howard beschäftigen, in der Regel aus.)

Howard teilte die Wolken in drei Gruppen ein: Stratus- oder Schichtwolken, Cumulus- oder Haufenwolken und Cirrus- oder Federwolken – das sind die zarten, sehr hohen Wolkenformationen, die in der Regel kühleres Wetter ankündigen. Später nahm er als vierte Kategorie noch die Nimbus- oder Regenwolken hinzu. Das Schöne an Howards System war, dass man die Grundbegriffe beliebig kombinieren und damit jede Wolke nach Form und Größe beschreiben konnte: Stratocumulus, Cirrostratus, Cumulocongestus und so weiter.[23] Die Einteilung setzte sich sofort durch, und das nicht nur in England. Auch Johann Wolfgang von Goethe war davon so angetan, dass er Howard vier Gedichte widmete.

Howards Einteilung wurde im Laufe der Jahre stark erweitert: Der dicke, allerdings selten gelesene *International Cloud Atlas* umfasst zwei Bände, aber interessanterweise haben sich fast alle Wolkentypen, die erst nach Howard eingeführt wurden – Mammatus, Pileus, Nebulosis, Spissatus, Floccus, Mediocris und andere – außerhalb der Meteorologenkreise nie durchgesetzt, und auch dort sind sie, wie ich gehört habe, nicht sonderlich beliebt. Übrigens teilte die erste, viel dünnere Ausgabe des Atlas, die 1896 erschien, die Wolken in zehn Grundtypen ein, und die dickste, die am ehesten wie ein Kissen aussah, war die Cumulonimbuswolke mit der Nummer Neun.* Dies war offensichtlich der Grund, warum man nach einem geflügelten Wort im Engli-

* An den Cumuluswolken fallen besonders die scharfen, gut abgegrenzten Ränder auf, im Gegensatz zu den verwaschenen Konturen anderer Wolken. Dies liegt daran, dass es bei Cumuluswolken eine klare Grenze zwischen dem feuchten Inneren der Wolke und der äußeren, trockenen Luft gibt. Jedes Wassermolekül, das in den Bereich außerhalb der Wolke gerät, wird sofort von der trockenen Luft aufgenommen, sodass die Wolke ihre scharfen Kanten behält. Die viel höheren Cirruswolken dagegen bestehen aus Eis, und hier ist die Zone zwischen dem Rand der Wolke und der Luft in ihrer Umgebung nicht so klar definiert; deshalb sind ihre Ränder eher verschwommen.

schen »auf Wolke neun« schwebt (im Deutschen schweben wir allerdings eher auf Wolke sieben).[24]

In den ambossförmigen Gewitterwolken geht es manchmal wild und turbulent zu, aber in der Regel sind Wolken eigentlich etwas Gutartiges und erstaunlich Körperloses. Eine flauschige sommerliche Cumuluswolke mit einer Ausdehnung von mehreren 100 Metern enthält unter Umständen nicht mehr als 100 Liter Wasser – nach Angaben von James Trefil ungefähr so viel, dass man eine Badewanne damit füllen könnte.[25] Ein Gespür für die Materielosigkeit von Wolken kann man sich verschaffen, wenn man durch Nebel geht – der ist letztlich nichts anderes als eine Wolke, die nicht aufsteigen will. Oder, um noch einmal Trefil zu zitieren: »Wenn man 100 Meter durch typischen Nebel geht, kommt man nur mit knapp zehn Kubikzentimetern Wasser in Berührung – nicht einmal genug für einen anständigen Drink.« Entsprechend sind Wolken keine großen Wasserspeicher. Nur rund 0,03 Prozent aller Süßwasservorräte der Erde schweben über uns in der Luft.[26]

Das weitere Schicksal eines Wassermoleküls kann sehr unterschiedlich aussehen, je nachdem, wo es zu Boden fällt.[27] Landet es auf fruchtbarem Boden, wird es von den Pflanzen aufgenommen, oder es verdunstet innerhalb weniger Stunden oder Tage wieder. Findet es aber den Weg ins Grundwasser, kommt es unter Umständen viele Jahre lang nicht wieder ans Tageslicht – aus großer Tiefe taucht es oft sogar erst nach Jahrtausenden wieder auf. Wenn wir an einem See stehen, betrachten wir eine Ansammlung von Molekülen, die sich im Durchschnitt seit ungefähr zehn Jahren dort befinden. Im Ozean liegt die Verweildauer vermutlich eher bei 100 Jahren. Insgesamt kehren nach einem Regen etwa 60 Prozent der Wassermoleküle innerhalb von ein bis zwei Tagen wieder in die Atmosphäre zurück. Nach dem Verdunsten bleiben sie meist nur eine Woche – Drury spricht von zwölf Tagen – in der Luft und fallen dann erneut als Niederschlag herab.

Verdunstung ist ein schneller Vorgang – das erkennt man sofort, wenn man an einem Sommertag die Pfützen betrachtet. Selbst ein so großes Gewässer wie das Mittelmeer würde innerhalb von 1000 Jahren austrocknen, wenn es keine Zuflüsse hätte.[28] Genau das geschah vor knapp sechs Millionen Jahren; die Folge war die »messinische Salinitätskrise«, wie sie in der Wissenschaft genannt wird.[29] Zuvor hatte sich durch die Bewegung der Kontinente die Straße von Gibraltar geschlossen. Das verdunstete Wasser aus dem Mittelmeer fiel als Niederschlag in andere Meere und verursachte eine geringfügige Verminderung ihres Salzgehalts – das Wasser wurde gerade so stark verdünnt, dass größere Flächen zufrieren konnten. Die Eisflächen reflektierten mehr Sonnenwärme, und auf der Erde setzte eine Eiszeit ein. Soweit jedenfalls die Theorie.

Eines aber ist nach heutiger Kenntnis gesichert: Schon eine kleine Veränderung in den dynamischen Abläufen auf der Erde kann Auswirkungen haben, die alle unsere Fantasien übersteigen. Wie wir in Kürze noch genauer erfahren werden, sind wahrscheinlich auch wir selbst durch ein solches Ereignis entstanden.

Der eigentliche Motor für die Vorgänge an der Erdoberfläche sind die Ozeane. In der Meteorologie betrachtet man Meere und Atmosphäre mittlerweile sogar immer stärker als ein einziges System, und deshalb müssen wir uns hier auch mit ihnen ein wenig beschäftigen. Wasser kann Wärme hervorragend festhalten und transportieren. Die Wärmemenge, die der Golfstrom jeden Tag nach Europa trägt, ist ebenso groß wie jene, die auf der ganzen Erde im Laufe von zehn Jahren durch Verbrennung von Kohle erzeugt wird,[30] und sie ist der Grund, warum der Winter in Großbritannien und Irland im Vergleich zu Kanada und Russland so mild ist.

Aber Wasser erwärmt sich auch langsam – deshalb sind Seen und Swimmingpools selbst an heißen Tagen noch kühl. Aus dem gleichen Grund besteht in der Regel eine Diskrepanz zwischen dem offiziellen, astronomischen Beginn einer Jahreszeit und dem Eindruck, dass diese Jahreszeit tatsächlich angefangen hat.[31] Der Frühling beispielsweise beginnt auf der Nordhalbkugel eigentlich im März, aber in den meisten Regionen hat man frühestens im April diesen Eindruck.

Die Ozeane sind keine einheitliche Wassermasse. Temperatur, Salzgehalt, Tiefe, Dichte und andere Eigenschaften schwanken stark; diese Unterschiede haben große Auswirkungen auf den Wärmetransport, und der wiederum beeinflusst das Klima. Der Atlantik enthält beispielsweise mehr Salz als der Pazifik, und das ist auch gut so. Da Wasser bei höherem Salzgehalt dichter ist, sinkt es nach unten. Ohne den zusätzlichen Salzballast würden die Meeresströmungen aus dem Atlantik sich bis in das Nordpolargebiet fortsetzen, und Europa müsste auf die angenehme Wärme verzichten. Die wichtigste Triebkraft des Wärmetransports auf der Erde ist der so genannte thermohaline Kreislauf, der seinen Ursprung in den langsamen Tiefenströmungen weit unter der Meeresoberfläche hat, ein Vorgang, den der Wissenschaftler und Abenteurer Graf von Rumford 1792 entdeckte.* Wenn das Oberflächenwasser in die Nähe des europäischen Kontinents gelangt, wird es dichter und sinkt in größere Tiefen ab, wo es dann langsam wieder in Richtung der Südhalbkugel wandert. In der Antarktis angekommen, wird es durch die antarktische Zirkumpolarströmung eingefangen und weiter in den Pazifik getrieben. Das Ganze läuft sehr langsam ab – bis das Wasser vom Nordatlantik in die Mitte des Pazifiks gelangt ist, können 1500 Jahre vergehen –, aber dabei sind beträchtliche Wasser- und Wärmemengen in Bewegung, sodass sich ein gewaltiger Einfluss auf das Klima ergibt.

(Natürlich stellt sich die Frage, wie man herausfinden kann, wie lange ein Tropfen Wasser von einem Ozean in den anderen braucht. Die Antwort: Man kann im Wasser die Konzentration der Fluorchlorkohlenwasserstoffe und andere Verbindungen messen und dann den Zeitraum berechnen, seit sie zum letzten

* Der Begriff hat offenbar mehrere Bedeutungen. Im November 2002 veröffentlichte Carl Wunsch vom Massachusetts Institute of Technology in der Fachzeitschrift *Science* einen Bericht mit dem Titel »What Is the Thermohaline Circulation?« (»Was ist der thermohaline Kreislauf?«) Darin stellte er fest, dass der Ausdruck in führenden Fachzeitschriften auf mindestens sieben unterschiedliche Phänomene angewandt wird (Kreislauf in großer Tiefe, Kreislauf der durch Dichteunterschiede angetrieben wird, »meridionale Masseumwälzung«, und so weiter). Allerdings haben alle mit den Kreisläufen im Ozean und dem Wärmetransport zu tun, und in diesem unbestimmten, umfassenden Sinn verwende auch ich ihn hier.

Mal in der Luft waren. Durch Vergleich zahlreicher Messungen aus unterschiedlichen Tiefen und Regionen erhält man dann ein recht zuverlässiges Bild von den Bewegungen des Wassers.[32])

Durch den thermohalinen Kreislauf wird nicht nur Wärme transportiert, sondern die aufsteigenden und absinkenden Strömungen wirbeln auch Nährstoffe auf, sodass ein größeres Volumen des Ozeans für Fische und andere Meereslebewesen bewohnbar wird. Leider reagiert der Kreislauf aber anscheinend auch sehr empfindlich auf Veränderungen. Glaubt man den Computersimulationen, bringt schon eine geringfügige Verringerung des Salzgehalts in den Weltmeeren – beispielsweise durch das Abbauen der Eiskappe in Grönland – den Kreislauf auf verheerende Weise durcheinander.

Das Meer tut uns noch einen anderen großen Gefallen. Es nimmt riesige Mengen an Kohlenstoff auf und räumt ihn auf diese Weise aus dem Weg. Es gehört zu den seltsamen Eigenschaften unseres Sonnensystems, dass die Sonne heute um rund 25 Prozent heller leuchtet als in der Frühzeit der Planeten. Dies müsste eigentlich dazu geführt haben, dass die Erde heute viel wärmer ist. Der englische Geologe Aubrey Manning meinte sogar: »Dieser ungeheuer große Wandel müsste eigentlich katastrophale Auswirkungen auf die Erde gehabt haben, und doch sieht es aus, als habe er unsere Welt kaum beeinflusst.«

Was also hält die Erde so stabil und kühl?

Die Antwort: das Leben. Billionen und Aberbillionen winzige Meereslebewesen, von denen die meisten Menschen noch nie etwas gehört haben – Foraminiferen, Kokkolithen und Kalkalgen –, fangen den Kohlenstoff aus der Atmosphäre in Form von Kohlendioxid ein, wenn er mit dem Regen ins Meer fällt, und nutzen ihn (in Verbindung mit anderen Materialien) zum Aufbau ihrer winzigen Gehäuse. Auf diese Weise gebunden, kann der Kohlenstoff nicht wieder durch Verdunstung in die Atmosphäre gelangen, wo er sich sonst in gefährlichem Umfang als Treibhausgas ansammeln würde. All die winzigen Foraminiferen, Kokkolithen und so weiter sterben am Ende ab und sinken auf den Meeresboden, wo sie zu Kalkstein zusammengepresst werden. Es ist ein bemerkenswerter Gedanke: Wenn man ein Naturwunder wie die weißen Klippen bei Dover in England betrachtet, hat man in Wirklichkeit nichts anderes vor Augen als winzige Meereslebewesen längst vergangener Zeiten. Noch bemerkenswerter ist aber die riesige Kohlenstoffmenge, die sie gebunden haben. Ein Kalksteinwürfel aus Dover mit einer Kantenlänge von 15 Zentimetern enthält weit über 1000 Liter zusammengepresstes Kohlendioxid, das für uns sonst alles andere als nützlich wäre. Insgesamt ist im Gestein der Erde rund 20 000-mal so viel Kohlenstoff gebunden wie in der Atmosphäre.[33] Große Teile des Kalksteins verbrennen schließlich in Vulkanen, und dann kehrt der Kohlenstoff in die Atmosphäre zurück, um erneut mit dem Regen zur Erde zu fallen – das ist der Grund, warum man den ganzen Vorgang als langfristigen Kohlenstoffzyklus bezeichnet. Langfristig ist er wirklich: Um ihn zu durchlaufen, braucht ein Kohlenstoffatom im Durchschnitt eine halbe Million Jahre. Solange störende Einflüsse fehlen, trägt er bemerkenswert stark dazu bei, das Klima stabil zu halten.

Leider neigen die Menschen aber in ihrer Achtlosigkeit dazu, diesen Zyklus zu beeinträchtigen: Wir setzen zusätzlich große Kohlenstoffmengen in die Atmosphäre frei, ohne uns darum zu kümmern, ob die Foraminiferen sie bewältigen können. Seit 1850 sind auf diese Weise nach Schätzungen rund 100 Milliarden Tonnen Kohlenstoff zusätzlich in die Luft gelangt, und diese Menge wächst derzeit jedes Jahr um rund sieben Milliarden Tonnen an. Insgesamt ist das eigentlich nicht besonders viel. Auf natürlichem Wege nimmt die Atmosphäre – vor allem durch Vulkane und verwesende Pflanzen – jährlich rund 200 Milliarden Tonnen Kohlenstoff auf, fast das Dreißigfache dessen, was wir mit unseren Autos und Fabriken produzieren. Aber wir müssen uns nur den Smog ansehen, der so häufig über unseren Städten hängt, dann wissen wir, welche Bedeutung unser Beitrag hat.

Aus sehr alten Eisproben wissen wir, dass die »natürliche« Kohlendioxidkonzentration in der Atmosphäre – das heißt die Konzentration vor Beginn unserer industriellen Aktivität – ungefähr 280 Parts per Million betrug.[34] Im Jahr 1958, als Wissenschaftler sich erstmals mit dem Thema beschäftigten, war sie bereits auf 315 Parts per Million angestiegen. Heute liegt sie bei über 360 Parts per Million, und sie steigt immer noch um rund ein Viertelprozent im Jahr. Gegen Ende des 21. Jahrhunderts wird sie Voraussagen zufolge einen Wert von 560 Parts per Million erreichen.

Bisher ist es der Erde mit ihren Ozeanen und Wäldern (die ebenfalls eine Menge Kohlenstoff beseitigen) gelungen, uns vor uns selbst zu schützen, aber Peter Cox vom britischen Wetterdienst meint: »Es gibt eine kritische Schwelle. Oberhalb davon schützt die natürliche Biosphäre uns nicht mehr vor den Auswirkungen unserer Emissionen, sondern sie verstärkt sie sogar.« Man fürchtet, dass es dann zu einer plötzlichen, unkontrollierten Beschleunigung der globalen Erwärmung kommt. Viele Bäume und andere Pflanzen, die sich nicht so schnell anpassen können, würden dann absterben, den in ihnen gespeicherten Kohlenstoff freisetzen und damit das Problem weiter verschärfen. Solche Kreisläufe sind in entfernter Vergangenheit hin und wieder auch ohne Zutun des Menschen abgelaufen. Das Gute dabei ist, dass die Natur sich immer wieder selbst hilft. Mit ziemlicher Sicherheit würde der Kohlenstoffzyklus sich am Ende einpendeln, und die Erde würde in eine Situation angenehmer Stabilität zurückkehren. Als so etwas das letzte Mal geschah, dauerte es nur 60 000 Jahre.

18.
Die elementare Verbindung

Stellen wir uns einmal vor, wir lebten in einer Welt, die von Diwasserstoffoxid beherrscht wird, einer geschmack- und geruchlosen Verbindung mit so vielfältigen Eigenschaften, dass sie in der Regel harmlos ist, manchmal aber auch sehr schnell tödlich wirken kann.[1] Je nachdem, in welchem Zustand sie sich befindet, können wir uns daran verbrennen oder erfrieren. Sind zusätzlich bestimmte organische Moleküle vorhanden, bildet sie bösartige Carbonsäuren, die das Laub von den Bäumen fallen lassen und steinernen Statuen die Gesichter zerfressen. Wird sie in großen Mengen aufgewühlt, schlägt sie unter Umständen mit solcher Gewalt zu, dass kein von Menschen gemachtes Gebäude ihr widerstehen kann. Selbst für jene, die gelernt haben, mit ihr zu leben, ist sie häufig eine Mördersubstanz. Wir nennen sie Wasser.

Wasser ist überall. Eine Kartoffel besteht zu 80 Prozent aus Wasser, eine Kuh zu 74, ein Bakterium zu 75 Prozent.[2] Eine Tomate ist mit 95 Prozent eigentlich kaum etwas anderes als Wasser. Selbst bei uns Menschen macht das Wasser 65 Prozent aus, das heißt, wir sind im Verhältnis von fast zwei zu eins mehr Flüssigkeit als Festsubstanz. Wasser ist ein seltsamer Stoff. Es ist formlos und durchsichtig, und doch sehnen wir uns danach, in seiner Nähe zu sein. Es hat keinen Geschmack, und doch lieben wir seinen Geschmack. Wir reisen über große Entfernungen und bezahlen ein kleines Vermögen dafür, um es im Sonnenlicht zu sehen. Und obwohl wir wissen, dass es gefährlich ist und dass jedes Jahr Zehntausende von Menschen ertrinken, können wir es nicht erwarten, darin herumzutollen.

Da Wasser so allgegenwärtig ist, übersehen wir häufig seine wahrhaft außergewöhnlichen Eigenschaften. Fast nichts davon ist geeignet, zuverlässige Aussagen über andere Flüssigkeiten zu machen, und umgekehrt.[3] Wenn wir nichts über das Wasser wüssten und unsere Annahmen auf das Verhalten der Verbindungen stützen würden, die ihm chemisch am stärksten ähneln – insbesondere Wasserstoffselenid und Schwefelwasserstoff –, würden wir damit rechnen, dass es bei minus 93 Grad siedet und bei Zimmertemperatur ein Gas ist.

Die meisten Flüssigkeiten ziehen sich beim Abkühlen um bis zu zehn Prozent zusammen. Das gilt auch für das Wasser, aber nur bis zu einer bestimmten Grenze. Knapp oberhalb des Gefrierpunktes dehnt es sich wieder aus – eine paradoxe, rätselhafte, äußerst unwahrscheinliche Eigenschaft. Wenn es fest wird, ist sein Volumen um fast ein Zehntel größer als zuvor.[4] Wegen dieser Ausdehnung schwimmt Eis auf dem Wasser – »eine ganz und gar bizarre Eigenschaft«, wie John Gribbin es formuliert.[5] Ohne diese reizvolle Besonderheit würde Eis nach unten sinken, Seen und Ozeane würden von unten nach oben zufrieren. Ohne Oberflächeneis, das die Wärme festhält, würde diese aus dem Wasser entweichen, sodass es sich noch stärker abkühlt und mehr Eis entsteht. Dann würden auch die Ozeane schnell zufrieren und mit ziemlicher Sicherheit sehr lange in diesem Zustand bleiben, vielleicht sogar für immer – kaum die richtige Voraussetzung für das Leben. Wir können dankbar dafür sein, dass das Wasser sich scheinbar weder um die Regeln der Chemie noch um physikalische Gesetze kümmert.

Wasser hat die allgemein bekannte chemische Formel H_2O, das heißt, es besteht aus einem relativ großen Sauerstoffatom, an das zwei kleinere Wasserstoffatome angeheftet sind. Die Wasserstoffatome halten sich eisern an ihrem zugehörigen Sauerstoff fest, gehen aber auch lockere Verbindungen zu anderen Wassermolekülen ein. Auf Grund seines Aufbaus beteiligt sich jedes Wassermolekül gewissermaßen an einem Tanz mit anderen Wassermolekülen: Immer wieder geht es eine kurze Paarung ein und wandert dann weiter wie die ständig wechselnden Partner in einer Quadrille, um eine hübsche Formulierung von Robert

Kunzig zu übernehmen.[6] Ein Glas Wasser mag nicht sonderlich lebendig wirken, aber in Wirklichkeit wechselt jedes Molekül darin mehrere Milliarden Mal in der Sekunde den Partner. Das ist der Grund, warum Wassermoleküle aneinander haften und Gebilde wie Pfützen und Seen bilden; andererseits ist die Bindung aber nicht besonders fest und lässt sich leicht trennen, beispielsweise wenn man in ein Gewässer eintaucht. Zu jedem einzelnen Zeitpunkt stehen nur jeweils 15 Prozent der Moleküle tatsächlich untereinander in Berührung.[7]

In einem gewissen Sinn ist es eine sehr starke Bindung – deshalb können Wassermoleküle bergauf fließen, wenn man sie ansaugt, und die Wassertropfen auf der Motorhaube eines Autos zeigen eine einzigartige Entschlossenheit, mit ihren Partnern kleine Perlen zu bilden. Ebenso ist es die Ursache für die Oberflächenspannung des Wassers. Die Moleküle an der Oberfläche werden von ihren gleichartigen, unteren und seitlichen Nachbarn stärker angezogen als von den Luftmolekülen über ihnen. So entsteht eine Art Häutchen, das kräftig genug ist, um Insekten zu tragen und Steine abprallen zu lassen.

Dass wir ohne Wasser zu Grunde gehen würden, brauche ich wohl nicht besonders zu erwähnen. Fehlt es, verfällt der menschliche Organismus sehr schnell. Schon nach wenigen Tagen verschwinden die Lippen, »als wären sie amputiert, das Zahnfleisch wird schwarz, die Nase schrumpft auf die Hälfte ihrer Länge, und die Haut zieht sich rund um die Augen so straff zusammen, dass man nicht mehr blinzeln kann«.[8] Wasser ist für uns derart unentbehrlich, dass man eine wichtige Tatsache leicht übersieht: Mit Ausnahme eines sehr kleinen Anteils ist das Wasser auf der Erde für uns Gift – und zwar ein tödliches. Das liegt an dem Salz, das es enthält.

Zum Leben brauchen wir zwar Salz, aber nur in sehr geringen Mengen. Meerwasser enthält viel zu viel davon: etwa das 70-fache der Menge, die unser Stoffwechsel gefahrlos verarbeiten kann. In einem Liter sind durchschnittlich nur ungefähr zweieinhalb Teelöffel normales Kochsalz gelöst,[9] jene Verbindung, die wir uns auch auf das Essen streuen. In viel größeren Mengen enthält das Meerwasser aber andere Elemente, Verbindungen und gelöste Feststoffe, die man zusammenfassend ebenfalls als Salze bezeichnet. Der Anteil dieser Salze und Mineralstoffe in unserer Körperflüssigkeit ist dem im Meerwasser gespenstisch ähnlich – beim Schwitzen und Weinen geben wir Meerwasser ab, wie Margulis und Sagan es formulieren –, aber seltsamerweise vertragen wir es nicht, sie direkt zu uns zu nehmen.[10] Wenn zu viel Salz in den Organismus gelangt, tritt sehr schnell eine Stoffwechselkrise ein. Aus allen Zellen strömen die Wassermoleküle herbei wie freiwillige Feuerwehrleute, um den plötzlichen Salzüberschuss zu verdünnen und abzutransportieren. In den Zellen führt das zu einem gefährlichen Mangel an dem Wasser, das sie zur Ausführung ihrer normalen Funktionen brauchen. Sie werden dehydriert, um den Fachausdruck zu gebrauchen. Im Extremfall führt der Wassermangel zu Krampfanfällen, Bewusstlosigkeit und Gehirnschäden. Gleichzeitig transportieren die überforderten Blutzellen das Salz zu den Nieren, die schließlich ebenfalls überlastet sind und ihre Tätigkeit einstellen. Wenn die Nieren nicht mehr funktionieren, stirbt man. Das ist der Grund, warum wir kein Meerwasser trinken.

Es gibt auf der Erde rund 1,33 Milliarden Kubikkilometer Wasser, und mehr wird es auch nie werden.[11] Das System ist geschlossen: Es kann praktisch nichts hinzukommen oder verschwinden. Das Wasser, das wir heute trinken, existiert und erfüllt seine Aufgaben, seit die Erde jung war. Schon vor 3,8 Milliarden Jahren hatten die Ozeane (zumindest mehr oder weniger) ihr heutiges Volumen erreicht.[12]

Die Gesamtmasse des Wassers auf der Erde, auch Hydrosphäre genannt, befindet sich zum allergrößten Teil in den Ozeanen. 97 Prozent sind Meerwasser, der größte Teil davon im Pazifik, der die Hälfte des Globus bedeckt und größer ist als sämtliche Landmassen zusammen. Insgesamt enthält der Pazifik ein wenig mehr als die Hälfte des gesamten Ozeanwassers[13] (51,6 Prozent, um genau zu sein); im Atlantik sind es 23,6 und im Indischen Ozean 21,2 Prozent, sodass nur 3,6 Prozent für alle anderen Meere übrig bleiben. Die durchschnittliche Tiefe der Ozeane liegt bei 3900 Metern, im Pazifik sind es dabei durchschnittlich rund 300 Meter mehr als im Atlantik und im

Indischen Ozean. Rund 60 Prozent der Erde sind von Ozean mit einer Tiefe von mehr als 1600 Metern bedeckt. Wie Philip Ball ganz richtig bemerkt, sollten wir unseren Planeten eigentlich nicht Erde, sondern Wasser nennen.[14]

Von den drei Prozent des Wassers, die Süßwasser sind, ist der größte Teil in den Eiskappen gebunden.[15] Nur eine winzige Menge – 0,036 Prozent – befindet sich in Seen, Flüssen und anderen Gewässern, und ein noch kleinerer Teil von nur 0,001 Prozent hat die Form von Wolken oder Wasserdampf. Die Eismassen der Erde befinden sich zu fast 90 Prozent in der Antarktis, der Rest zum größten Teil in Grönland. Am Südpol steht man auf einer Eisschicht von fast drei Kilometern Dicke, am Nordpol sind es nur viereinhalb Meter.[16] In der Antarktis liegen rund 25 Millionen Kubikkilometer Eis, genug, damit der Meeresspiegel um 60 Meter ansteigen würde, wenn alles schmilzt.[17] Würde dagegen das gesamte Wasser aus der Atmosphäre gleichmäßig verteilt als Regen fallen, würden die Ozeane nur um zweieinhalb Zentimeter tiefer.

Der Meeresspiegel ist übrigens fast ausschließlich ein theoretischer Begriff. Die Ozeane haben keine gleichmäßig hohe Oberfläche. Gezeiten, Wind, Corioliskraft und andere Effekte verursachen von einem Ozean zum anderen und auch innerhalb der einzelnen Ozeane beträchtliche Schwankungen des Wasserspiegels. Der Pazifik steht an seinem Westrand knapp einen halben Meter höher – eine Folge der Zentrifugalkraft, die durch die Erddrehung entsteht. Sie wirkt ganz ähnlich, als wenn man eine Wanne mit Wasser auf einer Seite anhebt: Das Wasser fließt ans andere Ende. Nach dem gleichen Prinzip türmt auch die nach Osten gerichtete Drehung der Erde das Wasser am Westrand des Ozeans auf.

Wenn man bedenkt, welch große Bedeutung die Meere seit alters her für uns haben, ist es eigentlich erstaunlich, dass das wissenschaftliche Interesse an ihnen erst so spät erwachte. Bis weit ins 19. Jahrhundert hinein stammten unsere Kenntnisse über die Ozeane fast ausschließlich aus dem, was an die Küste gespült wurde oder mit Fischernetzen ans Licht kam, und nahezu alle schriftlichen Berichte stützten sich mehr auf Anekdoten und Vermutungen als auf handfeste Belege. In den dreißiger Jahren des 19. Jahrhunderts vermaß der britische Naturforscher Edward Forbes den Boden von Atlantik und Mittelmeer, und anschließend erklärte er, es gebe in mehr als 600 Metern Tiefe keinerlei Leben. Diese Annahme erschien durchaus vernünftig. In derartige Tiefen dringt kein Licht vor, sodass Pflanzen dort nicht existieren können, und man wusste, dass auch der Wasserdruck extrem hoch ist. Deshalb war man überrascht, als man 1860 eines der ersten Transatlantikkabel zu Reparaturarbeiten aus mehr als 3000 Metern Tiefe an die Oberfläche holte: Es war dick mit Korallen, Muscheln und anderen Lebewesen verkrustet.

Die systematische Erforschung der Meere begann erst 1872. In diesem Jahr machte sich eine Gemeinschaftsexpedition des Britischen Museums, der Royal Society und der britischen Regierung mit dem früheren Kriegsschiff HMS *Challenger* von Portsmouth aus auf den Weg. Dreieinhalb Jahre lang fuhren die Wissenschaftler rund um die Welt, entnahmen Wasserproben, fingen Fische ein und zogen einen Schleppkasten durch das Sediment. Es waren offensichtlich sehr zermürbende Arbeiten. Von der Besatzung, insgesamt 240 Wissenschaftler und Mannschaftsmitglieder, verließ jeder Vierte im Laufe der Reise das Schiff, und acht weitere starben oder wurden verrückt, »von der nervtötenden Eintönigkeit des jahrelangen Schleppnetzfischens zur Verzweiflung getrieben«, so eine Formulierung der Historikerin Samantha Weinberg.[18] Aber sie legten fast 70 000 Seemeilen zurück,[19] sammelten mehr als 4700 neue Arten von Meerestieren und gewannen derart viele Erkenntnisse, dass sie einen 50-bändigen Bericht verfassen konnten (dessen Fertigstellung 19 Jahre in Anspruch nahm). Damit hatten sie eine ganz neue Wissenschaftsdisziplin geschaffen: die Meeresforschung oder *Ozeanografie.* Außerdem entdeckten sie durch Tiefenmessungen, dass es in der Mitte des Atlantiks offensichtlich unterseeische Gebirge gibt, was einige aufgeregte Autoren zu der Vermutung veranlasste, man habe den versunkenen Kontinent Atlantis gefunden.

Da die etablierte Wissenschaft das Meer zum größten Teil

nicht zur Kenntnis nahm, blieb es sehr wenigen engagierten Amateuren überlassen, Auskunft über die unterseeische Welt zu geben. Die moderne Tiefseeforschung begann 1930 mit Charles William Beebe und Oris Barton. Beide waren zwar gleichberechtigte Partner, aber die größere Aufmerksamkeit der Geschichtsschreibung erregte stets Beebe, der die farbigere Gestalt war. Er wurde 1877 als Sohn einer wohlhabenden Familie in New York geboren, studierte Zoologie an der Columbia University und nahm dann bei der New Yorker Zoological Society eine Stelle als Vogelwärter an. Als er dieser Tätigkeit überdrüssig war, entschloss er sich zu einem Leben als Abenteurer, und während der nächsten 25 Jahre unternahm er ausgedehnte Reisen durch Asien und Südamerika. Dabei wurde er nacheinander von verschiedenen attraktiven Assistentinnen begleitet, die er fantasievoll als »Historikerin und Technikerin« oder als »Assistentin für Fischprobleme« bezeichnete.[20] Zur Finanzierung der Unternehmungen schrieb er mehrere populärwissenschaftliche Bücher mit Titeln wie *Edge of the Jungle* und *Jungle Days*, er verfasste aber auch einige ansehnliche Fachbücher über wilde Tiere und Ornithologie.

Mitte der zwanziger Jahre entdeckte er während einer Reise auf die Galapagosinseln »den Genuss des Baumelns« – so seine Beschreibung des Tiefseetauchens. Wenig später tat er sich mit Barton zusammen, der aus einer noch reicheren Familie stammte, ebenfalls die Columbia University besucht hatte und sich nach Abenteuern sehnte.[21] Das Verdienst wird zwar fast immer Beebe zugeschrieben, in Wirklichkeit war aber Barton derjenige, der die erste Bathysphäre (nach den griechischen Worten für »Tiefe« und »Kugel«) entwarf und ihren Bau mit 12 000 Dollar finanzierte. Es war eine winzige, zwangsläufig sehr widerstandsfähige Kammer aus vier Zentimeter dickem Gusseisen und zwei kleinen Bullaugen, in die siebeneinhalb Zentimeter dicke Quarzblöcke eingelassen waren. Die Bathysphäre bot zwei Personen Platz, die allerdings bereit sein mussten, sich sehr eng zusammenzudrängen. Es war selbst nach den Maßstäben jener Zeit keine sonderlich hoch entwickelte Technologie. Die Tauchkugel ließ sich nicht manövrieren – sie hing einfach an einem langen Drahtseil – und hatte ein höchst primitives Belüftungssystem.[22] Zur Neutralisierung des ausgeatmeten Kohlendioxids dienten offene Gefäße mit gebranntem Kalk, und um die Feuchtigkeit zu beseitigen, öffneten die Insassen eine kleine Wanne mit Calciumchlorid, über der sie manchmal Palmwedel hin und her bewegten, um die chemischen Reaktionen zu beschleunigen.

Aber die namenlose kleine Bathysphäre erfüllte ihre Aufgabe. Der erste Tauchgang fand im Juni 1930 auf den Bahamas statt, und dabei stellten Barton und Beebe mit 200 Metern einen neuen Tiefenrekord auf. Bis 1934 hatten sie den Rekord bereits auf fast 1000 Meter hochgetrieben, und dort blieb er bis nach dem Krieg. Barton war sicher, dass man mit dem Gerät ohne Gefahr auch 1500 Meter erreichen konnte, aber mit jedem Meter, den sie weiter in die Tiefe vordrangen, war die Belastung der Bolzen und Nieten deutlicher zu hören. Es war in jeder Tiefe eine tapfere, mutige Arbeit. Bei 1000 Metern lastete auf jedem Quadratzentimeter ihrer kleinen Bullaugen bereits ein Druck von fast drei Tonnen. In dieser Tiefe drohte ihnen jeden Augenblick der Tod, das betonte Beebe in seinen vielen Büchern, Zeitschriftenartikeln und Radiosendungen immer wieder. Ihre größte Sorge bestand aber darin, dass die Winde auf dem Schiff unter der Belastung durch die Stahlkugel und ein Stahlkabel von zwei Tonnen Gewicht brechen und die beiden Männer auf den Meeresboden sinken lassen könnte. In diesem Fall hätte es keine Rettung gegeben.

Allerdings lieferten die Tauchgänge kaum handfeste wissenschaftliche Erkenntnisse. Die beiden beobachteten zwar viele Lebewesen, die sie nie zuvor gesehen hatten, aber da die Sichtverhältnisse so schlecht waren und keiner der beiden unerschrockenen Aquanauten über eine Ausbildung als Meeresforscher verfügte, konnten sie ihre Befunde häufig nicht in den Einzelheiten beschreiben, nach denen die echten Wissenschaftler verlangten. Die Tauchkugel hatte keinen Außenscheinwerfer, sondern sie konnten nur eine 250-Watt-Lampe in das Fenster halten. In mehr als 150 Metern Tiefe herrscht aber ohnehin praktisch undurchdringliche Dunkelheit, und außerdem starrten sie durch siebeneinhalb Zentimeter Quarz. Wenn sie also etwas sehen wollten, musste dieses Etwas an ihnen fast ebenso viel Interesse haben wie sie an ihm. Letztlich konnten sie nur berichten, dass es da unten eine Menge seltsamer Dinge gab. Im Jahr 1934 erspähte Beebe bei einem Tauchgang zu seiner großen Verblüffung eine Riesenschlange »von mehr als sechs Metern Länge und großer Breite«. Sie schwamm so schnell vorüber, dass er eigentlich nur einen Schatten sah. Was immer es auch gewesen sein mag, etwas Ähnliches hat seitdem nie wieder jemand beobachtet. Ihre Berichte waren also so unbestimmt, dass sie von der Wissenschaft in der Regel kaum beachtet wurden.[23]

Nach ihrem Rekord-Tauchgang im Jahre 1934 verlor Beebe das Interesse an der Tiefsee und wandte sich anderen Abenteuern zu. Barton jedoch machte weiter. Zu Beebes Ehre muss man anmerken, dass er immer erklärte, Barton sei der eigentliche Kopf ihres Unternehmens, aber dieser war offensichtlich nicht in der Lage, aus dem Schatten seines Kollegen zu treten. Allerdings schrieb Barton ebenfalls spannende Berichte über ihre Unterwasserabenteuer, und er trat sogar in einem Hollywoodfilm mit dem Titel *Titans of the Deep* auf. Darin kamen eine Bathysphäre und zahlreiche spannende, im Wesentlichen erfundene Begegnungen mit aggressiven Riesenkraken und ähnlichen Tieren vor. Er machte sogar Reklame für Camel-Zigaretten (»Damit zittern meine Nerven nicht mehr«). Im Jahr 1948 erhöhte er den Tiefenrekord im Pazifik vor Kalifornien um 50 Prozent auf 1500 Meter, aber die Welt war offenbar auch jetzt noch entschlossen, ihn zu übersehen. Ein Zeitungskritiker hielt sogar Beebe für den Hauptdarsteller des Films *Titans of the Deep*. Heute könnte Barton von Glück sagen, wenn er überhaupt noch erwähnt wird.

Aber ohnehin wurde er schließlich durch ein Vater-Sohn-Gespann aus der Schweiz völlig in den Schatten gestellt. Auguste und Jacques Piccard konstruierten ein völlig neues Tauchfahrzeug, das sie Bathyscaph (»Tiefenboot«) nannten. Nach der italienischen Stadt, in der es gebaut wurde, tauften sie es auf den Namen *Trieste*. Das neue Gerät ließ sich unabhängig manövrieren, im Wesentlichen allerdings nur nach oben und unten. Anfang 1954, bei einem der ersten Tauchgänge, erreichte es eine

Tiefe von über 4400 Metern, nahezu das Dreifache des Rekordes, den Barton sechs Jahre zuvor aufgestellt hatte. Aber das Tiefseetauchen erforderte erhebliche finanzielle Mittel, und den Piccards ging allmählich das Geld aus.

Im Jahr 1958 schlossen sie ein Abkommen mit der US-Marine. Danach ging das Tauchfahrzeug in den Besitz der Navy über, die Piccards behielten aber das Verfügungsrecht.[24] Nachdem sie nun wieder flüssig waren, bauten sie das Fahrzeug um, versahen es mit mehr als zwölf Zentimeter dicken Wänden und verkleinerten die Fenster auf einen Durchmesser von nur noch fünf Zentimetern, wenig mehr als ein Schlüsselloch. Jetzt konnte es einen gewaltigen Druck aushalten, und im Januar 1960 ließen sich Jacques Piccard und der US-Marineleutnant Don Walsh rund 400 Kilometer vor der Insel Guam im West Pazifik bis auf die tiefste Stelle des Meeresbodens herab, den Marianengraben (den übrigens nicht ganz zufällig Harry Hess mit seinem Tiefenmesser entdeckt hatte). Knapp vier Stunden brauchten sie, dann waren sie in einer Tiefe von 10 917 Metern angelangt. Der Druck betrug in dieser Tiefe zwar mehr als 1200 Kilogramm je Quadratzentimeter, zu ihrer Überraschung bemerkten sie aber gerade in dem Augenblick, als sie am Boden aufsetzten, einen flachen Fisch. Da sie keine Kameras mitführten, gibt es von dem Ereignis keine bildlichen Erinnerungen.

Nachdem sie sich nur 20 Minuten am tiefsten Punkt der Erde aufgehalten hatten, kehrten sie an die Oberfläche zurück. Es war das einzige Mal, dass Menschen in solche Tiefen vordrangen.

Mehr als 40 Jahre später stellt sich natürlich die Frage: Warum hat es ihnen seither niemand nachgemacht? Zunächst gab es einen wichtigen Gegner weiterer Tauchgänge: den Vizeadmiral Hyman G. Rickover, einen Mann mit lebhaftem Temperament und handfesten Ansichten, der über die Kassen des Ministeriums verfügte. Er hielt Tiefseeforschung für Geldverschwendung und betonte immer wieder, die Marine sei kein wissenschaftliches Institut. Außerdem waren die ganzen Vereinigten Staaten zu jener Zeit auf die Weltraumforschung fixiert: Man wollte einen Menschen auf den Mond bringen, und im Vergleich dazu wirkte die Erforschung der Tiefsee relativ unwichtig und altmodisch.

Entscheidend war aber die Erkenntnis, dass die *Trieste* im Grunde nicht viel erreicht hatte. Ein Beamter der Marine erklärte viele Jahre später: »Wir haben eigentlich nicht viel daraus gelernt, außer dass wir es können. Warum sollte man es noch einmal machen?«[25] Es war, kurz gesagt, eine umständliche Methode, um einen Plattfisch zu finden, und eine teure noch dazu. Eine Wiederholung des Unternehmens würde heute Schätzungen zufolge mindestens 100 Millionen Dollar kosten.

Nachdem den Meeresforschern klar war, dass die Marine kein Interesse mehr hatte, das versprochene wissenschaftliche Programm weiter zu verfolgen, gab es einen Aufschrei des Entsetzens. Unter anderem um die Kritiker zu besänftigen, stellte die Navy deshalb Mittel für ein weiterentwickeltes Tauchboot zur Verfügung, das von der Woods Hole Oceanographic Institution in Massachusetts betrieben werden sollte. Das Gerät, das in etwas verkürzter Ehrung des Meeresforschers Allyn C. Vine auf den Namen *Alvin* getauft wurde, sollte ein vollständig manövrierbares Mini-U-Boot sein, das allerdings nicht annähernd so tief tauchen konnte wie die *Trieste*. Es gab dabei nur ein Problem: Die Planer fanden niemanden, der bereit war, es zu bauen.[26] William J. Broad schreibt in seinem Buch *The Universe Below*: »Große Firmen wie General Dynamics, die U-Boote für die Marine produzierten, wollten kein Projekt übernehmen, das sowohl vom Bureau of Ships als auch von Admiral Rickover, den Schutzgöttern der Marine, abgelehnt wurde.« Am Ende wurde *Alvin* von dem Nahrungsmittelkonzern General Mills gebaut, und zwar in einer Fabrik, die sonst die Maschinen zur Herstellung von Frühstücksflocken produzierte.

Von dem, was sich sonst noch in der Tiefe der Meere verbergen mochte, hatte man tatsächlich wenig Ahnung. Bis weit in die fünfziger Jahre hinein stützten sich auch die besten Landkarten, die den Meeresforschern zur Verfügung standen, vorwiegend auf wenige Details aus vereinzelten Vermessungsprojekten, die bis 1929 zurückreichten, sowie auf ein weites Feld von Vermutungen. Die Marine besaß zwar ausgezeichnete Karten, mit deren Hilfe U-Boote zwischen unterseeischen Schluchten und Gebirgen manövrieren konnten, aber man wollte vermeiden, dass solche Informationen in sowjetische Hände fielen, und deshalb wurden die Unterlagen geheim gehalten. Die Wissenschaft musste mit bruchstückhaften, veralteten Vermessungsergebnissen auskommen oder sich auf wohl überlegte Vermutungen stützen. Selbst heute sind unsere Kenntnisse über den Meeresboden bemerkenswert wenig detailliert. Wer den Mond mit einem ganz normalen Amateurteleskop betrachtet, erkennt eine ganze Reihe von Kratern – Fracastorius, Blancanus, Zach, Planck und viele andere, die jedem Mondexperten vertraut sind, aber völlig unbekannt wären, wenn sie sich auf dem Meeresboden unseres eigenen Planeten befänden. Vom Mars besitzen wir bessere Landkarten als von den Gebieten unter unseren Ozeanen.

Auch an der Oberfläche waren die Untersuchungsmethoden ein wenig hemdsärmelig und improvisiert. Im Jahr 1994 wurden von einem koreanischen Frachtschiff während eines Sturms im Pazifik 34 000 Eishockeyhandschuhe über Bord gespült.[27] Die Handschuhe fanden sich später von Vancouver bis Vietnam überall wieder und trugen dazu bei, dass die Meeresforscher verschiedene Strömungen genauer verfolgen konnten als je zuvor.

Heute hat *Alvin* fast 40 Jahre auf dem Buckel, es ist aber nach wie vor Amerikas wichtigstes Forschungsschiff. Unterwasserfahrzeuge, die auch nur annähernd die Tiefe des Marianengrabens erreichen könnten, gibt es bis heute nicht, und nur fünf, unter ihnen *Alvin*, können bis zu dem normalen Tiefseeboden hinabtauchen, der mehr als die Hälfte der Erdoberfläche ausmacht. Der Betrieb eines typischen Tauchbootes kostet pro Tag über 20 000 Euro. Deshalb lässt man solche Geräte nicht einfach aus einer Laune heraus ins Wasser, und noch weniger geht man damit auf Tauchfahrt nur in der unbestimmten Hoffnung, man werde zufällig auf etwas Interessantes stoßen. Das wäre so, als würden wir unsere Erfahrungen mit der Erdoberfläche auf die Arbeit von fünf Leuten stützen, die nach Einbruch der Dunkelheit mit Traktoren auf Erkundungsfahrt gehen. Nach Ansicht von Robert Kunzig haben Menschen vielleicht ein Millionstel oder ein Milliardstel der dunklen Meerestiefe genau erforscht, vielleicht aber auch viel weniger.[28]

Aber wenn Meeresforscher eine herausragende Eigenschaft haben, dann ist es ihr Fleiß. Mit ihren begrenzten Möglichkeiten haben sie eine ganze Reihe wichtiger Erkenntnisse gewonnen. Unter anderem machten sie 1977 eine der bedeutendsten und verblüffendsten biologischen Entdeckungen des 20. Jahrhunderts. In diesem Jahr fand *Alvin* rund um mehrere Tiefseeschlote vor den Galapagosinseln blühende Kolonien aus großen Lebewesen: mehr als drei Meter lange Röhrenwürmer, Muscheln von 30 Zentimetern Durchmesser, zahlreiche Krebse und gewundene Spaghettiwürmer.[29] Ihr Dasein verdankten sie riesigen Bakterienkolonien, die ihrerseits Energie und Nährstoffe aus Schwefelwasserstoffverbindungen bezogen – diese Substanzen sind für die Lebewesen an der Oberfläche äußerst giftig und strömen ständig aus den Schloten. Es war eine ganz neue Welt, völlig unabhängig von Sonnenlicht, Sauerstoff und allem anderen, was man normalerweise mit Leben in Verbindung bringt. Grundlage dieser Lebenswelt war nicht die Photosynthese, sondern Chemosynthese – eine Tatsache, die den Biologen absurd erschienen wäre, hätte jemand die Fantasie besessen, sie sich auszumalen.

Aus den Schloten fließen gewaltige Wärme- und Energiemengen. Zwei Dutzend von ihnen produzieren gemeinsam ebenso viel Energie wie ein großes Kraftwerk, und in ihrer Umgebung herrscht ein ungeheures Temperaturgefälle. An der Ausströmstelle kann die Temperatur bis auf 400 Grad steigen, und wenige Meter weiter liegt sie nur zwei oder drei Grad über dem Gefrierpunkt. Genau an dieser Grenze lebt ein Wurm, der als Alvinellide bezeichnet wurde: An seinem Kopf ist das Wasser um rund 80 Grad wärmer als am Schwanz. Zuvor hatte man geglaubt, kein kompliziert gebautes Lebewesen könne eine Wassertemperatur von mehr als 55 Grad überleben[30], und nun hatte man eines gefunden, das erheblich höhere Temperaturen und gleichzeitig auch extreme Kälte vertrug. Die Entdeckung bedeutete eine Umwälzung für unsere gesamte Vorstellung von den Voraussetzungen für Leben.

Gleichzeitig war damit auch eines der großen Rätsel der Meeresforschung gelöst, eine Frage, die vielen Menschen nicht einmal als Rätsel erschien: Warum nimmt der Salzgehalt der Ozeane nicht im Laufe der Zeit zu? Die Aussage mag banal erscheinen: Es gibt im Meer eine Menge Salz, genug, um alle trockenen Landflächen der Erde ungefähr 150 Meter hoch damit zu bedecken.[31] Jeden Tag verdunsten aus den Ozeanen viele Millionen Liter Wasser, und das Salz bleibt zurück; logischerweise müsste das Meer also im Laufe der Jahre immer salziger werden, aber das geschieht nicht. Irgendetwas entfernt aus dem Wasser die gleiche Menge Salz, die auch hinzukommt. Lange Zeit hatte man keine Ahnung, was das für ein Mechanismus sein könnte.

Nachdem *Alvin* die Tiefseeschlote gefunden hatte, kam man auf die Antwort. Geophysiker erkannten, dass die Schlote ganz ähnlich wirken wie die Filter in einem Fischbecken. Wenn Wasser in die Erdkruste eindringt, wird es vom Salz befreit, und durch die »Schornsteine« wird am Ende sauberes Wasser ausgestoßen. Das Ganze ist kein schneller Vorgang – bis ein Ozean gereinigt ist, können zehn Millionen Jahre vergehen –, aber solange man es nicht eilig hat, ist er äußerst wirksam.[32]

Vielleicht nichts anderes macht unsere innere Distanz zu den Tiefen der Ozeane so augenfällig deutlich wie das Hauptziel, das während des Internationalen Geophysikalischen Jahres 1957/58 für die Ozeanografie formuliert wurde: Man wollte untersuchen, ob sich die Tiefsee zur Entsorgung radioaktiver Abfälle nutzen ließ.[33] Wohlgemerkt: Das war keineswegs eine geheime Verabredung, sondern eine stolze öffentliche Ankündigung. Auch wenn darüber nicht viel berichtet wurde, war die Versenkung radioaktiver Abfälle 1957/58 sogar schon seit über zehn Jahren im Gange, und das mit einem ziemlich entsetzlichen Nachdruck. Seit 1946 transportierten die Vereinigten Staaten den Atommüll in Fässern zu jeweils 45 Gallonen (knapp 200 Liter) auf die Farallon Islands etwa 50 Kilometer vor der kalifornischen Küste bei San Francisco, und dort wurden sie einfach über Bord geworfen.

Es war eine geradezu unglaubliche Achtlosigkeit. Meist handelte es sich um Fässer der gleichen Art, wie man sie auch in rostigem Zustand hinter Tankstellen oder auf Fabrikhöfen stehen sieht, irgendwelche Schutzummantelungen gab es nicht. Wenn sie im Wasser nicht untergingen, was häufig vorkam, schossen Marineschützen Löcher hinein, sodass Wasser eindringen konnte (wobei natürlich Plutonium, Uran und Strontium freigesetzt wurden).[34] Bevor diese Praxis in den neunziger Jahren des 20. Jahrhunderts eingestellt wurde, hatten die Vereinigten Staaten an insgesamt 50 Stellen im Ozean mehrere 100 000 Fässer versenkt, davon allein 50 000 bei den Farallon Islands. Und die USA standen durchaus nicht allein. Weitere eifrige Atommüll-Entsorger waren Russland, China, Japan, Neuseeland und fast alle europäischen Staaten.

Welche Auswirkungen hatte das auf die Lebewesen im Meer? Nun, wir hoffen, dass sie gering sind, aber eigentlich haben wir keine Ahnung. Was das Leben in den Ozeanen angeht, sind wir von einer erstaunlichen, fröhlichen, selbstherrlichen Unkenntnis. Selbst über die bedeutendsten Meerestiere wissen wir häufig bemerkenswert wenig, so auch über das größte von allen, den gewaltigen Blauwal, ein Geschöpf von wahrhaft gigantischen Ausmaßen: Nach den Worten von David Attenborough »wiegt seine Zunge so viel wie ein Elefant, das Herz hat die Größe eines Autos, und manche Blutgefäße sind so breit, dass man in ihnen schwimmen könnte«. Er ist das gewaltigste Tier, das die Erde jemals hervorgebracht hat, größer noch als die massigsten Dinosaurier. Und doch liegt die Lebensweise der Blauwale für uns weitgehend im Dunkeln. Wir wissen nichts darüber, wo sie sich die meiste Zeit aufhalten, wohin sie sich zur Paarung begeben und auf welchen Wegen sie dorthin gelangen. Unsere wenigen Kenntnisse haben wir fast ausschließlich dadurch gewonnen, dass wir ihre Gesänge belauscht haben, aber auch die sind rätselhaft. Manchmal brechen Blauwale einen Gesang ab, um ihn sechs Monate später genau an derselben Stelle wieder aufzunehmen.[35] Oder sie stimmen ein neues Lied an, das noch keiner ihrer Artgenossen gehört haben kann, und doch kennen es alle sofort. Wie sie das bewerkstelligen, ist nicht einmal ansatzweise geklärt. Und dabei handelt es sich um Tiere, die immer wieder zum Atmen an die Oberfläche kommen müssen.

Bei Arten, die ständig in der Tiefe bleiben können, sind die

Rätsel häufig noch größer. Wir brauchen nur an die legendären Riesenkraken zu denken.[36] Im Vergleich zum Blauwal sind sie zwar klein, aber es handelt sich dennoch um ansehnliche Tiere mit Augen so groß wie Fußbälle und Fangarmen, die bis zu 20 Meter lang werden können. Ein Riesenkrake wiegt fast eine Tonne und ist damit das größte wirbellose Tier der Erde. Würde man ihn in einen normalen Privatswimmingpool setzen, hätte kaum noch etwas anderes darin Platz. Dennoch hat kein Wissenschaftler – und, soweit wir wissen, überhaupt kein Mensch – jemals einen lebenden Riesenkraken gesehen. Manche Zoologen haben ihre gesamte Berufslaufbahn darauf verwendet, solche Tiere lebend zu fangen oder wenigstens zu Gesicht zu bekommen, aber sie sind immer gescheitert. Man kennt diese Geschöpfe nur deshalb, weil sie gelegentlich an Stränden angespült werden – aus unbekannten Gründen insbesondere auf der Südinsel Neuseelands. Es muss sie in großer Zahl geben, denn sie bilden die wichtigste Nahrung der Pottwale, und Pottwale brauchen viel Nahrung.*

Einer Schätzung zufolge könnte es in den Meeren bis zu 30 Millionen Tierarten geben, von denen die meisten noch nicht entdeckt sind.[37] Erste Hinweise darauf, wie üppig das Leben in der Tiefsee ist, fand man erst in den sechziger Jahren des 20. Jahrhunderts nach der Erfindung des Epibenthos-Schlittens. Dieses Schleppgerät fängt nicht nur Lebewesen am Meeresboden oder knapp darüber, sondern auch solche, die sich im Sediment vergraben haben. Die Meeresforscher Howard Sandler und Robert Hessler von der Woods Hole Institution sammelten damit entlang des Kontinentalsockels in einer Tiefe von etwa 1500 Metern innerhalb einer Stunde mehr als 25 000 Tiere, die zu 365 Arten gehörten – Würmer, Seesterne, Seegurken und viele andere. Selbst in einer Tiefe von 5000 Metern fanden sie noch 3700 Tiere aus fast 200 Arten.[38] Aber der Schlitten hält nur Lebe-

* Die unverdaulichen Teile der Riesenkraken, insbesondere die Schnäbel, sammeln sich im Magen der Pottwale an und bilden dort eine Substanz namens Ambra, die in Parfüms als Fixiermittel verwendet wird. Wer sich das nächste Mal mit Chanel No. 5 einsprüht, sollte vielleicht daran denken, dass sich darin das Destillat eines nie gesehenen Seeungeheuers befindet.

wesen fest, die so langsam oder so dumm sind, dass sie nicht aus dem Weg gehen können. Ende der sechziger Jahre kam der Meeresbiologe John Isaacs auf die Idee, eine Kamera mit einem daran befestigten Köder ins Wasser zu lassen, und damit fand er noch viele weitere Tiere, insbesondere große Gruppen der aalähnlichen, einfach gebauten Inger und lebhafte Schwärme von Grenadierfischen. Steht plötzlich eine gute Nahrungsquelle zur Verfügung – beispielsweise wenn ein Wal stirbt und zum Meeresboden sinkt –, tun sich bis zu 390 Arten von Meeresbewohnern daran gütlich. Interessanterweise stellte sich heraus, dass viele dieser Tiere von Tiefseeschloten kamen, die bis zu 1500 Kilometer entfernt sind. Unter anderem handelte es sich dabei um Muscheln, die kaum als große Wanderer bekannt sind. Heute nimmt man an, dass die Larven mancher Tiere sich so lange im Wasser treiben lassen, bis sie auf Grund unbekannter chemischer Signale merken, dass sich eine gute Gelegenheit zum Fressen bietet. Erst dann lassen sie sich nieder.

Wie kommt es, dass wir die Meere so leicht überfordern können, wo sie doch so riesig sind? Nun, zunächst einmal sind die Ozeane der Welt nicht gleichermaßen üppig besiedelt. Insgesamt gilt noch nicht einmal ein Zehntel aller Meere von Natur aus als produktiv.[39] Die meisten Wasserbewohner ziehen geringere Tiefen vor, weil es dort heller und wärmer ist, sodass organisches Material in großer Menge zur Verfügung steht und die Nahrungskette in Gang setzen kann. Korallenriffe beispielsweise nehmen noch nicht einmal ein Prozent der gesamten Meeresfläche ein, beherbergen aber 25 Prozent aller Fische.

In anderen Regionen sind die Ozeane bei weitem nicht so reichhaltig. Ein gutes Beispiel ist Australien. Mit einer Küstenlinie von über 32 000 Kilometern und mehr als 23 Millionen Quadratkilometern territorialer Gewässer verfügt es über mehr Ozeanfläche als jedes andere Land, aber wie Tim Flannery anmerkt, gehört es nicht einmal zu den 50 größten Fischereinationen.[40] Australien muss sogar in großem Umfang Fische und Meeresfrüchte importieren. Der Grund: Wie der Kontinent selbst, so sind auch die australischen Gewässer zum größten Teil

Wüste. (Eine wichtige Ausnahme ist allerdings das äußerst fruchtbare Great Barrier Reef vor Queensland.) Da der Boden so unfruchtbar ist, bringt er auch wenig Nährstoffe hervor, die ins Meer gespült werden könnten.

Aber auch wo das Leben blüht und gedeiht, reagiert es oft sehr empfindlich auf Störungen. In den siebziger Jahren des 20. Jahrhunderts entdeckten Fischer aus Australien und in geringerem Umfang auch aus Neuseeland große Schwärme einer kaum bekannten Fischart, die über ihrem Kontinentalsockel in einer Tiefe von rund 800 Metern zu Hause war. Die Fische wurden »Orange Roughy« genannt, schmeckten köstlich und waren in großer Zahl vorhanden. Schon nach kurzer Zeit holten die Fischereiflotten jedes Jahr 40 000 Tonnen von ihnen aus dem Wasser. Aber dann machten Meeresbiologen eine Reihe beunruhigender Entdeckungen. Roughys sind sehr langlebig und wachsen langsam heran. Manche Exemplare dürften bis zu 150 Jahre alt sein; ein Roughy, der heute verzehrt wird, könnte durchaus zur Regierungszeit der Königin Victoria geboren worden sein. Diese sehr gemächliche Lebensweise konnten die Roughys sich zu Eigen machen, weil das Wasser, in dem sie leben, so wenig Ressourcen bietet. In einer solchen Umgebung laichen Fische während ihres ganzen Lebens nur einmal. Natürlich verträgt ein solcher Bestand keine tief greifenden Störungen, aber als man das erkannte, war die Population bereits stark dezimiert. Selbst bei sorgfältiger Bewirtschaftung wird es Jahrzehnte dauern, bis der Bestand sich wieder erholt – falls das überhaupt noch geschieht.

An anderen Stellen dagegen werden die Ozeane nicht nur unabsichtlich, sondern auch ganz gezielt missbraucht. Viele Fischer schneiden Haien die Flossen ab und werfen die Tiere dann wieder ins Wasser, wo sie zu Grunde gehen.[41] Im Jahre 1998 wurden im Fernen Osten Haiflossen für mehr als 200 Euro das Kilo gehandelt. Eine Schale Haifischflossensuppe ging in Tokio für 90 Euro über den Tresen. Nach Schätzungen des World Wildlife Fund wurden im Jahr 1994 insgesamt zwischen 40 und 70 Millionen Haie getötet.

Im Jahre 1995 holten rund 37 000 große Fischereischiffe sowie rund eine Million kleinere Boote insgesamt doppelt so viel

Fische aus dem Meer wie noch 25 Jahre zuvor. Die Trawler haben heute manchmal die Ausmaße von Kreuzfahrtschiffen, und in den Netzen, die sie hinter sich herziehen, hätte ein Dutzend Jumbojets Platz.[42] Manche führen sogar Flugzeuge mit, die Fischschwärme aus der Luft lokalisieren.

Nach Schätzungen besteht etwa ein Viertel dessen, was ein Fischnetz nach oben befördert, aus »Beifang« – Fische, die man nicht anlanden kann, weil sie zu klein sind, der falschen Art angehören oder zur falschen Jahreszeit gefangen wurden. Ein Experte sagte der Zeitschrift *Economist*: »Wir befinden uns noch im Mittelalter. Wir lassen einfach das Netz hinunter und warten ab, was ans Licht kommt.«[43] Bis zu 22 Millionen Tonnen solcher unerwünschten Fische werden jedes Jahr wieder ins Meer geworfen, und zwar meist in Form von Kadavern.[44] Auf jedes Kilo gefangener Krabben kommen etwa vier Kilo Fische und andere Meereslebewesen, die zu Grunde gehen. In der Nordsee werden weite Teile des Meeresbodens bis zu siebenmal im Jahr mit Schleppnetzen regelrecht sauber gefegt, ein Eingriff, dem kein Ökosystem etwas entgegenzusetzen hat.[45] Nach Schätzungen werden mindestens zwei Drittel der Tierarten in der Nordsee überfischt. Jenseits des Atlantiks sieht die Sache nicht besser aus. Den Heilbutt gab es vor der Küste Neuenglands früher in so gewaltigen Mengen, dass ein einziges Boot an einem Tag bis zu 9000 Kilo an Land bringen konnte. Heute ist er vor der amerikanischen Nordostküste so gut wie ausgestorben.

Aber nichts ist mit dem Schicksal des Kabeljaus zu vergleichen. Ende des 15. Jahrhunderts fand der Entdecker John Cabot diese Fische in unglaublicher Zahl vor der Ostküste Nordamerikas – es waren Flachwassergebiete, und die sind bei Fischen wie dem Kabeljau, die ihre Nahrung am Meeresboden suchen, besonders beliebt. Manche dieser Gebiete waren riesig: Die Georges Banks vor Massachusetts sind größer als der zugehörige Bundesstaat. Noch umfangreicher sind die Grand Banks vor der Küste Neufundlands, und dort wimmelte es jahrhundertelang immer von Kabeljauen. Die Bestände galten als unerschöpflich. Aber natürlich waren sie das bei weitem nicht.

Bis 1960 war der Bestand laichender Kabeljaue im Nordatlantik nach Schätzungen auf rund 1,6 Millionen Tonnen gesunken. Im Jahr 1990 waren nur noch 22 000 Tonnen übrig.[46] Unter kommerziellen Gesichtspunkten war der Kabeljau ausgestorben. Die Fischer hätten alle gefangen, schrieb Mark Kurlansky in seinem faszinierenden Buch *Kabeljau*.[47] Im Westatlantik dürfte diese Fischart für immer verschwunden sein. Die Kabeljaufischerei wurde 1992 auf den Grand Banks völlig eingestellt, aber nach einem Bericht der Fachzeitschrift *Nature* war noch bis zum vergangenen Herbst keine Erholung der Bestände zu erkennen.[48] Wie Kurlansky berichtet, bestanden Fischfilets und Fischstäbchen ursprünglich aus Kabeljau, dann trat Schellfisch an seine Stelle, später Rotbarsch und seit einiger Zeit der Pazifik-Pollack. Heutzutage, so stellt Kurlansky trocken fest, heiße alles »Fisch«, was noch übrig ist.[49]

Das Gleiche gilt für viele andere Meerestiere. Vor dem US-Bundesstaat Rhode Island wurden früher regelmäßig Hummer von rund neun Kilo gefangen, manchmal sogar Exemplare von 13 Kilo. Lässt man die Hummer in Ruhe, können sie mehrere Jahrzehnte alt werden – nach heutiger Kenntnis erreichen sie bis zu 70 Jahren –, und dabei hören sie nie auf zu wachsen. Heute wiegen nur noch die wenigsten Hummer beim Fang mehr als ein Kilo. Die *New York Times* berichtete: »Nach Schätzungen der Biologen werden 90 Prozent der Hummer innerhalb des ersten Jahres gefangen, nachdem sie das gesetzlich vorgeschriebene Mindestalter von sechs Jahren erreicht haben.«[50] Trotz sinkender Erträge erhalten die Fischer Neuenglands nach wie vor steuerliche Anreize, die sie ermutigen und in manchen Fällen praktisch zwingen, immer größere Boote anzuschaffen und das Meer noch intensiver auszubeuten. In Massachusetts sind den Fischern heute nur noch die heimtückischen Inger übrig geblieben, für die es im Fernen Osten einen kleinen Markt gibt, aber auch deren Zahl geht mittlerweile zurück.

Über die Dynamik, der das Leben im Meer unterliegt, wissen wir bemerkenswert wenig. Während die Vielfalt heute in überfischten Regionen weitaus geringer ist als früher, beherbergen andere, von Natur aus weniger fruchtbare Gewässer weit mehr Lebewesen, als man jemals geglaubt hätte. Das Südpolarmeer rund um die Antarktis produziert nur drei Prozent der weltweiten Phytoplanktonmenge – viel zu wenig, so sollte man meinen, als dass sie zur Grundlage eines komplizierten Ökosystems werden könnte, und doch ist genau das der Fall. Von den Krabbenessern, einer Robbenart, haben vermutlich die wenigsten Menschen schon einmal etwas gehört, und doch dürften sie nach dem Menschen die zweithäufigste große Tierart auf Erden sein. Auf dem Packeis rund um die Antarktis leben wahrscheinlich bis zu 15 Millionen von ihnen.[51] Außerdem gibt es vermutlich zwei Millionen Weddell-Robben, mindestens eine halbe Million Kaiserpinguine und vielleicht bis zu vier Millionen Adelie-Pinguine. Die Nahrungskette ist also hoffnungslos kopflastig, und doch funktioniert sie. Interessanterweise weiß niemand, wie.

Mit alledem möchte ich auf sehr ausführliche Weise meine Hauptaussage verdeutlichen: Über den größten Lebensraum der Erde wissen wir sehr wenig. Aber wie wir auf den verbleibenden Seiten noch genauer erfahren werden, gilt das ganz allgemein: Sobald wir über das Lebendige reden, ist noch vieles unbekannt. Wir wissen nicht einmal, wie es überhaupt in Gang kam.

19.
Der Aufstieg des Lebens

Im Jahr 1953 nahm Stanley Miller, Doktorand an der Universität Chicago, zwei Flaschen in die Hand. Die eine enthielt ein wenig Wasser, das einen Ur-Ozean darstellen sollte, die andere Methan, Ammoniak und Schwefelwasserstoff, ein Gasgemisch, mit dem er die Atmosphäre der Erdfrühzeit nachahmen wollte. Er verband beide Flaschen mit Gummischläuchen und ließ darin elektrische Funken als Ersatz für Blitze überspringen. Nach wenigen Tagen hatte sich das Wasser in den Flaschen grün und gelb verfärbt – es war zu einer kräftigen Brühe aus Aminosäuren, Fettsäuren, Zuckern und anderen organischen Verbindungen geworden.[1] Millers Chef, der Nobelpreisträger Harold Urey, erklärte begeistert: »Wenn Gott es nicht so gemacht hat, hat er eine gute Gelegenheit ausgelassen.«

In den Presseberichten aus jener Zeit klang es so, als müsse man jetzt nur noch einmal gut schütteln, und dann werde etwas Lebendiges herauskrabbeln. Nach und nach stellte sich jedoch heraus, dass es so einfach nicht ist. Obwohl fast ein halbes Jahrhundert lang weiter geforscht wurde, sind wir dem synthetischen Leben heute nicht näher als 1953, und der Gedanke, wir könnten es erschaffen, ist sogar in viel weitere Ferne gerückt. Heute sind die Fachleute sich ziemlich sicher, dass die Ur-Atmosphäre sich für eine solche Entwicklung bei weitem nicht so gut eignete wie Millers und Ureys Gasgemisch, sondern dass es sich um eine viel weniger reaktionsfreudige Mischung aus Stickstoff und Kohlendioxid handelte. Als man Millers Experiment mit diesen wesentlich schwierigeren Ausgangsmaterialien wiederholte, kam nie mehr als eine einzige, recht einfach gebaute Aminosäure heraus.[2] Und ohnehin ist die Entstehung der Aminosäuren nicht das eigentliche Problem. Das liegt vielmehr in den Proteinen.

Ein Protein erhält man, wenn man Aminosäuren hintereinander aufreiht, und wir brauchen eine Menge Proteine. Die genaue Zahl kennt niemand, aber möglicherweise gibt es im menschlichen Organismus bis zu einer Million verschiedene Proteine, und jedes davon ist ein kleines Wunder.[3] Nach allen Gesetzen der Wahrscheinlichkeit sollte es solche Moleküle überhaupt nicht geben. Um ein Protein herzustellen, muss man Aminosäuren (die ich hier, einer langen Tradition entsprechend, als »Bausteine des Lebens« bezeichnen muss) in einer ganz bestimmten Reihenfolge zusammenfügen, ganz ähnlich wie man Buchstaben in einer bestimmten Reihenfolge hintereinander stellt, um ein Wort zu erzeugen. Das Problem ist nur, dass die Worte mit dem Aminosäurealphabet häufig sehr lang werden. Das Wort *Kollagen*, der Name eines sehr verbreiteten Proteins, entsteht aus acht in der richtigen Reihenfolge aneinander gefügten Buchstaben. Um aber das Kollagen selbst zu erzeugen, müssen wir 1055 Aminosäuren genau in der richtigen Sequenz anordnen. Aber natürlich – und das ist das Entscheidende – erzeugen wir es nicht: Es erzeugt sich selbst ohne bewusste Lenkung, und hier kommt die Unwahrscheinlichkeit ins Spiel.

Die Chance, dass ein Molekül wie das Kollagen mit einer Sequenz aus 1055 Bausteinen von selbst entsteht, ist schlicht und einfach gleich Null. Es geschieht nicht. Um zu begreifen, welch ein Glückstreffer seine Existenz ist, können wir uns einen »einarmigen Banditen« aus Las Vegas vorstellen, der aber sehr viel breiter ist – genauer gesagt, rund 27 Meter – und nicht nur die üblichen drei oder vier rotierenden Räder enthält, sondern 1055, wobei auf jedem Rad zwanzig Symbole stehen (für jede der normalen Aminosäuren eines).* Wie oft muss man an dem

* In Wirklichkeit kennt man auf der Erde 22 natürlich vorkommende Aminosäuren, und viele weitere sind noch nicht entdeckt, aber damit wir und die meisten anderen Lebewesen entstehen können, sind nur 20 von ihnen notwendig. Die 22., Pyrrolysin genannt, wurde 2002 von Wissenschaftlern an der Ohio State University entdeckt und kommt nur bei *Methanosarcina bakeri* vor, einer Art der Archaea (mit diesen einfachen Lebensformen werden wir uns in Kürze noch genauer befassen).

Griff ziehen, bis alle 1055 Symbole in der richtigen Reihenfolge stehen? Unendlich oft. Selbst wenn man die Zahl der rotierenden Räder auf 200 vermindert, liegt die Wahrscheinlichkeit, dass alle 200 genau eine vorher festgelegte Reihenfolge anzeigen, bei 1 zu 10^{260} (das ist eine Eins mit 260 Nullen).[4] Schon diese Zahl ist größer als die aller Atome im Universum.

Proteine sind, kurz gesagt, sehr komplizierte Gebilde. Das Hämoglobin ist mit 146 Aminosäuren nach den Maßstäben der Proteinchemie ein Zwerg,[5] aber schon für dieses Molekül sind 10^{190} Aminosäurekombinationen möglich, und deshalb brauchte der Chemiker Max Perutz von der Universität Cambridge 23 Jahre – das heißt mehr oder weniger seine gesamte Berufslaufbahn –, um die richtige Reihenfolge aufzuklären. Dass durch Zufallsereignisse auch nur ein einziges Proteinmolekül entsteht, ist so gut wie ausgeschlossen – es ist, als würde ein Wirbelsturm über einen Schrottplatz fegen, und anschließend stünde dort ein vollständig montierter Jumbojet, um einen anschaulichen Vergleich des Astronomen Fred Hoyle zu zitieren.

In Wirklichkeit reden wir aber über mehrere 100 000 oder vielleicht sogar eine Million verschiedene Proteine, von denen jedes einzigartig ist und nach heutiger Kenntnis für die Erhaltung eines gesunden, glücklichen Menschen gebraucht wird. Und auch das ist noch nicht alles. Damit ein Protein einen Nutzen bringt, müssen die Aminosäuren nicht nur in der richtigen Reihenfolge zusammengefügt werden, sondern das Molekül muss dann auch eine Art chemisches Origami durchmachen und sich zu einer ganz bestimmten Form zusammenfalten. Und selbst nachdem es diese komplizierte Struktur angenommen hat, hat es nur dann einen Sinn, wenn es sich auch fortpflanzen kann – und dazu sind Proteine nicht in der Lage. Diese Aufgabe übernimmt die DNA. Die DNA ist ein Meister der Verdoppelung – sie kann in wenigen Sekunden eine Kopie ihrer selbst herstellen –, ansonsten hat sie aber kaum Fähigkeiten.[6] Wir stehen also vor einer paradoxen Situation. Ohne DNA kann es keine Proteine geben, und DNA kann ohne Proteine nichts bewirken. Müssen wir demnach annehmen, dass beide gleichzeitig entstanden sind, um sich gegenseitig zu helfen? Das wäre schon sehr erstaunlich.

Es geht aber immer noch weiter. DNA, Proteine und die anderen Bestandteile des Lebendigen könnten nichts ausrichten, wenn sie nicht durch eine Art Hülle zusammengehalten würden. Kein Atom oder Molekül hat jemals allein etwas Lebendiges hervorgebracht. Ein beliebiges Atom, das wir aus unserem Körper entnehmen, ist nicht lebendiger als ein Sandkorn. Erst wenn die vielfältigen Materialien im geschützten Raum einer Zelle zusammentreffen, können sie sich an dem atemberaubenden Tanz beteiligen, den wir Leben nennen. Ohne die Zelle sind sie nur interessante chemische Verbindungen, aber ohne solche Verbindungen hätte auch die Zelle keinen Sinn. Oder, wie der Physiker Paul Davies es formulierte: »Wenn kein Molekül ohne die anderen funktionsfähig ist, wie konnte dann jedes einzelne Mitglied dieser Molekülgesellschaft je zustande kommen?«[7] Es ist ungefähr so, als würden alle Zutaten in der Küche sich irgendwie von selbst zusammentun und zu einem Kuchen werden – und zwar zu einem Kuchen, der sich nötigenfalls immer wieder teilen kann und neue Kuchen hervorbringt. Da ist es durchaus verständlich, dass wir vom Wunder des Lebens reden. Und ebenso ist es verständlich, dass wir mit unseren Kenntnissen darüber noch ganz am Anfang stehen.

Wie also sind all diese wundersamen, komplizierten Vorgänge zu erklären? Zunächst einmal wäre es wirklich denkbar, dass sie nicht ganz so wundersam sind, wie es den Anschein hat. Betrachten wir beispielsweise die erstaunlich unwahrscheinlichen Proteine. Wir halten ihren Aufbau vor allem deshalb für ein solches Wunder, weil wir davon ausgehen, dass sie in ihrer jetzigen Form ganz plötzlich auf der Bildfläche erschienen sind. Was aber wäre, wenn die Proteinketten nicht auf einmal entstanden wären? Wenn man im großen einarmigen Banditen der Schöpfung einige Räder anhalten könnte, weil sie bereits ein paar viel versprechende Kirschen zeigen? Oder anders gefragt: Wie steht es, wenn Proteine nicht plötzlich ins Dasein getreten sind, sondern eine *Evolution* durchgemacht haben?

Angenommen, wir würden alle Bestandteile eines Menschen – Kohlenstoff, Wasserstoff, Sauerstoff und so weiter – mit ein wenig Wasser in einen großen Behälter geben, einmal kräftig rühren, und schon kommt ein fertiger Organismus heraus. Das wäre wirklich verblüffend. Und genau das stellen Hoyle und andere (darunter viele überzeugte Kreationisten) sich vor, wenn sie annehmen, Proteine hätten sich spontan und in einem Schritt gebildet. Aber so war es nicht – so kann es nicht gewesen sein. Wie Richard Dawkins in seinem Buch *Der blinde Uhrmacher* darlegt, muss ein additiver Auswahlprozess abgelaufen sein, durch den die Aminosäuren sich stückweise zusammenfinden konnten.[8] Anfangs lagerten sich vielleicht zwei oder drei Aminosäuren zusammen und erfüllten einen einfachen Zweck, nach einiger Zeit stieß eine ähnliche kleine Gruppe hinzu, und anschließend wurde eine zusätzliche Verbesserung »entdeckt«.

Chemische Reaktionen, wie sie im Zusammenhang mit dem Lebendigen auftreten, sind eigentlich nichts Ungewöhnliches. Es mag unsere Fähigkeiten übersteigen, sie im Labor nach Art von Stanley Miller und Harold Urey nachzukochen, aber das Universum bewerkstelligt sie ohne weiteres. Viele Moleküle lagern sich in der Natur zu langen Ketten zusammen, die man als Polymere bezeichnet.[9] Ständig werden Zuckermoleküle zu Stärke verkettet. Kristalle besitzen eine Reihe von Fähigkeiten, die an ein Lebewesen denken lassen – sie können sich verdoppeln, auf Reize aus der Umwelt reagieren, komplizierte Muster bilden. Natürlich sind sie nie wirklich lebendig, aber sie zeigen immer wieder, dass Komplexität ein natürliches, spontanes, sehr weit verbreitetes Phänomen ist. Ob es im Universum an vielen Stellen Leben gibt, wissen wir nicht, aber in jedem Fall herrscht kein Mangel an geordnetem, spontanem Zusammenbau, von der anmutigen Symmetrie der Schneeflocken bis zu den faszinierenden Ringen des Saturn.

Das natürliche Bestreben zur Zusammenlagerung ist so stark, dass das Leben vielleicht sogar etwas viel Zwangsläufigeres ist, als wir allgemein annehmen. Der belgische Biochemiker und Nobelpreisträger Christian de Duve hält es für »eine notwendige Ausprägungsform der Materie, die unter geeigneten Bedingungen entstehen muss«.[10] Nach de Duves Ansicht herrschen solche Bedingungen in jeder Galaxie an bis zu einer Million Stellen.

Die chemischen Substanzen, die uns das Leben verleihen, haben nichts übermäßig Exotisches. Wer ein Lebewesen erschaffen will, sei es ein Goldfisch, ein Salatkopf oder ein Mensch, brauchte dazu eigentlich nur die vier Grundelemente Kohlenstoff, Wasserstoff, Sauerstoff und Stickstoff sowie geringe Mengen von ein paar weiteren, vor allem Schwefel, Phosphor, Calcium und Eisen.[11] Setzt man diese Bestandteile in rund drei Dutzend Kombinationen zu Zuckern, Säuren und anderen einfachen Verbindungen zusammen, kann man daraus alles aufbauen, was lebendig ist. Dawkins stellt fest: »Es ist nichts Besonderes an den Substanzen, aus denen lebende Dinge gemacht sind. Lebende Dinge sind Ansammlungen von Molekülen wie alles andere auch.«[12]

Unter dem Strich kann man sagen: Das Leben ist verblüffend und großartig, manchmal sogar wundersam; unmöglich aber ist es nicht – das bezeugen wir selbst mit unserem bescheidenen Dasein immer wieder. Sicher, was den Anbeginn des Lebens angeht, sind unsere Kenntnisse in den Einzelheiten noch sehr lückenhaft. Ganz gleich, über welches Szenario für die notwendigen Voraussetzungen des Lebens man liest, immer kommt darin Wasser vor: von dem »warmen kleinen Teich«, in dem das Leben nach Darwins Vermutung begonnen hat, bis zu den brodelnden unterseeischen Schloten, die heute die beliebtesten Kandidaten für den Ursprungsort des Lebens sind. Bei alledem übersieht man aber, dass die Entstehung von Polymeren aus Monomeren (das heißt die Entstehung der ersten Proteine) mit der »Bildung von Bindungen unter Wasserabspaltung« verbunden ist, wie man es in der Fachsprache nennt. Ein führendes Lehrbuch der Biologie meint, vielleicht mit einem Anflug von unguten Gefühlen: »Nach allgemeiner Ansicht der Fachleute waren solche Reaktionen im Ur-Meer und auch in jedem anderen wässrigen Medium wegen des Massenwirkungsgesetzes energetisch nicht begünstigt.«[13] Es ist ein wenig, als würde man Zucker in ein Glas Wasser schütten, weil man ihn zu einem Würfel machen möchte. Das dürfte eigentlich nicht geschehen, aber in der Natur geschieht es dann irgendwie doch. Die chemischen Einzelheiten zu erörtern, würde hier zu weit führen; wir wollen nur festhalten, dass Monomere nicht zu Polymeren werden, wenn man sie nass macht – außer bei der Entstehung des Lebens auf der Erde. Wie das damals geschah und warum es ansonsten nicht geschieht, ist eine der großen unbeantworteten Fragen der Biologie.

Zu den größten Überraschungen der Geowissenschaften in den letzten Jahrzehnten gehörte die Erkenntnis, dass das Leben in der Erdgeschichte sehr früh entstanden ist. Noch bis weit in die fünfziger Jahre des 20. Jahrhunderts hinein glaubte man, das Lebendige sei weniger als 600 Millionen Jahre alt.[14] In den siebziger Jahren verlegten einige mutige Fachleute den Ursprung bis zu 2,5 Milliarden Jahre in die Vergangenheit. Der derzeitige Zeitpunkt vor 3,85 Milliarden Jahren jedoch liegt wirklich verblüffend früh. Erst vor 3,9 Milliarden Jahren wurde die Erdoberfläche überhaupt fest.

»Aus dieser Schnelligkeit können wir nur den Schluss ziehen, dass es für Leben auf dem Niveau von Bakterien nicht ›schwierig‹ ist, sich auf Planeten mit geeigneten Umweltbedingungen zu entwickeln«, schrieb Stephen Jay Gould 1996 in der *New York Times*.[15] Oder, wie er es an anderer Stelle formulierte: Man kann sich kaum der Erkenntnis entziehen, dass »das Leben, das sich so schnell wie irgend möglich entwickelte, chemisch zum Dasein bestimmt war«.[16]

Tatsächlich entstand das Leben so rasch, dass manche Fachleute glauben, irgendetwas müsse nachgeholfen haben – vielleicht sogar in erheblichem Umfang. Die Idee, das Leben auf der Erde könnte aus dem Weltraum gekommen sein, hat eine überraschend lange und gelegentlich sogar durchaus ehrwürdige Geschichte. Der große Lord Kelvin warf den Gedanken schon 1871 bei einer Tagung der British Association for the Advancement of Science auf: Damals äußerte er die Vermutung, »die Keime des Lebens könnten von einem Meteoriten auf die Erde gebracht worden sein«. Dennoch blieb es zunächst eine sehr exotische Idee. Das änderte sich erst an einem Sonntag im September 1969, als mehrere 10 000 Australier durch eine Reihe von Überschallknallen und einen von Osten nach Westen über den Himmel rasenden Feuerball aufgeschreckt wurden.[17]

Die Kugel machte im Vorüberfliegen seltsam knackende Geräusche und hinterließ einen Geruch, den manche Beobachter mit Methylalkohol verglichen. Andere bezeichneten ihn schlicht als entsetzlich.

Der Feuerball explodierte über Murchison, einer Ortschaft mit 600 Einwohnern im Goulburn Valley nördlich von Melbourne, und dann regneten seine Bruchstücke, manche davon bis zu fünf Kilo schwer, auf die Erde. Glücklicherweise wurde niemand verletzt. Der Meteorit gehörte zur seltenen Gruppe der kohligen Chondrite, und die hilfsbereiten Bewohner des Ortes sammelten rund 90 Kilo des Materials ein. Der Zeitpunkt hätte besser kaum sein können. Knapp zwei Monate zuvor waren die Apollo-11-Astronauten zur Erde zurückgekehrt und hatten einen ganzen Sack Mondgestein mitgebracht; Labors auf der ganzen Welt rissen sich – teilweise sogar sehr lautstark – darum, außerirdisches Gestein zu untersuchen.

Wie sich herausstellte, war der Meteorit von Murchison 4,5 Milliarden Jahre alt und von Aminosäuremolekülen übersät.[18] Insgesamt fand man 47 verschiedene Typen, von denen acht auch auf der Erde in den Proteinen vorkommen. Ende 2001, über 30 Jahre nach dem Einschlag, gab eine Wissenschaftlergruppe des kalifornischen Ames Research Center bekannt, man habe in dem Gestein von Murchison auch Polyole gefunden, komplizierte, kettenförmige Zuckermoleküle, die man außerhalb der Erde bis dahin noch nie nachgewiesen hatte.

Seither haben noch mehrere weitere kohlige Chondriten die Bahn unseres Planeten gekreuzt[19] – einer landete im Januar 2000 nicht weit vom Tagish Lake in der kanadischen Yukon-Region und war zuvor über weiten Teilen Nordamerikas zu sehen. Auch sie bestätigten, dass das Universum tatsächlich reich an organischen Verbindungen ist. Der Halley-Komet besteht nach heutiger Kenntnis zu rund 25 Prozent aus organischen Molekülen. Gelangt eine ausreichend große Menge davon an eine geeignete Stelle – beispielsweise auf die Erde –, sind sofort alle Grundelemente des Lebendigen vorhanden.

Die Theorie der Panspermie, wie die extraterrestrische Entstehung des Lebens auch genannt wird, wirft aber zwei Probleme auf. Erstens ist die Frage nach der Entstehung des Lebens damit nicht beantwortet, sondern der Vorgang wird nur an einen anderen Ort verlegt. Und zweitens veranlasst die Panspermie selbst ihre wissenschaftlich respektablen Fürsprecher manchmal zu Spekulationen, die man mit Fug und Recht als unklug bezeichnen kann. Francis Crick, Mitentdecker der DNA-Struktur, äußerte gemeinsam mit seinem Kollegen Leslie Orgel die Vermutung, intelligente Außerirdische könnten das Leben absichtlich auf der Erde ausgesät haben, eine Idee, die nach Ansicht von Gribbin hart am Rand der wissenschaftlichen Seriosität steht[20] – man könnte auch sagen: Käme sie nicht von einem Nobelpreisträger, würde man sie für verrückt erklären. Weiter gedämpft wurde die Begeisterung für die Panspermie durch Fred Hoyle und seinen Kollegen Chandra Wickramansinghe: Sie vermuteten, wir hätten dem Weltraum nicht nur das Leben zu verdanken, sondern auch Krankheiten wie Grippe und Beulenpest, eine Vorstellung, deren Widerlegung den Biochemikern keine Schwierigkeiten bereitete. Hoyle – und man sollte vielleicht noch einmal einflechten, dass er zu den großen wissenschaftlichen Köpfen des 20. Jahrhunderts gehörte – äußerte einmal auch die bereits zuvor erwähnte Vermutung, unsere Nase habe sich in der Evolution mit unten liegenden Öffnungen entwickelt, damit Krankheitserreger, die aus dem Weltraum herantreiben und darauf fallen, nicht in sie eindringen können.[21]

Was auch das Leben in Gang setzte, es ereignete sich nur einmal. Das ist die bemerkenswerteste Erkenntnis der Biologie, ja vielleicht sogar unsere bemerkenswerteste Erkenntnis überhaupt. Alles, was jemals gelebt hat, ob Pflanze oder Tier, kann seinen Ursprung auf dasselbe erste Ereignis zurückführen. Irgendwann in einer unvorstellbar weit entfernten Vergangenheit wurde ein kleiner Beutel voller chemischer Substanzen lebendig. Er nahm Nährstoffe auf, pulsierte sanft, blieb kurze Zeit erhalten. Bis hierher hatte sich das Gleiche vermutlich auch früher schon viele Male abgespielt. Aber dieses Urgebilde tat noch etwas anderes, und das war neu: Es teilte sich und brachte einen Nachkommen hervor. Ein winziges Päckchen genetischen Materials wurde von einem lebenden Gebilde zum anderen weitergegeben, und seitdem hörte die Entwicklung nie mehr auf. Es war unser aller Schöpfungsmoment. Die Biologen sprechen manchmal von der Ur-Geburt.

»Wohin man in der Welt auch kommt, welches Tier, welche Pflanze, welchen Käfer oder Mikroorganismus man auch betrachtet: Wenn es lebt, bedient es sich des gleichen Wörterbuches, und es kennt den gleichen Code. Es gibt nur ein Leben«, schreibt Matt Ridley.[22] Wir alle sind das Ergebnis eines einzigen genetischen Kunstgriffs, der über fast vier Milliarden Jahre hinweg von Generation zu Generation weitergegeben wurde. Und das so wirksam, dass wir heute ein Bruchstück aus der genetischen Information eines Menschen in eine defekte Hefezelle hineinflicken können, und auf einmal arbeitet die Hefezelle, als wär's ein Stück von ihr. Und in einem sehr realen Sinn ist es das auch.

Der Anbeginn des Lebens – oder zumindest etwas sehr Ähnliches – steht auf den Regalbrettern im Arbeitszimmer der freundlichen, auf Isotopenuntersuchungen spezialisierten Geochemikerin Victoria Bennett am geowissenschaftlichen Institut der Australian National University in Canberra. Die Amerikanerin ist 1989 mit einem Zweijahresvertrag an die australische Universität gekommen und seitdem dort geblieben. Als ich sie Ende 2002 aufsuche, drückt sie mir einen ansehnlichen Steinbrocken in die Hand. Darin wechseln sich schmale Streifen aus weißem Quarz und einem graugrünen Material namens Clinopyroxen ab. Der Brocken stammt von der Akilia-Insel in Grönland, wo man 1997 ungewöhnlich altes Gestein gefunden hat. Die dortigen Felsen gehören mit 3,85 Milliarden Jahren zu den ältesten Meeressedimenten, die jemals entdeckt wurden.

»Ob das, was Sie da in der Hand haben, früher Lebewesen enthielt, können wir nicht mit Sicherheit sagen; man müsste das Material pulverisieren, um das herauszufinden«, erklärt Bennett.[23] »Aber es stammt aus den gleichen Ablagerungen, in denen man auch die ältesten Lebensformen ausgegraben hat, also war *vermutlich* etwas Lebendiges darin.« Aber auch wenn man noch so gründlich sucht, fossile Mikroorganismen würde man nicht finden. Alle einfachen Lebewesen wären durch die Vorgänge, die Ozeanschlamm zu Stein gemacht haben, zermalmt und verbacken worden. Würde man das Gestein zermahlen und mikroskopisch untersuchen, stieße man höchstens auf die chemischen Überreste der Lebewesen – Kohlenstoffisotope und Apatit, eine Form von Phosphaten. Beide gemeinsam wären ein starkes Indiz, dass das Gestein einst Kolonien lebender Organismen enthielt. »Wie diese Lebewesen ausgesehen haben, können wir nur vermuten«, sagt Bennett. »Wahrscheinlich waren sie so einfach, wie etwas Lebendes überhaupt sein kann – aber Leben war es. Sie waren lebendig. Sie haben sich fortgepflanzt.«

Und irgendwann führte die Entwicklung zu uns.

Für Fachleute wie Bennett, die sich für sehr altes Gestein interessieren, ist die Australian National University schon seit langem ein wichtiges Zentrum. Das hat sie vor allem dem Erfindungsreichtum von Bill Compston zu verdanken; er lebt heute im Ruhestand, baute aber in den siebziger Jahren des 20. Jahrhunderts die weltweit erste hochauflösende Ionen-Mikrosonde, nach den Anfangsbuchstaben ihrer englischen Bezeichnung (*sensitive high resolution ion micro probe*) auch unter dem Spitznamen SHRIMP bekannt. Dieser Apparat misst in winzigen Mineralproben, den Zirkonen, die Zerfallsgeschwindigkeit des Urans. Zirkone kommen in den meisten Gesteinstypen außer dem Basalt vor und sind äußerst langlebig: Mit Ausnahme der Subduktion überleben sie fast alle natürlichen Vorgänge. Der größte Teil der Erdkruste wanderte irgendwann wieder in den Schmelzofen, aber an wenigen Stellen – beispielsweise in Westaustralien und Grönland – fand man frei liegendes Gestein, das immer an der Oberfläche geblieben war. Compstons Instrument eröffnete die Möglichkeit, solches Gestein mit beispielloser Genauigkeit zu datieren. Der Prototyp der SHRIMP wurde in der eigenen Werkstatt des Instituts für Geowissenschaften gebaut; sie sah ein wenig so aus, als sei sie aus übrig gebliebenen Teilen zusammengesetzt, aber sie funktionierte großartig. Im Jahr 1982, bei der ersten offiziellen Erprobung, datierte man mit ihrer Hilfe den ältesten Gegenstand, den man jemals gefunden hatte: ein Stück Gestein aus Westaustralien, das 4,3 Milliarden Jahre alt war.

»Es erregte damals ziemliches Aufsehen, dass man mit einer ganz neuen Technologie so schnell etwas so Wichtiges gefunden hatte«, erklärt mir Bennett.

Dann nimmt sie mich mit in den Raum, wo SHRIMP II steht, das derzeit aktuelle Modell. Es ist ein großer Apparat aus Edelstahl, fast vier Meter lang, eineinhalb Meter breit und so solide gebaut wie eine Tiefseesonde. Am Bedienungspult sitzt Bob, ein Gast von der Canterbury University in Neuseeland, und beobachtet die ständig wechselnden Zahlenreihen auf dem Bildschirm. Wie er mir erklärt, ist er schon seit vier Uhr morgens hier. SHRIMP II läuft rund um die Uhr – man hat eine Menge Gestein zu datieren. Jetzt ist es kurz nach neun, und Bob hat das Gerät noch bis zwölf für sich. Fragt man zwei Geochemiker, wie eine solche Maschine funktioniert, dann reden sie über Isotopenhäufigkeiten oder Ionisationsniveaus, und das mit einer Begeisterung, die zwar liebenswürdig, aber nicht ganz nachvollziehbar ist. Letztlich geht es um Folgendes: Die Maschine bombardiert eine Gesteinsprobe mit einem Strom elektrisch geladener Atome und kann auf diese Weise geringfügige Unterschiede im Blei- und Urangehalt feststellen; aus solchen Messungen lässt sich dann sehr genau das Alter des Gesteins ableiten. Wie Bob mir erklärt, dauert die Vermessung eines einzigen Zirkons etwa 17 Minuten, und um zuverlässige Daten zu gewinnen, muss man an jeder Gesteinsprobe mehrere Dutzend solcher Messungen vornehmen. In der Praxis erfordert das Ganze ungefähr den gleichen von langen Pausen unterbrochenen Fleiß wie ein Aufenthalt im Waschsalon, und es hat auch ungefähr den gleichen Reiz. Dennoch wirkt Bob sehr glücklich, aber das scheint eine allgemeine Eigenschaft der Menschen aus Neuseeland zu sein.

Das Institut für Geowissenschaften ist eine seltsame Kombination aus Büros, Labors und Maschinenräumen. »Früher haben wir hier alles selbst gebaut«, sagt Bennett. »Wir hatten sogar unseren eigenen Glasbläser, aber der ist mittlerweile im Ruhestand. Immerhin gibt es aber noch zwei hauptberufliche

Steinzertrümmerer.« Sie bemerkt meinen leicht überraschten Blick. »Wir verarbeiten hier eine Menge Gestein. Und es muss sehr sorgfältig präpariert werden. Man muss dafür sorgen, dass keine Verunreinigungen aus früheren Materialproben hineingeraten, kein Staub und nichts anderes. Es ist eine ziemlich mühselige Arbeit.« Sie zeigt mir die Maschinen zum Zerkleinern des Gesteins. Sie sind tatsächlich blitzsauber – die Männer, die sie bedienen, machen offenbar gerade Kaffeepause. Neben den Maschinen stehen große Kisten mit Gesteinsbrocken von unterschiedlichster Form und Größe. An der ANU wird tatsächlich eine Menge Gestein untersucht.

Als wir unsere Besichtigung beendet haben und wieder in Bennetts Arbeitszimmer sitzen, fällt mir an der Wand ein Poster auf. Darauf hat ein Künstler sich in lebhaften Farben ausgemalt, wie die Erde vor 3,5 Milliarden Jahren ausgesehen haben könnte, in jener vorzeitlichen Periode, die wissenschaftlich als Archaeon bezeichnet wird und in der das Leben gerade erst in Gang kam. Das Bild zeigt eine fremdartige Landschaft: riesige, sehr aktive Vulkane und ein dampfendes, kupferfarbenes Meer unter einem lebensfeindlichen roten Himmel. Im Vordergrund erkennt man flaches Wasser voller Stromatolithen, eine Art Bakteriengestein. Nach einem viel versprechenden Umfeld für die Entstehung und Erhaltung von Lebewesen sieht das nicht aus. Ich erkundige mich, ob die Abbildung der Wirklichkeit entspricht.

»Nun ja, eine Denkschule behauptet, es sei damals in Wirklichkeit kühl gewesen, weil die Sonne viel schwächer leuchtete.« (Wie ich später erfahre, sprechen Biologen in diesem Zusammenhang scherzhaft vom »Chinarestaurant-Problem«, weil damals eine schwache Sonne – englisch *dim sun* – vom Himmel schien.) »Ohne Atmosphäre dürften die ultravioletten Strahlen, selbst wenn sie von einer schwachen Sonne kamen, alle Bindungen in den Molekülen zerstört haben. Und doch gibt es genau hier« – sie tippt mit dem Finger auf die Stromatolithen – »fast an der Oberfläche tatsächlich Lebewesen. Das ist ein Rätsel.«

»Also wissen wir eigentlich nicht, wie die Welt damals aussah?«

»Mmmm«, stimmt sie nachdenklich zu.

»Es sieht so oder so nicht sehr nach günstigen Bedingungen für das Leben aus.«

Sie nickt liebenswürdig. »Aber irgendetwas muss es gegeben haben, das dem Leben geholfen hat. Sonst wären wir nicht da.«

Uns hätte es mit Sicherheit nicht geholfen. Wer mit einer Zeitmaschine in jene vorzeitliche Welt käme, würde sich nach dem Aussteigen sehr schnell wieder zurück in das Fahrzeug flüchten, denn damals gab es auf der Erde nicht mehr Sauerstoff als heute auf dem Mars. Die Atmosphäre war voller giftiger Salzsäure- und Schwefelsäuredämpfe, die sich durch die Kleidung gefressen und die Haut verätzt hätten.[24] Die Erde hätte auch nicht den sauberen, farbenprächtigen Anblick geboten, der auf dem Poster in Victoria Bennetts Arbeitszimmer wiedergegeben ist. Das chemische Gebräu der damaligen Atmosphäre ließ kaum Sonnenlicht bis zur Erdoberfläche durch. Nur im Licht der hellen, häufigen Blitze hätte man hin und wieder etwas sehen können. Kurz gesagt, hätten wir diese Erde nicht als die unsere erkannt.

Höhepunkte gab es in der Frühzeit des Lebens nur selten, und die Abstände zwischen ihnen waren groß. Zwei Milliarden Jahre lang waren Bakterien die einzigen Lebensformen. Sie lebten, pflanzten sich fort und verbreiteten sich, aber sie zeigten keinerlei Neigung, auf eine andere, anspruchsvollere Daseinsebene überzugehen. Irgendwann während der ersten Milliarde Jahre lernten die Cyanobakterien eine reichlich verfügbare Ressource anzuzapfen: den Wasserstoff, der im Wasser in ungeheueren Mengen enthalten ist. Sie nahmen Wassermoleküle auf, gewannen daraus den Wasserstoff und gaben den Sauerstoff als Abfallprodukt frei – womit sie die Photosynthese erfunden hatten. Wie Margulis und Sagan richtig anmerken, »war die Photosynthese zweifellos die wichtigste biochemische Neuerung in der Geschichte des Lebendigen auf unserem Planeten«[25] – und sie wurde nicht von Pflanzen erfunden, sondern von Bakterien.

Als die Cyanobakterien sich vermehrten, reicherte sich der Sauerstoff auf der Erde an – sehr zum Missvergnügen jener Lebewesen, für die er giftig war, und das waren zu jener Zeit alle.

In einer anaeroben (sauerstofffreien) Welt wirkt Sauerstoff äußerst schädlich. Unsere weißen Blutzellen benutzen ihn sogar, um eingedrungene Bakterien zu töten.[26] Dass Sauerstoff grundsätzlich giftig ist, erscheint vielfach verwunderlich, dass er unserem Wohlbefinden so zuträglich ist, liegt nur daran, dass wir ihn auf Grund unserer Evolution gut nutzen können. In anderen Zusammenhängen ist er etwas Entsetzliches. Er macht Butter ranzig und lässt Eisen rosten. Wir selbst vertragen ihn zwar, aber auch das nur bis zu einer gewissen Grenze. In unseren Zellen liegt die Sauerstoffkonzentration zehnmal niedriger als in der Atmosphäre.

Die neuen Lebewesen, die den Sauerstoff nutzen konnten, hatten zwei Vorteile auf ihrer Seite. Der Sauerstoff ermöglichte eine effizientere Energieproduktion und zerstörte gleichzeitig konkurrierende Organismen. Manche davon zogen sich in die schlammige, anaerobe Welt in Sümpfen und am Boden von Seen zurück. Andere taten dies ebenfalls, wanderten aber später (viel später) in den Verdauungstrakt von Lebewesen wie du und ich. Eine ganze Reihe dieser urzeitlichen Organismen leben noch heute in unserem Körper und tragen zur Verarbeitung der Nahrung bei, aber auch sie verabscheuen den geringsten Hauch von Sauerstoff. Unzählige andere schafften die Anpassung nicht und gingen zu Grunde.

Die Cyanobakterien waren ein Erfolgsmodell und wurden zum Selbstläufer. Anfangs sammelte sich der von ihnen erzeugte Sauerstoff nicht in der Atmosphäre, sondern er verband sich mit Eisen zu Eisenoxiden, die zum Boden der urzeitlichen Meere sanken. Mehrere Millionen Jahre lang rostete die Welt ganz buchstäblich – dieses Phänomen zeigt sich sehr deutlich in den streifenförmigen Ablagerungen, aus denen heute ein großer Teil des Eisenerzes stammt. Viel mehr geschah einige Dutzend Jahrmillionen lang nicht. Würden wir uns in die Welt des frühen Proterozoikums begeben, wir würden kaum vielversprechende Anhaltspunkte für das zukünftige Leben auf der Erde finden. Vielleicht würden wir hier und da auf einem geschützten Tümpel einen Film aus lebendem Schaum entdecken, oder vielleicht würden die Felsen an der Küste hier und da auch einen Überzug aus glänzendem Grün und Braun tragen, aber ansonsten wäre das Leben noch unsichtbar.

Dann, vor rund 3,5 Milliarden Jahren, geschah etwas Auffälliges.[27] Wo das Meer flach war, erschienen die ersten sichtbaren Strukturen auf der Bildfläche. Die Cyanobakterien wurden durch ihre alltäglichen chemischen Abläufe ein wenig klebrig, sodass sie winzige Staub- und Sandpartikel einfangen konnten. Diese verbanden sich dann zu seltsam aussehenden, aber sehr festen Gebilden – den Stromatolithen, die auf dem Poster an der Wand von Victoria Bennetts Arbeitszimmer im flachen Wasser stehen. Stromatolithen gab es in sehr unterschiedlicher Form und Größe. Manchmal sahen sie aus wie riesige Blumenkohlköpfe, manchmal wie weiche Matratzen (der Begriff *Stromatolith* stammt von dem griechischen Wort für »Matratze« ab), manchmal auch wie Säulen, die sich mehrere Dutzend oder sogar 100 Meter über die Wasseroberfläche erhoben. In allen Ausprägungsformen waren sie eine Art lebendes Gestein, und sie stellten das erste Gemeinschaftsunternehmen der Welt dar: Manche Formen der primitiven Lebewesen waren nur an der Oberfläche zu Hause, andere ein wenig tiefer, und sie nutzten jeweils die Bedingungen, die durch andere geschaffen wurden. Die Welt hatte ihr erstes Ökosystem.

Aus Fossilformationen kannte man die Stromatolithen schon seit vielen Jahren, aber zu ihrer großen Überraschung entdeckten Wissenschaftler 1961 in der Shark Bay an der abgelegenen Nordwestküste Australiens auch eine Gemeinschaft lebender Exemplare. Damit hatte man nicht gerechnet – der Fund kam so unerwartet, dass die Fachleute erst einige Jahre später erkannten, worauf sie hier eigentlich gestoßen waren. Heute ist die Shark Bay eine Touristenattraktion – zumindest so weit, wie ein Ort dazu werden kann, wenn er einige Dutzend Kilometer von irgendetwas anderem und mehrere 100 Kilometer von etwas Wichtigem entfernt ist. Über dem Wasser hat man Stege errichtet, sodass die Besucher einen guten Blick auf die Stromatolithen haben, die knapp unter der Oberfläche ruhig vor sich hin atmen. Mit ihrem glanzlosen Grau sehen sie, wie ich schon in einem früheren Buch festgestellt habe, eigentlich aus wie sehr große Kuhfladen. Dennoch ist es ein seltsam kribbelndes Gefühl, einen lebenden Überrest aus der Zeit vor 3,5 Milliarden Jahren vor sich zu haben. Oder, wie Richard Fortey es formulierte: »Das ist eine wirkliche Zeitreise, und wenn die Welt ein Gespür für ihre echten Wunder hätte, wäre dies eine ebenso berühmte Sehenswürdigkeit wie die Pyramiden von Giseh, trotz ihrer bescheidenen Dimensionen.«[28] Auch wenn man es nicht vermuten würde, wimmelt es in diesen langweiligen Gesteinsbrocken von Leben – nach Schätzungen (dass es sich nur um Schätzungen handeln kann, liegt auf der Hand) enthält jeder Quadratmeter rund dreieinhalb Milliarden Einzelorganismen. Wenn man genau hinsieht, erkennt man manchmal Reihen winziger Blasen, die zur Oberfläche aufsteigen, weil die Lebewesen ihren Sauerstoff abgeben. Im Laufe von zwei Milliarden Jahren ließen solche winzigen Ausscheidungen den Sauerstoffgehalt der Erdatmosphäre auf 20 Prozent anwachsen, und damit war der Weg frei für das nächste, kompliziertere Kapitel in der Geschichte des Lebendigen.

Manchen Vermutungen zufolge machen die Cyanobakterien in der Shark Bay von allen Lebewesen auf der Erde die langsamste Evolution durch,[29] und mit Sicherheit gehören sie heute zu den ausgefallensten Lebensformen. Nachdem sie den Weg zu den komplexeren Lebensformen geebnet hatten, wurden sie fast überall von jenen, deren Existenz sie erst ermöglicht hatten, ausgerottet. (In der Shark Bay sind sie erhalten geblieben, weil das Wasser hier für Organismen, die sich normalerweise von ihnen ernähren würden, zu viel Salz enthält.)

Dass das Leben erst nach so langer Zeit kompliziertere Formen hervorbrachte, lag unter anderem daran, dass einfachere Organismen die Atmosphäre zunächst ausreichend mit Sauerstoff anreichern mussten. Zuvor, so Fortey, konnten Tiere nicht genügend Energie für ihre Tätigkeiten gewinnen.[30] Zwei Milliarden Jahre oder rund 40 Prozent der Erdgeschichte mussten vergehen, bevor die Atmosphäre mehr oder weniger ihren heutigen Sauerstoffgehalt hatte. Nachdem aber auf diese Weise die Voraussetzungen geschaffen waren, entstand offenbar recht plötzlich ein ganz neuer Typ von Zellen mit einem Zellkern und anderen kleinen Körperchen, die man zusammenfassend als Organellen bezeichnet (von dem griechischen Wort für »kleine Werkzeuge«). Ihre Entstehung begann nach heutiger Kenntnis damit, dass ein tollkühnes oder abenteuerlustiges Bakterium entweder in ein anderes Bakterium einwanderte oder ein anderes in sich aufnahm, wobei sich anschließend herausstellte, dass beide einen Nutzen davon hatten. Nach dieser Vorstellung wurde das eingefangene Bakterium schließlich zu einem Mitochondrium. Die Einwanderung der Mitochondrien (oder der Beginn der Endosymbiose, wie die Biologen es gern nennen) machte kompliziertere Lebensformen möglich. (Bei Pflanzen entstanden durch einen ganz ähnlichen Vorgang die Chloroplasten, in denen die Photosynthese abläuft.)

Die Mitochondrien verwerten den Sauerstoff so, dass sie aus Nährstoffen die Energie gewinnen können. Ohne diesen raffinierten Kunstgriff wäre das Leben auf der Erde noch heute nur ein Schleim aus einfachen Mikroorganismen.[31] Mitochondrien sind winzig – eine Milliarde von ihnen könnte man in einem einzigen Sandkorn unterbringen –, aber auch sehr hungrig.[32] Fast alles, was wir zu uns nehmen, dient ihrer Ernährung.

Ohne sie würden wir keine zwei Minuten überleben, aber selbst nach einer Milliarde Jahren verhalten die Mitochondrien sich noch so, als stünde zwischen ihnen und uns nicht alles zum Besten. Nach wie vor besitzen sie ihre eigene DNA. Sie vermehren sich zu anderen Zeitpunkten als ihre Wirtszelle. Sie sehen aus wie Bakterien, teilen sich wie Bakterien und sprechen manchmal auch wie Bakterien auf Antibiotika an. Kurz gesagt, halten sie ihre Siebensachen zusammen. Sie sprechen noch nicht einmal die gleiche genetische Sprache wie die Zelle, in der sie leben. Es ist, als hätte man einen Fremden im Haus, der allerdings schon seit einer Milliarde Jahren zu Besuch ist.

Diese neuartigen Zellen bezeichnet man allgemein als Eukaryonten (»Zellen mit einem echten Zellkern«), im Gegensatz zu dem älteren Typus, der unter dem Namen Prokaryonten (»vor dem Zellkern«) bekannt ist. In den Fossilfunden tauchen Eukaryonten recht plötzlich auf. Die ältesten Zellen dieses Typs, Grypania genannt, wurden 1992 in Eisensedimenten in Michigan entdeckt. Es war der einzige Fossilfund dieser Art, danach kommen über 500 Millionen Jahre lang keine weiteren mehr.[33]

Im Vergleich zu den neuen Eukaryonten waren die alten Prokaryonten eigentlich nur »Beutel voller Chemikalien«, wie der Geologe Stephen Drury es formulierte.[34] Die Eukaryonten waren größer – am Ende um das 10 000-fache – als ihre einfachen Vettern und trugen auch bis zu 1000-mal mehr DNA in sich. Allmählich entwickelte sich ein System, in dem zwei Grundtypen vorherrschten: Lebewesen, die Sauerstoff abgeben (unter anderem die Pflanzen) und solche, die ihn aufnehmen (du und ich).

Die einzelligen Eukaryonten bezeichnete man früher als *Protozoen* (»Vor-Tiere«), aber dieser Begriff wird zunehmend abgelehnt. Heute nennt man sie allgemein *Protisten*. Im Vergleich zu den Bakterien aus der Zeit davor waren die neuen Protisten wahre Wunder der Konstruktion und Raffinesse. Die einfache Amöbe, die nur aus einer einzigen Zelle besteht und keinen anderen Ehrgeiz hat, als nur da zu sein, enthält in ihrer DNA 400 Millionen Bits an genetischer Information – genug, wie Carl Sagan feststellt, um 80 Bücher mit je 500 Seiten zu füllen.[35]

Schließlich lernten die Eukaryonten noch ein weiteres einzigartiges Kunststück. Die Entwicklung dauerte lange – rund eine Milliarde Jahre –, erwies sich aber am Ende als äußerst nützlich. Sie lernten, sich zu komplizierteren, vielzelligen Lebewesen zusammenzulagern. Erst durch diese Neuerung wurden große, komplex gebaute, mit bloßem Auge sichtbare Organismen wie wir möglich. Der Planet Erde war bereit, in die nächste, ehrgeizige Phase einzutreten.

Bevor wir uns darüber aber zu sehr freuen, sollten wir daran denken, dass die Welt auch heute noch eigentlich dem sehr Kleinen gehört. Mehr darüber in Kürze.

20.
Eine kleine Welt

Es ist vermutlich nicht besonders ratsam, ein allzu großes persönliches Interesse an den eigenen Mikroorganismen zu entwickeln. Der große französische Chemiker und Bakteriologe Louis Pasteur war so von ihnen besessen, dass er jeden Teller, den man ihm vorsetzte, kritisch mit dem Vergrößerungsglas betrachtete[1] – eine Gewohnheit, die ihm wahrscheinlich nicht gerade häufig eine zweite Einladung zum Abendessen eintrug.

Tatsächlich hat es keinen Sinn, vor den eigenen Bakterien davonzulaufen: Sie sind immer in und um uns, und das in einer Zahl, die wir uns überhaupt nicht vorstellen können. Wer gesund ist und in Hygienedingen durchschnittliche Sorgfalt walten lässt, auf dessen fleischigen Ebenen grast eine Herde von ungefähr einer Billion Bakterien, etwa 100 000 auf jedem Quadratzentimeter der Haut.[2] Dort ernähren sie sich von den rund zehn Milliarden Hautschuppen, die wir jeden Tag abgeben, aber auch von den schmackhaften Ölen und stärkenden Mineralstoffen, die aus jeder Pore sickern. Der Mensch ist für sie ein Schlaraffenland mit angenehmer Wärme und ständiger Beweglichkeit als zusätzlichem Nutzen. Zum Dank statten sie uns mit Körpergeruch aus.

Und das sind nur die Bakterien, die auf unserer Haut wohnen. Billionen weitere verstecken sich in Darm und Atemwegen, haften an Haaren und Augenwimpern, schwimmen über die Augenoberfläche, bohren sich in den Zahnschmelz. Allein der Verdauungstrakt beherbergt mehr als 100 Billionen Mikroorganismen, die zu mindestens 400 verschiedenen Arten gehören.[3] Manche verarbeiten Zucker, andere die Stärke, und manche greifen andere Bakterien an. Überraschend viele, darunter die allgegenwärtigen Darmspirochäten, haben keinerlei erkennbare Funktion.[4] Sie sind anscheinend einfach unsere Begleiter. Ein menschlicher Körper besteht aus rund zehn Trillionen Zellen, enthält aber etwa 100 Trillionen Bakterien.[5] Kurz gesagt, machen sie uns zu einem großen Teil aus. Und wir sind aus Sicht der Bakterien natürlich ein recht kleiner Teil von ihnen.

Da wir Menschen so groß und klug sind, dass wir Antibiotika und Desinfektionsmittel herstellen und benutzen können, sind wir nur allzu leicht überzeugt, wir hätten die Bakterien an den Rand des Daseins gedrängt. Das sollten wir nicht glauben. Bakterien bauen vielleicht keine Städte und haben kein interessantes gesellschaftliches Leben, aber sie werden noch da sein, wenn die Sonne explodiert. Dies ist ihr Planet, und uns gibt es nur, weil sie es uns gestatten.

Eines dürfen wir nie vergessen: Die Bakterien kamen Milliarden Jahre lang ohne uns zurecht. Wir dagegen könnten nicht einen einzigen Tag ohne sie überleben.[6] Sie verarbeiten unsere Abfallstoffe und machen sie wieder nutzbar; ohne ihre sorgfältige Zersetzungstätigkeit würde nichts verrotten. Sie reinigen unser Wasser und sorgen dafür, dass der Boden fruchtbar bleibt. Bakterien synthetisieren Vitamine in unserem Darm, verwandeln unsere Nahrung in nützliche Zucker und Polysaccharide und ziehen gegen fremde Mikroorganismen, die durch die Speiseröhre rutschen, in den Krieg.

Wir sind völlig auf Bakterien angewiesen, die der Luft den Stickstoff entziehen und ihn für uns in nützliche Nukleotide und Aminosäuren umwandeln. Das ist eine großartige, äußerst vorteilhafte Leistung. Um das Gleiche industriell zu erreichen (beispielsweise bei der Düngemittelproduktion), darauf weisen Margulis und Sagan hin, müssen die Hersteller das Ausgangsmaterial auf 500 Grad erhitzen und auf das 300-fache des normalen Luftdrucks zusammenpressen. Bakterien schaffen es ständig und ohne großen Aufwand – zu unserem Glück, denn kein größeres Lebewesen könnte ohne den von ihnen verarbeiteten Stickstoff existieren. Vor allem aber liefern Mikroorganismen uns weiterhin die Luft, die wir atmen, und sie halten die

Atmosphäre stabil. Der größte Teil des Luftsauerstoffs auf der Erde stammt von Mikroorganismen, unter ihnen die heutigen Formen der Cyanobakterien. Algen und andere Kleinstlebewesen aus dem Meer blasen jedes Jahr rund 150 Milliarden Kilo davon in die Luft.[7]

Außerdem sind sie ungeheuer vermehrungsfreudig. Die Schnelleren unter ihnen können in knapp zehn Minuten eine neue Generation hervorbringen; *Clostridium perfringens*, ein unangenehmes kleines Lebewesen, das den Wundbrand verursacht, kann sich alle neun Minuten verdoppeln.[8] Bei dieser Geschwindigkeit könnte ein einziges Bakterium in zwei Tagen theoretisch mehr Nachkommen hervorbringen, als es Protonen im Universum gibt.[9] »Bei ausreichender Nährstoffzufuhr kann eine Bakterienzelle an einem einzigen Tag 280 Milliarden Nachkommen produzieren«, erklärt der belgische Biochemiker und Nobelpreisträger Christian de Duve.[10] Eine menschliche Zelle schafft in der gleichen Zeit nur eine einzige Zweiteilung.

Ungefähr bei einer unter einer Million Zellteilungen bringen Bakterien eine Mutante hervor. Diese Zelle hat in der Regel Pech gehabt – Veränderungen sind für ein Lebewesen immer mit Gefahr verbunden. Sehr selten jedoch ist das neue Bakterium zufällig mit einem Vorteil ausgestattet, beispielsweise mit der Fähigkeit, einen Angriff mit Antibiotika zu umgehen oder abzuwehren. Mit dieser schnellen Evolution ist noch ein anderer, gefährlicherer Vorteil verbunden. Bakterien tauschen ihre Informationen aus. Jede ihrer Zellen kann Stücke der genetischen Anweisungen von anderen Zellen aufnehmen. Eigentlich schwimmen alle Bakterien in dem gleichen Genpool, so eine Formulierung von Margulis und Sagan.[11] Jeder Anpassungsvorteil, der in einer Region des Bakterienuniversums auftaucht, kann sich auf jede andere Region ausbreiten. Es ist fast, als könnte ein Mensch sich an ein Insekt wenden und von diesem die erforderliche genetische Information erhalten, um sich Flügel wachsen zu lassen oder an der Decke entlangzuspazieren. Das bedeutet, dass die Bakterien aus genetischer Sicht zu einem einzigen Superorganismus geworden sind – sie sind winzig und weit verstreut, aber unbesiegbar.

Sie leben und gedeihen auf fast allem, was wir ausscheiden,

fallen lassen oder abschütteln. Ein wenig Feuchtigkeit – beispielsweise wenn man mit einem feuchten Lappen über eine Tischplatte fährt –, und schon vermehren sie sich, als wären sie aus dem Nichts entstanden. Sie fressen Holz, Tapetenkleister, die Metalle in getrockneter Farbe. Eine von australischen Wissenschaftlern entdeckte Mikroorganismenart namens *Thiobacillus concretivorans* gedeiht bei einer Schwefelsäurekonzentration, die Metalle zerfressen würde – ja sie ist darauf sogar angewiesen.[12] Eine Spezies mit der Bezeichnung *Micrococcus radiophilus* lebt fröhlich in den Abwassertanks von Kernreaktoren und ernährt sich von Plutonium sowie allen anderen Materialien, die es dort gibt. Manche Bakterien bauen chemische Substanzen ab, von denen sie nach unserer Kenntnis keinerlei Nutzen haben.[13]

Lebende Bakterien hat man in siedenden Schlammlöchern und Seen aus kaustischer Soda gefunden, aber auch tief im Inneren von Felsen, am Meeresboden, in den versteckten Eiswasserseen der McMurdo-Trockentäler in der Antarktis und elf Kilometer tief im Pazifik, wo der Druck 1000-mal größer ist als an der Oberfläche – das würde bedeuten, dass sie unter 50 Jumbojets zusammengequetscht sind. Manche von ihnen sind anscheinend praktisch unzerstörbar. *Deinococcus radiodurans* ist nach Angaben der Zeitschrift *Economist* »fast immun gegen Radioaktivität«. Bombardiert man seine DNA mit Strahlung, lagern sich die Stücke sofort wieder neu zusammen »wie die beweglichen Gliedmaßen eines Untoten aus einem Horrorfilm«.[14]

Die vielleicht erstaunlichste bisher beobachtete Überlebensleistung war die eines Bakteriums der Spezies *Streptococcus*: Es wurde von dem luftdicht abgeschlossenen Objektiv einer Kamera geborgen, die zwei Jahre lang auf dem Mond gestanden hatte.[15] Kurz gesagt, gibt es kaum eine Umwelt, in der Bakterien nicht leben könnten. »Wie sich mittlerweile herausstellt, kann man Sonden in Tiefseeschlote schieben, die so heiß sind, dass die Sonde fast schmilzt, und dann sind immer noch Bakterien dort«, erklärte mir Victoria Bennett.

In den zwanziger Jahren des 20. Jahrhunderts gaben die beiden Wissenschaftler Edson Bastin und Frank Greer von der Universität Chicago bekannt, sie hätten aus Ölquellen mehrere Bakterienstämme isoliert, die zuvor in 600 Metern Tiefe gelebt hätten. Der Gedanke wurde als grundsätzlich absurd abgetan – man glaubte, in 600 Meter Tiefe könne es einfach nichts Lebendiges geben. 50 Jahre lang nahm man an, die Proben der beiden seien mit Mikroorganismen von der Erdoberfläche verunreinigt gewesen. Heute wissen wir, dass eine Fülle von Mikroorganismen tief im Erdinneren lebt, und viele davon haben mit der organischen Welt, die wir kennen, nicht das Geringste zu tun. Sie fressen Gestein – oder genauer gesagt, das Material im Gestein: Eisen, Schwefel, Mangan und so weiter. Und sie atmen auch seltsame Dinge ein – Eisen, Chrom, Kobalt, sogar Uran. Solche Vorgänge dürften maßgeblich dazu beigetragen haben, Gold, Kupfer und andere Edelmetalle anzureichern, und möglicherweise sind durch sie auch Öl- und Erdgaslagerstätten entstanden. Manchen Vermutungen zufolge haben sie mit ihrem unermüdlichen Fressen sogar die Erdkruste geschaffen.[16]

Nach Ansicht mancher Fachleute könnten bis zu 100 Billionen Tonnen Bakterien unter unseren Füßen in den so genannten unterirdischen lithoautotrophen Mikroorganismen-Ökosystemen leben. Thomas Gold von der Cornell University schätzt, dass alle Bakterien aus dem Erdinneren, auf der Oberfläche verteilt, die gesamte Erde ungefähr 1,50 Meter hoch bedecken würden.[17] Wenn diese Schätzung stimmt, gibt es unter der Erde möglicherweise mehr Leben als auf ihr.

Je tiefer man kommt, desto kleiner und langsamer werden die Mikroorganismen. Die Lebhaftesten von ihnen teilen sich möglicherweise höchstens einmal in 100 Jahren, manche sogar nur alle 500 Jahre.[18] Oder, wie die Zeitschrift *Economist* es formulierte: »Der Schlüssel zu einem langen Leben liegt offensichtlich darin, dass man möglichst nicht viel tut.«[19] Wenn es hart auf hart kommt, können die Bakterien in ihrem Inneren alle Systeme stilllegen und auf bessere Zeiten warten. Im Jahr 1997 gelang Wissenschaftlern die Aktivierung von Milzbrandsporen, die 80 Jahre lang in einer Museumsvitrine im norwegischen Trondheim geruht hatten. Andere Mikroorganismen wurden zum Leben erweckt, nachdem man sie aus einer 118 Jahre alten Fleischkonserve oder einer 166 Jahre alten Bierflasche befreit hatte.[20] Forscher der russischen Akademie der Wissenschaften behaupteten 1996, sie hätten Bakterien wiederbelebt, die drei Millionen Jahre im sibirischen Permafrost gelegen hätten.[21] Den Rekord jedoch halten bisher Russell Vreeland und seine Kollegen von der West Chester University in Pennsylvania mit ihrer im Jahr 2000 aufgestellten Behauptung, sie hätten 250 Millionen Jahre alte Bakterien der Spezies *Bacillus permians* aktiviert, die bei Carlsbad in New Mexico 600 Meter unter der Erde in Salzstöcken eingeschlossen waren.[22] Wenn das stimmt, sind diese Mikroorganismen älter als die Kontinente.

Der Bericht stieß auf verständliche Zweifel. Viele Biochemiker behaupteten, in einem solchen Zeitraum hätten die Bestandteile der Mikroorganismen zerfallen und nutzlos werden müssen, es sei denn, das Bakterium sei von selbst hin und wieder zum Leben erwacht. Aber selbst wenn es so gewesen sein sollte, kann man sich keine innere Energiequelle vorstellen, die derart lange erhalten bleibt. Skeptischere Wissenschaftler äußerten die Vermutung, die Probe sei verunreinigt worden – vielleicht nicht unbedingt bei der Bergung, sondern schon als sie in der Erde begraben wurde.[23] Im Jahr 2001 berichtete eine Arbeitsgruppe der Universität Tel Aviv, *B. permians* sei fast genau identisch mit dem modernen Bakterienstamm *Bacillus marismortui*, der im Toten Meer vorkommt. Beide unterscheiden sich nur in zwei genetischen Sequenzen, und auch das nur geringfügig.

»Sollen wir glauben, dass sich bei *B. permians* in 250 Millionen Jahren die gleiche Anzahl genetischer Abweichungen angesammelt hat, die im Labor schon nach drei bis sieben Tagen entsteht?«, fragten die israelischen Wissenschaftler. Darauf erwiderte Vreeland, die Evolution der Bakterien könne im Labor ohne weiteres schneller ablaufen als in freier Wildbahn.

Könnte sein.

Es ist schon bemerkenswert – bis weit ins Weltraumzeitalter hinein unterteilten die meisten Schulbücher alles Lebendige in nur zwei Kategorien: Pflanzen und Tiere. Mikroorganismen spielten kaum eine Rolle. Amöben und ähnliche Einzeller behandelte man als Ur-Tiere, Algen als Ur-Pflanzen. Die Bakterien steckte man in der Regel mit den Pflanzen in einen Topf, obwohl jeder wusste, dass sie dort nicht hingehörten.[24] Schon im 19. Jahrhundert hatte der deutsche Naturforscher Ernst Haeckel die Ansicht geäußert, die Bakterien hätten es verdient, in ein eigenes Organismenreich eingeordnet zu werden, das er als Monera bezeichnete. Die Idee setzte sich aber bei den Biologen erst in den sechziger Jahren des 20. Jahrhunderts durch, und auch dann noch längst nicht bei allen. (Ich muss feststellen, dass auch mein ansonsten so zuverlässiges *American Heritage*-Handwörterbuch von 1969 den Begriff nicht kennt.)

Auch vielen Lebewesen, die mit bloßem Auge zu sehen sind, wurde die alte Einteilung nur sehr schlecht gerecht. Die Gruppe der Pilze, zu der neben den großen, sichtbaren Pilzen auch Schimmelpilze und Hefe gehören, galt fast immer als Gegenstand der Botanik, obwohl fast nichts an ihr – weder Fortpflanzung noch Atmung oder Aufbau – zu irgendetwas aus der Welt der Pflanzen passt. In ihrer Struktur haben sie mehr mit den Tieren gemeinsam, denn ihre Zellen sind aus Chitin aufgebaut, einem Material, das ihnen ihre charakteristische Konsistenz verleiht. Aus der gleichen Substanz bestehen die Panzer der Insekten und die Klauen der Säugetiere, auch wenn sie bei einem Hirschkäfer längst nicht so schmackhaft ist wie bei einem Trüffel. Vor allem aber betreiben Pilze im Gegensatz zu allen Pflanzen keine Photosynthese; sie besitzen also auch kein Chlorophyll und sind deshalb nicht grün. Stattdessen wachsen sie unmittelbar auf ihrer Nahrungsquelle, und die kann aus fast allem bestehen. Pilze fressen den Schwefel von einer Betonwand oder das abgestorbene Material zwischen unseren Zehen – Dinge, die keine Pflanze verwerten würde. Fast die einzige Gemeinsamkeit mit den Pflanzen besteht darin, dass Pilze ebenfalls Wurzeln bilden.

Noch weniger in eine feste Kategorie einzuordnen war eine seltsame Gruppe von Lebewesen, die wissenschaftlich als Myxomyceten bezeichnet wird, allgemein aber unter dem Namen Schleimpilze bekannt ist. Der Name hat zweifellos mit ihren rätselhaften Eigenschaften zu tun. Eine Bezeichnung wie »wanderndes selbstaktivierendes Protoplasma«, die ein wenig dynamischer klingt und nicht an das Zeug aus verstopften Abflüssen erinnert, hätte diesen ungewöhnlichen Lebewesen sicher ein wenig stärker die verdiente Aufmerksamkeit verschafft: Schleimpilze gehören zweifellos zu den interessantesten Organismen in der Natur. In guten Zeiten leben sie als Einzelzellen, ganz ähnlich wie die Amöben. Verschlechtern sich die Bedingungen jedoch, kriechen sie zu einer zentralen Sammelstelle und vereinigen sich fast wie durch ein Wunder zu einem schleimigen Klümpchen. Dieses Klümpchen ist alles andere als schön, und es kommt auch nicht besonders weit – in der Regel wandert es nur von der Unterseite eines Laubhaufens zu seiner Spitze. Aber mehrere Jahrmillionen lang dürfte dies der raffinierteste Trick der Natur gewesen sein.

Und das ist auch noch nicht alles. Nachdem der Schleimpilz sich an eine günstigere Stelle begeben hat, verwandelt er sich noch einmal und nimmt die Form einer Pflanze an. Durch einen erstaunlich geordneten Prozess postieren sich die Zellen neu wie die Mitglieder einer winzigen wandernden Blaskapelle. Sie bilden einen Stiel, an dessen Spitze sich eine kleine Blase befindet, der so genannte Fruchtkörper. In seinem Inneren liegen mehrere Millionen Sporen, die im richtigen Augenblick freigesetzt werden, sodass der Wind sie wegtragen kann. Auf diese Weise werden sie wieder zu Einzellern, und der ganze Kreislauf kann von vorn beginnen.

Viele Jahre lang wurden die Schleimpilze von den Zoologen als Protozoen und von den Pilzforschern als Pilze bezeichnet, aber für die meisten Fachleute war klar, dass sie eigentlich in keine der bekannten Gruppen gehörten. Als man dann genetische Analysen durchführen konnte, stellten die Wissenschaftler zu ihrer Überraschung fest, dass die Schleimpilze etwas ganz Eigenes, Besonderes waren: Sie standen zu nichts anderem in der Natur in einer unmittelbaren Verwandtschaftsbeziehung, in manchen Fällen auch nicht einmal untereinander.

Im Jahr 1969 wollte der Ökologe R. H. Whittaker von der Cornell University ein wenig Ordnung in die immer weniger zutreffende Klassifikation bringen. In der Fachzeitschrift *Science* unterbreitete er den Vorschlag, das Lebendige in fünf Hauptgruppen – oder Organismenreiche, wie wir heute sagen – einzuteilen: Tiere (Animalia), Pflanzen (Plantae), Pilze (Fungi), Protisten (Protista) und Bakterien (Monera).[25] »Protista« war die Abwandlung des älteren Begriffs *Protoctista*, den der schottische Biologe John Hogg schon 100 Jahre zuvor eingeführt hatte – er bezeichnete damit alle Lebewesen, die weder Tier noch Pflanze waren.

Whittakers neue Einteilung stellte zwar einen großen Fortschritt dar, die Protista waren aber nach wie vor schlecht definiert. Manche Systematiker rechneten nur große Einzeller – die Eukaryoten – dazu, andere benutzten die Kategorie als eine Art Kramschublade der Biologie, in die sie alles hineinwarfen, was nirgendwo anders passte. Je nachdem, in welchem Lehrbuch man nachschlug, umfasste sie Schleimpilze, Amöben und vieles andere, manchmal sogar den Seetang. Nach einer Berechnung wurden ihr bis zu 200 000 verschiedene biologische Arten zugeschlagen – eine Menge Kram.[26]

Als Nächstes hielt das Schicksal eine seiner Ironien bereit: Gerade als Whittakers Klassifikation der fünf Organismenreiche sich in den Lehrbüchern allmählich durchsetzte, war ein pensionierter Wissenschaftler an der University of Illinois auf dem Weg zu einer Entdeckung, die alles andere in Frage stellen sollte. Er hieß Carl Woese und untersuchte seit Mitte der sechziger Jahre – oder zumindest seit der Zeit, als es überhaupt möglich war – in aller Ruhe die genetischen Sequenzen von Bakterien. In der Anfangszeit war das eine äußerst mühselige Arbeit. Häufig nahmen die Analysen an einer einzigen Bakterienart ein ganzes Jahr in Anspruch. Nach Woeses Angaben kannte man zu jener Zeit nur rund 500 Bakterienarten, weniger als die Zahl verschiedener Formen, die wir in unserem Mund tragen.[27] Heute liegt die Zahl etwa zehnmal so hoch, aber auch das ist noch wenig im Vergleich zu den 26 900 Algen-, 70 000 Pilz- und 30 800 Amöbenarten, deren Lebensbilder die Annalen der Biologie füllen.

Dass die Gesamtzahl so niedrig ist, liegt nicht an der Gleichgültigkeit der Wissenschaftler. Bakterien zu isolieren und zu untersuchen, ist vielfach entsetzlich schwierig. Nur etwa ein Prozent von ihnen vermehren sich in Laborkulturen.[28] Wenn man bedenkt, wie leicht sie sich in der Natur an alles Mögliche anpassen, ist es eigentlich seltsam, dass sie ausgerechnet auf einer Petrischale nicht wachsen mögen. Man kann sie auf eine Unterlage aus Agar fallen lassen und dann nach Belieben hätscheln – die meisten Arten bleiben dort einfach liegen und verweigern sich jedem Wachstumsanreiz. Ein Bakterium, das im Labor gut gedeiht, ist definitionsgemäß eine Ausnahme, und doch untersuchten die Mikrobiologen fast ausschließlich solche Organismen. Es war, »als wollte man etwas über Tiere erfahren, indem man einen Zoo besucht«, so eine Formulierung von Woese.[29]

Anhand der Gene konnte Woese den Mikroorganismen jedoch aus einer anderen Richtung beikommen. Im Laufe seiner Arbeiten erkannte er, dass es in der Welt der Kleinstlebewesen weitaus grundsätzlichere Unterteilungen gibt, als man bis dahin angenommen hatte. Zahlreiche Mikroben, die wie Bakterien aussehen und sich auch so verhalten, sind in Wirklichkeit ganz etwas anderes – sie gehören zu einer Abstammungslinie, die sich schon vor langer Zeit von den Bakterien abgespalten hat. Diese Organismen bezeichnete Woese als Archaebacteria, ein Begriff, der später zu Archaea verkürzt wurde.

Häufig hört man, die Eigenschaften, durch die sich Archaea von den Bakterien unterscheiden, würden mit Ausnahme der Biologen niemanden vom Hocker reißen. Sie betreffen vor allem die Lipide und das Fehlen einer Verbindung namens Peptidoglycan. In der Praxis jedoch liegen Welten zwischen den Gruppen. Die Archaea unterscheiden sich von den Bakterien stärker als du und ich von einem Krebs oder einer Spinne. Woese hatte ganz allein eine unvermutete Unterteilung der Lebewesen entdeckt, die so grundlegend ist, dass sie noch oberhalb der Organismenreiche ganz am Anfang des allgemeinen Lebensstammbaums steht, wie er ehrerbietig genannt wird.

Im Jahr 1976 verblüffte Woese die Welt – oder zumindest den kleinen Teil davon, der ihm Aufmerksamkeit schenkte: Er zeichnete den Stammbaum des Lebens neu, und zwar nicht nur mit fünf, sondern mit 23 Hauptästen. Diese fasste er zu drei großen

Kategorien zusammen, die er als Domänen bezeichnete: Bacteria, Archaea und Eukarya (manchmal auch Eucarya geschrieben).

Woeses neue Einteilung eroberte die biologische Welt nicht im Sturm. Manche Fachleute kritisierten, er lege ein zu großes Gewicht auf die Mikroorganismen. Und viele nahmen das Schema einfach nicht zur Kenntnis. Darüber war Woese nach Angaben von Frances Ashcroft bitter enttäuscht.[30] Aber langsam setzte sich das neue Schema unter den Mikrobiologen durch. Botaniker und Zoologen dagegen brauchten viel länger, bis sie seine Vorteile zu schätzen wussten. Die Gründe zu erkennen, ist nicht schwer. Woeses Modell verbannt die Disziplinen der Botanik und Zoologie auf einige winzige Zweige am äußersten Ende des Hauptastes der Eukarya. Alles andere ist die Domäne der Einzeller.

»Diese Leute sind damit groß geworden, dass man Einteilungen auf Grund makroskopisch-morphologischer Ähnlichkeiten und Unterschiede vornimmt«, sagte Woese 1996 in einem Interview. »Die Vorstellung, dass man dazu molekulare Sequenzen benutzt, ist für viele von ihnen ein wenig schwer verdaulich.« Kurz gesagt, waren Unterschiede, die man mit bloßem Auge nicht sehen konnte, unbeliebt. Deshalb blieben viele bei der traditionellen Einteilung in fünf Reiche, ein Schema, das Woese in sanfteren Augenblicken als »nicht sonderlich nützlich« und in der übrigen Zeit meist als »richtig irreführend« bezeichnete. Er schrieb: »Wie zuvor die Physik, so ist auch die Biologie auf einer Ebene angelangt, auf der man die Gegenstände des Interesses und ihre Wechselbeziehungen häufig nicht durch direktes Beobachten wahrnehmen kann.«[31]

Im Jahr 1998 goss der große alte Zoologe Ernst Mayr von der Harvard University (der damals 94 war und jetzt, während ich dies schreibe, bei guter Gesundheit auf die 100 zugeht) weiteres Öl ins Feuer: Er erklärte, man solle nur zwei große Kategorien des Lebendigen unterscheiden, »Imperien«, wie er sie nannte. In einem Aufsatz für die angesehene Fachzeitschrift *Proceedings of the National Academy of Sciences* erklärte Mayr, Woeses Befunde seien zwar interessant, aber letztlich gingen sie in die Irre; er stellte fest: »Woese ist nicht als Biologe ausgebildet und deshalb natürlich auch nicht umfassend vertraut mit den Prinzipien der Klassifikation«[32] – deutlicher kann ein angesehener Wissenschaftler wohl nicht ausdrücken, dass ein anderer eigentlich nicht weiß, wovon er redet.

In den Einzelheiten ist Mayrs Kritik so fachspezifisch, dass wir uns hier nicht genauer damit befassen müssen – unter anderem geht es dabei um meiotische Sexualität, Hennigsche Kladistik und umstrittene Interpretationen des Genoms von *Methanobacterium thermoautotrophicum*. Letztlich vertritt er aber die Ansicht, Woeses Ordnung schaffe im Stammbaum des Lebendigen ein Ungleichgewicht. Der Bereich der Bakterien, darauf weist Mayr hin, besteht nur aus ein paar 1000 Arten, und bei den Archaea gibt es nur 175 benannte Formen, wobei ein paar 1000 weitere vielleicht noch der Entdeckung harren – »aber viel mehr dürften es kaum sein«. Die Zahl der verschiedenartigen Eukaryoten dagegen – das heißt der kompliziert gebauten Lebewesen mit Zellkernen, zu denen auch wir gehören – geht in die Millionen. Um des »Gleichgewichtsprinzips willen« setzte sich Mayr dafür ein, die einfachen bakteriellen Formen zu einer einzigen Kategorie namens Prokaryota zusammenzufassen, während der ganze kompliziertere, »höher entwickelte« Rest als gleichberechtigtes Imperium namens Eukaryota daneben steht. Oder anders ausgedrückt: Er ist dafür, alles im Wesentlichen so zu belassen wie bisher. In der Unterteilung zwischen einfachen und komplizierten Zellen liegt nach seiner Auffassung »der große Bruch in der Welt des Lebendigen«.

Die Unterscheidung zwischen halophilen Archaea und Methanosarcina oder zwischen Flavobacteria und Gram-positiven Bakterien wird für die meisten Menschen nie zu einer Schicksalsfrage werden, aber man sollte daran denken, dass jede dieser Gruppen sich von den anderen ebenso stark unterscheidet wie die Tiere von den Pflanzen. Wenn wir aus Woeses Einteilung überhaupt etwas lernen können, dann dieses: Das Leben ist vielgestaltig, und zum größten Teil findet man die Vielfalt im Kleinen, bei den Einzellern und bei Dingen, die uns kaum vertraut sind. Es ist ein natürlicher, menschlicher Impuls, sich die Evolution als lange Kette von Verbesserungen vorzustellen, als nie endenden Fortschritt in Richtung des Großen und Komplizierten – mit einem Wort: zu uns als Ziel. Damit schmeicheln wir uns selbst. In Wirklichkeit betrifft die Vielfalt der Evolution zum größten Teil den ganz kleinen Maßstab. Wir großen Lebewesen sind nur eine Laune der Natur, ein interessanter Seitenast. Von den 23 Hauptgruppen des Lebendigen sind nur drei – Pflanzen, Tiere und Pilze – so groß, dass ein Mensch sie mit bloßem Augen sehen kann, und auch unter ihnen gibt es mikroskopisch kleine Arten.[33] Nach Woeses Angaben besteht die gesamte Menge der Biomasse auf der Erde – alle Lebewesen einschließlich der Pflanzen – zu mindestens 80 Prozent aus Mikroorganismen; vielleicht ist der Anteil auch noch größer.[34] Die Welt gehört dem ganz Kleinen, und das schon seit sehr langer Zeit.

Nun fragt sich natürlich jeder irgendwann in seinem Leben einmal: Warum wollen Mikroorganismen uns so häufig Schaden zufügen? Was hat ein Kleinstlebewesen davon, wenn es uns Fieber oder Schüttelfrost verursacht, uns durch einen Ausschlag entstellt oder uns gar sterben lässt? Schließlich wird ein toter Wirt auf die Dauer kaum Gastfreundschaft gewähren.

Zunächst einmal sei daran erinnert, dass die meisten Mikroorganismen für das Wohlergehen der Menschen neutral oder sogar nützlich sind. Das ansteckendste Bakterium der Welt, Wolbachia genannt, fügt Menschen und auch allen anderen Wirbeltieren keinerlei Schaden zu;[35] Krebse, Würmer oder Taufliegen allerdings würden sich angesichts seiner Bedrohung vielleicht manchmal wünschen, sie wären nie geboren worden. Insgesamt ist nach Angaben des *National Geographic Magazine* nur eine unter 1000 Mikroorganismenarten für Menschen ein Krankheitserreger,[36] aber da wir wissen, was manche dieser Organismen anrichten können, ist der Gedanke, dass das bereits mehr als genug ist, vielleicht verständlich. Obwohl die Mikroorganismen in ihrer Mehrzahl harmlos sind, stellen sie in den Industrieländern nach wie vor die Todesursache Nummer drei dar, und selbst jene, die nicht tödlich wirken, lassen uns natürlich häufig wünschen, es gäbe sie nicht.[37]

Ein Mikroorganismus, der seinem Wirt ein Unwohlsein verursacht, hat davon gewisse Vorteile. Krankheitssymptome tragen häufig dazu bei, das Leiden weiter zu verbreiten. Erbrechen, Niesen und Durchfall sind ausgezeichnete Methoden, um einen Wirtsorganismus zu verlassen und die Voraussetzungen für die Aufnahme durch einen anderen zu schaffen. Die wirksamste Strategie besteht darin, sich der Mithilfe eines beweglichen Dritten zu versichern. Ansteckende Krankheitserreger lieben Mücken, denn durch deren Stich gelangen sie unmittelbar ins Blut und können sofort an die Arbeit gehen, bevor die Verteidigungsmechanismen des Opfers überhaupt bemerken, womit sie es zu tun haben. Das ist der Grund, warum so viele besonders schwere Infektionskrankheiten – Malaria, Gelbfieber, Denguefieber, Enzephalitis und rund 100 andere, die weniger bekannt, aber häufig ebenso bösartig sind – mit einem Mückenstich beginnen. Für uns ist es eine glückliche Laune der Natur, dass HIV, der AIDS-Erreger, nicht in diese Gruppe gehört – jedenfalls noch nicht. Eine Mücke, die ein HI-Virus aufsaugt, löst den Erreger in ihrem eigenen Stoffwechsel auf. Sollte das Virus eines Tages durch eine Mutation in der Lage sein, diesem Schicksal zu entgehen, könnte es uns noch wesentlich größere Probleme bereiten.

Allerdings ist es auch ein Fehler, die Frage allzu ausschließlich nur unter logischen Gesichtspunkten zu betrachten: Mikroorganismen stellen natürlich keine Berechnungen an. Um das, was sie einem Menschen antun, kümmern sie sich ebenso wenig, wie wir uns um ihre Leiden sorgen, wenn wir sie mit ein wenig Seife oder Deodorant zu Millionen hinmorden. Unser fortgesetztes Wohlergehen ist für einen Krankheitserreger nur dann von Bedeutung, wenn er allzu effizient tötet. Richtet er seinen Wirt zu Grunde, bevor er auf einen anderen übergehen kann, stirbt er unter Umständen auch selbst. Manchmal geschieht so etwas tatsächlich. Nach den Feststellungen von Jared Diamond ist die Geschichte voller Beispiele für Krankheiten, die »einst schreckliche Epidemien auslösten und dann ebenso geheimnisvoll verschwanden, wie sie gekommen waren«.[38] Als Beispiel nennt er das gefürchtete, glücklicherweise aber nur kurzlebige Englische Schweißfieber, das von 1485 bis 1552 wütete und mehrere 10 000 Opfer forderte, bevor es von selbst »ausbrannte«. Zu viel Wirkung ist für jeden ansteckenden Erreger schädlich.

Ein erheblicher Teil der Krankheitserscheinungen entsteht nicht durch das, was der Erreger uns antut, sondern durch die Reaktionen unseres eigenen Organismus. In dem Bestreben, die Mikroorganismen loszuwerden, zerstört das Immunsystem manchmal körpereigene Zellen, oder es schädigt wichtige Gewebe; wenn wir uns also nicht wohl fühlen, liegt es häufig nicht an den Erregern, sondern an unserer eigenen Immun-Antwort. Dennoch sind solche Symptome eine sinnvolle Reaktion auf die Infektion. Kranke Menschen legen sich ins Bett und stellen deshalb für ihre Umgebung eine geringere Gefahr dar. Außerdem schont Ruhe die Ressourcen des Organismus, die sich dann stärker der Infektionsbekämpfung widmen können.

Da es in der Umwelt so viele Dinge gibt, die unseren Organismus schädigen können, hält dieser die unterschiedlichsten weißen Blutzellen zur Abwehr bereit – insgesamt sind es rund zehn Millionen Typen, und jeder davon ist so gestaltet, dass er eine ganz bestimmte Art von Eindringlingen erkennen und zerstören kann. Zehn Millionen ständige Armeen bereitzuhalten, wäre natürlich ineffizient und völlig unmöglich; deshalb ist jede Form der weißen Zellen nur in Form weniger aktiver Kundschafter vertreten. Dringt ein infektiöses Agens – in der Wissenschaft spricht man von einem Antigen – ein, wird es von den zugehörigen Kundschaftern erkannt, und die rufen dann Verstärkung des geeigneten Typs zu Hilfe. Während der Organismus diese Streitkräfte produziert, fühlen wir uns meist ziemlich elend. Wenn die Armee schließlich aktiv wird, beginnt die Genesung.

Weiße Blutzellen sind gnadenlos: Sie verfolgen und töten noch den letzten Krankheitserreger, den sie finden können. Um der Ausrottung zu entgehen, haben die Angreifer zwei Grundstrategien entwickelt. Entweder schlagen sie sehr schnell zu und gehen dann auf einen neuen Wirt über – nach diesem Prinzip funktionieren verbreitete Infektionskrankheiten wie die Grippe –, oder sie tarnen sich so, dass die weißen Blutzellen sie nicht ausfindig machen – diese Strategie verfolgt der AIDS-Erreger HIV, der sich jahrelang harmlos und unbemerkt in den Zellkernen einnisten kann, bevor er schließlich aktiv wird.

Ein eher seltsamer Aspekt der Infektionskrankheiten besteht darin, dass Mikroorganismen, die normalerweise keinerlei Schaden anrichten, manchmal in die falschen Körperteile geraten und dort »irgendwie verrückt spielen«, wie Dr. Bryan Marsh, Spezialist für Infektionskrankheiten am Dartmouth-Hitchcock Medical Center in Lebanon, New Hampshire, es formuliert. »So etwas geschieht häufig, wenn jemand durch einen Autounfall innere Verletzungen davongetragen hat. Dann wandern Mikroorganismen, die normalerweise im Darm zu Hause sind und keinerlei Schaden anrichten, in andere Regionen – beispielsweise ins Blut – und haben dort verheerende Wirkungen.«

Eine besonders beängstigende, kaum zu kontrollierende bakterielle Erkrankung ist die *Fasciitis necroticans*: Dabei fressen Bakterien den Patienten praktisch von innen heraus auf – sie zerstören die inneren Gewebe und lassen nur weiche, giftige Reste zurück.[39] Die Betroffenen kommen häufig zunächst mit relativ harmlosen Beschwerden zum Arzt, meist mit Hautausschlag und Fieber. Später verschlechtert sich ihr Zustand rapide. Werden sie dann operiert, stellt sich häufig heraus, dass sie sich einfach von innen heraus auflösen. Die einzige Behandlung ist die so genannte »Radikalexstirpation«: Man schneidet sämtliche infizierten Gebiete heraus. Fast die Hälfte der Opfer stirbt, bei den übrigen bleiben vielfach entsetzliche Entstellungen zurück. Verursacht wird die Infektion von den so genannten Streptokokken Typ A, einer alltäglichen Gruppe von Bakterien, die normalerweise nur Halsschmerzen verursachen. In sehr seltenen Fällen durchdringen einige dieser Bakterien jedoch aus unbekannten Gründen die Rachenschleimhaut, und wenn sie dann in das eigentliche Körperinnere gelangen, richten sie dort ein Chaos an. Gegen Antibiotika sind sie völlig resistent. In den Vereinigten Staaten treten jedes Jahr rund 1000 Fälle dieser Krankheit auf, und niemand kann mit Sicherheit behaupten, das werde nicht noch schlimmer.

Ganz ähnlich verhält es sich auch mit der Gehirnhautentzündung oder Meningitis. Mindestens zehn Prozent der jungen Erwachsenen und vielleicht 30 Prozent aller Jugendlichen tragen die tödlichen Meningokokken in sich, die aber im Rachen leben und dort völlig ungefährlich sind. Gelegentlich jedoch – ungefähr bei einem unter 100 000 jungen Menschen – gelangen sie ins Blut und rufen dann eine sehr schwere Krankheit hervor, die im schlimmsten Fall innerhalb von zwölf Stunden zum Tode führen kann. Eine erschreckend kurze Zeit. »Manchmal ist jemand beim Frühstück noch völlig gesund und abends schon tot«, sagt Marsh.

Mit der Bekämpfung von Bakterien hätten wir wahrscheinlich mehr Erfolg, wenn wir nicht so sorglos mit unserer besten Waffe gegen sie umgehen würden: mit den Antibiotika. Nach einer Schätzung werden rund 70 Prozent aller Antibiotika, die in den Industrieländern verbraucht werden, an Nutztiere verabreicht, häufig als Bestandteil des ganz normalen Futters. Hier dienen sie einfach als Wachstumsförderer oder zur Vorbeugung gegen Infektionen. Solche Anwendungsbereiche schaffen für die Bakterien beste Voraussetzungen, um Resistenzen zu entwickeln. Und diese Gelegenheit haben sie mit Begeisterung genutzt.

Im Jahr 1952 wirkte Penicillin ausgezeichnet gegen alle Bakterienstämme der Gattung *Staphylococcus*; der Effekt war so stark, dass William Stuart, der damalige Leiter des US-Gesundheitswesens, Anfang der sechziger Jahre voller Zuversicht erklärte: »Die Zeit ist gekommen, in der wir das Buch der Infektionskrankheiten zuklappen können. Wir haben die Infektionen in den Vereinigten Staaten im Wesentlichen ausgerottet.«[40] Während er das sagte, standen 90 Prozent der Bakterienstämme aber bereits im Begriff, eine Immunität gegen Penicillin zu entwickeln.[41] Wenig später tauchte einer dieser neuen Stämme, Methicillin-resistenter *Staphylococcus aureus* genannt, erstmals in den Krankenhäusern auf. Gegen ihn half nur noch ein einziges Antibiotikum, das Vancomycin, aber 1997 berichtete ein Krankenhaus in Tokio über einen Stamm, dem auch dieser Wirkstoff nichts mehr anhaben konnte.[42] Wenige Monate später hatte er sich bereits in sechs japanischen Krankenhäusern ausgebreitet.

Insgesamt sind die Mikroorganismen heute dabei, den Krieg wieder zu gewinnen: Allein in den Krankenhäusern der Vereinigten Staaten sterben jedes Jahr rund 14 000 Menschen an Infektionen, die sie sich dort zugezogen haben. Eine durchaus nicht überraschende Feststellung machte James Surowiecki: Wenn Pharmaunternehmen die Wahl haben, Antibiotika zu entwickeln, die ein Patient zwei Wochen lang einnimmt, oder aber Antidepressiva, die ein Leben lang verabreicht werden müssen, entscheiden sie sich für die zweite Möglichkeit. Einige Antibiotika sind zwar mittlerweile ein wenig wirksamer, aber völlig neue derartige Wirkstoffe hat die Pharmaindustrie uns seit den siebziger Jahren des 20. Jahrhunderts nicht mehr beschert.

Noch beunruhigender ist unsere Achtlosigkeit, seit man entdeckt hat, dass auch viele andere Krankheiten möglicherweise bakterielle Ursachen haben. Erste derartige Befunde lieferte der Arzt Barry Marshall aus dem westaustralischen Perth im Jahr 1983: Er stellte fest, dass die meisten Magengeschwüre und in vielen Fällen auch Magenkrebs von einem Bakterium namens *Helicobacter pylori* hervorgerufen werden. Die Entdeckung ließ sich zwar leicht überprüfen, aber es war eine so radikale Vorstellung, dass noch mehr als zehn Jahre vergehen mussten, bevor sie allgemeine Anerkennung fand. Die National Institutes of Health der Vereinigten Staaten beispielsweise machten sie sich offiziell erst 1994 zu Eigen.[43] »Hunderte oder sogar Tausende von Menschen sind offensichtlich unnötigerweise an Magengeschwüren gestorben«, sagte Marshall 1999 einem Journalisten der Zeitschrift *Forbes*.[44]

Seither hat sich durch weitere Forschungsarbeiten herausgestellt, dass Bakterien auch bei allen möglichen anderen Krankheiten eine Rolle spielen dürften[45] – bei Herzleiden, Asthma, Arthritis, Multipler Sklerose, mehreren geistigen Störungen, vielen Krebsformen, und manchen Vermutungen zufolge (denen sich sogar das renommierte Fachblatt *Science* anschloss) auch bei Übergewicht. Vielleicht ist der Tag nicht mehr fern, an dem wir verzweifelt ein wirksames Antibiotikum benötigen und auf keines mehr zurückgreifen können.

Da ist es vielleicht ein kleiner Trost, dass auch Bakterien selbst erkranken können. Manchmal werden sie von Bakteriophagen (häufig kurz Phagen genannt) infiziert, einer Art Viren. Viren sind seltsame, unangenehme Gebilde – »schlechte Nachrichten, eingewickelt in Protein«, so eine denkwürdige Formulierung des Nobelpreisträgers Peter Medawar.[46] Viren, kleiner und einfacher als Bakterien, sind selbst nicht lebendig. Allein sind sie völlig leblos und ungefährlich. Bringt man sie aber in eine geeignete Wirtszelle, sprühen sie plötzlich vor Eifer – sie werden lebendig. Man kennt etwa 5000 Virustypen,[47] die uns insgesamt mehrere 100 Krankheiten bescheren, von Grippe und gewöhnlicher Erkältung bis hin zu heimtückischen Leiden wie Pocken, Tollwut, Gelbfieber, Ebola, Kinderlähmung und schließlich AIDS, das durch das menschliche Immunschwächevirus hervorgerufen wird.

Viren vermehren sich, indem sie das genetische Material einer lebenden Zelle unter ihre Kontrolle bringen und zur Herstellung neuer Viren nutzen. Sie pflanzen sich sehr schnell fort, befreien sich aus der Zelle und suchen nach neuen Zellen, die sie besiedeln können. Da sie selbst keine Lebewesen sind, können sie sich einen sehr einfachen Aufbau leisten. Viele von ihnen, so auch HIV, besitzen noch nicht einmal zehn Gene, die einfachsten Bakterien dagegen benötigen bereits mehrere 1000 derartige Einheiten. Außerdem sind sie winzig klein, sodass man sie nicht einmal mit einem herkömmlichen Lichtmikroskop sehen kann. Erst 1943, nachdem man das Elektronenmikroskop erfunden hatte, bekamen Wissenschaftler sie erstmals zu Gesicht. Dennoch können sie gewaltige Schäden anrichten. Allein an den Pocken starben im 20. Jahrhundert schätzungsweise 300 Millionen Menschen.[48]

Außerdem besitzen Viren die beunruhigende Fähigkeit, sich der Welt in immer neuer, verblüffender Form zu präsentieren und dann ebenso schnell wieder zu verschwinden, wie sie gekommen sind. So etwas ereignete sich 1916: Damals erkrankten Menschen in Europa und Amerika plötzlich an einer seltsamen Schlafsucht, die unter dem Namen *Encephalitis lethargica* bekannt wurde. Die Betroffenen schliefen einfach ein und wachten nicht mehr auf. Man konnte sie zwar mit viel Mühe wecken, damit sie etwas aßen oder die Toilette aufsuchten, und auf Fragen gaben sie auch sinnvolle Antworten – sie wussten, wer und wo sie waren –, aber sie verhielten sich stets völlig teilnahmslos.

Sobald man sie in Ruhe ließ, versanken sie wieder in tiefem Schlaf, und dieser Zustand blieb erhalten, solange man sie nicht störte. Einige schliefen monatelang und starben schließlich. Wenige andere überlebten und kamen irgendwann wieder zu Bewusstsein, gewannen aber ihre frühere Lebhaftigkeit nicht mehr zurück. Sie dämmerten in einem Zustand tiefer Apathie dahin »wie erloschene Vulkane«, so die Formulierung eines Arztes. Die Krankheit forderte innerhalb von zehn Jahren etwa fünf Millionen Opfer und verschwand dann in aller Stille wieder.[49] Langfristig widmete man ihr kaum Aufmerksamkeit, denn in der Zwischenzeit ging eine noch gewaltigere Epidemie um die Welt – es war die schlimmste der gesamten Menschheitsgeschichte.

Sie wird manchmal Schweinegrippe oder auch Große Spanische Grippe genannt, in jedem Fall aber war sie eine Katastrophe. Dem Ersten Weltkrieg fielen in vier Jahren 21 Millionen Menschen zum Opfer; an der Grippe starb die gleiche Zahl in nur vier Monaten.[50] Fast 80 Prozent der Amerikaner, die während des Ersten Weltkriegs ums Leben kamen, starben nicht durch feindliches Feuer, sondern an der Grippe. In manchen Krankenhäusern lag die Sterblichkeit bei 80 Prozent.

Die Schweinegrippe entstand im Frühjahr 1918 als normale, nicht tödliche Influenza, aber in den folgenden Monaten verwandelte sie sich in etwas weitaus Schlimmeres – wie oder warum, weiß niemand. Bei einem Fünftel der Betroffenen traten nur mäßige Symptome auf, die Übrigen jedoch wurden schwer krank und starben in vielen Fällen. Bei manchen trat der Tod nach wenigen Stunden ein, andere hielten einige Tage durch.

In den Vereinigten Staaten wurde über die ersten Todesfälle Ende August 1918 bei Seeleuten in Boston berichtet, anschließend breitete sich die Epidemie jedoch schnell über das ganze Land aus. Schulen wurden geschlossen und öffentliche Veranstaltungen abgesagt, überall trugen die Menschen Gesichtsmasken. Es nützte nichts. Zwischen dem Herbst 1918 und dem Frühjahr des folgenden Jahres starben in den USA 548 452

Menschen an der Grippe. In Großbritannien lag die Zahl bei 220 000, ähnlich hoch war sie auch in Frankreich und Deutschland. Die weltweite Zahl der Todesopfer ist nicht genau bekannt, da aus der Dritten Welt häufig nur spärliche Berichte kamen, aber sie liegt in jedem Fall bei mindestens 20 Millionen, möglicherweise auch eher bei 50 Millionen. Manche Schätzungen sprechen sogar von weltweit bis zu 100 Millionen Opfern.

In dem Bestreben, einen Impfstoff zu entwickeln, nahmen die Gesundheitsbehörden an Freiwilligen in einem Militärgefängnis auf Deer Island im Hafen von Boston eine Erprobung vor.[51] Man stellte den Gefangenen die Begnadigung in Aussicht, wenn sie sich einer Reihe von Untersuchungen unterzogen. Die Experimente waren, gelinde gesagt, unangenehm. Zunächst spritzte man den Versuchspersonen infiziertes Lungengewebe von Grippeopfern, dann sprühte man ihnen virushaltige Tröpfchen in Augen, Nase und Mund. Wurden sie daraufhin immer noch nicht krank, rieb man ihnen den Rachen mit dem Auswurf von Kranken und Sterbenden ein. Und wenn alles nichts half, mussten sie sich mit offenem Mund einem Schwerkranken gegenübersetzen, der ihnen dann ins Gesicht hustete.

Verblüffenderweise stellten sich 300 Männer freiwillig zur Verfügung, und 62 wählten die Ärzte für den Versuch aus. Kein Einziger von ihnen erkrankte an Grippe – wirklich keiner. Nur einer wurde krank: der Stationsarzt, und er starb auch bald darauf. Zu erklären war dieses Ergebnis vermutlich dadurch, dass die Epidemie bereits einige Wochen zuvor in dem Gefängnis um sich gegriffen hatte; bei den Freiwilligen, die ja diesen Ausbruch überlebt hatten, war vermutlich eine natürliche Immunität entstanden.

Vieles an der Grippeepidemie von 1918 ist bis heute kaum oder gar nicht geklärt. So ist es beispielsweise ein Rätsel, wie sie so plötzlich an vielen Orten ausbrechen konnte, die durch Ozeane, Gebirge und andere geografische Hindernisse getrennt waren. Ein Virus überlebt außerhalb des Wirtsorganismus höchstens einige Stunden – wie konnte es in Madrid, Bombay und Philadelphia in derselben Woche auf der Bildfläche erscheinen?

Die Antwort lautet vermutlich: Es wurde von Menschen, die selbst nur schwache oder überhaupt keine Symptome zeigten, ausgebrütet und verbreitet. Selbst bei einer normalen Grippe-epidemie bemerken rund zehn Prozent der Betroffenen die Infektion nicht, weil sie keinerlei Krankheitssymptome bekommen. Und da sie weiterhin unter Menschen gehen, tragen sie meist besonders wirksam zur Ausbreitung der Krankheit bei.

Das könnte ein Grund für die weite Verbreitung der Epidemie von 1918 sein, es erklärt aber noch nicht, warum die Krankheit monatelang auf kleiner Flamme kochte, um dann praktisch überall zur gleichen Zeit so explosionsartig auszubrechen. Noch rätselhafter ist, dass sie vor allem bei Menschen in den besten Jahren ihre verheerende Wirkung entfaltete. Normalerweise sind Säuglinge und ältere Menschen am stärksten von der Grippe betroffen, 1918 jedoch handelte es sich bei der Mehrzahl der Opfer um Personen zwischen 20 und 40 Jahren. Ältere Menschen waren möglicherweise geschützt, weil sie nach früheren Kontakten mit demselben Erregerstamm bereits eine Resistenz entwickelt hatten, aber warum auch Kinder verschont blieben, weiß man nicht. Und die größte unbeantwortete Frage lautet: Warum war die Grippe von 1918 im Gegensatz zu den meisten anderen Epidemien dieser Krankheit so entsetzlich oft tödlich? Bis heute haben wir keine Ahnung.

Manche Virusstämme kehren von Zeit zu Zeit wieder. Ein unangenehmes russisches Influenzavirus mit der Bezeichnung H1N1 verursachte 1933 in großen Regionen schwere Epidemien, dann wieder in den fünfziger Jahren und noch einmal nach 1970. Wo es sich jeweils in der Zwischenzeit aufhielt, ist nicht bekannt. Einer Vermutung zufolge könnten die Viren sich unbemerkt in Beständen von Wildtieren verbergen, um dann ihre Wirkung an einer neuen Menschengeneration wieder zu erproben. Auch die Möglichkeit, dass die große Schweinegrippe-Epidemie noch einmal ihr Haupt erhebt, kann niemand ausschließen.

Und wenn nicht, könnten andere Erreger an ihre Stelle treten. Ständig tauchen neue, beängstigende Viren auf. Ebola-, Lassa- und Marburg-Fieber wurden bei verschiedenen Gelegenheiten aktiv und verschwanden jedes Mal wieder, aber niemand kann mit Sicherheit behaupten, sie würden nicht in aller Stille irgendwo mutieren oder schlicht den richtigen Augenblick abwarten, um dann auf katastrophale Weise auszubrechen. Mittlerweile wissen wir, dass auch AIDS bereits viel länger existiert, als man ursprünglich angenommen hatte. Wie Wissenschaftler des Manchester Royal Infirmary in England entdeckten, hatte ein Seemann, der 1959 an einer rätselhaften, nicht behandelbaren Krankheit starb, in Wirklichkeit AIDS.[52] Aber aus irgendwelchen Gründen blieb die Krankheit danach noch 20 Jahre im Verborgenen.

Eher ist es ein Wunder, dass andere Krankheiten nicht bösartiger geworden sind. Das Lassafieber, das man erst 1969 in Westafrika entdeckte, ist äußerst ansteckend und wenig erforscht. Im Jahr 1969 erkrankte ein Arzt an der Yale University in New Haven, Connecticut, daran, nachdem er sich wissenschaftlich mit dem Erreger beschäftigt hatte.[53] Er überlebte, beunruhigend aber war, dass eine Assistentin in einem Nachbarinstitut, die keinen unmittelbaren Kontakt mit dem Virus gehabt hatte, sich ebenfalls die Krankheit zuzog und daran starb.

Glücklicherweise war der Ausbruch damit beendet, aber auf ein derart gnädiges Schicksal können wir nicht immer rechnen. Unsere Lebensweise schafft beste Voraussetzungen für Epidemien. Durch den Luftverkehr können Krankheitserreger sich unglaublich einfach über die ganze Erde verbreiten. Ein Ebolavirus, das sich beispielsweise morgens noch in Benin befindet, kann abends bereits in New York, Hamburg oder Nairobi sein. Deshalb müssen sich auch die Gesundheitsbehörden zunehmend mit praktisch allen Krankheiten vertraut machen, die es irgendwo auf der Welt gibt, aber das geschieht natürlich nicht. Im Jahr 1990 infizierte sich ein in Chicago lebender Nigerianer bei einem Besuch in seiner Heimat mit dem Lassafieber, aber die Symptome setzten erst ein, nachdem er in die Vereinigten Staaten zurückgekehrt war.[54] Er starb in einem Chicagoer Krankenhaus, ohne dass man die richtige Diagnose gestellt oder bei der Behandlung irgendwelche Vorsichtsmaßnahmen ergriffen hätte – niemand wusste, dass er an einer der tödlichsten, ansteckendsten Krankheiten der Erde litt. Wie durch ein Wunder infizierte sich sonst niemand. Das nächste Mal haben wir vielleicht weniger Glück.

Mit dieser ernüchternden Feststellung möchte ich nun in die Welt der sichtbaren Lebewesen zurückkehren.

21.
Das Leben geht weiter

Ein Fossil zu werden, ist nicht einfach. Das Schicksal nahezu aller Lebewesen – über 99,9 Prozent – besteht darin, zu Nichts zu zerfallen.[1] Aus einem Organismus, der seinen Lebensfunken ausgehaucht hat, wird jedes einzelne Molekül weggefressen oder weggespült und in einem anderen System wieder verwendet. Das ist einfach so. Und selbst wer zu der kleinen Gruppe der Organismen gehört, jenen noch nicht einmal 0,1 Prozent, die nicht verschlungen werden, hat nur sehr geringe Aussichten, sich in ein Fossil zu verwandeln.

Damit ein Fossil entsteht, müssen mehrere Dinge geschehen. Zunächst muss sich das Lebewesen am richtigen Ort befinden. Nur rund 15 Prozent aller Gesteine eignen sich für die Erhaltung von Fossilien[2] – man sollte also nicht über einer zukünftigen Granitformation umfallen. Konkret muss der Verstorbene im Sediment begraben werden, wo er einen Abdruck hinterlassen kann wie ein Blatt im weichen Schlamm, oder wo er unter Sauerstoffabschluss zersetzt wird. Nur dann können die Moleküle in seinen Knochen und harten Körperteilen (sowie sehr selten auch in weicheren Teilen) durch gelöste Mineralstoffe ersetzt werden, die eine versteinerte Kopie des Originals schaffen. Und wenn die Sedimente, in denen das Fossil liegt, später durch geologische Vorgänge achtlos zusammengepresst, gefaltet und herumgestoßen werden, muss das Fossil auf irgendeine Weise eine erkennbare Form behalten. Schließlich und vor allem aber muss es, nachdem es Dutzende oder vielleicht sogar Hunderte von Millionen Jahren verborgen war, gefunden und als erhaltenswert erkannt werden.

Nach heutiger Kenntnis wird nur ungefähr einer von einer Milliarde Knochen zu einem Fossil. Wenn das stimmt, wird das gesamte fossile Vermächtnis aller heute lebenden US-Amerikaner – insgesamt 270 Millionen Menschen mit jeweils 206 Knochen – nur aus rund 50 Knochen bestehen, einem Viertel eines vollständigen Skeletts. Das bedeutet natürlich noch nicht, dass auch nur ein Einziger davon gefunden wird. Wenn man bedenkt, dass die Knochen irgendwo auf einer Fläche von rund neun Millionen Quadratkilometern begraben werden können, von denen nur ein sehr geringer Teil jemals umgegraben und noch weniger untersucht wird, wäre es fast ein Wunder, wenn irgendetwas davon wieder ans Tageslicht käme. Fossilien sind in jeder Hinsicht äußerst selten. Das allermeiste, was jemals auf der Erde lebendig war, hat keinerlei Spuren hinterlassen. Nach Schätzungen findet sich noch nicht einmal eine unter 10 000 biologischen Arten in den Fossilfunden wieder.[3] Schon das ist ein unendlich kleiner Anteil. Geht man aber von der üblichen Schätzung aus, wonach die Erde im Laufe ihres Lebens rund 30 Milliarden Arten von Lebewesen hervorgebracht hat, und nimmt man dann noch die Aussage von Richard Leakey und Roger Lewin (in *Die sechste Auslöschung*) hinzu, wonach etwa 250 000 Arten in fossiler Form bekannt sind,[4] so vermindert sich dieser Anteil auf nur noch eine unter 120 000 Arten. Wie dem auch sei: In jedem Fall besitzen wir nur eine äußerst kleine Stichprobe aller Lebewesen, welche die Erde jemals hervorgebracht hat.

Außerdem sind die Funde, die wir besitzen, hoffnungslos einseitig. Landtiere sterben natürlich in der Regel nicht in Sedimenten. Sie fallen irgendwo um und werden gefressen oder verwesen, bis nichts mehr übrig bleibt. Deshalb haben Meerestiere bei den Fossilien ein fast absurdes Übergewicht. Bei etwa 95 Prozent aller bekannten Fossilien handelt es sich um Tiere, die einst unter Wasser lebten, die meisten davon in flachen Meeren.[5]

Ich erwähne das alles, weil ich erklären möchte, warum ich an einem grauen Februartag ins Londoner Natural History Museum ging und mich mit einem fröhlichen, ein wenig zerzausten, höchst liebenswerten Paläontologen namens Richard Fortey traf.

Fortey weiß erstaunlich viel über erstaunlich vieles. Er hat ein eigenwilliges, großartiges Buch mit dem Titel *Leben – Eine Biographie* geschrieben, in dem er die Entstehung der Tiere in ihrer ganzen Bandbreite abhandelt. Seine größte Liebe gilt aber den Trilobiten, einer Gruppe von Meeresbewohnern, die sich einst in den Ozeanen des Ordoviziums herumtrieben, seit langer Zeit aber nur noch in Form von Fossilien existieren. Alle Trilobiten hatten den gleichen Grundbauplan mit drei Teilen oder »Lappen« – Kopf, Brust und Schwanz –, dem sie auch ihren Namen verdanken. Sein erstes derartiges Fossil fand Fortey, als er an der St. David's Bay in Wales über die Felsen kletterte. Seitdem lassen diese Tiere ihn nicht mehr los.

Er führt mich in einen Flur mit hohen Metallschränken. Die Schränke bestehen aus flachen Schubladen, die ausnahmslos mit versteinerten Trilobiten gefüllt sind – insgesamt 20 000 Fundstücke.

»Das hört sich nach viel an«, bestätigte er, »aber man muss daran denken, dass in den Meeren der Vorzeit über Millionen und Abermillionen Jahre hinweg Millionen und Abermillionen von Trilobiten lebten; da sind 20 000 keine besonders hohe Zahl. Außerdem handelt es sich bei den meisten um unvollständige Stücke. Die Entdeckung eines vollständigen Trilobitenfossils ist für den Paläontologen auch heute noch ein großer Augenblick.«[6]

Die ersten Trilobiten erschienen – fertig ausgebildet und scheinbar aus dem Nichts – vor rund 540 Millionen Jahren auf der Bildfläche. Ungefähr zur gleichen Zeit begann die große Vermehrung komplizierter Lebensformen, die unter dem Namen »kambrische Explosion« bekannt ist. Ungefähr 300 000 Jahrhunderte später verschwanden sie zusammen mit vielen anderen Lebewesen in dem großen, bis heute rätselhaften Aussterbe-Ereignis im Perm. Man ist leicht versucht, sie wie alle ausgestorbenen Lebewesen als Versager der Evolution zu betrachten, aber in Wirklichkeit gehörten sie zu den erfolgreichsten Tieren aller Zeiten. Ihre Herrschaft erstreckte sich über 300 Millionen Jahre, doppelt so lange wie die der Dinosaurier, die ebenfalls zu den großen Überlebenskünstlern der Erdgeschichte gehörten. Die

Menschen, darauf weist Fortey hin, haben es bisher erst auf ein halbes Prozent dieser Zeitspanne gebracht.[7]

Die Trilobiten, denen eine so lange Zeit zur Verfügung stand, vermehrten sich üppig. Die meisten Formen blieben klein und erreichten nur ungefähr die Größe der heutigen Käfer, manche wuchsen aber auch zur Größe eines Esstellers heran. Insgesamt bildeten sie mindestens 5000 Gattungen mit 60 000 Arten – aber es werden immer noch neue gefunden. Auf einer Tagung in Südamerika wurde Fortey kürzlich von einer Wissenschaftlerin aus einer kleinen Provinzuniversität in Argentinien angesprochen. »Sie hatte eine Schachtel voller interessanter Sachen dabei – Trilobiten, die man bisher weder in Südamerika noch sonst irgendwo gesehen hatte, und vieles andere. Ihr standen keine Forschungseinrichtungen für nähere Untersuchungen zur Verfügung, und sie hatte auch kein Geld, um weiter zu suchen. Große Teile der Welt sind noch völlig unerforscht.«

»Im Hinblick auf Trilobiten?«

»Nein, im Hinblick auf alles.«

Während des gesamten 19. Jahrhunderts waren Trilobiten nahezu die einzigen komplexen Lebensformen, die man aus der Vorzeit kannte, und deshalb wurden sie eifrig gesammelt und studiert. Rätselhaft war vor allem, dass sie so plötzlich auf der Bildfläche erschienen. Noch heute, so erklärt mir Fortey, ist es häufig verblüffend: Man steht vor der richtigen Gesteinsformation, arbeitet sich aufwärts durch die Erdzeitalter vor und findet keinerlei Anzeichen von Leben. »Dann aber fällt einem, wenn man das Gestein aufschlägt, urplötzlich auf einmal ein vollständiger *Profallotaspis* oder *Olenellus* so groß wie eine Krabbe in die erwartungsvoll geöffneten Hände.«[8] Es waren Tiere mit Extremitäten, Kiemen, Nervensystem, Tastantennen, »eine Art Gehirn« (so Forteys Formulierung) und den seltsamsten Augen aller Zeiten. Sie waren aus Stäbchen aufgebaut, und die bestanden aus Calciumcarbonat, dem gleichen Material wie Kalkstein. Nach heutiger Kenntnis stellten sie das erste optische Sinnesorgan dar. Außerdem handelt es sich bei den ersten Trilobiten nicht nur um eine einzige abenteuerlustige Spezies, sondern um mehrere Dutzend Arten, die nicht nur an ein oder zwei Stellen auftauchten, sondern auf der ganzen Welt. Im 19. Jahrhundert sahen viele Fachleute darin einen Beweis für Gottes Tätigkeit und eine Widerlegung der Darwinschen Evolutionsgedanken. Wenn die Evolution langsam abläuft, so fragten sie, wie lässt sich dann dieses plötzliche Auftauchen kompliziert gebauter, vollständig ausgebildeter Tiere erklären? Die Antwort: Es war überhaupt nicht zu erklären.

Es schien, als sollte es immer so bleiben, aber eines schönen Tages im Jahr 1909, drei Monate vor dem 50. Jahrestag des Erscheinens von Darwins *Entstehung der Arten*, machte ein Paläontologe namens Charles Doolittle Walcott in den kanadischen Rocky Mountains eine ungewöhnliche Entdeckung.

Walcott wurde 1850 in der Nähe von Utica im US-Bundesstaat New York geboren und wuchs dort auch auf. Seine Familie lebte in bescheidenen Verhältnissen, und die wurden noch bescheidener, weil sein Vater plötzlich starb, als Walcott noch ein Säugling war. Als Junge entdeckte er an sich die Begabung, Fossilien und insbesondere Trilobiten zu finden; daraufhin baute er eine so ansehnliche Sammlung auf, dass Louis Agassiz sie schließlich für sein Museum an der Harvard University erwarb und ein kleines Vermögen dafür bezahlte – nach heutigem Wert rund 70 000 Dollar.[9] Obwohl Walcott nur über eine schlechte Schulbildung verfügte und in den Naturwissenschaften Autodidakt war, wurde er zu einem führenden Fachmann für Trilobiten und wies als Erster nach, dass diese Tiere zu den Gliederfüßern gehörten, der gleichen Gruppe, die auch die heutigen Insekten und Krebse umfasst.

Im Jahr 1879 übernahm er bei der kurz zuvor gegründeten United States Geological Survey eine Stelle als Freilandforscher[10] und erwarb sich dabei so viel Verdienste, dass er 15 Jahre später bereits die Leitung der Institution übernahm. Im Jahr 1907 ernannte man ihn zum Sekretär der Smithsonian Institution, und diesen Posten bekleidete er bis zu seinem Tod 1927. Trotz seiner Verwaltungsaufgaben arbeitete er auch weiterhin im Freiland und verfasste zahlreiche wissenschaftliche Schriften. Nach Angaben von Fortey füllen seine Bücher ein ganzes Bibliotheksregal.[11] Nicht ganz zufällig war er auch Gründungsdirektor des National Advisory Committee for Aeronautics, aus dem später die National Aeronautics and Space Agency oder kurz NASA hervorging. Man kann ihn also mit Fug und Recht als Großvater des Weltraumzeitalters bezeichnen.

In Erinnerung blieb er jedoch wegen eines klugen, aber auch glücklichen Fundes, der ihm im Spätsommer 1909 in der kanadischen Provinz British Columbia weit oberhalb der Kleinstadt Field gelang. Nach der üblichen Version dieser Geschichte waren Walcott und seine Frau dort zu Pferd unterwegs. Auf einem Bergpfad unterhalb einer Stelle, die als Burgess Ridge bezeichnet wurde, glitt das Pferd seiner Frau auf lockeren Steinen aus. Als Walcott abstieg und ihr helfen wollte, sah er eine Schieferplatte, die das Pferd umgedreht hatte. Sie enthielt besonders alte, ungewöhnliche Fossilien von Krebsen. Es schneite – der Winter bricht in den kanadischen Rocky Mountains früh herein –, und deshalb hielten die beiden sich nicht länger dort auf, aber im folgenden Jahr kehrte Walcott bei erster Gelegenheit an die gleiche Stelle zurück. Auf dem mutmaßlichen Weg eines Erdrutsches kletterte er mehr als 200 Meter hoch bis fast zum Gipfel des Berges. Dort oben, 2400 Meter über dem Meerespiegel, fand er eine freiliegende Schieferformation ungefähr von der Länge eines Häuserblocks. Sie enthielt eine beispiellose Ansammlung von Fossilien aus der Zeit kurz nach jenem Augenblick, als die kompliziert gebauten Lebewesen sich so atemberaubend vermehrt hatten – nach der berühmten kambrischen Explosion. Damit hatte Walcott eigentlich den heiligen Gral der Paläontologie entdeckt. Die Formation wurde als Burgess-Schiefer bekannt und vermag »wie keine andere paläontologische Entdeckung unser Verständnis vom Leben zu verändern«, wie der kürzlich verstorbene Stephen Jay Gould es in seinem Buch *Zufall Mensch* formulierte.[12]

Der stets höchst gewissenhafte Gould fand beim Studium von Walcotts Tagebüchern heraus, dass die Geschichte über die Entdeckung des Burgess-Schiefers offenbar ein wenig ausgeschmückt wurde – Walcott erwähnt weder ein ausgleitendes Pferd noch fallenden Schnee. Dass es ein außergewöhnlicher Fund war, ist jedoch nicht zu bezweifeln.[13]

Wir Menschen, deren Zeit auf Erden sich auf wenige flüchtige Jahrzehnte beschränkt, können eigentlich überhaupt nicht einschätzen, wie weit die kambrische Explosion zeitlich von uns entfernt ist. Wenn wir mit einer Geschwindigkeit von einem Jahr pro Sekunde in die Vergangenheit fliegen könnten, hätten wir ungefähr nach einer halben Stunde die Zeit Christi erreicht, und in etwas mehr als drei Wochen wären wir bei der Entstehung des Menschen angelangt. Bis wir jedoch beim Beginn des Kambriums ankommen, sind 20 Jahre vergangen. Mit anderen Worten: Alles spielte sich vor sehr, sehr langer Zeit ab, und die Welt sah damals völlig anders aus.

Zunächst einmal lag der Burgess-Schiefer zur Zeit seiner Entstehung vor mehr als 500 Millionen Jahren nicht auf dem Gipfel, sondern am Fuße eines Berges. Genauer gesagt, handelte es sich um ein flaches Ozeanbecken unterhalb einer steilen Klippe. In den Meeren jener Zeit wimmelte es von Lebewesen, aber normalerweise hinterließen die damaligen Tiere keine Spuren, weil sie ausschließlich aus weichen Körperteilen bestanden und nach ihrem Tod vollständig zerfielen. Bei Burgess jedoch brach die Klippe zusammen, und die Tiere an ihrem Fuße wurden unter einem Erdrutsch begraben. Auf diese Weise wurden sie wie die Blumen in einem Buch zusammengepresst, und ihre Eigenschaften blieben in allen erstaunlichen Einzelheiten erhalten.

Von 1910 bis 1925 (als er bereits 75 war) grub Walcott auf alljährlichen Sommerreisen mehrere 10 000 Funde aus (nach Goulds Angaben waren es 80 000; die normalerweise unbestechlichen Tatsachenprüfer von *National Geographic* beziffern sie auf 60 000), die er zur weiteren Untersuchung nach Washington brachte. Die Sammlung hatte, sowohl was den reinen Umfang als auch was die Vielfalt anging, nicht ihresgleichen. Manche Fossilien aus dem Burgess-Schiefer besaßen ein Gehäuse, bei vielen anderen war das nicht der Fall. Manche konnten sehen, andere waren blind. Die Formenvielfalt war gewaltig – nach einer Zählung handelte es sich um 140 Arten.[14] »Der Burgess-Schiefer enthielt ein Spektrum unterschiedlicher anatomischer Konstruktionen, wie es seitdem nie wieder erreicht wurde und an das auch alle Tiere in den heutigen Ozeanen der Erde nicht heranreichen«, schrieb Gould.[15]

Leider erkannte Walcott nach Goulds Bericht nicht die Tragweite seiner Entdeckung. »Walcott ließ den Triumph noch zur Niederlage werden, indem er diese großartigen Fossilien so weit, wie es überhaupt nur möglich war, falsch interpretierte«, schrieb Gould in einem anderen Buch mit dem Titel *Eight Little Piggies*. Er ordnete sie heutigen zoologischen Gruppen zu und machte sie zu Vorfahren von Würmern, Quallen oder anderen Tieren, das heißt, er konnte ihre Eigentümlichkeit überhaupt nicht einschätzen. »Nach dieser Deutung nahm das Leben seinen Anfang in urtümlicher Einfachheit und bewegte sich dann mit vorhersagbarer Zwangsläufigkeit in Richtung des immer Größeren und Besseren«, seufzte Gould.[16]

Walcott starb 1927, und danach gerieten die Fossilien aus dem Burgess-Schiefer mehr oder weniger in Vergessenheit. Fast ein halbes Jahrhundert schlummerten sie in den Schubladen des American Museum of Natural History in Washington. In dieser Zeit wurden sie nur selten untersucht und nie in Frage gestellt. Erst 1973 besichtigte Simon Conway Morris, ein Doktorand der Universität Cambridge, die Sammlung.[17] Er war über das, was er dort sah, verblüfft. Die Fossilien waren weitaus vielgestaltiger und großartiger, als Walcott in seinen Schriften angedeutet hatte. In der zoologischen Systematik bezeichnet man die Kategorie, die dem Grundbauplan des Tieres entspricht, als Stamm. Conway Morris erkannte, dass hier eine Schublade nach der anderen solche anatomischen Einzigartigkeiten enthielt – dass der Mann, dem solche Funde gelungen waren, dies nicht erkannt hatte, fand er erstaunlich und völlig unerklärlich.

Mit seinem Doktorvater Harry Whittington und einem zweiten Doktoranden namens Derek Briggs machte sich Conway Morris in den folgenden Jahren an eine grundlegende Neubewertung der gesamten Sammlung. Als sich dabei eine Entdeckung an die nächste reihte, verfassten sie in schneller Folge ein Buch nach dem anderen. Die Körperbaupläne vieler Tiere waren nicht nur ganz anders als alles, was man zuvor oder seitdem gefunden hatte, sondern die Unterschiede waren auch wahrhaft bizarr. Eines zum Beispiel mit dem Namen *Opabinia* hatte fünf Augen und eine rüsselartige Schnauze mit Klauen am Ende. Ein anderes, die scheibenförmige *Peytoia*, ähnelte auf fast lächerliche Weise einer Scheibe Ananas. Ein drittes war offensichtlich auf Reihen stelzenförmiger Beine durch die Gegend gewankt und sah so seltsam aus, dass sie es auf den Namen *Hallicugenia* tauften. Die Sammlung enthält derart viele bis dahin unbekannte Neuentwicklungen, dass Conway Morris beim Öffnen einer neuen Schublade einmal den berühmten Ausspruch getan haben soll: »Verdammt noch mal, nicht schon wieder ein neuer Stamm.«[18]

Durch die Untersuchungen der englischen Arbeitsgruppe stellte sich heraus, dass das Kambrium eine Zeit beispielloser Neuerungen und Experimente mit Körperbauplänen war. Fast eine Milliarde Jahre lang hatte das Lebendige vor sich hin gedämmert und nicht die geringste Neigung zu einer Zunahme der Komplexität erkennen lassen; dann plötzlich, in einem Zeitraum von nur fünf oder zehn Millionen Jahren, hatte es alle grundlegenden Körperbaupläne hervorgebracht, die noch heute existieren. Ganz gleich, welches Tier man betrachtet, vom Fadenwurm bis zu Cameron Diaz sind alle nach Konstruktionsprinzipien gebaut, die bei der großen Party im Kambrium erschaffen wurden.[19]

Am überraschendsten aber war, dass so viele Körperbaupläne gewissermaßen den Sprung nicht geschafft und keine Nachkommen hinterlassen hatten. Insgesamt gehörten nach Goulds Angaben mindestens 15, vielleicht aber auch 20 Tiergruppen aus dem Burgess-Schiefer zu keinem der heute bekannten Stämme.[20] (Die Zahl wuchs in manchen populärwissenschaftlichen Beschreibungen schnell auf bis zu 100 – weit mehr, als die Wissenschaftler aus Cambridge jemals behauptet hatten.) Gould: »Die Geschichte des Lebendigen ist nicht der altbekannte Ablauf mit stetig zunehmender Leistung, Komplexität und Formenvielfalt, sondern eine Geschichte der umfangreichen Dezimierung, gefolgt von Differenzierung der wenigen überlebenden Abstammungslinien.« Evolutionserfolg, so schien es jetzt, war eine Lotterie.

Ein Lebewesen, dem der Durchbruch tatsächlich gelang – es war ein kleines, wurmähnliches Geschöpf namens *Pikaia gracilens* – besaß den Feststellungen zufolge eine primitive Wirbelsäule, und damit war es der älteste bekannte Vorfahre aller späteren Wirbeltiere einschließlich unserer selbst. *Pikaia* war unter den Fossilien aus dem Burgess-Schiefer keineswegs häufig vertreten, wir können also nicht wissen, wie nahe es dem Aussterben war. Gould lässt in einem berühmten Zitat keinen Zweifel, dass er unseren geradlinigen Erfolg für eine Laune des Schicksals hält: »Man spule das Band des Lebens bis in die Frühzeit des Burgess Shale zurück und lasse es noch einmal vom gleichen Ausgangspunkt ablaufen: die Chance, dass sich bei der Wiederholung so etwas wie menschliche Intelligenz als höchste Zierde ergeben könnte, ist dabei verschwindend gering.«[21]

Goulds Buch, das 1989 erschien, wurde allgemein kritisch aufgenommen, war aber ein großer wirtschaftlicher Erfolg. Es hatte sich nicht allgemein herumgesprochen, dass viele Wissenschaftler durchaus nicht mit Goulds Schlussfolgerungen übereinstimmten, und das Ganze sollte bald in einen hässlichen Streit ausarten. Im Zusammenhang mit dem Kambrium hatten »Explosionen« schon bald mehr mit dem Temperament heutiger Menschen zu tun als mit physiologischen Tatsachen aus der Vorzeit.

Tatsächlich wissen wir heute, dass es schon mindestens 100 Millionen Jahre vor dem Kambrium kompliziert gebaute Lebewesen gab. Das hätte eigentlich schon sehr viel früher klar werden müssen. Fast 40 Jahre nach Walcotts großartiger Entdeckung in Kanada fand der junge Geologe Reginald Sprigg auf der anderen Seite der Erdkugel, in Australien, etwas noch Älteres, das in seiner Art genauso bemerkenswert war.

Im Jahr 1946 war Sprigg ein junger Geologe und Assistent in den Diensten des Bundesstaates South Australia. Er bekam den Auftrag, aufgelassene Bergwerke in den Ediacara Hills des Flinders-Gebirges zu vermessen, einer sonnendurchglühten Region des australischen Outback rund 500 Kilometer nördlich von Adelaide.[22] Man wollte wissen, ob man manche der alten Minen mit neueren technischen Verfahren wieder in Betrieb nehmen und daraus Gewinn schöpfen konnte; deshalb untersuchte er also überhaupt kein Gestein an der Oberfläche, und erst recht war er nicht auf Fossilien aus. Als Sprigg aber eines Tages gerade beim Mittagessen saß, drehte er aus Langeweile ein Stück Sandstein um, und was er dann sah, war, gelinde gesagt, eine Überraschung: Die Oberfläche des Gesteins zeigte fein gezeichnete Fossilien, ganz ähnlich den Abdrücken, die Blätter in Schlamm hinterlassen. Das Gestein war älter als die kambrische Explosion. Er hatte den Anbeginn sichtbarer Lebensformen vor Augen.

Sprigg reichte bei dem Fachblatt *Nature* einen Aufsatz ein, der aber abgelehnt wurde. Stattdessen berichtete er bei der nächsten Jahrestagung der Australian and New Zealand Association for the Advancement of Science über seine Funde, aber auch dort fand er beim Vorsitzenden der Gesellschaft keine Gnade: Dieser behauptete, die Abdrücke aus Ediacara seien nur »zufällige anorganische Spuren«[23] – Muster, die auf Wind, Regen oder Gezeiten zurückzuführen waren, aber nicht auf Lebewesen. Immer noch gab Spriggs die Hoffnung nicht auf: Er reiste nach London und legte seine Befunde 1948 dem Internationalen Geologenkongress vor, aber auch dort stieß er weder auf Interesse noch glaubte man ihm. Schließlich veröffentlichte er die Ergebnisse mangels eines besseren Sprachrohrs in den *Transactions of the Royal Society of South Australia.* Dann gab er seine Stellung im öffentlichen Dienst auf und widmete sich der Ölsuche.

Neun Jahre später, 1957, fand ein Schuljunge namens John Mason bei einem Spaziergang durch den Charnwood Forest in den englischen Midlands einen Stein mit einem seltsamen Fossil.[24] Es ähnelte einer Seefeder und sah genauso aus wie einige Funde von Sprigg, über die dieser seitdem immer wieder gesprochen hatte. Der Schuljunge gab den Brocken an einen Paläontologen an der Universität Leicester weiter, und der erkannte darin sofort ein Tier aus der Zeit vor dem Kambrium. Daraufhin erschien das Bild des kleinen Mason in den Zeitungen, und man behandelte ihn als Wunderkind; noch heute wird er in vielen Büchern erwähnt. Der Fund erhielt zu seinen Ehren den Namen *Chamia masoni.*

Heute kann man einen Teil von Spriggs' ursprünglichen Funden aus Ediacara sowie viele andere der rund 1500 Stücke, die man seitdem im gesamten Flinders-Gebirge ausgegraben hat, in einer Vitrine im oberen Stockwerk des soliden, angenehmen South Australian Museum in Adelaide bewundern, aber dort ziehen sie kaum Aufmerksamkeit auf sich. Die fein eingegrabenen Muster sind nur schwach zu erkennen und wirken für das ungeübte Auge nicht sonderlich faszinierend. Meist handelt es sich um kleine, scheibenförmige Gebilde, und nur in wenigen Fällen sieht man unscharfe Streifen, die sie hinter sich herschleppen. Fortey bezeichnete sie als »Seltsamkeit mit weichem Körper«.

Auch heute besteht eigentlich keine Einigkeit darüber, worum es sich bei diesen Gebilden handelte oder wie sie lebten. Soweit wir wissen, hatten sie weder einen Mund noch einen Darmausgang, mit denen sie Material zum Verdauen aufnehmen und abgeben konnten, und ebenso wenig besaßen sie innere Organe zur Weiterverarbeitung der Nahrung. »Als sie lebendig waren, lagen die meisten von ihnen wahrscheinlich einfach auf der Oberfläche von Sandablagerungen wie weiche, formlose, unbelebte Plattfische«, schreibt Fortey. Selbst auf dem Höhepunkt ihrer Entwicklung waren sie nicht komplizierter gebaut als Quallen. Alle Ediacara-Tiere waren Diploblasten, das heißt, sie bestanden aus zwei Gewebeschichten. Heute gehören alle Tiere mit Ausnahme der Quallen zu den Triploblasten mit drei solchen Gewebelagen.

Manche Fachleute halten sie überhaupt nicht für Tiere, sondern eher für Pflanzen oder Pilze. Aber die Unterscheidung zwischen Pflanzen und Tieren ist selbst heute nicht immer eindeutig. Die allgemein bekannten Schwämme sind ihr ganzes Leben lang an eine einzige Stelle gebunden und besitzen weder Augen noch ein Gehirn oder ein schlagendes Herz; dennoch werden sie zu den Tieren gerechnet. »Wenn wir uns ins Präkambrium begeben, sind die Unterschiede zwischen Pflanzen und Tieren wahrscheinlich noch weniger deutlich«, sagt Fortey. »Keine Gesetzmäßigkeit besagt, dass man nachweislich das eine oder das andere sein muss.«

Ebenso wenig ist man sich darüber einig, ob die Ediacara-Lebewesen die Vorfahren irgendwelcher heutigen Lebensformen waren (vielleicht mit Ausnahme einiger Quallen). Viele Experten halten sie eher für eine Art fehlgeschlagenes Experiment, für einen Ausflug in die Komplexität, der nicht von Dauer war, vielleicht weil die trägen Ediacara-Organismen von den wendigeren, raffinierter gebauten Tieren des Kambriums gefressen oder in der Konkurrenz verdrängt wurden. Nach Forteys Ansicht gibt es heute nichts, was ihnen auch nur entfernt ähnlich wäre.[25] Sie als Vorfahren irgendwelcher späteren Formen zu deuten, ist ausgesprochen problematisch.[26]

Insgesamt herrschte der Eindruck, dass diese Lebewesen für die weitere Entwicklung des Lebendigen auf der Erde nicht übermäßig wichtig waren. Nach Ansicht vieler Fachleute gab es an der Grenze zwischen Präkambrium und Kambrium ein Massensterben, wobei keinem der Ediacara-Lebewesen (vielleicht mit der unsicheren Ausnahme der Quallen) der Sprung in die nächste Epoche gelang. Mit anderen Worten: Eigentlich begann das kompliziert gebaute Leben mit der kambrischen Explosion. Gould war davon ohnehin überzeugt.

Was die Neubewertung der Fossilien aus dem Burgess-Schiefer anging, so stellten andere die Interpretationen in Frage, insbesondere Goulds Interpretation der Interpretationen. »Von Anfang an gab es eine Reihe von Wissenschaftlern, die Zweifel an Goulds Theorie hatten, so sehr sie auch die Art und Weise bewunderten, in der er sie präsentierte«, schrieb Fortey in *Leben – Eine Biographie*. Und das ist noch sehr milde ausgedrückt.

»Wenn Stephen Gould doch nur so klar denken könnte, wie er schreibt!«, meckerte der Evolutionsforscher Richard Dawkins aus Oxford in der ersten Zeile einer Rezension (im Londoner *Sunday Telegraph*) über *Zufall Mensch*.[27] Dawkins räumte ein, das Buch sei »unabweisbar« und eine »literarische Tour de force«, aber gleichzeitig warf er Gould eine »bombastische und nahezu hinterhältige« Falschdarstellung der Tatsachen vor, weil er so getan habe, als sei die Neubewertung der Burgess-Fossilien für die Paläontologengemeinde eine Überraschung gewesen. »Die Ansicht, die er angreift – dass die Evolution sich zwangsläufig in Richtung eines Höhepunktes in Form des Menschen bewegt –, wird schon seit 50 Jahren nicht mehr vertreten«, schimpfte Dawkins.

Dennoch war genau das die Schlussfolgerung, zu der viele Rezensenten gelangten. Einer äußerte in der *New York Times Book Review* fröhlich die Ansicht, die Wissenschaftler hätten auf Grund von Goulds Buch »einige Vorurteile über Bord geworfen, die sie seit Generationen nicht hinterfragt hatten. Widerstrebend oder begeistert erkennen sie jetzt den Gedanken an, dass die Menschen nicht nur ein Produkt einer geordneten Entwicklung sind, sondern ebenso sehr auch ein Unfall der Natur.«[28]

Vor allem aber erwuchsen die Angriffe auf Gould aus der Überzeugung, dass viele seiner Schlussfolgerungen schlicht und einfach falsch oder maßlos übertrieben waren. In der Fachzeitschrift *Evolution* wandte sich Dawkins gegen Goulds Behauptung, »die Evolution sei im Kambrium ein ganz anders*artiger* Vorgang gewesen als heute«, und er zeigte sich empört über Goulds mehrmals geäußerte Vermutung, »das Kambrium sei eine Phase der ›Evolutionsexperimente‹ gewesen, des ›Herumprobierens‹ der Evolution mit zahlreichen ›Fehlstarts‹ ... Angeblich war es die fruchtbare Zeit, als alle großen ›grundlegenden Körperbaupläne‹ erfunden wurden. Heute dagegen spielt die Evolution nur noch mit den alten Bauplänen herum. Damals im Kambrium entstanden neue Stämme und neue Klassen. Heute bekommen wir nur noch neue Arten!«[29]

Angesichts der Tatsache, dass dieser Gedanke – wonach es heute keine neuen Körperbaupläne mehr gibt – so häufig aufgegriffen wird, schreibt Dawkins: »Es ist, als würde ein Gärtner sich eine Eiche ansehen und erstaunt feststellen: ›Eigentlich seltsam, dass an diesem Baum schon so lange keine großen neuen Äste mehr entstanden sind. Heutzutage findet Wachstum anscheinend nur noch auf der Ebene der kleinen Zweige statt.‹«

»Es war eine seltsame Zeit«, sagt Fortey heute, »insbesondere wenn man bedenkt, dass die Diskussion sich um Dinge drehte, die sich vor 500 Millionen Jahren abgespielt haben. Dennoch ging es gefühlsmäßig hoch her. In einem meiner Bücher habe ich scherzhaft bemerkt, ich hätte das Gefühl gehabt, ich müsste einen Sturzhelm aufsetzen, bevor ich über das Kambrium schreibe. Aber ein wenig hatte ich tatsächlich diesen Eindruck.«

Am seltsamsten reagierte Simon Conway Morris, einer der Helden aus *Zufall Mensch*. Er verblüffte viele seiner Paläontologenkollegen, indem er mit einem eigenen Buch unter dem Titel *The Crucible of Creation* über Gould herfiel.[30] Darin behandelt er Gould »mit Verachtung und sogar mit Abscheu«, wie Fortey es formuliert. »Und doch habe ich noch nie ein Buch eines Experten gelesen, in dem ein solcher Zorn zum Ausdruck kommt«, schrieb Fortey später. »Wenn man *The Crucible of Creation* zufällig liest und die Geschichte nicht kennt, würde man nie darauf kommen, dass der Autor einmal der Sichtweise Goulds sehr nahe gestanden hat – wenn er sie nicht sogar mit ihm geteilt hat.«[31]

Als ich Fortey darauf ansprach, erwiderte er: »Nun ja, das war sehr seltsam und ziemlich schockierend, weil Gould ihn sehr schmeichelhaft dargestellt hatte. Ich kann nur annehmen, dass es Simon peinlich war. Wissen Sie, Wissenschaft verändert sich, aber Bücher bleiben erhalten, und ich vermute, er bereute es, dass er so ein für alle Mal mit Ansichten in Verbindung gebracht wurde, die er mittlerweile überhaupt nicht mehr teilte. Es gab die ganzen Geschichten mit ›Verdammt noch mal, schon wieder ein neuer Stamm‹, und ich glaube, er bedauerte es, dass er damit berühmt wurde.«

Das alles hatte zur Folge, dass die Fossilien aus dem frühen Kambrium eine Phase der kritischen Neubewertung durchmachten. Fortey und Derek Briggs – eine weitere Hauptfigur in Goulds Buch – verglichen die verschiedenen Fossilien aus dem Burgess-Schiefer mit einer Methode, die als Kladistik bezeichnet wird. Vereinfacht gesagt, teilt man Lebewesen in der Kladistik anhand ihrer gemeinsamen Merkmale ein. Als Beispiel nennt Fortey den Vergleich einer Spitzmaus mit einem Elefanten.[32] Betrachtet man die Größe und den auffälligen Rüssel des Elefanten, so könnte man zu dem Schluss gelangen, dass er mit der winzigen, schnuppernden Maus kaum etwas gemeinsam hat. Vergleicht man aber beide mit einer Eidechse, so erkennt man, dass Elefant und Maus tatsächlich im Wesentlichen nach dem gleichen Schema gebaut sind. Damit will Fortey letztlich sagen: Gould sah Elefanten und Mäuse, wo andere nur Säugetiere sahen. Nach ihrer Ansicht waren die Lebewesen aus dem Burgess-Schiefer keineswegs so seltsam und vielgestaltig, wie es auf den ersten Blick den Anschein hatte. »Häufig waren sie nicht seltsamer als Trilobiten«, sagt Fortey heute. »Nur hatten wir schon 100 Jahre Zeit, uns an die Trilobiten zu gewöhnen. Aus Gewöhnung erwächst Vertrautheit, wissen Sie.«

Sicherheitshalber sollte ich hinzufügen, dass es sich dabei nicht um Nachlässigkeit oder Unaufmerksamkeit handelte. Form und Verwandtschaftsbeziehungen vorzeitlicher Tiere anhand der häufig verformten, bruchstückhaften Funde zu interpretieren, ist eindeutig ein heikles Geschäft. Eine interessante Anmerkung stammt von Edward O. Wilson: Wenn man einzelne Arten heutiger Insekten als Fossilien nach Art des Burgess-Schiefers präsentieren würde, käme niemand auf die Idee, dass alle zu demselben Tierstamm gehören – dazu sind ihre Baupläne viel zu unterschiedlich. Von entscheidender Bedeutung für die Neubewertung waren auch Entdeckungen an zwei anderen Fundstätten aus dem frühen Kambrium, einer in Grönland und einer in China, sowie weitere vereinzelte Funde, durch die man insgesamt in den Besitz zusätzlicher und häufig besserer Stücke gelangte.

Unter dem Strich kann man sagen: Letztlich waren die Fossilien aus dem Burgess-Schiefer nicht übermäßig fremdartig. Wie sich herausstellt, hatte man *Hallucigenia* falsch herum rekonstruiert. Die stelzenartigen Beine waren in Wirklichkeit Stacheln auf dem Rücken. *Peytoia*, das seltsame Wesen, das wie eine Ananasscheibe aussah, erwies sich in Wirklichkeit nicht als eigenes Tier, sondern als Teil einer größeren Art namens *Anomalocaris*. Mittlerweile hat man viele Fundstücke aus dem Burgess-Schiefer heutigen Tierstämmen zugeordnet – genau wie Walcott es von Anfang an getan hatte. *Hallucigenia* und einige andere sind nach heutiger Kenntnis mit den *Onychophora* verwandt, einer Gruppe raupenähnlicher Tiere. Andere ordnet man als Vorläufer der heutigen Ringelwürmer ein. In Wirklichkeit, so Fortey, »gibt es im Kambrium nur relativ wenige ganz neue Körperbaupläne. Meist stellt sich heraus, dass es sich nur um interessante Verfeinerungen altbekannter Konstruktionen handelt.« Oder, wie er in seinem Buch *Leben* schreibt: »Keines dieser Wesen war so merkwürdig wie die Entenmuscheln unserer Tage oder so bizarr wie eine Termitenkönigin.«[33]

Am Ende waren die Funde aus dem Burgess-Schiefer also doch nicht so spektakulär. Aber deshalb sind sie, wie Fortey schreibt, »nicht weniger interessant oder seltsam, sondern nur besser erklärlich«.[34] Ihre eigenartigen Körperbaupläne waren nur eine Art jugendlicher Überschwang – gewissermaßen in der Evolution die Entsprechung zu Irokesenschnitt und Zungenpiercing. Letztlich gingen die Formen in ein gesetzteres, stabileres mittleres Alter über.

Aber damit blieb immer noch die Frage, wo all diese Tiere ihren Ursprung hatten – wie konnten sie so plötzlich aus dem Nichts auftauchen?

Wie sich herausstellt, war die kambrische Explosion letztlich doch gar nicht so explosiv. Nach heutiger Kenntnis gab es die Tiere vermutlich schon seit längerer Zeit, sie waren nur so klein, dass man sie nicht sehen konnte. Indizien kamen wieder einmal von den Trilobiten – unterschiedliche Typen von ihnen tauchten mehr oder weniger zur gleichen Zeit auf scheinbar rätselhafte Weise an weit voneinander entfernten Orten rund um den Erdball auf.

Auf den ersten Blick sieht es aus, als würde ein solches plötzliches Auftreten voll ausgebildeter, vielgestaltiger Tiere die kambrische Explosion noch rätselhafter machen, aber in Wirklichkeit ist genau das Gegenteil der Fall. Es ist ein großer Unterschied, ob ein vollständig ausgebildetes Tier wie ein Trilobit isoliert auf der Bildfläche erscheint – das wäre tatsächlich ein Wunder – oder ob es viele sind, die sich zwar unterscheiden, aber auch eindeutig verwandt sind. Werden solche Fossilien mit gleichem Alter an weit entfernten Stellen wie China und New York gefunden, so können wir daraus schließen, dass wir einen großen Teil ihrer Vergangenheit schlicht und einfach nicht kennen.[35] Es ist das stärkste Indiz, dass sie einen Vorfahren haben müssen – eine Großvater-Spezies, die bereits viel früher zum Ausgangspunkt ihrer Abstammungslinie wurde.

Dass wir diese frühere Art nicht gefunden haben, liegt nach heutiger Kenntnis daran, dass sie zu klein war und deshalb nicht erhalten geblieben ist. Fortey schreibt: »Ein gut funktionierender, komplexer Organismus muss nicht unbedingt groß sein. Im Meer wimmelt es heute von winzigen Gliederfüßern, die keine fossilen Spuren hinterlassen haben.« Als Beispiel nennt er die kleinen Ruderfußkrebse, die zu Milliarden in den heutigen Meeren schwimmen und so große Schwärme bilden, dass riesige Abschnitte der Wasseroberfläche schwarz werden. Unsere Kenntnisse über ihre Vorfahren beziehen wir ausschließlich aus einem einzigen Exemplar, das man im Körper eines vorzeitlichen fossilen Fisches gefunden hat.

»Die kambrische Explosion, wenn man diesen Begriff gebrauchen will, war vermutlich mehr eine Größenzunahme als ein plötzliches Auftauchen neuer Baupläne«, sagt Fortey. »Und das kann recht schnell gegangen sein. In diesem Sinn halte ich es tatsächlich für eine Explosion.« Genau wie die Säugetiere, die 100 Millionen Jahre abwarteten und nach dem Verschwinden der Dinosaurier scheinbar plötzlich in üppiger Fülle auf der ganzen Erde auftauchten, warteten nach dieser Vorstellung vielleicht auch Gliederfüßer und andere Triploblasten in mikroskopisch kleiner Anonymität, bis das letzte Stündlein der beherrschenden Ediacara-Organismen geschlagen hatte. Fortey meint: »Wir wissen, dass die Größe der Säugetiere dramatisch zunahm, nachdem die Dinosaurier weg waren – aber wenn ich sage, dass es abrupt geschah, meine ich das natürlich in einem erdgeschichtlichen Sinn. Wir reden immer noch über Jahrmillionen.«

Übrigens wurde auch Reginald Sprigg am Ende ein gewisses Maß der längst überfälligen Ehre zuteil. Eine der wichtigsten frühen Gattungen wurde nach ihm auf den Namen *Spriggina* getauft, und auch mehrere Arten benannte man nach ihm. Das Ganze wurde nach den Hügeln, auf denen er gesucht hatte, als Ediacara-Fauna bezeichnet. Allerdings war Sprigg mittlerweile längst nicht mehr als Fossilsammler tätig. Nachdem er der Geologie den Rücken gekehrt hatte, gründete er eine erfolgreiche Ölfirma, und schließlich zog er sich auf ein Anwesen in seinen geliebten Flinders-Bergen zurück, wo er dann ein Wildreservat einrichtete. Er starb 1994 als reicher Mann.

22.
Tschüss zusammen

Aus Sicht der Menschen betrachtet – und alles andere wäre für uns natürlich schwierig –, ist Leben etwas Seltsames. Zuerst konnte es nicht schnell genug in Gang kommen, und dann, nachdem es einmal angefangen hatte, hatte es mit weiteren Entwicklungen offenbar keine Eile.

Nehmen wir beispielsweise die Flechten. Sie gehören unter allen Lebewesen, die man mit bloßem Auge sehen kann, sicher zu den widerstandsfähigsten, aber gleichzeitig haben sie auch keinerlei Ehrgeiz. Sie wachsen stillvergnügt auf einem sonnigen Friedhof, insbesondere gedeihen sie aber unter Umweltbedingungen, die kein anderes Lebewesen aushalten würde – auf windigen Berggipfeln oder in der Einöde der Arktis, überall da, wo es eigentlich nur Steine, Regen und Kälte gibt, aber so gut wie keine Konkurrenz. In Regionen der Antarktis, wo praktisch nichts anderes wächst, findet man riesige Flächen voller Flechten – insgesamt 400 Formen –, die sich beharrlich an jedem windumtosten Felsblock festklammern.[1]

Wie sie das schaffen, war lange Zeit nicht klar. Da Flechten auf nacktem Fels wachsen, ohne dass eine Nährstoffquelle oder die Produktion von Samen zu erkennen wären, glaubten viele – auch gebildete – Menschen, sie seien Steine, die gerade im Begriff standen, zu Pflanzen zu werden. »Ganz von selbst wird anorganischer Stein zu einer lebenden Pflanze!«, jubelte ein gewisser Dr. Homschuch im Jahr 1819.[2]

Bei näherer Untersuchung stellte sich heraus, dass Flechten zwar nichts Magisches an sich haben, aber sehr interessant sind. Sie stellen in Wirklichkeit eine Verbindung aus Pilzen und Algen dar. Der Pilz scheidet Säuren aus, welche die Gesteinsoberfläche auflösen und Mineralstoffe freisetzen. Diese werden dann von der Alge zu so viel Nährstoffen umgesetzt, dass sie für beide Partner ausreichen. Es ist kein übermäßig aufregendes Arrangement, aber ganz offensichtlich ein sehr erfolgreiches. Auf der Erde leben mehr als 20 000 Flechtenarten.[3]

Wie die meisten Lebewesen, die unter unwirtlichen Bedingungen gedeihen, so wachsen auch die Flechten sehr langsam. Häufig dauert es mehr als ein halbes Jahrhundert, bis sie die Ausmaße eines Hemdenknopfes erreicht haben. Sind sie so groß wie ein Essteller, liegt ihr Alter nach Angaben von David Attenborough im Bereich von Jahrhunderten oder sogar Jahrtausenden. Es ist kaum das, was man sich unter einem erfüllten Dasein vorstellt. Attenborough meint dazu: »Sie existieren einfach und sind der Beweis für die Tatsache, dass Leben selbst auf niedrigstem Niveau einfach stattfindet, nur um seiner willen.«[4]

Diesen Gedanken, dass das Leben einfach nur da ist, übersieht man nur allzu leicht. Als Menschen neigen wir zu der Vorstellung, jedes Leben müsse einen Sinn haben. Wir haben Pläne, Bestrebungen und Sehnsüchte. Wir wollen die betäubende Existenz, mit der wir ausgestattet sind, ständig zu unserem Vorteil nutzen. Aber was bedeutet Leben für eine Flechte? Und dennoch ist ihr Impuls, zu existieren, zu sein, genauso stark wie unserer – man kann sogar behaupten: noch stärker. Würde mir jemand sagen, dass ich viele Jahrzehnte als pelziges Gewächs auf einem Stein im Wald zubringen soll, ich glaube, ich würde den Willen zum Weiterleben verlieren. Flechten verlieren ihn nicht. Wie praktisch alle Lebewesen erdulden sie sämtliche Unannehmlichkeiten und Verletzungen, wenn sie dafür einen kurzen Augenblick des weiteren Daseins gewinnen. Das Leben will, kurz gesagt, einfach nur sein. Aber – und das ist das Interessante dabei – es will meist nicht besonders viel sein.

Das ist vielleicht ein wenig seltsam, denn eigentlich hatte das Leben reichlich Zeit, Ehrgeiz zu entwickeln. Stellt man sich die 4,5 Milliarden Jahre der Erdgeschichte zusammengedrängt auf einen einzigen Tag vor, beginnt das Leben schon sehr früh, nämlich um vier Uhr morgens, mit dem Aufstieg der ersten Einzeller.[5] Dann aber folgt in den nächsten 16 Stunden kein weiterer Fortschritt. Erst gegen halb neun am Abend, wenn der Tag schon zu 80 Prozent vorüber ist, hat die Erde gegenüber dem Universum etwas anderes vorzuweisen als eine Haut aus Mikroorganismen. Jetzt endlich tauchen die ersten Meerespflanzen auf, 20 Minuten später gefolgt von den ersten Quallen und den rätselhaften Ediacara-Tieren, die Reginald Sprigg in Australien zum ersten Mal zu Gesicht bekam. Um 21 Uhr 04 erscheinen schwimmende Trilobiten auf der Bildfläche, und mehr oder weniger unmittelbar danach folgen die wohlgeformten Lebewesen des Burgess-Schiefers. Kurz vor 22 Uhr gedeihen an Land die ersten Pflanzen, und kurz danach – vom Tag sind jetzt nicht einmal mehr zwei Stunden übrig – tauchen die ersten Landtiere auf.

Nachdem rund zehn Minuten lang warmes Wetter geherrscht hat, ist die Erde um 22 Uhr 24 von den großen Wäldern der Karbonzeit bedeckt, deren Überreste uns heute die Kohle liefern, und die ersten geflügelten Insekten sind zu sehen. Die Dinosaurier trampeln kurz vor 23 Uhr auf die Bühne und halten sich dort rund eine Dreiviertelstunde auf. Etwa 21 Minuten vor Mitternacht verschwinden sie wieder, und das Zeitalter der Säugetiere beginnt. Die Menschen tauchen eine Minute und 17 Sekunden vor Mitternacht auf. Unsere gesamte schriftlich belegte Geschichte ist nach diesem Maßstab nur wenige Sekunden lang, das Leben eines einzigen Menschen ist nur ein Augenblick. Während dieses ganzen hektischen Tages schwimmen die Kontinente über die Erde und kollidieren mit einer Geschwindigkeit, die eindeutig gefährlich wirkt. Gebirge steigen auf und schmelzen dahin, Ozeanbecken kommen und gehen, Eiskappen breiten sich aus und ziehen sich wieder zurück. Und während der ganzen Zeit leuchtet dreimal pro Minute irgendwo auf der Erde ein Blitz auf, weil ein Meteor von der Größe des Manson-Himmelskörpers oder sogar etwas noch Größeres eingeschlagen ist. Dass in einem solch hektischen, unruhigen Umfeld überhaupt irgendetwas überleben kann, ist ein Wunder. Tatsächlich gelingt es auch den wenigsten über längere Zeit.

Vielleicht noch deutlicher können wir uns klar machen, was

für eine neue Erscheinung wir in diesem viereinhalb Milliarden Jahre alten Bild sind, wenn wir die Arme auf beiden Seiten so weit wie möglich ausstrecken und uns dann bewusst machen, dass sie die gesamte Erdgeschichte darstellen.[6] In diesem Maßstab, so John McPhee in *Basin and Range*, nimmt das Präkambrium die Entfernung von den Fingerspitzen einer Hand bis zum Handgelenk der anderen ein. Die gesamte Geschichte der komplexen Lebensformen spielt sich in der zweiten Hand ab, »und die gesamte Menschheitsgeschichte könnte man mit einem einzigen Strich einer Nagelfeile auslöschen«.

Glücklicherweise ist dieser Augenblick noch nicht eingetreten, aber es bestehen gute Aussichten, dass es geschehen wird. Ich möchte hier keine Weltuntergangsstimmung verbreiten, aber das Leben auf der Erde hat auch eine andere äußerst dauerhafte Eigenschaft: Es stirbt aus. Und zwar sehr regelmäßig. Obwohl biologische Arten alle erdenklichen Mühen auf sich nehmen, um sich zusammenzufinden und erhalten zu bleiben, gehen sie mit bemerkenswerter Regelmäßigkeit wieder zu Grunde. Und meist sterben sie umso schneller aus, je komplexer sie sind. Vielleicht ist das ein Grund, warum so viele Lebensformen eigentlich keinerlei Ehrgeiz besitzen.

Wenn das Lebendige etwas Mutiges unternimmt, ist das also immer etwas Besonderes, und eine der ereignisreichsten Phasen spielte sich ab, als die Lebewesen aus dem Meer stiegen und damit das nächste Kapitel ihrer Geschichte einläuteten.

Das trockene Land war eine schwierige Umwelt: heiß, trocken, heftiger Ultraviolettstrahlung ausgesetzt, ohne den Auftrieb, der im Wasser vergleichsweise mühelose Bewegungen ermöglicht. Damit die Lebewesen an Land heimisch werden konnten, musste ihre Anatomie völlig umgestaltet werden. Ein Fisch, den man an beiden Enden festhält, biegt sich in der Mitte durch – seine Wirbelsäule ist so schwach, dass sie den Körper nicht stützen kann. Um außerhalb des Wassers zu überleben, mussten die Lebewesen eine ganz neue, belastungsfähige innere Struktur entwickeln, und eine solche Anpassung entsteht nicht über Nacht. Vor allem aber mussten natürlich alle Landtiere eine Methode finden, um den Sauerstoff nicht mehr aus dem Wasser zu filtern, sondern ihn unmittelbar aus der Luft aufzunehmen. Das alles waren keine einfachen Aufgaben. Andererseits bestand aber auch ein starker Anreiz, das Wasser zu verlassen: Das Leben war dort sehr gefährlich. Nachdem sich alle Kontinente zu der riesigen Landmasse Pangäa vereinigt hatten, stand sehr viel weniger Küstenlinie zur Verfügung als früher, und damit gab es auch weniger küstennahe Lebensräume. Entsprechend herrschte im Meer harte Konkurrenz. Außerdem erschien eine neue, beunruhigende Art von Raubtieren auf der Bildfläche, die alles fraßen und so vollkommen für Angriffe konstruiert waren, dass sie sich in den ganzen langen Erdzeitaltern seit ihrer Entstehung kaum verändert haben: die Haie. Die Zeiten waren nie besser dafür geeignet, eine Alternative zum Leben im Wasser zu finden.

Die Pflanzen begannen vor rund 450 Millionen Jahren, das Land für sich zu erobern. Dabei wurden sie zwangsläufig von winzigen Milben und anderen Lebewesen begleitet, auf die sie angewiesen waren, weil diese abgestorbenes organisches Material für die Pflanzen abbauten und wieder verwerteten. Bis die ersten großen Tiere auftauchten, dauerte es ein wenig länger, aber vor etwa 400 Millionen Jahren wagten auch sie sich aus dem Wasser. Abbildungen in populärwissenschaftlichen Büchern haben dazu geführt, dass wir uns die ersten abenteuerlustigen Landbewohner meist als eine Art ehrgeiziger Fische vorstellen, ähnlich den heutigen Schlammspringern, die bei Trockenheit von einer Pfütze zur anderen hüpfen können. Manchmal glauben wir sogar, sie seien vollständig ausgebildete Amphibien gewesen. In Wirklichkeit ähnelten die ersten Landbewohner, die sich fortbewegen konnten und mit bloßem Auge zu erkennen waren, wahrscheinlich eher den heutigen Rollasseln oder Kugelasseln – das sind die kleinen Tierchen, die man häufig durcheinander bringt, wenn man einen Stein oder ein Stück Holz umdreht (und die übrigens zu den Krebsen gehören).

Für Lebewesen, die Sauerstoff aus der Luft aufnehmen konnten, herrschten gute Verhältnisse. Im Devon und Karbon, als das

Leben an Land seine erste Blütezeit erlebte, hatte die Atmosphäre einen Sauerstoffgehalt von bis zu 35 Prozent (im Gegensatz zu rund 20 Prozent heute).[7] Deshalb konnten die Tiere bemerkenswert schnell zu bemerkenswert großen Ausmaßen heranwachsen.

Nun kann man natürlich zu Recht die Frage stellen: Woher wollen die Wissenschaftler wissen, wie viel Sauerstoff es vor mehreren 100 Millionen Jahren gab? Die Antwort kommt aus einem wenig bekannten, aber höchst geistreichen Forschungsgebiet namens Isotopen-Geochemie. In den längst vergangenen Meeren des Karbon und Devon wimmelte es von winzigen Planktonorganismen, und jedes dieser kleinen Lebewesen umgab sich mit einer eigenen Schutzhülle. Diese Schutzhüllen erzeugten die Planktonlebewesen damals wie heute, indem sie den Sauerstoff aus der Atmosphäre aufnahmen und mit anderen Elementen (insbesondere Kohlenstoff) zu widerstandsfähigen Verbindungen wie Calciumcarbonat verarbeiteten. Der gleiche chemische Vorgang spielt sich auch im langfristigen Kohlenstoffzyklus ab (in diesem Zusammenhang erörtern wir ihn an anderer Stelle ebenfalls) – er ist ein Prozess, der zwar keine spannende Story hergibt, für die Schaffung einer lebensfreundlichen Umwelt auf der Erde aber unentbehrlich ist.

Am Ende sterben die winzigen Lebewesen ab und sinken auf den Meeresboden, wo sie im Laufe der Zeit zu Kalkstein zusammengepresst werden. Die winzigen Molekülstrukturen, die das Plankton mit ins Grab nimmt, enthalten zwei sehr stabile Isotope namens Sauerstoff-16 und Sauerstoff-18. (Wer nicht mehr weiß, was Isotope sind, braucht sich keine Sorgen zu machen; nur zur Erinnerung: Das sind Atome mit einer ungewöhnlichen Zahl von Neutronen.) Hier setzt die Geochemie an: Die Isotope sammeln sich mit unterschiedlicher Geschwindigkeit an, je nachdem, wie viel Sauerstoff oder Kohlendioxid die Atmosphäre bei der Entstehung der jeweiligen Verbindungen enthält.[8] Aus dem Vergleich dieser Zahlenverhältnisse aus früheren Zeiten kann man die damaligen Bedingungen ableiten – den Sauerstoffgehalt der Atmosphäre, Luft- und Wassertemperatur, Ausmaß und Zeitpunkt der Eiszeiten und vieles andere. Kombiniert man die Isotopenmessungen mit anderen Beobachtungen an Fossilien – beispielsweise mit Pollenuntersuchungen –, so kann man recht zuverlässig ganze Landschaften nachzeichnen, die kein menschliches Auge je gesehen hat.

Dass der Sauerstoffgehalt in der Frühzeit des Lebens an Land so stark ansteigen konnte, lag vor allem daran, dass die Landschaften der Erde zu einem großen Teil von riesigen Baumfarnen und ausgedehnten Sümpfen beherrscht wurden, die den normalen Prozess der Kohlenstoff-Wiederverwertung beeinträchtigten. Abgefallene Farnwedel und anderes Pflanzenmaterial sammelte sich in dicken, feuchten Sedimenten, und daraus entstanden schließlich die gewaltigen Kohleflöze, die bis heute eine so wichtige Stütze unserer Wirtschaft sind.

Der hohe Sauerstoffgehalt trug sicher zu überdimensionalem Wachstum bei. Der älteste bisher bekannte Anhaltspunkt für ein landlebendes Tier ist eine Spur, die ein Tausendfüßer-ähnliches Geschöpf vor rund 350 Millionen Jahren auf einem Stein im heutigen Schottland hinterließ. Es hatte eine Länge von ungefähr einem Meter. Und bevor die Erdgeschichtsepoche zu Ende war, erreichten manche Tausendfüßer noch einmal mehr als das Doppelte.

Nachdem sich solche Tiere herumtrieben, ist es vielleicht nicht verwunderlich, dass sich bei den Insekten jener Zeit ein Kunstgriff entwickelte, mit dem sie sich außerhalb der Reichweite gefräßiger Mäuler halten konnten: Sie lernten fliegen. Manche beherrschten dieses neue Mittel der Fortbewegung schon bald mit einer derart gespenstischen Leichtigkeit, dass die Methode sich seither eigentlich nicht mehr verändert hat. Damals wie heute konnten Libellen bis zu 50 Stundenkilometer erreichen, schnell anhalten, schweben, rückwärts fliegen und im Verhältnis ein weit größeres Gewicht heben als jede von Menschen gemachte Flugmaschine. »Die US-Luftwaffe steckte sie in den Windkanal, um herauszufinden, wie sie es schaffen. Aber die Experten verzweifelten daran«, schrieb ein Autor.[9] Außerdem machten sie in der Luft reiche Beute. In den Wäldern der Karbonzeit wurden die Libellen so groß wie Raben.[10] Auch Bäume und andere Pflanzen erreichten gewaltige Ausmaße. Schachtelhalme und Baumfarne wurden bis zu 15 Meter hoch, Lebermoose erreichten 40 Meter.

Die ersten landlebenden Wirbeltiere – das heißt die ersten Landtiere, die zu unseren Vorfahren werden sollten – sind von einem kleinen Rätsel umgeben. Teilweise liegt das daran, dass es nur wenige entsprechende Fossilien gibt, teilweise aber auch an einem eigenwilligen Schweden namens Erik Jarvik, der den Fortschritt bei der Beantwortung dieser Frage mit seltsamen Deutungen und Geheimnistuerei fast ein halbes Jahrhundert lang aufhielt. Jarvik gehörte zu einer Arbeitsgruppe skandinavischer Wissenschaftler, die in den dreißiger und vierziger Jahren des 20. Jahrhunderts nach Grönland reisten, um nach fossilen Fischen zu suchen. Insbesondere waren sie hinter Quastenflossern her, jener Gruppe von Fischen, die vermutlich nicht nur unsere eigenen Vorfahren waren, sondern auch die aller anderen vierbeinigen Tiere.

Die meisten höheren Tiere sind Vierbeiner, und alle heutigen Vierbeiner haben eine Gemeinsamkeit: Ihre Extremitäten enden jeweils mit maximal fünf Fingern oder Zehen. Dinosaurier, Wale, Vögel, Menschen, sogar die Fische – alle sind ursprünglich Vierbeiner, ein starkes Indiz, dass alle von einem einzigen gemeinsamen Vorfahren abstammen. Anhaltspunkte für diesen Vorfahren, so die allgemeine Annahme, könnte man in der Devonzeit vor rund 400 Millionen Jahren finden. Davor lief auf dem trockenen Land nichts herum, danach war es dicht bevölkert. Tatsächlich hatte die Arbeitsgruppe Glück: Sie fand ein solches Tier – es war knapp einen Meter lang und wurde auf den Namen *Ichthyostega* getauft.[11] Mit der Untersuchung des Fossils wurde Jarvik beauftragt; der begann 1948 mit seinen Arbeiten und trieb sie 48 Jahre lang weiter. Leider aber lehnte Jarvik es ab, dass irgendein anderer seinen Vierbeiner untersuchte. Die Paläontologen der ganzen Welt mussten sich mit zwei skizzenhaften Zwischenberichten zufrieden geben, in denen Jarvik nur mitteilte, das Tier habe an jedem seiner vier Gliedmaßen fünf Finger besessen, und dies sei eine Bestätigung für seine Bedeutung als Vorläufer.

Jarvik starb 1998. Nach seinem Tod untersuchten andere Paläontologen eifrig den Fund, und dabei stellte sich heraus, dass Jarvik die Finger und Zehen falsch gezählt hatte: In Wirklichkeit waren es acht an jeder Extremität. Außerdem hatte er auch nicht berücksichtigt, dass der Fisch vermutlich nicht gehen konnte. Die Flossen waren so gebaut, dass er unter seinem eigenen Gewicht zusammengebrochen wäre. Es braucht wohl nicht besonders betont zu werden, dass diese Erkenntnisse für unser Wissen über die ersten Landtiere keinen großen Fortschritt bedeuteten. Heute kennt man drei frühe Vierbeiner, und keiner davon hat fünf Finger. Kurz gesagt, wissen wir nicht, woher wir eigentlich kommen.

Aber irgendwoher kommen wir, auch wenn der Aufstieg bis zu unserer derzeitigen Vorherrschaft natürlich nicht immer geradlinig verlaufen ist. Seit das Leben auf dem trockenen Land begann, bestand es aus vier großen Dynastien, wie sie manchmal genannt werden. Die erste bildeten die primitiven, schwerfälligen, manchmal aber recht durchsetzungsfähigen Amphibien und Reptilien. Das bekannteste Tier dieser Zeit war das Dimetrodon, ein Lebewesen mit segelförmigen Fortsätzen auf dem Rücken, das häufig mit den Dinosauriern verwechselt wird (wie ich feststellen musste, auch in einer Bildunterschrift des Buches *Komet* von Carl Sagan). In Wirklichkeit gehörte das Dimetrodon zu den Synapsiden. Das Gleiche galt auch für unsere Vorfahren. Die Synapsiden waren eine der vier großen Gruppen früher Reptilien – die anderen hießen Anapsiden, Euryapsiden und Diapsiden. Die Namen bezeichnen einfach die Zahl und Lage kleiner Löcher im Schädel der jeweiligen Arten.[12] Bei den Synapsiden befand sich jeweils ein kleines Loch unten an der Schläfe; bei den Diapsiden waren es zwei solche Löcher, bei den Euryapsiden ebenfalls eines, das aber weiter oben lag.

Im Laufe der Zeit spalteten sich diese großen Gruppen weiter in Untergruppen auf, von denen manche gediehen, während andere scheiterten. Aus den Anapsiden gingen die Schildkröten hervor, die – was vielleicht verwunderlich ist – eine Zeit lang im Begriff standen, als fortschrittlichste und aggressivste Tiergruppen die Oberhand auf der Erde zu gewinnen, bevor eine Laune der Evolution sie eher in Richtung der langen Lebensdauer an

Stelle einer beherrschenden Stellung drängte. Die Synapsiden bildeten vier große Entwicklungslinien, von denen aber nur eine über die Permzeit hinaus erhalten blieb. Glücklicherweise war das genau jene, zu der auch wir gehören, und sie entwickelte sich im weiteren Verlauf zu einer Familie von Säugetier-Vorläufern, die als Therapsiden bezeichnet wird. Diese Gruppe bildete die Megadynastie Nummer zwei.

Zunächst einmal hatten die Therapsiden jedoch Pech: Ihre Vettern, die Diapsiden, erlebten ebenfalls eine fruchtbare Evolution und wurden (unter anderem) zu den Dinosauriern, denen die Therapsiden auf Dauer nichts entgegenzusetzen hatten. Da sie mit den aggressiven neuen Arten nicht konkurrieren konnten, verschwanden die Therapsiden allmählich von der Bildfläche. Nur einige wenige entwickelten sich zu kleinen, behaarten, unter der Erde lebenden Geschöpfen weiter, die als kleine Säugetiere sehr lange auf ihre Chance warten mussten. Die größten von ihnen waren nicht größer als eine Hauskatze, meist erreichten sie sogar nur knapp die Größe einer Maus. Das sollte eines Tages ihre Rettung sein, aber zunächst mussten sie 150 Millionen Jahre verstreichen lassen, bis die dritte Megadynastie und mit ihr das Zeitalter der Dinosaurier ein abruptes Ende fand. Erst jetzt wurde der Weg frei für die Megadynastie Nummer vier und das Zeitalter der Säugetiere, das bis in unsere Zeit andauert.

Alle diese großen Umwandlungen und auch viele kleinere, die sich dazwischen und danach ereigneten, waren nur durch den großen Motor des Fortschritts möglich, der paradoxerweise so wichtig ist: durch das Aussterben. Seltsamerweise ist das Artensterben auf der Erde im ganz buchstäblichen Sinn ein Weg zum Leben. Wie viele Arten von Lebewesen es seit Anbeginn des Lebens gegeben hat, weiß niemand. Häufig wird eine Zahl von 30 Milliarden genannt, andere Angaben reichen aber auch bis zu vier Billionen.[13] Wie groß auch die Gesamtsumme sein mag, in jedem Fall sind 99,99 Prozent aller Arten, die jemals gelebt haben, heute nicht mehr bei uns. »In erster Annäherung sind alle Arten ausgestorben«, wie David Raup von der University of Chicago es gern formuliert.[14] Die durchschnittliche Lebenserwartung kompliziert gebauter biologischer Arten liegt nur bei rund vier Millionen Jahren – etwa diese Zeit ist auch für uns bereits vergangen.[15]

Das Aussterben ist für die Betroffenen natürlich immer etwas Schlechtes, für unseren dynamischen Planeten als Ganzes birgt es aber offensichtlich große Vorteile. »Die Alternative zum Aussterben ist Stagnation«, sagt Ian Tattersall vom American Museum of Natural History, »und Stagnation ist normalerweise in keinem Bereich wünschenswert.«[16] (Ich sollte hier vielleicht anmerken, dass es dabei um das Aussterben als natürlichen, langfristigen Prozess geht. Es hat nichts mit dem Artensterben zu tun, das auf die Achtlosigkeit der Menschen zurückzuführen ist.)

An Krisen der Erdgeschichte schlossen sich stets dramatische Umwälzungen an.[17] Auf den Niedergang der Ediacara-Fauna folgte der Kreativitätsschub des Kambriums. Durch das Artensterben im Ordovizium vor 440 Millionen Jahren wurden die Ozeane von einer Fülle unbeweglicher Filtrierer befreit, und irgendwie ergaben sich dabei die richtigen Bedingungen für die Entstehung pfeilschneller Fische und riesiger Meeresreptilien. Die wiederum eigneten sich optimal als Vorläufer von Arten, die das trockene Land besiedelten, bevor eine weitere große Vernichtung am Ende des Devon erneut alles durcheinander würfelte. So ging es in unregelmäßigen Abständen während der gesamten Erdgeschichte. Hätten diese Ereignisse sich nicht genau so und genau zu diesen Zeitpunkten abgespielt, würden wir heute mit ziemlicher Sicherheit nicht existieren.

Die Erde hat in dem genannten Zeitraum fünf große Episoden des Artensterbens erlebt – der Reihenfolge nach im Ordovizium, Devon, Perm, Trias und in der Kreidezeit. Hinzu kommen viele kleinere Aussterbe-Ereignisse. Im Ordovizium (vor 440 Millionen Jahren) und Devon (vor 365 Millionen Jahren) wurden jeweils 80 bis 85 Prozent aller biologischen Arten ausgerottet, im Trias (vor 210 Millionen Jahren) und in der Kreidezeit (vor 65 Millionen Jahren) waren es jeweils rund 70 bis 75 Prozent. Das größte Massensterben ereignete sich jedoch im Perm vor 245 Millionen Jahren, und anschließend hob sich der Vorhang für das lange Dinosaurierzeitalter. Im Perm verschwanden mindestens 95 Prozent aller Tierarten, die man aus Fossilfunden kennt, auf Nimmerwiedersehen.[18] Selbst von den Insektenarten verschwand etwa ein Drittel – es war das einzige Mal, dass sie in so großer Zahl ausgerottet wurden.[19] Weder vorher noch nachher stand das Leben auf der Erde so knapp vor der völligen Vernichtung.

»Es war wirklich ein massenhaftes Aussterben, ein Gemetzel von einer Größenordnung, das die Erde bis dahin noch nicht gesehen hatte«, schreibt Richard Fortey.[20] Besonders verheerend wirkte sich das Ereignis im Perm auf die Meeresbewohner aus. Die Trilobiten verschwanden völlig von der Bildfläche, Muscheln und Seeigel entgingen diesem Schicksal nur knapp. Praktisch alle anderen Meerestiere wurden stark dezimiert. Insgesamt wurden an Land und im Wasser nach heutiger Kenntnis 52 Prozent der Tierfamilien ausgerottet – die Kategorie der Familie steht im großen System der Lebewesen (von dem im nächsten Kapitel die Rede sein wird) über der Gattung und unter der Ordnung –, und vermutlich verschwanden dabei bis zu 96 Prozent aller Arten. Bis die Gesamtzahl der Arten wieder den alten Stand erreichte, sollte eine sehr lange Zeit vergehen.

Zweierlei muss man dabei im Gedächtnis behalten. Erstens beruhen alle diese Zahlen nur auf begründeten Vermutungen. Die Schätzungen für die Zahl der Tierarten, die am Ende des Perm noch am Leben waren, reichen von 45 000 bis 240 000.[21] Wenn man nicht weiß, wie viele Arten überlebten, kann man auch kaum zuverlässig angeben, welcher Anteil ausstarb. Außerdem reden wir nicht über das Sterben einzelner Lebewesen, sondern über das Ende biologischer Arten. Bei den Individuen war der Verlust viel größer und in vielen Fällen praktisch allumfassend.[22] Die Arten, die erhalten blieben und an der nächsten Phase in der Lotterie des Lebens teilnehmen konnten, verdankten ihre Existenz mit ziemlicher Sicherheit wenigen verängstigten, mitgenommenen Überlebenden.

Zwischen den großen Ereignissen des Artensterbens gab es auch viele kleinere, nicht so bekannte Episoden – Hemphillium,

Frasnium, Famennium, Rancholabrium und rund ein Dutzend weitere. Sie waren weniger verheerend, was die Gesamtzahl der Arten anging, sorgten aber bei bestimmten Tierbeständen häufig für eine entscheidende Schwächung. Bei dem Ereignis im Hemphillium vor rund fünf Millionen Jahren wurden zum Beispiel die Grasfresser einschließlich der Pferde nahezu völlig ausgelöscht.[23] Von den Pferden blieb nur eine einzige Art übrig, und auch die taucht in den Fossilfunden nur selten auf – man kann also annehmen, dass sie längere Zeit kurz vor dem Aussterben stand. Man stelle sich eine Menschheitsgeschichte ohne Pferde und andere Gras fressende Tiere vor!

In fast allen Fällen, bei den großen Episoden des Aussterbens ebenso wie bei kleineren Ereignissen, haben wir beunruhigenderweise kaum eine Ahnung, was die Ursache war. Selbst wenn man eher verschrobene Gedanken einmal beiseite lässt, ist die Zahl der Theorien über den Auslöser des Aussterbens größer als die der betreffenden Ereignisse selbst. Mindestens zwei Dutzend potenzielle Faktoren wurden als Ursachen oder wichtige Mitverursacher genannt.[24] Globale Erwärmung, globale Abkühlung, Veränderungen des Meeresspiegels, Sauerstoffmangel im Meerwasser (ein Zustand, der auch als Anoxie bezeichnet wird), Krankheitsepidemien, riesige Methan-Ausbrüche aus dem Meeresboden, Meteor- und Kometeneinschläge, unvorstellbar riesige, als *hypercanes* bezeichnete Hurrikane, gewaltige Vulkanausbrüche, katastrophale Ausbrüche (Flares) auf der Sonne.

Die zuletzt genannte Möglichkeit ist besonders faszinierend. Wie groß die als Flares bezeichneten Ausbrüche auf der Sonnenoberfläche werden können, weiß niemand, denn wir beobachten sie erst seit dem Beginn des Weltraumzeitalters. Aber die Sonne ist ein gewaltiger Motor, und entsprechend riesig sind auch ihre Stürme. Eine typische Sonnen-Flare, die wir auf der Erde noch nicht einmal bemerken würden, setzt die Energie von einer Milliarde Wasserstoffbomben frei und schleudert 100 Milliarden Tonnen tödliche, energiereiche Teilchen in den Weltraum. Magnetosphäre und Atmosphäre der Erde lenken diese Partikel normalerweise wieder in den Weltraum oder kanalisieren sie in Richtung der Pole (wo sie die hübschen Nord- und

Südlichter entstehen lassen), aber man geht davon aus, dass ein ungewöhnlich großer Ausbruch, der beispielsweise das 100-fache Ausmaß eines typischen Flare besitzt, die Abwehrmechanismen unseres Planeten überwinden könnte. Es wäre ein großartiges Lichterspiel, aber mit ziemlicher Sicherheit würde ein großer Anteil aller Lebewesen, die seiner Strahlung ausgesetzt sind, zu Grunde gehen. Außerdem, und das ist besonders beängstigend, »würde es in der Geschichte keinerlei Spuren hinterlassen«, wie Bruce Tsurutani vom Jet Propulsion Laboratory der NASA es formuliert.

Uns selbst bleiben deshalb nach den Worten eines Wissenschaftlers »tonnenweise Vermutungen und nur sehr wenige Belege«.[25] Mindestens drei große Aussterbe-Ereignisse – im Ordovizium, Devon und Perm – stehen offenbar im Zusammenhang mit einer globalen Abkühlung, aber darüber hinaus sind die Fachleute sich kaum in irgendetwas einig, nicht einmal in der Frage, ob sich eine bestimmte Episode schnell oder langsam abspielte. Die Wissenschaftler können sich beispielsweise nicht darauf einigen, ob das Aussterben am Ende des Devon – das Ereignis, in dessen Gefolge die Wirbeltiere das trockene Land besiedelten – mehrere Millionen Jahre, einige Jahrtausende oder nur einen besonders ereignisreichen Tag in Anspruch nahm.

Überzeugende Erklärungen für das Aussterben lassen sich unter anderem deshalb so schwer geben, weil Leben im großen Maßstab eigentlich kaum auszurotten ist. Wie wir am Beispiel des Meteoriteneinschlages von Manson erfahren haben, folgt selbst auf eine gewaltige Katastrophe häufig eine vollständige, wenn auch manchmal ein wenig schwierigere Erholung. Warum war also das Ereignis am Ende der Kreidezeit unter den vielen 1000 Einschlägen, die unser Planet erlebt hat, so besonders verheerend? Nun, zunächst einmal war es wirklich eine riesige Katastrophe. Der Himmelskörper schlug mit einer Energie von 100 Millionen Megatonnen ein. Eine solche Detonation kann man sich fast nicht vorstellen, aber ein anschaulicher Vergleich stammt von James Lawrence Powell: Würde man für jeden heute lebenden Menschen eine Bombe von Hiroshima-Ausmaßen zünden, bliebe man immer noch um ungefähr eine Milliarde

Bomben hinter dem Einschlag am Ende der Kreidezeit zurück.[26] Aber selbst das allein dürfte nicht ausgereicht haben, um 70 Prozent aller Lebensformen einschließlich der Dinosaurier hinwegzufegen.

Für die Säugetiere hatte der Meteor am Ende der Kreidezeit noch einen weiteren Vorteil: Er ging in einem flachen, nur zehn Meter tiefen Meer nieder, und das vermutlich genau im richtigen Winkel; außerdem lag der Sauerstoffgehalt der Atmosphäre damals um rund zehn Prozent höher als heute, sodass die ganze Welt leichter in Brand geraten konnte.[27] Vor allem aber bestand der Meeresboden an der Einschlagstelle aus schwefelreichem Gestein. Dies hatte zur Folge, dass sich ein Gebiet des Meeresbodens, das so groß war wie Belgien, nach dem Einschlag in einen Schwefelsäurenebel verwandelte. Danach fiel auf der Erde monatelang saurer Regen, der einem Menschen die Haut verätzt hätte.

Noch schwieriger als die Frage, was zu jener Zeit 70 Prozent aller Arten hinwegfegte, ist vielleicht eine andere: Wie konnten die restlichen 30 Prozent überleben? Warum raffte das Ereignis noch den letzten Dinosaurier dahin, während andere Reptilien, beispielsweise Schlangen und Krokodile, ungeschoren davonkamen? Soweit man bisher weiß, starb in Nordamerika damals keine einzige Kröten-, Molch-, Salamander- oder sonstige Amphibienart aus. »Warum blieben diese empfindlichen Tiere trotz einer so beispiellosen Katastrophe unbehelligt?«, fragt Tim Flannery in *The Eternal Frontier*, seiner faszinierenden Schilderung der amerikanischen Vorgeschichte.[28]

Ganz ähnlich ging es auch in den Meeren.[29] Hier verschwanden sämtliche Ammoniten, aber ihre Vettern, die Nautilusartigen, die eine ganz ähnliche Lebensweise haben, pflügten weiter durch das Wasser. Auch bei den Planktonorganismen wurden manche Arten praktisch ausgerottet – so unter anderem 92 Prozent der Foraminiferen –, andere dagegen, so die Diatomeen, die ganz ähnlich gebaut sind und ebenso leben, blieben relativ ungeschoren.

Solche Widersprüchlichkeiten sind schwer zu erklären. Richard Fortey meint dazu: »Viele Tiere haben überlebt, und es erscheint nicht ganz befriedigend, sie als diejenigen zu bezeichnen, die ›Glück gehabt‹ haben, und es dabei bewenden zu lassen.« Wenn auf den Einschlag monatelange Dunkelheit und erstickender Rauch folgte, wie es heute den Anschein hat, ist auch das Überleben vieler Insekten ein Rätsel. »Es gibt einige Insekten, die jahrelang auf Totholz überleben können, aber das scheint ein besonderes, den Käfern vorbehaltenes Talent zu sein. Einige Arten starben zweifellos aus, doch die Hauptfamilien der ... Insekten überlebten die Katastrophe.«[30]

Die größte Frage jedoch betrifft die Korallen. Sie brauchen Algen zum Leben, und Algen brauchen Sonnenlicht; außerdem sind beide gemeinsam auf eine stabile Mindesttemperatur angewiesen. Die Tatsache, dass Korallen bereits bei einer Veränderung der Wassertemperatur um rund ein Grad absterben können, erregte in den letzten Jahren große öffentliche Aufmerksamkeit. Wenn sie so empfindlich auf kleine Veränderungen reagieren, wie konnten sie dann den langen Winter nach dem Meteoriteneinschlag überleben?

Auch für viele regionale Abweichungen gibt es kaum eine plausible Erklärung. Anscheinend war die südliche Erdhalbkugel vom Aussterben weniger stark betroffen als die nördliche. Insbesondere Neuseeland kam anscheinend im Wesentlichen unbeschadet davon, obwohl es dort fast keine Tiere gibt, die sich unter der Erde verkriechen. Selbst seine Pflanzenwelt blieb weit gehend verschont, auch wenn das Ausmaß der Brände in anderen Gebieten auf weltweite Zerstörungen schließen lässt. Kurz gesagt, wissen wir einfach vieles noch nicht.

Manche Tiere gediehen hervorragend – so unter anderem, ein wenig überraschend, wieder einmal die Schildkröten. Wie Flannery richtig bemerkt, könnte man die Phase unmittelbar nach dem Aussterben der Dinosaurier ohne weiteres als Schildkrötenzeitalter bezeichnen.[31] Allein in Nordamerika blieben 16 Arten erhalten, und drei weitere bildeten sich kurz danach neu.

Dabei kam es ihnen sicher zugute, dass sie im Wasser lebten. Nach dem Einschlag am Ende der Kreidezeit starben 90 Prozent aller landlebenden Arten aus, aber nur zehn Prozent der Süßwasserbewohner. Das Wasser bot offensichtlich einen gewissen Schutz gegen Hitze und Brände, und außerdem konnte es vermutlich auch in den nachfolgenden mageren Jahren eher den Lebensunterhalt der Tiere sichern. Alle überlebenden Landtiere hatten die Gewohnheit, sich bei Gefahr in eine sichere Umgebung zurückzuziehen: Sie gingen ins Wasser oder unter die Erde, und in beiden Fällen waren sie erheblich besser von den Widrigkeiten der Umgebung abgeschirmt. Auch Tiere, die sich von Aas ernährten, waren im Vorteil. Echsen waren – und sind bis heute – im Wesentlichen unempfindlich gegen die Bakterien in verwesenden Tierkadavern. Häufig werden sie von ihnen sogar angezogen, und stinkende tote Körper gab es sicher über längere Zeit hinweg in Hülle und Fülle.

Oft wird fälschlicherweise behauptet, nur kleine Tiere hätten das Ereignis am Ende der Kreidezeit überstanden. In Wirklichkeit überlebten auch die Krokodile, und die waren nicht nur groß, sondern sogar dreimal größer als heute. Insgesamt betrachtet, stimmt es allerdings: In ihrer Mehrzahl waren die Überlebenden kleine Tiere, die im Verborgenen lebten. Die düstere, lebensfeindliche Welt bot hervorragende Voraussetzungen für kleine, warmblütige, nachtaktive Tiere, die mit ihrer Ernährung anpassungsfähig und von Natur aus vorsichtig waren – genau diese Eigenschaften waren für unsere Säugetier-Vorfahren charakteristisch. Wäre unsere Evolution schon weiter fortgeschritten gewesen, so wären wir wahrscheinlich von der Bildfläche verschwunden. So aber hatten sich die Säugetiere derart gut an ihre Umwelt angepasst, wie es für ein Lebewesen überhaupt nur möglich war.

Dennoch schwärmten die Säugetiere nicht aus, um jede ökologische Nische zu besetzen. »Auch wenn die Evolution das Vakuum wohl verabscheut, so braucht sie doch oft lange Zeit, um es zu füllen«, schrieb der Paläobiologe Steven M. Stanley.[32] Noch bis zu zehn Millionen Jahre lang blieben die Säugetiere vorsichtig und klein.[33] Ein Tier von der Größe eines kleinen Luchses war im frühen Tertiär bereits ein Riese.

Nachdem die Evolution der Säugetiere aber erst einmal in Gang gekommen war, wuchsen sie zu üppigen Ausmaßen heran, die manchmal fast die Grenze des Lächerlichen erreichten. Eine Zeit lang gab es Meerschweinchen, die so groß wie die heutigen Nashörner waren, und die Nashörner erreichten die Höhe eines zweistöckigen Hauses.[34] Sobald sich in der Kette von Räubern und Beutetieren eine Lücke auftat, wuchsen Säugetiere heran, um sie zu füllen. Die ersten Mitglieder der Waschbärenfamilie wanderten nach Südamerika, entdeckten dort eine freie Nische und entwickelten sich zu Tieren mit der Größe und Aggressivität von Bären. Auch den Vögeln ging es vergleichsweise gut. Mehrere Millionen Jahre lang war ein riesiger, flugunfähiger, Fleisch fressender Vogel namens Titanis vermutlich das aggressivste Lebewesen Nordamerikas.[35] Mit Sicherheit aber war es der eindrucksvollste Vogel, den es jemals gab. Er erreichte eine Schulterhöhe von drei Metern, wog knapp 400 Kilo und konnte praktisch jedem anderen Tier, das ihn ärgerte, mit seinem Schnabel den Kopf abreißen. Seiner Familie ging es rund 50 Millionen Jahre lang recht gut, und doch hatten wir keine Ahnung von seiner Existenz, bis man 1963 in Florida das erste Skelett entdeckte.

Damit sind wir bei einem anderen Grund, warum wir über das Aussterben so schwer sichere Aussagen machen können: Die Fossilfunde sind äußerst lückenhaft. Von der geringen Wahrscheinlichkeit, dass Knochen überhaupt zu Fossilien werden, war bereits die Rede, aber die Funde sind noch spärlicher, als man sich vielleicht vorstellt. Dafür sind die Dinosaurier ein gutes Beispiel. Museen vermitteln uns den Eindruck, als gebe es auf der Welt eine Fülle von Dinosaurierfossilien. In Wirklichkeit sind die Ausstellungsstücke in ihrer großen Mehrheit Kunstprodukte. Der riesige Diplodocus, der die Eingangshalle des Londoner Natural History Museum beherrscht und ganzen Besuchergenerationen zur Freude und Belehrung diente, besteht aus Gips – er wurde 1903 in Pittsburgh angefertigt und dem Museum von Andrew Carnegie gestiftet.[36] In der Halle des American Museum of Natural History in New York sieht man eine noch großartigere Szene: das Skelett eines Barosaurus-Weibchens, das sein Junges gegen den Angriff eines pfeilschnellen Allosaurus mit seinen gewaltigen Zähnen verteidigt. Die Darstellung ist höchst eindrucksvoll – der Barosaurus ragt fast zehn Meter in Richtung des hohen Hallendaches –, aber sie ist ebenfalls eine Nachbildung. Jeder Einzelne der etlichen 100 Knochen ist ein Gipsabguss. Man kann fast jedes große naturhistorische Museum der Welt besichtigen – in Paris, Wien, Frankfurt, Buenos Aires, Mexico City –, immer wird man nicht von vorzeitlichen Knochen, sondern von altertümlichen Modellen begrüßt.

In Wirklichkeit wissen wir über die Dinosaurier eigentlich nicht besonders viel. Für ihr gesamtes Zeitalter hat man noch nicht einmal 1000 biologische Arten identifiziert (und fast die Hälfte davon kennt man nur durch ein einziges Exemplar), das ist ungefähr ein Viertel der heute lebenden Säugetierarten. Und dabei darf man nicht vergessen, dass die Dinosaurier auf der Erde etwa dreimal so lange herrschten, wie es den Säugetieren bisher gelungen ist; entweder waren die Dinosaurier also bemerkenswert wenig produktiv, was die Entstehung neuer Arten angeht, oder wir haben bisher nur an der Oberfläche gekratzt (um ein unwiderstehlich gut geeignetes Klischee zu benutzen).

Aus vielen Jahrmillionen des Dinosaurierzeitalters hat man nicht ein einziges Fossil gefunden. Selbst aus der Phase der späten Kreidezeit – die dank unseres langjährigen Interesses an den Dinosauriern und ihrem Aussterben die bestuntersuchte Periode der Vorgeschichte darstellt – sind vermutlich drei Viertel aller Arten noch nicht entdeckt. Tiere, die noch klobiger als der Diplodocus oder aggressiver als der Tyrannosaurus waren, streiften möglicherweise zu Tausenden über die Erde, ohne dass wir jemals davon erfahren werden. Bis vor sehr kurzer Zeit stammten alle Kenntnisse über die Dinosaurier jener Periode ausschließlich von rund 300 Funden, die nicht mehr als 16 Arten repräsentierten.[37] Diese spärlichen Belege führten allgemein zu der Überzeugung, die Dinosaurier seien bereits auf dem Rückzug gewesen, als der Meteor am Ende der Kreidezeit einschlug.

Ende der achtziger Jahre des 20. Jahrhunderts entschloss sich Peter Sheehan, ein Paläontologe des Milwaukee Public Museum, zu einem Experiment. Mit Hilfe von 200 Freiwilligen machte er sich an eine peinlich genaue Übersichtsuntersuchung der gut abgegrenzten, aber auch bereits gut »abgegrasten« Hell-Creek-Felsformation in Montana. Die Freiwilligen durchstöberten das gesamte Gelände und sammelten jeden Zahn, jeden Wirbelknochen und jeden Knochensplitter ein – alles, was man bei früheren Grabungen übersehen hatte. Die Arbeiten dauerten drei Jahre. Am Ende stellte sich heraus, dass sich die weltweite Gesamtzahl von Dinosaurierfossilien aus der späten Kreidezeit allein durch diese Funde mehr als verdreifacht hatte. Die Untersuchung gelangte zu dem Ergebnis, dass die Dinosaurier noch bis zum Zeitpunkt des Meteoriteneinschlages sehr zahlreich waren. »Es besteht kein Grund zu der Annahme, die Dinosaurier seien während der letzten drei Millionen Jahre der Kreidezeit ganz allmählich ausgestorben«, berichtete Sheehan.[38]

Wir haben uns ganz an die Vorstellung gewöhnt, wir selbst seien als alles beherrschende Art von Lebewesen unvermeidlich gewesen, und deshalb begreifen wir kaum, dass wir unser Dasein außerirdischen Explosionen und anderen Zufälligkeiten verdanken, die sich gerade zur richtigen Zeit ereigneten. Nur eines haben wir mit allen anderen Lebewesen gemeinsam: Fast vier Milliarden Jahre lang ist es unseren Vorfahren gelungen, immer wieder gerade rechtzeitig durch eine Tür zu schlüpfen, bevor sie sich schloss. Kurz und bündig formulierte es Stephen Jay Gould in einem allgemein bekannten Satz: »Die Menschen sind heute da, weil ausgerechnet unsere Abstammungslinie nie unterbrochen wurde – an keinem einzigen der vielen Milliarden Punkte, an denen wir aus der Geschichte hätten verschwinden können.«[39]

Am Anfang dieses Kapitels standen drei Aussagen: Leben will da sein; Leben will nicht immer groß sein; Leben stirbt von Zeit zu Zeit aus. Jetzt können wir eine vierte hinzufügen: Das Leben geht weiter. Und das, wie wir noch sehen werden, oftmals auf höchst verblüffende Weise.

23.
Die Reichlichkeit des Seins

Im Londoner Natural History Museum, in Nischen entlang der schwach beleuchteten Korridore oder zwischen Vitrinen mit Mineralien, Straußeneiern und anderem lehrreichen Material aus 100 Jahren, gibt es Geheimtüren – ein letztes Geheimnis insofern, als nichts an ihnen ist, was die Aufmerksamkeit der Besucher wecken würde. Gelegentlich sieht man jemanden mit dem zerstreuten Betragen und der eigenwilligen Frisur eines Gelehrten aus einer dieser Türen kommen und einen Flur entlangeilen, vermutlich um ein Stück weiter durch eine ähnliche Tür wieder zu verschwinden. Aber das kommt nur selten vor. Meist bleiben die Türen geschlossen und liefern keinerlei Anhaltspunkte, dass hinter ihnen noch ein anderes, paralleles Natural History Museum liegt. Es ist ebenso riesig und in vielerlei Hinsicht noch großartiger als jenes, das die Öffentlichkeit kennt und bewundert.

Das Natural History Museum besitzt rund 70 Millionen Objekte aus allen Bereichen des Lebendigen und allen Winkeln der Erde, und jedes Jahr wächst die Sammlung um etwa 100 000 weitere Stücke. Eigentlich bekommt man aber nur hinter den Kulissen einen Eindruck davon, was für ein Schatzhaus das Museum ist. In Schränken, Vitrinen und langen Sälen voller Regale stehen dicht bei dicht Zehntausende von konservierten Tieren in Flaschen, Millionen Insekten sind mit Nadeln auf Kartonquadrate aufgespießt, in Schubladen liegen hübsche Weichtiere, Dinosaurierknochen, Schädel von Frühmenschen, unzählige Ordner mit säuberlich gepressten Pflanzen. Ein wenig hat man das Gefühl, durch Darwins Gehirn zu wandern. In einem Raum steht auf fast 25 Regalkilometern Flasche neben Flasche mit Tieren, die in Methylalkohol konserviert sind.[1]

Hier befinden sich Objekte, die von Joseph Banks in Australien, Alexander von Humboldt im Amazonas-Urwald oder Charles Darwin auf seiner Reise mit der *Beagle* gesammelt wurden, aber auch vieles andere, das entweder sehr selten oder historisch bedeutsam ist. Viele Menschen würden diese Dinge gern in die Hand bekommen, und einigen ist es tatsächlich gelungen. Im Jahr 1954 erwarb das Museum eine außergewöhnliche ornithologische Sammlung aus dem Nachlass des engagierten Sammlers Richard Meinertzhagen, der neben anderen Fachbüchern das Werk *Bird of Arabia* verfasst hatte. Meinertzhagen war ein treuer Museumsbesucher – er kam fast jeden Tag, um sich Notizen für seine Bücher und Aufsätze zu machen. Als die Kisten mit seinen Besitztümern eintrafen, öffneten die Kuratoren sie eilig – alle waren gespannt, was er ihnen hinterlassen hatte. Sie erlebten, gelinde gesagt, eine Überraschung: Zahlreiche Stücke trugen die Etiketten des Museums. Wie sich herausstellte, hatte Meinertzhagen sich jahrelang in den Sammlungen bedient. Damit war auch erklärt, warum er selbst bei warmem Wetter stets einen langen Mantel trug.

Einige Jahre später ertappte man einen liebenswürdigen Stammgast der Weichtierabteilung – mir wurde berichtet, er sei »ein angesehener Gentleman« gewesen –, wie er wertvolle Muschelschalen in den hohlen Beinen seiner Gehhilfe verstaute.

»Ich glaube, hier gäbe es für jedes Stück einen Liebhaber«, sagt Richard Fortey mit nachdenklicher Miene, während er mich durch diese zauberhafte Welt hinter den Kulissen des Museums führt. Wir wandern durch eine verwirrende Fülle von Sälen, wo Menschen an großen Tischen sitzen und konzentrierte Untersuchungen an Gliederfüßern, Palmwedeln oder vergilbten Knochen vornehmen. Überall herrscht eine Atmosphäre der gemächlichen Gründlichkeit – das gigantische Vorhaben, an dem diese Menschen sich beteiligen, ist nie zu Ende und verträgt keine Eile. Wie ich gelesen habe, veröffentlichte das Museum 1967 seinen Bericht über die John-Murray-Expedition, eine Studie über den Indischen Ozean, deren Teilnehmer 44 Jahre zuvor wieder nach Hause gekommen waren.[2] Es ist eine Welt mit eigenem Rhythmus. In einem winzigen Aufzug stehe ich mit Fortey und einem älteren Mann, der wie ein Wissenschaftler wirkt. Entspannt und freundschaftlich unterhält sich mein Begleiter mit ihm, während wir ungefähr mit der Geschwindigkeit, die Sedimente bei der Ablagerung erreichen, aufwärts getragen werden.

Als der Mann sich verabschiedet hat, sagt Fortey zu mir: »Das war ein sehr netter Bursche. Er heißt Norman und untersucht schon seit 42 Jahren eine einzige Pflanzenart, das Johanniskraut. Seit 1989 ist er pensioniert, aber er kommt immer noch einmal in der Woche.«

»Wie kann man sich 42 Jahre mit einer einzigen Pflanze beschäftigen?«, will ich wissen.

»Das ist schon bemerkenswert, nicht?«, pflichtet Fortey mir bei. Dann denkt er einen Augenblick nach. »Offensichtlich ist er sehr gründlich.« Die Aufzugtür öffnet sich und gibt den Blick auf eine zugemauerte Öffnung frei. Fortey ist verblüfft. »Sehr seltsam«, sagt er, »früher war hier die Abteilung für Botanik.« Er drückt den Knopf für ein anderes Stockwerk, und wir suchen uns den Weg zur Botanik über Hintertreppen sowie mit diskreter Durchquerung anderer Abteilungen, wo weitere Wissenschaftler sich liebevoll mit einstmals lebenden Objekten befassen. So kam es, dass ich Len Ellis und die lautlose Welt der Bryophyten kennen lernte – für uns normale Sterbliche sind das die Moose.

Als Emerson mit poetischen Worten feststellte, dass Moose die Nordseite der Bäume bevorzugen (»Das Moos auf jedes Baumes Haut/im Dunkeln zum Polarstern schaut«), meinte er in Wirklichkeit die Flechten, denn im 19. Jahrhundert wurde nicht zwischen Flechten und Moosen unterschieden. Echte Moose sind nicht sonderlich wählerisch, was den Ort ihres Wachstums angeht, und deshalb eignen sie sich nicht als natürlicher Kompass. Eigentlich sind Moose sogar für so gut wie gar nichts zu gebrauchen. »Für vielleicht keine andere große Pflanzengruppe gibt es so wenige kommerzielle oder wirtschaftliche Anwendungsmöglichkeiten wie für die Moose«, schreibt Henry S. Conard mit einem Anflug von Bedauern in seinem 1956 erschienenen Buch *How to Know the Mosses and Liverworts*, das sich noch heute in vielen Bibliotheksregalen findet – es war wohl der einzige Versuch, das Thema populärwissenschaftlich aufzubereiten.[3]

Aber sie sind sehr fruchtbar. Selbst wenn man die Flechten ausklammert, ist im Bereich der Bryophyten eine Menge los: 700 Gattungen umfassen insgesamt über 10 000 Arten. Das dicke, ansehnliche Werk *Moss Flora of Britain and Ireland* von A. J. E. Smith ist 700 Seiten stark, obwohl Großbritannien und Irland keineswegs besonders stark bemooste Gebiete sind. »Die eigentliche Vielfalt findet man in den Tropen«, erklärt mir Len Ellis.[4] Der ruhige, hagere Mann arbeitet seit 27 Jahren am Natural History Museum und leitet seit 1990 diese Abteilung. »Wenn man sich beispielsweise in Malaysia in den Regenwald begibt, findet man relativ leicht neue Formen. Ich selbst habe das vor nicht allzu langer Zeit getan. Ein Blick auf den Boden, und schon hatte ich eine Art gefunden, die noch nicht beschrieben war.«

»Dann wissen wir also nicht, wie viele Arten noch unentdeckt sind?«

»O nein. Keine Ahnung.«

Eigentlich sollte man nicht glauben, dass es auf der Welt eine nennenswerte Zahl von Menschen gibt, die ihr ganzes Leben der Untersuchung derart bescheidener Gewächse widmen, aber in Wirklichkeit gibt es Hunderte von Moosexperten, und die sind in ihrem Fachgebiet sehr engagiert. »Oh ja, auf Tagungen geht es manchmal recht lebhaft zu«, erzählt mir Ellis.

Ich frage nach einem Beispiel für eine solche Meinungsverschiedenheit.

»Nun ja, eine wurde uns beispielsweise von einem Ihrer Landsleute aufgezwungen«, erwidert er mit einem Anflug von Lächeln. Dann schlägt er ein dickes Buch auf und zeigt mir Abbildungen von Moosen, an denen mir vor allem eines auffällt: Für das ungeübte Auge sehen sie sich alle unglaublich ähnlich. »Das hier«, sagt er und zeigt auf ein Moos, »war früher eine Gattung namens *Drepanocladus*. Heute wird sie in drei Gattungen unterteilt: *Drepanocladus*, *Wamstorfia* und *Hamatacoulis*.

»Und das hat zu Auseinandersetzungen geführt?«, frage ich mit schwacher Hoffnung.

»Nun ja, es war sinnvoll. Es war sogar sehr sinnvoll. Aber es bedeutete, dass man in den Sammlungen eine Menge Dinge neu ordnen musste, und eine Zeit lang waren alle Bücher veraltet. Deshalb wurde ein wenig gemurrt, wissen Sie.«

Weiter erklärt er mir, dass die Moose auch Geheimnisse bergen. Ein berühmter Fall – berühmt jedenfalls unter Moosexperten – betraf eine unauffällige Art namens *Hyophila stanfordensis*. Sie wurde auf dem Gelände der Stanford University in Kalifornien entdeckt, und später fand man sie auch neben einem Fußweg in Cornwall am südwestlichen Ende Englands, aber zwischen diesen beiden Orten begegnete man ihr nie. Wie sie an zwei so weit auseinander liegenden Stellen gedeihen kann, ist für alle ein Rätsel. »Heute wird sie als *Hennediella stanfordensis* bezeichnet. Auch das war eine Umwälzung«, sagt Ellis.

Wir nicken nachdenklich.

Wenn ein neues Moos entdeckt wird, muss man es mit allen anderen Moosen vergleichen – nur so kann man gewährleisten, dass es nicht bereits bekannt ist. Anschließend muss man eine formelle Beschreibung verfassen, Zeichnungen anfertigen und die Ergebnisse in einer angesehenen Fachzeitschrift veröffentlichen. Das Ganze dauert meist nicht länger als ein halbes Jahr. Insgesamt war das 20. Jahrhundert für die Systematik der Moose nicht gerade eine Blütezeit. In den ganzen Jahren konzentrierten sich die Arbeiten vorwiegend darauf, die Verwirrungen und doppelten Beschreibungen zu beseitigen, die das 19. Jahrhundert hinterlassen hatte.

Damals erlebte das Moossammeln sein goldenes Zeitalter. (Wie bereits erwähnt wurde, war auch der Vater von Charles Lyell ein großer Moosexperte.) Ein Engländer namens George Hunt machte seinem Namen alle Ehre: Er ging so energisch auf die Jagd nach britischen Moosen, dass er vermutlich zur Ausrottung mehrerer Arten beitrug. Aber dank solcher Bemühungen ist die Sammlung von Len Ellis eine der umfassendsten auf der ganzen Welt. Alle 780 000 Exemplare sind zwischen großen, schweren Papierblättern gepresst, manche davon sehr alt und mit verschnörkelter viktorianischer Handschrift bedeckt. Einige davon befanden sich nach heutiger Kenntnis vermutlich im Besitz des großen Botanikers Robert Brown, der in viktorianischer Zeit die Brown'sche Molekularbewegung und den Zellkern entdeckte. Brown gründete die botanische Abteilung des Museums und leitete sie dann 31 Jahre lang, bevor er 1858 starb. Alle Sammlungsstücke werden in blank polierten alten Mahagonischränken aufbewahrt, die so fein gearbeitet sind, dass ich eine Bemerkung darüber fallen lasse.

»Ach, die sind von Sir Joseph Banks, aus seinem Haus am Soho Square«, erklärt Ellis beiläufig, als spräche er über eine Neuerwerbung von Ikea. »Er ließ sie bauen, um darin seine Funde von der Reise mit der *Endeavour* unterzubringen.« Nachdenklich betrachtet er die Schränke, als sähe er sie seit langer Zeit zum ersten Mal. Dann fügt er hinzu: »Wie sie zu uns in die Moosabteilung gekommen sind, weiß ich nicht.«

Ein verblüffendes Eingeständnis. Joseph Banks war der größte Botaniker Englands, und die Reise mit der *Endeavour* – es war die gleiche, auf der Captain Cook 1769 neben vielem anderen auch den Venusdurchgang aufzeichnete und Australien für die britische Krone in Besitz nahm – war die größte botanische Expedition aller Zeiten. Banks zahlte 10 000 englische Pfund – nach heutiger Kaufkraft rund 900 000 Euro –, um mit neun Begleitern – einem Naturforscher, einem Sekretär, drei Künstlern und vier Dienern – an der dreijährigen, abenteuerlichen Weltumrundung teilzunehmen. Was der vierschrötige Captain Cook mit einer derart empfindsamen, verwöhnten Reisegruppe anfing, weiß niemand so ganz genau, aber anscheinend mochte er Banks recht gern und konnte seine Bewunderung über dessen Talent als Botaniker nicht verhehlen – ein Eindruck, den auch die Nachwelt teilt.

Niemals zuvor und auch zu keinem späteren Zeitpunkt feierte eine botanische Expedition größere Triumphe. Zum Teil lag es daran, dass die Reise zu so vielen neuen oder wenig bekannten Zielen führte – Feuerland, Tahiti, Neuseeland, Australien, Neuguinea –, vor allem aber war es Banks zu verdanken, einem höchst scharfsinnigen, fantasievollen Sammler. Selbst in Rio de

Janeiro, wo sie wegen Quarantänebestimmungen nicht an Land gehen durften, stöberte er in einem Ballen Futter, der für die Tiere des Schiffes an Bord gebracht wurde, und machte dabei neue Entdeckungen.[5] Anscheinend entging nichts seiner Aufmerksamkeit. Insgesamt brachte er 30 000 Exemplare von Pflanzen nach Hause, darunter 1400, die zuvor noch nie jemand gesehen hatte – genug, um die Gesamtzahl der weltweit bekannten Arten um ein Viertel ansteigen zu lassen.

Aber auch Banks' große Sammlung war nur ein kleiner Teil der Gesamtausbeute in einem Zeitalter der fast absurden Sammelwut. Das Sammeln von Pflanzen wurde im 18. Jahrhundert zu einer Art internationalen Besessenheit. Ruhm und Reichtum warteten auf jeden, der neue Arten entdeckte, und sowohl Botaniker als auch Abenteurer nahmen fast unglaubliche Strapazen auf sich, um die Gier der Welt nach neuem Grünzeug zu befriedigen. Thomas Nuttall, der die Wisteria nach Caspar Wistar auf ihren Namen taufte, kam als ungebildeter Drucker nach Amerika. Kurz darauf entdeckte er jedoch seine Leidenschaft für Pflanzen, und nun wanderte er kreuz und quer durch das halbe Land, wobei er Hunderte von Gewächsen einsammelte, die noch niemand kannte. John Fraser, Namenspatron der Fraser-Balsamtanne, sammelte jahrelang in der Wildnis Pflanzen im Auftrag von Katharina der Großen, und als er schließlich in die Zivilisation zurückkehrte, hatte Russland einen neuen Zaren, der ihn für verrückt erklärte und den Vertrag nicht erfüllen wollte. Daraufhin brachte Fraser seine Funde nach Chelsea, eröffnete eine Baumschule und verdiente sich einen hübschen Lebensunterhalt, indem er Rhododendren, Azaleen, Magnolien, Wilden Wein, Astern und andere exotische Pflanzen aus den Kolonien an eine begeisterte englische Schickeria verkaufte.

Mit den richtigen Funden konnte man gewaltige Summen verdienen. Der Amateurbotaniker John Lyon verbrachte zwei harte, gefährliche Jahre mit dem Sammeln von Pflanzen, seine Mühen wurden ihm aber nach heutiger Kaufkraft mit rund 180 000 Euro belohnt. Für viele andere jedoch war die Liebe zur Botanik das einzige Motiv. Nuttall stiftete fast alle seine Funde dem botanischen Garten von Liverpool. Am Ende wurde er Direktor des botanischen Gartens der Harvard University und verfasste das große Nachschlagewerk *Genera of North American Plants* (das er nicht nur schrieb, sondern größtenteils auch selbst setzte).

Und neben den Pflanzen gab es ja noch die ganze Tierwelt der neuen Kontinente: Kängurus, Kiwis, Waschbären, Rotluchse, Moskitos und andere seltsame Geschöpfe, von denen sich niemand etwas hätte träumen lassen. Die Erkenntnis, dass das Leben auf der Erde offensichtlich von unendlicher Vielfalt war, fasste Jonathan Swift in seine berühmten Zeilen:

> Denn jeder Floh, sagt der Zoolog,
> Dient kleinern Flöhn als Futtertrog,
> Und wieder kleinern dienen diese –
> Ad infinitum, die Devise.

Und all diese neuen Erkenntnisse mussten aufgezeichnet, geordnet und mit dem bereits Bekannten verglichen werden. Die Welt brauchte dringend ein funktionierendes Klassifikationssystem. Glücklicherweise stand in Schweden jemand bereit, der es liefern sollte.

Er hieß Carl Linné (aus dem er später mit königlicher Erlaubnis das adlige *von* Linné machte), ist aber heute auch unter seinem latinisierten Namen Carolus Linnaeus bekannt. Linné wurde 1707 in dem südschwedischen Dorf Råshult als Sohn eines armen, aber ehrgeizigen lutheranischen Hilfsgeistlichen geboren und war in der Schule so faul, dass sein verärgerter Vater ihn als Lehrling zu einem Flickschuster schickte (oder dies manchen Berichten zufolge fast getan hätte). Aber die Aussicht, sein Leben lang Nägel in Leder zu klopfen, war dem jungen Linné derart zuwider, dass er um eine zweite Chance bettelte. Sie wurde ihm gewährt, und von nun an ließ er nicht mehr von seinen akademischen Bemühungen ab. Er studierte in Schweden und Holland Medizin, aber seine Leidenschaft galt der Natur. Anfang der dreißiger Jahre des 18. Jahrhunderts, als er erst knapp über 20 war, stellte er bereits Kataloge der Pflanzen- und Tierarten der Erde auf; dabei bediente er sich eines von ihm selbst entwickelten Systems, und allmählich wuchs sein Ruhm.

Kaum ein anderer ging so unbefangen mit seinem Ruf um wie Linné. Seine Freizeit verwendete er größtenteils darauf, lange, schmeichelhafte Berichte über sich selbst zu verfassen. Darin erklärte er, es habe »nie einen größeren Botaniker oder Zoologen gegeben«, und sein Klassifikationssystem sei »die größte Leistung in der Domäne der Wissenschaft«. In aller Bescheidenheit schlug er vor, sein Grabstein solle die Inschrift *Princeps Botanicorum* tragen – »Fürst der Botaniker«. Seine großzügige Selbsteinschätzung in Frage zu stellen, war unklug. Wer es tat, fand seinen Namen später in einem Unkraut wieder.

Linnés zweite auffallende Eigenschaft war eine ständige und manchmal sogar geradezu fieberhafte Sexbesessenheit. Insbesondere faszinierte ihn die Ähnlichkeit zwischen bestimmten Muscheln und den weiblichen Geschlechtsorganen. Den Körperteilen einer Muschelart gab er die Namen *vulva, labia, pubes, anus* und *hymen.*[6] Er ordnete die Pflanzen nach dem Bau ihrer Fortpflanzungsorgane und schrieb ihnen ein auffallend menschliches Liebesbedürfnis zu. In seinen Beschreibungen über Blüten und ihr Verhalten finden sich immer wieder Ausdrücke wie »promiskuitiver Verkehr«, »unfruchtbare Konkubinen« oder »Brautbett«. Im Frühjahr schrieb er in einem häufig zitierten Absatz:

> Sogar die Pflanzen werden von Liebe erfasst... Männer und Frauen... vollziehen die Ehe.... zeigen durch ihre Geschlechtsorgane, wer männlich und wer weiblich ist. Die Blütenblätter dienen als Brautbett, welches der Schöpfer so großartig angeordnet hat, so üppig geschmückt mit edlen Bettvorhängen, parfümiert mit so süßen Düften, dass der Bräutigam und die Braut hier ihre Hochzeitsnacht mit umso größerer Erhabenheit feiern können. Ist das Bett auf diese Weise bereitet, wird es Zeit für den Bräutigam, seine geliebte Braut zu umfangen und sich ihr hinzugeben.[7]

Eine Pflanzengattung taufte er auf den Namen Clitoria. Wie nicht anders zu erwarten, hielten ihn viele für einen seltsamen Kauz. Aber sein Klassifikationssystem hatte einen unwiderstehlichen Reiz. Vor Linné gab man den Pflanzen umständliche, beschreibende Namen – die Judenkirsche hieß beispielsweise *Physalis amno ramosissime ramis angulosis glabris foliis dentoserratis*. Linné stutzte die Bezeichnung auf *Physalis angulata* zurück, und diesen Namen trägt die Pflanze noch heute.[8] Außerdem sorgten uneinheitliche Benennungen in der Pflanzenwelt für Unordnung. Ein Botaniker konnte nicht mit Sicherheit wissen, ob *Rosa sylvestris alba cum rubore, folio glabro* die Gleiche war, die andere als *Rosa sylvestris inodora seu canina* bezeichneten. Linné nannte sie einfach *Rosa canina* und machte so dem Durcheinander ein Ende. Aber damit die Verkürzung nützlich war und allgemein anerkannt wurde, reichte Entscheidungsfreude allein nicht aus. Die herausragenden Eigenschaften einer Art zu erkennen, erforderte den richtigen Instinkt, eigentlich sogar ein Genie.

Linnés System setzte sich so allgemein durch, dass wir uns heute kaum noch etwas anderes vorstellen können. Bevor es existierte, bediente man sich häufig sehr sonderbarer Klassifikationssysteme. Tiere teilte man danach ein, ob sie wild lebten oder domestiziert waren, ob sie ihr Dasein an Land oder im Wasser fristeten, ob sie groß oder klein waren, ja sogar danach, ob man sie für hübsch und edel oder unbedeutend hielt. Buffon klassifizierte die Tiere auf Grund ihrer Nützlichkeit für den Menschen. Dagegen spielten anatomische Überlegungen kaum eine Rolle. Linné machte es sich zur Lebensaufgabe, diesen Mangel zu beseitigen; dazu teilte er alle Lebewesen nach ihren körperlichen Merkmalen ein. Die biologische Systematik – das heißt die Wissenschaft der Klassifikation von Lebewesen – hat es nie bereut.

Das alles erforderte natürlich viel Zeit. Die erste Auflage von Linnés großem Werk *Systema Naturae*, die 1735 erschien, umfasste nur 14 Seiten.[9] Aber es wuchs und wuchs, und bis zur 12. Auflage – der letzten, die Linné noch zu Gesicht bekam – war es bereits auf drei Bände und 2300 Seiten angewachsen. Am Ende hatte er darin 13 000 Pflanzen- und Tierarten aufgeführt und benannt. Andere Werke waren umfangreicher – die dreibändige *Historia Generalis Plantarum* aus England, die John Ray eine Generation zuvor vollendet hatte, verzeichnete nicht weniger als 18 625 Pflanzenarten[10] –, aber Linné hatte weit stärker als alle anderen für Einheitlichkeit, Ordnung, Einfachheit und Zeitlosigkeit gesorgt. Obwohl sein Werk schon in den dreißiger Jahren des 18. Jahrhunderts erschien, wurde es in England erst nach 1760 allgemein bekannt, gerade noch rechtzeitig, damit Linné für die britischen Naturforscher zu einer Art Vaterfigur werden konnte.[11] Nirgendwo wurde sein System mit größerer Begeisterung aufgenommen (das ist unter anderem auch der Grund, warum die Linnean Society ihren Sitz nicht in Stockholm, sondern in London hat).

Aber auch Linné machte Fehler. Er ließ Platz für Fabelwesen und »monströse Menschen«, deren Beschreibungen er arglos von Seeleuten und anderen fantasievollen Reisenden übernahm.[12] Darunter war beispielsweise ein wilder Mensch namens *Homo ferus*, der auf allen vieren ging und die Kunst der Sprache noch nicht beherrschte, sowie *Homo caudatus*, der »Mensch mit einem Schwanz«. Dabei darf man allerdings nicht vergessen, dass es allgemein ein leichtgläubiges Zeitalter war. Selbst der große Joseph Banks interessierte sich noch Ende des 18. Jahrhunderts brennend und völlig ernsthaft für eine Reihe von Berichten über die angebliche Entdeckung von Meerjungfrauen vor der schottischen Küste. Linnés Schwächen wurden jedoch in den meisten Fällen durch eine stichhaltige, häufig höchst scharfsinnige systematische Einordnung wettgemacht. Neben anderen Leistungen erkannte er als Erster, dass die Wale zusammen mit Kühen, Mäusen und anderen allgemein bekannten Landtieren zur Ordnung der Vierbeiner oder Quadrupedia gehören (aus der später die Säugetiere oder Mammalia wurden).[13]

Anfangs wollte Linné jeder Pflanze einen Gattungsnamen und eine Zahl geben – *Convolvulus 1, Convolvulus 2* und so weiter. Wenig später wurde ihm jedoch klar, dass ein solches System unbefriedigend war, und dann erdachte er die Binominalnomenklatur, die bis heute das Kernstück der biologischen Systematik darstellt. Ursprünglich hatte er vor, das System der zwei Namen auf alles Mögliche anzuwenden – auf Gesteine, Mineralien, Krankheiten, Winde, schlicht auf alles, was es in der Natur gab. Die neue Methode stieß nicht überall auf Gegenliebe. Viele Gelehrte machten sich Sorgen, es könne der Unanständigkeit Vorschub leisten – was nicht der Ironie entbehrt, denn vor Linné waren die Trivialnamen vieler Pflanzen und Tiere von vulgärer Deftigkeit. Der Löwenzahn war in England wegen seiner angeblich Wasser treibenden Wirkung lange Zeit als »Pissnelke« bekannt, und die alltäglichen Namen für andere Pflanzen lauteten unter anderem »Stutenfurz«, »nackte Damen«, »zuckender Hoden«, »Hundepisse«, »offener Arsch« oder »Hinternputzer«.[14] Die eine oder andere derart deftige Bezeichnung hat bis heute überlebt. Das Frauenhaarmoos (*Polytrichum commune*) zum Beispiel ist *nicht* nach den Haaren auf dem Kopf einer Frau benannt. Insgesamt hatte man jedoch schon lange den Wunsch, der Naturwissenschaft durch eine kräftige Dosis klassischer Namen etwas mehr Würde zu verleihen, und deshalb machte sich ein gewisses Entsetzen breit, als man feststellte, dass der selbst ernannte Fürst der Botanik seine Schriften mit Namen wie *Clitoria, Fornicata* und *Vulva* gewürzt hatte.

Im Laufe der Jahre ließ man viele dieser Bezeichnungen stillschweigend fallen (allerdings nicht alle: Die in Amerika sehr verbreitete Pantoffelschnecke hört bei offiziellen Gelegenheiten noch heute auf den Namen *Crepidula fornicata*), und als die Naturwissenschaften sich immer stärker spezialisierten, kamen viele weitere Verfeinerungen hinzu. Insbesondere wurde das System durch Einführung zusätzlicher Hierarchiestufen ausgebaut. Die Kategorien der Gattung (*Genus*, Plural *Genera*) und der Art (*Spezies*) hatten die Naturwissenschaftler schon vor Linné seit rund 100 Jahren benutzt; *Ordnung*, *Klasse* und *Familie* im biologischen Sinn wurden in den fünfziger und sechziger Jahren des 18. Jahrhunderts gebräuchlich. Den Begriff *Stamm* (*Phylum*) jedoch prägte der deutsche Naturforscher Ernst Haeckel erst 1876, und *Familie* und *Ordnung* hatten bis zu Beginn des 20. Jahrhunderts die gleiche Bedeutung. Eine Zeit lang sprachen Zoologen von der *Familie*, wo Botaniker den Begriff

Ordnung verwendeten, was fast immer zu großer Verwirrung führte.*

Linné hatte die Tierwelt in sechs Kategorien unterteilt: die Säugetiere, Reptilien, Vögel, Fische, Insekten und schließlich die *vermes* oder Würmer für alle anderen, die nicht in die ersten fünf Gruppen passten. Es lag von Anfang an auf der Hand, dass es unbefriedigend war, Hummer und Krabben in die gleiche Kategorie einzuordnen wie die Würmer, und so schuf man verschiedene neue Kategorien wie Weichtiere (*Mollusca*) und Krebse (*Crustacea*). Leider wurden diese neuen Einheiten aber nicht in allen Ländern einheitlich angewandt. In dem Bestreben, die Ordnung wiederherzustellen, verkündeten die Briten 1842 ein neues Regelwerk, das sie als Strickland-Kodex bezeichneten, aber die Franzosen hielten das für anmaßend, und ihre Société Zoologique setzte ihm eigene, widersprechende Regeln entgegen. Zur gleichen Zeit entschloss sich die amerikanische Ornithological Society aus rätselhaften Gründen, die Auflage des *Systema Naturae* von 1758 als Grundlage für ihre Namensgebung zu verwenden, während anderswo die Auflage von 1766 in Gebrauch war. Das hatte zur Folge, dass viele amerikanische Vögel während des gesamten 19. Jahrhunderts in anderen Gattungen eingesperrt waren als ihre europäischen Vettern. Erst 1902, bei einer der ersten Tagungen des Internationalen Zoologischen Kongresses, waren die Naturforscher endlich kompromissbereit und verabschiedeten ein allgemein anerkanntes Regelwerk.

Die biologische Systematik wird manchmal als Wissenschaft, manchmal auch als Kunst bezeichnet, aber in Wirklichkeit ist sie ein Schlachtfeld. Selbst heute ist das System weniger geordnet,

* Ein Beispiel: Der Mensch gehört zur Domäne Eucarya, zum Reich der Tiere (Animalia), zum Stamm der Chordatiere (Chordata), zum Unterstamm der Wirbeltiere (Vertebrata), zur Klasse der Säugetiere (Mammalia), zur Ordnung der Herrentiere (Primates), zur Familie der Hominiden (Hominidae), zur Gattung *Homo* und zur Art *sapiens*. (Wie ich erfahren habe, ist es üblich, Gattungs- und Artnamen kursiv zu schreiben, die Namen der höheren Kategorien jedoch nicht.) Manche Systematiker nehmen weitere Unterteilungen vor: Tribus, Unterordnung, Infraordnung, Kleinordnung und so weiter.

als man meist annimmt. Ein gutes Beispiel ist die Kategorie der Stämme, jener Gruppen, die den verschiedenen Grundbauplänen aller Lebewesen entsprechen. Manche Stämme sind allgemein bekannt, beispielsweise die Weichtiere oder Mollusken (zu denen Muscheln und Schnecken gehören), die Gliederfüßer (Insekten und Krebse) und die Chordatiere (alle Tiere mit einer Wirbelsäule oder einem Wirbelsäulen-Vorläufer einschließlich des Menschen). Darüber hinaus jedoch bewegen wir uns sehr schnell in Richtung des Unbekannten. In diesem Bereich können wir beispielsweise die Kiefermündchen oder Gnathostomulida nennen (eine Gruppe von Meereswürmern), aber auch die Nesseltiere oder Cnidaria (Quallen, Seeanemonen und Korallen) und die empfindlichen Priapswürmer oder Priapulida. Ob sie uns vertraut sind oder nicht – es handelt sich um grundlegende Unterscheidungen. Dennoch besteht bei den Fachleuten erstaunlich wenig Einigkeit darüber, wie viele Tierstämme es gibt oder geben sollte. Die meisten Biologen nennen eine Gesamtzahl von ungefähr 30, einige verlegen sie aber auch in den Bereich knapp über 20; andererseits geht Edward O. Wilson in seinem Buch *Der Wert der Vielfalt* von ansehnlichen 89 Stämmen aus.[15] Es hängt davon ab, wo man die Grenzen zieht, ob man »in einen Topf wirft« oder »splittet«, wie die Biologen in ihrer Umgangssprache sagen.

Auf der eher alltäglichen Ebene der biologischen Art bieten sich sogar noch größere Möglichkeiten für Meinungsverschiedenheiten. Die Frage, ob man eine Grasart als *Aegilops incurva, Aegilops incurvata* oder *Aegilops ovata* bezeichnen soll, mag bei Nichtbotanikern vielleicht keine Leidenschaften wecken, aber in den richtigen Kreisen kann sie zum Gegenstand hitziger Debatten werden. Das Problem besteht darin, dass es 5000 Grasarten gibt, von denen viele selbst für Grasexperten schrecklich ähnlich aussehen. Deshalb wurden manche Arten mindestens 20-mal entdeckt und benannt, und anscheinend gibt es kaum eine, die nicht mindestens zweimal unabhängig nachgewiesen wurde. In dem zweibändigen Handbuch *Manual of the Grasses of the United States* sind 200 eng bedruckte Seiten dem Versuch gewidmet, alle Mehrfachbenennungen aufzuklären, denn die biologische Wissenschaft bezieht sich immer wieder auf diese unabsichtlichen, aber recht häufigen Doppelungen. Und das sind nur die Gräser eines einzigen Landes.

Für Meinungsverschiedenheiten weltweiten Maßstabs ist eine Institution zuständig, die als Internationale Vereinigung für Pflanzen-Taxonomie (*International Association for Plant Taxonomy*, IAPT) bezeichnet wird. Sie gibt von Zeit zu Zeit Verlautbarungen heraus und erklärt darin, *Zauschneria californica* (eine verbreitete Steingartenpflanze) solle zukünftig *Epilobium canum* heißen, oder *Aglaothamnion tenuissimum* sei von nun an als die gleiche Art zu betrachten wie *Aglaothamnion byssoides*, es sei aber nicht identisch mit *Aglaothamnion pseudobyssoides*. Normalerweise sind das kleine Aufräumungsarbeiten, die kaum Aufmerksamkeit erregen, aber wenn davon beliebte Gartenpflanzen betroffen sind, folgt regelmäßig ein empörter Aufschrei. Ende der achtziger Jahre des 20. Jahrhunderts wurde die allgemein bekannte Chrysantheme (offensichtlich aus stichhaltigen wissenschaftlichen Gründen) aus der Gattung gleichen Namens herausgenommen und der vergleichsweise langweiligen, unattraktiven Gattung *Dendranthema* zugeordnet.

Die Chrysanthemenzüchter sind eine große, selbstbewusste Branche, und sie protestierten beim Komitee für Spermatophyten – das es tatsächlich gibt, auch wenn es unwahrscheinlich klingt. (Ebenso existieren unter anderem Komitees für Pteridophyten, Bryophyten und Pilze; sie alle sind einer Instanz namens Rapporteur-Général unterstellt, einer Institution, die man wirklich hoch schätzen sollte.) Auch wenn die Nomenklaturregeln angeblich strikt angewandt werden, bleiben die Botaniker nicht unempfindlich für Gefühlsregungen, und 1995 wurde die Entscheidung rückgängig gemacht. Durch ähnliche Beschlüsse rettete man auch Petunien, Pfaffenhütchen und eine beliebte Narzissenart vor der Degradierung, nicht aber mehrere Geranienarten, die vor einigen Jahren trotz allen Protestgeheuls der Gattung *Pelargonium* zugeschlagen wurden.[16] Einen unterhaltsamen Überblick über die Auseinandersetzungen gibt Charles Elliott in *The Potting-Shed Papers*.

Ganz ähnliche Diskussionen und Neuzuordnungen gibt es

auch in allen anderen Gruppen der Lebewesen, und stets auf dem Laufenden zu bleiben, ist nicht so einfach, wie man es sich vielleicht vorstellt. Daraus ergibt sich eine verblüffende Folge: Wir haben nicht die leiseste Ahnung – »nicht einmal eine annähernde Größenordnung«, wie Edward O. Wilson es ausdrückt –, wie viele Arten von Lebewesen auf unserem Planeten zu Hause sind. Die Schätzungen reichen von drei Millionen bis 200 Millionen.[17] Und noch erstaunlicher ist, dass nach einem Bericht der Zeitschrift *Economist* bis zu 97 Prozent der Tier- und Pflanzenarten auf der Erde noch ihrer Entdeckung harren.[18]

Von den Arten, die wir bereits kennen, sind über 99 Prozent nur skizzenhaft beschrieben – nach Wilsons Worten beschränken sich unsere Kenntnisse meist auf einen wissenschaftlichen Namen, eine Hand voll Exemplare in einem Museum und ein paar bruchstückhafte Beschreibungen in wissenschaftlichen Zeitschriften. In seinem Buch *Der Wert der Vielfalt* schätzt Wilson die Gesamtzahl der bekannten biologischen Arten – Pflanzen, Insekten, Mikroorganismen, Algen und alle anderen – auf 1,4 Millionen, aber er fügt sofort hinzu, dies sei nur eine Vermutung.[19] Andere Fachleute setzen die Zahl der bekannten Arten ein wenig höher bei rund 1,5 bis 1,8 Millionen an,[20] aber ein zentrales Register gibt es nicht, und deshalb lassen sich die Angaben nicht überprüfen. Kurz gesagt, befinden wir uns in einer eigenartigen Lage: Eigentlich wissen wir nicht, was wir eigentlich wissen.

Im Prinzip sollte es möglich sein, Fachleute für die einzelnen Spezialgebiete zu befragen, wie viele Arten es in ihrem Bereich jeweils gibt, und dann die Zahlen zusammenzuzählen. Das haben tatsächlich viele Autoren getan, aber dabei kamen nur in den seltensten Fällen übereinstimmende Angaben heraus. Manche Quellen geben eine Zahl von 70 000 bekannten Pilzarten an, andere sprechen von 100 000, fast anderthalbmal so viel. Man hört die selbstbewusste Behauptung, die Zahl der bekannten Regenwürmer betrage 4000, und ebenso selbstbewusst nennen andere eine Zahl von 12 000. Bei den Insekten reichen die Angaben von 750 000 bis zu 950 000 Arten. Wohlgemerkt: Das ist jeweils nur die Zahl der angeblich *bekannten* Arten. Bei Pflanzen liegen die allgemein anerkannten Zahlen zwischen

248 000 und 265 000. Das mag sich nach einem geringen Unterschied anhören, aber allein die Differenz ist zwanzigmal so groß wie die Zahl aller Blütenpflanzenarten in Nordamerika.

Ebenso ist es alles andere als einfach, Ordnung in die Sache zu bringen. Anfang der sechziger Jahre des 20. Jahrhunderts machte sich Colin Groves von der Australian National University an eine systematische Übersichtsuntersuchung der mehr als 250 bekannten Primatenarten. Dabei stellte sich in vielen Fällen heraus, dass die gleiche Art zweimal oder sogar mehrere Male beschrieben worden war, und in allen Fällen hatten die Entdecker nicht erkannt, dass das Tier, mit dem sie es zu tun hatten, der Wissenschaft bereits bekannt war. Vier Jahrzehnte brauchte Groves, um alle Zusammenhänge zu entwirren, und das in einer vergleichsweise kleinen Gruppe von Tieren, die leicht zu unterscheiden sind und um die es in der Regel keine Meinungsverschiedenheiten gibt.[21] Was die Folgen wären, wenn jemand sich auf ähnliche Weise mit den schätzungsweise 20 000 Flechtenarten der Erde, den 50 000 Weichtieren oder den mehr als 400 000 Käfern befassen würde, weiß niemand.

Nur eines ist sicher: Es gibt eine ungeheure Fülle von Lebensformen. Wie viele es aber tatsächlich sind, kann man nur schätzen, und solche Schätzungen stützen sich auf – manchmal sehr gewagte – Hochrechnungen. Eine Untersuchung, die recht bekannt wurde, unternahm Terry Erwin von der Smithsonian Institution in den achtziger Jahren des 20. Jahrhunderts: Er sprühte im Regenwald von Panama eine Gruppe von 19 Bäumen reichlich mit einem Insektizid ein und sammelte alles, was aus den Baumkronen in seine Netze fiel. Zu seinem Fang (in Wirklichkeit waren es mehrere Fänge, denn er wiederholte das Experiment zu verschiedenen Jahreszeiten, um auch wandernde Tierarten zu erfassen) gehörten 1200 Käferarten. Gestützt auf Kenntnisse über die Verteilung von Käfern in anderen Gebieten, die Zahl der Baumarten in dem Wald, die Zahl der Wälder auf der Erde, die Zahl anderer Insektenarten und zahlreicher weiterer Variablen gelangte er für die ganze Welt zu einer Schätzung von 30 Millionen Insektenarten – eine Zahl, die er später als zu vorsichtig bezeichnete. Andere gingen von den gleichen oder ähnlichen Daten aus und nannten Zahlen von 13 Millionen, 80 Millionen oder 100 Millionen Insektenarten; damit bestätigten sie wieder einmal die Erkenntnis, dass solche Zahlen, so sorgfältig man sie auch ermittelt, sich zwangsläufig ebenso sehr auf Vermutungen stützen wie auf handfeste wissenschaftliche Arbeit.

Nach Angaben des *Wall Street Journal* gibt es auf der Welt rund 10 000 aktive biologische Systematiker, keine große Zahl, wenn man bedenkt, was es alles aufzuzeichnen gilt. Aber wie das *Journal* hinzufügt, werden wegen der hohen Kosten (fast 2000 Euro je Art) und des notwendigen Papierkrieges jedes Jahr insgesamt nur rund 15 000 neue Arten registriert.[22]

»Wir haben keine Krise der biologischen Vielfalt, sondern eine Krise der biologischen Systematik!«, schimpft der aus Belgien stammende Koen Maes, Leiter der Abteilung für wirbellose Tiere am kenianischen Nationalmuseum in Nairobi, mit dem ich im Herbst 2002 auf einer Reise in das Land kurz zusammentreffe.[23] Wie er mir erklärt, gibt es in ganz Afrika keine Fachleute für biologische Systematik. »An der Elfenbeinküste lebte früher einer, aber ich glaube, der ist pensioniert«, sagt er. Die Ausbildung eines Systematikers dauert acht bis zehn Jahre, aber in Afrika gibt es keinen Nachwuchs. »Das sind echte Fossilien«, fügt Maes hinzu. Wie er mir berichtet, wird er selbst Ende des Jahres entlassen. Nach sieben Jahren in Kenia wird sein Vertrag nicht verlängert. »Kein Geld da«, erklärt Maes.

Wie der britische Biologe G. H. Godfray letztes Jahr in der Fachzeitschrift *Nature* feststellte, leiden die biologischen Systematiker überall unter einem chronischen Mangel an Ansehen und Finanzmitteln. Deshalb »werden viele Arten in abgelegenen Zeitschriften schlecht beschrieben, ohne dass der Versuch unternommen wird, ein neues Taxon* mit den bereits bekannten Arten und ihrer Klassifikation in Verbindung zu bringen«.[24] Außerdem verbringen Systematiker den größten Teil ihrer Zeit nicht

* Der Fachausdruck für zoologische Kategorien wie *Stamm* oder *Gattung*. Mehrzahl ist *Taxa*.

mit der Beschreibung neuer Arten, sondern damit, Ordnung in die bereits vorhandenen Beschreibungen zu bringen. Nach Godfrays Angaben »verwenden viele fast ihre gesamte Berufslaufbahn darauf, die Arbeiten der Systematiker aus dem 19. Jahrhundert zu interpretieren: Sie nehmen die häufig unzureichenden veröffentlichten Beschreibungen auseinander und suchen in den Museen der ganzen Welt nach Belegmaterial, das dann häufig in sehr schlechtem Zustand ist.« Insbesondere weist Godfray darauf hin, wie wenig Aufmerksamkeit man den Möglichkeiten schenkt, die das Internet für die systematische Erfassung der Lebewesen bietet. Die biologische Systematik ist noch heute im Großen und Ganzen eine altmodische Papierwissenschaft.

Einen Versuch, die Dinge in die moderne Zeit zu versetzen, unternahm Kevin Kelly, Mitbegründer der Zeitschrift *Wired*, im Jahr 2001: Er setzte ein Unternehmen namens All Species Foundation in Gang. Das Ziel: alle Lebewesen zu finden und in einer Datenbank aufzunehmen.[25] Die Kosten für ein solches Projekt liegen nach verschiedenen Schätzungen irgendwo zwischen zwei Milliarden und 50 Milliarden US-Dollar. Im Frühjahr 2002 verfügte die Stiftung aber erst über 1,2 Millionen Dollar und vier Vollzeitbeschäftigte. Wenn es stimmt, dass noch bis zu 100 Millionen Insektenarten zu entdecken bleiben und wenn die Entdeckungen sich mit der bisherigen Geschwindigkeit fortsetzen, haben wir erst in etwas mehr als 15 000 Jahren endgültig alle Insektenarten erfasst. Für das übrige Tierreich dürfte es noch ein wenig länger dauern.

Warum wissen wir eigentlich so wenig? Die Zahl der Gründe ist fast ebenso groß wie die der Tiere, die noch zu zählen bleiben, aber einige der wichtigsten möchte ich nennen:

Die meisten Lebewesen sind klein und leicht zu übersehen. Unter praktischen Gesichtspunkten ist das häufig gar nicht so schlecht. Wir würden wahrscheinlich weniger ruhig schlafen, wenn wir wahrnehmen würden, dass unsere Matratze etwa zwei Millionen mikroskopisch kleine Milben beherbergt.[26] Sie kommen zu nächtlicher Stunde heraus, schlagen sich mit unserem Hauttalg den Bauch voll und tun sich an den leckeren, knusprigen Hautschuppen gütlich, die wir abwerfen, während wir uns im Schlummer herumwälzen. Allein im Kissen leben vielleicht 40 000 von ihnen. (Unser Kopf ist für sie ein fetter Leckerbissen.) Und man sollte nicht denken, dass ein sauberer Kissenbezug daran etwas ändert. Für ein Lebewesen von der Größe einer Bettmilbe sieht noch das dichteste Gewebe der Menschen aus wie die Takelung eines Segelschiffes. Wenn das Kissen sechs Jahre alt ist – offenbar das Durchschnittsalter für einen solchen Gegenstand –, besteht sein Gewicht nach Schätzungen zu rund einem Zehntel aus »abgeschilferter Haut, toten Milben und Milbenexkrementen«, so Dr. John Maunder vom British Medical Entomology Center, der entsprechende Untersuchungen angestellt hat.[27] (Aber wenigstens sind es unsere Milben. Man denke nur daran, was wir alles aufschnappen, wenn wir in ein Hotelbett steigen.)* Die Milben begleiten uns seit undenklichen Zeiten, aber entdeckt wurden sie erst 1965.[28]

Wenn Lebewesen, die so eng mit uns zusammenleben wie die Bettmilben, unserer Aufmerksamkeit bis ins Zeitalter des Farbfernsehens entgehen konnten, ist es eigentlich kein Wunder, dass wir über die Welt des Allerkleinsten auch sonst kaum etwas wissen. Man braucht nur in den Wald zu gehen – in irgendeinen Wald, egal wo – und eine Hand voll Boden aufzuheben. Immer hält man dann bis zu zehn Milliarden Bakterien in der Hand, von denen die meisten der Wissenschaft nicht bekannt sind. Außerdem enthält die Bodenprobe vielleicht eine Million dicke Hefezellen, rund 200 000 behaarte kleine Schimmelpilze, 10 000 Protozoen (das bekannteste Lebewesen aus dieser Gruppe ist die Amöbe) sowie eine Vielzahl von Rädertierchen, Plattwürmern, Fadenwürmern und anderen mikroskopisch kleinen Tieren, die zusammenfassend als Kryptozoa bezeichnet werden.[29] Auch sie sind größtenteils unbekannt.

Bergey's Manual of Systematic Bacteriology, das umfassendste

* In manchen Hygienefragen verschlechtern sich die Verhältnisse sogar. Nach Ansicht von Dr. Maunders hat der Trend zu Niedrigtemperatur-Waschmitteln die Vermehrung des Ungeziefers begünstigt. Er formuliert es so: »Wenn man verlauste Kleidung bei niedrigen Temperaturen wäscht, bekommt man nur saubere Läuse.«

Nachschlagewerk über Mikroorganismen, führt rund 4000 Bakterienarten auf. In den achtziger Jahren des 20. Jahrhunderts holten sich die beiden norwegischen Wissenschaftler Jostein Goksøyr und Vigdis Torsvik ein Gramm ganz gewöhnlichen Erdboden aus einem Buchenwald in der Nähe ihres Labors in Bergen und analysierten sehr sorgfältig seinen Bakteriengehalt. Nach ihren Feststellungen enthielt allein diese kleine Bodenprobe zwischen 4000 und 5000 verschiedene Bakterienarten, mehr als im gesamten *Bergey's Manual* verzeichnet sind. Anschließend fuhren sie wenige Kilometer zu einer Stelle an der Küste, holten dort wiederum ein Gramm Erde und stellten fest, dass sie 4000 bis 5000 *andere* Arten enthielt. Edward O. Wilson formuliert es so: »Wenn in zwei winzigen Substratproben von zwei Orten in Norwegen bereits 10 000 Mikrobentypen nachzuweisen sind, wie viele mehr harren dann ihrer Entdeckung in anderen, grundverschiedenen Habitaten?«[30] Nun, nach einer Schätzung könnten es bis zu 400 Millionen sein.[31]

Wir suchen nicht an den richtigen Stellen. In seinem Buch *Der Wert der Vielfalt* schildert Wilson, wie ein Botaniker einige Tage lang auf Borneo durch ein zehn Hektar großes Dschungelgebiet streifte und dabei 1000 neue Arten von Blütenpflanzen entdeckte[32] – mehr, als in ganz Nordamerika heimisch sind. Die Pflanzen zu finden, war nicht schwer – in der betreffenden Region hatte einfach noch nie jemand gesucht. Koen Maes vom kenianischen Nationalmuseum erzählte mir von einem Ausflug in den Nebelwald, wie die Bergwälder in Kenia genannt werden. Dort fand er in einer halben Stunde »ohne besonders angestrengtes Suchen« vier neue Tausendfüßerarten, von denen drei sogar neue Gattungen repräsentierten, und eine neue Baumart. »Einen großen Baum«, fügte er hinzu und streckte die Arme aus, als wollte er mit einer sehr großen Partnerin tanzen. Die Nebelwälder gedeihen in Hochebenen und sind in manchen Fällen schon seit Jahrmillionen von anderen Lebensräumen abgeschnitten. »Sie bieten das ideale Klima für biologische Forschungen und sind bisher kaum untersucht«, sagt er.

Die tropischen Regenwälder bedecken insgesamt nur rund

sechs Prozent der Erdoberfläche, beherbergen aber mehr als die Hälfte aller Tierarten und etwa zwei Drittel der Blütenpflanzen.[33] Der größte Teil dieser Lebensformen ist uns nach wie vor unbekannt, weil nur wenige Wissenschaftler sich in solchen Gebieten aufhalten. Dabei ist es durchaus nicht ohne Bedeutung, dass ein großer Teil der Vielfalt sehr wertvoll sein dürfte. Mindestens 99 Prozent der Blütenpflanzen wurden nie auf einen möglichen medizinischen Nutzen untersucht. Da Pflanzen vor natürlichen Feinden nicht davonlaufen können, mussten sie chemische Abwehrmechanismen entwickeln, und deshalb sind sie besonders reich an interessanten Inhaltsstoffen. Noch heute wird fast ein Viertel aller verschriebenen Medikamente aus nur 40 Pflanzen gewonnen, und weitere 16 Prozent stammen von Tieren oder Mikroorganismen. Mit jedem Hektar abgeholzten Regenwaldes wächst also die Gefahr, dass lebenswichtige medizinische Potenziale vernichtet werden. Eine Methode namens kombinatorische Chemie erlaubt es den Wissenschaftlern, im Labor bis zu 40 000 Verbindungen gleichzeitig herzustellen, aber diese Substanzen sind Zufallsprodukte und in aller Regel nutzlos; jedes natürliche Molekül dagegen »hat bereits das bestmögliche Testprogramm hinter sich: mehr als dreieinhalb Milliarden Jahre der Evolution«, wie die Zeitschrift *Economist* es formuliert.[34]

Aber um Unbekanntes zu finden, braucht man nicht einmal in abgelegene, weit entfernte Gegenden zu reisen. Richard Fortey berichtet in seinem Buch *Leben. Eine Biographie*, wie man ein urtümliches Bakterium in der Toilette einer Landgaststätte fand, wo die Männer seit Generationen an eine Wand pinkelten[35] – eine Entdeckung, für die neben selten großem Glück und Engagement möglicherweise auch andere, nicht näher benannte Aspekte eine Rolle spielten.

Es gibt nicht genügend Experten. Die Zahl der Dinge, die noch zu entdecken, zu untersuchen und aufzuzeichnen bleiben, ist um ein Vielfaches größer als die Kapazität der Wissenschaftler, die für solche Tätigkeiten zur Verfügung stehen. Ein gutes Beispiel sind die widerstandsfähigen, kaum erforschten Bdelloidea, mikroskopisch kleine Tiere aus der Gruppe der Rotifera oder Rädertierchen, die unter fast allen Bedingungen überleben können. Sind die Lebensumstände ungünstig, rollen sie sich zu einer kompakten Form zusammen, schalten ihren Stoffwechsel ab und warten auf bessere Zeiten. In diesem Zustand kann man sie in kochendes Wasser fallen lassen oder fast bis zum absoluten Nullpunkt – das ist die Temperatur, bei der selbst die Atome zum Stillstand kommen – einfrieren; sobald die Tortur vorüber ist und sie sich wieder in einer angenehmeren Umgebung befinden, rollen sie sich auseinander und leben weiter, als wäre nichts geschehen. Bisher wurden 500 Tiere aus dieser Gruppe identifiziert[36] (andere Quellen sprechen allerdings nur von 360), aber niemand hat auch nur entfernt eine Ahnung, wie viele von ihnen es insgesamt gibt. Jahrelang verdankten wir unsere Kenntnisse über sie fast ausschließlich der Arbeit des Londoner Büroangestellten David Bryce, eines engagierten Liebhabers, der sich in seiner Freizeit mit ihnen beschäftigte. Man findet die Bdelloidea überall, und doch könnte man alle Experten für diese Tiergruppe aus der ganzen Welt zum Abendessen einladen, ohne dass man sich Teller von den Nachbarn leihen müsste.

Selbst eine so wichtige, allgegenwärtige Gruppe wie die Pilze zieht relativ wenig Aufmerksamkeit auf sich. Pilze gibt es überall und in vielerlei Formen – Großpilze, Schimmelpilze, Rostpilze und Hefepilze, um nur eine kleine Auswahl zu benennen –, und ihre Biomasse ist größer, als man gemeinhin annimmt. Alle Pilze von einem typischen Hektar Wiese würden zusammen rund 2500 Kilo wiegen.[37] Sie sind also durchaus keine nebensächliche Gruppe von Lebewesen. Ohne Pilze gäbe es keine Kartoffelfäule, keine Ulmenkrankheit und keinen Fußpilz, aber auch keinen Joghurt, kein Bier und keinen Käse. Insgesamt wurden rund 70 000 Pilzarten nachgewiesen, ihre Gesamtzahl wird aber auf bis zu 1,8 Millionen geschätzt.[38] Viele Pilzforscher arbeiten in der Industrie an der Produktion von Käse, Joghurt und Ähnlichem; deshalb ist schwer zu sagen, wie viele von ihnen aktive Forschung betreiben, aber man kann mit Sicherheit davon ausgehen, dass es noch mehr unentdeckte Pilzarten als potenzielle Entdecker gibt.

Die Welt ist groß. Flugverkehr und andere Formen der Kommunikation erwecken heute häufig den falschen Eindruck, die Welt sei in Wirklichkeit nicht besonders groß. Unten am Boden jedoch, wo die Wissenschaftler arbeiten müssen, ist sie in Wirklichkeit riesig – so riesig, dass sie voller Überraschungen steckt. Das Okapi, der nächste noch lebende Verwandte der Giraffe, lebt nach heutiger Kenntnis in beträchtlicher Zahl im Regenwald von Zaire – der Gesamtbestand wird auf rund 30 000 Tiere geschätzt –, und doch ahnte bis ins 20. Jahrhundert hinein niemand, dass diese Spezies existiert. Der Takahe, ein großer, flugunfähiger Vogel in Neuseeland, galt seit 200 Jahren als ausgestorben, aber dann fand man ihn lebendig in einer zerklüfteten Gegend auf der Südinsel des Landes.[39] Als sich eine Gruppe französischer und britischer Wissenschaftler 1995 während eines Schneesturms in einem abgelegenen Tal in Tibet verirrte, stieß sie auf eine Pferderasse namens Riwoche, die man bis dahin nur aus prähistorischen Höhlenmalereien kannte. Die Bewohner des Tales staunten, als sie erfuhren, dass diese Pferde in der Außenwelt als Rarität galten.[40]

Manche Fachleute sind sogar der Ansicht, dass uns noch größere Überraschungen bevorstehen. »Ein führender britischer Ethnobiologe ist davon überzeugt, dass in den Schlupfwinkeln des Amazonasbeckens ein Megatherium lebt, eine Art Riesenfaultier von der Größe einer Giraffe …«, schrieb der *Economist* 1995.[41] Vielleicht ist es bezeichnend, dass der Name des Ethnobiologen nicht genannt wurde; und noch bezeichnender dürfte es sein, dass man sowohl von ihm als auch von seinem Riesenfaultier nie wieder etwas hörte. Aber andererseits kann niemand definitiv behaupten, so etwas gebe es nicht, solange man nicht jede Lichtung im Dschungel untersucht hat – und davon sind wir weit entfernt.

Aber selbst wenn wir Tausende von Freilandforschern rekrutieren und in die abgelegensten Winkel der Erde schicken würden, wären unsere Bemühungen zu gering: Wo Leben existieren kann, existiert es auch. Die außerordentliche Fruchtbarkeit des Lebendigen ist verblüffend und beruhigend, sie birgt aber auch ihre Probleme. Um uns einen Gesamtüberblick zu verschaffen, müssten wir jeden Stein umdrehen, das Laub auf jedem Waldboden durchstöbern, unvorstellbare Mengen von Sand und Erde durchsieben, in jede Baumkrone klettern und viel effizientere Methoden zur Erforschung der Meere entwickeln. Und selbst dann würden wir noch ganze Ökosysteme übersehen. In den achtziger Jahren des 20. Jahrhunderts drangen Hobby-Höhlenforscher in Rumänien in einen unterirdischen Hohlraum ein, der über einen langen, aber unbekannten Zeitraum von der Außenwelt abgeschnitten gewesen war. Sie fanden dort 33 Arten von Insekten und anderen kleinen Tieren – Spinnen, Hundertfüßer, Läuse –, alle blind, farblos und in der Wissenschaft bis dahin völlig unbekannt. Sie ernährten sich von den Mikroorganismen im Schaum auf der Oberfläche von Wassertümpeln, und die wiederum bezogen ihre Nährstoffe aus dem Schwefelwasserstoff heißer Quellen.

Auf den ersten Blick mag uns die Tatsache, dass wir nicht alles bis ins Letzte verfolgen können, frustrierend, entmutigend oder sogar widerwärtig erscheinen, aber man kann darin ebenso gut auch etwas fast unerträglich Spannendes sehen. Wir leben auf einem Planeten mit dem mehr oder weniger unendlichen Potenzial, uns immer wieder zu überraschen. Welcher vernünftige Mensch könnte sich etwas Schöneres vorstellen?

Das Faszinierendste bei jedem Streifzug durch die vielfältigen Fachgebiete der modernen Naturwissenschaft ist fast immer die Erkenntnis, wie viele Menschen bereit waren, ihr ganzes Leben den abgelegensten Fragestellungen zu widmen. Stephen Jay Gould berichtet in einem seiner Essays über den von ihm besonders verehrten Henry Edward Crampton, der 50 Jahre lang, von 1906 bis zu seinem Tod im Jahr 1956, in aller Stille eine polynesische Landschneckengattung namens *Partula* erforschte. Immer und immer wieder, Jahr für Jahr, vermaß Crampton mit äußerster Genauigkeit – bis auf die achte Stelle nach dem Komma – die Spiralen, Bögen und sanften Biegungen unzähliger *Partula*-Gehäuse und trug die Ergebnisse in komplizierte, detaillierte Tabellen ein. Hinter einer einzigen Zeile in einem Text von Crampton standen unter Umständen wochenlange Messungen und Berechnungen.[42]

Kaum weniger engagiert und sicher eine größere Überraschung war Alfred C. Kinsey, der in den vierziger und fünfziger Jahren des 20. Jahrhunderts mit seinen Untersuchungen zum Sexualverhalten der Menschen berühmt wurde. Aber bevor ihn der Sex gewissermaßen völlig in Anspruch nahm, war Kinsey Insektenforscher, und zwar ein besonders hartnäckiger. Auf einer Expedition, die sich über zwei Jahre hinzog, wanderte er 4000 Kilometer und fing dabei insgesamt 300 000 Wespen.[43] Wie viele Stiche er sich unterwegs einfing, ist leider nicht überliefert.

Für mich war es ein besonderes Rätsel, wie man in einem derart abgelegenen Fachgebiet für eine ununterbrochene Kette von Nachfolgern sorgen kann. Es gibt auf der Welt sicherlich nicht sonderlich viele Institutionen, die darauf aus sind oder auch nur bereit wären, Spezialisten für Rankenfußkrebse oder Pazifikschnecken finanziell zu fördern. Als ich mich am Londoner Natural History Museum von Richard Fortey verabschiede, frage ich ihn, wie in der Wissenschaft gewährleistet wird, dass eine Person nach ihrem Abgang stets durch eine andere ersetzt wird.

Er muss über meine Naivität herzlich lachen. »Ich fürchte, wir haben keine Ersatzspieler, die irgendwo auf der Bank sitzen und warten, bis sie eingesetzt werden. Wenn ein Spezialist pensioniert wird oder – noch unglücklicher – stirbt, geht es in seinem Fachgebiet vielfach nicht mehr weiter, und zwar manchmal für lange Zeit.«

»Und ich nehme an, genau deshalb haben Sie so große Hochachtung vor jemandem, der 42 Jahre lang eine einzige Pflanzenart untersucht, selbst wenn dabei nichts aufregend Neues herauskommt?«

»Genau«, erwidert er. »Ganz genau.« Ich habe den Eindruck, er meint es ernst.

24.
Zellen

Es beginnt mit einer einzigen Zelle. Sie teilt sich, wird zu zwei Zellen, aus zwei werden vier, und so weiter. Nach nur 47 Verdoppelungen sind zehn Billiarden (10 000 000 000 000 000) Körperzellen entstanden und bilden einen Menschen.* Und jede einzelne Zelle weiß genau, was sie tun muss, damit der Mensch vom Augenblick der Empfängnis bis zum letzten Atemzug am Leben bleibt und ernährt wird.

Vor unseren Zellen haben wir keine Geheimnisse. Sie wissen weit mehr über uns als wir selbst. Jede trägt ein vollständiges Exemplar der genetischen Anweisungen – der Bauanleitung für den Körper –, und deshalb weiß sie nicht nur, welche Aufgabe sie zu erfüllen hat, sondern sie kennt auch alle anderen Körperfunktionen. Eine Zelle braucht nie daran erinnert zu werden, dass sie auf den Adenosintriphosphatspiegel achten soll oder dass sie einen Platz für den kleinen Folsäureüberschuss finden muss, der unerwartet angefallen ist. Das und Millionen andere Dinge tut sie ganz automatisch.

Jede lebende Zelle ist ein kleines Wunder. Schon die einfachsten Formen gehen weit über die Grenzen unseres menschlichen Erfindungsreichtums hinaus. Um beispielsweise eine ganz primitive Hefezelle zu bauen, müsste man die gleiche Zahl von Einzelteilen, die in einer Boeing 777 enthalten sind, auf winzige

* In Wirklichkeit gehen während der Entwicklung eine Menge Zellen verloren – über die endgültige Zellzahl kann man deshalb nur Vermutungen anstellen. In verschiedenen Quellen findet man dazu Angaben, die sich um mehrere Zehnerpotenzen unterscheiden. Die Zahl von zehn Billiarden stammt aus Margulis und Sagan, 1986.

Abmessungen verkleinern und in eine Kugel mit einem Durchmesser von nur fünf Mikrometern packen. Und anschließend müsste man diese Kugel irgendwie dazu bringen, dass sie sich fortpflanzt.[1]

Aber Hefezellen sind noch gar nichts im Vergleich zu den Zellen des Menschen: Die sind nicht nur weitaus vielgestaltiger und komplizierter, sondern wegen ihrer komplexen Wechselbeziehungen auch erheblich faszinierender.

Unsere Zellen bilden einen Staat mit zehn Billiarden Bürgern, von denen jeder auf ganz gezielte Weise zu unserem Wohlbefinden beiträgt. Sie tun wirklich alles für uns. Sie lassen uns Freude empfinden und erzeugen Gedanken. Sie versetzen uns in die Lage, zu stehen, uns zu strecken oder Luftsprünge zu machen. Wenn wir essen, entziehen sie der Nahrung die Nährstoffe, verteilen die Energie und entsorgen die Abfallstoffe – all das, was wir in den ersten Jahren unseres Biologieunterrichts gelernt haben. Sie sorgen aber auch dafür, dass wir überhaupt erst hungrig werden, und belohnen uns anschließend mit einem angenehmen Gefühl, sodass wir nicht vergessen, irgendwann wieder Nahrung zu uns zu nehmen. Sie sind dafür verantwortlich, dass die Haare wachsen, dass die Ohren mit Ohrenschmalz geschmiert werden, dass unser Gehirn reibungslos funktioniert. Sie regeln alle Aspekte unseres Daseins. Sobald wir bedroht werden, verteidigen sie uns, und sie geben ohne Zögern für uns ihr Leben – jeden Tag sterben viele Milliarden von ihnen. Und in all den Jahren haben wir ihnen dafür nicht ein einziges Mal gedankt. Halten wir also einen Augenblick inne, und betrachten wir unsere Zellen mit dem Staunen und der Wertschätzung, die sie verdienen.

Heute wissen wir einiges darüber, wie Zellen ihre Aufgaben erfüllen – wie sie Fett ablagern, Insulin produzieren und viele der anderen Tätigkeiten ausführen, die notwendig sind, damit ein so kompliziertes Gebilde wie der menschliche Organismus am Leben bleibt. Aber unsere Kenntnisse sind nur bescheiden. In uns arbeiten mindestens 200 000 verschiedenartige Proteine, aber was sie im Einzelnen tun, wissen wir nur bei zwei Prozent davon.[2] (Andere geben eine Zahl an, die eher bei 50 Prozent liegt; es hängt offensichtlich davon ab, was man unter »wissen« versteht.)

Im Zusammenhang mit den Zellen erleben wir ständig neue Überraschungen. Stickoxid zum Beispiel ist in der Natur ein wirksames Gift, das vielfach zur Luftverschmutzung beiträgt. Deshalb waren die Wissenschaftler nicht wenig überrascht, als sich Mitte der achtziger Jahre des 20. Jahrhunderts herausstellte, dass dieses Gas in den Zellen des Menschen zu einem ganz bestimmten, nützlichen Zweck produziert wird. Welche Aufgabe es erfüllt, war zunächst ein Rätsel, aber dann fand man es plötzlich überall.[3] Es steuert die Durchblutung und den Energiegehalt der Zellen, greift Krebszellen und Krankheitserreger an, reguliert die Geruchsempfindung und wirkt sogar bei der Erektion des Penis mit. Außerdem ist es der Grund, warum der allgemein bekannte Sprengstoff Nitroglycerin die Angina pectoris lindert, eine schmerzhafte Herzkrankheit. (Das Nitroglycerin wird im Blut zu Stickoxid umgesetzt, das dann für eine Entspannung der Muskulatur in den Gefäßwänden sorgt, sodass das Blut ungehindert fließen kann.[4]) In noch nicht einmal einem Jahrzehnt verwandelte sich dieses Gas in unserer Vorstellung von einem körperfremden Giftstoff zu einer allgegenwärtigen, lebensnotwendigen Substanz.

Ein Mensch besteht nach Angaben des belgischen Biochemikers Christian de Duve aus »ein paar 100«[5] verschiedenen Zelltypen, die sich in Größe und Form vielfach stark unterscheiden: von den Nervenzellen, deren Fasern bis zu einem Meter lang werden können, über die winzigen, scheibenförmigen roten Blutzellen bis hin zu den Stäbchen der lichtempfindlichen Zellen, die uns das Sehen ermöglichen. Auch ihr Größenspektrum ist riesig; das zeigt sich vielleicht nirgendwo so deutlich wie im Augenblick der Empfängnis, wenn eine einzige Samenzelle es mit einer Eizelle zu tun bekommt, die 85 000-mal so groß ist wie sie selbst (was die Vorstellung von der Eroberung durch den Mann in einem anderen Licht erscheinen lässt). Durchschnittlich hat eine menschliche Zelle aber nur einen Durchmesser von rund 20 Mikrometern – das sind zwei Hundertstel eines Millimeters. Damit ist sie zu klein, als dass man sie mit bloßem Auge sehen könnte, und doch bietet sie ausreichend Platz für Tausende von komplizierten Gebilden wie die Mitochondrien sowie für Millionen und Abermillionen von Molekülen. Außerdem unterscheiden sich Zellen auch ganz buchstäblich in ihrer Lebendigkeit. Hautzellen sind tot. Die Vorstellung mag ein wenig ärgerlich erscheinen, aber tatsächlich ist jeder Quadratzentimeter unserer Oberfläche bereits gestorben. Ein durchschnittlich großer Erwachsener trägt rund zwei Kilo tote Haut mit sich herum, und davon werden jeden Tag mehrere Milliarden winzige Stückchen abgeschilfert.[6] Wer mit dem Finger über ein verstaubtes Regalbrett fährt, zeichnet das Muster vorwiegend in alte Haut.

Die meisten Zellen bleiben nur rund einen Monat lang erhalten, diese Regel hat aber einige sehr bemerkenswerte Ausnahmen. Leberzellen können mehrere Jahre überleben,[7] die Bestandteile in ihrem Inneren jedoch werden alle paar Tage erneuert. Gehirnzellen leben so lange wie der ganze Mensch. Rund 100 Milliarden von ihnen bekommen wir bei der Geburt mit, und mehr werden es auch später nicht. Schätzungen zufolge gehen in jeder Stunde unseres Lebens 500 von ihnen verloren, wer also noch ernsthaft nachdenken möchte, sollte keinen Augenblick verlieren. Das Gute dabei ist allerdings, dass die einzelnen Bestandteile der Gehirnzellen ständig erneuert werden, sodass wahrscheinlich genau wie bei den Leberzellen keine Einzelkomponente älter als ungefähr einen Monat ist. Man hat sogar die Vermutung geäußert, dass kein einziges Stückchen von uns – nicht einmal ein einzelnes, verlorenes Molekül[8] – vor neun Jahren schon zu uns gehört hat. Es fühlt sich vielleicht nicht so an, aber auf der Ebene der Zellen sind wir alle sehr jung.

Der Erste, der eine Zelle beschrieb, war Robert Hooke – er ist uns bereits begegnet, weil er mit Isaac Newton über das Erstlingsrecht an der Entdeckung des Gesetzes der umgekehrten Quadrate stritt. Hooke erbrachte in seinen 68 Lebensjahren zahlreiche Leistungen – er war sowohl ein hervorragender Theoretiker als auch ein geschickter Erfinder fantasievoller, nützlicher Instrumente –, aber nichts anderes brachte ihm so viel

Bewunderung ein wie sein beliebtes, 1665 erschienenes Buch *Microphagia Or Some Physiological Descriptions of Miniature Bodies Made by Magnifying Glasses* (»Mikrophagie. Einige physiologische Beschreibungen kleinster Körper, hergestellt mit Vergrößerungsgläsern«). Darin enthüllte er einer bezauberten Leserschaft ein Universum des Allerkleinsten, das weitaus vielgestaltiger, bevölkerter und feiner strukturiert war, als irgendjemand sich auch nur entfernt ausgemalt hätte.

Zu den ersten mikroskopisch kleinen Gebilden, die Hooke entdeckte, gehörten winzige Kammern in den Pflanzen, die er »Zellen« nannte, weil sie ihn an die kleinen Zimmer von Mönchen erinnerten. Nach Hookes Berechnungen musste ein Korkstück von sechseinhalb Quadratzentimetern nicht weniger als 1 259 712 000 dieser winzigen Kämmerchen enthalten[9] – es war das erste Mal, dass irgendwo in der Naturwissenschaft eine derart große Zahl genannt wurde. Mikroskope gab es zu jener Zeit bereits seit ungefähr einer Generation, die von Hooke waren aber wegen ihrer technischen Überlegenheit etwas Besonderes. Sie erreichten eine 30-fache Vergrößerung, und damit waren sie das Beste, was die optische Technik des 17. Jahrhunderts zu bieten hatte.

Deshalb wirkte es ein Jahrzehnt später wie ein Schock, als Hooke und die anderen Mitglieder der Londoner Royal Society die ersten Zeichnungen und Berichte eines ungebildeten Tuchhändlers aus Holland in den Händen hielten, in denen von einer 275-fachen Vergrößerung die Rede war. Der Mann hieß Antoni van Leeuwenhoek. Er verfügte zwar nur über eine geringe Schulbildung und keinerlei wissenschaftliche Vorkenntnisse, aber er war nicht nur ein aufmerksamer, engagierter Beobachter, sondern auch ein technisches Genie.

Wie er eine derart hervorragende Vergrößerung erreichte, ist bis heute nicht geklärt. Seine Instrumente, die man in der Hand halten musste, waren eigentlich nur bescheidene hölzerne Stäbe mit einer kleinen eingelassenen Glasblase – heute würde man sie eher als Lupen denn als Mikroskope bezeichnen, aber letztlich waren sie keines von beiden. Leeuwenhoek baute für jedes Experiment ein neues Instrument und machte um seine Methoden ein großes Geheimnis; immerhin gab er den Briten aber Tipps, wie sie das Auflösungsvermögen ihrer Geräte verbessern konnten.*

Im Laufe von 50 Jahren – die bemerkenswerterweise erst begannen, als er schon über 40 war – schrieb er fast 200 Berichte an die Royal Society; alle waren auf Niederländisch verfasst, der einzigen Sprache, die er beherrschte. Leeuwenhoek lieferte keine Interpretationen, sondern nur eine genaue Schilderung seiner Beobachtungen, angereichert mit hervorragenden Zeichnungen. Er berichtete über fast alles, was man sinnvollerweise untersuchen konnte – Bäckerhefe, den Stachel einer Biene, Blutzellen, Zähne, Haare, seinen eigenen Speichel, Exkremente und Sperma (Letzteres mit einer mürrischen Entschuldigung wegen seiner Unschicklichkeit); fast nichts davon hatte zuvor schon einmal jemand unter dem Mikroskop gesehen.

Nachdem er 1676 berichtet hatte, er habe in einem Pfefferaufguss *animalculi* (»kleine Tiere«) gefunden, suchte man bei der Royal Society ein Jahr lang mit den besten Instrumenten, welche die englische Technologie hervorgebracht hatte, nach den »Tierlein«, bevor man endlich die richtige Vergrößerung gefunden hatte.[10] Leeuwenhoek hatte die Protozoen entdeckt. Nach seinen Berechnungen enthielt ein einziger Wassertropfen 8 280 000 dieser winzigen Geschöpfe[11] – mehr als die Zahl aller Menschen in Holland. Auf der Welt wimmelte es von Lebewesen in einer Mannigfaltigkeit und Zahl, die sich zuvor niemand hätte träumen lassen.

Angeregt durch Leeuwenhoeks unglaubliche Befunde starrten nun auch andere eifrig in die Mikroskope, und dabei fanden sie

* Leeuwenhoek war eng mit dem Maler Jan Vermeer befreundet, einem anderen bekannten Bürger der Stadt Delft. Vermeer, der zuvor ein fähiger, aber kein herausragender Künstler gewesen war, entwickelte seit Mitte der sechziger Jahre des 17. Jahrhunderts plötzlich eine Beherrschung von Licht und Perspektive, die ihn berühmt machte. Es wurde zwar nie bewiesen, aber man nahm lange Zeit an, dass er eine Camera obscura benutzte, ein Instrument, mit dem man Bilder durch eine Linse auf eine glatte Fläche projizieren konnte. Nach seinem Tod war kein solches Gerät in der Liste seiner persönlichen Habseligkeiten aufgeführt, aber Vermeers Testamentsvollstrecker war ausgerechnet Antoni van Leeuwenhoek, der wie kein anderer Linsenschleifer seiner Zeit als Geheimniskrämer galt.

manchmal Dinge, die es in Wirklichkeit nicht gab. Der angesehene niederländische Gelehrte Nicolaus Hartsoecker war überzeugt, er habe in Samenzellen »winzige vorgeformte Menschen« gesehen. Diese kleinen Wesen bezeichnete er als »Homunculi«[12], und eine Zeit lang machte sich die Vorstellung breit, jeder Mensch – und auch jedes andere Lebewesen – sei einfach eine gewaltig aufgeblasene Version eines winzigen, aber bereits vollständig geformten Vorläufers. Auch Leeuwenhoek selbst ließ sich gelegentlich von seiner Begeisterung hinreißen. In einem seiner letzten gelungenen Experimente wollte er die Sprengkraft von Schießpulver untersuchen, indem er eine kleine Explosion aus nächster Nähe beobachtete; dabei wäre er um ein Haar blind geworden.[13]

Im Jahr 1683 entdeckte Leeuwenhoek die Bakterien, aber damit war der Fortschritt wegen der Beschränkungen der mikroskopischen Technik für eineinhalb Jahrhunderte zu Ende. Erst 1831 sah jemand zum ersten Mal einen Zellkern – er wurde von dem schottischen Botaniker Robert Brown entdeckt, jener häufig, aber stets nur schattenhaft auftauchenden wissenschaftshistorischen Gestalt. Brown, der von 1773 bis 1858 lebte, bezeichnete das Gebilde als *nucleus* nach dem lateinischen *nucula*, das »Nuss« oder »Kern« bedeutet. Aber erst 1839 wurde klar, dass *alle* lebende Materie aus Zellen besteht.[14] Diese Erkenntnis des deutschen Gelehrten Theodor Schwann kam nicht nur vergleichsweise spät, sondern sie wurde auch wie so viele wissenschaftliche Einsichten nicht sofort allgemein anerkannt. Erst in den sechziger Jahren des 19. Jahrhunderts, nach einigen bahnbrechenden Arbeiten des Franzosen Louis Pasteur, war es schlüssig nachgewiesen: Leben kann nicht spontan entstehen, sondern geht immer aus bereits vorhandenen Zellen hervor. Diese Überzeugung, die unter dem Namen »Zelltheorie« bekannt wurde, bildet die Grundlage der gesamten modernen Biologie.

Die Zelle wurde mit vielerlei Dingen verglichen, von »einer komplizierten chemischen Raffinerie« (so der Physiker James Trefil) bis zu einer »riesigen, wimmelnden Metropole«, wie der Biochemiker Guy Brown es formulierte.[15] In Wirklichkeit ist eine Zelle beides und doch keines von beiden. Wie eine Raffinerie sorgt sie in großem Umfang für chemische Umsetzungen, und wie eine Metropole ist sie übervoll von hektischen Wechselwirkungen, die zunächst verworren und zufällig wirken, hinter denen in Wirklichkeit aber eindeutig ein System steckt. Aber sie ist auch viel albtraumhafter als jede Stadt oder Fabrik. Zunächst einmal gibt es in der Zelle kein Oben oder Unten (die Schwerkraft hat im Größenmaßstab der Zellen keine sinnvolle Bedeutung), und nirgendwo bleibt auch nur ein Raum von der Breite eines Atoms ungenutzt. Überall spielt sich etwas ab, und unaufhörlich fließt elektrische Energie. Auch wenn wir uns nicht elektrisch geladen fühlen, wir sind es. Unsere Nahrung und der eingeatmete Sauerstoff verbinden sich in den Zellen und lassen Elektrizität entstehen. Dass wir einander keine elektrischen Schläge versetzen und beim Sitzen das Sofa nicht versengen, liegt einfach daran, dass sich alles in einem winzigen Maßstab abspielt: Nur 0,1 Volt wandern über Entfernungen, die sich nach Nanometern bemessen. Entsprechend vergrößert, würde dies aber einem Impuls von 20 Millionen Volt pro Meter entsprechen,[16] einer Ladung, die der in einem großen Gewitter vergleichbar ist.

Unabhängig von Größe und Form sind fast alle unsere Zellen nach dem gleichen Grundbauplan konstruiert: Sie besitzen eine Membran als äußere Umhüllung, einen Zellkern, in dem die notwendigen genetischen Informationen für das Funktionieren des Organismus liegen, und zwischen beiden einen Bereich vielfältiger Aktivitäten, den man als Cytoplasma bezeichnet. Anders als man sich meist vorstellt, ist die Membran keine zähe, gummiähnliche Haut, die man nur mit einer spitzen Nadel durchstoßen könnte, sondern sie besteht aus Lipiden, fettartigen Substanzen, die ungefähr die Konsistenz leichten Maschinenöls haben, um Sherwin B. Nuland zu zitieren.[17] Das mag sich nach etwas überraschend wenig Handfestem anhören, aber man muss daran denken, dass viele Dinge sich im mikroskopischen Maßstab anders verhalten. Wasser wird im Größenbereich der Moleküle zu einer Art zähflüssigem Gel, und Lipide sind so fest wie Eisen.

Angenommen, wir könnten eine Zelle besichtigen: Sie würde uns nicht gefallen. Würde man sie so weit vergrößern, dass Atome ungefähr die Abmessungen von Erbsen haben, wäre die Zelle eine Kugel von rund 800 Metern Durchmesser, die durch ein Gerüst von Tragbalken, Cytoskelett genannt, in Form gehalten wird. In ihrem Inneren würden Millionen und Abermillionen von Gegenständen – manche so groß wie ein Basketball, andere mit den Ausmaßen von Autos – hin und her flitzen wie Gewehrkugeln. Wir könnten nirgendwo stehen, ohne dass wir in jeder Sekunde aus allen Richtungen Tausende von Stößen und Stichen erhielten. Auch für ihre ständigen Bewohner ist die Zelle ein gefährlicher Ort. Jeder DNA-Strang wird durchschnittlich alle 8,4 Sekunden – 10 000-mal am Tag – angegriffen oder geschädigt: Chemische Substanzen und andere Objekte prallen mit ihr zusammen oder durchtrennen sie einfach, und jede derartige Verletzung muss schnell wieder geflickt werden, damit die Zelle nicht zu Grunde geht.

Besonders lebhaft sind die Proteine: Sie rotieren, pulsieren und stoßen rund eine Milliarde Mal in der Sekunde zusammen.[18] Die Enzyme, auch sie Proteine, sausen überall herum und führen in einer Sekunde bis zu 1000-mal ihre Aufgaben aus. Wie stark beschleunigte Ameisen bauen sie eifrig Moleküle auf und um, trennen von diesem ein Stück ab, fügen an jenes ein Stück an. Andere überwachen vorüberkommende Proteinmoleküle und markieren solche, die irreparabel beschädigt oder fehlerhaft sind, mit einer chemischen Substanz. Die so gekennzeichneten Moleküle sind zum Untergang verdammt und gelangen in das Proteasom, eine Struktur, in der ihre Bausteine auseinander genommen und zum Aufbau neuer Proteine wieder verwendet werden. Die Proteine mancher Typen bleiben noch nicht einmal eine Stunde erhalten; andere überleben mehrere Wochen. Aber für alle ist das Dasein unvorstellbar hektisch. De Duve meint dazu: »Ganz offensichtlich muss die molekulare Welt – so sehr wir uns auch bemühen, in sie einzudringen – schon deshalb jenseits unseres Vorstellungsvermögens bleiben, weil die Dinge sich in ihr so unglaublich schnell abspielen.«[19]

Verlangsamen wir die Abläufe aber so weit, dass wir die Wechselbeziehungen beobachten können, erscheint alles nicht mehr ganz so nervtötend. Dann sehen wir, dass es in einer Zelle Millionen von Objekten gibt: Lysosomen, Endosomen, Ribosomen, Liganden, Peroxisomen, Proteine jeder Form und Größe. Sie stoßen mit Millionen anderen Objekten zusammen und erfüllen ganz banale Aufgaben: Unter anderem entziehen sie den Nährstoffen die Energie, setzen Zellstrukturen zusammen, beseitigen Abfallstoffe, wehren Eindringlinge ab, senden und empfangen Nachrichten, reparieren Schäden. Eine typische Zelle enthält rund 20 000 verschiedenartige Proteine, und davon sind etwa 2000 jeweils mit mindestens 50 000 Molekülen vertreten. »Das heißt, selbst wenn wir nur diejenigen Proteine betrachten, die mit mehr als 50 000 Molekülen vorhanden sind, kommen wir auf mindestens 100 Millionen Proteinmoleküle in einer einzigen Zelle. Diese gewaltige Zahl vermittelt eine Vorstellung von der riesigen Vielfalt der biochemischen Vorgänge in uns«, schreibt Nuland.[20]

Die Vorgänge sind unglaublich anspruchsvoll. Um alle Zellen ständig mit frischem Sauerstoff zu versorgen, muss unser Herz in jeder Stunde 300 Liter Blut pumpen, 7200 Liter am Tag, 2 628 000 Liter im Jahr – genug, um vier Schwimmbecken von Olympiamaßen zu füllen. (Und das ist nur die Ruheleistung. Bei körperlicher Anstrengung kann die Menge bis auf das Sechsfache zunehmen.) Der Sauerstoff fließt in die Mitochondrien, winzig kleine Kraftwerke, von denen eine typische Zelle rund 1000 Stück enthält – die Zahl schwankt allerdings beträchtlich, je nachdem, welche Aufgabe eine Zelle erfüllt und wie viel Energie sie benötigt.

In einem früheren Kapitel wurde bereits erwähnt, dass die Mitochondrien wahrscheinlich ursprünglich eingefangene Bakterien waren, die heute als Untermieter in unseren Zellen wohnen. Sie besitzen nach wie vor ihre eigenen genetischen Anweisungen, teilen sich nach ihrem eigenen Zeitplan und sprechen ihre eigene Sprache. Ebenso sei daran erinnert, dass wir ihnen auf Gedeih und Verderb ausgeliefert sind. Der Grund: Praktisch alle Nährstoffe und der gesamte Sauerstoff, die unser Körper aufnimmt, werden nach der Verarbeitung in die Mitochondrien transportiert, und dort entstehen daraus die Moleküle einer Substanz, die als Adenosintriphosphat oder kurz ATP bezeichnet wird.

Der Name ATP ist nicht unbedingt geläufig, aber es ist die Substanz, die uns am Leben erhält. ATP-Moleküle sind eigentlich kleine Batterien: Sie wandern durch die Zelle und liefern die Energie für fast sämtliche Vorgänge, das heißt, sie werden in großer Zahl umgesetzt. Eine typische menschliche Körperzelle enthält in jedem Augenblick rund eine Milliarde ATP-Moleküle;[21] sie alle sind nach zwei Minuten verbraucht, und eine neue Milliarde ist an ihre Stelle getreten. Ein Mensch produziert und verbraucht jeden Tag eine ATP-Menge, die der Hälfte des Körpergewichts entspricht.[22] Dass unsere Haut warm ist, liegt an der Wirkung des ATP.

Wenn eine Zelle nicht mehr gebraucht wird, stirbt sie, und zwar auf eine Art, die man nur als äußerst würdig bezeichnen kann. Sie baut alle Streben und Stützen ab, die sie zusammenhalten, und löst ihre Bestandteile in aller Stille auf – ein Vorgang, den man als programmierten Zelltod oder Apoptose bezeichnet. Jeden Tag opfern sich viele Milliarden Zellen zum Nutzen des Gesamtorganismus, und Milliarden weitere beseitigen den Abfall. Zellen können auch eines gewaltsamen Todes sterben – beispielsweise wenn sie mit Krankheitserregern infiziert sind –, aber meist gehen sie zu Grunde, weil sie den Befehl dazu erhalten. Sie töten sich sogar selbst, wenn sie nicht zum Weiterleben aufgefordert werden – wenn sie nicht irgendeine aktive Anweisung von einer anderen Zelle erhalten. Zellen brauchen viel Bestätigung.

Hin und wieder kommt es vor, dass eine Zelle nicht auf die vorgeschriebene Weise ihr Leben aushaucht, sondern sich plötzlich wild teilt und vermehrt. So etwas bezeichnen wir als Krebs. Krebszellen sind eigentlich nur Zellen, in denen etwas durcheinander geraten ist. Derartige Fehler machen die meisten Zellen ziemlich regelmäßig, aber unser Organismus verfügt über ausgefeilte Mechanismen, um mit solchen Vorkommnissen umzugehen. Nur sehr selten gerät der Vorgang völlig außer Kontrolle. Im Durchschnitt kommt es beim Menschen unter 100 Millionen

Milliarden Zellteilungen ein Mal zu einer bösartigen Entartung.[23] Krebs ist Pech in jeder Hinsicht.

Das Erstaunliche an den Zellen ist nicht, dass gelegentlich etwas schief geht, sondern dass alles jahrzehntelang so reibungslos funktioniert. Zu diesem Zweck tauschen sie mit dem gesamten Organismus ständig eine ununterbrochene Folge – und ein riesiges Durcheinander – von Nachrichten aus: Anweisungen, Anfragen, Korrekturen, Hilferufe, Aktualisierungen, Befehle zur Teilung oder zum Absterben. Die meisten derartigen Signale werden durch Kuriere übermittelt, die wir als Hormone bezeichnen, chemische Substanzen wie Insulin, Adrenalin, Östrogen oder Testosteron. Solche Botenmoleküle übermitteln Informationen von weit entfernten Orten wie der Schilddrüse oder anderen endokrinen Drüsen. Andere Nachrichten treffen telegrafisch vom Gehirn oder von nahe gelegenen Befehlszentren ein. Und schließlich kommunizieren die Zellen unmittelbar mit ihren Nachbarn, um ihre Tätigkeiten zu koordinieren.

Am bemerkenswertesten ist vielleicht, dass es sich bei alledem um zufällige, hektische Abläufe handelt, um eine endlose Folge von Zusammenstößen, die durch nichts anderes gesteuert wird als durch die Grundprinzipien von Anziehung und Abstoßung. Hinter sämtlichen Tätigkeiten der Zellen steht eindeutig keine denkende Kraft. Alles geschieht in ständiger Wiederholung reibungslos und so zuverlässig, dass es uns nur in den seltensten Fällen bewusst wird, und gleichzeitig erzeugt das alles nicht nur eine raffinierte Ordnung in der Zelle, sondern auch eine vollkommene Harmonie im gesamten Organismus. Auf eine Art, die wir gerade erst ansatzweise zu verstehen beginnen, addieren sich Billionen und Aberbillionen wechselseitige chemische Reaktionen zu einem beweglichen, denkenden, entscheidungsfähigen Menschen – oder auch zu einem nicht unbedingt denkenden, aber dennoch unglaublich kompliziert gebauten Mistkäfer. Jedes Lebewesen, das sollte man nie vergessen, ist ein Wunder an atomarem Aufbau.

Manche Lebewesen, die wir für primitiv halten, erfreuen sich sogar einer derart hoch stehenden Zellorganisation, dass unsere eigene dagegen rettungslos einfach wirkt. Wenn man einen

Schwamm in seine einzelnen Zellen zerlegt – beispielsweise indem man ihn durch ein Sieb streicht – und diese dann in eine Nährlösung bringt, finden sie sich wieder zusammen und bauen einen neuen Schwamm auf. Der gleichen Prozedur kann man die Zellen beliebig oft unterwerfen, und immer wieder lagern sie sich hartnäckig zusammen. Der Grund: Wie du und ich und jedes andere Lebewesen haben sie vor allem ein Bestreben: weiter zu existieren.

Und alles liegt an einem seltsamen, komplexen, noch kaum erforschten Molekül, das selbst nicht lebendig ist und meist überhaupt nichts tut. Es heißt DNA, und wenn wir seine überragende Bedeutung für die Wissenschaft und uns Menschen verstehen wollen, müssen wir uns um 160 Jahre in die Vergangenheit begeben, ins viktorianische England. Es war die Zeit, als der Naturforscher Charles Darwin »die beste Einzelidee aller Zeiten«[24] hatte und sie dann – aus Gründen, die einiger Erklärungen bedürfen – während der nächsten 15 Jahre in einer Schublade liegen ließ.

25.
Darwins einzigartiger Gedanke

Im Spätsommer oder Frühherbst 1859 ging bei Whitwell Elwin, dem Redakteur der angesehenen britischen Zeitschrift *Quarterly Review*, der Vorabdruck eines neuen Buches des Naturforschers Charles Darwin ein. Elwin las das Buch mit großem Interesse und gelangte zu der Meinung, dass es durchaus etwas für sich habe; gleichzeitig fürchtete er aber, das Thema sei so speziell, dass es keine breite Leserschaft anziehen werde. Stattdessen drängte er Darwin, ein Buch über Tauben zu schreiben. »Für Tauben interessiert sich jeder«, meinte er hilfsbereit.[1]

Aber Elwins hilfreicher Ratschlag wurde übergangen, und im November 1859 erschien *On the Origin of Species by Means of Natural Selection, or the Preservation of Favoured Races in the Struggle for Life* (»Die Entstehung der Arten durch natürliche Zuchtwahl oder die Erhaltung der bevorzugten Rassen im Kampf ums Dasein«) zu einem Preis von 15 Schilling. Die Erstauflage von 1250 Exemplaren war noch am selben Tag ausverkauft. Seither war das Buch nie vergriffen und kaum einmal unumstritten – keine schlechte Bilanz für einen Mann, dessen zweites Hauptinteresse die Regenwürmer waren und der – abgesehen von einer einzigen, impulsiven Entscheidung, rund um die Welt zu segeln – wahrscheinlich sein ganzes Leben lang ein anonymer Landpfarrer geblieben wäre, der nur durch seine Begeisterung für – nun ja – Regenwürmer auffiel.

Charles Robert Darwin wurde am 12. Februar 1809* in

* Ein schicksalsträchtiges historisches Datum: Am gleichen Tag kam in Kentucky Abraham Lincoln zur Welt.

Shrewsbury geboren, einem ruhigen Marktflecken im Westen der englischen Midlands. Sein Vater war ein angesehener, wohlhabender Arzt. Die Mutter – sie starb, als Charles erst acht Jahre alt war – war die Tochter von Josiah Wedgwood, der als Porzellanhersteller berühmt wurde.

Darwin erfreute sich aller Vorteile einer guten Erziehung, bereitete seinem Vater aber mit seinen mäßigen schulischen Leistungen ständige Sorgen. »Du interessierst Dich für nichts als Jagen, Hunderennen und Rattenhetzen, und Du wirst Dir und der ganzen Familie nur Schande machen«, schrieb sein Vater – ein Satz, der sich in fast jedem Bericht über Darwins Jugendjahre wiederfindet.[2] Obwohl Charles einen Hang zur Naturgeschichte hatte, fing er seinem Vater zuliebe an der Universität Edinburgh ein Medizinstudium an. Schon bald jedoch konnte er den Anblick von Blut und Leiden nicht mehr ertragen. Als er einmal eine Operation an einem unglückseligen Kind miterlebte – zu jener Zeit gab es natürlich noch keine Narkose –, behielt er ein dauerhaftes Trauma zurück.[3] Als Nächstes versuchte er es mit Jura, aber das Fach erschien ihm entsetzlich langweilig, und schließlich gelang es ihm mangels besserer Alternativen, in Cambridge ein Examen in Theologie abzulegen.

Zuerst sah es so aus, als würde ihn ein Leben in einer ruhigen Landpfarrei erwarten, aber dann erhielt er aus heiterem Himmel ein reizvolleres Angebot. Darwin wurde eingeladen, auf dem Marine-Erkundungsschiff HMS *Beagle* mitzufahren. Er sollte dem Kapitän Robert FitzRoy als Tischgesellschafter dienen, denn dessen Rang verbot es ihm, gesellschaftlichen Umgang mit jemand anderem als einem Gentleman zu pflegen. FitzRoy, ein sehr verschrobener Mann, entschied sich unter anderem deshalb für Darwin, weil ihm die Nasenform des Naturforschers gefiel. (Sie verriet nach seiner Überzeugung einen tiefsinnigen Charakter.) Darwin war nicht FitzRoys erste Wahl, aber er erhielt den Zuschlag, als der bevorzugte Begleiter des Kapitäns absprang. Aus der Sicht des 21. Jahrhunderts bestand die auffälligste Gemeinsamkeit der beiden Männer in ihrem äußerst jugendlichen Alter. Als sie abreisten, war FitzRoy erst 23 und Darwin 22 Jahre alt.

FitzRoy hatte offiziell den Auftrag, Küstengewässer zu vermessen, aber sein Hobby – eigentlich sogar eine richtige Leidenschaft – war die Suche nach Belegen für eine wörtliche Interpretation des biblischen Schöpfungsberichts. Für seine Entscheidung, Darwin an Bord zu nehmen, war dessen geistliche Ausbildung von entscheidender Bedeutung. Als sich später herausstellte, dass Darwin nicht nur liberale Ansichten hatte, sondern auch alles andere als ein überzeugter Anhänger christlicher Grundsätze war, entwickelten sich zwischen den beiden dauerhafte Spannungen.

Die Reise mit der HMS *Beagle*, die von 1831 bis 1836 dauerte, war ganz offensichtlich das prägende Ereignis in Darwins Leben, es war aber auch eines der anstrengendsten. Er teilte mit dem Kapitän eine kleine Kabine, und das war sicher alles andere als einfach: FitzRoy bekam häufig Wutanfälle, auf die eine Phase unterschwelligen Widerwillens folgte. Zwischen ihm und Darwin kam es immer wieder zu Streitigkeiten, die manchmal »an Wahnsinn grenzten«, wie Darwin später berichtete.[4] Schiffsreisen waren zu jener Zeit auch im besten Fall häufig melancholische Unternehmungen – der frühere Kapitän der *Beagle* hatte sich in einem Anfall von Schwermut und Einsamkeitsgefühlen eine Kugel durch den Kopf gejagt –, und FitzRoy stammte aus einer Familie, die für ihre Veranlagung zu Depressionen bekannt war. Sein Onkel, der Viscount Castlereagh, hatte sich zehn Jahre zuvor während seiner Amtszeit als Schatzkanzler die Kehle durchgeschnitten. (Auf die gleiche Weise beging auch FitzRoy selbst 1865 Selbstmord.) Und selbst in ruhigerer Stimmung erwies sich der Kapitän als seltsam undurchschaubar. So erfuhr Darwin nach dem Ende ihrer Reise zu seinem Erstaunen, dass FitzRoy fast unmittelbar danach eine junge Frau geheiratet hatte, mit der er seit langem verlobt war. In den fünf Jahren mit Darwin hatte er kein einziges Mal auf die Verbindung angespielt oder auch nur den Namen seiner Auserwählten erwähnt.[5]

In jeder anderen Hinsicht jedoch war die Reise mit der *Beagle* ein Triumph. Darwin erlebte so viele Abenteuer, dass sie für den Rest seines Lebens vorhielten, und das von ihm gesammelte Material reichte aus, um ihm seinen Ruf zu sichern und ihn auf

Jahre hinaus zu beschäftigen. Er fand einen großartigen Schatz riesiger vorzeitlicher Fossilien, darunter das schönste *Megatherium*, das man bis heute kennt; in Chile überlebte er ein schreckliches Erdbeben; er entdeckte eine neue Delfinart (die er pflichtschuldigst auf den Namen *Delphinus fitzroyi* taufte); in den Anden nahm er sorgfältige, nützliche geologische Untersuchungen vor; und er entwickelte eine neue, vielfach bewunderte Theorie für die Entstehung der Korallenatolle, die nicht ganz zufällig besagt, dass diese ringförmigen Gebilde mindestens eine Million Jahre zum Heranwachsen brauchen[6] – der erste Anhaltspunkt dafür, dass er schon längst an ein sehr hohes Alter der erdgeschichtlichen Vorgänge glaubte. Im Jahr 1836, mit 27 Jahren, kam er nach einer Abwesenheit von fünf Jahren und zwei Tagen wieder nach Hause. Von nun an verließ er England nicht mehr.

Eines allerdings tat Darwin auf der Reise nicht: Er entwickelte nicht seine Theorie – oder überhaupt eine Theorie – für die Evolution. Zunächst einmal war der Begriff der Evolution in den dreißiger Jahren des 19. Jahrhunderts bereits mehrere Jahrzehnte alt. Darwins eigener Großvater Erasmus hatte dem Evolutionsprinzip schon mehrere Jahre vor Charles' Geburt in einem geistreich-mittelmäßigen Gedicht mit dem Titel »The Temple of Nature« Tribut gezollt. Erst nachdem Darwin der Jüngere wieder in England war und das Buch *Essay on the Principle of Population* von Thomas Malthus gelesen hatte (das die Ansicht vertrat, die Zunahme der Lebensmittelproduktion könne aus mathematischen Gründen nie mit dem Bevölkerungswachstum Schritt halten), setzte sich in seinem Kopf allmählich die Idee fest, dass das Leben ein ständiger Kampf ist und dass es an der natürlichen Selektion liegt, wenn manche biologischen Arten gedeihen, während andere versagen.[7] Insbesondere erkannte Darwin, dass alle Lebewesen um Ressourcen konkurrieren, und wer einen angeborenen Vorteil besitzt, gedeiht und kann den Vorteil an die Nachkommen weitergeben. Auf diese Weise ergibt sich bei den Arten eine ständige Verbesserung.

Das hört sich nach einer entsetzlich einfachen Idee an – und es ist tatsächlich eine entsetzlich einfache Idee –, aber man konnte damit vieles erklären, und Darwin war bereit, ihr sein Leben zu widmen. »Wie dumm von mir, dass ich darauf nicht gekommen bin!«, rief Thomas Henry Huxley, nachdem er *Die Entstehung der Arten* gelesen hatte.[8] Das Gleiche hört man seither immer wieder.

Interessanterweise verwendete Darwin die Formulierung »survival of the fittest« (»Überleben des Geeignetsten«) in seinen Werken nie (seine Zustimmung ließ er allerdings erkennen). Der Ausdruck wurde erst 1864, fünf Jahre nach dem Erscheinen der *Entstehung der Arten*, von Herbert Spencer in dem Buch *Principles of Biology* geprägt. Auch den Begriff *Evolution* benutzte er in gedruckter Form erst in der sechsten Auflage der *Entstehung der Arten* (als er sich bereits so weit durchgesetzt hatte, dass er ihn nicht mehr vermeiden konnte). Stattdessen bevorzugte er die Formulierung »descent with modification« (»Abstammung mit Abwandlung«). Vor allem aber bezog er die Anregung zu seinen Erkenntnissen keineswegs daraus, dass er sich während seines Aufenthalts auf den Galapagos-Inseln mit der interessanten Formenvielfalt der Schnäbel von Finken beschäftigte. Nach der üblichen Version der Geschichte (oder zumindest nach der Version, an die wir uns meist erinnern) reiste Darwin von Insel zu Insel und bemerkte dabei, dass die Schnäbel der einheimischen Finken jeweils ausgezeichnet an die Nutzung der örtlichen Ressourcen angepasst waren – auf einer Insel waren sie kurz und kräftig, sodass sie sich gut zum Nüsseknacken eigneten, auf der nächsten lang und dünn, sodass der Vogel damit in Ritzen nach Nahrung stochern konnte –, und das brachte ihn auf den Gedanken, die Vögel seien vielleicht nicht so erschaffen worden, sondern hätten sich in gewisser Weise selbst erschaffen.

Die Vögel hatten sich tatsächlich selbst erschaffen, aber das bemerkte Darwin nicht. Zur Zeit seiner Reise auf der *Beagle*, kurz nach Abschluss seines Studiums, war er noch kein erfahrener Naturforscher, und deshalb fiel ihm nicht auf, dass die Vögel auf den Galapagos-Inseln alle zu derselben Gruppe gehörten. Stattdessen erkannte sein Freund, der Ornithologe John Gould, dass Darwin zahlreiche Finkenarten mit unterschiedlichen Fähigkeiten gefunden hatte.[9] Leider hatte der unerfahrene Darwin nicht notiert, welchen Vogel er auf welcher Insel gefunden hatte. (Einen ähnlichen Fehler beging er auch bei den Schildkröten.) Bis das Durcheinander aufgeklärt war, sollten noch Jahre vergehen.

Wegen solcher Fehler und da er eine Unmenge von Kisten mit anderen Funden von der *Beagle* ordnen und sortieren musste, formulierte Darwin erst 1842, sechs Jahre nach seiner Rückkehr, die ersten Umrisse seiner neuen Theorie. Zwei Jahre später erweiterte er seine Gedanken zu einer »Skizze« von 230 Seiten.[10] Anschließend tat er etwas Ungewöhnliches: Er legte seine Notizen beiseite und beschäftigte sich während der nächsten 15 Jahre mit anderen Themen. Er wurde Vater von zehn Kindern, widmete sich fast acht Jahre lang der Aufgabe, ein umfangreiches Werk über Entenmuscheln zu schreiben (»Ich hasse Entenmuscheln wie kein Mensch vor mir«, seufzte er verständlicherweise, nachdem er das Buch vollendet hatte[11]), und zog sich eine seltsame Krankheit zu, die ihn chronisch antriebslos, müde und »unruhig« machte, wie er es formulierte. Eines der Symptome war fast immer eine entsetzliche Übelkeit, und hinzu kamen in der Regel auch Herzrasen, Migräne, Erschöpfung, Zittern, Sehstörungen, Atemnot, ein »schwimmender Kopf« und – kaum verwunderlich – Depressionen.

Die Ursache der Krankheit wurde nie geklärt, aber die romantischste und vielleicht auch wahrscheinlichste der vielen Vermutungen besagt, dass Darwin an der Chagas-Krankheit litt, einer langwierigen Tropenkrankheit, die er sich in Südamerika durch einen Insektenstich zugezogen haben könnte. Nach einer eher prosaischen Erklärung hatte sein Zustand psychosomatische Ursachen. Jedenfalls ging es ihm wirklich schlecht. Häufig konnte er nicht länger als zwanzig Minuten ununterbrochen arbeiten, manchmal noch nicht einmal das.

Seine übrige Zeit verwendete er auf eine Reihe immer verzweifelterer Therapieversuche – Eiswasser-Tauchbäder, Essiggüsse, Anlegen von »elektrischen Ketten«, die ihm kleine Stromschläge versetzten. Er wurde fast zum Einsiedler und verließ sein Anwesen, das Down House in Kent, nur noch selten. Nachdem er dort eingezogen war, bestand eine seiner ersten Maßnahmen darin, dass er vor dem Fenster seines Studierzimmers einen Spiegel anbrachte, sodass er jeden Besucher sehen und ihm gegebenenfalls aus dem Weg gehen konnte.

Seine Theorie behielt Darwin für sich, wusste er doch nur allzu gut, welchen Sturm der Entrüstung sie auslösen würde. 1844, in dem Jahr, als er seine Notizen beiseite legte, versetzte ein Buch namens *Vestiges of the Natural History of Creation* große Teile der Geisteswelt in Aufruhr: Darin wurde die Vermutung geäußert, die Menschen könnten sich ohne Zutun eines Schöpfergottes aus niederen Primaten entwickelt haben. Der Autor hatte den Aufschrei der Empörung vorausgesehen und alles unternommen, um seine Identität zu verheimlichen, und bei dieser Haltung blieb er während der nächsten 40 Jahre auch gegenüber seinen engsten Freunden. Vielfach wurde spekuliert, Darwin selbst könne der Autor sein.[12] Andere hatten Prinz Albert in Verdacht. In Wirklichkeit handelte es sich bei dem Verfasser um einen erfolgreichen, unauffälligen schottischen Verleger namens Robert Chambers, und dass er sich nicht offenbaren mochte, hatte neben persönlichen Motiven auch einen ganz pragmatischen Grund: Sein Unternehmen war ein führender Verlag für Bibeln. Die *Vestiges* wurden von den Kanzeln in ganz Großbritannien und weit darüber hinaus gegeißelt, zogen aber auch ein gerüttelt Maß von eher akademischem Zorn auf sich. Die *Edinburgh Review* verwendete fast eine ganze Ausgabe – insgesamt 85 Seiten – darauf, es zu zerpflücken. Selbst T. H. Huxley, ein Anhänger der Evolution, griff das Buch recht giftig an, ohne zu wissen, dass er mit dem Verfasser befreundet war.*

Darwin hätte sein Manuskript möglicherweise bis zu seinem Tod unter Verschluss gehalten, wäre nicht im Frühsommer 1848 aus dem Fernen Osten ein Alarmzeichen in Form eines Päckchens gekommen. Es stammte von einem jungen Naturforscher

* Einer der wenigen, die richtig vermuteten, war Darwin. Er war zufällig gerade bei Chambers zu Besuch, als ein Vorabexemplar der sechsten Auflage von *Vestiges* geliefert wurde. Chambers widmete sich mit verräterischem Eifer den Korrekturen, die beiden sprachen aber offensichtlich nicht darüber.

namens Alfred Russel Wallace und enthielt neben einem freundlichen Brief den Entwurf einer Abhandlung mit dem Titel *On the Tendency of Varieties to Depart Indefinitely from an Original Type* (»Über die Neigung der Varietäten, unbegrenzt von einem ursprünglichen Typus abzuweichen«). Darin skizzierte Wallace eine Theorie der natürlichen Selektion, die geradezu gespenstisch Darwins geheimen Aufzeichnungen ähnelte. Selbst in den Formulierungen erinnerte der Aufsatz an Darwin. »Ein verblüffenderes Zusammentreffen habe ich nie erlebt«, notierte Darwin entsetzt. »Hätte Wallace meinen Manuskriptentwurf von 1842 gelesen, er hätte keine bessere Zusammenfassung schreiben können.«[13]

Wallace platzte nicht ganz so unerwartet in Darwins Leben, wie manchmal behauptet wird. Die beiden führten bereits einen Briefwechsel, und Wallace hatte Darwin mehr als einmal großzügig mit Funden versorgt, die nach seiner Ansicht interessant waren. Während dieses Meinungsaustausches hatte Darwin den jungen Mann mehrfach diskret gewarnt, er betrachte das Thema der Artentstehung als seine eigene Domäne. »In diesem Sommer wird es 20 Jahre her sein (!), dass ich mein erstes Notizbuch über die Frage, wie und worin Arten und Varietäten voneinander abweichen, begonnen habe«, hatte er schon einige Zeit zuvor an Wallace geschrieben und dann hinzugefügt: »Ich bereite jetzt mein Werk für die Veröffentlichung vor«[14] – was eigentlich nicht stimmte.

Jedenfalls begriff Wallace nicht, was Darwin ihm sagen wollte, und natürlich konnte er keine Ahnung haben, dass seine Theorie mit jener, die Darwin seit zwei Jahrzehnten entwickelte, nahezu vollständig übereinstimmte.

Jetzt befand Darwin sich in einem entsetzlichen Dilemma. Wenn er sein Buch eilig in Druck gab, um sein Erstlingsrecht zu sichern, hätte er den arglosen Hinweis eines weit entfernten Bewunderers auf unfaire Weise ausgenutzt. Hielt er sich aber zurück, wie es das Benehmen eines Gentleman eigentlich erforderte, verlor er das Verdienst für eine Theorie, die er eigenständig formuliert hatte. Wallaces Theorie war nach dessen eigenem Eingeständnis das Ergebnis eines Geistesblitzes; bei Darwin dagegen war sie das Produkt jahrelangen, mühsamen, systematischen Nachdenkens. Diese Ungerechtigkeit ließ ihn schier verzweifeln.

Als wäre dies noch nicht genug des Elends, hatte Darwins jüngster Sohn, der ebenfalls Charles hieß, sich eine lebensbedrohliche Scharlach-Erkrankung zugezogen. Am 28. Juni, auf dem Höhepunkt der Krise, starb das Kind. Obwohl die Krankheit seines Sohnes ihn ablenkte, fand Darwin noch die Zeit, Briefe an seine Freunde Charles Lyell und Joseph Hooker zu schreiben. Darin bot er an, einen Rückzieher zu machen, gleichzeitig stellte er aber fest, dies müsse bedeuten, dass seine gesamte Arbeit, »was sie auch bedeuten mag, zerstört wäre«.[15] Lyell und Hooker schlugen einen Kompromiss vor: Sie wollten eine gemeinsame Zusammenfassung der Ideen von Darwin und Wallace vortragen. Als Forum wählten sie eine Tagung der Linnaean Society, die zu jener Zeit eifrig bestrebt war, sich als Ort hervorragender wissenschaftlicher Leistungen wieder ins Gespräch zu bringen. Am 1. Juli 1858 wurde Darwins und Wallaces Theorie der Welt bekannt gemacht. Darwin selbst war nicht anwesend. Am Tag der Zusammenkunft trugen er und seine Frau ihren Sohn zu Grabe.

Der Darwin/Wallace-Vortrag war an jenem Abend einer von sieben – ein anderer beschäftigte sich mit der Pflanzenwelt Angolas –, und wenn die rund dreißig Zuhörer eine Ahnung hatten, dass sie gerade Zeugen der wissenschaftlichen Sensation des Jahrhunderts wurden, so zeigten sie es jedenfalls nicht. Anschließend gab es keine Diskussion, und auch anderswo erregte das Ereignis keine Aufmerksamkeit. Wie Darwin später vergnügt feststellte, erwähnte nur ein Einziger, ein gewisser Professor Haughton aus Dublin, die beiden Vorträge in gedruckter Form, und dabei gelangte er zu dem Schluss, alles Neue darin sei falsch, und alles Richtige sei schon alt.[16]

Wallace, der sich immer noch im Fernen Osten aufhielt, erfuhr erst viel später von den Ereignissen, blieb aber erstaunlich gelassen und freute sich offenbar, dass man ihn überhaupt erwähnt hatte. Er selbst bezeichnete die Theorie später immer als »Darwinismus«. Viel weniger akzeptierte ein schottischer Gärtner namens Patrick Matthew Darwins Erstlingsrecht – er war bemerkenswerterweise ebenfalls auf die Gesetzmäßigkeiten der natürlichen Selektion gestoßen, und zwar genau in dem Jahr, als Darwin mit der *Beagle* auf die Reise gegangen war.[17] Leider hatte Matthew seine Erkenntnisse aber in einem Buch mit dem Titel *Naval Timber and Arboriculture* (»Schiffsbauholz und Holzanbau«) veröffentlicht, das nicht nur Darwin, sondern auch die gesamte übrige Welt übersehen hatte. Als Matthew merkte, dass Darwin überall das Verdienst für eine Idee einheimste, die eigentlich von ihm stammte, meldete er sich mit einem lebhaften Brief an die Zeitschrift *Gardener's Chronicle* zu Wort. Darwin entschuldigte sich unverzüglich, stellte aber gleichzeitig fest: »Ich glaube, es wird niemanden überraschen, dass weder ich noch offensichtlich irgendein anderer Naturforscher schon einmal von Mr. Matthews Ansichten gehört hat, werden sie doch nur sehr kurz erläutert, und das im Anhang eines Werkes über Schiffsbauholz und Holzanbau.«

Wallace war noch 50 Jahre lang als Naturforscher und Denker tätig. Gelegentlich hatte er gute Einfälle, in der wissenschaftlichen Welt fiel er aber zunehmend in Ungnade, weil er sich für zweifelhafte Themen wie Spiritualismus und das Leben an anderen Orten im Kosmos interessierte. So wurde die Theorie mehr oder weniger mangels einer Alternative zu Darwins alleiniger Leistung.

Darwin quälte sich auch weiterhin ständig mit seinen Ideen herum. Er bezeichnete sich selbst als »des Teufels Kaplan«[18]; seine Theorie bekannt zu machen, so sagte er selbst, sei, »als ob man einen Mord gesteht«.[19] Neben allem anderen wusste er ganz genau, dass sie seiner geliebten frommen Frau großen Schmerz bereitete. Dennoch ging er sofort an die Arbeit und erweiterte sein Manuskript auf den Umfang eines Buches, den er mit der provisorischen Überschrift *An Abstract of an Essay on the Origin of Species and Varieties Through Natural Selection* (»Zusammenfassung einer Abhandlung über die Entstehung der Arten und Varietäten durch natürliche Selektion«) versah. Der Titel war so unbestimmt und nichtssagend, dass sein Verleger John Murray nur 500 Exemplare drucken lassen wollte. Als er aber das Manuskript mit seinem geringfügig interessanteren Titel vor sich hatte, überlegte Murray es sich anders und erhöhte die Erstauflage auf 1250 Stück.

Die Entstehung der Arten wurde geschäftlich sofort zum Erfolg, inhaltlich allerdings weniger. Darwins Theorie enthielt zwei unlösbare Probleme. Erstens erforderte sie viel mehr Zeit, als Lord Kelvin zugestehen mochte, und zweitens konnte sie sich kaum auf Fossilfunde stützen. Nachdenklichere Kritiker fragten: Wo sind die Übergangsformen, die Darwin mit seiner Theorie so eindeutig postuliert? Wenn sich ständig neue Arten entwickeln, müsste sich eine Fülle von Zwischenformen über die Fossilfunde verteilen, aber das ist nicht der Fall.* Die damals (und noch lange danach) bekannten Fossilfunde lieferten bis zur berühmten kambrischen Explosion keinerlei Anhaltspunkte für Lebewesen.

Aber nun kam Darwin daher und behauptete ganz ohne Belege, es müsse in den Meeren der Vorzeit eine Fülle von Lebewesen gegeben haben, die wir nur noch nicht gefunden hätten, weil sie aus irgendwelchen Gründen nicht erhalten geblieben seien. Anders, so beharrte Darwin, könne es einfach nicht sein. »Der Fall muss also vorerst ohne Erklärung bleiben; er kann in der Tat als berechtigter Einwand gegen die hier entwickelten Ansichten vorgebracht werden«[20], räumte er offenherzig ein, aber er lehnte es ab, eine andere Möglichkeit in Erwägung zu ziehen. Als Erklärung äußerte er die – fantasievolle, aber falsche – Vermutung, die Meere könnten im Präkambrium so klar gewesen sein, dass sich keine Sedimente ablagern konnten, und deshalb seien auch keine Fossilien erhalten geblieben.[21]

Selbst Darwins engste Freunde waren beunruhigt darüber, wie unbekümmert er manche Behauptungen aufstellte. Adam Sedgwick, der in Cambridge Darwins Lehrer gewesen war und ihn 1831 auf eine geologische Exkursion nach Wales mitge-

* Zufällig tauchte gerade 1861, auf dem Höhepunkt der Kontroverse, ein solches Beweisstück auf: In Bayern fanden Arbeiter die Knochen eines vorzeitlichen Archaeopteryx, der in der Mitte zwischen Vögeln und Dinosauriern stand. (Er besaß Federn, aber auch Zähne.) Es war ein eindrucksvoller, äußerst nützlicher Fund, über dessen Bedeutung vielfach diskutiert wurde; allerdings konnte eine einzige derartige Entdeckung kaum als schlüssiger Beweis gelten.

nommen hatte, empfand beim Lesen des Buches nach eigenem Bekunden »mehr Schmerz als Freude«. Louis Agassiz tat es als schlechte Spekulation ab. Und selbst Lyell gelangte zu dem mürrischen Schluss: »Darwin geht zu weit.«[22]

T. H. Huxley war nicht damit einverstanden, dass Darwin beharrlich gewaltige erdgeschichtliche Zeiträume forderte; Huxley war nämlich Saltationist,[23] das heißt, nach seiner Überzeugung spielten sich Veränderungen in der Evolution nicht allmählich ab, sondern plötzlich. Die Saltationisten (der Begriff kommt von dem lateinischen Wort für »Sprung«) konnten sich nicht mit der Idee anfreunden, dass komplizierte Organe möglicherweise langsam und stufenweise entstehen. Wozu, so fragten sie, ist ein Zehntel Flügel oder ein halbes Auge gut? Sie glaubten, solche Organe hätten nur dann einen Sinn, wenn sie fix und fertig auftauchen.

Dass ein radikaler Geist wie Huxley solche Ansichten vertrat, war verwunderlich, denn sie ähnelten stark einer sehr konservativen religiösen Überzeugung, die der englische Theologe William Paley 1802 zum ersten Mal vertreten hatte und die später als Gestaltungsargument bekannt wurde. Wenn man eine Taschenuhr auf dem Boden liegen sieht, so Paley, wird man sofort den Eindruck gewinnen, dass sie von einem intelligenten Wesen hergestellt wurde, selbst wenn man nie zuvor einen solchen Gegenstand zu Gesicht bekommen hat. Genauso verhielt es sich nach seiner Überzeugung auch mit der Natur: Ihre Komplexität galt als Beweis für gezielte Gestaltung. Dieser Gedanke hatte im 19. Jahrhundert großen Einfluss und ließ auch Darwin nicht zur Ruhe kommen. »Das Auge jagt mir bis heute einen kalten Schauer den Rücken hinunter«[24], räumte er in einem Brief an einen Freund ein. Und in der *Entstehung der Arten* schreibt er: »Es scheint, ich will es offen gestehen, im höchsten möglichen Grade absurd zu sein«[25], dass die natürliche Selektion eine solche Vorrichtung in kleinen Schritten hervorbringen könne.

Dennoch beharrte Darwin zur nie endenden Verzweiflung seiner Anhänger nicht nur darauf, Wandel laufe ausschließlich in kleinen Stufen ab, sondern er verlängerte auch noch in fast jeder neuen Auflage der *Entstehung der Arten* den Zeitraum, der nach seiner Überzeugung für den Ablauf der Evolution erforderlich war; dies führte dazu, dass seine Gedanken zunehmend in Misskredit gerieten. »Am Ende verlor Darwin praktisch alle Unterstützung, die ihm in den Reihen seiner Naturforscher- und Geologenkollegen noch geblieben war«, schreibt der Wissenschaftshistoriker Jeffrey Schwartz.[26]

Der Titel von Darwins Buch birgt eine gewisse Ironie: Wie Arten entstehen, konnte er nämlich nicht erklären. Seine Theorie schlug einen Mechanismus vor, durch den eine Art stärker, besser oder schneller – mit einem Wort: lebensfähiger – werden kann, sie lieferte aber keinen Anhaltspunkt dafür, wie eine neue Art auf der Bildfläche erscheint. Der schottische Ingenieur Fleeming Jenkin dachte über diese Frage nach, und dabei stieß er auf einen wichtigen Schwachpunkt in Darwins Argumentation. Darwin war überzeugt, dass jede nützliche Eigenschaft, die in einer Generation entsteht, an spätere Generationen weitergegeben wird und so die Spezies stärker werden lässt.

In Wirklichkeit, so Jenkin, kann sich eine nützliche Eigenschaft eines Elternteils in den nachfolgenden Generationen nicht durchsetzen, sondern sie wird durch Vermischung verdünnt. Schüttet man Whisky in ein Glas mit Wasser, so wird der Whisky nicht stärker, sondern schwächer. Und wenn man diese verdünnte Lösung wiederum in ein Glas Wasser schüttet, schwächt man sie noch weiter ab. Nach dem gleichen Prinzip würde auch jede günstige Eigenschaft, die ein Elternteil mitbringt, durch weitere Paarungen verwässert, bis sie überhaupt nicht mehr wahrzunehmen ist. Darwins Theorie war also kein Rezept für den Wandel, sondern für die Unveränderlichkeit. Von Zeit zu Zeit konnten zwar glückliche Wendungen eintreten, diese mussten aber bald darauf in dem allgemeinen Trend, alles im stabilen Mittelmaß zu erhalten, untergehen. Wenn die natürliche Selektion funktionieren sollte, brauchte man einen anderen, bis dahin nicht berücksichtigten Mechanismus.

Was Darwin und alle anderen nicht wussten: 1300 Kilometer entfernt, in einem ruhigen Winkel Mitteleuropas, war ein bescheidener Mönch namens Gregor Mendel der Lösung auf der Spur.

Mendel wurde 1822 als Sohn einer armen Bauernfamilie im österreichischen Kaiserreich geboren, und zwar in einer abgelegenen Region, die heute zur Tschechischen Republik gehört. Schulbücher zeichneten früher von ihm das Bild eines einfachen, aber aufmerksamen Provinzgeistlichen, der seine Entdeckungen im Wesentlichen dem Zufall verdankte – angeblich bemerkte er interessante, erbliche Merkmale, als er im Nutzgarten seines Klosters mit Erbsenpflanzen herumspielte. In Wirklichkeit verfügte Mendel über eine naturwissenschaftliche Ausbildung – er hatte am Philosophischen Institut von Olmütz und an der Wiener Universität Physik und Mathematik studiert –, und er betrieb seine Arbeiten mit strenger wissenschaftlicher Disziplin. Außerdem war das Kloster in Brünn, wo er seit 1843 lebte, als gelehrte Institution bekannt. Es besaß eine Bibliothek von 20 000 Bänden, und sorgfältige wissenschaftliche Untersuchungen hatten hier eine lange Tradition.[27]

Bevor Mendel sich an seine Experimente machte, verwendete er zwei Jahre auf die Vorbereitung des Ausgangsmaterials: Er stellte sicher, dass sieben Erbsensorten reinerbig waren. Dann stellte er mit Hilfe von zwei Vollzeit-Assistenten durch wiederholte Kreuzungen insgesamt Hybride von 30 000 Erbsenpflanzen her. Es waren heikle Arbeiten, bei denen er sorgfältig darauf achten musste, dass unabsichtliche Kreuzbefruchtung vermieden wurde, und gleichzeitig musste er noch die geringsten Abweichungen in Wachstum und Aussehen von Samen, Schoten, Blättern, Stängeln und Blüten festhalten. Mendel wusste genau, was er tat.

Das Wort *Gen* verwendete er nie – es wurde erst 1913 in einem englischen medizinischen Wörterbuch geprägt –, er erfand jedoch die Begriffe *dominant* und *rezessiv*. Vor allem aber gelangte er zu der wichtigen Erkenntnis, dass jeder Samen zwei »Faktoren« oder »Elemente« enthält, wie er sie nannte, von denen der eine dominant, der andere rezessiv ist. Aus der Kombination dieser Faktoren ergeben sich vorhersehbare Vererbungsmuster.

Aus seinen Befunden leitete Mendel genaue mathematische Formeln ab. Insgesamt brachte er acht Jahre mit seinen Experimenten zu, und anschließend bestätigte er die Ergebnisse mit ähnlichen Versuchen an Blumen, Mais und anderen Pflanzen. Wenn überhaupt, dann ging Mendel mit seinen Arbeiten allzu wissenschaftlich vor: Als er seine Befunde im Februar und März 1865 bei Konferenzen des Naturforschenden Vereins in Brünn vortrug, hörte das ungefähr 40-köpfige Publikum zwar höflich zu, es ließ aber verdächtig wenig Interesse erkennen, obwohl die Pflanzenzucht für viele Mitglieder von großer praktischer Bedeutung war.

Als Mendels Bericht veröffentlicht war, schickte er mit großen Erwartungen ein Exemplar an den bekannten Schweizer Botaniker Karl-Wilhelm von Nägeli. Dessen Unterstützung war mehr oder weniger unentbehrlich, wenn die Theorie sich durchsetzen sollte. Leider begriff Nägeli aber die Bedeutung von Mendels Befunden überhaupt nicht. Er schlug vor, dieser solle mit dem Habichtskraut experimentieren. Gehorsam tat der Mönch, wie Nägeli ihn geheißen hatte, aber dann erkannte er sehr schnell, dass das Habichtskraut nicht die richtigen Voraussetzungen für Erbuntersuchungen mitbrachte. Ihm wurde klar, dass Nägeli seinen Aufsatz entweder überhaupt nicht oder zumindest nicht gründlich gelesen hatte. Frustriert gab Mendel seine Erforschung der Erbgesetze auf; den Rest seines Lebens verbrachte er damit, besonders gutes Gemüse zu züchten und neben vielem anderen auch Bienen, Mäuse und Sonnenflecken zu untersuchen. Schließlich wurde er zum Abt ernannt.

Mendels Beobachtungen blieben nicht überall so unbeachtet, wie häufig behauptet wird. Seine Untersuchungen waren der *Encyclopaedia Britannica* – die damals mehr als heute eine führende Rolle für das wissenschaftliche Denken einnahm – einen lobenden Eintrag wert, und auch der deutsche Wissenschaftler Wilhelm Olbers Focke zitierte ihn mehrfach in einem wichtigen Artikel. Und da Mendels Ideen nie ganz in wissenschaftliche Vergessenheit geraten waren, konnte man sie auch ohne weiteres wieder entdecken, als die Zeit dafür reif war.

Ohne es zu erkennen, hatten Darwin und Mendel gemeinsam die Grundlagen für die gesamten Biowissenschaften des 20. Jahrhunderts gelegt. Darwin erkannte, dass alle Lebewesen verwandt sind, dass sie »ihre Abstammung letztlich alle auf einen einzigen, gemeinsamen Ursprung zurückführen können«, und Mendel steuerte den Mechanismus bei, mit dem sich erklären ließ, wie das geschieht. Die beiden hätten einander sehr nützlich werden können. Mendel besaß die deutsche Übersetzung der *Entstehung der Arten* und hatte sie bekanntermaßen auch gelesen; ihm muss also klar gewesen sein, dass sich seine Befunde auf Darwins Erkenntnisse anwenden ließen. Dennoch unternahm er offenbar keinen Versuch, Kontakt mit dem Briten aufzunehmen. Darwin studierte seinerseits bekanntermaßen Fockes einflussreichen Aufsatz, in dem dieser wiederholt Bezug auf Mendels Arbeiten nahm, brachte ihn aber nicht mit seinen eigenen Forschungen in Verbindung.[28]

Eine Aussage, die allgemein als zentraler Bestandteil von Darwins Argumentation gilt – nämlich dass der Mensch vom Affen abstammt –, kommt in seinem Buch in Wirklichkeit nur in einer flüchtigen Anspielung vor. Dennoch konnte man ohne großen Gedankensprung erkennen, welche Folgerungen sich aus Darwins Theorie für die Entwicklung des Menschen ergaben, und tatsächlich wurde dies sofort zu einem zentralen Streitpunkt.

Ihren Höhepunkt fand die Auseinandersetzung am Samstag, dem 30. Juni 1860 auf einer Tagung der British Association for the Advancement of Science in Oxford. Huxley war von Robert Chambers, dem Autor von *Vestiges of the Natural History of Creation*, zur Teilnahme gedrängt worden,[29] er wusste aber nichts über Chambers' Verbindung zu dem umstrittenen Buch. Darwin war wie gewöhnlich abwesend. Die Konferenz fand im Zoologischen Museum von Oxford statt. In dem Saal drängten sich über 1000 Menschen, und mehrere 100 weitere mussten abgewiesen werden. Alle wussten, dass etwas Besonderes bevorstand, aber zunächst mussten sie warten, bis ein Sprecher namens John William Draper von der New York University tapfer seinen zweistündigen, einschläfernden Vortrag über »Die geistige Entwicklung Europas unter dem Gesichtspunkt der Ansichten von Mr. Darwin« hinter sich gebracht hatte.[30]

Schließlich ergriff Samuel Wilberforce, der Bischof von Oxford, das Wort. Allgemein nimmt man an, dass er von dem überzeugten Darwin-Gegner Richard Owen, der am Abend zuvor in seinem Haus zu Gast gewesen war, instruiert worden war. Wie fast immer, wenn ein Ereignis im Aufruhr endet, gehen die Berichte über die tatsächlichen Geschehnisse weit auseinander. Nach einer verbreiteten Version wandte sich Wilberforce, der mit seinem Vortrag richtig in Fahrt gekommen war, schließlich mit trockenem Lächeln an Huxley und wollte wissen, ob er auf dem Weg über die Großmutter oder den Großvater von den Affen abstammte. Die Bemerkung war zweifellos witzig gemeint, wirkte aber wie ein eiskalter Angriff. Huxley wandte sich seinem eigenen Bericht zufolge an seinen Nachbarn und flüsterte: »Der Herr hat ihn in meine Hände gegeben.« Dann erhob er sich genüsslich.

Andere dagegen erinnerten sich, Huxley habe vor Wut und Empörung gezittert. Jedenfalls erklärte der Wissenschaftler, die Abstammung von einem Affen sei ihm lieber als die Verwandtschaft mit jemandem, der seine herausragende Stellung benutzte, um auf einer angeblich ernsthaften wissenschaftlichen Veranstaltung ungebildetes Geschwätz von sich zu geben. Diese Antwort war nicht nur eine skandalöse Unverschämtheit, sondern auch eine Beleidigung für Wilberforces Amt, und in der Versammlung brach sofort ein Tumult aus. Eine gewisse Lady Brewster fiel in Ohnmacht. Robert FitzRoy, den Darwin 25 Jahre zuvor auf der *Beagle* begleitet hatte, lief durch den Saal, hielt eine Bibel in die Höhe und rief: »Das Buch, das Buch!« (Er nahm an der Tagung teil, weil er in seiner Eigenschaft als Leiter des neu gegründeten Instituts für Meteorologie einen Vortrag über Stürme halten sollte.) Interessanterweise behauptete hinterher jede Partei, sie habe der anderen eine vernichtende Niederlage beigebracht.

Dass Darwin von der Verwandtschaft des Menschen mit den Affen überzeugt war, legte er 1871 in seinem Werk *Die Abstammung des Menschen* dar. Es war eine kühne Behauptung, denn damals gab es keine Fossilfunde, die für eine solche Vorstellung gesprochen hätten. Die einzigen Überreste von Frühmenschen, die man zu jener Zeit kannte, waren die berühmten Neandertalerknochen aus Deutschland sowie einige zweifelhafte Bruchstücke von Kieferknochen, und viele angesehene Fachleute waren nicht einmal bereit, das hohe Alter dieser Stücke anzuerkennen. Insgesamt war *Die Abstammung des Menschen* noch umstrittener als *Die Entstehung der Arten*, aber als es erschien, ließ die Welt sich nicht mehr so leicht aus der Ruhe bringen, und deshalb erregten seine Argumente weit weniger Aufruhr.

Den größten Teil seiner letzten Jahre verbrachte Darwin jedoch mit anderen Vorhaben, von denen die meisten nur sehr am Rande mit Fragen der natürlichen Selektion zu tun hatten. Er stocherte lange in Vogelexkrementen herum und untersuchte ihre Bestandteile, um die Verbreitung von Samen zwischen den Kontinenten zu verstehen, und mehrere Jahre lang beschäftigte er sich auch mit dem Verhalten von Würmern. In einem seiner Experimente spielte er ihnen auf dem Klavier etwas vor – nicht um ihnen Freude zu bereiten, sondern um die Auswirkungen der Schallwellen zu untersuchen.[31] Außerdem erkannte er als Erster, wie unentbehrlich Würmer für die Fruchtbarkeit des Erdbodens sind. »Man darf bezweifeln, dass es viele andere Tiere gibt, die für die Weltgeschichte eine so wichtige Rolle gespielt haben«, schrieb er in dem 1881 erschienenen Buch *The Formation of Vegetable Mould Through the Action of Worms* (»Die Entstehung von Pflanzendung durch die Tätigkeit von Würmern«), seinem Meisterwerk über dieses Thema, das seinerzeit sogar beliebter war als *Die Entstehung der Arten* je zuvor. Weitere Bücher trugen die Titel *On the Various Contrivances by Which British and Foreign Orchids Are Fertilised by Insects* (»Über die verschiedenen Vorrichtungen, durch die britische und ausländische Orchideen von Insekten befruchtet werden«, 1862), *Expressions of Emotions in Man and Animals* (»Der Ausdruck der Gefühle bei Menschen und Tieren«, 1872), von dem am ersten Tag fast 5300 Exemplare verkauft wurden, und *The Effects of Cross and Self Fertilisation in the Vegetable Kingdom* (Die Auswirkungen von Kreuz- und Selbstbestäubung im Pflanzenreich«, 1876) – mit diesem Thema kam er Mendels Arbeiten erstaunlich nahe, ohne auch nur annähernd zu den gleichen Erkenntnissen zu gelangen. Darwins letztes Buch schließlich trug den Titel *The Power of Mo-*

vement in Plants (»Die Kraft der Bewegung bei Pflanzen«). Last but not least verwendete er große Anstrengungen darauf, die Folgen der Inzucht zu untersuchen, ein Thema, das ihn aus privaten Gründen interessierte. Da Darwin seine eigene Cousine geheiratet hatte, hegte er den finsteren Verdacht, bestimmte körperliche und geistige Schwächen seiner Kinder könnten auf die mangelnde Vielfalt in seinem Stammbaum zurückzuführen sein.[32]

Darwin wurde zu Lebzeiten häufig geehrt, allerdings nie für *Die Entstehung der Arten* oder *Die Abstammung des Menschen.*[33] Als die Royal Society ihm die prestigeträchtige Copley Medal verlieh, erkannte sie damit seine Arbeiten in Geologie, Zoologie und Botanik an, nicht aber seine Evolutionstheorie, und mit ähnlicher Begeisterung ehrte ihn auch die Linnaean Society, ohne sich deshalb Darwins radikale Vorstellungen zu Eigen zu machen. Er wurde auch nie geadelt, aber man setzte ihn in der Westminster Abbey unmittelbar neben Newton bei. Darwin starb im April 1882 im Down House. Mendels Tod folgte zwei Jahre später.

Allgemeine Anerkennung fand Darwins Theorie eigentlich erst in den dreißiger und vierziger Jahren des 20. Jahrhunderts,[34] als man sie zu einem Gedankengebäude weiterentwickelte, das mit einer gewissen Arroganz als »moderne Synthese« bezeichnet wird. Darin flossen Darwins Gedanken mit denen von Mendel und anderen zusammen. Auch Mendel fand erst posthum die gebührende Anerkennung, dies geschah allerdings ein wenig früher. Im Jahr 1900 entdeckten drei Wissenschaftler, die unabhängig voneinander in Europa tätig waren, seine Arbeiten mehr oder weniger gleichzeitig wieder. Auch das geschah allerdings nur, weil einer der drei, der Niederländer Hugo de Vries, offenbar gewillt war, Mendels Erkenntnisse für sich selbst zu beanspruchen; daraufhin machte ein Konkurrent lautstark klar, dass das Verdienst in Wirklichkeit dem längst vergessenen Mönch gebührte.[35]

Jetzt war die Welt fast (allerdings noch nicht ganz) so weit, dass man allmählich begreifen konnte, wie wir entstehen – wie wir einander gemacht haben. Es ist eigentlich ein verblüffender

Gedanke: Noch zu Beginn des 20. Jahrhunderts und einige Jahre danach konnten die besten wissenschaftlichen Köpfe der Welt nicht genau erklären, woher die kleinen Kinder kommen.

Und wie gesagt: Die gleichen Leute glaubten, das Ende der Naturwissenschaft sei nahezu erreicht.

26.
Der Stoff, aus dem das Leben ist

Hätten meine Eltern sich nicht zu einem bestimmten Zeitpunkt – möglicherweise auf die Sekunde, möglicherweise auch auf die Nanosekunde genau – zusammengetan, es gäbe mich nicht. Hätten ihre Eltern sich nicht zur richtigen Zeit zusammengetan, es gäbe mich ebenfalls nicht. Und hätten deren Eltern es nicht genauso gemacht, und die Eltern davor, und so unendlich immer weiter – es gäbe mich nicht.

Je weiter wir in die Vergangenheit vordringen, desto mehr solcher zeitlich abgestimmten Handlungen addieren sich. Schon vor nur acht Generationen, ungefähr zu der Zeit, als Charles Darwin und Abraham Lincoln geboren wurden, hängt unser Dasein von rund 250 Personen und ihrer rechtzeitigen Paarung ab. Noch weiter zurück, in der Zeit Shakespeares und der Pilgerväter von der *Mayflower*, mussten nicht weniger als 16 384 Vorfahren ihr genetisches Material austauschen, damit auf wundersame Weise schließlich einer von uns entstehen konnte.

Vor 20 Generationen liegt die Zahl der Menschen, die sich um unseretwillen fortpflanzten, bereits bei 1 048 576. Noch einmal fünf Generationen früher sind es nicht weniger als 33 554 432 Männer und Frauen, von deren leidenschaftlicher Paarung unsere Existenz abhängt. Vor 30 Generationen beträgt die Gesamtzahl der Vorfahren – wie gesagt, das sind keine Vettern und Tanten oder andere zufällige Verwandte, sondern nur Eltern und Eltern von Eltern in einer Linie, die unausweichlich zu uns führt – über eine Milliarde (1 073 741 824, um genau zu sein). Gehen wir 64 Generationen zurück, also in die Römerzeit, ist die Zahl der Menschen, auf deren gemeinsame Anstrengungen unsere Existenz sich letztendlich zurückführen lässt, auf ungefähr 1 000 000 000 000 000 000 gestiegen, ein Mehrtausendfaches der Gesamtzahl aller Menschen, die jemals gelebt haben.

Mit unserer Berechnung stimmt also ganz eindeutig irgendetwas nicht. Die Antwort ist für manch einen vielleicht eine Überraschung: Unsere Abstammungslinie ist nicht rein. Ohne ein wenig Inzest – oder eigentlich sogar eine ganze Menge Inzest – wären wir nicht da. Allerdings liegen die fraglichen Ereignisse in diskreter genetischer Entfernung. Bei so vielen Millionen Vorfahren tat sich bei vielen Gelegenheiten ein Verwandter aus der mütterlichen Seite unserer Familie mit einem entfernten Vetter aus der väterlichen Linie zusammen. Wer heute in einer Partnerschaft mit einem Menschen der eigenen ethnischen Gruppe und Nationalität lebt, ist mit diesem wahrscheinlich auch bis zu einem gewissen Grade verwandt. Wenn wir uns in einem Bus, einem Park, einem Café oder an einem anderen bevölkerten Ort umsehen, sind höchstwahrscheinlich sogar die meisten Menschen dort unsere Verwandten. Behauptet jemand, er sei ein Nachkomme Karls des Großen oder der *Mayflower*-Pilger, können wir immer im Brustton der Überzeugung sagen: »Ich auch!« In einem ganzen buchstäblichen und grundsätzlichen Sinn sind wir alle eine große Familie.

Wir sind uns auch geradezu gespenstisch ähnlich. Vergleichen wir unsere Gene mit denen aller anderen Menschen, dann stimmen sie im Durchschnitt zu 99,9 Prozent überein. Deshalb sind wir eine einzige biologische Art. Für unsere Individualität sorgen die winzigen Unterschiede in den restlichen 0,1 Prozent – »ungefähr eine unter jeweils 1000 Nukleotidbasen«, um den kürzlich mit dem Nobelpreis geehrten britischen Genetiker John Sulston zu zitieren.[1] Vor wenigen Jahren erregte die Entschlüsselung des menschlichen Genoms großes Aufsehen. In Wirklichkeit gibt es »das« menschliche Genom nicht. Jedes menschliche Genom ist anders, sonst wären wir alle genau gleich. Die endlose Neukombination unserer Genome, die sich alle nahezu, aber nicht genau gleichen, macht uns zu dem, was wir sind, als Individuen wie auch als Spezies.

Aber was ist dieses Gebilde eigentlich, das wir als Genom bezeichnen? Und was sind eigentlich Gene? Nun, gehen wir wieder einmal von der Zelle aus. In ihrem Inneren befindet sich ein Zellkern, und in jedem Zellkern liegen die Chromosomen – 46 kleine, kompliziert gebaute Bündel, 23 von unserer Mutter und 23 von unserem Vater. Mit wenigen Ausnahmen tragen alle Zellen unseres Körpers – ungefähr 99,999 Prozent – die gleiche Chromosomenausstattung. (Die Ausnahmen sind die roten Blutzellen, manche Zellen des Immunsystems sowie die Ei- und Samenzellen, die aus unterschiedlichen Gründen nicht das vollständige genetische Gepäck bei sich führen.[2]) Die Chromosomen stellen die Gesamtheit aller Anweisungen dar, die notwendig sind, um einen menschlichen Organismus hervorzubringen und in Stand zu halten. Sie bestehen aus langen Strängen der chemischen Wundersubstanz, die wir Desoxyribonukleinsäure oder DNA nennen und die als »das ungewöhnlichste Molekül auf Erden« bezeichnet wurde.

Die DNA existiert nur aus einem einzigen Grund: um mehr DNA zu produzieren. Ein Mensch besitzt sie in beträchtlicher Menge: In jede Zelle sind rund zwei Meter hineingequetscht. Diese DNA-Menge besteht aus rund 3,2 Milliarden Codebuchstaben, genug, um $10^{3\,480\,000\,000}$ Kombinationen hervorzubringen, und damit ist sie bei jedem Menschen »unter allen erdenklichen Wahrscheinlichkeiten garantiert einzigartig«, wie Christian de Duve es formuliert.[3] Das ist eine ungeheure Zahl von Möglichkeiten – eine 1 mit mehr als drei Milliarden Nullen. »Es wären allein 5000 normal große Bücher nötig, bloß um diese Zahl zu drucken«, stellt de Duve fest. Sehen wir einmal in den Spiegel und denken wir daran, dass wir dort etwa 10 000 Billionen Zellen sehen, von denen jede zwei Meter dicht gepackte DNA enthält – dann bekommen wir eine Ahnung davon, wie viel von dieser Substanz wir mit uns herumtragen. Die gesamte DNA eines Menschen, zu einem einzigen dünnen Faden verknüpft, würde nicht nur ein oder zwei Mal von der Erde bis zum Mond reichen, sondern immer und immer wieder.[4] Einer Berechnung zufolge dürften in jedem Menschen dicht gebündelt bis zu 20 Millionen Kilometer DNA liegen.[5]

Kurz gesagt, produziert unser Organismus sehr gern DNA,

und ohne sie könnten wir nicht leben. Aber die DNA selbst lebt nicht. Kein Molekül lebt, aber die DNA ist tatsächlich ganz besonders unlebendig. Sie gehört zu den »am wenigsten reaktionsfähigen, chemisch trägsten Molekülen in der Welt des Lebendigen«, so der Genetiker Richard Lewontin.[6] Das ist der Grund, warum man sie bei der Aufklärung von Verbrechen aus einem getrockneten Blut- oder Spermaflecken wieder gewinnen und sogar aus den Knochen vorzeitlicher Neandertaler rekonstruieren kann. Und es erklärt auch, warum die Wissenschaftler erst nach so langer Zeit herausfanden, wie eine so rätselhaft einfache – mit einem Wort: leblose – Verbindung das Kernstück des Lebens darstellen kann.

Als chemische Verbindung ist die DNA schon länger bekannt, als man vielleicht annimmt. Sie wurde 1869 von dem Schweizer Wissenschaftler Johann Friedrich Miescher entdeckt, der damals an der Universität Tübingen arbeitete.[7] Miescher stocherte unter dem Mikroskop in dem Eiter aus Wundverbänden, und dabei stieß er auf eine Substanz, die er nicht kannte. Da sie sich in den Zellkernen befand, bezeichnete er sie als Nuklein. Über die Tatsache hinaus, dass sie existiert, fand Miescher zu jener Zeit kaum etwas heraus, aber das Nuklein ging ihm offensichtlich nicht mehr aus dem Kopf: 23 Jahre später äußerte er in einem Brief an seinen Onkel den Gedanken, solche Moleküle könnten die Träger der Vererbung sein. Es war eine außergewöhnliche Erkenntnis, aber er war damit den wissenschaftlichen Rahmenbedingungen seiner Zeit so weit voraus, dass sie keinerlei Aufmerksamkeit erregte.

Noch fast ein halbes Jahrhundert lang nahm man allgemein an, die Substanz – die jetzt als Desoxyribonukleinsäure oder nach ihrem englischen Namen *deoxyribonucleic acid* als DNA bezeichnet wurde – spiele bei der Vererbung nur eine untergeordnete Rolle. Sie war zu einfach gebaut, mit nur vier Grundbausteinen, den Nukleotiden. Es war, als hätte man ein Alphabet mit nur vier Elementen. Wie konnte man mit so wenigen Buchstaben die Geschichte des Lebens schreiben? (Die Antwort: ganz ähnlich, wie man auch komplizierte Nachrichten mit den einfachen Punkten und Strichen des Morsealphabets übermittelt – indem man sie kombiniert.) Soweit man damals wusste, hatte die DNA überhaupt keine Funktion.[8] Sie lag einfach im Zellkern, hielt möglicherweise auf irgendeine Weise die Chromosomen zusammen, sorgte je nach Bedarf für ein wenig Säuregehalt oder erfüllte irgendeine andere banale Aufgabe, an die bisher noch niemand gedacht hatte. Die notwendige Komplexität für die Vererbung, so glaubte man, müsse man in den Proteinen des Zellkerns finden.[9]

Diese Geringschätzung der DNA warf aber zwei Probleme auf. Das erste war ihre große Menge: fast zwei Meter in jedem Zellkern. Den Zellen war sie also offensichtlich aus irgendeinem Grund wichtig. Außerdem tauchte sie wie der Verdächtige in einem Kriminalroman in den Experimenten immer wieder auf. Insbesondere zwei Untersuchungen – die eine mit *Pneumococcus*-Bakterien, die andere mit Bakteriophagen (Viren, die Bakterien befallen) – ließen auf eine größere Bedeutung der DNA schließen, und das war nur zu erklären, wenn sie eine wichtigere biologische Rolle spielte, als es die allgemeine Lehrmeinung zuließ. Die Indizien deuteten darauf hin, dass die DNA in irgendeiner Form an der Proteinproduktion beteiligt war, einem Vorgang, der für das Leben unentbehrlich ist. Gleichzeitig war aber auch klar, dass die Proteine *außerhalb* des Zellkerns gebildet werden, weit weg von der DNA, die vermutlich ihren Zusammenbau steuerte.

Wie die DNA eine Nachricht an die Proteine übermitteln konnte, verstand niemand. Heute wissen wir, dass die Antwort in der Ribonukleinsäure oder RNA liegt, die zwischen den beiden Seiten eine Art Dolmetscherfunktion ausübt. Dass DNA und Proteine nicht die gleiche Sprache sprechen, ist ein bemerkenswerter, seltsamer Aspekt der Biologie. Seit fast vier Milliarden Jahren sind sie die große Doppelnummer der Natur, und doch bedienen sie sich inkompatibler Codes, als ob der eine Spanisch und der andere Hindi spräche. Um sich verständigen zu können, brauchen sie einen Vermittler in Form der RNA. Mit Unterstützung eines chemischen Gehilfen, den man Ribosom nennt, übersetzt die RNA die Information aus der DNA einer

Zelle in Begriffe, mit denen die Proteine etwas anfangen können.

Aber Anfang des 20. Jahrhunderts, wo wir jetzt unsere Geschichte wieder aufnehmen, war man noch weit von solchen Kenntnissen entfernt und auch von fast allem anderen, was mit den verworrenen Mechanismen der Vererbung zu tun hat.

Was eindeutig fehlte, waren fantasievolle, kluge Experimente, und glücklicherweise brachte die Zeit auch einen jungen Menschen hervor, der die dazu notwendige Sorgfalt und Begabung mitbrachte. Er hieß Thomas Hunt Morgan, und 1904, nur vier Jahre nach der Wiederentdeckung von Mendels Experimenten mit den Erbsen und noch fast ein Jahrzehnt, bevor es das Gen überhaupt nur als Wort gab, machte er sich mit bemerkenswertem Engagement an die Untersuchung von Chromosomen.

Die Chromosomen waren 1888 durch einen Zufall entdeckt worden, und man hatte sie so genannt, weil sie Farbstoffe leicht aufnahmen und deshalb unter dem Mikroskop deutlicher hervortraten. Um die Jahrhundertwende hatte man allgemein den Verdacht, dass sie für die Weitergabe von Erbmerkmalen eine Rolle spielten, aber ob das tatsächlich der Fall war und wenn ja, wie, wusste niemand.

Als Studienobjekt wählte Morgan eine winzige, empfindliche Fliege, die mit wissenschaftlichem Namen *Drosophila melanogaster* heißt, allgemein aber als Taufliege (oder Essigfliege, Bananenfliege oder Obstfliege) bekannt ist. Die meisten Menschen kennen sie als zerbrechliches, farbloses Insekt, das anscheinend einen zwanghaften Hang hat, sich in unseren Trinkgläsern zu ertränken. Als Laborobjekt haben Taufliegen einige sehr reizvolle Vorteile: Ihre Haltung und Fütterung kostet fast nichts, man kann sie in leeren Milchflaschen zu Millionen züchten, die Phase vom Ei bis zum fortpflanzungsfähigen, erwachsenen Tier dauert nur zehn Tage oder noch weniger, und sie besitzen nur vier Chromosomen, was vieles erheblich einfacher macht.

In einem kleinen Labor (das natürlich als Fliegenzimmer bekannt wurde) in der Schermerhorn Hall der New Yorker Columbia University machten sich Morgan und seine Mitarbeiter an ein genau berechnetes Arbeitsprogramm mit der Züchtung und Kreuzung vieler Millionen Fliegen (nach Angaben eines Biografen waren es Milliarden, aber das ist vermutlich eine Übertreibung). Jede Einzelne davon musste mit einer Pinzette eingefangen und unter einer Uhrmacherlupe auf winzige, erbliche Abweichungen untersucht werden.[10] Sechs Jahre lang versuchte die Arbeitsgruppe mit allen nur denkbaren Methoden, Mutationen zu erzeugen: Sie beschossen die Fliegen mit Röntgen- und anderen Strahlen, erhitzten sie vorsichtig in einem Ofen, schleuderten sie in Zentrifugen; aber nichts hatte eine Wirkung. Morgan wollte schon aufgeben, da ereignete sich plötzlich eine Mutation, die sich mehrfach wiederholen ließ: Eine Fliege hatte weiße statt der üblichen roten Augen. Nach diesem Durchbruch konnten Morgan und seine Assistenten eine ganze Reihe nützlicher Missbildungen erzeugen, mit deren Hilfe sie Merkmale über mehrere Generationen hinweg verfolgten. Auf diese Weise konnten sie einen Zusammenhang zwischen bestimmten Eigenschaften und einzelnen Chromosomen herstellen und damit schließlich mehr oder weniger zur allgemeinen Genugtuung beweisen, dass die Chromosomen der Sitz der Vererbung sind.

Damit war aber die Frage nach der nächsten Ebene der biologischen Vielschichtigkeit nicht beantwortet. Sie betraf die rätselhaften Gene und die DNA, aus denen sie bestehen. Sie zu isolieren und zu verstehen, erwies sich als wesentlich schwieriger. Noch 1933, als Morgan für seine Arbeiten den Nobelpreis erhielt, waren viele Wissenschaftler nicht davon überzeugt, dass Gene überhaupt existieren. Wie Morgan zu jener Zeit berichtete, gab es keine Übereinstimmung in der Frage, was die Gene eigentlich sind – ob sie etwas Reales oder reine Fantasieprodukte darstellen.[11] Dass die Wissenschaftler Schwierigkeiten damit hatten, die physische Realität einer so grundlegenden Zelltätigkeit anzuerkennen, mag heute verwunderlich erscheinen, aber wie Wallace, King und Sanders in ihrem Buch *Biology. The Science of Life* (das eine wahre Seltenheit ist: ein lesbares Lehrbuch) berichten, befinden wir uns heute im Zusammenhang mit geistigen Vorgängen wie Denken und Gedächtnis in einer ganz ähnlichen Lage.[12] Wir wissen natürlich, dass es sie gibt, aber wir haben keine Ahnung, ob sie eine physikalische Form haben, und wenn ja, welche. Genauso war es lange Zeit mit den Genen. Die Vorstellung, man könne eines davon aus dem Körper entnehmen und getrennt untersuchen, erschien vielen von Morgans Kollegen ebenso absurd wie heute die Idee, Wissenschaftler könnten einen zufälligen Gedanken einfangen und unter das Mikroskop legen.

Eines allerdings war sicher: Irgendetwas, das mit den Chromosomen im Zusammenhang stand, steuert die Zellvermehrung. Im Jahr 1944 schließlich gelang einer Arbeitsgruppe am Rockefeller Institute in Manhattan unter Leitung des hochintelligenten, aber schüchternen Kanadiers Oswald Avery nach 15-jähriger Arbeit ein äußerst heikles Experiment: Sie kreuzten einen harmlosen Bakterienstamm mit fremder DNA und machten ihn damit auf Dauer zu einem Krankheitserreger. Auf diese Weise bewiesen sie, dass die DNA keineswegs nur ein passives Molekül ist, sondern mit ziemlicher Sicherheit den aktiven Träger der Vererbung darstellt. Der in Österreich geborene Biochemiker Erwin Chargaff erklärte später ganz ernsthaft, Avery habe für seine Entdeckung eigentlich zwei Nobelpreise verdient.[13]

Leider hatte Avery aber in einem seiner Kollegen am Institut einen leidenschaftlichen Gegner. Dieser, ein willensstarker, unangenehmer Proteinanhänger namens Alfred Mirsky, tat alles Erdenkliche, um Averys Arbeit in Misskredit zu bringen – angeblich setzte er sich sogar bei den Behörden am Stockholmer Karolinska-Institut dafür ein, dass sie dem Kanadier keinen Nobelpreis verliehen.[14] Avery war zu jener Zeit bereits 66 und lebte im Ruhestand. Er hatte Stress und Streitigkeiten nicht ausgehalten, war von seiner Position zurückgetreten und betrat nie wieder ein Labor. Seine Erkenntnisse wurden aber von anderen überzeugend bestätigt, und bald darauf ging es nur noch darum, die Struktur der DNA aufzuklären.

Hätte man Anfang der fünfziger Jahre wetten wollen, man hätte mit ziemlicher Sicherheit darauf gesetzt, dass Linus Pauling vom California Institute of Technology, der führende Chemiker der

Vereinigten Staaten, die Struktur der DNA knacken würde. Was die Aufklärung des Molekülaufbaus anging, konnte niemand Pauling das Wasser reichen, und außerdem hatte er Pionierarbeit in der Röntgenstrukturanalyse geleistet, einer Methode, die sich für den Blick ins Innerste der DNA als entscheidend erweisen sollte. Im Rahmen seiner höchst erfolgreichen Berufslaufbahn sollte er zwei Nobelpreise bekommen (1954 für Chemie und 1962 den Friedensnobelpreis), aber er war überzeugt davon, dass die Struktur der DNA keine doppelte, sondern eine dreifache Spirale war, und deshalb kam er nie auf die richtige Spur. Den Triumph feierte vielmehr ein ungleiches Wissenschaftler-Quartett in England; die vier arbeiteten nicht zusammen, häufig redeten sie nicht einmal miteinander, und zum größten Teil waren sie Neulinge auf diesem Gebiet.

Von allen vieren entsprach Maurice Wilkins noch am ehesten dem üblichen Bild einer wissenschaftlichen Autorität: Er hatte fast während des gesamten Zweiten Weltkrieges an der Entwicklung der Atombombe mitgearbeitet. Zwei andere, Rosalind Franklin und Francis Crick, hatten sich während der Kriegsjahre im Auftrag der britischen Regierung mit Minen beschäftigt – Crick mit denen, die explodieren, Franklin mit solchen, die Kohle produzieren.

Die ungewöhnlichste Gestalt in dem Quartett war James Watson, ein amerikanisches Wunderkind, das bereits als Junge in der höchst populären Radiosendung *The Quiz Kids* von sich reden gemacht hatte[15] (und deshalb von sich behaupten konnte, er habe zumindest einen Teil der Anregungen für einige Mitglieder der Familie Glass in *Franny und Zooey* und andere Bücher von J. D. Salinger geliefert). Außerdem war er bereits mit 15 Jahren von der Universität Chicago aufgenommen worden. Mit 22 hatte er seinen Doktor gemacht, und jetzt arbeitete er an dem berühmten Cavendish Laboratory in Cambridge. Im Jahr 1951 war er ein schlaksiger junger Mann von 23 Jahren mit einer auffallend lebhaften Frisur, die auf Fotos so aussieht, als würde sie von einem unsichtbaren, starken Magneten angezogen.

Crick, zwölf Jahre älter und immer noch ohne Doktortitel, hatte erheblich weniger Haare und ein wenig mehr Unbefangenheit. Watson zeichnet ihn als aufbrausenden, neugierigen, liebenswert diskussionsfreudigen Menschen, der schnell ungeduldig wurde, wenn jemand etwas nicht sofort begriff und bei dem ständig die Gefahr der Abwerbung bestand. Keiner von beiden hatte eine ordnungsgemäße Ausbildung in Biochemie.

Watson und Crick gingen von einer Annahme aus, die sich im Nachhinein als richtig erwies: Wenn man die Struktur der DNA ermitteln konnte, so glaubten sie, würde man auch sofort erkennen, wie sie ihre Aufgabe erfüllt. Um dies zu erreichen, wollten sie offensichtlich über das reine Denken hinaus so wenig wie möglich arbeiten und nur das Allernötigste tun. In seinem autobiografisch gefärbten Buch *Die Doppel-Helix* schreibt Watson fröhlich (aber auch ein wenig hinterhältig), er habe gehofft, »das Gen-Problem zu lösen, ohne dass ich deswegen Chemie lernen müsste«.[16] Eigentlich hatten sie nicht den Auftrag, an der DNA zu arbeiten, und irgendwann erhielten sie die Anweisung, damit aufzuhören. Watson sollte ursprünglich die Kunst der Kristallografie erlernen, und Crick sollte seine Doktorarbeit über die Röntgenstrukturanalyse großer Moleküle fertig stellen.

In den üblichen Berichten über die Lösung des DNA-Rätsels wird das Verdienst zwar fast ausschließlich Crick und Watson zugeschrieben, in Wirklichkeit hing ihre bahnbrechende Erkenntnis aber entscheidend von den experimentellen Arbeiten ihrer Konkurrenten ab, von Befunden, in deren Besitz sie »zufällig« gelangten, wie die Historikerin Lisa Jardine es taktvoll formuliert.[17] Zumindest am Anfang waren ihnen nämlich zwei Wissenschaftler am Londoner Kings College weit voraus: Wilkins und Franklin.

Der in Neuseeland geborene Wilkins war bescheiden bis an die Grenze der Selbstverleugnung. Einer Dokumentarsendung des amerikanischen Fernsehsenders PBS über die Entdeckung der DNA-Struktur – eine Leistung, für die er 1962 gemeinsam mit Crick und Watson den Nobelpreis erhielt – gelang es sogar, ihn völlig zu übersehen.

Die rätselhafteste Gestalt von allen war Franklin. Watson zeichnet von ihr in *Die Doppel-Helix* das sehr wenig schmeichelhafte Porträt einer unvernünftigen, geheimnistuerischen, chronisch unkooperativen Frau, die – was ihn anscheinend besonders irritierte – fast vorsätzlich unsexy war.[18] Er räumte zwar ein, sie sei »nicht unattraktiv, und sie wäre sogar hinreißend gewesen, hätte sie auch nur das geringste Interesse für ihre Kleidung gezeigt«, aber in diesem Punkt enttäuschte sie alle Erwartungen. Wie er erstaunt feststellte, benutzte sie nicht einmal einen Lippenstift, und sie trug »so fantasielose Kleider wie nur irgendein blaustrümpfiger englischer Teenager«.

Aber Franklin hatte von allen die besten Bilder einer möglichen DNA-Struktur, hergestellt mit Hilfe der Röntgenstrukturanalyse, jener Methode, die Linus Pauling vervollkommnet hatte. Mit ihrer Hilfe war es bereits gelungen, die Anordnung der Atome in Kristallen zu ermitteln, aber die DNA-Moleküle zu untersuchen, war heikler. Franklin war als Einzige in der Lage, dabei gute Ergebnisse zu erzielen, aber zu Wilkins' ständiger Empörung weigerte sie sich, andere darüber in Kenntnis zu setzen.

Dass Franklin ihre Ergebnisse nicht bereitwillig weitergab, kann man ihr eigentlich nicht vorwerfen. Frauen wurden in den fünfziger Jahren am King's College mit einer formellen Verachtung bedacht, die uns mit unserer heutigen Sensibilität (oder eigentlich jeder Sensibilität) unvorstellbar erscheint. Unabhängig von Rang oder Leistungen durften sie den Aufenthaltsraum für die Führungskräfte des College nicht betreten, sondern sie mussten ihre Mahlzeiten in einer Kammer einnehmen, die selbst Watson als »schmutzig und schändlich« bezeichnete. Obendrein wurde Franklin noch ständig unter Druck gesetzt – und gelegentlich sogar regelrecht bedrängt –, ihre Ergebnisse an drei Männer weiterzugeben, deren verzweifelter Wunsch, einen Blick darauf zu erhaschen, in den seltensten Fällen durch Respekt und ähnlich motivierende Eigenschaften ergänzt wurde. »Ich fürchte, wir waren es immer gewohnt, ihr gegenüber eine, na sagen wir mal, väterliche Haltung einzunehmen«, erinnerte Crick sich später. Zwei dieser Männer gehörten einem Konkurrenzinstitut an, und der dritte machte mehr oder weniger offen gemeinsame Sache mit ihnen. Da war es eigentlich kaum verwunderlich, dass Franklin ihre Ergebnisse unter Verschluss hielt.

Offensichtlich nutzten Watson und Crick die Tatsache, dass Wilkins und Franklin nicht miteinander auskamen, zum eigenen Vorteil aus. Obwohl beide recht schamlos in Wilkins' Revier wilderten, schlug er sich zunehmend auf ihre Seite, was eigentlich keine große Überraschung war, weil auch Franklin zunehmend fragwürdige Verhaltensweisen an den Tag legte. Obwohl ihre Ergebnisse eindeutig zeigten, dass die DNA eine Spiralstruktur hat, beharrte sie gegenüber allen darauf, dies sei nicht der Fall. Besonders entsetzt und peinlich berührt war Wilkins im Sommer 1952, als Franklin im physikalischen Institut des King's College zum Scherz eine Notiz kursieren ließ, in der es hieß: »Mit Bedauern müssen wir bekannt geben, dass die DNA-Helix am Freitag, dem 18. Juli 1952 verstorben ist... Wir hoffen, dass Dr. M. H. F. Wilkins eine Rede zum Gedenken an die Verstorbene halten wird.«[19]

Dies alles führte dazu, dass Wilkins im Januar 1953 Franklins Aufnahmen holte und sie Watson zeigte, »offenbar ohne ihr Wissen und ohne ihre Zustimmung«.[20] Hier von einer wichtigen Hilfe zu sprechen, wäre eine Untertreibung. Jahre später räumte Watson ein, es sei »das Schlüsselerlebnis« gewesen, das die Dinge in Bewegung brachte.[21] Ausgerüstet mit dem Wissen über die grundlegende Form des DNA-Moleküls und einige wichtige Aspekte seiner Abmessungen, verdoppelten Watson und Crick ihre Anstrengungen. Jetzt schien alles nach ihren Wünschen zu laufen. Irgendwann war Pauling unterwegs zu einer Tagung in England, wo er aller Wahrscheinlichkeit nach mit Wilkins zusammengetroffen wäre und genug gehört hätte, um die Irrtümer zu korrigieren, die ihn mit seinen Untersuchungen auf einen falschen Weg gelenkt hatten. Aber es war die McCarthy-Ära, und Pauling wurde am New Yorker Idlewild Airport festgehalten. Man konfiszierte seinen Pass mit der Begründung, er habe eine zu liberale Einstellung und dürfe deshalb nicht ins Ausland reisen. Ein ebenso glücklicher Zufall war es für Crick und Watson, dass Paulings Sohn am Cavendish Laboratory arbeitete und sie unwissentlich über alle neuen Entwicklungen und Rückschläge in Amerika auf dem Laufenden hielt.

Da Watson und Crick immer noch jeden Augenblick damit rechnen mussten, überrundet zu werden, widmeten sie sich fieberhaft dem Problem. Man wusste, dass die DNA aus vier Arten chemischer Bausteine namens Adenin, Guanin, Cytosin und Thymin besteht, die in ganz bestimmten Mengenverhältnissen vorhanden sind. Watson und Crick spielten mit Pappestücken herum, die sie in der Form der Moleküle zurechtgeschnitten hatten, und auf diese Weise fanden sie heraus, wie die Stücke zusammenpassen. Dann bauten sie nach Art eines Metallbaukastens ein Modell, das zum vielleicht berühmtesten der gesamten modernen Naturwissenschaft wurde: Metallplatten waren spiralförmig mit Bolzen verbunden. Anschließend forderten sie Wilkins, Franklin und alle anderen auf, sich die Sache anzusehen. Wer Bescheid wusste, erkannte nun sofort, dass sie das Problem gelöst hatten. Es war zweifellos eine großartige Detektivarbeit, ob sie nun durch Franklins Bild vorangebracht wurde oder nicht.

Am 25. April 1953 erschien in der Fachzeitschrift *Nature* ein nur 900 Wörter langer Artikel von Watson und Crick. Er trug den Titel »A Structure for Deoxyribose Nucleic Acid« (»Eine Struktur für die Desoxyribonukleinsäure«).[22] Ergänzt wurde er durch getrennte Aufsätze von Wilkins und Franklin. Es war auf der ganzen Welt eine ereignisreiche Zeit: Edmund Hillary stand im Begriff, den Gipfel des Mount Everest zu bezwingen, und Elizabeth II. sollte kurz darauf zur englischen Königin gekrönt werden. Deshalb wurde die Tatsache, dass man das Geheimnis des Lebens gelüftet hatte, weitestgehend übersehen. Der *News Chronicle* widmete ihr eine kleine Notiz, ansonsten nahm sie kaum jemand zur Kenntnis.[23]

Rosalind Franklin erhielt keinen Nobelpreis. Sie starb 1958, vier Jahre bevor die Auszeichnung verliehen wurde, mit nur 37 Jahren an Eierstockkrebs. Nobelpreise werden niemals posthum vergeben. Die Krebserkrankung war mit ziemlicher Sicherheit die Folge einer chronischen Belastung mit Röntgenstrahlen durch ihre Arbeit. Dazu hätte es nicht kommen müssen: In ihrer viel gelobten, 2002 erschienenen Franklin-Biografie berichtet Brenda Maddox, die Wissenschaftlerin habe fast nie eine Bleischürze getragen und sei häufig achtlos in den Strahlenweg getreten.[24] Auch Oswald Avery erhielt nie einen Nobelpreis und wurde von der Nachwelt weitestgehend übersehen, aber ihm blieb immerhin noch die Befriedigung, dass er die Bestätigung seiner Befunde erlebte. Er starb 1955.

Die Entdeckung von Watson und Crick wurde eigentlich erst in den achtziger Jahren endgültig bestätigt. In einem seiner Bücher schreibt Crick: »Es hatte über fünfundzwanzig Jahre gedauert, bis unser Modell der DNA zuerst ziemlich plausibel, dann… sehr plausibel und schließlich praktisch mit Sicherheit korrekt war.«[25]

Dennoch machte die Genetik nach der Aufklärung der DNA-Struktur schnelle Fortschritte, und schon 1968 erschien in dem Fachblatt *Science* ein Artikel mit der Überschrift »That Was the Molecular Biology That Was« (»Das war's in der Molekularbiologie«).[26] Er legte – kaum glaublich, aber wahr – die Vermutung nahe, die Genetik sei mit ihrer Arbeit so ziemlich am Ende angelangt.

In Wirklichkeit stand man damals natürlich gerade am Anfang. Selbst heute gibt es im Zusammenhang mit der DNA noch viele ungeklärte Fragen, nicht zuletzt die, warum ein so großer Teil davon anscheinend keinerlei Funktion hat. Unsere DNA besteht zu 97 Prozent aus langen, sinnlosen Abschnitten – aus »DNA-Schrott« oder »nichtcodierender DNA«, wie die Biochemiker es lieber nennen. Nur hier und da findet man in den Molekülsträngen ein kurzes Stück, das lebenswichtige Funktionen steuert und organisiert. Das sind die rätselhaften, lange gesuchten Gene.

Gene sind nicht mehr (oder weniger) als Anweisungen zur Herstellung von Proteinen. Diese Aufgabe erfüllen sie mit einer gewissen langweiligen Genauigkeit. In einem gewissen Sinn ähneln sie den Tasten eines Klaviers, von denen jede nur einen einzigen Ton hervorbringen kann und sonst nichts[27] – was zweifellos im wahrsten Sinne des Wortes eintönig ist. Viele Gene gemeinsam jedoch können wie die Tastatur des Klaviers eine unendliche Fülle unterschiedlicher Akkorde und Melodien erzeugen. Nimmt man alle Gene zusammen, entsteht (um die Metapher fortzusetzen) die große Symphonie des Daseins, die wir als menschliches Genom bezeichnen.

In einem anderen, häufiger verwendeten Vergleich betrachtet man das Genom als eine Art Bauanleitung für den Körper. In dieser Sichtweise sind die Chromosomen gewissermaßen einzelne Kapitel des Buches, und die Gene sind die Anweisungen zur Herstellung einzelner Proteine. Die Wörter, aus denen die Anweisungen bestehen, nennt man Codons, und die Buchstaben heißen Basen. Die Basen – also die Buchstaben des genetischen Alphabets – sind die entscheidenden Bestandteile der bereits erwähnten Nukleotide Adenin, Thymin, Guanin und Cytosin. Obwohl diese Substanzen eine so wichtige Aufgabe erfüllen, sind sie alles andere als exotische chemische Verbindungen. Guanin beispielsweise kommt in großen Mengen in Vogelkot vor, der auch als Guano bezeichnet wird, und verdankt ihm seinen Namen.[28]

Insgesamt hat das DNA-Molekül, wie allgemein bekannt ist, die Form der berühmten Doppel-Helix: Es ähnelt einer Wendeltreppe oder einer verdrehten Strickleiter. Die »Seile« der Leiter bestehen aus einer Art Zucker, die als Desoxyribose bezeichnet wird, und die gesamte Helix ist eine Nukleinsäure – daher der Name »Desoxyribonukleinsäure«. Die Sprossen bestehen jeweils aus zwei Basen, die sich in dem Zwischenraum der beiden Stränge verbinden, und diese Paarung kann nur auf zweierlei Weise stattfinden: Guanin lagert sich stets mit Cytosin zusammen, und Thymin verbindet sich immer mit Adenin. Die Reihenfolge, in der diese Buchstaben entlang der Leiter aufeinander folgen, enthält die genetische Information; sie zu ermitteln, war das Ziel des Human-Genomprojekts.

Das Großartige an der DNA jedoch ist ihr Verdoppelungsmechanismus. Wenn es an der Zeit ist, ein neues DNA-Molekül hervorzubringen, trennen sich die beiden Stränge wie ein Reißverschluss, und jede der beiden Hälften geht eine neue Partnerschaft ein. Da jedes Nukleotid in einem Strang sich nur mit einem ganz bestimmten anderen Nukleotid paart, kann jeder Strang als Matrize für die Herstellung eines neuen, dazu passenden Stranges dienen. Besäßen wir von unserer eigenen DNA nur einen einzigen Strang, könnten wir den anderen durch Herstellung der erforderlichen Verbindungen leicht rekonstruieren: Besteht beispielsweise die oberste Sprosse in einem Strang aus Guanin, muss an dieser Stelle im anderen Strang Cytosin stehen. Gehen wir auf diese Weise eine Nukleotidpaarung nach der anderen durch, besitzen wir am Ende ein neues Molekül. Genau das geschieht in der Natur, und zwar ausgesprochen schnell: Es ist eine Sache weniger Sekunden – eine beträchtliche Leistung.

Meist verdoppelt sich unsere DNA sehr genau, aber ganz selten – ungefähr in einem unter einer Million Fällen – gelangt ein Buchstabe in die falsche Position. So etwas bezeichnet man als Einzelnukleotid-Polymorphismus oder nach dem englischen Begriff *single nucleotide polymorphism* als SNP – Biochemiker sprechen von einem »Snip«. In der Regel verstecken sich Snips in den langen Abschnitten nichtcodierender DNA, und deshalb haben sie auf den Organismus keine erkennbaren Auswirkungen. Gelegentlich aber erlangen sie große Bedeutung. Dann ist der betreffende Mensch unter Umständen anfällig für eine Krankheit, sie können ihrem Träger aber auch einen geringfügigen Vorteil verschaffen, indem sie beispielsweise für eine stärkere, schützende Hautpigmentierung sorgen oder die Produktion der roten Blutzellen für das Leben in großer Höhe verstärken. Im Laufe der Zeit sammeln sich solche geringfügigen Abwandlungen sowohl in den einzelnen Individuen als auch in den Populationen an und tragen zu ihren Unterschieden bei.

Zwischen Genauigkeit und Fehlern der DNA-Verdoppelung besteht ein genau ausbalanciertes Gleichgewicht. Zu viele Fehler, und der Organismus funktioniert nicht mehr. Zu wenige, und er verliert seine Anpassungsfähigkeit. Ein ähnliches Gleichgewicht muss in einem Organismus auch zwischen Stabilität und Neuerungen bestehen. Die Vermehrung der roten Blutzellen kann dem Einzelnen oder einer Gruppe in großer Höhe das Atmen und Bewegen erleichtern, denn mehr rote Blutzellen können auch mehr Sauerstoff transportieren. Mehr Zellen lassen aber auch das Blut dicker werden. Zu viele von ihnen, und es ist, »als müsste das Herz zähflüssiges Öl pumpen«, wie der Anthropologe Charles Weitz von der Temple University es formuliert. Das stellt für das Herz eine große Belastung dar. Menschen, die an das Leben in großer Höhe angepasst sind, haben also eine größere Atemleistung, bezahlen dafür aber mit einer größeren Anfälligkeit für Herzkrankheiten. Durch solche Mechanismen wirkt die Darwin'sche natürliche Selektion auf uns ein. Gleichzeitig ist es auch die Erklärung dafür, warum wir uns alle so ähnlich sind: Die Evolution lässt allzu große Unterschiede einfach nicht zu – jedenfalls nicht, ohne dass dabei eine neue Spezies entsteht.

Die 0,1 Prozent Unterschiede zwischen den Genen zweier Menschen liegen in den Snips. Vergleichen wir die DNA dieser beiden mit der einer dritten Person, finden wir ebenfalls 99,9 Prozent Übereinstimmung, aber die Snips würden in ihrer Mehrzahl an anderen Stellen liegen. Je mehr Menschen man in den Vergleich einbezieht, desto mehr Snips an immer mehr verschiedenen Stellen findet man. Für jede der 3,2 Milliarden Basen wird es auf der Erde eine Person oder eine Gruppe von Personen geben, die an der betreffenden Position einen anderen Codebuchstaben besitzen. Es ist also nicht nur falsch, von »dem« menschlichen Genom zu sprechen; in einem gewissen Sinn gibt es nicht einmal »ein« menschliches Genom, sondern 6 Milliarden. Wir alle sind zu 99,9 Prozent gleich, aber ebenso »könnte man auch sagen, dass alle Menschen überhaupt keine Gemeinsamkeit haben, und auch das wäre richtig«, so der Biochemiker David Cox.[29]

In jedem Fall aber bleibt noch zu erklären, warum nur ein so geringer Teil dieser DNA überhaupt einen erkennbaren Zweck hat. Auch wenn es uns langsam ein wenig auf die Nerven geht: Es sieht wirklich so aus, als habe das Leben nur den Sinn, die DNA fortzupflanzen. Die 97 Prozent unserer DNA, die in der Regel als »Schrott« bezeichnet werden, bestehen zu einem großen Teil aus Buchstabengruppen, »die nur aus einem einzigen, einfachen Grund existieren: weil sie sich gut vermehren können«, wie Matt Ridley es formuliert.*[30] Mit anderen Worten: Unsere DNA ist zum größten Teil nicht für uns da, sondern für sich selbst. Wir sind die Maschine für ihre Vermehrung und nicht umgekehrt. Wie bereits erwähnt, will das Leben einfach da sein, und dafür sorgt die DNA.

Selbst wenn die DNA Anweisungen zur Herstellung von Proteinen enthält – wenn sie die Proteine codiert, wie die Wissenschaftler es formulieren –, steht dahinter nicht unbedingt das Ziel, dass der Organismus reibungslos funktionieren soll. Ein wichtiges Gen des Menschen codiert ein Protein namens Reverse Transcriptase, das in unserem Organismus nach heutiger Kenntnis keinerlei nützliche Funktion erfüllt. Es tut nur eines: Es schafft für Retroviren wie den AIDS-Erreger die Möglichkeit, sich unbemerkt in unseren Körper einzuschleichen.

Mit anderen Worten: Unser Organismus verwendet beträchtliche Energie auf die Produktion eines Proteins, das nichts Nützliches bewirkt und uns manchmal sogar schadet. Er hat keine andere Wahl, denn die Gene befehlen es ihm. Wir sind das Ausführungsorgan für ihre Launen. Insgesamt tut beim Menschen fast die Hälfte aller Gene – der größte Anteil, der überhaupt bei einem Lebewesen gefunden wurde – nach unserer Kenntnis nichts anderes, als sich selbst fortzupflanzen.[31]

Alle Lebewesen sind in einem gewissen Sinn die Sklaven ihrer Gene. Das ist der Grund, warum Lachse, Spinnen und eine Riesenzahl anderer Tiere darauf angelegt sind, bei der Paarung zu sterben. Der Drang, sich fortzupflanzen, die eigenen Gene zu verbreiten, ist der stärkste Impuls in der gesamten Natur. Oder, wie Sherwin B. Nuland es formulierte: »Königreiche stürzen,

* Allerdings ist der DNA-Schrott tatsächlich zu etwas nütze. Man verwendet ihn für die DNA-Fingerabdrücke. Aus diesem praktischen Grund wurde er von Alex Jeffreys, einem Wissenschaftler der Universität Leicester in England, durch Zufall entdeckt. Jeffreys untersuchte 1986 die DNA-Sequenzen von genetischen Markern, die im Zusammenhang mit erblichen Krankheiten stehen. Irgendwann erhielt er eine Anfrage von der Polizei: ob er helfen könne, einen Verdächtigen mit zwei Morden in Verbindung zu bringen. Dabei erkannte er, dass sein Verfahren sich eigentlich großartig zur Lösung von Kriminalfällen eignen müsste – und wie sich herausstellte, stimmte das auch. Ein junger Bäcker mit dem seltenen Namen Colin Pitchfork wurde für die Verbrechen zu zweimal lebenslänglich verurteilt.

festgefügte Charaktere brechen zusammen, große Symphonien werden geschrieben – und hinter allem steht ein einziger Instinkt, der nach Befriedigung verlangt.«[32] Aus der Sicht der Evolution ist Sex nur ein Belohnungsmechanismus, der uns motivieren soll, unser genetisches Material weiterzugeben.

In der wissenschaftlichen Welt hatte man noch nicht ganz die überraschende Erkenntnis verdaut, dass der größte Teil unserer DNA überhaupt keine Funktion hat, da stieß man auf noch unerwartetere Befunde. Zunächst in Deutschland und dann auch in der Schweiz machten Wissenschaftler einige recht bizarre Experimente, deren Ergebnisse erstaunlicherweise alles andere als bizarr waren. So nahmen sie beispielsweise das Gen, das bei der Maus die Entwicklung des Auges steuert, und schleusten es in die Larve einer Taufliege ein. Dahinter stand der Gedanke, das Gen könne in der neuen Umgebung etwas Interessantes, Groteskes entstehen lassen. In Wirklichkeit aber erzeugte das Maus-Gen in der Taufliege nicht nur ein funktionsfähiges Auge, sondern es erzeugte sogar ein *Fliegen*auge. Die beiden Tiere hatten seit 500 Millionen Jahren keinen gemeinsamen Vorfahren mehr gehabt, und doch konnten sie ihr genetisches Material untereinander austauschen, als wären sie Geschwister.[33]

Wo die Wissenschaftler auch suchten, überall fanden sie das Gleiche. Sie konnten menschliche DNA in bestimmte Linien von Fliegenzellen einschleusen, und die Fliegen nahmen sie auf, als wäre es ihre eigene. Wie sich herausstellt, gleichen mehr als 60 Prozent aller Gene des Menschen grundsätzlich denen von Taufliegen. Und mindestens 90 Prozent stehen in irgendeiner Form mit den Genen von Mäusen im Zusammenhang.[34] (Wir besitzen sogar die gleichen Gene für die Herstellung eines Schwanzes, die allerdings nur bei Mäusen eingeschaltet werden.[35]) Immer wieder stellten die Wissenschaftler das Gleiche fest: Ganz gleich, mit was für Lebewesen sie arbeiteten – ob mit Fadenwürmern oder Menschen –, stets untersuchten sie im Wesentlichen die gleichen Gene. Alles Leben, so schien es, ist nach einem einzigen Satz von Bauanleitungen konstruiert.

Wie sich bei weiteren Forschungsarbeiten zeigte, gibt es eine

Reihe von Ober-Steuerungsgenen, die jeweils die Entwicklung eines Körperabschnitts dirigieren. Diese bezeichnete man als homöotische Gene (nach dem griechischen Wort für »ähnlich«) oder kurz als hox-Gene.[36] Mit ihrer Entdeckung war die alte, verwirrende Frage beantwortet, wie Milliarden Zellen eines Embryos, die alle aus einer einzigen befruchteten Eizelle entstanden sind und die gleiche DNA tragen, so genau wissen, wohin sie wandern müssen und was sie zu tun haben – dass beispielsweise die eine zu einer Leberzelle wird, die andere zu einer lang gestreckten Nervenzelle, die dritte zu einer Blutzelle und die vierte zu einem schimmernden Element auf einem flatternden Flügel. Die entsprechenden Befehle erhalten sie von den hox-Genen, und die funktionieren im Wesentlichen bei allen Lebewesen auf die gleiche Weise.

Interessanterweise spiegelt sich in der Menge des genetischen Materials und seiner Organisation nicht unbedingt und nicht einmal in der Regel die Komplexität des betreffenden Lebewesens wider. Wir Menschen besitzen 46 Chromosomen, bei manchen Farnarten sind es aber mehr als 600.[37] Der Lungenfisch, der unter allen kompliziert gebauten Tieren auf einer der niedrigsten Evolutionsstufen steht, besitzt 40-mal so viel DNA wie wir.[38] Selbst der unscheinbare Wassermolch ist genetisch um den Faktor fünf besser ausgestattet als der Mensch.

Entscheidend ist also offenbar nicht, wie viele Gene man besitzt, sondern was man damit anfängt. Das ist erfreulich, denn die Zahl der Gene eines Menschen wurde bis vor kurzem ein wenig überschätzt. Noch vor nicht allzu langer Zeit glaubte man, ein Mensch müsse mindestens 100 000 Gene oder vielleicht sogar noch beträchtlich mehr besitzen, aber nachdem das Human-Genomprojekt die ersten Ergebnisse geliefert hatte, musste man diese Zahl erheblich nach unten korrigieren. Heute geht man eher von 35 000 bis 40 000 Genen aus – ungefähr genauso viele besitzt auch eine Graspflanze. Diese Erkenntnis war sowohl eine Überraschung als auch eine Enttäuschung.

Wohl jeder hat schon einmal davon gehört, dass man Gene häufig mit einer ganzen Reihe von Krankheiten in Verbindung bringt. Selbstbewusste Wissenschaftler behaupteten immer wieder, sie hätten die verantwortlichen Gene für Fettsucht, Schizophrenie, Homosexualität, Kriminalität, Gewaltbereitschaft, Alkoholismus und sogar für die Neigung zu Ladendiebstählen und Obdachlosigkeit gefunden. Vielleicht seinen Höhepunkt (oder Tiefpunkt) erreichte dieser blinde Glaube an die biologische Vorherbestimmtheit mit einer Untersuchung, die 1980 in dem Fachblatt *Science* erschien: Darin wurde behauptet, Frauen besäßen aus genetischen Gründen geringere mathematische Fähigkeiten.[39] In Wirklichkeit, das wissen wir mittlerweile, ist die Sache fast nie so einfach und bequem.

In einem gewissen Sinn ist das schade: Gäbe es wirklich einzelne Gene, die über die Körpergröße, die Neigung zur Zuckerkrankheit, den Haarausfall oder andere charakteristische Merkmale bestimmen, dann wäre es auch einfach – jedenfalls relativ einfach –, sie zu isolieren und mit ihnen herumzuspielen. Leider aber reichen 35 000 unabhängig voneinander arbeitende Gene bei weitem nicht aus, um die komplexen körperlichen Eigenschaften eines Menschen hervorzubringen. Die Gene müssen also in jedem Fall zusammenwirken. Einige Krankheiten – beispielsweise die Bluterkrankheit, Parkinson, die Huntington-Krankheit und Cystische Fibrose (Mukoviszidose) – sind tatsächlich jeweils auf die Fehlfunktionen eines einzigen, einsamen Gens zurückzuführen, aber in der Regel werden die defekten Gene von der natürlichen Selektion beseitigt, lange bevor sie für eine Spezies oder Population zu einem ernsten Problem werden können. Über unser Schicksal und unser Wohlbefinden – und sogar über unsere Augenfarbe – bestimmen größtenteils nicht einzelne Gene, sondern Gengruppen, die gemeinsam tätig werden. Das ist der Grund, warum man so schwer herausfinden kann, wie alles zusammenpasst, und warum wir in absehbarer Zeit keine Designerbabys herstellen werden.

Im Gegenteil: Je mehr man in den letzten Jahren herausfand, desto komplizierter wurde die Materie. Wie sich herausgestellt hat, wirkt sich sogar das Denken auf die Tätigkeit der Gene aus. Wie schnell der Bart eines Mannes wächst, hängt beispielsweise zum Teil davon ab, wie oft er an Sex denkt (weil sexuelle Gedanken einen Testosteronschub auslösen).[40] Anfang der neunziger Jahre machte man eine noch folgenschwerere Entdeckung: Wenn man bei Mäuseembryonen angeblich lebenswichtige Gene ausschaltet, werden die Tiere in vielen Fällen nicht nur gesund geboren, sondern es geht ihnen manchmal sogar besser als ihren Geschwistern, deren Gene nicht manipuliert wurden. Zerstört man bestimmte wichtige Gene, treten andere an ihre Stelle und übernehmen die fehlende Funktion. Für uns als Lebewesen war das eine positive Erkenntnis, für die Aufklärung der Fehlfunktionen jedoch stellt es ein zusätzliches Hindernis dar: Bei Vorgängen, die wir bisher ohnehin erst ansatzweise verstehen, kam auf diese Weise eine weitere Komplexitätsebene hinzu.

Vor allem wegen solcher vielschichtigen Faktoren kann man in der Entschlüsselung des menschlichen Genoms eigentlich nur einen Anfang sehen. Eric Lander vom Massachusetts Institute of Technology sieht im Genom nur eine Liste von Einzelteilen des menschlichen Organismus: Es gibt Auskunft darüber, woraus wir bestehen, sagt aber nichts über die Art, wie wir funktionieren. Als Nächstes brauchen wir die Betriebsanleitung – Anweisungen, um den Apparat zum Laufen zu bringen. Und davon sind wir bisher noch weit entfernt.

Die nächste Aufgabe besteht nun darin, das Proteom des Menschen zu erforschen. Diese Vorstellung ist so neu, dass vor zehn Jahren noch nicht einmal der Begriff *Proteom* existierte. Er bezeichnet die Gesamtheit aller Informationen, die zur Herstellung von Proteinen dienen. »Leider ist das Proteom erheblich komplizierter als das Genom«, schrieb die Zeitschrift *Scientific American* im Frühjahr 2002.[41]

Und das ist noch vorsichtig ausgedrückt. Wie bereits erwähnt, sind Proteinmoleküle die Arbeitspferde aller lebenden Organismen; in einer Zelle dürften stets bis zu 100 Millionen von ihnen tätig sein. Dieses ganze Gewirr von Aktivitäten gilt es aufzuklären. Erschwerend kommt hinzu, dass Verhalten und Funktion von Proteinen im Gegensatz zu den Genen nicht einfach in ihrem chemischen Aufbau begründet liegen, sondern auch in der Form ihrer Moleküle. Damit ein Protein funktioniert, muss es nicht nur aus den erforderlichen, richtig zusammengesetzten chemischen Bausteinen bestehen, sondern es muss sich auch noch äußerst genau zu einer bestimmten Form zusammenfalten. Der Vorgang wird tatsächlich als »Faltung« bezeichnet, aber das ist ein wenig irreführend, denn es lässt an eine geometrische Ordnung denken, die es in Wirklichkeit nicht gibt. Proteinmoleküle bilden Schleifen, Spiralen und Falten, und daraus ergibt sich insgesamt eine eigenartige, höchst komplizierte Form. Sie ähneln eher einem zerknüllten Bettlaken als einem sauber gefalteten Handtuch.

Außerdem sind Proteine (wenn ich einmal einen nahe liegenden, altertümlichen Begriff gebrauchen darf) die Partylöwen der Biochemie. Je nach Stimmungslage und Stoffwechselverhältnissen umgeben sie sich mit Phosphatgruppen, Acetylgruppen, Ubiquitin, Farnesylgruppen, Sulfatgruppen, Verbindungen zu Glycophosphatidylankern und vielem anderen.[42] Damit sie in Gang kommen, reicht häufig schon ein kleiner Anlass. Wie der *Scientific American* feststellt, braucht man nur ein Glas Wein zu trinken, um in Zahl und Art der Proteine, die in unserem Organismus vorhanden sind, eine weit reichende Veränderung herbeizuführen.[43] Für Genießer ist das angenehm, den Genetikern, die solche Vorgänge aufklären wollen, legt es aber einen weiteren Stein in den Weg.

Das alles mag hoffnungslos kompliziert wirken, und in mancherlei Hinsicht ist es das tatsächlich. Dahinter steht aber auch eine grundlegende Einfachheit, und die ist darauf zurückzuführen, dass Leben letztlich immer nach den gleichen Grundprinzipien funktioniert. Die vielen winzigen, nützlichen chemischen Vorgänge, die Zellen lebendig machen – die gemeinsame Tätigkeit der Nukleotide, die Transkription der DNA in RNA – sind in der Evolution nur einmal entstanden und seither in der ganzen Natur praktisch unverändert geblieben. Oder, wie der verstorbene französische Genetiker Jacques Monod es nur halb im Scherz formulierte: »Alles, was für *E. coli* gilt, muss auch für Elefanten gelten, nur noch stärker.«[44]

Alle Lebewesen sind Ausprägungsformen eines einzigen, ursprünglichen Plans. Wir Menschen sind nur eine Steigerung –

jeder von uns ist ein verstaubtes Archiv aus Abstimmungen, Anpassungen, Abwandlungen und zufälligen Veränderungen, das 3,8 Milliarden Jahre weit in die Vergangenheit reicht. Bemerkenswerterweise sind wir selbst mit Obst und Gemüse noch relativ nahe verwandt. Etwa die Hälfte der chemischen Prozesse, die in einer Banane ablaufen, gleichen grundsätzlich jenen in unserem eigenen Organismus.

Man kann es nicht oft genug wiederholen: Es gibt nur ein Leben. Das ist die tiefgreifendste Wahrheit, die wir jemals erkannt haben, und nach meiner Vermutung wird sie das auch immer bleiben.

TEIL VI

Der Weg zu uns

Abstammung von Affen! Mein Lieber, hoffen wir, dass es nicht stimmt, aber wenn es stimmt, lass uns beten, dass es nicht allgemein bekannt wird.

Zugeschrieben der Ehefrau des Bischofs von Worcester,
nachdem man ihr Darwins Evolutionstheorie erklärt hatte

27.
Eiszeit

Ich hatte einen Traum, und es war nicht nur ein Traum.
Die helle Sonne war erloschen, und die Sterne
Zogen verglimmend im ewigen Raum dahin.

Byron, »Finsternis«

Im Jahr 1815 flog auf der indonesischen Insel Sumbawa ein hübscher, seit langem ruhender Berg namens Tambora in die Luft. Durch die Explosion und die nachfolgenden Flutwellen kamen 100 000 Menschen ums Leben. Es war der größte Vulkanausbruch seit 10 000 Jahren: Er hatte die 150-fache Gewalt des St.-Helens-Ausbruches, das ist gleichbedeutend mit 60 000 Hiroshima-Atombomben.

Nachrichten verbreiteten sich zu jener Zeit nicht übermäßig schnell. Die Londoner *Times* brachte sieben Monate nach dem Ereignis einen kleinen Bericht – es war eigentlich der Brief eines Kaufmanns.[1] Bis dahin waren die Auswirkungen des Ausbruchs aber bereits zu spüren. Über 150 Kubikkilometer Rauch, Asche und grober Sand hatten sich in der Atmosphäre verteilt, verdunkelten die Sonne und sorgten auf der Erde für eine Abkühlung. Die Sonnenuntergänge sahen ungewöhnlich aus, waren aber von verschwommener Farbenpracht, ein Effekt, den der Künstler William Turner auf denkwürdige Weise festhielt. Der Maler war höchst zufrieden, aber die ganze Welt lag unter einem bedrückenden, dunklen Leichentuch. Diese tödliche Dämmerung inspirierte Byron zu den oben zitierten Zeilen.

Der Frühling blieb aus, und es wurde überhaupt nicht mehr warm.[2] 1816 wurde als »Jahr ohne Sommer« bekannt. Überall gab es Missernten. In Irland starben 65 000 Menschen durch eine Hungersnot und die damit einhergehende Typhusepidemie. In Neuengland bezeichnete man das Jahr allgemein als »Achtzehnhundert-Frier-dich-tot«. Noch im Juni herrschte morgens Frost, und fast nirgendwo keimten die Pflanzensamen. Das Vieh starb durch den Futtermangel oder musste vorzeitig geschlachtet werden. Es war in jeder Hinsicht ein entsetzliches Jahr – für die Bauern dürfte es mit ziemlicher Sicherheit das schlimmste der gesamten Neuzeit gewesen sein. Und doch sank die Temperatur weltweit nur um ungefähr ein Grad. Wie die Wissenschaftler noch erfahren sollten, ist der Thermostat der Erde ein äußerst empfindliches Instrument.

Das 19. Jahrhundert war ohnehin eine Kälteperiode. Schon seit rund 200 Jahren erlebten insbesondere Europa und Nordamerika eine »kleine Eiszeit«, wie sie genannt wurde, und das führte zu allen möglichen winterlichen Ereignissen, die heute meist nicht mehr möglich sind, wie Frostfeste auf der Themse oder Schlittschuhrennen auf holländischen Kanälen. Mit anderen Worten: Die Menschen waren innerlich auf die Kälte eingestellt. Deshalb sollte man es den Geologen des 19. Jahrhunderts vielleicht nachsehen, dass sie erst so spät erkannten, wie warm ihre Welt im Vergleich zu früheren Erdzeitaltern war und wie die Landschaft um sie herum ihre Form gewaltigen Gletschern verdankte, die selbst ein Frostfest vereitelt hätten.

Dass die Vergangenheit irgendetwas Seltsames hatte, wusste man. In Europa fand man überall unerklärliche Anomalien, beispielsweise Rentierknochen im warmen Südfrankreich oder riesige Felsblöcke, die an den unwahrscheinlichsten Stellen liegen geblieben waren. Häufig dachte man sich dafür fantasievolle, aber nicht unbedingt plausible Begründungen aus. So wollte der französische Naturforscher de Luc erklären, wieso Granitblöcke im Juragebirge hoch oben auf Kalksteinfelsen lagen: Vielleicht, so seine Vermutung, seien sie ja durch komprimierte Luft aus Höhlen dorthin geschleudert worden wie die Pfropfen aus einem Luftgewehr.[3] Man kann solche Felsen auch als Irrläufer bezeichnen, aber dieser Begriff traf im 19. Jahrhundert eher auf die Theorien zu als auf die Steine selbst.

Nach einer Vermutung des großen britischen Geologen Arthur Hallam hätte James Hutton, der Vater der Geologie, nur in die Schweiz reisen müssen, dann hätte er sofort erkannt, was die charakteristischen Geländemerkmale bedeuten – die ausgehöhlten Täler, die glatt geschliffenen Streifen im Gestein, die auffälligen Schürflinien an Stellen, wo Blöcke abgestürzt waren, und all die anderen Spuren früherer Eisbedeckung.[4] Leider reiste Hutton jedoch kaum. Aber obwohl ihm nur Berichte aus zweiter Hand zur Verfügung standen, lehnte er den Gedanken, Überschwemmungen könnten riesige Felsblöcke in 1000 Meter Höhe transportiert haben, rundweg ab – er betonte, schließlich könne alles Wasser der Welt einen Felsen nicht zum Schwimmen bringen. Stattdessen vertrat er als einer der Ersten die Ansicht, es müsse eine großflächige Vereisung gegeben haben. Leider entgingen seine Gedanken der allgemeinen Aufmerksamkeit, und die Naturforscher beharrten noch ein weiteres halbes Jahrhundert auf der Vorstellung, man könne die Kerben in den Felsen auf vorüberfahrende Pferdegespanne oder sogar auf Tritte mit Nagelstiefeln zurückführen.

Die örtlichen Bauern, die nicht durch wissenschaftliche Lehrmeinungen verdorben waren, wussten es besser. Der Naturforscher Jean de Charpentier berichtet, wie er 1834 mit einem Schweizer Holzfäller über Land wanderte. Die beiden unterhielten sich über die Felsen am Wegesrand.[5] Der Holzfäller erklärte lakonisch, die Blöcke stammten vom Grimsel, einer Granitformation, die ein Stück entfernt war. »Als ich ihn fragte, wie die Blöcke nach seiner Meinung an ihren jetzigen Ort gelangt seien, erwiderte er ohne Zögern: ›Der Grimsel-Gletscher hat sie auf beiden Talseiten transportiert, denn dieser Gletscher erstreckte sich früher bis zu der Stadt Bern.‹«

Charpentier war entzückt. Er war selbst bereits zu der gleichen Einsicht gelangt, aber als er seine Gedanken bei wissenschaftlichen Tagungen äußerte, wurden sie als unsinnig abgetan. Zu Charpentiers engsten Freunden zählte Louis Agassiz, ein weiterer Schweizer Naturforscher, der sich die Theorie nach anfänglicher Skepsis ebenfalls zu Eigen machte und sie schließlich sogar fast für sich allein vereinnahmte.

Agassiz hatte in Paris bei Cuvier studiert und war jetzt Professor für Naturgeschichte an der Hochschule im schweizerischen Neuchâtel. Ein anderer Freund von Agassiz, der Botaniker Karl Schimper, prägte 1837 als Erster den Begriff »Eiszeit« und vertrat die Ansicht, es gebe stichhaltige Indizien, dass das Eis früher in einer dicken Schicht nicht nur die Schweizer Alpen bedeckt habe, sondern auch große Teile Europas, Asiens und Nordamerikas. Es war ein radikaler Gedanke. Schimper lieh Agassiz seine Notizen – was er sehr bald bereuen sollte, denn Agassiz heimste zunehmend das Verdienst für eine Theorie ein, die Schimper durchaus zu Recht für seine eigene hielt.[6] Auch Charpentier wurde am Ende zu einem erbitterten Feind seines früheren Freundes. Alexander von Humboldt, ein weiterer Bekannter, dürfte Agassiz im Sinn gehabt haben, als er sagte, es gebe bei wissenschaftlichen Entdeckungen drei Stadien: Erst leugnen die anderen, dass es stimmt; dann leugnen sie, dass es wichtig ist; und schließlich schreiben sie das Verdienst dem Falschen zu.[7]

Jedenfalls machte Agassiz das Fachgebiet zu seiner Domäne. Um den Ablauf der Vereisung kennen zu lernen, begab er sich an alle möglichen Orte, tief in gefährliche Gletscherspalten und auf zerklüftete Alpengipfel; offensichtlich war ihm dabei in vielen Fällen nicht bewusst, dass er und seine Begleiter eine Erstbesteigung unternahmen.[8] Aber mit seiner Theorie stieß Agassiz fast überall auf Ablehnung. Humboldt drängte ihn, zu den fossilen Fischen zurückzukehren, dem Arbeitsgebiet, auf dem er sich wirklich auskannte, und die verrückte Leidenschaft für das Eis aufzugeben. Aber Agassiz war in seine Idee vernarrt.

Noch weniger Unterstützung fand Agassiz mit seinen Vorstellungen in Großbritannien; dort hatten die meisten Naturforscher noch nie in ihrem Leben einen Gletscher gesehen, und deshalb begriffen sie vielfach überhaupt nicht, welche Zerstörungskraft eine große Eismasse besitzt. »Können Kerben und angeschliffene Flächen allein durch Eis entstehen?«, fragte Roderick Murchison auf einer Tagung mit ironischem Unterton – er stellte sich offensichtlich vor, die Felsen seien mit einer Art dünnem, glasartigem Raureif überzogen. Bis zu seinem Tod bekannte er sich offen zu seinem Unglauben gegenüber den »eisverrückten« Geologen, nach deren Ansicht Gletscher so viel bewirkt haben könnten. Die gleiche Meinung vertrat auch William Hopkins, Professor in Cambridge und führendes Mitglied der Geological Society: Er argumentierte, die Vorstellung vom Gesteinstransport durch Gletscher enthalte »so viele mechanische Absurditäten«, dass sie der Aufmerksamkeit seiner gelehrten Gesellschaft nicht wert sei.[9]

Aber Agassiz ließ sich nicht abschrecken: Er reiste unermüdlich herum und warb für seine Theorie. Im Jahr 1840 las er die Niederschrift eines Vortrages, den der große Charles Lyell in Glasgow bei einer Tagung der British Association for the Advancement of Science gehalten hatte; darin wurde Agassiz ganz offen angegriffen. Ein Jahr später verabschiedete die Geological Society of Edinburgh eine Resolution, in der sie einräumte, die Theorie habe zwar vielleicht etwas für sich, aber sie treffe sicherlich in keinem Punkt auf Schottland zu.

Lyell ließ sich am Ende bekehren. Die Erleuchtung kam ihm mit der Erkenntnis, dass eine Moräne – das heißt eine Reihe von Felsen –, an der er nicht weit vom Anwesen seiner Familie in Schottland schon 100-mal vorübergekommen war, sich eigentlich nur mit der Annahme erklären ließ, dass ein Gletscher die Blöcke dort zurückgelassen hatte. Aber nach dieser Einsicht verlor Lyell die Nerven: Er setzte sich öffentlich nicht für die Eiszeittheorie ein. Für Agassiz war es eine frustrierende Zeit. Seine Ehe ging in die Brüche, Schimper beschuldigte ihn nachdrücklich des geistigen Diebstahls, Charpentier sprach nicht mehr mit ihm, und der größte Geologe seiner Zeit bot nur halbherzige, ungewisse Unterstützung.

Im Jahr 1846 reiste Agassiz zu einer Vortragsreihe nach Amerika, und dort fand er endlich die gesuchte Anerkennung. Die Harvard University bot ihm eine Professorenstelle an und richtete ihm das erstklassige Museum für Vergleichende Zoologie ein. Dabei war es zweifellos von Nutzen, dass er sich in Neuengland ansiedelte, wo die langen Winter den Gedanken von einer unendlichen Kälteperiode plausibler erscheinen ließen. Außerdem half der Bericht, den die erste Grönlandexpedition sechs Jahre nach seinem Eintreffen veröffentlichte: Danach ist die ganze Rieseninsel von einem Eispanzer bedeckt, wie Agassiz ihn in seiner Theorie auch für die Vorgeschichte postulierte. Ganz allmählich fanden seine Ideen immer mehr Anhänger. Die Theorie hatte nur eine wichtige Schwäche: Sie benannte keine Ursache für die Eiszeiten. In dieser Frage sollte aus einer ganz unerwarteten Richtung Hilfe kommen.

In den sechziger Jahren des 19. Jahrhunderts reichte ein gewisser James Croll von der Anderson's University in Glasgow bei wissenschaftlichen Zeitschriften in Großbritannien eine ganze Reihe von Aufsätzen über Hydrostatik, Elektrizität und andere Themen ein. Einer davon – er behandelte die Frage, wie Abweichungen in der Umlaufbahn der Erde die Eiszeiten ausgelöst haben könnten – erschien 1864 im *Philosophical Magazine* und wurde sofort als Arbeit von allerhöchster Qualität anerkannt. Deshalb waren alle überrascht und vielleicht auch ein wenig peinlich berührt, als sich herausstellte, dass Croll an der Universität nicht als Wissenschaftler beschäftigt war, sondern als Pförtner.

Croll wurde 1821 geboren, wuchs in ärmlichen Verhältnissen auf und ging nur bis zum 13. Lebensjahr zur Schule. Dann arbeitete er in verschiedenen Berufen – als Zimmermann, Versicherungsvertreter, Kellner in einer alkoholfreien Gaststätte –, bevor er schließlich die Stelle als Pförtner an der Anderson's University (der heutigen University of Strathclyde) in Glasgow bekam. Irgendwie veranlasste er seinen Bruder, die Arbeit zum größten Teil für ihn zu übernehmen, sodass er viele ruhige Abende in der Universitätsbibliothek verbringen konnte und sich in Physik, Mechanik, Astronomie, Hydrostatik und anderen Modefächern seiner Zeit weiterbildete. Irgendwann fing er an, eine Reihe von Abhandlungen zu schreiben; besonders interessierte er sich für die Bewegungen der Erde und ihre Auswirkungen auf das Klima.

Croll äußerte als Erster die Vermutung, zyklische Veränderungen der Erdumlaufbahn von einer Ellipse (das heißt einem leichten Oval) zu einer fast kreisförmigen Bahn und wieder zurück zur Ellipse, könnten die Erklärung für Anfang und Ende der Eiszeiten darstellen. Auf die Idee, Schwankungen der Wetterbedingungen auf der Erde könnten astronomische Ursachen haben, war zuvor noch niemand gekommen. Fast ausschließlich durch Crolls überzeugende Argumentation stand man nun in Großbritannien der Idee, die Erde könnte sich zu früheren Zeiten im Griff des Eises befunden haben, aufgeschlossener gegenüber. Als man Crolls Intelligenz und Begabung erkannt hatte, erhielt er einen Posten bei der Geological Survey of Scotland und zahlreiche Ehrungen: Unter anderem wurde er Mitglied der Londoner Royal Society und der Academy of Sciences in New York, und die Universität St. Andrew verlieh ihm die Ehrendoktorwürde.

Aber gerade als Agassiz' Theorie auch in Europa immer mehr Anhänger fand, versuchte ihr Urheber in Amerika ein noch exotischeres Revier zu erobern. Er fand jetzt überall Spuren von Gletschern, sogar in der Nähe des Äquators.[10] Am Ende war er überzeugt davon, das Eis habe früher die ganze Erde bedeckt und alles Leben ausgelöscht, und dann habe Gott es neu erschaffen.[11] Von den Befunden, die Agassiz anführte, sprach kein Einziger für eine solche Idee. Dennoch gewann er in seiner Wahlheimat immer mehr an Ansehen, bis er schließlich einen fast göttlichen Ruf genoss. Als er 1873 starb, hielt die Harvard University es für nötig, drei Professoren als Nachfolger zu ernennen.[12]

Aber wie es manchmal so geht: Agassiz' Theorie kam schnell aus der Mode. Noch nicht einmal zehn Jahre nach seinem Tod schrieb sein Nachfolger auf dem Geologie-Lehrstuhl in Harvard: »Die so genannte Vereisungsepoche ... die noch vor wenigen Jahren bei den Geologen so beliebt war, kann man jetzt ohne Zögern verneinen.«[13]

Das Problem bestand unter anderem darin, dass die letzte Eiszeit nach Crolls Berechnungen rund 80 000 Jahre zurücklag, während geologische Befunde zunehmend darauf hindeuteten, dass die Erde in viel jüngerer Zeit erhebliche Turbulenzen erlebt hatte. Ohne plausible Erklärung für den Auslöser der Eiszeit stand die ganze Theorie auf tönernen Füßen. Das wäre vielleicht auch noch geraume Zeit so geblieben, hätte nicht Anfang des 20. Jahrhunderts der serbische Wissenschaftler Milutin Milankovic, der keinerlei Vorkenntnisse über die Bewegungen von Himmelskörpern besaß – er war ausgebildeter Maschinenbauer –, ein unerwartet starkes Interesse für das Thema entwickelt. Milankovic erkannte, wo der Schwachpunkt in Crolls Theorie lag: Sie war nicht falsch, sondern zu einfach.

Während die Erde durch den Weltraum wandert, unterliegen nicht nur Länge und Form ihrer Umlaufbahn gewissen Schwankungen, sondern auch der Winkel, den sie zur Sonne bildet, ändert sich in einem bestimmten Rhythmus. Diese Kipp- und Wackelbewegungen bestimmen mit darüber, wie lange und intensiv das Sonnenlicht auf einen Abschnitt der Erdoberfläche einwirkt. Wichtig sind vor allem drei Positionsveränderungen, die in der Fachsprache als Schiefe, Präzession und Exzentrizität bezeichnet werden. Milankovic stellte sich die Frage, ob diese komplizierten Kreisläufe mit dem Kommen und Gehen der Eiszeiten im Zusammenhang stehen. Problematisch war dabei, dass die Kreisläufe sehr unterschiedlich lang sind – ungefähr 20 000, 40 000 und 100 000 Jahre, in allen Fällen aber mit Abweichungen von bis zu ein paar 1000 Jahren. Wenn man feststellen wollte, wann sie sich über sehr lange Zeiträume hinweg überschneiden, musste man also fast endlose komplizierte Berechnungen anstellen. Letztlich musste Milankovic Winkel und Dauer des Strahlungseinfalls für jeden Breitengrad der Erde zu allen Jahreszeiten in einer Million Jahren berechnen und jeweils nach den drei ständig wechselnden Variablen ausrichten.

Aber das war genau die immer gleiche Plackerei, die Milankovics Temperament entsprach. Während der nächsten 20 Jahre war er unermüdlich und sogar im Urlaub damit beschäftigt, mit Bleistift und Rechenschieber Tabellen für seine Zyklen aufzustellen – eine Arbeit, die ein Computer heute in einem oder zwei Tagen erledigen würde.[14] Er musste alle Berechnungen in seiner Freizeit vornehmen, aber davon hatte Milankovic 1914 plötzlich eine ganze Menge: Bei Ausbruch des Ersten Weltkrieges wurde er wegen seiner Stellung als Reservist der serbischen Armee inhaftiert. Die folgenden vier Jahre verbrachte er größtenteils unter lockerem Hausarrest in Budapest, wo er sich nur ein- bis zweimal in der Woche bei der Polizei melden musste. Während der restlichen Zeit arbeitete er in der Bibliothek der ungarischen Wissenschaftsakademie. Vermutlich war er der glücklichste Kriegsgefangene aller Zeiten.

Als Ergebnis seiner sorgfältigen Kritzelei erschien 1930 das Buch *Mathematische Klimalehre und astronomische Theorie der Klimaschwankungen*. Mit seiner Annahme, dass zwischen den Eiszeiten und dem Wackeln der Erde ein Zusammenhang besteht, hatte Milankovic Recht, aber wie die meisten anderen ging er davon aus, dass die Winter allmählich immer strenger wurden und so die langen Kälteperioden verursachten. Der russisch-deutsche Meteorologe Wladimir Köppen – Schwiegervater unseres alten Freundes und Plattentektonik-Entdeckers Alfred Wegener – erkannte jedoch, dass das Ganze noch komplizierter und nervtötender ist.

Köppen gelangte zu dem Schluss, die Ursache der Eiszeiten könne nicht in den harten Wintern liegen, sondern nur in den kühlen Sommern.[15] Wenn es im Sommer so kalt ist, dass in einem Gebiet nicht der gesamte Schnee schmelzen kann, wirft die reflektierende Oberfläche mehr Sonnenlicht zurück, was den Kühleffekt verstärkt und weiteren Schneefall begünstigt. Auf diese Weise gewinnt der Vorgang eine eigene Dynamik. Der Schnee wird zu einer Eiskappe zusammengepresst, in der Region wird es noch kühler, und das führt wiederum zur Anhäufung von noch mehr Eis. Die Gletscherexpertin Gwen Schultz meint dazu: »Dass Eiskappen entstehen, liegt nicht unbedingt an der Schneemenge, sondern daran, dass der Schnee – auch wenn es nur wenig ist – liegen bleibt.«[16] Heute geht man davon aus, dass eine Eiszeit mit einem einzigen Sommer beginnen kann, der für die Jahreszeit zu kühl ist. Der verbliebene Schnee reflektiert die Wärme und verstärkt die Kühlwirkung. »Der Vorgang verstärkt sich selbst und ist nicht aufzuhalten. Und wenn das Eis erst einmal wächst, bewegt es sich auch«, sagt McPhee.[17] Dann haben wir vorrückende Gletscher und eine Eiszeit.

In den fünfziger Jahren des 20. Jahrhunderts war man wegen der noch sehr unvollkommenen Datierungsverfahren nicht in der Lage, die von Milankovic so sorgfältig ausgerechneten Zyklen mit den damals bekannten Zeitpunkten der Eiszeiten in Beziehung zu setzen, und das hatte zur Folge, dass Milankovic und seine Berechnungen zunehmend in Vergessenheit gerieten. Als er 1958 starb, war noch nicht bewiesen, dass seine Kreisläufe tatsächlich stimmten. John und Mary Gribbin schreiben: »Damals hätte man sich sehr anstrengen müssen, um einen Geologen oder Meteorologen zu finden, der in dem Modell mehr sah als eine historische Kuriosität.«[18] Erst in den siebziger Jahren, nachdem man ein Kalium-Argon-Verfahren zur Datierung alter Sedimente am Meeresboden ausreichend verfeinert hatte, konnte man Milankovics Theorien endlich bestätigen.

Die Milankovic-Zyklen reichen aber allein nicht aus, um den Wechsel der Eiszeiten zu erklären. Dafür spielen auch viele andere Faktoren eine Rolle, nicht zuletzt die Lage der Kontinente und insbesondere die Frage, ob Landmassen über den Polen liegen. Im Einzelnen sind diese Einflüsse bis heute nur unvollständig geklärt. Allerdings wurde vermutet, man müsse nur Nordamerika, Eurasien und Grönland 500 Kilometer weiter nach Norden verlegen, und wir würden in einer ständigen, unausweichlichen Eiszeit leben. Anscheinend haben wir großes Glück, dass überhaupt hin und wieder gutes Wetter herrscht. Noch weniger versteht man die so genannten Zwischeneiszeiten, regelmäßig wiederkehrende Phasen mit relativ milder Witterung. Es ist ein recht beunruhigender Gedanke: Möglicherweise hat alles, was man sinnvollerweise als Menschheitsgeschichte bezeichnen kann – die Entwicklung der Landwirtschaft, die Entstehung der Städte, der Aufstieg von Mathematik, Schrift und Wissenschaft sowie alles andere –, in einer sehr untypischen Schönwetterperiode stattgefunden. Frühere Zwischeneiszeiten dauerten häufig nur 8000 Jahre. Unsere eigene hat ihren 10 000. Jahrestag bereits hinter sich.

Eigentlich befinden wir uns nach wie vor tief in einer Eiszeit;[19] sie ist nur ein wenig geschrumpft – allerdings weniger, als vielen Menschen klar ist. Vor rund 20 000 Jahren, auf dem Höhepunkt der letzten Vereisung, waren etwa 30 Prozent der Landflächen unter Eis begraben. Für zehn Prozent gilt das noch heute – und weitere 14 Prozent sind Permafrostgebiete. Auch heute sind drei Viertel des gesamten Süßwassers auf der Erde von Eis gebunden, und an beiden Polen liegen Eiskappen – eine wahrscheinlich einzigartige erdgeschichtliche Situation.[20] Dass es in großen Teilen der Welt im Winter schneit und dass man selbst in gemäßigten Klimazonen wie Neuseeland dauerhafte Gletscher findet, mag uns ganz natürlich erscheinen, für die Erde als Ganzes betrachtet ist es aber sehr ungewöhnlich.

Während des größten Teils der Erdgeschichte und bis vor recht kurzer Zeit war Hitze rund um den Globus der Normalfall. Dauerhafte Vereisung gab es nicht. Die derzeitige Eiszeit – sie ist eigentlich eine Eisepoche – begann vor rund 40 Millionen Jahren, und in dieser Zeit reichte das Spektrum von entsetzlichem bis zu sehr angenehmem Klima. In der Regel beseitigt jede Eiszeit die Spuren früherer Eiszeiten, und deshalb wird das Bild umso unklarer, je weiter wir uns in die Vergangenheit begeben. Offensichtlich gab es aber in den letzten 2,5 Millionen Jahren – der Zeit, die den Aufstieg des *Homo erectus* und anschließend des Jetzt-Menschen in Afrika erlebte – mindestens 17 Perioden der starken Vereisung.[21] Als Ursachen werden häufig der Aufstieg des Himalaya und die Entstehung der Landenge von Panama genannt – das Gebirge störte die Luftbewegungen, die Landbrücke veränderte die Meeresströmungen. Indien, das früher eine Insel war, wurde im Laufe der letzten 45 Millionen Jahre 2000 Kilometer weit in die asiatische Landmasse gedrückt, und dabei stieg nicht nur der Himalaya in die Höhe, sondern auch dahinter die riesige tibetanische Hochebene. Die Hypothese besagt, dass die höher gelegene Landschaft nicht nur kühler war, sondern auch den Wind so ablenkte, dass er nach Norden und in Richtung Nordamerika strömte, was dort eine langfristige Abkühlung begünstigte. Dann, vor etwa fünf Millionen Jahren, stieg Panama aus dem Meer und schloss die Lücke zwischen Nord- und Südamerika, sodass die warmen Meeresströmungen zwischen Pazifik und Atlantik unterbrochen wurden, was wiederum mindestens auf der halben Erdoberfläche zu einer veränderten Niederschlagsverteilung führte. Dies hatte unter anderem zur Folge, dass Afrika austrocknete, sodass die

Affen von den Bäumen steigen und sich in den wachsenden Savannen eine neue Lebensweise zu Eigen machen mussten.

Wie dem auch sei: Bei der heutigen Anordnung der Ozeane und Kontinente wird das Eis uns offensichtlich auch in Zukunft noch auf lange Sicht begleiten. Nach Angaben von John McPhee können wir mit etwa 50 weiteren Vereisungsperioden rechnen, die jeweils ungefähr 100 000 Jahre dauern; erst danach können wir auf ausgedehntes Tauwetter hoffen.[22]

Vor mehr als 50 Millionen Jahren gab es auf der Erde keine regelmäßigen Eiszeiten, aber wenn sie gelegentlich auftraten, hatten sie meist gewaltige Ausmaße.[23] Eine riesige Vereisungsperiode gab es vor etwa 2,2 Milliarden Jahren, und dann folgten eine Milliarde Jahre mit warmem Klima. Anschließend gab es wiederum eine Eiszeit, die noch größer war als die erste – manche Wissenschaftler bezeichnen sie mittlerweile als Cryogenium oder Supereiszeit.[24] Sie wurde auch als »Schneeball Erde« bekannt.

Aber das Wort »Schneeball« gibt die mörderischen Bedingungen, die damals herrschten, kaum angemessen wieder. Nach der heutigen Theorie ging die Sonnenstrahlung damals um rund sechs Prozent zurück, und gleichzeitig wurden weniger Treibhausgase produziert (oder festgehalten); dies hatte zur Folge, dass die Erde ihre Fähigkeit, Wärme festzuhalten, im Wesentlichen verlor. Sie wurde zu einer Art globaler Antarktis. Die Temperaturen sanken um bis zu 45 Grad, und wahrscheinlich war die gesamte Erdoberfläche eingefroren. Die Ozeane waren in höheren Breiten mit einer bis zu 800 Meter dicken Eisschicht bedeckt, und selbst in den Tropen maß sie noch mehrere Dutzend Meter.[25]

Diese Vorstellung ist allerdings mit einer schwerwiegenden Schwierigkeit behaftet: Während die geologischen Befunde darauf hindeuten, dass die Erde überall – auch am Äquator – vereist war, weisen biologische Indizien ebenso überzeugend darauf hin, dass es irgendwo offenes Wasser gegeben haben muss. Erstens überlebten die Cyanobakterien das Ereignis, und diese Organismen betreiben Photosynthese. Dazu brauchten sie Sonnenlicht, aber Eis ist schon in geringer Dicke undurchsichtig und lässt nach wenigen Metern überhaupt kein Licht mehr durch – das weiß jeder, der schon einmal versucht hat, hindurchzusehen. Für den Widerspruch wurden zwei Lösungen vorgeschlagen. Nach der einen blieb ein wenig Meerwasser frei (vielleicht weil es irgendwo zu einer lokalen Erwärmung kam); die andere besagt, das Eis habe sich vielleicht so gebildet, dass es durchsichtig blieb – ein Zustand, der in der Natur tatsächlich manchmal vorkommt.

Wenn die Erde tatsächlich völlig gefroren war, erhebt sich eine sehr schwierige Frage: Wie konnte sie sich jemals wieder erwärmen? Ein vereister Planet reflektiert so viel Wärme, dass er eigentlich für alle Zeiten eisig bleiben muss. Die Rettung kam offensichtlich aus dem geschmolzenen Erdinneren. Wieder einmal haben wir es wahrscheinlich der Plattentektonik zu verdanken, dass es uns überhaupt gibt. Nach dieser Vorstellung stießen Vulkane durch die eisbedeckte Oberfläche und stießen riesige Mengen von Wärme und Gasen aus, sodass der Schnee schmolz und die Atmosphäre sich neu bildete. Interessanterweise ist das Ende dieser Super-Kälteperiode durch die kambrische Explosion gekennzeichnet, gewissermaßen das Frühlingserwachen in der Geschichte des Lebendigen. In Wirklichkeit dürfte das alles durchaus nicht ruhig abgelaufen sein. Als die Erde sich erwärmte, herrschten vermutlich die wildesten Wetterbedingungen aller Zeiten, mit Wirbelstürmen, welche die Meereswellen bis zur Höhe von Wolkenkratzern auftürmten, und mit unvorstellbar heftigem Regen.[26]

Während dieser ganzen Zeit lebten die Röhrenwürmer, Muscheln und anderen Lebensformen an den Tiefseeschloten zweifellos weiter, als wäre nichts geschehen, aber alle anderen Lebewesen auf der Erde waren dem Untergang vermutlich so nahe wie nie zuvor. Das alles liegt lange zurück, und derzeit wissen wir nichts Genaueres darüber.

Im Vergleich mit dem Cryogenium wirken die Eiszeiten der jüngeren Vergangenheit recht klein, aber natürlich waren auch sie im Vergleich zu allem, was wir heute auf der Erde finden, von ungeheuer großem Umfang. Die Eisschicht, die große Teile Europas und Nordamerika bedeckte, war an manchen Stellen über drei Kilometer dick und schob sich mit rund 120 Metern pro Jahr vorwärts. Sie muss einen unglaublichen Anblick geboten haben. Selbst an ihrer Vorderkante könnte die Eisdecke fast 800 Meter dick gewesen sein. Stellen wir uns nur vor, wir stünden einer Eismauer gegenüber, die sich einen halben Kilometer über uns erhebt. Dahinter befindet sich auf vielen Millionen Quadratkilometern nichts als Eis, aus dem nur die höchsten Berggipfel hervorragen. Unter seinem Gewicht versinken ganze Kontinente, und selbst heute, 12 000 Jahre nach dem Rückzug der Gletscher, ist ihr Wiederaufstieg in die alte Lage noch nicht abgeschlossen. Die Eismassen brachten bei ihrem langsamen Vordringen nicht nur Felsbrocken und lange Kiesmoränen mit, sondern auch ganze Landgebiete wie Long Island, Cape Cod, Nantucket und andere. Da ist es kein Wunder, dass die Geologen vor Agassiz nicht recht begriffen, zu welch gewaltiger Umgestaltung der Landschaft das Eis in der Lage ist.

Würden die Eismassen heute erneut vorrücken, hätten wir ihnen nichts entgegenzusetzen. Im Prince William Sound in Alaska wurde eines der größten Gletschergebiete Nordamerikas 1964 von dem stärksten Erdbeben erschüttert, das jemals auf dem Kontinent aufgezeichnet wurde. Es erreichte einen Wert von 9,2 auf der Richter-Skala. An der Bruchkante hob sich das Gelände um bis zu sechs Meter. Das Beben war so heftig, dass es noch in Texas das Wasser aus den Pfützen spritzen ließ. Und welche Auswirkungen hatten diese beispiellosen Erschütterungen auf die Gletscher des Prince William Sound? Überhaupt keine. Sie schluckten es einfach und wanderten weiter.

Lange Zeit glaubte man, wir würden uns ganz allmählich, über Hunderttausende von Jahren hinweg, in Richtung der Eiszeiten und wieder von ihnen wegbewegen, aber heute wissen wir, dass das nicht stimmt. Durch die Untersuchung von Eisbohrkernen aus Grönland können wir ein genaues Bild des Klimas aus etwas mehr als den letzten 100 000 Jahren zeichnen, und was man dabei findet, ist alles andere als tröstlich. Es stellt sich heraus, dass die Erde während des größten Teils ihrer jüngeren Geschichte keineswegs der stabile, ruhige Ort war, den die zivilisierten Menschen kennen gelernt haben, sondern sie erlebte rapide Wechsel zwischen Phasen der Wärme und der brutalen Kälte.

Gegen Ende der letzten großen Vereisung, vor rund 12 000 Jahren, erwärmte sich die Erde sehr schnell, aber dann herrschte ganz abrupt wiederum etwa 1000 Jahre lang bittere Kälte, ein Ereignis, das in der Wissenschaft als jüngere Dryas bekannt ist.[27] (Der Name kommt von der arktischen Silberwurz, einer Pflanze, die mit wissenschaftlichem Namen Dryas heißt. Sie gehört zu den Ersten, die das Land nach dem Rückzug einer Eiskappe wieder besiedeln. Es gab auch eine ältere Dryas, diese Phase ist aber nicht so scharf abgegrenzt.) Am Ende des tausendjährigen Martyriums stiegen die Durchschnittstemperaturen in nur 20 Jahren um vier Grad an – auf den ersten Blick nicht viel, aber es entspricht dem Wechsel zwischen dem Klima Skandinaviens und dem der Mittelmeerregion, und das in nur zwei Jahrzehnten. An einzelnen Orten war die Veränderung noch wesentlich dramatischer. Die Eisbohrkerne aus Grönland zeigen, dass die Temperaturen sich dort in zehn Jahren um bis zu acht Grad änderten, was auch zu einem tief greifenden Wandel bei Niederschlag und Pflanzenwachstum führte. Der ganze Vorgang muss für die Menschen schon auf dem dünn besiedelten Planeten äußerst beunruhigend gewesen sein. Heute könnte man sich die Folgen überhaupt nicht vorstellen.

Am schlimmsten ist, dass wir keine – wirklich keine – Ahnung haben, welche Mechanismen das Thermometer der Erde so schnell durcheinander bringen können. Elizabeth Kolbert schrieb in der Zeitschrift *New Yorker*: »Keine bekannte äußere Kraft, ja nicht einmal ein hypothetischer Einfluss scheint in der Lage zu sein, die Temperaturen so heftig und so häufig hin und her zu verschieben, wie es die Bohrkerne zeigen.« Und dann fügte sie hinzu, es gebe anscheinend »eine riesige, schreckliche Rückkopplungsschleife«, an der vermutlich die Ozeane und Störungen der normalen Meeresströmungen beteiligt sind, aber das alles ist noch bei weitem nicht geklärt.

Einer Theorie zufolge verminderte sich zu Beginn der jüngeren Dryas durch den starken Zufluss von Schmelzwasser der Salzgehalt (und damit die Dichte) der Meere auf der nördlichen Halbkugel, sodass der Golfstrom nach Süden abbog wie ein Taucher, der einen Zusammenstoß vermeiden will. Ohne die Wärme dieser Meeresströmung kehrten in nördlichen Breiten wieder eisige Bedingungen ein. Aber damit ist nicht einmal ansatzweise erklärt, warum der Golfstrom 1000 Jahre später, als die Erde sich wieder erwärmte, nicht zu seinem alten Verlauf zurückkehrte. Stattdessen begann damals die ungewöhnlich ruhige Phase, die als Holozän bezeichnet wird und in der wir heute noch leben.

Es besteht kein Grund zu der Annahme, dass diese stabile Klimaperiode noch lange dauern wird. Manche Fachleute glauben sogar, dass uns Schlimmeres bevorsteht als je zuvor. Es ist eine nahe liegende Annahme, dass die globale Erwärmung ein nützliches Gegengewicht zur Neigung der Erde darstellen könnte, in eiszeitliche Bedingungen zurückzufallen. Aber wie Kolbert ausdrücklich betont, würde man sich angesichts eines schwankenden, unvorhersehbaren Klimas »als Allerletztes wünschen, damit ein großes, unkontrolliertes Experiment anzustellen«.[28] Man hat sogar mit einer plausibleren Begründung, als es auf den ersten Blick scheint, die Vermutung geäußert, ein Temperaturanstieg könne eine Eiszeit auslösen. Dahinter steht der Gedanke, dass eine geringfügige Erwärmung die Verdunstung verstärkt, was die Wolkendecke wachsen lässt und in höheren Breiten zu einer vermehrten Anhäufung von Schnee führt.[29] Tatsächlich könnte die globale Erwärmung den paradoxen Effekt haben, dass es in Nordamerika und Nordeuropa zu einer örtlich begrenzten, starken Abkühlung kommt.

Für das Klima sind so viele Faktoren verantwortlich – steigender und sinkender Kohlendioxidgehalt der Atmosphäre, Verschiebung der Kontinente, Aktivität der Sonne, die imposanten Schwankungen der Milankovic-Zyklen –, dass die Aufklärung vergangener Vorgänge ebenso schwierig ist wie Voraussagen für die Zukunft. Vieles übersteigt schlicht und einfach unsere Fähigkeiten. Ein gutes Beispiel ist die Antarktis. Nachdem dieser Kontinent sich über den Südpol geschoben hatte, war er mindestens 20 Millionen Jahre lang von Pflanzen bedeckt und eisfrei. Eigentlich ist so etwas überhaupt nicht möglich.

Nicht weniger verblüffend sind die bekannten Verbreitungsgebiete mancher späten Dinosaurierarten.[30] Nach Angaben des britischen Geologen Stephen Drury beherbergten die Wälder der nördlichsten zehn Breitengrade große Tiere wie den Tyrannosaurus rex. »Das ist völlig bizarr, denn in derart hohen Breiten ist es drei Monate im Jahr ununterbrochen dunkel«, schreibt er. Außerdem gibt es mittlerweile Anhaltspunkte, dass so weit nördlich sehr strenge Winter herrschten. Untersuchungen an Sauerstoffisotopen lassen darauf schließen, dass das Klima in der Gegend von Fairbanks in Alaska während der späten Kreidezeit ganz ähnlich war wie heute. Was hatte Tyrannosaurus rex dort zu suchen? Entweder wanderte er zu bestimmten Jahreszeiten über riesige Entfernungen oder er verbrachte große Teile des Jahres im Dunkeln und in Schneeverwehungen. In Australien – das zu jener Zeit stärker in Richtung des Pols orientiert war – konnten die Tiere sich nicht in wärmeres Klima zurückziehen.[31] Wie es die Dinosaurier schafften, unter solchen Bedingungen zu überleben, kann man nur vermuten.

An eines muss man dabei denken: Wenn heute aus irgendwelchen Gründen die Neubildung von Eisschichten beginnen sollte, könnten sie dieses Mal aus wesentlich größeren Wasservorräten schöpfen.[32] Die großen nordamerikanischen Seen, die Hudson Bay, die unzähligen Seen in Kanada standen als Antriebskraft zu Beginn der letzten Eiszeit noch nicht zur Verfügung: Sie wurden durch diese Vereisung erst geschaffen.

Andererseits könnten wir erleben, dass das Eis in der nächsten Phase unserer Geschichte nicht neu entsteht, sondern in großem Umfang taut. Würden alle Eiskappen schmelzen, käme es zu einem Anstieg des Meeresspiegels von rund 60 Metern – die Höhe eines zwanzigstöckigen Gebäudes –, sodass alle Küstenstädte der Welt überflutet wären. Wahrscheinlicher ist zumindest auf kurze Sicht, dass die Eisschicht der westlichen Antarktis verschwindet. Das Meerwasser in ihrer Umgebung hat sich während der letzten 50 Jahre um 2,5 Grad erwärmt, und entsprechend dramatisch war der Eisverlust. Wegen der geologischen Verhältnisse in dem Gebiet rückt ein umfangreicher Zusammenbruch damit in den Bereich des Möglichen. Sollte es dazu kommen, wird der Meeresspiegel weltweit recht schnell um durchschnittlich fünf bis sechs Meter ansteigen.[33]

Erstaunlicherweise haben wir keine Ahnung, was für die Zukunft wahrscheinlicher ist: ein Zeitalter der tödlichen Kälte oder ebenso lange Zeiträume der glühenden Hitze. Nur eines ist sicher: Wir leben auf Messers Schneide.

Nebenbei bemerkt: Auf lange Sicht sind Eiszeiten für die Erde durchaus nichts Schlechtes. Sie zermalmen das Gestein, lassen neuen Erdboden von üppiger Fruchtbarkeit zurück und graben Süßwasserseen, die Hunderten von biologischen Arten üppige Nahrung bieten. Sie lösen Wanderungsbewegungen aus und halten die Dynamik unseres Planeten aufrecht. Tim Flannery meint dazu: »Wenn man etwas über das Schicksal der Menschen auf einem Kontinent erfahren will, muss man nur fragen: ›Hattest du eine gute Eiszeit?‹«[34] Vor diesem Hintergrund ist es jetzt an der Zeit, uns mit einer Spezies von Menschenaffen zu beschäftigen, für die das wirklich zutraf.

28.
Der rätselhafte Zweibeiner

Kurz vor Weihnachten 1887 traf ein junger niederländischer Arzt mit dem ganz un-niederländischen Namen Marie Eugène François Thomas Dubois auf Sumatra im damaligen Niederländisch-Ostindien ein. Seine Absicht: Er wollte die weltweit ältesten Überreste von Menschen finden.*[1]

Daran war einiges ungewöhnlich. Erstens war bis dahin noch niemand auf die Suche nach sehr alten Menschenknochen gegangen. Bisher hatte man ausschließlich Zufallsfunde gemacht, und auch in Dubois' Vergangenheit ließ nichts darauf schließen, dass er der ideale Kandidat für eine erste gezielte Suche war. Er hatte Anatomie studiert, war aber nicht in Paläontologie ausgebildet. Und zweitens bestand kein besonderer Anlass zu der Vermutung, Ostindien könne Überreste vorzeitlicher Menschen beherbergen. Wenn man überhaupt solche Urmenschen finden würde, erschien es nur logisch, auf einer großen, seit langem bevölkerten Landmasse zu suchen und nicht in den vergleichsweise kleinen Schlupfwinkeln einer Inselgruppe. Dubois hatte nur eine schwache Ahnung, als er nach Ostindien ging, andererseits hatte er dort aber auch eine Stellung bekommen, und er wusste, dass es in Sumatra eine Fülle von Höhlen gab, das Umfeld, in der man bisher die meisten wichtigen Hominidenfossilien gefunden hatte. Das Ungewöhnlichste an alledem – und eigentlich sogar fast ein Wunder – ist aber, dass er das Gesuchte tatsächlich fand.

* Dubois war zwar Niederländer, er stammte aber aus Eijsden, einer Ortschaft an der Grenze zum Französisch sprechenden Teil Belgiens.

Als Dubois sich seinen Plan zur Suche nach dem fehlenden Bindeglied zwischen Affen und Menschen zurechtlegte, kannte man erst sehr wenige Fossilien von Menschen: fünf unvollständige Neandertalerskelette, einen Teil eines Kieferknochens unsicherer Herkunft und ein halbes Dutzend eiszeitliche Menschen, die Arbeiter kurz zuvor beim Bau einer Eisenbahn in einer Höhle namens Cro-Magnon bei dem französischen Städtchen Les Eyzies gefunden hatten.[2] Der besterhaltene Neandertalerfund lag noch in einem Regal in London und war bisher nicht näher beschrieben. Er war 1848 von Arbeitern gefunden worden, die in einem Steinbruch in Gibraltar das Gestein sprengten; deshalb war es ein Wunder, dass er überhaupt unversehrt blieb, aber leider hatte bisher niemand richtig einschätzen können, worum es sich dabei handelte. Nachdem er bei einer Tagung der Gibraltar Scientific Society kurz beschrieben worden war, hatte man ihn an das Hunterian Museum in London geschickt, wo er über ein halbes Jahrhundert lang ungestört lag und nur gelegentlich leicht abgestaubt wurde. Die erste umfassende Beschreibung erschien erst 1907, und sie stammte von einem Geologen namens William Sollas, der »nur sehr oberflächliche Kenntnisse in Anatomie« besaß.[3]

Also gingen Name und Verdienst für die Entdeckung der ersten Frühmenschen in das Neandertal bei Düsseldorf[4] – was nicht ganz unpassend ist, denn – welcher Zufall – das griechische Wort *neander* bedeutet »neuer Mann«. Dort stießen Arbeiter 1856 in einem Steinbruch an einer Felswand oberhalb des Flüsschens Düssel auf einige seltsam aussehende Knochen. Sie gaben den Fund an einen örtlichen Schulmeister weiter, dessen Interesse an allen Dingen aus der Natur allgemein bekannt war. Man muss es dem Lehrer Johann Karl Fuhlrott hoch anrechnen, dass er genau erkannte, womit er es zu tun hatte: mit einem neuen Menschentypus. Worum es sich dabei allerdings im Einzelnen handelte und wie außergewöhnlich der Fund war, wurde über längere Zeit heftig diskutiert.

Viele Gelehrte mochten nicht anerkennen, dass die Knochen aus dem Neandertal überhaupt sehr alt waren. August Mayer, ein einflussreicher Professor der Universität Bonn, behauptete steif und fest, die Knochen stammten von einem mongolischen Kosaken, der als Soldat 1814 in Deutschland gekämpft habe, verwundet wurde und zum Sterben in die Höhle gekrochen sei. Als T. H. Huxley in England von dieser Idee hörte, bemerkte er trocken, es sei doch sehr ungewöhnlich, dass ein tödlich verwundeter Soldat 20 Meter hoch klettert, dann die Kleidung und sämtliche persönlichen Habseligkeiten ablegt, die Höhlenöffnung verschließt und sich 60 Zentimeter tief in der Erde vergräbt.[5] Ein anderer Anthropologe grübelte über die dicken Brauenwülste des Neandertalers nach und äußerte die Vermutung, sie könnten durch ständiges Stirnrunzeln entstanden sein, dessen Anlass ein schlecht verheilter Unterarmbruch war. (In ihrem Eifer, die Vorstellung von Frühmenschen zu leugnen, machten sich die Fachleute häufig die seltsamsten Erklärungen zu Eigen. Ungefähr zur gleichen Zeit, als Dubois sich nach Sumatra auf den Weg machte, erklärten andere voller Überzeugung, ein in Périgueux gefundenes Skelett gehöre zu einem Eskimo. Was ein vorzeitlicher Eskimo im Südwesten Frankreichs zu suchen hatte, wurde allerdings nie zur Zufriedenheit erklärt. In Wirklichkeit war es ein früher Cro-Magnon-Mensch.)

In diesem Umfeld begann Dubois, nach den Knochen vorzeitlicher Menschen zu suchen. Er nahm nicht selbst die Schaufel in die Hand, sondern ließ sich zu diesem Zweck von den niederländischen Behörden 50 Sträflinge zuweisen.[6] Ein Jahr lang arbeiteten sie auf Sumatra, dann wurden die Arbeiten nach Java verlegt. Dort fand Dubois – oder eigentlich seine Mannschaft, denn er selbst suchte die Grabungsstellen nur selten auf – im Jahr 1891 einen Teil eines menschlichen Schädels, der heute als Schädel von Trinil bekannt ist. Es handelte sich zwar nur um ein Bruchstück, aber es zeigte, dass sein Besitzer zwar eindeutig nichtmenschliche Merkmale, aber auch ein viel größeres Gehirn als jeder Menschenaffe besaß. Dubois bezeichnete ihn als *Anthropithecus erectus* (woraus später aus formalen Gründen *Pithecanthropus erectus* wurde) und erklärte ihn zum fehlenden Bindeglied zwischen Affen und Menschen. Volkstümlich wurde er schnell als »Javamensch« bekannt. Heute nennen wir ihn *Homo erectus*.

Im folgenden Jahr fanden Dubois' Arbeiter einen praktisch

vollständigen Oberschenkelknochen, der erstaunlich modern aussah. Heute schreiben ihn viele Anthropologen tatsächlich einem Jetztmenschen zu, der nichts mit dem Javamenschen zu tun hat.[7] Wenn es ein Knochen von *erectus* ist, sieht er in jedem Fall ganz anders aus als sämtliche späteren Funde.[8] Dennoch leitete Dubois aus dem Oberschenkelknochen – wie sich später herausstellte, zu Recht – die Erkenntnis ab, dass *Pithecanthropus* aufrecht ging. Und obwohl er nur ein Stückchen der Schädeldecke und einen Zahn besaß, stellte er auch ein Modell des vollständigen Schädels her, das sich ebenfalls als unglaublich zutreffend erwies.[9]

Als Dubois 1895 nach Europa zurückkehrte, rechnete er mit einem triumphalen Empfang. In Wirklichkeit war die Reaktion das genaue Gegenteil. Den meisten Wissenschaftlern gefielen weder seine Schlussfolgerungen noch die arrogante Art, in der er sie präsentierte. Die Schädeldecke gehörte nach ihrer Auffassung keineswegs zu einem Frühmenschen, sondern zu einem Menschenaffen, vermutlich einem Gibbon. In der Hoffnung, seine Aussage zu untermauern, gestattete Dubois 1897 dem angesehenen Anatomen Gustav Schwalbe von der Universität Straßburg, einen Gipsabdruck des Knochens herzustellen. Zu Dubois' Entsetzen schrieb Schwalbe anschließend ein Buch, das weit freundlichere Aufnahme fand als alle Schriften von Dubois, und anschließend ging der Anatom auf eine Vorlesungsreise, auf der er fast so herzlich gefeiert wurde, als hätte er den Schädel selbst ausgegraben.[10] Angewidert und verbittert zog Dubois sich die nächsten 20 Jahre auf eine unauffällige Stelle als Professor für Geologie an der Universität Amsterdam zurück und weigerte sich standhaft, irgendjemanden noch einmal seine kostbaren Fossilien untersuchen zu lassen. Er starb 1940 als unglücklicher Mensch.

Mittlerweile tat sich auch auf der anderen Seite des Globus etwas: Ende 1924 erhielt Raymond Dart, der in Australien geborene Leiter der Abteilung für Anatomie an der University of the Witwatersrand in Johannesburg, einen kleinen, aber bemerkenswert vollständigen Kinderschädel mit unversehrtem Gesicht, Unterkiefer und dem natürlichen Abdruck des Gehirns. Der Fund stammte aus einem Kalksteinbruch in einer steinigen Gegend namens Taung am Rand der Kalahari-Wüste. Dart erkannte sofort, dass es sich bei dem Schädel von Taung nicht wie bei Dubois' Javamenschen um einen *Homo erectus* handelte, sondern dass er von einem älteren, affenähnlichen Lebewesen stammte.[11] Er gab das Alter mit zwei Millionen Jahren an und taufte ihn auf den Namen *Australopithecus africanus* (»südlicher Affenmensch aus Afrika«). In einem Bericht in der Fachzeitschrift *Nature* bezeichnete Dart die Überreste von Taung als »verblüffend menschlich« und äußerte die Ansicht, man müsse eine völlig neue Familie namens *Homo simiadae* (»Affenmenschen«) definieren, um den Fund einzuordnen.

Die Experten waren Dart gegenüber noch unfreundlicher eingestellt als zuvor gegenüber Dubois. Fast alles an seiner Theorie – und offensichtlich sogar fast alles an Dart – ärgerte sie. Erstens hatte er sich als bedauerlich anmaßend erwiesen, weil er die Untersuchung selbst vorgenommen hatte, statt einen der weltläufigen europäischen Experten zu Hilfe zu rufen. Schon der von ihm gewählte Name *Australopithecus* ließ einen Mangel an Gelehrsamkeit erkennen, waren darin doch griechische und lateinische Wortbestandteile vermischt. Vor allem aber waren seine Schlussfolgerungen ein Schlag ins Gesicht der Schulweisheit. Allgemein herrschte Einigkeit darüber, dass die Abstammungslinien von Menschen und Menschenaffen sich vor mindestens 15 Millionen Jahren in Asien getrennt hatten. Wenn die Menschen in Afrika entstanden waren – um Gottes willen, dann wären wir ja alle *Neger*. Es war, als würde heute jemand bekannt geben, er habe die Knochen der Menschenvorfahren beispielsweise in Missouri gefunden. Der Befund passte einfach nicht zu dem, was man damals wusste.

Darts einziger einflussreicher Fürsprecher war Robert Broom, ein in Schottland geborener Arzt und Paläontologe von beträchtlichen geistigen Fähigkeiten und liebenswert exzentrischem Wesen. Er hatte beispielsweise die Angewohnheit, bei warmem Wetter – das häufig herrschte – im Freiland nackt zu arbeiten. Bekannt war er auch wegen seiner zweifelhaften anatomischen Experimente, die er an ärmeren, gefügigen Patienten vornahm. Wenn die Patienten starben – was ebenfalls häufig geschah –, vergrub er ihre Leichen manchmal im Garten hinter seinem Haus, um sie später genauer zu untersuchen.[12]

Broom war ein begeisterter Paläontologe, und da er ebenfalls in Südafrika lebte, konnte er den Schädel von Taung eigenhändig untersuchen. Er erkannte sofort, dass er tatsächlich die große Bedeutung hatte, die Dart ihm beimaß, und setzte sich nachdrücklich für seinen Entdecker ein, aber seine Bemühungen blieben wirkungslos. Noch weitere 50 Jahre lang besagte die Schulweisheit, das Kind von Taung sei ein Affe und sonst nichts. Die meisten Lehrbücher erwähnten es nicht einmal. Dart arbeitete fünf Jahre an einem Buch, fand aber keinen Verleger dafür.[13] Am Ende gab er seine Bemühungen um eine Veröffentlichung völlig auf (nach Fossilien suchte er allerdings weiterhin). Der Schädel – der heute als einer der größten Schätze der Anthropologie gilt – lag jahrelang als Briefbeschwerer auf dem Schreibtisch eines Kollegen.[14]

Als Dart 1924 seinen Fund bekannt gab, kannte man nur vier Gruppen von Urmenschen: *Homo heidelbergensis, Homo rhodesiensis*, die Neandertaler und Dubois' Javamenschen. Das aber sollte sich bald darauf gründlich ändern.

Zunächst stocherte Davidson Black, ein begabter kanadischer Amateurwissenschaftler, in China an einer Stelle namens Dragon Bone Hill herum, die als Fundstelle für alte Knochen in der Gegend bereits bekannt war. Die Chinesen bewahrten die Knochen aber leider nicht für weitere Untersuchungen auf, sondern sie zerkleinerten sie und stellten daraus Arzneien her. Wie viele kostbare Knochen von *Homo erectus* als eine Art chinesischer Entsprechung zu doppeltkohlensaurem Natron endeten, kann man nur vermuten. Als Black an die Fundstelle kam, war sie schon weitgehend geplündert, aber er fand noch einen einzelnen fossilen Backenzahn und gab allein auf dieser Grundlage die Entdeckung von *Sinanthropus pekinensis* bekannt, der anschließend sehr schnell als Pekingmensch bekannt wurde.[15]

Auf Blacks Drängen ging man nun energischer an Ausgrabungsarbeiten, und dabei wurden viele weitere Knochen gefunden. Leider gingen sie alle 1941 einen Tag nach dem japanischen Angriff auf Pearl Harbor verloren, als ein Kommando der US-Marines, das die Knochen (und sich selbst) ins Ausland retten wollte, von den Japanern abgefangen und inhaftiert wurde. Als die japanischen Soldaten sahen, dass in den Kisten nur Knochen waren, ließen sie diese einfach am Straßenrand stehen. Seitdem sah man sie nie wieder.

In Dubois' altem Revier auf Java hatte eine Arbeitsgruppe unter Leitung von Ralph von Koenigswald mittlerweile eine weitere Gruppe von Frühmenschen entdeckt, die nach ihrem Fundort am Fluss Solo bei Ngandong als Solo-Menschen bezeichnet wurden. Koenigswalds Entdeckungen wären vielleicht noch eindrucksvoller gewesen, hätte er nicht einen taktischen Fehler begangen, den er zu spät erkannte. Er hatte den Bewohnern der Gegend zehn Cent für jedes Stück eines Hominidenknochens versprochen, das sie ihm brachten, aber dann musste er zu seinem Entsetzen feststellen, dass sie große Stücke begeistert zerkleinerten, um ihren Verdienst zu steigern.[16]

Als in den folgenden Jahren immer mehr Knochen gefunden und identifiziert wurden, entstand eine Flut neuer Namen – *Homo aurignaciensis, Australopithecus transvaalensis, Paranthropus crassidens, Zinjanthropus boisei* und viele weitere, die fast immer nicht nur einen neuen Artnamen, sondern auch eine neue Gattungsbezeichnung enthielten. In den fünfziger Jahren des 20. Jahrhunderts war die Zahl der benannten Hominidentypen auf weit über 100 angestiegen. Um die Verwirrung vollständig zu machen, hatten die einzelnen Funde häufig nacheinander verschiedene Namen, weil die Paläoanthropologen ihre Klassifikation verfeinerten, überarbeiteten und hitzig diskutierten. Die Solo-Menschen wurden als *Homo soloensis*, *Homo primigenius asiaticus*, *Homo neanderthalensis soloensis, Homo sapiens soloensis, Homo erectus erectus* und schließlich einfach als *Homo erectus* bezeichnet.[17]

Im Jahr 1960 versuchte F. Clark Howell von der University of Chicago, ein wenig Ordnung zu schaffen. In Anlehnung an Gedanken, die Ernst Mayr und andere im vorangegangenen Jahrzehnt geäußert hatten, schlug er eine Beschränkung auf nur noch zwei Gattungen vor – *Australopithecus* und *Homo* –, und auch viele Arten sollten zusammengefasst werden.[18] Java- und Pekingmensch wurden zu *Homo erectus*. Eine Zeit lang herrschte wieder Ordnung in der Welt der Hominiden.* Aber sie war nicht von Dauer.

Nach etwa zehn vergleichsweise ruhigen Jahren setzte in der Paläoanthropologie eine neue Phase schneller, vielfältiger Entdeckungen ein, die bis heute nicht zu Ende ist. In den sechziger Jahren kam *Homo habilis* hinzu, den manche Fachleute für das fehlende Bindeglied zwischen Menschenaffen und Menschen hielten, während andere in ihm überhaupt keine eigenständige biologische Art sahen. Dann folgten (neben vielen anderen) *Homo ergaster, Homo louisleakeyi, Homo rudolfensis, Homo microcranus* und *Homo antecessor* sowie eine Unmenge von Australopithecinen: *A. afaransis, A. praegens, A. ramidus, A. walkeri, A. anamensis* und andere. Insgesamt sind in der Literatur heute rund 20 Hominidentypen bekannt. Leider findet man fast nie zwei Experten, für die es die gleichen 20 sind.

Manche Fachleute halten noch heute an den beiden Hominidengattungen fest, die Howard 1960 definierte, andere ordnen jedoch manche Australopithecinen in eine eigene Gattung namens *Paranthropus* ein, wieder andere fügten eine noch ältere Gruppe namens *Ardipithecus* hinzu. Manche rechnen *praegens* zu *Australopithecus*, andere zu einer neuen Kategorie namens *Homo antiquus*, die meisten sehen aber in *praegens* überhaupt keine eigenständige Spezies. Eine zentrale Autorität, die in diesen Dingen das Sagen hätte, gibt es nicht. Ein Name wird aus-

* Die Menschen werden biologisch in die Familie der Hominidae eingeordnet. Zu dieser Gruppe, die traditionell als Hominiden bezeichnet wird, gehören neben uns selbst alle ausgestorbenen Arten, die mit uns enger verwandt sind als mit den heutigen Schimpansen. Die Menschenaffen dagegen fasst man in einer Familie namens Pongidae zusammen. Nach Ansicht vieler Fachleute sollten aber auch Schimpansen, Gorillas und Orang-Utans in unsere Familie eingeordnet werden, wobei Menschen und Schimpansen dann eine Unterfamilie namens Homininae bilden. Danach müssten die Arten, die traditionell als Hominiden bezeichnet wurden, Homininen heißen. (Auf diese Bezeichnung bestehen Leakey und andere.) Die Überfamilie der Menschenaffen, zu der auch wir gehören, heißt Hominoidea.

schließlich durch allgemeinen Konsens anerkannt, und einen solchen Konsens gibt es in vielen Fällen kaum.

Paradoxerweise liegt das Problem zu einem großen Teil in den mangelnden Belegen. Seit Anbeginn der Zeiten haben mehrere Milliarden menschliche (oder menschenähnliche) Lebewesen die Erde bevölkert, und jedes davon hat zum Gesamtbestand der Menschen ein klein wenig genetische Variabilität beigetragen. Dagegen stützen sich unsere gesamten Kenntnisse über die Vorgeschichte der Menschen auf die häufig äußerst bruchstückhaften Überreste von vielleicht 5000 Individuen.[19] »Wenn es einem nichts ausmacht, alles durcheinander zu werfen, könnte man sämtliche Funde in einem einzigen Lieferwagen unterbringen«, erwiderte Ian Tattersall, der bärtige, freundliche Kurator für Anthropologie am American Museum of Natural History in New York, als ich ihn nach dem Umfang aller weltweit bekannten Hominiden- und Frühmenschenknochen fragte.[20]

Der Mangel wäre nicht so stark zu spüren, wenn die Knochen in Raum und Zeit gleichmäßig verteilt wären, aber das ist natürlich nicht der Fall. Sie tauchen zufällig und häufig unter völlig verblüffenden Umständen auf. *Homo erectus* bevölkerte über eine Million Jahre lang die Erde und bewohnte Gebiete von der europäischen Atlantikküste bis nach China und zum Pazifik, aber wenn wir jeden einzelnen *Homo erectus*, dessen Existenz durch Funde belegt ist, wieder zum Leben erwecken könnten, würden alle gemeinsam noch nicht einmal einen Schulbus füllen. Noch dürftiger sieht es bei *Homo habilis* aus: zwei Teilskelette und eine Reihe einzelner Extremitätenknochen. Etwas so Kurzlebiges wie unsere eigene Zivilisation würde sich in Fossilfunden mit ziemlicher Sicherheit überhaupt nicht bemerkbar machen.

Tattersall will mir die Situation verdeutlichen und sagt: »In Europa haben Sie Hominidenschädel in Georgien, die auf ein Alter von 1,7 Millionen Jahre datiert wurden, aber dann kommt eine Lücke von fast einer Million Jahre, bevor in Spanien, ganz am anderen Ende des Kontinents, die nächsten Überreste auftauchen. Dann folgt wieder eine Lücke von 300 000 Jahren, bevor man in Deutschland einen *Homo heidelbergensis* findet – und keiner von denen sieht irgendeinem anderen auffallend ähnlich.« Er lächelt. »Aus solchen kleinen Bruchstücken versucht man dann die Entstehungsgeschichte ganzer biologischer Arten abzuleiten. Das ist ein bisschen viel verlangt. In Wirklichkeit haben wir kaum eine Ahnung von den Verwandtschaftsbeziehungen zwischen vielen sehr alten Arten – von der Frage, welche zu uns führten und welche als Sackgassen der Evolution endeten. Manche haben es vermutlich nicht einmal verdient, dass man sie überhaupt als eigenständige Arten betrachtet.«

Diese bruchstückhaften Belege sind der Grund, warum jeder neue Fund so zusammenhanglos wirkt und sich von allen anderen zu unterscheiden scheint. Hätten wir Zehntausende von Skeletten, die sich in regelmäßigen Abständen auf unsere gesamte Vergangenheit verteilen, wären mit Sicherheit weit feinere Abstufungen zu erkennen. Eine vollständige neue Art entsteht nicht von heute auf morgen, wie man nach den Fossilfunden annehmen könnte, sondern sie geht ganz allmählich aus vorhandenen Arten hervor. Je weiter man sich in der Vergangenheit an den Verzweigungspunkt heranarbeitet, desto größer werden die Ähnlichkeiten, und am Ende ist es sehr schwierig oder in manchen Fällen sogar unmöglich, einen späten *Homo erectus* von einem frühen *Homo sapiens* zu unterscheiden – der Fund ist wahrscheinlich beides oder keines von beiden. Ähnliche Meinungsverschiedenheiten gibt es häufig, wenn eine Identifizierung sich auf sehr kleine Überreste stützt – wenn man beispielsweise entscheiden muss, ob ein bestimmter Knochen zu einem weiblichen *Australopithecus boisei* oder einem männlichen *Homo habilis* gehört.

Da es so wenig sichere Erkenntnisse gibt, müssen die Fachleute ihre Annahmen häufig auf andere Gegenstände stützen, die in der Nähe gefunden wurden, und so etwas ist dann häufig nicht mehr als eine tapfere Vermutung. Oder, wie Alan Walker und Pat Shipman trocken anmerken: Wenn man die entdeckten Werkzeuge mit den Tierarten in Verbindung bringt, die man am häufigsten in ihrer Nähe findet, muss man zu dem Schluss gelangen, dass die ersten Steingerätschaften in ihrer Mehrzahl von Antilopen hergestellt wurden.[21]

Vielleicht nichts anderes macht das Durcheinander so augenfällig deutlich wie der Haufen von Widersprüchen, der *Homo habilis* heißt. Kurz gesagt, ergeben die Knochen von *habilis* keinen Sinn. Reiht man sie hintereinander auf, sieht es so aus, als hätten männliche und weibliche Exemplare sich mit unterschiedlicher Geschwindigkeit und in unterschiedliche Richtungen entwickelt[22] – die Männchen wurden im Laufe der Zeit immer weniger affenähnlich und ähnelten immer stärker den Menschen, die Weibchen dagegen scheinen sich in der gleichen Zeit von der Menschenähnlichkeit weg und in Richtung der Affen zu bewegen. Manche Fachleute halten *habilis* überhaupt nicht für eine stichhaltig belegte Kategorie. Tattersall und sein Kollege Jeffrey Schwartz bezeichnen ihn abschätzig als »Papierkorb-Spezies«[23], in die man zusammenhanglose Fossilien »bequem hineinwerfen konnte«. Und selbst jene, die *habilis* für eine eigenständige Art halten, sind sich nicht darüber einig, ob sie zur selben Gattung gehört wie wir oder einen Seitenast darstellt, der nicht weiter führte.

Schließlich – oder vielleicht vor allem – spielen menschliche Charaktere dabei eine große Rolle. Wissenschaftler neigen von Natur aus dazu, Funde so zu interpretieren, dass es ihrem geistigen Format möglichst stark schmeichelt. Nur sehr selten gibt ein Paläontologe bekannt, er habe eine Reihe von Knochen gefunden, an denen aber nichts Spannendes ist. Oder, wie John Reader es in seinem Buch *Missing Links* mit leichter Untertreibung formuliert: »Es ist bemerkenswert, wie häufig die erste Interpretation eines neuen Fundes die vorgefassten Ansichten seines Entdeckers bestätigt hat.«[24]

Dies alles lässt natürlich viel Spielraum für Diskussionen, und niemand diskutiert so gern wie die Paläoanthropologen. »Unter allen Fachgebieten der Naturwissenschaften kann die Paläoanthropologie vielleicht die größte Zahl von Egozentrikern vorweisen«[25], erklären die Autoren des kürzlich erschienenen Buches *Java Man*, das interessanterweise auch selbst in langen Abschnitten von großartiger Unverblümtheit die Schwächen anderer angreift, insbesondere die von Donald Johanson, einem früheren engen Kollegen der Autoren. Eine kleine Kostprobe:

> In den Jahren unserer Zusammenarbeit am Institut erwarb er (Johanson) sich den verdienten, aber unglückseligen Ruf unberechenbarer, lautstarker persönlicher Beschimpfungen, manchmal begleitet vom Werfen von Büchern oder anderer Gegenstände, die gerade zur Hand waren.[26]

Über die Vorgeschichte des Menschen kann man also eigentlich nur mit Sicherheit sagen, dass es sie gegeben haben muss; alles andere wird mit ziemlicher Sicherheit irgendwann von irgendjemandem in Frage gestellt. Vor dem Hintergrund dieser Tatsache können wir in der Frage, wer wir sind und woher wir kommen, ungefähr Folgendes sagen:

Während der ersten 99,99999 Prozent unserer Vergangenheit als Lebewesen gehörten wir zur gleichen Abstammungslinie wie die Schimpansen.[27] Über die Vorgeschichte der Schimpansen wissen wir so gut wie nichts, aber was sie waren, das waren auch wir. Dann, vor rund sieben Millionen Jahren, muss etwas Wichtiges geschehen sein. Aus den tropischen Wäldern Afrikas tauchte eine neue Gruppe von Lebewesen auf und wanderte in die offene Savanne.

Das waren die Australopithecinen, und sie blieben während der nächsten fünf Millionen Jahre die beherrschende Hominidenart der Erde. (Der Wortbestandteil *Austral-* kommt von dem lateinischen Wort für »Süden« und hat in diesem Zusammenhang nichts mit Australien zu tun.) Es gab mehrere Formen von Australopithecinen, manche schlank und grazil wie Darts Kind von Taung, andere eher stämmdig und robust, aber alle konnten aufrecht gehen. Manche dieser Arten existierten weit über eine Million Jahre lang, andere blieben nur wenige 100 000 Jahre erhalten, aber man sollte bedenken, dass selbst die Geschichte der weniger erfolgreichen Arten um ein Vielfaches länger war als das, was wir bisher erreicht haben.

Die berühmtesten Hominiden-Überreste gehören zu einem 3,18 Millionen Jahre alten Australopithecinen und wurden 1974 von einer Arbeitsgruppe unter Leitung von Donald Johanson in der Hadar-Region in Äthiopien gefunden. Das Skelett, das wissenschaftlich unter der Bezeichnung A. L. (»Afar Locality«)

288-1 geführt wird, wurde allgemein als Lucy bekannt – der Name geht auf den Beatles-Song »Lucy in the Sky with Diamonds« zurück. An ihrer Bedeutung hatte Johanson nie die geringsten Zweifel. »Sie ist unser ältester Vorfahre, das fehlende Bindeglied zwischen Menschenaffen und Menschen«, sagte er.[28]

Lucy war winzig – sie maß nur knapp über einen Meter. Aufrecht gehen konnte sie, wie gut, ist aber ein wenig umstritten. Offensichtlich war sie auch geschickt im Klettern. Vieles andere ist unbekannt. Da der Schädel fast völlig fehlt, kann man kaum etwas Zuverlässiges über die Größe des Gehirns aussagen, die wenigen Schädelfragmente legen aber die Vermutung nahe, dass es klein war. Die meisten Bücher bezeichnen Lucys Skelett als zu 40 Prozent vollständig, manche verlegen den Anteil aber auch auf fast die Hälfte, und ein Werk aus dem American Museum of Natural History behauptet sogar, Lucy sei zu zwei Dritteln vollständig. Die BBC-Fernsehserie *Ape Man* schließlich sprach von »einem vollständigen Skelett«, obwohl gleichzeitig zu sehen war, dass es alles andere als vollständig ist.

Zum menschlichen Körper gehören 206 Knochen, von denen viele sich allerdings gleichen. Hat man von einer Person den linken Oberschenkelknochen, braucht man den rechten nicht, um etwas über seine Ausmaße zu sagen. Lässt man alle überzähligen Knochen weg, gelangt man zu einer Gesamtzahl von 120 – hier spricht man von einem Halbskelett. Aber selbst nach diesem recht großzügigen Maßstab und selbst wenn man noch das kleinste Bruchstück als vollständigen Knochen zählt, stellt Lucy nur 28 Prozent eines Halbskeletts dar (und nur rund 20 Prozent der vollständigen Knochenausstattung).

In dem Buch *The Wisdom of the Bones* berichtet Alan Walker, er habe Johanson einmal gefragt, wie dieser zu der Zahl von 40 Prozent gelangt sei. Darauf erwiderte Johanson frech, er habe die 106 Knochen der Hände und Füße nicht mitgezählt,[29] mehr als die Hälfte der Gesamtzahl und, wie man meinen sollte, auch eine recht wichtige Hälfte, denn Lucys charakteristisches Merkmal war die Nutzung dieser Hände und Füße im Umgang mit einer sich wandelnden Welt. Jedenfalls weiß man über Lucy viel weniger, als allgemein angenommen wird. Eigentlich ist nicht einmal bekannt, ob sie wirklich ein Weibchen war. Auf das Geschlecht schließt man nur aus ihrer geringen Größe.

Zwei Jahre nach Lucys Entdeckung fand Mary Leakey an der Fundstelle von Laetoli in Tansania die Fußabdrücke von zwei Individuen, die – so glaubt man jedenfalls – zur gleichen Hominidenfamilie gehörten. Die Abdrücke entstanden, als zwei Australopithecinen nach einem Vulkanausbruch durch Ascheschlamm gingen. Die Asche wurde später hart und hielt die Abdrücke der Füße auf einer Strecke von mehr als 23 Metern fest.

Der Augenblick, als sie vorübergingen, ist im New Yorker American Museum of Natural History in einem faszinierenden Diorama festgehalten. Es zeigt die lebensgroße Rekonstruktion eines Männchens und eines Weibchens, die nebeneinander über die vorzeitliche afrikanische Ebene wandern. Sie sind behaart und so groß wie Schimpansen, aber Haltung und Gang haben etwas Menschliches. Das Verblüffendste an der Darstellung ist die Tatsache, dass das Männchen den linken Arm schützend um die Schultern des Weibchens gelegt hat. Es ist eine zärtliche, liebevolle Geste, die auf eine enge Bindung schließen lässt.

Angesichts dieser überzeugend wiedergegebenen Szene vergisst man leicht, dass praktisch alles außer den Fußspuren selbst Fantasie ist. Fast das gesamte Äußere der beiden Gestalten – das Ausmaß der Behaarung, die Gesichtsform (ob sie die Nase eines Menschen oder eines Schimpansen hatten), Gesichtsausdruck, Hautfarbe, Größe und Form der Brüste des Weibchens – ist zwangsläufig eine Vermutung. Wir können nicht einmal behaupten, dass sie ein Paar waren. Bei der weiblichen Gestalt könnte es sich in Wirklichkeit auch um ein Kind handeln. Ebenso wenig können wir sicher sein, dass wir es mit Australopithecinen zu tun haben. Das nimmt man nur an, weil man keine anderen Kandidaten kennt.

Wie man mir erzählte, wurden die Figuren so angeordnet, weil das Weibchen beim Aufbau des Dioramas immer wieder umfiel, aber Ian Tattersall versicherte mir lachend, diese Geschichte sei nicht wahr. »Natürlich wissen wir nicht, ob das Männchen den Arm um das Weibchen gelegt hatte, aber aus der

Messung der Schrittweite geht hervor, dass sie dicht nebeneinander gingen – so dicht, dass sie sich berührten. Es war ein ganz freies Gelände, also fühlten sie sich wahrscheinlich unsicher. Deshalb haben wir versucht, ihnen einen leicht beunruhigten Ausdruck zu verleihen.«

Ich frage ihn, ob er Bedenken habe, weil man sich bei der Rekonstruktion der Figuren so viele Freiheiten gestatten musste. »Rekonstruktionen sind immer problematisch«, stimmt er bereitwillig zu. »Sie glauben gar nicht, wie lange manchmal über Einzelheiten diskutiert wird, beispielsweise darüber, ob die Neandertaler Augenbrauen besaßen. Genauso war es auch bei den Figuren von Laetoli. Über Details ihres Äußeren können wir einfach nichts wissen, aber immerhin sind wir in der Lage, Größe und Körperhaltung wiederzugeben und über ihr mutmaßliches Aussehen einige vernünftige Überlegungen anzustellen. Wenn ich es noch einmal machen müsste, würde ich sie wahrscheinlich ein wenig affenähnlicher und weniger menschlich gestalten. Diese Geschöpfe waren keine Menschen. Es waren aufrecht gehende Affen.«

Bis vor sehr kurzer Zeit nahm man allgemein an, dass wir von Lucy und den Wesen von Laetoli abstammen, aber mittlerweile sind sich viele Fachleute in dieser Frage nicht mehr sicher. Manche körperlichen Merkmale (beispielsweise die Zähne) lassen zwar auf eine Verbindung zu uns schließen, andere anatomische Aspekte der Australopithecinen sind aber weniger eindeutig. Tattersall und Schwartz weisen in ihrem Buch *Extinct Humans* darauf hin, dass der obere Teil des menschlichen Oberschenkelknochens stark dem der Menschenaffen ähnelt, nicht aber dem der Australopithecinen; wenn Lucy also zu der unmittelbaren Abstammungslinie zwischen Menschenaffen und Jetztmenschen gehört, müssen unsere Vorfahren ungefähr eine Million Jahre lang den Oberschenkelknochen der Australopithecinen besessen haben, um dann, zu Beginn der nächsten Entwicklungsphase, zum Oberschenkelknochen der Menschenaffen zurückzukehren. Tattersall und Schwartz glauben sogar, dass Lucy nicht nur keine unmittelbare Vorfahrin der heutigen Menschen ist, sondern dass sie auch nicht einmal besonders gut aufrecht gehen konnte.

»Lucy und ihresgleichen bewegten sich nicht einmal entfernt so fort wie wir heute«, behauptet Tattersall.[30] »Diese Hominiden gingen nur dann auf zwei Beinen, wenn sie von einem baumbestandenen Lebensraum zu einem anderen wandern mussten und durch ihre eigene Anatomie dazu ›gezwungen‹ wurden.«[31] Johanson ist anderer Ansicht. »Lucys Hüften und die Muskelanordnung an ihrem Becken machten ihr das Klettern auf Bäume ebenso schwer wie einem modernen Menschen«, schrieb er.[32]

Noch unklarer wurde die Angelegenheit in den Jahren 2001 und 2002, als man vier außergewöhnliche neue Funde machte. Einen davon entdeckte Meave Leakey aus der berühmten Fossilsammlerfamilie am Turkana-See in Kenia und taufte ihn auf den Namen *Kenyanthropus platyops* (»kenianisches Flachgesicht«). Er stammt ungefähr aus der gleichen Zeit wie Lucy und lässt den Gedanken aufkommen, dass er unser Vorfahre war, während Lucy zu einem erfolglosen Seitenast der Evolution gehört.[33] Darüber hinaus fand man im Jahr 2001 noch *Ardipithecus ramidus kadabba*, der auf ein Alter von 5,2 bis 5,8 Millionen Jahre datiert wurde, und *Orrorin tugenensis*, mit vermutlich sechs Millionen Jahren der älteste Hominide, den man bis dahin entdeckt hatte[34] – aber diese Stellung behielt er nur kurze Zeit. Im Sommer 2002 fand eine französische Arbeitsgruppe in der Djurab-Wüste im Tschad – einem Gebiet, das nie zuvor Knochen von Frühmenschen freigegeben hatte – einen fast sieben Millionen Jahre alten Hominiden, den die Wissenschaftler als *Sahelanthropus tchadensis* bezeichneten.[35] (Manche Kritiker halten ihn allerdings nicht für einen Menschen, sondern für einen frühen Menschenaffen, den man deshalb lieber *Sahelpithecus* nennen sollte.[36]) Sie alle waren sehr frühe und recht einfach gebaute Formen, aber sie konnten aufrecht gehen, und das schon in viel älterer Zeit, als man bis dahin angenommen hatte.

Der aufrechte Gang ist eine anspruchsvolle, riskante Strategie. Er macht es notwendig, das Becken so umzugestalten, dass es das volle Körpergewicht tragen kann. Damit die erforderliche Stärke erhalten bleibt, muss der Geburtskanal vergleichsweise eng sein. Dies hat zwei bedeutsame unmittelbare Auswirkungen und eine längerfristige Folge. Erstens bedeutet es für jede Mutter starke Schmerzen bei der Entbindung und sowohl für die Mutter als auch für das Kind eine erheblich erhöhte Gefahr, dabei ums Leben zu kommen. Und damit der Kopf des Babys einen so engen Kanal passieren kann, muss das Gehirn bei der Geburt noch relativ klein sein, sodass das Kind völlig hilflos ist. Das wiederum erfordert eine langfristige Versorgung der Jungen, und die setzt eine feste Bindung zwischen Mann und Frau voraus.

Das alles ist schon problematisch, wenn man geistig der Herr der Welt ist; für einen kleinen, verletzlichen Australopithecinen, dessen Gehirn ungefähr so groß wie eine Orange war*, muss es ein gewaltiges Risiko bedeutet haben.[37]

Warum also stiegen Lucy und ihresgleichen von den Bäumen und verließen den Wald? Vermutlich hatten sie keine andere Wahl. Nachdem die Landenge von Panama sich aus dem Meer erhoben hatte, waren die Wasserströmungen vom Pazifik zum Atlantik unterbrochen, sodass warme Wassermassen vom Nordpolargebiet weggelenkt wurden. Dies führte in nördlichen Breiten zu einer strengen Eiszeit. In Afrika setzten trockene, kühle Jahreszeiten ein, und der Dschungel wurde allmählich zur Savanne. »Eigentlich war es gar nicht so, dass Lucy und ihresgleichen die Wälder verließen«, schreibt John Gribbin, »sondern sie wurden von den Wäldern verlassen.«[38]

Aber durch den Schritt in die offene Savanne machten sich die frühen Hominiden eindeutig noch leichter angreifbar. Ein aufrecht gehender Hominide konnte zwar besser sehen, aber auch besser gesehen werden. Selbst heute sind Menschen in der Wildnis fast lächerlich leicht zu verletzen. Fast jedes große Tier,

* Die absolute Gehirngröße besagt nicht alles, ja manchmal noch nicht einmal besonders viel. Elefanten und Wale haben ein größeres Gehirn als wir, und doch dürfte es uns leicht fallen, sie bei Vertragsverhandlungen über den Tisch zu ziehen. Von Bedeutung ist nur die relative Größe, eine Tatsache, die häufig übersehen wird. Nach Angaben von Gould hatte *A. africanus* mit nur 450 Kubikzentimetern ein kleineres Gehirn als ein Gorilla. Aber ein typisches Männchen von *africanus* wog noch nicht einmal 45 Kilo, und das Weibchen war noch viel kleiner; Gorillas dagegen bringen es leicht auf 270 Kilo und mehr.

dessen Namen wir uns merken können, ist stärker, schneller und mit größeren Zähnen ausgestattet als wir. Im Fall eines Angriffs hat der moderne Mensch nur zwei Vorteile. Wir besitzen ein gutes Gehirn, mit dem wir Strategien entwickeln können, und wir besitzen Hände, um harte Gegenstände zu werfen oder zu schwingen. Als einzige Lebewesen können wir aus der Distanz Schmerzen zufügen. Deshalb können wir es uns leisten, körperlich verletzlich zu sein.

Anscheinend waren alle Voraussetzungen für die schnelle Entwicklung eines leistungsfähigen Gehirns gegeben, und doch geschah dies offensichtlich nicht. Über mehr als drei Millionen Jahre hinweg veränderten Lucy und ihre Australopithecinen-Kollegen sich fast überhaupt nicht.[39] Ihr Gehirn zeigt keine Größenzunahme, und wir haben keine Anhaltspunkte, dass sie auch nur die einfachsten Werkzeuge benutzten. Noch seltsamer ist etwas anderes: Wie wir heute wissen, lebten sie rund eine Million Jahre lang neben anderen frühen Hominiden, die tatsächlich Werkzeuge verwendeten. Dennoch machten sich die Australopithecinen diese neue Technologie, von der sie umgeben waren, nie zu Nutze.[40]

Irgendwann in der Zeit vor drei bis zwei Millionen Jahren lebten in Afrika anscheinend bis zu sechs Hominidentypen nebeneinander. Aber nur einem war es beschieden, auf Dauer erhalten zu bleiben: der Gattung *Homo*, die vor etwa zwei Millionen Jahren erstmals zu Tage trat. Welche Verwandtschaftsbeziehung zwischen den Australopithecinen und *Homo* bestand, weiß niemand genau. Bekannt ist aber, dass sie über eine Million Jahre lang nebeneinander existierten, bevor alle Australopithecinen, robuste wie grazile Formen, vor etwa einer Million Jahren auf rätselhafte Weise und möglicherweise sehr plötzlich verschwanden. Warum sie aufhörten zu existieren, weiß niemand. »Vielleicht haben wir sie aufgefressen«, vermutet Matt Ridley.[41]

Nach der üblichen Vorstellung beginnt die Abstammungslinie von *Homo* mit *Homo habilis*, einem Geschöpf, über das wir fast nichts wissen, und an ihrem Ende stehen wir, der *Homo sapiens* (wörtlich »der vernunftbegabte Mensch«). Dazwischen gibt es je nachdem, welcher Meinung man sich anschließt, ein halbes Dutzend anderer Arten von *Homo*: *Homo ergaster, Homo neanderthalensis, Homo rudolfensis, Homo heidelbergensis, Homo erectus* und *Homo antecessor*.

Der *Homo habilis* (»geschickter Mensch«) erhielt seinen Namen 1964 von Louis Leakey und Kollegen, und zwar deshalb, weil er als erster Hominide Werkzeuge benutzte, wenn auch nur sehr einfache. Er war ein recht wenig entwickeltes Wesen und ähnelte mehr einem Schimpansen als einem Menschen, aber sein Gehirn war im Ganzen um rund 50 Prozent größer als das von Lucy und auch in Relation zur Körpergröße nicht viel kleiner, und damit wurde er zum Einstein seiner Zeit. Warum das Gehirn der Hominiden vor zwei Millionen Jahren plötzlich zu wachsen begann, wurde nie überzeugend erklärt. Lange Zeit nahm man an, das große Gehirn stehe in unmittelbarem Zusammenhang mit dem aufrechten Gang – demnach hätte der Umzug aus dem Wald in die Savanne anspruchsvolle neue Strategien notwendig gemacht, die das Gehirnwachstum erforderten oder daraus erwuchsen. Deshalb war es eine ziemliche Überraschung, als man nach der wiederholten Entdeckung aufrecht gehender Einfaltspinsel erkannte, dass zwischen beidem keine direkte Beziehung besteht.

»Wir kennen einfach keinen überzeugenden Grund, mit dem wir erklären könnten, warum das Gehirn der Menschen so groß wurde«, sagt Tattersall. Ein großes Gehirn stellt an den Organismus hohe Anforderungen: Es macht nur zwei Prozent der Körpermasse aus, verbraucht aber 20 Prozent der Energie.[42] Außerdem ist es, was seine Nährstoffe angeht, vergleichsweise wählerisch. Selbst wenn wir nie das geringste Stückchen Fett zu uns nähmen, würde unser Gehirn sich nicht beklagen, denn diese Substanz rührt es ohnehin nicht an. Stattdessen fordert es Traubenzucker (Glucose), und zwar eine Menge, selbst wenn andere Organe dadurch zu kurz kommen. Guy Brown schreibt: »Unser Organismus läuft ständig Gefahr, von einem gierigen Gehirn ausgeplündert zu werden, aber er kann es sich nicht leisten, das Gehirn hungern zu lassen, denn das würde sehr schnell zum Tode führen.«[43] Ein großes Gehirn braucht mehr Nahrung, und mehr Nahrung bedeutet höhere Risiken.

Nach Tattersalls Ansicht war die Entstehung des großen Gehirns vielleicht einfach ein Zufall der Evolution. Er ist der gleichen Meinung wie Stephen Jay Gould: Würde man das Tonband des Lebens noch einmal ablaufen lassen – selbst wenn man es nur ein relativ kurzes Stück bis zur Entstehung der Hominiden zurückspult –, wäre es »ganz unwahrscheinlich«, dass es heute moderne Menschen oder irgendetwas Ähnliches gäbe.

»Kaum einen anderen Gedanken können die Menschen so schlecht akzeptieren wie die Idee, dass wir nicht der Höhepunkt von irgendetwas sind«, sagt er. »Dass wir hier sind, hat nichts Zwangsläufiges. Dass wir glauben, die Evolution sei letztlich darauf programmiert, uns hervorzubringen, entspringt nur unserer menschlichen Eitelkeit. Selbst unter Anthropologen war diese Vorstellung bis in die siebziger Jahre des 20. Jahrhunderts verbreitet.« Noch 1991 vertrat C. Loring Brace in dem verbreiteten Lehrbuch *The Stages of Evolution* hartnäckig die Vorstellung von der linearen Entwicklung und räumte nur eine einzige Sackgasse der Evolution ein: die robusten Australopithecinen.[44] Alles andere war angeblich ein geradliniger Fortschritt – jede Hominidenspezies trug das Staffelholz der Entwicklung weiter und übergab es dann an einen jüngeren, frischeren Läufer. Heute dagegen gilt es als gesichert, dass viele dieser frühen Formen sich auf Seitenwege begeben hatten, die nirgendwohin führten.

Glück für uns: Ein Weg führte weiter – ihn beschritt eine Gruppe von Hominiden, die Werkzeuge benutzte, scheinbar aus dem Nichts auftauchte und sich zeitlich mit dem rätselhaften, umstrittenen *Homo habilis* überschnitt. Es war der *Homo erectus*, die Spezies, die Eugène Dubois 1891 in Java entdeckte. Je nachdem, welche Quelle man befragt, existierte sie von der Zeit vor 1,8 Millionen Jahren möglicherweise bis vor rund 20 000 Jahren.

Nach Ansicht der Autoren des Buches *Java Man* stellt *Homo erectus* die entscheidende Grenzlinie dar.[45] Alles, was ihm vorausging, war grundsätzlich affenähnlich, alles Spätere war menschlich. *Homo erectus* ging als Erster auf die Jagd, machte als Erster das Feuer nutzbar, konstruierte als Erster komplizierte

Werkzeuge, hinterließ als Erster Spuren seiner Lagerplätze und kümmerte sich als Erster um schwache und kranke Artgenossen. Im Vergleich zu allem, was es vorher gab, war *Homo erectus* in Körperbau und Verhalten sehr menschlich: mit langen, sehr kräftigen Gliedmaßen (die viel stärker waren als bei heutigen Menschen), und mit der Motivation und der Intelligenz, sich erfolgreich über riesige Gebiete zu verbreiten. Den anderen Hominiden muss *Homo erectus* entsetzlich stark, flink und geschickt erschienen sein.

»*Erectus* war der Velociraptor seiner Zeit«, so Alan Walker von der Pennsylvania State University, einer der weltweit führenden Fachleute. Würde man ihm in die Augen sehen, dürfte er oberflächlich wie ein Mensch wirken, aber »man würde keine Verbindung zu ihm herstellen, man wäre Beute«. Nach Walkers Angaben hatte *erectus* den Körper eines erwachsenen Menschen, aber das Gehirn eines Babys.

Dass es *erectus* gab, wusste man schon seit fast einem Jahrhundert, aber man kannte ihn nur aus vereinzelten Knochenbruchstücken, die nicht annähernd ausreichten, um ein vollständiges Skelett zusammenzusetzen. Erst in den achtziger Jahren des 20. Jahrhunderts führte dann eine außergewöhnliche Entdeckung in Afrika dazu, dass man seine Bedeutung – oder zumindest die mögliche Bedeutung – als Vorläufer der heutigen Menschen richtig einschätzen konnte. Das abgelegene Tal des Turkana-Sees (früher Rudolf-See) in Kenia ist heute weltweit eine der fruchtbarsten Stellen, wenn man Überreste von Frühmenschen finden will, aber sehr lange war niemand auf die Idee gekommen, dort zu suchen. Erst als Richard Leakey mit seinem Flugzeug vom Weg abkam und das Tal überflog, wurde ihm klar, dass es sich hier möglicherweise um ein vielversprechendes Gebiet handelte. Eine Arbeitsgruppe sollte die Gegend näher untersuchen, fand aber zunächst nichts. An einem Spätnachmittag jedoch entdeckte Kamoya Kimeu, Leakeys bekanntester Fossilsammler, auf einem Hügel in einiger Entfernung vom See ein kleines Stück von der Augenbrauenpartie eines Hominiden. Die Stelle sah nicht so aus, als könne sie gute Funde liefern, aber aus Respekt vor Kimeus Instinkt fingen seine Kollegen dennoch an zu graben, und zu ihrer Verblüffung fanden sie ein fast vollständiges Skelett eines *Homo erectus*. Es gehörte zu einem Jungen von neun bis zwölf Jahren, der vor 1,54 Millionen Jahren gestorben war.[46] Das Skelett hatte »einen ganz modernen Körperbau, wie es ihn zuvor nicht gab«, sagt Tattersall. Der Junge von Turkana »war eindeutig einer von uns«.[47]

Außerdem fand Kimeu am Turkana-See auch das weibliche Skelett KNM-ER 1808. Es war 1,7 Millionen Jahre alt und lieferte den Wissenschaftlern einen ersten Anhaltspunkt, dass *Homo erectus* interessanter und vielschichtiger war, als man bis dahin geglaubt hatte. Die Knochen der Frau waren verformt und von Auswüchsen bedeckt, die Folge einer schrecklichen Krankheit namens Hypervitaminose A, die nur dadurch entstehen kann, dass man die Leber eines Fleischfressers isst. Damit war zum allerersten Mal klar, dass *Homo erectus* Fleisch zu sich nahm. Noch überraschender war die Menge der Auswüchse: Sie zeigte, dass die Frau mehrere Wochen oder sogar Monate mit der Krankheit gelebt hatte. Irgendjemand hatte sie gepflegt.[48] Es war das erste Anzeichen für liebevolles Verhalten in der Evolution der Menschen.

Außerdem war am Schädel zu erkennen, dass das Gehirn von *Homo erectus* ein Broca-Zentrum enthielt (oder nach Ansicht mancher Fachleute enthalten haben könnte), einen Abschnitt im Vorderlappen des Gehirns, der für die Sprache zuständig ist. Schimpansen besitzen diesen Bereich nicht. Nach Ansicht von Alan Walker fehlte dem Rückenmarkskanal noch die Größe und Komplexität, die Sprache möglich gemacht hätte, sodass diese Kreaturen vermutlich nicht wesentlich besser kommunizieren konnten als die heutigen Schimpansen. Andere, insbesondere Richard Leakey, sind überzeugt davon, dass sie bereits sprachen.

Eine Zeit lang war *Homo erectus* anscheinend die einzige Hominidenart auf der Erde. Er war sehr abenteuerlustig und verbreitete sich offensichtlich mit geradezu atemberaubender Geschwindigkeit über den Globus.[49] Nimmt man die Fossilfunde für bare Münze, so muss man davon ausgehen, dass einige Angehörige der Spezies ungefähr zur gleichen Zeit in Java ankamen, als sie Afrika verließen, vielleicht sogar ein wenig früher. Dies veranlasste einige Wissenschaftler zu der Vermutung, die modernen Menschen seien vielleicht gar nicht in Afrika entstanden, sondern in Asien – was bemerkenswert oder eigentlich sogar ein Wunder wäre, da man außerhalb Afrikas nirgendwo potenzielle Vorläuferarten gefunden hat. In Asien müssten die Hominiden also ganz plötzlich aus dem Nichts aufgetaucht sein. Und ohnehin würde die Frage nach der Ausbreitung durch einen asiatischen Ursprung nur auf den Kopf gestellt: Man müsste dann erklären, wie die Menschen aus Java so schnell nach Afrika gelangen konnten.

Es gibt aber auch mehrere andere plausible Antworten auf die Frage, wie *Homo erectus* es schaffte, so schnell nach seinem ersten Auftreten von Afrika aus den asiatischen Kontinent zu erreichen. Zunächst einmal ist die Datierung der Überreste von Frühmenschen mit einer erheblichen Unsicherheit behaftet. Liegt das tatsächliche Alter der afrikanischen Knochen im Spektrum der Schätzungen am oberen Ende und das der Funde aus Java am unteren, hatten die Frühmenschen aus Afrika eine Menge Zeit, den Weg nach Asien zu finden. Außerdem ist es durchaus möglich, dass ältere *erectus*-Knochen in Afrika noch ihrer Entdeckung harren. Darüber hinaus könnte die Datierung aus Java auch völlig falsch sein.

Es gibt aber auch berechtigte Zweifel. Manche Fachleute halten die Funde vom Turkana-See überhaupt nicht für *Homo erectus*. Ihr Gegenargument entbehrte nicht einer gewissen Ironie: Die Skelette vom Turkana-See waren bewundernswert vollständig, alle anderen Fossilien von *erectus* dagegen sind nur wenig aufschlussreiche Bruchstücke. Wie Tattersall und Jeffrey Schwartz in *Extinct Humans* feststellen, lassen sich große Teile des Turkana-Skeletts »mit nichts vergleichen, was eng mit ihm verwandt wäre, weil man die vergleichbaren Teile einfach nicht kennt!«[50] Nach ihren Angaben ähneln die Skelette vom Turkana-See in nichts dem asiatischen *Homo erectus*, und man hätte sie niemals der gleichen Art zugeordnet, wenn sie nicht Zeitgenossen gewesen wären. Manche Fachleute bestehen deshalb darauf, die Funde vom Turkanasee (und andere aus der gleichen Zeit) als *Homo ergaster* zu bezeichnen. Nach Ansicht von Tattersall und Schwartz geht das nicht weit genug. Sie sind überzeugt, dass *ergaster* »oder ein recht naher Verwandter« sich von Afrika nach Asien verbreitete, sich dort zu *Homo erectus* weiterentwickelte und dann ausstarb.[51]

Eines aber ist sicher: Irgendwann vor über einer Million Jahren wanderten einige neuartige, vergleichsweise moderne, aufrecht gehende Lebewesen aus Afrika aus und verbreiteten sich kühn über große Teile der Erde. Das geschah vermutlich recht schnell – ihr Verbreitungsgebiet erweiterte sich im Durchschnitt um bis zu 40 Kilometer im Jahr, obwohl sie es mit Gebirgen, Flüssen, Wüsten und anderen geografischen Hindernissen zu tun hatten und obwohl sie sich an Unterschiede in Klima und Nahrungsangebot anpassen mussten. Ein besonderes Rätsel ist die Frage, wie sie am Westufer des Roten Meeres vorankommen konnten, einem Gebiet, das heute von berüchtigter Trockenheit ist und früher noch trockener war. Es ist eine seltsame Ironie des Schicksals: Gerade die Umweltbedingungen, die sie zum Verlassen Afrikas veranlassten, machten ihnen die Wanderung nur umso schwerer. Aber irgendwie gelang es ihnen, alle Schranken zu überwinden und in den Gebieten jenseits davon zu gedeihen.

Ich fürchte, an dieser Stelle endet die Einigkeit der Fachleute. Was in der Entwicklung der Menschen als Nächstes geschah, ist Thema einer langen, hitzigen Debatte, mit der wir uns im nächsten Kapitel befassen werden.

Zuvor sollten wir uns aber eines noch einmal ins Gedächtnis rufen: Alle diese Wendungen der Evolution, die in fünf Millionen Jahren von einem einfachen, einfältigen Australopithecinen zum modernen Jetzt-Menschen führten, brachten ein Lebewesen hervor, das in 98,4 Prozent seiner genetischen Information nicht vom modernen Schimpansen zu unterscheiden ist. Die Unterschiede zwischen einem Zebra und einem Pferd oder zwischen einem Delfin und einem Tümmler sind größer als die zwischen uns und den behaarten Geschöpfen, die von unseren Vorfahren überflügelt wurden, als diese sich anschickten, die Welt zu erobern.

29.
Der unermüdliche Affe

Irgendwann vor rund eineinhalb Millionen Jahren tat ein vergessenes Genie aus der Welt der Hominiden etwas Unerwartetes: Er (oder sehr wahrscheinlich sie) nahm einen Stein in die Hand und benutzte ihn dazu, einen anderen Stein sorgfältig in Form zu bringen. Das Ergebnis war ein einfacher, tropfenförmiger Faustkeil, das erste Produkt fortgeschrittener Technologie auf der Erde.

Allen sonstigen Werkzeugen war es so haushoch überlegen, dass andere schon bald dem Beispiel des Erfinders folgten und ebenfalls Faustkeile herstellten. Schließlich gab es offenbar ganze Gesellschaftsgruppen, die kaum noch etwas anderes taten. »Sie produzierten die Werkzeuge zu Tausenden«, sagt Ian Tattersall. »In Afrika kann man an manchen Stellen buchstäblich keinen Schritt tun, ohne auf sie zu treten. Das ist eigenartig, denn ihre Herstellung ist recht arbeitsaufwändig. Es ist, als hätte man sie aus purer Lust an der Sache produziert.«[1]

Von einem Regal in seinem sonnendurchfluteten Arbeitszimmer nimmt Tattersall einen riesigen Abguss und drückt ihn mir in die Hand. Er ist ungefähr einen halben Meter lang und an der breitesten Stelle etwa 20 Zentimeter breit. Die Form erinnert an eine Speerspitze, die allerdings so groß ist wie ein Pflasterstein. Da der Abguss aus Fiberglas besteht, wiegt er nur ein paar Dutzend Gramm, das Original jedoch, das in Tansania gefunden wurde, brachte mehr als elf Kilo auf die Waage. »Als Werkzeug war es völlig nutzlos«, erklärt Tattersall. »Um es richtig hochzuheben, waren zwei Personen erforderlich, und selbst dann wäre es äußerst anstrengend gewesen, irgendetwas damit zu erschlagen.«

»Wozu war es dann gut?«

Tattersall zuckt vielsagend mit den Schultern – offenbar hat er Spaß an dem Rätsel. »Keine Ahnung. Es muss irgendeine symbolische Bedeutung gehabt haben, aber worin sie bestand, können wir nur raten.«

Die Faustkeile wurden unter dem Namen Acheuléen-Werkzeuge bekannt; der Name erinnert an St. Acheul, einen Vorort der nordfranzösischen Stadt Amiens, wo im 19. Jahrhundert die ersten Stücke gefunden wurden. Sie stehen im Gegensatz zu den älteren, einfacheren Werkzeugen, die man nach ihrem ursprünglichen Fundort, der Olduvai-Schlucht in Tansania, als Oldowan bezeichnet. In älteren Lehrbüchern werden die Oldowan-Werkzeuge meist als stumpfe, abgerundete Steine von der Größe einer Hand dargestellt. Mittlerweile neigen die Paläoanthropologen aber zu der Annahme, dass in Wirklichkeit die Stücke, die von diesen größeren Steinen abgeschlagen wurden und die sich dann zum Schneiden eigneten, als Werkzeuge dienten.

Hier stehen wir vor einem Rätsel. Als die frühen Jetztmenschen, aus denen wir später hervorgingen, vor über 100 000 Jahren erstmals aus Afrika auswanderten, waren die Acheuléen-Werkzeuge die Technologie der Wahl. Außerdem liebten diese ersten Vertreter der Spezies *Homo sapiens* ihre Acheuléen-Produkte und transportierten sie über große Entfernungen. Manchmal nahmen sie sogar unbehauene Steine mit, um sie später zu Werkzeugen zu verarbeiten. Kurz gesagt, waren sie von ihrer Technologie begeistert. Aber während man Acheuléen-Werkzeuge in Afrika und Europa sowie in West- und Zentralasien an vielen Stellen gefunden hat, fehlen sie im Fernen Osten fast vollständig. Das ist äußerst rätselhaft.

In den vierziger Jahren des 20. Jahrhunderts zog Hallum Movius, ein Paläontologe der Harvard University, die so genannte Movius-Linie, eine Grenze zwischen Gebieten mit und ohne Acheuléen-Werkzeuge. Sie verläuft in südöstlicher Richtung quer durch Europa und den Nahen Osten bis in die Nähe des heutigen Kalkutta und nach Bangladesh. Jenseits der Movius-Linie, in ganz Südostasien und China, hat man nur die älteren, einfacheren Oldowan-Werkzeuge gefunden. Wir wissen folglich, dass der *Homo sapiens* weit über die Grenze hinauskam – warum also brachten die Menschen eine fortgeschrittene, von ihnen hoch geschätzte Steintechnologie bis an den Rand des Fernen Ostens, um sie dann aufzugeben?

»Diese Frage hat mich lange beunruhigt«, berichtet Alan Thorne von der Australian National University in Canberra. »Die ganze moderne Anthropologie gründete sich auf die Vorstellung, dass die Menschen in zwei Wellen aus Afrika ausgewandert sind – mit der ersten kam *Homo erectus*, der zum Javamenschen, Pekingmenschen und Ähnlichem wurde, und später folgte eine zweite Welle mit dem höher entwickelten *Homo sapiens*, der die erste Gruppe verdrängte. Aber wenn das stimmt, muss man annehmen, dass der *Homo sapiens* mit seiner modernen Technologie bis zu der Grenze vordrang und sie dann aus irgendeinem Grund aufgab. Das alles war, gelinde gesagt, sehr rätselhaft.«

Wie sich herausstellt, gab es noch eine Menge weiterer Rätsel, und einer der unverständlichsten Befunde überhaupt stammte aus Thornes eigener Weltregion, dem australischen Outback. Im Jahr 1968 erkundete der Geologe Jim Bowler einen seit langem ausgetrockneten See namens Mungo in einer ausgedörrten, einsamen Ecke im Westen des australischen Bundesstaates New South Wales. Plötzlich fiel sein Blick auf etwas Überraschendes. Aus einem halbmondförmigen Sandhaufen ragten einige Menschenknochen. Zu jener Zeit nahm man an, dass Menschen seit höchstens 8000 Jahren in Australien lebten, aber der Lake Mungo war schon seit 12 000 Jahren ausgetrocknet. Was hatten Menschen in einer so unwirtlichen Gegend zu suchen?

Die Antwort lieferte die Radiokarbondatierung: Der Mensch, zu dem die Knochen gehörten, lebte zu einer Zeit, als der Lake Mungo ein wesentlich angenehmeres Umfeld bot. Damals war er 20 Kilometer lang, voller Wasser und Fische, und gesäumt von hübschen Gehölzen aus Kasuarinengewächsen. Zum allgemeinen Erstaunen stellte sich heraus, dass die Knochen 23 000 Jahre alt waren. Andere, in der Nähe gefundene Skelettteile wurden auf ein Alter von bis zu 60 000 Jahren datiert. Dieses Ergebnis kam so unerwartet, dass es eigentlich völlig unmöglich erschien. Seit es auf der Erde die ersten Hominiden gab, war Australien immer eine Insel gewesen. Wenn Menschen dorthin gelangt waren, mussten sie über das Meer gekommen sein, und zwar in so großer Zahl, dass sie eine fortpflanzungsfähige Bevölkerung bildeten. Zuvor mussten sie mindestens 100 Kilometer offenes Meer überwinden, und dabei konnten sie nicht wissen, ob ihnen eine bequeme Landung bevorstand. Nachdem die Mungo-Menschen an Land gegangen waren, waren sie von der Nordküste Australiens – dem mutmaßlichen Ort ihrer Ankunft – über 3000 Kilometer weit ins Landesinnere gewandert. Deshalb geht ein Bericht in der angesehenen Fachzeitschrift *Proceedings of the National Academy of Sciences* davon aus, »dass die Menschen vermutlich nicht erst vor 60 000 Jahren, sondern schon beträchtlich früher eintrafen«.[2]

Die Frage, wie und warum sie nach Australien kamen, lässt sich derzeit nicht beantworten. Nach Auskunft der meisten Anthropologie-Lehrbücher gibt es keinerlei Hinweise, dass die Menschen vor 60 000 Jahren überhaupt schon sprechen konnten, und noch viel weniger waren sie demnach zu der gemeinsamen Anstrengung in der Lage, seetüchtige Schiffe zu bauen und einen isolierten Kontinent zu besiedeln.

»Was die Wanderungsbewegungen der Menschen vor Beginn der historischen Aufzeichnungen angeht, haben wir noch große Wissenslücken«, erklärt mir Alan Thorne, als ich ihn in Canberra aufsuche.[3] »Als die Anthropologen im 19. Jahrhundert zum ersten Mal nach Papua-Neuguinea kamen, stellten sie fest, dass die Menschen im Hochland des Landesinneren, in einem der unzugänglichsten Gebiete auf der ganzen Erde, Süßkartoffeln anbauten. Die Süßkartoffel ist in Südamerika zu Hause. Wie kam sie nach Papua-Neuguina? Wir wissen es nicht. Wir haben nicht die leiseste Ahnung. Eines aber ist sicher: Menschen ziehen mit beträchtlichem Selbstvertrauen schon viel länger durch die Welt, als man traditionell annimmt, und mit ziemlicher Sicherheit haben sie dabei nicht nur Informationen, sondern auch Gene ausgetauscht.«

Das Problem liegt wie immer in den Fossilfunden. »Nur wenige Regionen auf der Erde eignen sich auch nur entfernt dafür, dass Überreste von Menschen langfristig erhalten bleiben«, sagt Thorne, ein Mann mit scharfem Blick, einem weißen Ziegenbärtchen und angespanntem, aber freundlichem Wesen. »Gäbe es nicht ein paar produktive Gebiete wie Hadar oder die Olduvai-Schlucht in Ostafrika, wüssten wir beängstigend wenig. Aus dem ganzen indischen Subkontinent kennt man nur ein einziges Frühmenschenfossil, und das stammt aus der Zeit vor rund 300 000 Jahren. Zwischen dem Irak und Vietnam – das ist eine Entfernung von etwa 5000 Kilometern – hat man ganze zwei gefunden: das eine in Indien und einen Neandertaler in Usbekistan.« Er grinst. »Das ist nicht gerade viel Arbeitsmaterial. Man muss sich damit abfinden, dass es für menschliche Fossilien nur wenige produktive Gegenden gibt, beispielsweise das Große Rift-Tal in Afrika und den Lake Mungo hier in Australien. Dazwischen ist so gut wie nichts. Kein Wunder, dass die Paläontologen Mühe haben, Verbindungen zwischen den einzelnen Punkten herzustellen.«

Nach der herkömmlichen Theorie zur Erklärung der Wanderungsbewegungen – einer Theorie, die noch heute bei der Mehrheit der Fachleute anerkannt ist – verbreiteten sich die Menschen in zwei Wellen über Eurasien. Die erste vollzog *Homo erectus*, der Afrika bemerkenswert schnell verließ – praktisch sofort, nachdem die Spezies entstanden war – und begann vor fast 2 Millionen Jahren. Als diese Frühmenschen sich in verschiedenen Regionen niederließen, entwickelten sie sich allmählich zu verschiedenen Typen auseinander: Javamensch und Pekingmensch in Asien, *Homo heidelbergensis* und schließlich *Homo neanderthalensis* in Europa.

Dann, vor etwas mehr als 100 000 Jahren, entstand in den Ebenen Afrikas ein klügeres, schlanker gebautes Wesen: der Vorfahre aller heute lebenden Menschen, der sich dann in einer zweiten Welle immer weiter verbreitete. Wohin sie auch kamen, überall verdrängten diese Vertreter der neuen Spezies *Homo sapiens* der Theorie zufolge ihre schwerfälligeren, weniger geschickten Vorgänger. Wie das im Einzelnen geschah, war immer umstritten. Spuren gewalttätiger Auseinandersetzungen hat man nie gefunden, und deshalb gehen die meisten Experten davon aus, dass die neueren Hominiden ihren älteren Verwandten einfach als Konkurrenten überlegen waren – andere Faktoren könnten allerdings ebenfalls dazu beigetragen haben. »Vielleicht haben sie sich bei uns mit Pocken angesteckt«, vermutet Tattersall. »Man kann darüber nichts Genaues sagen. Nur eines ist sicher: Wir sind heute hier und sie nicht.«

Die ersten Jetztmenschen sind erstaunlich schwer fassbar. Seltsamerweise wissen wir über unsere eigene Spezies weniger als über die meisten anderen Abstammungslinien der Hominiden. Wie Tattersall feststellt, ist es wirklich eigenartig, »dass das letzte wichtige Ereignis in der Evolution der Menschen – die Entstehung unserer eigenen Spezies – vielleicht das Rätselhafteste von allen ist«.[4] Die Fachleute können sich nicht einmal darauf einigen, wann die echten Jetztmenschen in den Fossilfunden zum ersten Mal auftauchen. Viele Bücher verlegen ihren ersten Auftritt in die Zeit vor rund 120 000 Jahren – so alt sind Überreste, die man an der Mündung des Flusses Klasies in Südafrika gefunden hat. Manche Wissenschaftler mögen aber nicht anerkennen, dass es sich dabei um echte Jetztmenschen handelt. Tattersall und Schwartz erklären: »Ob sie alle oder auch nur ein Teil von ihnen tatsächlich unsere Spezies repräsentieren, bleibt noch abschließend zu klären.«[5]

Seinen ersten unumstrittenen Auftritt hat der *Homo sapiens* am östlichen Mittelmeer ungefähr im Gebiet des heutigen Israel, wo er vor rund 100 000 Jahren zum ersten Mal auf der Bildfläche erscheint – aber auch diese Funde werden (von Trinkaus und Shipman) als »eigenartig, schwierig zu klassifizieren und schlecht bekannt« bezeichnet.[6] Die Neandertaler hatten sich zu jener Zeit in der Region bereits fest angesiedelt und verfügten über ein Werkzeugarsenal, das als Mousterien bezeichnet wird und den Jetztmenschen anscheinend so gut gefiel, dass sie es übernahmen. In Nordafrika hat man keine Überreste von Neandertalern gefunden, auf ihre Werkzeuge stieß man jedoch überall.[7] Irgendjemand muss sie dorthin gebracht haben, und Jetztmenschen sind die Einzigen, die dafür in Frage kommen.

Man weiß auch, dass Neandertaler und Jetztmenschen mehrere 10 000 Jahre lang im Nahen Osten in irgendeiner Form nebeneinander lebten. »Ob sie zu verschiedenen Zeiten die gleichen Gebiete besiedelten oder tatsächlich unmittelbare Nachbarn waren, wissen wir nicht«, sagt Tattersall. In jedem Fall verwendeten die Jetztmenschen aber mit Vergnügen die Werkzeuge der Neandertaler – wohl kaum ein überzeugender Beleg für eine gewaltige Überlegenheit. Nicht weniger seltsam ist, dass man im Nahen Osten auch Acheuléen-Werkzeuge aus der Zeit vor über einer Million Jahre gefunden hat, während sie in Europa noch vor 300 000 Jahren so gut wie nicht existierten. Auch hier ist es ein Rätsel, warum Menschen ihre Werkzeuge nicht mitnahmen, obwohl sie über die Technologie verfügten.

Lange Zeit glaubte man, die Cromagnons, wie die europäischen Jetztmenschen genannt wurden, hätten die Neandertaler bei ihrem Vordringen über den Kontinent vor sich her getrieben und sie schließlich an seinen westlichen Rand abgedrängt, wo sie letztlich keine andere Wahl mehr hatten, als ins Meer zu fallen oder auszusterben. Heute weiß man aber, dass die Cromagnons ungefähr zur gleichen Zeit, als sie aus dem Osten kamen, auch bereits ganz im Westen Europas zu Hause waren. »Europa war damals ziemlich leer«, sagt Tattersall. »Trotz ihres Kommens und Gehens sind sie sich wahrscheinlich nicht allzu oft begegnet.« Ein seltsamer Aspekt an der Einwanderung der Cromagnons ist die Tatsache, dass sie zu einer Zeit stattfand, als sich in Europa nach einer Phase mit relativ mildem Klima wieder eine lange Kälteperiode breit machte.[8] Was sie auch nach Europa gezogen haben mag, das gute Wetter war es mit Sicherheit nicht.

Jedenfalls widerspricht die Vorstellung, die Neandertaler seien durch die Konkurrenz mit den neu eingewanderten Cromagnons zu Grunde gegangen, zumindest ein wenig den verfügbaren Indizien. Wenn die Neandertaler eine Fähigkeit besaßen, dann war es ihre Widerstandskraft. Über Zehntausende von Jahren hinweg lebten sie unter Bedingungen, die kein moderner Mensch außer ein paar Polarforschern und Entdeckern jemals erduldet hat. Auf dem Höhepunkt der Eiszeit waren Schneestürme mit Wind von Orkanstärke an der Tagesordnung.

Die Temperaturen sanken regelmäßig auf bis zu minus 40 Grad. Durch die schneebedeckten Täler im Süden Englands stapften Eisbären. Natürlich gingen auch die Neandertaler dem Schlimmsten aus dem Weg, aber sie erlebten mit Sicherheit Wetterbedingungen, die mindestens so unangenehm waren wie heute im sibirischen Winter. Auch sie litten darunter – ein Neandertaler, der nennenswert älter als 30 Jahre wurde, hatte großes Glück –, aber als Spezies waren sie äußerst widerstandsfähig und praktisch unausrottbar. Sie blieben mindestens 100 000 Jahre oder vielleicht auch doppelt so lange erhalten, und das in einem Gebiet von Gibraltar bis nach Usbekistan – ein wahrhaft großer Erfolg für jede Art von Lebewesen.[9]

Welche Eigenschaften sie im Einzelnen besaßen, ist bis heute ein wenig umstritten und nicht gesichert. Bis in die Mitte des 20. Jahrhunderts war man sich unter Anthropologen allgemein einig, die Neandertaler seien dümmliche Geschöpfe mit gebeugter Haltung, schlurfendem Gang und affenähnlichem Gesicht gewesen – der Inbegriff des Höhlenmenschen. Erst ein schmerzhafter Unfall führte dazu, dass die Wissenschaftler diese Vorstellung neu überdenken mussten. Im Jahr 1947 suchte der französisch-algerische Paläontologe Camille Arambourg bei Freilandarbeiten in der Sahara unter der Tragfläche seines kleinen Flugzeuges Schutz vor der sengenden Mittagssonne.[10] Während er dort saß, platzte durch die Hitze ein Reifen. Das Flugzeug kippte und versetzte ihm einen schmerzhaften Schlag am Oberkörper. Später, als er wieder in Paris war, ließ er seinen Hals röntgen und stellte bei der Betrachtung des Röntgenbildes fest, dass seine Wirbel genauso angeordnet waren wie die eines gebückten, schwerfälligen Neandertalers. Entweder war er, Arambourg, in seiner physiologischen Entwicklung zurückgeblieben, oder man hatte die Körperhaltung der Neandertaler falsch beschrieben. Natürlich traf die zweite Möglichkeit zu. Die Wirbel der Neandertaler waren alles andere als affenähnlich. Damit änderte sich unsere Vorstellung von diesen Hominiden völlig – allerdings, so scheint es, nicht überall.

Immer noch wird häufig behauptet, es habe den Neandertalern an der Intelligenz oder Motivation gefehlt, um auf gleicher

Ebene mit den schlanken, geistig beweglicheren Neuankömmlingen der Spezies *Homo sapiens* zu konkurrieren.[11] In einem Buch aus jüngerer Zeit findet sich folgende charakteristische Passage: »Die Jetztmenschen machten diesen Vorteil (den beträchtlich robusteren Körperbau der Neandertaler) durch bessere Kleidung, besseres Feuer und bessere Unterkünfte wett; gleichzeitig waren die Neandertaler durch einen überdimensionierten Körper behindert, zu dessen Erhaltung mehr Nahrung erforderlich war.«[12] Mit anderen Worten: Genau die Faktoren, die ihnen 100 000 Jahre lang das Überleben ermöglicht hatten, wurden nun angeblich auf einmal zu einem unüberwindlichen Hindernis.

Vor allem aber spricht fast nie jemand über die Tatsache, dass die Neandertaler ein erheblich größeres Gehirn hatten als die Jetztmenschen – es umfasste einer Berechnung zufolge 1,8 Liter, während wir uns mit 1,4 Litern zufrieden geben müssen.[13] Dieser Unterschied ist größer als der zwischen dem heutigen *Homo sapiens* und dem späten *Homo erectus*, einer Spezies, die wir sehr gern als kaum menschenähnlich betrachten. Häufig hört man das Argument, unser Gehirn sei zwar kleiner, aber aus irgendeinem Grund leistungsfähiger. Ich glaube, ich gehe recht in der Annahme, dass ein solches Argument an keiner anderen Stelle in der Evolution des Menschen vertreten wird.

Nun kann man natürlich fragen: Wenn die Neandertaler so robust, anpassungsfähig und geistig gut ausgestattet waren, warum gibt es sie dann heute nicht mehr? Eine mögliche (allerdings sehr umstrittene) Antwort lautet: Vielleicht sind sie noch da. Zu den führenden Vertretern einer Alternativtheorie, die als Multiregionalismus bezeichnet wird, gehört Alan Thorne. Nach seiner Überzeugung ist die Evolution des Menschen kontinuierlich verlaufen: Genau wie die Australopithecinen sich zu *Homo habilis* entwickelten und *Homo heidelbergensis* schließlich zu *Homo neanderthalensis* wurde, so entstand demnach auch der moderne *Homo sapiens* einfach aus älteren Formen von *Homo*. Nach dieser Vorstellung ist *Homo erectus* keine eigenständige Spezies, sondern nur eine Übergangsform. Die heutigen Chinesen stammen demnach von Vorfahren des Typs *Homo erectus* ab, die in China lebten, die heutigen Europäer gehen auf einen europäischen *Homo erectus* zurück, und so weiter. »Nur leider gibt es für mich keinen *Homo erectus*«, sagt Thorne. »Nach meiner Überzeugung hat dieser Begriff heute seine Berechtigung verloren. *Homo erectus* ist einfach ein früherer Teil von uns. Ich glaube, dass nur eine Art von Menschen jemals Afrika verlassen hat, und diese Art ist der *Homo sapiens*.«

Die Gegner des Multiregionalismus lehnen Thornes Theorie vor allem deshalb ab, weil sie in ungeheuer großem Umfang eine parallele Evolution von Hominiden in der gesamten Alten Welt voraussetzen würde – in Afrika, China, Europa, den abgelegensten Inseln Indonesiens, also überall, wo sie auftauchten. Manche Fachleute sind auch überzeugt, der Multiregionalismus leiste einer rassistischen Anschauung Vorschub, von der die Anthropologie sich ohnehin nur mit großer Mühe befreien konnte. Anfang der sechziger Jahre des 20. Jahrhunderts äußerte der berühmte Anthropologe Carleton Coon von der University of Pennsylvania die Vermutung, manche heutigen Menschenrassen könnten unterschiedlicher Herkunft sein, und damit sagte er unausgesprochen, dass manche Menschen anderen von ihrer Abstammung her überlegen sind. Das erinnerte auf unangenehme Weise an frühere Ansichten, wonach manche heutigen Rassen, beispielsweise die afrikanischen »Buschleute« (eigentlich die San in der Kalahari) und die australischen Aborigines primitiver seien als andere Menschen.

Unabhängig von Coons persönlichen Überzeugungen ergab sich daraus für viele Menschen die Schlussfolgerung, manche Rassen seien von ihrem Wesen her höher entwickelt, und verschiedene Menschengruppen könnten sogar unterschiedliche biologische Arten darstellen. Diese Ansicht, die uns heute instinktiv als Beleidigung erscheint, war an vielen angesehenen Orten noch bis vor recht kurzer Zeit beliebt. Vor mir liegt ein populärwissenschaftliches Buch mit dem Titel *The Epic of Man*, das der Verlag Time-Life Publications 1961 auf Grundlage einer Artikelserie in der Zeitschrift *Life* herausbrachte. Darin findet sich beispielsweise folgende Passage: »Der Rhodesienmensch... lebte noch vor 25 000 Jahren und dürfte ein Vorfahre der afrikanischen Neger sein. Sein Gehirn war fast so groß wie das des *Homo sapiens*.«[14] Mit anderen Worten: Die Afrikaner sind angeblich erst vor kurzem aus Lebewesen hervorgegangen, die »fast« ein *Homo sapiens* waren.

Thorne wendet sich leidenschaftlich (und nach meiner Überzeugung ehrlich) gegen die Vorstellung, seine Theorie sei auch nur im Mindesten rassistisch. Er erklärt die einheitliche Evolution des Menschen mit der Vermutung, es habe eine Fülle von Wanderungsbewegungen zwischen den verschiedenen Kulturen und Regionen gegeben. »Es besteht kein Grund zu der Annahme, die Menschen seien nur in einer Richtung gewandert«, sagt er. »Sie waren immer in Bewegung, und wo sie zusammentrafen, tauschten sie mit ziemlicher Sicherheit durch Paarung genetisches Material aus. Neuankömmlinge verdrängten die einheimische Bevölkerung nicht, sondern schlossen sich ihr an. Sie wurden zu Einheimischen.« Als Vergleich nennt er die Vorgänge, als Entdecker wie Cook oder Magellan zum ersten Mal die Bewohner abgelegener Gebiete entdeckten. »Da trafen keine unterschiedlichen biologischen Arten aufeinander, sondern Vertreter der gleichen Spezies mit einigen körperlichen Unterschieden.«

Thorne beharrt darauf, die Fossilfunde seien ein Beleg für einen bruchlosen, kontinuierlichen Übergang. »Es gibt einen berühmten Schädel aus Petralona in Griechenland. Er wurde auf ein Alter von rund 300 000 Jahren datiert, war aber bei den Vertretern der traditionellen Theorie immer Gegenstand von Auseinandersetzungen, denn er sieht in mancher Hinsicht wie *Homo erectus* aus, ist in anderen Aspekten aber eindeutig *Homo sapiens*. Nun ja, nach unserer Überzeugung würde man genau damit rechnen, wenn eine Art nicht verdrängt wurde, sondern sich weiterentwickelt hat.«

Zur Lösung der Frage würde es sicherlich beitragen, wenn man Belege für wechselseitige Kreuzung finden könnte, aber dass sie stattgefunden hat, lässt sich anhand von Fossilien nicht ohne weiteres beweisen oder widerlegen. Im Jahr 1999 fanden Archäologen in Portugal das Skelett eines ungefähr vierjährigen Kindes, das vor 24 500 Jahren gestorben war. Es war insgesamt das Skelett eines Jetztmenschen, zeigte aber bestimmte altertümliche Merkmale, die möglicherweise von Neandertalern stammten: ungewöhnlich stämmige Beinknochen, Zähne mit einem charakteristischen »Schaufelmuster« und möglicherweise (hier sind sich die Fachleute allerdings nicht einig) auf der Schädelrückseite die so genannte Fossa suprainiaca, eine Einkerbung, die man ausschließlich bei Neandertalern findet. Erik Trinkaus von der Washington University in St. Louis, ein führender Neandertaler-Experte, bezeichnete das Kind als Mischling und damit als Beweis, dass Jetztmenschen und Neandertaler sich gepaart haben. Andere bemängelten jedoch, dass die Merkmale von Neandertalern und Jetztmenschen nicht stärker vermischt waren. Ein Kritiker formulierte es so: »Wenn man ein Maultier ansieht, hat es nicht das Vorderende eines Esels und das Hinterende eines Pferdes.«[15]

Ian Tattersall erklärte, es handele sich schlicht um ein »untersetztes Jetztmenschenkind«. Er räumt zwar ein, es könne durchaus ein »Techtelmechtel« zwischen Neandertalern und Jetztmenschen gegeben haben, nach seiner Ansicht dürften daraus aber keine fortpflanzungsfähigen Nachkommen hervorgegangen sein.*

Nachdem die Fossilfunde hier nicht weiterhalfen, konzentrierte man sich zunehmend auf genetische Untersuchungen und insbesondere auf den Teil des Erbmaterials, der als Mitochondrien-DNA bezeichnet wird. Die Mitochondrien-DNA wurde erst 1964 entdeckt, aber schon Anfang der achtziger Jahre erkannten einige kluge Köpfe an der University of California in Berkeley, dass sie zwei Merkmale besitzt, die sie zu einer besonders nützlichen molekularen Uhr machen: Erstens wird sie ausschließlich in der weiblichen Linie weitervererbt, sodass sie sich

* Möglicherweise hatten Neandertaler und Cromagnons eine unterschiedliche Chromosomenzahl – diese Komplikation beobachtet man häufig, wenn zwei Arten nahe verwandt, aber nicht genau identisch sind. Pferde haben beispielsweise 64 Chromosomen, Esel aber nur 62. Durch Paarung der beiden Arten entstehen Nachkommen mit 63 Chromosomen, einer Zahl, die für die Fortpflanzung nutzlos ist. Oder anders ausgedrückt: Es entsteht ein unfruchtbares Maultier.

nicht in jeder neuen Generation mit der väterlichen DNA vermischt, und zweitens ereignen sich Mutationen in ihr ungefähr zwanzigmal so häufig wie in der DNA des Zellkerns, sodass man sie leichter nachweisen und ihre Vererbung über längere Zeit hinweg einfacher verfolgen kann. Durch Messung der Mutationshäufigkeit konnte man die genetische Vergangenheit und die Verwandtschaftsbeziehungen ganzer Menschengruppen aufklären.

Im Jahr 1987 analysierte die Arbeitsgruppe in Berkeley unter Leitung des mittlerweile verstorbenen Allan Wilson die Mitochondrien-DNA von 147 Personen und erklärte dann, die Entwicklung des anatomisch modernen Menschen habe innerhalb der letzten 140 000 Jahre in Afrika stattgefunden. Demnach, so Wilson, »stammen alle heutigen Menschen von dieser Population ab«.[16] Das war für den Multiregionalismus ein schwerer Schlag. Aber dann sah man sich die Befunde ein wenig genauer an.[17] Eine der ungewöhnlichsten Tatsachen – sie war so ungewöhnlich, dass man sie eigentlich nicht richtig einschätzen konnte – bestand darin, dass man für die Studie in Wirklichkeit Afroamerikaner herangezogen hatte, deren Gene in den letzten paar hundert Jahren aus nahe liegenden Gründen eine beträchtliche Vermischung erlebt hatten. Auch die angenommene Mutationsrate ließ schon bald ernste Zweifel aufkommen.

Bis 1992 war die Untersuchung im Wesentlichen in Misskredit geraten. Aber die Methoden der genetischen Analyse wurden weiter verfeinert, und 1997 gelang es Wissenschaftlern der Universität München, ein wenig DNA aus dem Armknochen eines Neandertalers zu gewinnen und zu analysieren. Dieses Mal hielten die Befunde der Kritik stand.[18] In der Münchner Untersuchung stellte sich heraus, dass die DNA der Neandertaler ganz anders aussah als jede DNA, die man heute auf der Erde findet – ein stichhaltiges Indiz, dass zwischen Neandertalern und Jetztmenschen keine genetische Verbindung besteht. Das war nun wirklich der Todesstoß für den Multiregionalismus.

Ende 2000 berichteten dann das Fachblatt *Nature* und andere Zeitschriften über eine schwedische Studie an der Mitochondrien-DNA von 53 Personen. Ihr Ergebnis legte die Vermutung nahe, dass alle heutigen Menschen innerhalb der letzten 100 000 Jahre aus Afrika gekommen sind und von einem Bestand aus nicht mehr als 10 000 Personen abstammen.[19] Wenig später verkündete Eric Lander, der Direktor des Whitehead Institute/Massachusetts Institute of Technology Center for Genome Research, die modernen Europäer und vielleicht auch andere Gruppen seien die Nachkommen von »nicht mehr als einigen hundert Afrikanern, die ihre Heimat erst vor 25 000 Jahren verließen«.

Wie an anderer Stelle in diesem Buch bereits erwähnt wurde, ist bei den heutigen Menschen erstaunlich wenig genetische Variabilität zu erkennen – »in einer sozialen Gruppe von 55 Schimpansen gibt es mehr Vielfalt als in der gesamten menschlichen Bevölkerung«, meinte ein Experte dazu.[20] Landers Befund wäre die Erklärung. Da wir alle erst in recht junger Vergangenheit aus einer kleinen Gründerpopulation entstanden sind, reichte weder die Zeit noch die Zahl der Menschen aus, damit eine große genetische Vielfalt entstehen konnte. Das war offensichtlich ein weiteres stichhaltiges Argument gegen den Multiregionalismus. »Seither macht man sich um die Theorie des Multiregionalismus eigentlich keine großen Gedanken mehr, denn es gibt dafür kaum Belege«, erklärte ein Wissenschaftler von der Pennsylvania State University in der *Washington Post.*

Bei alledem wurde aber übersehen, welche fast unbegrenzten Überraschungen das vorzeitliche Volk von Mungo im Westen des australischen Bundesstaates New South Wales noch in petto hatte. Anfang 2001 berichteten Thorne und seine Kollegen von der Australian National University, sie hätten DNA aus dem ältesten – mittlerweile auf 62 000 Jahre datierten – Fund vom Lake Mungo gewonnen, und diese DNA habe sich als »genetisch anders« erwiesen.[21]

Den neuen Befunden zufolge war der Mungo-Mensch anatomisch modern gebaut wie du und ich, trug aber eine ausgestorbene genetische Abstammungslinie in sich. Seine Mitochondrien-DNA kommt bei den heutigen Menschen nicht mehr vor; man müsste sie aber finden, wenn er wie alle anderen Jetztmenschen von der Gruppe abstammte, die in relativ junger Vergangenheit aus Afrika auswanderte.

»Damit war wieder alles auf den Kopf gestellt«, sagt Thorne mit unverhohlener Freude.

Dann kamen noch seltsamere Anomalien ans Tageslicht. Als die Populationsgenetikerin Rosalind Harding vom Institute of Biological Anthropology in Oxford sich mit den Beta-Globin-Genen heutiger Menschen beschäftigte, fand sie zwei Varianten, die bei Asiaten und den australischen Ureinwohnern häufig vorkommen, in Afrika aber kaum existieren. Sie ist sicher, dass diese abweichenden Gene nicht in Afrika, sondern in Ostasien entstanden sind, und zwar vor über 200 000 Jahren, lange bevor der moderne *Homo sapiens* in diese Region kam. Sie lassen sich nur mit der Annahme erklären, dass unter den Vorfahren der heutigen Bewohner Asiens auch archaische Hominiden waren – Javamenschen und Ähnliche. Interessanterweise taucht dieselbe Genvariante – gewissermaßen ein Javamensch-Gen – auch in der heutigen Bevölkerung der britischen Grafschaft Oxfordshire auf.

Völlig verwirrt fuhr ich zu Harding. Ihr Institut ist in einer alten Backsteinvilla an der Banbury Road in Oxford untergebracht, mehr oder weniger in dem gleichen Stadtviertel, in dem auch Bill Clinton als Student wohnte. Harding ist eine kleine, lebhafte Australierin – sie stammt aus Brisbane – und hat die seltene Fähigkeit, gleichzeitig lustig und ernst zu sein.

»Ich weiß nicht«, sagt sie plötzlich und grinst, als ich von ihr wissen will, wie Menschen in Oxfordshire diese Beta-Globin-Sequenzen besitzen können, die es dort eigentlich gar nicht geben sollte. Dann wird sie nüchterner: »Im Großen und Ganzen sprechen die genetischen Befunde für die Hypothese vom afrikanischen Ursprung. Aber dann findet man diese anormalen Häufungen, von denen die meisten Genetiker lieber nicht reden. Uns stünde eine gewaltige Menge von Kenntnissen zur Verfügung, wenn wir sie nur verstehen würden, aber dazu sind wir bisher nicht in der Lage. Wir stehen noch ganz am Anfang.«[22] Auch durch beharrliches Nachfragen lässt sich keine Aussage darüber entlocken, was die Entdeckung der asiatischen Gene in Oxfordshire bedeuten könnte, außer dass die Sache eindeutig sehr kompliziert ist. »Derzeit können wir nur sagen: Alles ist ein großes Durcheinander, und wir wissen eigentlich nicht, warum.«

Zur Zeit unseres Gespräches, Anfang 2002, hat Bryan Sykes, ein anderer Wissenschaftler aus Oxford, gerade ein populärwissenschaftliches Buch mit dem Titel *Die sieben Töchter Evas* herausgebracht. Darin kann er mit Untersuchungen der Mitochondrien-DNA die Abstammung nahezu aller heutigen Europäer auf eine Gründerpopulation von nur sieben Frauen zurückführen, die Töchter Evas aus dem Buchtitel, die vor 10 000 bis 45 000 Jahren lebten – diese Zeit wird in der Wissenschaft als Paläolithikum bezeichnet. Sykes gibt jeder dieser Frauen einen Namen – Ursula, Xenia, Jasmine und so weiter – und stattet sie sogar mit einer genauen Lebensgeschichte aus. (»Ursula war das zweite Kind ihrer Mutter. Das erste hatte ein Leopard geholt, als es erst zwei war...«)

Als ich Harding auf das Buch anspreche, lächelt sie breit, aber auch mit einer gewissen Vorsicht, als sei sie sich nicht ganz sicher, wie weit sie mit ihrer Antwort gehen kann. »Nun, ich denke, man muss ihm ein gewisses Verdienst zuschreiben, dass er ein so schwieriges Thema leicht verständlich dargestellt hat«, sagt sie und macht eine nachdenkliche Pause. »Und immerhin bleibt die entfernte Möglichkeit, dass er Recht hat.« Sie lacht und fährt dann lebhafter fort: »Befunde an einem einzigen Gen liefern niemals definitive Aufschlüsse. Wenn man die Mitochondrien-DNA in die Vergangenheit verfolgt, gelangt man immer an einen bestimmten Punkt – zu einer Ursula oder Tara oder was auch immer. Aber wenn man irgendein anderes Stück der DNA nimmt, irgendein beliebiges Gen, und das zurückverfolgt, kommt man an einer ganz anderen Stelle heraus.«

Ich begreife: Es ist ein wenig so, als ob man London zufällig auf einer bestimmten Straße verlässt, und wenn man schließlich feststellt, dass sie in John O'Groats endet, schließt man daraus, dass alle Bewohner Londons aus dem Norden Schottlands stammen müssen. Natürlich *könnten* sie von dort gekommen sein, aber ebenso können sie auch aus vielen hundert anderen Orten stammen. So betrachtet, ist jedes Gen nach Hardings Überzeugung eine andere Landstraße, und wir haben gerade erst damit begonnen, ihren Verlauf zu kartieren. »Kein einzelnes Gen wird uns jemals die ganze Geschichte erzählen«, sagt sie.

Demnach kann man sich auf genetische Untersuchungen also nicht verlassen?

»Ach, allgemein betrachtet kann man sich auf die Untersuchungen sehr wohl verlassen. Nur die umfassenden Schlussfolgerungen, die oft daran geknüpft werden, sind fragwürdig.«

Sie hält die Out-of-Africa-Hypothese »vermutlich zu 95 Prozent für richtig«, aber sie fügt hinzu: »Ich glaube, beide Seiten haben der Wissenschaft einen Bärendienst erwiesen, indem sie darauf beharrten, es könne nur das eine oder das andere sein. Wahrscheinlich wird sich herausstellen, dass die Sache nicht so einfach ist, wie das eine oder andere Lager es gern hätte. Die Befunde legen nach und nach immer stärker den Verdacht nahe, dass es in verschiedenen Gebieten der Erde mehrere Wanderungs- und Ausbreitungsbewegungen gab, die in alle möglichen Richtungen verliefen und zu einer gründlichen Durchmischung des Genbestandes geführt haben. So etwas im Einzelnen aufzuklären, ist niemals einfach.«

Gerade derzeit stellen auch mehrere Berichte die Zuverlässigkeit von Behauptungen in Frage, welche die Wiedergewinnung sehr alter DNA betreffen. In dem Fachblatt *Nature* schilderte ein Wissenschaftler, wie ein Paläontologe auf die Frage eines Kollegen, ob ein alter Schädel lackiert sei, oben an dem Fundstück leckte und dann erklärte, dies sei der Fall.[23] »Dabei wurden mit Sicherheit große Mengen moderner menschlicher DNA auf den Schädel übertragen, sodass er für weitere Untersuchungen nutzlos war«, heißt es in dem *Nature*-Artikel. Ich spreche Harding darauf an. »Ach, der war sicher schon vorher kontaminiert«, erwidert sie. »Ein Knochen wird schon verunreinigt, wenn man ihn nur in die Hand nimmt. Er wird verunreinigt, wenn man ihn anhaucht. Meist wird er auch durch das Wasser in unseren Labors verunreinigt. Wir alle schwimmen in fremder DNA. Wenn man ein zuverlässig sauberes Fundstück haben will, muss man es unter keimfreien Bedingungen ausgraben und die Untersuchungen an Ort und Stelle vornehmen. Einen Fund nicht zu verunreinigen, ist das Schwierigste, was es überhaupt gibt.«

Demnach soll man solchen Behauptungen also mit Zweifeln begegnen?

Harding nickt feierlich. »Mit großen Zweifeln«, erwidert sie.

Wenn man auf den ersten Blick verstehen will, warum wir so wenig über den Ursprung des Menschen wissen, kann ich den richtigen Ort dafür nennen. Er liegt knapp hinter dem Rand der blauen Ngong-Berge in Kenia, südwestlich von Nairobi. Verlässt man die Stadt auf der Hauptstraße in Richtung Uganda, wird man irgendwann durch einen prachtvollen Anblick verblüfft: Das Gelände fällt steil ab, und man hat wie ein Gleitflieger die Aussicht auf endlose, blassgrüne afrikanische Ebenen.

Das ist das Große Rift-Tal, das sich über fast 5000 Kilometer hinweg durch Ostafrika windet. Es kennzeichnet den tektonischen Riss, der Afrika von Asien trennt. Hier, etwa 70 Kilometer von Nairobi entfernt, befindet sich auf dem glühend heißen Talboden eine Fundstätte namens Olorgesailie.[24] In ihrer Nachbarschaft befand sich früher ein großer, angenehmer See. Im Jahr 1919, lange nachdem das Gewässer verschwunden war, suchte der Geologe J. W. Gregory in dem Gebiet nach Mineralvorkommen, und dabei stieß er auf ein Stück offenes Gelände, das mit ungewöhnlich dunklen, eindeutig von Menschenhand geformten Steinen übersät war. Er hatte eine der großen Produktionsstätten von Acheuléen-Werkzeugen gefunden, von denen Ian Tattersall mir erzählt hatte.

Im Herbst 2002 bot sich für mich die unerwartete Gelegenheit, diesen außergewöhnlichen Ort zu besichtigen. Eigentlich war ich aus einem ganz anderen Grund in Kenia – ich besuchte einige Projekte, die von der humanitären Einrichtung CARE International betreut wurden –, aber meine Gastgeber, die von meiner Arbeit an dem vorliegenden Buch und meinem Interesse an der Entstehung des Menschen wussten, hatten in dem Zeitplan noch einen Besuch in Olorgesailie untergebracht.

Nachdem Gregory die Stelle entdeckt hatte, blieb sie rund 20 Jahre lang ungestört. Erst dann begann das berühmte Forscherehepaar Louis und Mary Leakey mit Ausgrabungen, die bis heute nicht beendet sind. Nach den Feststellungen der

Leakeys handelte es sich um ein Gebiet von etwa vier Hektar, in dem ungefähr eine Million Jahre lang, von der Zeit vor 1,2 Millionen bis 200 000 Jahren, unzählige Werkzeuge hergestellt wurden. Heute sind die Erdschichten mit den Werkzeugen durch lange Blechdächer vor den schlimmsten Angriffen der Elemente geschützt, und Maschendraht hält Souvenirsammler fern, aber ansonsten liegen die Werkzeuge noch genau da, wo ihre Hersteller sie fallen ließen und wo sie von den Leakeys gefunden wurden.

Jillani Ngalli, ein aufgeweckter junger Mitarbeiter des kenianischen Nationalmuseums, der hier als Fremdenführer abgestellt ist, erklärt mir, das Quarz- und Obsidiangestein der Faustkeile komme auf dem Talboden eigentlich nicht vor. »Sie mussten die Steine von dort herantransportieren«, sagt er und macht eine Kopfbewegung in Richtung zweier Berge, die in einiger Entfernung in entgegengesetzten Richtungen im Dunst liegen: Olorgesailie und Ol Esakut. Beide sind etwa zehn Kilometer entfernt – ein langer Weg, wenn man einen Arm voller Steine tragen muss.

Warum die Frühmenschen von Olorgesailie sich so viel Mühe machten, können wir natürlich nur vermuten. Sie trugen nicht nur schwere Steine über beträchtliche Entfernungen zum Seeufer, sondern – und das ist vielleicht noch bemerkenswerter – sie organisierten dann auch ihre Produktionsstätte. Wie sich bei den Ausgrabungen des Ehepaars Leakey herausstellte, wurden an manchen Stellen Faustkeile in Form gebracht, an anderen wurden stumpfe Keile neu geschärft. Olorgesailie war, kurz gesagt, eine Art Fabrik, die eine Million Jahre lang in Betrieb war.

Man hat mehrfach versucht, Faustkeile nachzumachen, und dabei stellte sich heraus, dass ihre Herstellung ein schwieriger, arbeitsaufwändiger Vorgang war – selbst mit viel Übung dauert es Stunden, bis ein Keil die richtige Form hat. Dennoch eigneten sich diese Werkzeuge seltsamerweise nicht besonders gut zum Schneiden, Zerteilen, Schaben oder für eine der anderen Aufgaben, für die man sie vermutlich verwendete. Es bleibt also eine eigenartige Erkenntnis: eine Million Jahre lang – weit länger, als unsere eigene Spezies bisher existiert, ganz zu schweigen von kontinuierlicher, gemeinsamer Arbeit – kamen die Frühmenschen in beträchtlicher Zahl ausgerechnet an diesen Ort und stellten eine ungeheure Zahl von Werkzeugen her, die anscheinend relativ nutzlos waren.

Und wer waren diese Menschen? Eigentlich haben wir keine Ahnung. Wir vermuten, dass es sich um *Homo erectus* handelte, weil wir keine anderen Kandidaten kennen, aber das würde bedeuten, dass die Arbeiter von Olorgesailie auf dem Höhepunkt – ja, dem *Höhepunkt* – ihrer Entwicklung ein Gehirn mit den Fähigkeiten eines heutigen Säuglings besessen hätten. Handfeste Belege, auf die man eine solche Schlussfolgerung stützen könnte, gibt es aber nicht. Obwohl man bereits seit mehr als 60 Jahren sucht, hat man bisher in Olorgesailie oder in seiner Nachbarschaft keinen einzigen Menschenknochen gefunden. So viel Zeit sie hier offensichtlich auch mit der Bearbeitung von Steinen verbrachten, zum Sterben gingen sie offensichtlich woanders hin.

»Das alles ist ein Rätsel«, sagt Jillani Ngalli und strahlt über das ganze Gesicht.

Die Menschen von Olorgesailie verschwanden vor rund 200 000 Jahren von der Bildfläche. Damals trocknete der See aus, und das Rift-Tal wurde zu der heißen, unwirtlichen Region, die wir heute kennen. Aber zu jener Zeit waren ihre Tage als Spezies ohnehin bereits gezählt. Die Welt sollte ihren ersten wahren Herrscher bekommen: den *Homo sapiens*. Von nun an wurde alles anders.

30.
Auf Wiedersehen

Anfang der achtziger Jahre des 17. Jahrhunderts, ungefähr zur gleichen Zeit, als die Freunde Edmond Halley, Christopher Wren und Robert Hooke sich in einem Londoner Kaffeehaus zusammensetzten und jene zwanglose Wette abschlossen, die schließlich zu Newtons *Principia*, Henry Cavendishs Berechnung der Erdmasse und vielen anderen geistreichen, lobenswerten Unternehmen führte, die uns auf den letzten 590 Seiten beschäftigt haben, war weit draußen im Indischen Ozean, auf der Insel Mauritius, ein anderer, weit weniger angenehmer Meilenstein erreicht.

Dort hetzte ein vergessener Seemann oder sein Hund den letzten Dodo zu Tode, jenen berühmten flugunfähigen Vogel, der mit seinem einfältigen, aber zutraulichen Wesen und kurzen, schwerfälligen Beinen ein unwiderstehliches Ziel für gelangweilte Matrosen auf Landurlaub war. Nach Jahrmillionen der friedlichen Abgeschiedenheit war er auf die launischen, höchst zudringlichen Menschen einfach nicht vorbereitet.

Wir wissen weder, welche Umstände sich im Einzelnen mit den letzten Augenblicken des letzten Dodo verbinden, noch kennen wir auch nur das Jahr. Deshalb ist auch nicht klar, ob die Welt zuerst die *Principia* gewann oder den Dodo verlor, aber eines wissen wir: Beides ereignete sich mehr oder weniger zur gleichen Zeit. Nach meiner Überzeugung müsste man lange suchen, um zwei Vorfälle zu finden, an denen die göttlich-teuflische Doppelnatur des Menschen besser deutlich wird – einer Spezies, die einerseits die tiefsten Geheimnisse des Universums aufklären kann und andererseits ohne jeden Sinn und Verstand ein Lebewesen ausrottet, das uns nie den geringsten Schaden zugefügt hat und nicht einmal entfernt begreifen konnte, warum wir es taten. Tatsächlich waren die Dodos den Berichten zufolge so unglaublich schwer von Begriff, dass man alle Vögel in einem Gebiet finden konnte, indem man einen fing und zum Schnattern brachte: Dann watschelten sofort alle anderen herbei und wollten nachsehen, was los war.

Aber selbst damit war die Schmach des armen Dodo noch nicht ganz zu Ende. Im Jahr 1755, rund 70 Jahre nach dem Tod des letzten Exemplars, gelangte der Direktor des Ashmolean Museum in Oxford zu dem Schluss, der ausgestopfte Dodo des Museums sei unzumutbar stark verstaubt. Er ordnete an, das Ausstellungsstück zu verbrennen. Das war eine überraschende Entscheidung, handelte es sich damals doch um den einzigen Dodo, der in ausgestopfter oder sonstiger Form überhaupt noch vorhanden war. Ein entgeisterter Angestellter, der zufällig in der Nähe war, versuchte den Vogel zu retten, konnte aber nur noch den Kopf und einen Teil eines Beins in Sicherheit bringen.

Wegen dieses und anderer Fälle, in denen der gesunde Menschenverstand versagte, kennen wir das Aussehen des Dodo heute nicht mehr genau. Wir besitzen weit weniger Informationen, als man meist annimmt – eine Hand voll grobe Beschreibungen durch »wissenschaftlich nicht gebildete Reisende, drei oder vier Ölgemälde und ein paar vereinzelte Knochenbruchstücke«; so beschrieb es mit einer gewissen Trauer der Naturforscher H. E. Strickland im 19. Jahrhundert.[1] Wie Strickland wehmütig feststellte, besitzen wir von manchen vorzeitlichen Meeresungeheuern und schwerfälligen Sauropoden mehr handfeste Spuren als von einem Vogel, der noch in der Neuzeit existierte und nur eines gebraucht hätte, um zu überleben: unsere Abwesenheit.

Über den Dodo wissen wir nur so viel: Er lebte auf Mauritius und war von gedrungener Gestalt. Sein Fleisch schmeckte nicht, und er war der größte Vertreter aller Zeiten aus der Familie der Tauben – um wie viel er andere Arten dieser Gruppe übertraf, ist allerdings nicht bekannt, da sein Gewicht nie genau ermittelt wurde. Hochrechnungen auf Grundlage der von

Strickland erwähnten »Knochenbruchstücke« und der bescheidenen Überreste aus dem Ashmolean Museum lassen darauf schließen, dass der Dodo knapp 80 Zentimeter hoch war und auch von der Schnabelspitze bis zum Schwanz etwa diese Länge hatte. Da er nicht fliegen konnte, baute er sein Nest auf dem Erdboden, sodass Eier und Junge zu einer tragisch leichten Beute für Schweine, Hunde und Affen wurden, die mit den Menschen auf die Insel gelangten. Vermutlich war er schon 1683, mit ziemlicher Sicherheit aber 1693 ausgestorben. Darüber hinaus ist fast nichts bekannt, außer dass wir seinesgleichen natürlich nie wieder sehen werden. Wir wissen nichts über Fortpflanzungs- und Ernährungsgewohnheiten, nichts über sein Verbreitungsgebiet, nichts über die Laute, die er im ruhigen Zustand oder bei Gefahr von sich gab. Außerdem besitzen wir kein einziges Dodo-Ei.

Unsere Bekanntschaft mit lebenden Dodos dauerte von Anfang bis Ende nur 70 Jahre. Eine atemberaubend klägliche Zeit – wobei man allerdings sagen muss, dass wir in jener Phase unserer Geschichte bereits jahrtausendelange Übung mit der endgültigen Ausrottung von Tieren hatten. Wie zerstörerisch die Menschen insgesamt sind, weiß niemand, aber eines ist klar: Wohin wir in den letzten rund 50 000 Jahren auch kamen, verschwanden dort Tiere, und das oftmals in erstaunlich großer Zahl.

In Amerika verschwanden 30 Großtiergattungen – und manche davon wirklich groß – praktisch auf einen Schlag, nachdem Jetztmenschen in der Zeit vor 10 000 bis 20 000 Jahren den Kontinent besiedelt hatten. Insgesamt gingen in Nord- und Südamerika etwa drei Viertel der Großtiere verloren, nachdem jagende Menschen mit ihren Flintsteinspeerspitzen und ihrer überlegenen Organisationsfähigkeit eingewandert waren. In Europa und Asien, wo die Tiere in ihrer Evolution mehr Zeit gehabt hatten, ein gesundes Misstrauen gegenüber den Menschen zu entwickeln, verschwanden zwischen 30 und 50 Prozent der großen Tiere. In Australien waren es aus genau dem umgekehrten Grund nicht weniger als 95 Prozent.[2]

Da die ersten Bevölkerungsgruppen der Jäger relativ klein

und die Tierbestände wahrhaft riesig waren – allein in Nordsibirien liegen Vermutungen zufolge bis zu zehn Millionen gefrorene Mammutkadaver –, sind manche Fachleute der Ansicht, es müsse auch andere Erklärungen geben, die möglicherweise mit Klimaveränderungen oder einer Art Krankheitsepidemie zu tun haben. Ross MacPhee vom American Museum of Natural History formuliert es so: »Es hat keinen greifbaren Nutzen, wenn man gefährliche Tiere häufiger jagt, als es unbedingt nötig ist – man kann nur eine begrenzte Zahl von Mammutsteaks essen.«[3] Andere glauben, es sei möglicherweise geradezu kriminell einfach gewesen, Beutetiere zu fangen und zu erschlagen. »In Australien und Amerika wussten die Tiere vermutlich nicht, dass sie weglaufen mussten«, sagt Tim Flannery.

Manche ausgerotteten Tiere waren höchst eindrucksvoll, und wenn es sie noch gäbe, müsste man sie ein wenig im Zaum halten. Stellen wir uns nur Faultiere vor, die uns im ersten Stockwerk ins Fenster blicken könnten, Schildkröten von der Größe eines Kleinwagens oder sechs Meter lange Echsen, die neben westaustralischen Autobahnen in der Wüste ein Sonnenbad nehmen. Aber leider gibt es sie nicht mehr, und wir leben auf einem stark verarmten Planeten. Heute haben auf der ganzen Welt nur vier Gruppen wirklich großer Landtiere mit einer Tonne Gewicht oder mehr überlebt: Elefanten, Nashörner, Flusspferde und Giraffen.[4] So ärmlich und zahm war das Leben auf der Erde seit Zigmillionen Jahren nicht.

Damit stellt sich die Frage, ob das Verschwinden von Tieren in der Steinzeit und in jüngeren Zeiten zu einem einzigen großen Aussterbe-Ereignis gehört – ob Menschen, kurz gesagt, für andere Lebewesen grundsätzlich etwas Schlechtes sind. Traurig, aber wahr: Vermutlich ist es so. Nach Ansicht des Paläontologen David Raup von der Universität Chicago lag die Durchschnittsgeschwindigkeit des Aussterbens auf der Erde während der gesamten Geschichte des Lebendigen bei ungefähr einer Spezies in vier Jahren. Nach Berechnungen aus jüngster Zeit dürfte das von Menschen verursachte Aussterben bis zum 120 000-fachen dieses Umfanges reichen.[5]

Mitte der neunziger Jahre des 20. Jahrhunderts wunderte sich der australische Naturforscher Tim Flannery, der heute das South Australian Museum in Adelaide leitet, dass wir offensichtlich über viele Aussterbe-Ereignisse – auch solche aus relativ junger Zeit – so wenig wissen. »Wohin man auch blickte, überall gab es in den Berichten große Lücken – es fehlten einzelne Angaben wie beispielsweise beim Dodo, und vieles war überhaupt nicht schriftlich festgehalten«, erklärte er mir, als ich ihn vor rund einem Jahr in Melbourne kennen lernte.

Flannery begeisterte seinen australischen Landsmann und Freund, den Künstler Peter Schouten, von seinem Anliegen. Gemeinsam machten sie sich fast besessen in den großen naturkundlichen Sammlungen der Welt auf die Suche: Sie wollten wissen, was verloren war, was es noch gab und was man nie gewusst hatte. Vier Jahre stöberten sie in alten Häuten, verstaubten Museumsstücken, alten Zeichnungen und schriftlichen Beschreibungen – sie durchsuchten alles, was ihnen in die Hände kam. Schouten malte lebensgroße Bilder aller Tiere, die sie einigermaßen vernünftig rekonstruieren konnten, und Flannery schrieb die Texte dazu. Das Ergebnis war ein außergewöhnliches Buch mit dem Titel *A Gap in Nature*; es ist heute der vollständigste – und, das muss man sagen, bewegendste – Katalog der Aussterbe-Ereignisse aus den letzten 300 Jahren.

Über manche Tiere gab es umfangreiche Aufzeichnungen, die aber vielfach über Jahre hinweg nicht genutzt worden waren, manchmal sogar überhaupt noch nie. Eines der letzten wirklich großen Tiere, die ausstarben, war die Steller-Seekuh, ein walrossähnliches Tier, das mit den Dugongs verwandt war. Sie war riesig – ein ausgewachsenes Exemplar konnte fast neun Meter lang werden und zehn Tonnen wiegen –, aber wir kennen sie nur, weil eine russische Expedition 1741 zufällig an dem einzigen Ort Schiffbruch erlitt, wo die Spezies noch in nennenswerter Anzahl vertreten war: auf den abgelegenen, nebligen Kommandeur-Inseln in der Beringsee.

Glücklicherweise gehörte der Naturforscher Georg Steller zu der Expedition, und der war von den Tieren begeistert. »Er machte umfangreiche Aufzeichnungen und maß sogar den

Durchmesser der Barthaare«, sagt Flannery. »Nur eines beschrieb er nicht: die Geschlechtsorgane der Männchen – und das, obwohl er aus irgendeinem Grund sehr fröhlich die entsprechenden Körperteile der Weibchen untersuchte. Außerdem bewahrte er ein Stück Haut auf, sodass wir uns heute eine gute Vorstellung von ihrer Beschaffenheit machen können. So viel Glück haben wir nicht immer.«

Eines jedoch gelang Steller nicht: die Seekühe zu retten. Durch die Jagd waren sie bereits vom Aussterben bedroht, und 27 Jahre nachdem Steller sie entdeckt hatte, gab es sie nicht mehr. Viele andere Tiere konnten Flannery und Schouten dagegen nicht in ihr Buch aufnehmen, weil man so wenig über sie weiß. Die Springmaus von den Darling Downs, der Schwan von den Chatham-Inseln, die Ralle von Ascension Island, mindestens fünf Arten großer Schildkröten und viele andere sind, abgesehen von ihren Namen, für alle Zeiten verloren.

Wie Flannery und Schouten entdeckten, war das Aussterben in vielen Fällen nicht auf Grausamkeit oder Absicht zurückzuführen, sondern schlicht auf gewaltige Dummheit. Als man im Jahr 1894 auf einem einsamen Felsen namens Stephens Island in der stürmischen Meerenge zwischen der Nord- und Südinsel Neuseelands einen Leuchtturm gebaut hatte, brachte die Katze des Leuchtturmwärters ihrem Herrn mehrfach seltsame kleine Vögel, die sie gefangen hatte. Der Wärter schickte einige Exemplare pflichtschuldigst an das Museum in Wellington. Dort geriet ein Kurator in höchste Erregung, handelte es sich bei den Vögeln doch um eine übrig gebliebene Art flugunfähiger Zaunkönige – es waren die einzigen flugunfähigen Nesthocker, die man jemals gefunden hatte. Er machte sich sofort zu der Insel auf den Weg, aber als er ankam, hatte die Katze schon alle Vögel getötet.[6] Heute existieren vom flugunfähigen Stephen-Island-Zaunkönig nur noch zwölf ausgestopfte Museumsexemplare.

Aber wenigstens die sind uns geblieben. Nur allzu oft kümmern wir uns nach dem Verschwinden einer Art ebenso wenig um sie wie in der Zeit vor ihrem Aussterben. Ein gutes Beispiel ist der hübsche Carolina-Papagei. Smaragdgrün und mit goldenem Kopf war er vielleicht der auffälligste und schönste Vogel, der jemals in Nordamerika lebte – normalerweise dringen Papageien nicht so weit nach Norden vor –, und in seiner Blütezeit gab es ihn in riesiger Zahl, die nur von den Wandertauben übertroffen wurde. Aber der Carolina-Papagei galt bei den Bauern auch als Schädling, und außerdem war er leicht zu jagen: Die Vögel bildeten dichte Schwärme, und wenn sie nach einem Gewehrschuss (wie nicht anders zu erwarten) in die Höhe flatterten, kehrten sie fast augenblicklich zurück, um nach ihren getöteten Artgenossen zu sehen.

In seinem klassischen, Anfang des 19. Jahrhunderts erschienenen Werk *American Ornithology* beschreibt Charles Willson Peale, wie er einmal mehrfach mit einer Schrotflinte in einen Baum schoss, auf dem sie nisteten:

> Mit jedem Schuss fiel zwar ein ganzer Schauer von ihnen herab, aber dies schien die Zuneigung der Überlebenden nur noch zu steigern; denn nachdem sie einige Runden um die Stelle gedreht hatten, ließen sie sich erneut in meiner Nähe nieder und blickten mit so deutlichen Symptomen des Mitgefühls und der Besorgnis auf ihre hingemetzelten Kameraden herab, dass ich völlig entwaffnet war.[7]

Im zweiten Jahrzehnt des 20. Jahrhunderts, nachdem man die Vögel gnadenlos gejagt hatte, lebten nur noch wenige Exemplare in Gefangenschaft. Der letzte Carolina-Papagei – er hieß Inca – starb 1918 im Zoo von Cincinnati (wo nicht ganz vier Jahre zuvor auch die letzte Wandertaube ihr Leben ausgehaucht hatte) und wurde ehrfurchtsvoll ausgestopft. Und wohin muss man heute gehen, wenn man den armen Inca sehen will? Das weiß niemand. Der Zoo besitzt ihn nicht mehr.[8]

Das Verblüffendste und Rätselhafteste an dieser Geschichte ist die Tatsache, dass Peale ein Vogelliebhaber war. Dennoch zögerte er nicht, die Tiere in großer Zahl zu töten, und das einfach nur aus dem Grund, dass er Lust dazu hatte. Erstaunlich, aber wahr: In vielen Fällen trugen die Menschen, die sich am brennendsten für die Lebewesen der Erde interessierten, auch am stärksten zu ihrer Ausrottung bei.

Niemand spielte diese Rolle in einem größeren Umfang (in jedem Sinn) als Lionel Walter, der zweite Baron Rothschild. Der Sprössling der großen Bankiersfamilie war ein eigensinniger, verschlossener Mensch. Er wohnte sein ganzes Leben lang im Kinderflügel seines Elternhauses bei Tring in Buckinghamshire und benutzte dort die Möbel aus seiner Kindheit – er schlief sogar in seinem Kinderbett, obwohl er am Ende etwa 135 Kilo wog.

Seine Leidenschaft war die Naturgeschichte, und er trug begeistert Sammlungsgegenstände zusammen. Ganze Kompanien ausgebildeter Mitarbeiter – manchmal bis zu 400 zur gleichen Zeit[9] – schickte er in alle Winkel der Erde, wo sie auf Berge klettern und sich im Dschungel mit der Axt ihren Weg bahnen mussten, um sich neue Funde zu verschaffen – insbesondere solche, die fliegen konnten. Sie wurden in Kisten oder Schachteln verpackt und zu Rothschilds Anwesen in Tring geschickt, wo er mit einem ganzen Bataillon von Assistenten alles, was ihnen in die Quere kam, umfassend beschrieb und analysierte. Auf diese Weise entstand eine ununterbrochene Folge von Büchern, Aufsätzen und Broschüren – insgesamt etwa 1200 Stück. Am Ende besaß Rothschilds naturhistorische Fabrik weit über zwei Millionen Sammlungsstücke und hatte die Annalen der Wissenschaft um 5000 Arten von Lebewesen bereichert.

Interessanterweise war Rothschilds Sammlertätigkeit aber weder die umfangreichste noch die am großzügigsten finanzierte des 19. Jahrhunderts. Dieses Attribut steht mit ziemlicher Sicherheit einem geringfügig älteren, ebenfalls sehr wohlhabenden britischen Sammler namens Hugh Cumming zu: Er war so davon besessen, Sammlungsstücke anzuhäufen, dass er ein großes, seetüchtiges Schiff bauen ließ und eine ganze Mannschaft beschäftigte, die ständig um die Welt fuhr und alles einsammelte, was sie finden konnte – Vögel, Pflanzen, alle möglichen Tiere und insbesondere die Panzer von Schalentieren.[10] Seine beispiellose Sammlung von Entenmuscheln gelangte später zu Darwin und diente ihm als Material für seine wegweisenden Untersuchungen.

Allerdings kann man Rothschild ohne weiteres als den am stärksten wissenschaftlich ausgerichteten Sammler seiner Zeit bezeichnen, der aber leider auch besonders zerstörerisch wirkte: In den neunziger Jahren des 19. Jahrhunderts erwachte sein Interesse an Hawaii, der vielleicht empfindlichsten Umwelt, die es auf der Erde jemals gab. In Millionen Jahren der Isolation konnten auf den Inseln 8800 einzigartige Tier- und Pflanzenarten entstehen.[11] Rothschild interessierte sich insbesondere für die farbenprächtigen, charakteristischen Vögel der Inseln, deren vielfach sehr kleine Bestände eng begrenzte Verbreitungsgebiete bewohnten.

Ihr tragisches Schicksal verdankten viele Vögel auf Hawaii nicht nur der Tatsache, dass sie auffällig, hübsch und selten waren – was auch unter günstigen Umständen eine gefährliche Kombination ist –, sondern dass man viele von ihnen auch auf bedauerlich einfache Weise einfangen konnte. Der große Koa-Fink (*Rhodacanthis palmeri*), ein harmloser Vogel aus der Familie der Zuckervögel, tummelte sich scheu in den Kronen der Koa-Bäume, aber wenn jemand seinen Gesang nachahmte, verließ er sofort sein Versteck und flatterte als Willkommensgruß zu Boden.[12] Das letzte Exemplar der Spezies starb 1896, getötet von Rothschilds Starsammler Harry Palmer. Fünf Jahre zuvor war der kleine Koa-Fink verschwunden, ein Vogel von so erhabener Seltenheit, dass er überhaupt nur ein einziges Mal zu sehen war: als erschossenes Exemplar in der Rothschild-Sammlung.[13] In den rund zehn Jahren, als Rothschild am intensivsten sammeln ließ, starben auf den Hawaii-Inseln mindestens neun Vogelarten aus, es könnten aber auch noch mehr gewesen sein.

Rothschild war mit seinem Eifer, Vögel mehr oder weniger um jeden Preis zu fangen, keineswegs der Einzige. Andere gingen sogar noch erbarmungsloser vor. Als der bekannte Sammler Alanson Bryan im Jahr 1907 erkannte, dass er die drei letzten Exemplare des Schwarzen Königskleidervogels (*Drepanis funerea*) erlegt hatte, einer Art von Waldvögeln, die man erst ein Jahrzehnt zuvor entdeckt hatte, teilte er mit, diese Nachricht erfülle ihn mit »Freude«.

Es war, kurz gesagt, ein schwer begreifliches Zeitalter – damals wurde fast jedes Tier verfolgt, wenn es auch nur im Geringsten als lästig galt. Im Jahr 1890 zahlte der US-Bundesstaat New York über 100 Prämien für Silberlöwen aus, obwohl man bereits wusste, dass diese viel gejagten Tiere vom Aussterben bedroht waren. Noch bis in die vierziger Jahre des 20. Jahrhunderts verteilten viele Bundesstaaten weiterhin Prämien für den Abschuss fast aller Raubtiere. West Virginia vergab jährlich ein College-Stipendium für denjenigen, der die meisten toten Schädlinge vorweisen konnte – und als »Schädlinge« bezeichnete man damals fast alles, was nicht auf Bauernhöfen oder als Haustier gehalten wurde.

Vielleicht kaum etwas anderes macht die seltsamen Einstellungen jener Zeit so deutlich wie das Schicksal des niedlichen kleinen Gelbstirn-Waldsängers. Dieser Vogel aus dem Süden der Vereinigten Staaten war wegen seines ungewöhnlich lebhaften Gesanges berühmt, aber der Bestand, der nie besonders groß gewesen war, schrumpfte immer weiter. In den dreißiger Jahren des 20. Jahrhunderts schließlich verschwand der Gelbstirn-Waldsänger völlig und wurde jahrelang nicht mehr gesehen. Im Jahr 1939 stießen dann zwei Vogelliebhaber unabhängig voneinander an zwei weit entfernten Stellen im Abstand von nur zwei Tagen auf einsame Überlebende der Spezies. Beide erschossen die Vögel – es war das letzte Mal, dass jemand einen Gelbstirn-Waldsänger zu Gesicht bekam.

Die Lust am Ausrotten beschränkte sich auch keineswegs nur auf Amerika. In Australien wurden für den Abschuss des tasmanischen Beutelwolfs, eines hundeähnlichen Tiers mit charakteristischen »Tigerstreifen« auf dem Rücken, Geldprämien gezahlt, und das noch kurz bevor das letzte Exemplar 1936 einsam und namenlos in einem privaten Zoo in Hobart starb. Geht man heute in Tasmanien ins Museum und fragt nach dem letzten Vertreter der Spezies – des einzigen großen, Fleisch fressenden Beuteltiers, das in moderner Zeit lebte –, so bekommt man nur Fotos zu sehen. Der letzte Beutelwolf wurde am Ende mit der wöchentlichen Müllabfuhr entsorgt.

Das alles berichte ich, um meine zentrale Aussage zu verdeutlichen: Wenn wir ein Lebewesen damit beauftragen wollten, sich in der Einsamkeit des Kosmos um Lebendiges zu kümmern, zu überwachen, was daraus wird und wohin es geht, sollte man für diese Aufgabe keine Menschen auswählen.

Aber eines sticht ins Auge: Wir sind dazu ausersehen, ob vom Schicksal oder der Vorsehung oder wie man es auch nennen will. Soweit wir wissen, gibt es dafür keinen Besseren. Vielleicht gibt es niemanden außer uns. Es ist ein beunruhigender Gedanke: Möglicherweise sind wir die höchste Leistung im Universum des Lebendigen und gleichzeitig sein größter Albtraum.

Da wir in unserer Fürsorge für Lebendiges und Unbelebtes so bemerkenswert achtlos sind, haben wir keine Ahnung – wirklich nicht die geringste –, wie viele Lebewesen ständig zu Grunde gehen und bald oder vielleicht auch nie zu Grunde gehen werden und welche Rolle wir bei alledem spielen. Der Autor Norman Myers vertrat in seinem 1979 erstmals erschienenen Buch *Die sinkende Arche* die Ansicht, die Tätigkeit der Menschen lasse jede Woche ungefähr zwei biologische Arten aussterben. Bis Anfang der neunziger Jahre hatte er die Zahl auf 600 pro Woche nach oben korrigiert.[14] (Sie bezieht sich auf das Aussterben aller möglichen Lebewesen – nicht nur höhere Tiere, sondern auch Pflanzen, Insekten und so weiter.) Andere setzen die Zahl noch höher an – mit über 1000 in der Woche. In einem Bericht der Vereinten Nationen dagegen wird die Zahl aller bekannten ausgestorbenen Arten für die letzten 400 Jahre mit knapp unter 500 bei den Tieren und etwas über 650 für Pflanzen angegeben – wobei die Autoren allerdings einräumen, dies sei insbesondere im Hinblick auf tropische Arten »mit ziemlicher Sicherheit eine zu niedrige Schätzung«.[15] Manche Kommentare bezeichnen die meisten Zahlen im Zusammenhang mit dem Artensterben aber auch als maßlos übertrieben.

Tatsache ist: Wir wissen es nicht. Wir haben keine Ahnung. In vielen Fällen wissen wir nicht einmal, *wann* wir mit der Ausrottung begonnen haben. Wir wissen nicht, was wir jetzt tun und wie unser derzeitiges Handeln sich auf die Zukunft auswirken wird. Nur eines ist klar: Wir haben nur einen Planeten, auf dem wir etwas tun können, und es gibt nur eine Spezies, die etwas Tiefgreifendes bewirken kann. Edward O. Wilson drückte es in seinem Buch *Der Wert der Vielfalt* mit unnachahmlicher Knappheit aus: »Ein Planet, ein Experiment.«[16]

Wenn wir aus dem vorliegenden Buch etwas lernen können, dann das: Wir haben ein Riesenglück, dass es uns gibt – und mit »wir« meine ich sämtliche Lebewesen. In diesem unserem Universum etwas zu werden, das man als lebendig bezeichnen kann, scheint eine gewaltige Leistung zu sein. Wir Menschen haben natürlich doppeltes Glück: Wir erfreuen uns nicht nur unserer Existenz, sondern verfügen außerdem über die einzigartige Fähigkeit, sie zu würdigen und sogar in vielerlei Hinsicht zu verbessern. Was diese Begabung bedeutet, begreifen wir bisher erst in Ansätzen.

Unsere herausragende Stellung haben wir in verblüffend kurzer Zeit erreicht. Menschen mit dem Verhalten von Jetztmenschen – das heißt Menschen, die sprechen, Kunst hervorbringen und komplexe Tätigkeiten ausführen können – gibt es erst seit 0,00001 Prozent der Erdgeschichte. Aber selbst um diesen kurzen Zeitraum zu überstehen, brauchten wir eine fast endlose Verkettung glücklicher Umstände.

Damit sind wir eigentlich wieder ganz am Anfang. Natürlich müssen wir dafür sorgen, dass wir nie ein Ende finden. Und das erfordert mit ziemlicher Sicherheit erheblich mehr als nur glückliche Zufälle.

Danksagung

Nun sitze ich hier, Anfang 2003, und vor mir liegen mehrere Manuskriptseiten mit ehrfurchtgebietenden, ermutigenden und taktvollen Anmerkungen. Darin weist Ian Tattersall vom American Museum of Natural History unter anderem darauf hin, dass in der Region von Périgueux kein Wein produziert wird, dass es zwar fantasievoll, aber ein wenig unorthodox ist, wenn ich systematische Gruppen oberhalb von Gattung und Art kursiv schreibe, dass ich Olorgesailie (einen Ort, den ich erst vor kurzem besucht habe) ständig falsch schreibe, und so weiter, über zwei volle Kapitel, die sich mit seinem Fachgebiet beschäftigen, den Frühmenschen.

Wer weiß, welche anderen peinlichen Schnitzer auf den Seiten dieses Buches noch lauern, aber ich verdanke es Dr. Tattersall und den anderen, die ich im Folgenden nennen werde, dass es nicht noch Hunderte andere sind. Ich kann nicht einmal annähernd angemessen all jenen danken, die mir beim Verfassen dieses Buches geholfen haben. Besonders zu Dank verpflichtet bin ich den Folgenden, die allesamt großzügig und freundlich waren und eine geradezu übermenschliche Geduld aufbrachten, wenn ich immer wieder die einfache Frage stellte: »Entschuldigung, könnten Sie das bitte noch einmal erklären?«

In den Vereinigten Staaten: Ian Tattersall vom American Museum of Natural History in New York; John Thorstensen, Mary K. Hudson und David Blanchflower vom Dartmouth College in Hanover, New Hampshire; Dr. William Abdu und Dr. Bryan Marsh vom Dartmouth-Hitchcock Medical Center in Lebanon, New Hampshire; Ray Anderson und Brian Witzke vom Iowa

Department of Natural Resources, Iowa City; Mike Voorhies von der University of Nebraska and Ashfall Fossil Beds State Park bei Orchard, Nebraska; Chuck Offenburger von der Buena Vista University, Storm Lake, Iowa; Ken Rancourt, Forschungsdirektor des Mount Washington Observatory, Gorham, New Hampshire; Paul Doss, Geologe beim Yellowstone National Park, und seine Frau Heidi, ebenfalls beim Nationalpark; Frank Asaro von der University of California in Berkeley; Oliver Payne und Lynn Addison von der National Geographic Society; James O. Farlow, Indiana-Purdue University; Roger L. Larson, Professor für Meeres-Geophysik, University of Rhode Island; Jeff Guinn von der Zeitung *Fort Worth Star Telegram*; Jerry Kasten aus Dallas, Texas; und das Personal der Iowa Historical Society in DesMoines.

In England: David Caplin vom Imperial College, London; Richard Fortey, Len Ellis und Kathy Way vom Natural History Museum; Martin Raff vom University College, London; Rosalind Harding vom Institute of Biological Anthropology in Oxford; Dr. Laurence Smaje, früher beim Wellcome Institute; und Keith Blackmore von der *Times.*

In Australien: Reverend Robert Evans aus Hazelbrook, New South Wales; Alan Thorne und Victoria Bennett von der Australian National University in Canberra; Louise Burke und John Hawley aus Canberra; Anne Milne vom *Sydney Morning Herald;* Ian Nowak, früher bei der Geological Society of Western Australia; Thomas H. Rich vom Museum Victoria; Tim Flannery, Direktor des South Australian Museum in Adelaide; und das sehr hilfsbereite Personal der State Library of New South Wales in Sydney.

In anderen Ländern: Sue Superville, Leiterin des Informationszentrums am Museum of New Zealand in Wellington, und Dr. Emma Mbua, Dr. Koen Maes und Jillani Ngalla vom Kenya National Museum in Nairobi.

Aus verschiedenen Gründen zu großem Dank verpflichtet bin ich auch Patrick Janson-Smith, Gerald Howard, Marianne Velmans, Alison Tulett, Larry Finlay, Steve Rubin, Jed Mattes, Carol Heaton, Charles Elliott, David Bryson, Felicity Bryson,

Dan McLean, Nick Southern, Patrick Gallagher, Larry Ashmead und dem Personal der unvergleichlichen, heiteren Howe Library in Hanover, New Hampshire.

Vor allem aber geht mein am tiefsten empfundener Dank wie immer an meine liebe, geduldige, unvergleichliche Frau Cynthia.

Anmerkungen

Kapitel 1: Bauanleitung für ein Universum

1 Bodanis, *Bis Einstein kam.*
2 Guth, *Die Geburt des Kosmos aus dem Nichts.*
3 *U. S. News and World Report,* »How Old Is the Universe?«, 18.–25. August 1997, S. 34–36; und *New York Times,* »Cosmos Sits for Early Portrait, Gives Up Secrets«, 2. Februar 2003, S. 1.
4 Guth.
5 Lawrence M. Krauss, »Rediscovering Creation«, in Shore, *Mysteries of Life and the Universe,* S. 50.
6 Overbye, *Das Echo des Urknalls.*
7 *Scientific American,* »Echoes from the Big Bang«, Januar 2001, S. 38–43, und *Nature,* »It All Adds Up«, 19.–26. Dezember 2002, S. 733.
8 Guth.
9 Gribbin, *Am Anfang war …*
10 *New York Times,* »Before the Big Bang, There was … What?« 22. Mai 2001, S. F1.
11 Alan Lightman, »First Birth«, in Shore, *Mysteries of Life and the Universe,* S. 13.
12 Overbye.
13 Guth.
14 Overbye.
15 *New Scientist,* »The First Split Second«, 31. März 2001, S. 27–30.
16 *Scientific American,* »The First Stars in the Universe«, Dezember 2001, S. 64–71, und *New York Times,* »Listen Closely: From Tiny Hum Came Big Bang«, 30. April 2001, S. 1.
17 Zitiert bei Guth, S. 39.
18 *Discover,* November 2000.
19 Rees, *Just Six Numbers,* S. 147.

20 *Financial Times,* »Riddle of the Flat Universe«, 1.–2. Juli 2000, und *Economist,* »The World Is Flat After All«, 20. Mai 2000, S. 97.
21 Weinberg, *Der Traum von der Einheit des Universums.*
22 Hawking, *Eine kurze Geschichte der Zeit.*
23 Hawking, *Eine kurze Geschichte der Zeit.*
24 Rees.

Kapitel 2: Willkommen im Sonnensystem

1 *New Yorker,* »Among Planets«, 9. Dezember 1996, S. 84.
2 Sagan, *Unser Kosmos,* S. 274.
3 Pressemitteilung des U. S. Naval Observatory, »20th Anniversary of the Discovery of Pluto's Moon Charon«, 22. Juni 1998.
4 *Atlantic Monthly,* »When Is a Planet Not a Planet?«, Februar 1998, S. 22–34.
5 Zitiert in der PBS-Sendung *Nova,* »Doomsday Asteroid«, erstmals ausgestrahlt am 29. April 1997.
6 Pressemitteilung des U. S. Naval Observatory, »20th Anniversary of the Discovery of Pluto's Moon Charon«, 22. Juni 1998.
7 Artikel von Tombaugh, »The Struggles to Find the Ninth Planet«, Website der NASA.
8 *Economist,* »X Marks the Spot«, 16. Oktober 1999, S. 83.
9 *Nature,* »Almost Planet X«, 24. Mai 2001, S. 423.
10 *Economist,* »Pluto Out in the Cold«, 6. Februar 1999, S. 85.
11 *Nature,* »Seeing Double in the Kuiper Belt«, 12. Dezember 2002, S. 618.
12 *Nature,* »Almost Planet X«, 24. Mai 2001, S. 423.
13 Mitschrift der PBS-*News Hour,* 20. August 2002.
14 *Natural History,* »Between the Planets«, Oktober 2001, S. 20.
15 *New Scientist,* »Many Moons«, 17. März 20001, S. 39; und *Economist,* »A Roadmap for Planet-Hunting«, 8. April 2000, S. 87.
16 Sagan/Druyan, *Der Komet.*
17 *New Yorker,* »Medicine on Mars«, 14. Februar 2000, S. 39.
18 Sagan/Druyan.
19 Ball, *H_2O.*
20 Guth und Hawking.
21 Dyson, *Innenansichten.*
22 Sagan, S. 17.

Kapitel 3: Das Universum des Reverend Evans

1 Ferris, *The Whole Shebang*, S. 37.
2 Robert Evans, Gespräch mit dem Autor, Hazelbrook, Australien, 2. September 2001.
3 Sacks, *Eine Anthropologin auf dem Mars*.
4 Thorne, *Gekrümmter Raum und verbogene Zeit*, S. 187.
5 Ferris, *The Whole Shebang*, S. 125.
6 Overbye.
7 *Nature*, »Twinkle, Twinkle, Neutron Star«, 7. November 2002, S. 31.
8 Thorne.
9 Thorne.
10 Thorne, S. 198.
11 Thorne, S. 198.
12 Overbye.
13 Harrison, *Darkness at Night*, S. 3.
14 Sendung in der BBC-Reihe *Horizon*, »From Here to Infinity«, Niederschrift einer Sendung, erstmals ausgestrahlt am 28. Februar 1999.
15 John Thorstensen, Gespräch mit dem Autor, Hanover, New Hampshire, 5. Dezember 2001.
16 Bemerkung von Evans, 3. Dezember 2002.
17 *Nature*, »Fred Hoyle (1915–2001)«, 17. September 2001, S. 270.
18 Gribbin/Cherfas, S. 190.
19 Rees, S. 75.
20 Bodanis, *Bis Einstein kam*.
21 Asimov, *Atom*, S. 294.
22 Stevens, *The Change in the Weather*, S. 6.
23 *New Scientist* Beilage »Firebirth«, 7. August 1999, ohne Seitenzahl.
24 Powell, *Night Comes to the Cretaceous*, S. 38.
25 Drury, *Stepping Stones*, S. 144.

Kapitel 4: Das Maß der Dinge

1 Sagan/Druyan.
2 Feynman, *Sechs physikalische Fingerübungen*, S. 147.
3 Gjertsen, *The Classics of Science*, S. 219.
4 Zitiert in Ferris, *Kinder der Milchstraße*, S. 87.
5 Durant/Durant, *The Age of Louis XIV*, S. 538.
6 Durant/Durant, S. 546.
7 Cropper, *Great Physicists*, S. 31.

8 Feynman, S. 74 f.
9 Calder, *Das Geheimnis der Kometen.*
10 Jardine, *Ingenious Pursuits*, S. 36.
11 Wilford, *The Mapmakers*, S. 98.
12 Asimov, *Die Erforschung der Erde und des Himmels.*
13 Ferris, *Kinder der Milchstraße.*
14 Jardine, S. 141.
15 *Dictionary of National Biography*, Band 7, S. 1302.
16 Jungnickel/McCormmach, *Cavendish*, S. 449.
17 Calder, *Das Geheimnis der Kometen.*
18 Jungnickel/McCormmach, S. 306.
19 Jungnickel/McCormmach, S. 305.
20 Crowther, *Scientists of the Industrial Revolution*, S. 214–215.
21 *Dictionary of National Biography*, Band 3, S. 1261.
22 *Economist,* »G Whiz«, 6. Mai 2000, S. 82.

Kapitel 5: Die Steineklopfer

1 *Dictionary of National Biography*, Band 10, S. 354–356.
2 Dean, *James Hutton and the History of Geology*, S. 18.
3 McPhee, *Basin and Range*, S. 99.
4 Gould, *Die Entdeckung der Tiefenzeit.*
5 Oldroyd, *Die Biographie der Erde.*
6 Schneer, (Hrsg.), *Toward a History of Geology*, S. 128.
7 Aufsätze der Geological Society: *A Brief History of the Geological Society of London.*
8 Rudwick, *The Great Devonian Controversy*, S. 25.
9 Trinkaus/Shipman, *The Neandertals*, S. 28.
10 Cadbury, *Dinosaurierjäger.*
11 *Dictionary of National Biography*, Band 15, S. 314–315.
12 Trinkaus/Shipman, S. 26.
13 Annan, *The Dons*, S. 27.
14 Trinkaus/Shipman, S. 30.
15 Desmond/Moore, *Darwin.*
16 Schneer, S. 139.
17 Clark, *The Huxleys*, S. 48.
18 Zitiert in Gould, *Ein Dinosaurier im Heuhaufen*, S. 221.
19 Hallam, *Great Geological Controversies*, S. 135.
20 Gould, *Darwin nach Darwin*, S. 128.
21 Stanley, *Krisen der Evolution.*
22 Zitiert in Schneer, S. 288.

23 Zitiert in Rudwick, S. 194.
24 McPhee, *In Suspect Terrain*, S. 190.
25 Gjertsen, S. 305.
26 McPhee, *In Suspect Terrain*, S. 50.
27 Powell, S. 200.
28 Fortey, *Trilobiten!*, S. 246.
29 Cadbury.
30 Gould, *Eight Little Piggies*, S. 185.
31 Gould, *Die Entdeckung der Tiefenzeit*, S. 168.
32 Rudwick, S. 42.
33 Cadbury.
34 Hallam, S. 105, und Ferris, *Kinder der Milchstraße*.
35 Gjertsen, S. 335.
36 Cropper, S. 78.
37 Cropper, S. 79.
38 *Dictionary of National Biography*, Anhang 1901–1911, S. 508.

Kapitel 6: Wissenschaft, rot an Zähnen und Klauen

1 Colbert, *The Great Dinosaur Hunters and Their Discoveries*, S. 4.
2 Kastner, *A Species of Eternity*, S. 123.
3 Kastner, S. 124.
4 Trinkaus/Shipman, S. 15.
5 Simpson, *Fossilien. Mosaiksteine zur Geschichte des Lebens*.
6 Harrington, *Dance of the Continents*, S. 175.
7 Lewis, *The Dating Game*, S. 17–18.
8 Barber, *The Heyday of Natural History*, S. 217.
9 Colbert, S. 5.
10 Cadbury.
11 Barber, S. 127.
12 *New Zealand Geographic*, »Holy Incisors! What a treasure!« April–Juni 2000, S. 17.
13 Wilford, *The Riddle of the Dinosaur*, S. 31.
14 Wilford, S. 34.
15 Fortey, *Leben*.
16 Cadbury.
17 Cadbury.
18 Wilford, *The Riddle of the Dinosaur*, S. 5.
19 Bakker, *The Dinosaur Heresies*, S. 22.
20 Colbert, S. 33.
21 *Nature*, »Owen's Parthian Slot«, 12. Juli 2001, S. 123.

22 Cadbury, S. 403.
23 Clark, *The Huxleys*, S. 45.
24 Cadbury.
25 Cadbury, S. 328.
26 Colbert, S. 30.
27 Thackray/Press, *The Natural History Museum*, S. 24.
28 Thackray/Press, S. 98.
29 Wilford, *The Riddle of the Dinosaur*, S. 97.
30 Wilford, *The Riddle of the Dinosaur*, S. 99–100.
31 Colbert, S. 73.
32 Colbert, S. 93.
33 Wilford, *The Riddle of the Dinosaur*, S. 90.
34 Psihoyos und Knoebber, *Hunting Dinosaurs*, S. 16.
35 Cadbury.
36 *Newsletter of the Geological Society of New Zealand*, »Gideon Mantell –The New Zealand Connection«, April 1992, und *New Zealand Geographic*, »Holy Incisors! What a treasure!«, April–Juni 2000, S. 17.
37 Colbert, S. 151.
38 Lewis, *The Dating Game*, S. 37.
39 Hallam, S. 173.

Kapitel 7: Elemente der Materie

1 Ball.
2 Durant/Durant, S. 516.
3 Strathern, *Mendelejews Traum*.
4 Davies, *Das fünfte Wunder*.
5 White, *Rivals*, S. 63.
6 Brock, *The Norton History of Chemistry*, S. 92.
7 Gould, *Bravo, Brontosaurus*.
8 Brock, S. 95–96.
9 Strathern.
10 Brock, S. 124.
11 Cropper, S. 139.
12 Hamblyn, *Die Erfindung der Wolken*.
13 Silver, *The Ascent of Science*, S. 201.
14 *Dictionary of National Biography*, Band 19, S. 686.
15 Asimov, *The History of Physics*, S. 501.
16 Ball.
17 Brock, S. 312.
18 Brock, S. 111.

19 Carey, *The Faber Book of Sciences,* S. 155.
20 Ball.
21 Krebs, *The History and Use of our Earth's Chemical Elements,* S. 23.
22 Aus einem Übersichtsartikel in *Nature,* »Mind Over Matter?« von Gautum R. Desiraju, 26. September 2002.
23 Heiserman, *Exploring Chemical Elements,* S. 33.
24 Bodanis, *Bis Einstein kam.*
25 Lewis, *The Dating Game,* S. 55.
26 Strathern, S. 321.
27 Werbung im Magazin *Time,* 3. Januar 1924, S. 24.
28 Biddle, *A Field Guide,* S. 133.
29 *Science,* »We Are Made of Starstuff«, 4. Mai 2001, S. 863.

Kapitel 8: Einsteins Universum

1 Cropper, S. 106.
2 Cropper, S. 109.
3 Snow, *The Physicists,* S. 7.
4 Kevles, *The Physicists,* S. 33.
5 Kevles, S. 27–28.
6 Thorne, S. 70.
7 Cropper, S. 208.
8 *Nature,* »Physics from the Inside«, 12. Juli 2001, S. 121.
9 Snow, *The Physicists,* S. 101.
10 Bodanis, *Bis Einstein kam.*
11 Boorse et al., *The Atomic Scientists,* S. 142.
12 Ferris, *Kinder der Milchstraße.*
13 Snow, *The Physicists,* S. 101.
14 Thorne.
15 Bodanis, *Bis Einstein kam.*
16 *Nature,* »In the Eye of the Beholder«, 21. März 2002, S. 264.
17 Boorse et al., S. 53.
18 Bodanis, *Bis Einstein kam.*
19 Guth.
20 Snow, *The Physicists,* S. 21.
21 Bodanis, *Bis Einstein kam.*
22 Zitiert in Hawking, *Eine kurze Geschichte der Zeit,* S. 110.
23 Guth.
24 Brockman/Matson, S. 263.
25 Bodanis, *Bis Einstein kam.*
26 Overbye, S. 131.

27 Kaku, »The Theory of the Universe?,« in Shore, *Mysteries of Life and the Universe*, S. 161.
28 Cropper, S. 423.
29 Christianson, *Edwin Hubble*, S. 33.
30 Ferris, *Kinder der Milchstraße*.
31 Ferguson, *Das Maß der Unendlichkeit*.
32 Ferguson.
33 Moore, *Fireside Astronomy*, S. 63.
34 Overbye; und *Natural History*, »Delusions of Centrality«, Dezember 2002–Januar 2003, S. 28–32.
35 Hawking, *Das Universum in der Nussschale*.
36 Overbye.
37 Overbye.

Kapitel 9: Das mächtige Atom

1 Feynman, S. 47.
2 Gribbin, *Almost Everyone's Guide to Science*, S. 250.
3 Davies.
4 Rees, S. 96.
5 Feynman.
6 Boorstin, *Die Entdecker, S. 753*.
7 Gjertsen, S. 260.
8 Holmyard, *Makers of Chemistry*, S. 222.
9 *Dictionary of National Biography*, Band 5, S. 433.
10 von Baeyer, *Das Atom in der Falle*.
11 Weinberg, *Teile des Unteilbaren*.
12 Weinberg, *Teile des Unteilbaren, S. 81*.
13 Zitiert in Cropper, S. 259.
14 Cropper, S. 317.
15 Wilson, *Rutherford*, S. 174.
16 Wilson, *Rutherford*, S. 208.
17 Wilson, *Rutherford*, S. 208.
18 Zitiert in Cropper, S. 328.
19 Snow, *Variety of Men*, S. 47.
20 Cropper, S. 94.
21 Asimov, *The History of Physics*, S. 551.
22 Guth.
23 Atkins, *Im Reich der Elemente*.
24 Gribbin, *Almost Everyone's Guide to Science*, S. 35.
25 Cropper, S. 245.

26 Ferris, *Kinder der Milchstraße, S. 244.*
27 Feynman, S. 177.
28 Boorse et al., S. 338.
29 Cropper, S. 269.
30 Ferris, *Kinder der Milchstraße.*
31 David H. Freedman, »Quantum Liaisons«, in Shore, *Mysteries of Life and the Universe*, S. 137.
32 Overbye, S. 155.
33 von Baeyer, S. 74.
34 Ebbing, *General Chemistry*, S. 295.
35 Trefil, *101 Things You Don't Know About Science and No One Else Does Either*, S. 62.
36 Feynman, S. 82.
37 Alan Lightman, »First Birth«, in Shore, *Mysteries of Life and the Universe*, S. 13.
38 Lawrence Joseph, »Is Science Common Sense?« in Shore, *Mysteries of Life and the Universe*, S. 42–43.
39 *Christian Science Monitor*, »Spooky Action at a Distance«, 4. Oktober 2001.
40 Hawking, *Eine kurze Geschichte der Zeit*, S. 77.
41 David H. Freedman, aus »Quantum Liaisons«, in Shore, *Mysteries of Life and the Universe*, S. 141.
42 Ferris, *The Whole Shebang*, S. 297.
43 Asimov, *Atom*, S. 258.
44 Snow, *The Physicists*, S. 89.

Kapitel 10: Weg mit dem Blei!

1 McGrayne, *Prometheans in the Lab*, S. 88.
2 McGrayne, S. 92.
3 McGrayne, S. 92.
4 McGrayne, S. 97.
5 Biddle, S. 62.
6 *Science*, »The Ascent of Atmospheric Sciences«, 13. Oktober 2000, S. 299.
7 *Nature*, 27. September 2001, S. 364.
8 Libby, »Radiocarbon Dating«, aus dem Nobelvortrag, 12. Dezember 1960.
9 Gribbin/Gribbin, *Ice Age*, S. 58.
10 Flannery, *The Eternal Frontier*, S. 174.
11 Flannery, *The Future Eaters*, S. 151.

12 Flannery, *The Eternal Frontier*, S. 174–175.
13 *Science*, »Can Genes Solve the Syphilis Mystery?«, 11. Mai 2001, S. 109.
14 Lewis, *The Dating Game*, S. 204.
15 Powell, *Mysteries of Terra Firma*, S. 58.
16 McGrayne, S. 173.
17 McGrayne, S. 94.
18 *Nation*, »The Secret History of Lead«, 20. März 2000.
19 Powell, *Mysteries of Terra Firma*, S. 60.
20 *Nation*, »The Secret History of Lead«, 20. März 2000.
21 McGrayne, S. 169.
22 *Nation*, 20. März 2000.
23 Green, *Water, Ice and Stone*, S. 258.
24 McGrayne, S. 191.
25 McGrayne, S. 191.
26 Biddle, S. 110–111.
27 Biddle, S. 63.
28 Die Bücher sind *Mysteries of Terra Firma* und *The Dating Game*; beide nennen den Namen »Claire«.
29 *Nature*, »The Rocky Road to Dating the Earth«, 4. Januar 2001, S. 20.

Kapitel 11: Muster Marks Quarks

1 Cropper, S. 325.
2 Zitiert in Cropper, S. 403.
3 *Discover*, »Gluons«, Juli 2000, S. 68.
4 Guth.
5 *Economist*, »Heavy Stuff«, 13. Juni 1998, S. 82; und *National Geographic*, »Unveiling the Universe«, Oktober 1999, S. 36.
6 Trefil, *101 Things You Don't Know About Science and No One Else Does Either*, S. 48.
7 *Economist*, »Cause for ConCERN«, 28. Oktober 2000, S. 75.
8 Brief von Jeff Guinn.
9 *Science*, »U. S. Researchers Go for Scientific Gold Mine«, 15. Juni 2001, S. 1979.
10 *Science*, 8. Februar 2002, S. 942.
11 Feynman, S. 89.
12 *Nature*, 27. September 2001, S. 354.
13 Sagan, S. 277 ff.
14 Weinberg, *Teile des Unteilbaren*, S. 132.

15 Weinberg, *Teile des Unteilbaren*, S. 134.
16 von Baeyer, S. 41.
17 *Economist*, »New Realities?«, 7. Oktober 2000, S. 95; und *Nature*, »The Mass Question«, 28. Februar 2002, S. 969–970.
18 *Spektrum der Wissenschaft*, »Supersymmetrie bei Platin und Gold«, September 2002, S. 34.
19 Zitiert in dem PBS-Video *Creation of the Universe*, 1985. Ebenfalls zitiert mit geringfügig anderen Zahlen bei Ferris, *Kinder der Milchstraße*, S. 252.
20 »The Mass Mystery«, Dokument auf der CERN-Website, ohne Datum.
21 Feynman, S. 89.
22 *Science News*, 22. September 2001, S. 185.
23 Weinberg, *Der Traum von der Einheit des Universums*.
24 Kaku, *Im Hyperraum*, S. 195.
25 *Spektrum der Wissenschaft*, »Die unsichtbaren Dimensionen des Universums«, Oktober 2000, S. 44; und *Science News*, »When Branes Collide«, 22. September 2001, S. 184–185.
26 *New York Times*, »Before the Big Bang, There Was ... What?« 22. Mai 2001, S. F1.
27 *Nature*, 27. September 2001, S. 354.
28 Website der *New York Times*, »Are There a) Geniuses or b) Jokers? French Physicists' Cosmic Theory Creates a Big Bang of Its Own«, 9. November 2002; und *Economist*, »Publish and Perish«, 16. November 2002, S. 75.
29 Weinberg, *Der Traum von der Einheit des Universums*, S. 239.
30 Weinberg, *Der Traum von der Einheit des Universums*, S. 242.
31 *U. S. News and World Report*, »How Old Is the Universe?« 25. August 1997, S. 34.
32 Trefil, *101 Things You Don't Know About Science and No One Else Does Either*, S. 91.
33 Overbye.
34 *Economist*, »Queerer Than We Can Suppose«, 5. Januar 2002, S. 58.
35 *National Geographic*, »Unveiling the Universe«, Oktober 1999, S. 25.
36 Goldsmith, *The Astronomers*, S. 82.
37 *U. S. News and World Report*, »How Old Is the Universe?« 25. August 1997, S. 34.
38 *Economist*, »Dark for Dark Business«, 5. Januar 2002, S. 51.
39 PBS *Nova*, »Runaway Universe«, Niederschrift der Sendung, erstmals ausgestrahlt am 21. November 2000.
40 *Economist*, »Dark for Dark Business«, 5. Januar 2002, S. 51.

Kapitel 12: Die Erde bewegt sich

1 Hapgood, *Earth's Shifting Crust*, S. 29.
2 Simpson.
3 Gould, *Darwin nach Darwin.*
4 *Encyclopaedia Britannica*, 1964, Band 6, S. 418.
5 Lewis, *The Dating Game*, S. 182.
6 Hapgood, S. 31.
7 Powell, *Mysteries of Terra Firma*, S. 147.
8 McPhee, *Basin and Range*, S. 175.
9 McPhee, *Basin and Range*, S. 187.
10 Harrington, S. 208.
11 Powell, *Mysteries of Terra Firma*, S. 131–132.
12 Powell, *Mysteries of Terra Firma*, S. 141.
13 McPhee, *Basin and Range*, S. 198.
14 Simpson.
15 McPhee, *Assembling California*, S. 202–208.
16 Vogel, *Naked Earth*, S. 19.
17 Margulis/Sagan, *Microcosmos*, S. 44.
18 Trefil, *Physik in der Berghütte.*
19 *Science*, »Inconstant Ancient Seas and Life's Path«, 8. November 2002, S. 1165.
20 McPhee, *Rising from the Plains*, S. 158.
21 Simpson.
22 *Scientific American*, »Sculpting the Earth from Inside Out«, März 2001.
23 Kunzig, *The Restless Sea*, S. 51.
24 Powell, *Night Comes to the Cretaceous*, S. 7.

Kapitel 13: Peng!

1 Raymond R. Anderson, Geological Society of America: GSA Special Paper 302, »The Manson Impact Structure. A Late Cretaceous Meteor Crater in the Iowa Subsurface«, Frühjahr 1996.
2 *Des Moines Register*, 30. Juni 1979.
3 Anna Schlapkohl, Gespräch mit dem Autor, Manson, Iowa, 18. Juni 2001.
4 Lewis, *Bomben aus dem All.*
5 Powell, *Night Comes to the Cretaceous*, S. 37.
6 BBC, Serie *Horizon*, Niederschrift der Sendung »New Asteroid Danger«, erstmals ausgestrahlt am 8. März 1999.

7 *Science News*, »A Rocky Bicentennial«, 28. Juli 2001, S. 61–63.
8 Ferris, *Seeing in the Dark*, S. 150.
9 *Science News*, »A Rocky Bicentennial«, 28. Juli 2001, S. 61–63.
10 Ferris, *Seeing in the Dark*, S. 147.
11 BBC, Serie *Horizon*, Niederschrift der Sendung »New Asteroid Danger«, erstmals ausgestrahlt am 8. März 1999.
12 *New Yorker*, »Is This the End?«, 27. Januar 1997, S. 44–52.
13 Vernon, *Beneath Our Feet*, S. 191.
14 Frank Asaro, Telefongespräch mit dem Autor, 10. März 2002.
15 Powell, *Mysteries of Terra Firma*, S. 184.
16 Peebles, *Asteroids. A History*, S. 170.
17 Lewis, *Bomben aus dem All*.
18 Zitiert in Officer/Page, *Tales of the Earth*, S. 142.
19 *Boston Globe*, »Dinosaur Extinction Theory Backed«, 16. Dezember 1985.
20 Peebles, S. 175.
21 Iowa Department of Natural Resources Publication, Iowa Geology 1999, Nr. 24.
22 Ray Anderson und Brian Witzke, Gespräch mit dem Autor, Iowa City, 15. Juni 2001.
23 *Boston Globe*, »Dinosaur Extinction Theory Backed«, 16. Dezember 1985.
24 Peebles, S. 177–178, und *Washington Post*, »Incoming«, 19. April 1998.
25 Gould, *Ein Dinosaurier im Heuhaufen*, S. 215.
26 Zitiert bei Peebles, S. 196.
27 Peebles, S. 202.
28 Peebles, S. 204.
29 Anderson, Iowa Department of Natural Resources, *Iowa Geology 1999*, »Iowa's Manson Impact Structure«.
30 Lewis, *Bomben aus dem All*.
31 *Arizona Republic*, »Impact Theory Gains New Supporters«, 3. März 2001.
32 Lewis, *Bomben aus dem All*.
33 *New York Times Magazine*, »The Asteroids Are Coming! The Asteroids Are Coming!«, 28. Juli 1996, S. 17–19.
34 Ferris, *Seeing in the Dark*, S. 168.

Kapitel 14: Feuer von unten

1 Mike Voorhies, Gespräch mit dem Autor, Ashfall Fossil Beds State Park, Nebraska, 13. Juni 2001.
2 *National Geographic*, »Ancient Ashfall Creates Pompeii of Prehistoric Animals«, Januar 1981, S. 66.
3 Feynman, S. 113.
4 Williams/Montaigne, *Der Feuerberg*.
5 Ozima, *The Earth*, S. 49.
6 Officer/Page, S. 33.
7 Officer/Page, S. 52.
8 McGuire, *A Guide to the End of the World*, S. 21.
9 McGuire, S. 130.
10 Trefil, *101 Things You Don't Know About Science and No One Else Does Either*, S. 158.
11 Vogel, S. 37.
12 *Valley News*, »Drilling the Ocean Floor for Earth's Deep Secrets«, 21. August 1995.
13 Schopf, *Cradle of Life*, S. 73.
14 McPhee, *In Suspect Terrain*, S. 16–18.
15 *Scientific American*, »Sculpting the Earth from Inside Out«, März 2001, S. 40–47; und *New Scientist*, »Journey to the Centre of the Earth«, Beilage, 14. Oktober 2001, S. 1.
16 *Earth*, »Mystery in the High Sierra«, Juni 1996, S. 16.
17 Vogel, S. 31.
18 *Science*, »Much about Motion in the Mantle«, 1. Februar 2002, S. 982.
19 Tudge, *The Time Before History*, S. 43.
20 Vogel, S. 53.
21 Trefil, *101 Things You Don't Know About Science and No One Else Does Either*, S. 146.
22 *Nature*, »The Earth's Mantle«, 2. August 2001, S. 501–506.
23 Drury, S. 50.
24 *New Scientist*, »Dynamo Support«, 10. März 2001, S. 27.
25 *New Scientist*, »Dynamo Support«, 10. März 2001, S. 27.
26 Trefil, *101 Things You Don't Know About Science and No One Else Does Either*, S. 150.
27 Vogel, S. 139.
28 Fisher et al., *Volcanoes*, S. 24.
29 Thompson, *Volcano Cowboys*, S. 118.
30 Williams/Montaigne.
31 Fisher et al., S. 12.

32 Williams/Montaigne.
33 Thompson, S. 123.
34 Fisher et al., S. 16.

Kapitel 15: Gefährliche Schönheit

1 Smith, *The Weather*, S. 112.
2 BBC-Serie *Horizon*, »Crater of Death«, erstmals ausgestrahlt am 6. Mai 2001.
3 Lewis, *Bomben aus dem All.*
4 McGuire, S. 104.
5 McGuire, S. 107.
6 Paul Doss, Gespräch mit dem Autor, Yellowstone National Park, Wyoming, 16. Juni 2001.
7 Smith/Siegel, S. 5–6.
8 Sykes, *Die sieben Töchter Evas.*
9 Ashcroft, *Am Limit.*
10 PBS *New Hour*, Niederschrift vom 20. August 2002.

Kapitel 16: Der einsame Planet

1 *New York Times Book Review*, »Where Leviathan Lives«, 20. April 1997, S. 9.
2 Ashcroft.
3 *New Scientist*, »In the Abyss«, 31. März 2001.
4 *New Yorker*, »The Pictures«, 15. Februar 2000, S. 47.
5 Ashcroft.
6 Ashcroft.
7 Haldane, *What Is Life?*, S. 202.
8 Ashcroft.
9 Norton, *In unbekannte Tiefen.*
10 Haldane, *What Is Life?*, S. 202.
11 Norton.
12 Zitiert in Norton, S. 135.
13 Gould, *Die Lügensteine von Marrakesch*, S. 376.
14 Norton, S. 139.
15 Norton, S. 153.
16 Haldane, *What Is Life?*, S. 192.
17 Haldane, *What Is Life?*, S. 202.
18 Ashcroft.

19 Haldane, *What Is Life?*, S. 197.
20 Ashcroft.
21 Attenborough, *Das Leben auf unserer Erde.*
22 Smith, S. 40.
23 Ferris, *The Whole Shebang*, S. 81.
24 Grinspoon, *Venus Revealed,* S. 9.
25 *National Geographic,* »The Planets«, Januar 1985, S. 40.
26 McSween, *Stardust to Planets*, S. 200.
27 Ward/Brownlee, *Unsere einsame Erde.*
28 Atkins, *Im Reich der Elemente.*
29 Bodanis, *Das geheimnisvolle Haus.*
30 Krebs, S. 148.
31 Davies, S. 155.
32 Snyder, *The Extraordinary Chemistry of Ordinary Things*, S. 24.
33 Parker, *Unergründliche Tiefen.*
34 Snyder, S. 42.
35 Parker.
36 Feynman, S. 25.

Kapitel 17: In die Troposphäre

1 Stevens, S. 7.
2 Stevens, S. 56 und *Nature*, »1902 and All That«, 3. Januar 2002, S. 15.
3 Smith, S. 52.
4 Ashcroft.
5 Smith, S. 25.
6 Allen, *Die Atmosphäre.*
7 Allen.
8 Dickinson, *The Other Side of Everest*, S. 86.
9 Ashcroft.
10 Attenborough, *Das Leben auf unserer Erde.*
11 Zitiert in Hamilton-Paterson, *The Great Deep,* S. 177.
12 Smith, S. 50.
13 Junger, *Der Sturm.*
14 Biddle, S. 161.
16 Bodanis, *Bis Einstein kam.*
17 Ball.
18 *Science,* »The Ascent of Atmospheric Sciences«, 13. Oktober 2000, S. 300.
19 Trefil, *Reise in das Innerste der Dinge.*

20 Drury, S. 25.
21 Trefil, *Reise in das Innerste der Dinge.*
22 *Dictionary of National Biography*, Band 10, S. 51–52.
23 Trefil, *Meditations at Sunset*, S. 62.
24 Hamblyn.
25 Trefil, *Meditations at Sunset*, S. 66.
26 Ball.
27 Dennis, *The Bird in the Waterfall*, S. 8.
28 Gribbin/Gribbin, *Being Human*, S. 123.
29 *New Scientist*, »Vanished«, 7. August 1999.
30 Trefil, *Physik in der Berghütte.*
31 Stevens, S. 111.
32 *National Geographic*, »Die Welt der Ozeane«, Oktober 2000, S. 146.
33 Stevens, S. 7.
34 *Science*, »The Ascent of Atmospheric Sciences«, 13. Oktober 2000, S. 303.

Kapitel 18: Die elementare Verbindung

1 Margulis/Sagan, S. 100.
2 Schopf, S. 107.
3 Green, S. 29; und Gribbin, *In the Beginning*, S. 174.
4 Trefil, *Physik in der Berghütte.*
5 Gribbin, *In the Beginning*, S. 174.
6 Kunzig, S. 8.
7 Dennis, S. 152.
8 *Economist*, 13. Mai 2000, S. 4.
9 Dennis, S. 248.
10 Margulis/Sagan, S. 183–184.
11 Green, S. 25.
12 Ward/Brownlee.
13 Dennis, S. 226.
14 Ball.
15 Dennis, S. 6; und *Spektrum der Wissenschaft*, »Auf dünnem Eis?«, Februar 2003, S. 30.
16 Smith, S. 62.
17 Schultz, *Ice Age Lost*, S. 75.
18 Weinberg, *Der Quastenflosser.*
19 Hamilton-Paterson, S. 178.
20 Norton, S. 65.
21 Ballard, *Tiefsee.*

22 Weinberg, *Der Quastenflosser*, und Ballard.
23 Weinberg, *Der Quastenflosser*.
24 Broad, *The Universe Below*, S. 54.
25 Zitiert in Zeitschrift, *Underwater*, »The Deepest Spot On Earth«, Winter 1999.
26 Broad, S. 56.
27 *National Geographic*, »Die Welt der Ozeane«, Oktober 2000, S. 146.
28 Kunzig, S. 47.
29 Attenborough, *Das Leben auf unserer Erde*.
30 *National Geographic*, »Ein heißes Pflaster«, Oktober 2000, S. 182.
31 Dennis, S. 248.
32 Vogel, S. 182.
33 Engel, *Das Meer*.
34 Kunzig, S. 294–305.
35 Sagan.
36 *Good Weekend*, »Armed and Dangerous«, 15. Juli 2000, S. 35.
37 *Time*, »Call of the Sea«, 5. Oktober 1998, S. 60.
38 Kunzig, S. 104–105.
39 *Economist*, Übersichtsartikel »The Sea«, 23. Mai 1998, S. 4.
40 Flannery, *The Future Eaters*, S. 104.
41 *Audubon*, Mai–Juni 1998, S. 54.
42 *Time*, »The Fish Crisis«, 11. August 1997, S. 66.
43 *Economist*, »Pollock Overboard«, 6. Januar 1996, S. 22.
44 *Economist*, Übersichtsartikel »The Sea«, 23. Mai 1998, S. 12.
45 *Outside*, Dezember 1997, S. 62.
46 *Economist*, Übersichtsartikel »The Sea«, 23. Mai 1998, S. 8.
47 Kurlansky, *Kabeljau*.
48 *Nature*, »How Many More Fish in the Sea?«, 17. Oktober 2002, S. 662.
49 Kurlansky.
50 *New York Times Magazine*, »A Tale of Two Fisheries«, 27. August 2000, S. 40.
51 Niederschrift BBC *Horizon*, »Antarctica. The Ice Melts«, S. 16.

Kapitel 19: Der Aufstieg des Lebens

1 *Earth*, »Life's Crucible«, Februar 1998, S. 34.
2 Ball.
3 *Discover*, »The Power of Proteins«, Januar 2002, S. 38.
4 Crick, *Das Leben selbst*.
5 Sulston/Ferry, *The Common Thread*, S. 14.

6 Margulis/Sagan, S. 63.
7 Davies, S. 98.
8 Dawkins, *Der blinde Uhrmacher*.
9 Dawkins, *Der blinde Uhrmacher*.
10 Zitiert in Nuland, *Wie wir leben*, S. 172.
11 Schopf, S. 107.
12 Dawkins, *Der blinde Uhrmacher*, S. 134.
13 Wallace et al., *Biology. The Science of Life*, S. 428.
14 Margulis/Sagan, S. 71.
15 *New York Times*, »Life on Mars? So What?« 11. August 1996.
16 Gould, *Eight Little Piggies*, S. 328.
17 *Sydney Morning Herald*, »Aerial Blast Rocks Towns«, 19. September 1969; und »Farmer Finds ›Meteor Soot‹«, 30. September 1969.
18 Davies.
19 *Nature*, »Life's Sweet Beginnings?«, 20.–27. Dezember 2001, S. 857; und *Earth*, »Life's Crucible«, Februar 1998, S. 37.
20 Gribbin, *Am Anfang ...*, S. 78.
21 Gribbin/Cherfas, S. 190.
22 Ridley, *Alphabet des Lebens*, S. 30.
23 Gespräch mit Victoria Bennett, Australian National University, Canberra, 21. August 2001.
24 Ferris, *Seeing in the Dark*, S. 200.
25 Margulis und Sagan, S. 78.
26 Notiz von Dr. Laurence Smaje.
27 Wilson, *Der Wert der Vielfalt*.
28 Fortey, *Leben*, S. 79.
29 Schopf, S. 212.
30 Fortey, *Leben*.
31 Margulis/Sagan, S. 17.
32 Brown, *The Energy of Life*, S. 101.
33 Ward/Brownlee.
34 Drury, S. 68.
35 Sagan.

Kapitel 20: Eine kleine Welt

1 Biddle, S. 16.
2 Ashcroft; und Sagan/Margulis, *Garden of Microbial Delights*, S. 4.
3 Biddle, S. 57.
4 *National Geographic*, »Bacteria«, August 1993, S. 51.
5 Margulis/Sagan, S. 67.

6 *New York Times*, »From Birth, Our Body Houses a Microbe Zoo«, 15. Oktober 1996, S. C3.
7 Sagan/Margulis, S. 11.
8 *Outside*, Juli 1999, S. 88.
9 Margulis/Sagan, S. 75.
10 De Duve, *Die Zelle*, S. 326.
11 Margulis und Sagan, S. 16.
12 Davies.
13 *National Geographic*, »Bacteria«, August 1993, S. 39.
14 *Economist*, »Human Genome Survey«, 1. Juli 2000, S. 9.
15 Davies.
16 *New York Times*, »Bugs Shape Landscape, Make Gold«, 15. Oktober 1996, S. C1.
17 *Discover*, »To Hell and Back«, Juli 1999, S. 82.
18 *Spektrum der Wissenschaft*, »Leben im Tiefengestein«, Dezember 1996, S. 66.
19 *Economist*, »Earth's Hidden Life«, 21. Dezember 1996, S. 112.
20 *Nature*, »A Case of Bacterial Immortality?«, 19. Oktober 2000, S. 844.
21 *Economist*, »Earth's Hidden Life«, 21. Dezember 1996, S. 111.
22 *New Scientist*, »Sleeping Beauty«, 21. Oktober 2000, S. 12.
23 BBC News Online, »Row over Ancient Bacteria«, 7. Juni 2001.
24 Sagan/Margulis, S. 22.
25 Sagan/Margulis, S. 23.
26 Sagan/Margulis, S. 24.
27 *New York Times*, »Microbial Life's Steadfast Champion«, 5. Oktober 1996, S. C3.
28 *Science*, »Microbiologists Explore Life's Rich, Hidden Kingdoms«, 21. März 1997, S. 1740.
29 *New York Times*, »Microbial Life's Steadfast Champion«, 5. Oktober 1996, S. C7.
30 Ashcroft.
31 *Proceedings of the National Academy of Sciences*, »Default Taxonomy; Ernst Mayr's View of the Microbial World«, 15. September 1998.
32 *Proceedings of the National Academy of Sciences*, »Two Empires or Three?«, 18. August 1998.
33 Schopf, S. 106.
34 *New York Times*, »Microbial Life's Steadfast Champion«, 5. Oktober 1996, S. C7.
35 *Nature*, »Wolbachia. A Tale of Sex and Survival«, 11. Mai 2001, S. 109.
36 *National Geographic*, »Bacteria«, August 1993, S. 39.

37 *Outside*, Juli 1999, S. 88.
38 Diamond, *Arm und Reich*, S. 249.
39 Gawande, *Die Schere im Bauch*.
40 *New Yorker*, »No Profit, No Cure«, 5. November 2001, S. 46.
41 *Economist*, »Disease Fights Back«, 20. Mai 1995, S. 15.
42 *Boston Globe*, »Microbe Is Feared to Be Winning Battle Against Antibiotics«, 30. Mai 1997, S. A7.
43 *Economist*, »Bugged by Disease«, 21. März 1998, S. 93.
44 *Forbes*, »Do Germs Cause Cancer?«, 15. November 1999, S. 195.
45 *Science*, »Do Chronic Diseases Have an Infectious Root?«, 14. September 2001, S. 1974–1976.
46 Zitiert in Oldstone, *Viruses, Plagues and History*, S. 8.
47 Biddle, S. 153–154.
48 Oldstone, S. 1.
49 Kolata, *Influenza*.
50 *American Heritage*, »The Great Swine Flu Epidemic of 1918«, Juni 1976, S. 82.
51 *American Heritage*, »The Great Swine Flu Epidemic of 1918«, Juni 1976, S. 82.
52 *National Geographic*, »The Disease Detectives«, Januar 1991, S. 132.
53 Oldstone, S. 126.
54 Oldstone, S. 128.

Kapitel 21: Das Leben geht weiter

1 Schopf, S. 72.
2 Lewis, *The Dating Game*, S. 24.
3 Trefil, *101 Things You Don't Know About Science and No One Else Does Either*, S. 280.
4 Leakey/Lewin, *Die sechste Auslöschung*.
5 Leakey/Lewin, *Die sechste Auslöschung*.
6 Richard Fortey, Gespräch mit dem Autor, Natural History Museum, London, 19. Februar 2001.
7 Fortey, *Trilobiten*!
8 Fortey, *Trilobiten*!, S. 124.
9 »From Farmer-Laborer to Famous Leader: Charles D. Walcott (1850–1927)«, *GSA Today*, Januar 1996.
10 Gould, *Zufall Mensch*.
11 Fortey, *Trilobiten!*, S. 62.
12 Gould, *Zufall Mensch*, S. 83.
13 Gould, *Zufall Mensch*, S. 71.

14 Leakey Lewin, *Die sechste Auslöschung.*
15 Gould, *Zufall Mensch*, S. 208.
16 Gould, *Eight Little Piggies*, S. 225.
17 *National Geographic*, »Explosion of Life«, Oktober 1993, S. 126.
18 Fortey, *Trilobiten!*, S. 132.
19 *U. S. News and World Report*, »How Do Genes Switch On?«, 18./25. August 1997, S. 74.
20 Gould, *Zufall Mensch.*
21 Gould, *Zufall Mensch*, S. 12.
22 Corfield, *Architects of Eternity*, S. 287.
23 Corfield, S. 287.
24 Fortey, *Leben.*
25 Fortey, *Leben.*
26 Fortey, *Trilobiten*!
27 Dawkins, Rezension, *Sunday Telegraph*, 25. Februar 1990.
28 *New York Times Book Review*, »Survival of the Luckiest«, 22. Oktober 1989.
29 *Evolution*, Juni 1997.
30 *New York Times Book Review*, »Rock of Ages«, 10. Mai 1998, S. 15.
31 Fortey, *Trilobiten!*, S. 145/147.
32 Fortey, *Trilobiten!*, S. 135.
33 Fortey, *Leben*, S. 132.
34 Fortey, »Shock Lobsters«, *London Review of Books*, 1. Oktober 1998.
35 Fortey, *Trilobiten!*

Kapitel 22: Tschüss zusammen

1 Attenborough, *Das Leben auf unserer Erde.*
2 Marshall, *Mosses and Lichens*, S. 22.
3 Attenborough, *Das geheime Leben der Pflanzen.*
4 Attenborough, *Das Leben auf unserer Erde.*
5 Verändert nach Schopf, S. 13.
6 McPhee, *Basin and Range.* S. 126.
7 Officer/Page, S. 123.
8 Officer/Page, S. 118.
9 Conniff, *Spineless Wonders*, S. 84.
10 Fortey, *Leben.*
11 BBB-Serie *Horizon*, »The Missing Link«, erstmals ausgestrahlt am 1. Februar 2001.
12 Tudge, *The Variety of Life*, S. 411.

13 Tudge, *The Variety of Life*, S. 9.
14 Zitiert in Gould, *Eight Little Piggies*, S. 46.
15 Leakey/Lewin, *Die sechste Auslöschung*, S. 50.
16 Gespräch mit Ian Tattersall, American Museum of Natural History, New York, 6. Mai 2002.
17 Stanley, S. 12.
18 *Harper's*, »Planet of Weeds«, Oktober 1998, S. 58.
19 Stevens, S. 12.
20 Fortey, *Leben*, S. 266.
21 Gould, *Wie das Zebra zu seinen Streifen kommt.*
22 Powell, *Night Comes to the Cretaceous*, S. 143.
23 Flannery, *The Eternal Frontier*, S. 100.
24 *Earth*, »The Mystery of Selective Extinctions«, Oktober 1996, S. 12.
25 *New Scientist*, »Meltdown«, 7. August 1999.
26 Powell, *Night Comes to the Cretaceous*, S. 19.
27 Flannery, *The Eternal Frontier*, S. 17.
28 Flannery, *The Eternal Frontier*, S. 43.
29 Gould, *Eight Little Piggies*, S. 304.
30 Fortey, *Leben*, S. 329 f.
31 Flannery, *The Eternal Frontier*, S. 39.
32 Stanley, S. 101/102.
33 Novacek, *Time Traveler*, S. 112.
34 Dawkins, *Der blinde Uhrmacher.*
35 Flannery, *The Eternal Frontier*, S. 138.
36 Colbert, S. 164.
37 Powell, *Night Comes to the Cretaceous*, S. 168–169.
38 BBC-Serie *Horizon*, »Crater of Death«, erstmals ausgestrahlt am 6. Mai 2001.
39 Gould, *Eight Little Piggies*, S. 229.

Kapitel 23: Die Reichlichkeit des Seins

1 Thackray/Press, *The Natural History Museum*, S. 90.
2 Thackray/Press, S. 74.
3 Conard, *How to Know the Mosses and Liverworts*, S. 5.
4 Gespräch mit Len Ellis, Natural History Museum, London, 18. April 2002.
5 Barber, S. 17.
6 Gould, *Leonardo's Mountain of Clams and the Diet of Worms*, S. 79.
7 Zitiert bei Gjertsen, S. 237; und auf der Website der University of California/UMCP Berkeley.

8 Kastner, S. 31.
9 Gjertsen, S. 223.
10 Durant/Durant, S. 519.
11 Thomas, *Man and the Natural World*, S. 65.
12 Schwartz, *Sudden Origins*, S. 59.
13 Schwartz, S. 59.
14 Thomas, S. 82–85.
15 Wilson, *Der Wert der Vielfalt*.
16 Elliott, *The Potting-Shed Papers*, S. 18.
17 *Audubon*, »Earth's Catalogue«, Januar–Februar 2002, und Wilson, *Der Wert der Vielfalt*.
18 *Economist*, »A Golden Age of Discovery«, 23. Dezember 1996, S. 56.
19 Wilson, *Der Wert der Vielfalt*.
20 *U. S. News and World Report*, 18. August 1997, S. 78.
21 *New Scientist*, »Monkey Puzzle«, 6. Oktober 2001, S. 54.
22 *Wall Street Journal*, »Taxonomists Unite to Catalogue Every Species, Big and Small«, 22. Januar 2001.
23 Koen Maes, Gespräch mit dem Autor, Nationalmuseum Nairobi, 2. Oktober 2002.
24 *Nature*, »Challenges for Taxonomy«, 2. Mai 2002, S. 17.
25 *The Times* (London), »The List of Life on Earth«, 30. Juli 2001.
26 Bodanis, *Das geheimnisvolle Haus*.
27 *New Scientist*, »Bugs Bite Back«, 17. Februar 2001, S. 48.
28 Bodanis, *Das geheimnisvolle Haus*.
29 *National Geographic*, »Bacteria«, August 1993, S. 39.
30 Wilson, *Der Wert der Vielfalt*, S. 180.
31 Tudge, *The Variety of Life*, S. 8.
32 Wilson, *Der Wert der Vielfalt*.
33 Wilson, *Der Wert der Vielfalt*.
34 *Economist*, »Biotech's Secret Garden«, 30. Mai 1998, S. 75.
35 Fortey, *Leben*.
36 Ridley, *Eros und Evolution*.
37 Attenborough, *Das geheime Leben der Pflanzen*.
38 *National Geographic (D)*, »Pilze«, August 2000, S. 90; und Leakey/Lewin, *Die sechste Auslöschung*.
39 Flannery/Schouten, *A Gap in Nature*, S. 2.
40 *New York Times*, »A Stone-Age Horse Still Roams a Tibetan Plateau«, 12. November 1995.
41 *Economist*, »A World to Explore«, 23. Dezember 1995, S. 95.
42 Gould, *Eight Little Piggies*, S. 32–34.
43 Gould, *Das Lächeln des Flamingos*.

Kapitel 24: Zellen

1 *New Scientist*, Titel unbekannt, 2. Dezember 2000, S. 37.
2 Brown, S. 83.
3 Brown, S. 229.
4 Alberts et al., *Lehrbuch der molekularen Zellbiologie*.
5 De Duve.
6 Bodanis, *The Secret Family*, S. 106.
7 De Duve.
8 Bodanis, *The Secret Family*, S. 81.
9 Nuland.
10 Jardine, S. 93.
11 Thomas, S. 167.
12 Schwartz, S. 167.
13 Carey (Hrsg.), *The Faber Book of Science*, S. 28.
14 Nuland.
15 Trefil, *101 Things You Don't Know About Science and No One Else Does Either*, S. 133; und Brown, S. 78.
16 Brown, S. 87.
17 Nuland.
18 Brown, S. 80.
19 De Duve, S. 300.
20 Nuland, S. 216.
21 Alberts et al.
22 *Nature*, »Darwin's Motors«, 2. Mai 2002, S. 25.
23 Ridley, *Alphabet des Lebens*.
24 Dennett, *Darwins gefährliches Erbe*, S. 23.

Kapitel 25: Darwins einzigartiger Gedanke

1 Zitiert in Boorstin, *Cleopatra's Nose*, S. 176.
2 Zitiert in Boorstin, *Die Entdecker*, S. 516.
3 Desmond/Moore.
4 Hamblyn.
5 Desmond/Moore.
6 Moorehead, *Darwins große Reise*.
7 Gould, *Darwin nach Darwin*.
8 *Sunday Telegraph*, »The Origin of Darwin's Genius«, 8. Dezember 2002.
9 Desmond/Moore.
10 *Dictionary of National Biography*, Band 5, S. 526.

11 Zitiert in Ferris, *Kinder der Milchstraße*, S. 202.
12 Barber, S. 214.
13 *Dictionary of National Biography*, Band 5, S. 528.
14 Desmond/Moore, S. 515.
15 Desmond/Moore.
16 Zitiert in Gribbin/Cherfas, S. 150.
17 Gould, *Das Lächeln des Flamingos.*
18 Cadbury, S. 383.
19 Zitiert in Desmond/Moore.
20 Zitiert in Gould, *Zufall Mensch*, S. 57.
21 Gould, *Darwin nach Darwin.*
22 Zitiert in McPhee, *In Suspect Terrain*, S. 190.
23 Schwartz, S. 81–82.
24 Zitiert in Keller, *Das Jahrhundert des Gens*, S. 127.
25 Darwin, *Die Entstehung der Arten*, S. 202.
26 Schwartz, S. 89.
27 Lewontin, *It Ain't Necessarily So*, S. 91.
28 Ridley, *Alphabet des Lebens.*
29 Trinkaus/Shipman, S. 79.
30 Clark, *Charles Darwin.*
31 Conniff, S. 147.
32 Desmond/Moore.
33 Clark, *Charles Darwin.*
34 Tattersall/Schwartz, *Extinct Humans*, S. 45.
35 Schwartz, S. 187.

Kapitel 26: Der Stoff, aus dem das Leben ist

1 Sulston/Ferry, S. 198.
2 Woolfson, *Life Without Genes*, S. 12.
3 De Duve, S. 321.
4 Dennett.
5 Gribbin/Gribbin, *Being Human*, S. 8.
6 Lewontin, S. 142.
7 Ridley, *Alphabet des Lebens.*
8 Wallace et al., *Biology. The Science of Life.*
9 De Duve.
10 Clark, *Charles Darwin.*
11 Keller, *Das Jahrhundert des Gens.*
12 Wallace et al., S. 211.
13 Maddox, *Rosalind Franklin.*

14 White, *Rivals*, S. 251.
15 Judson, *Der achte Tag der Schöpfung.*
16 Watson, *Die Doppel-Helix*, S. 31.
17 Jardine, *Ingenious Pursuits*, S. 356.
18 Watson, *Die Doppel-Helix.*
19 White, *Rivals*, S. 257; und Maddox.
20 »A Science Odyssey«, PBS-Website, ohne Datum.
21 Zitiert in Maddox.
22 De Duve.
23 Ridley, *Alphabet des Lebens.*
24 Maddox.
25 Crick, *Ein irres Unternehmen*, S. 106.
26 Keller.
27 *National Geographic*, »Secrets of the Gene«, Oktober 1995, S. 55.
28 Pollack, S. 23.
29 *Discover*, »Bad Genes, Good Drugs«, April 2002, S. 54.
30 Ridley, *Alphabet des Lebens*, S. 158.
31 Woolfson, S. 18.
32 Nuland, S. 218.
33 BBC-Serie *Horizon*, »Hopeful Monsters«, erstmals ausgestrahlt 1998.
34 *Nature*, »Sorry, Dogs – Man's Got a New Best Friend«, 19.–26. Dezember 2002, S. 734.
35 *Los Angeles Times* (nachgedruckt in *Valley News*), 9. Dezember 2002.
36 BBC-Serie *Horizon*, »Hopeful Monsters«, erstmals ausgestrahlt 1998.
37 Gribbin/Cherfas, S. 53.
38 Schopf, S. 240.
39 Lewontin, S. 215.
40 *Wall Street Journal*, »What Distinguishes Us from the Chimps? Actually, Not Much«, 12. April 2002, S. 1.
41 *Scientific American*, »Move Over, Human Genome«, April 2002, S. 44–45.
42 *The Bulletin*, »The Human Enigma Code«, 21. August 2001, S. 32.
43 *Scientific American*, »Move Over, Human Genome«, April 2002, S. 44–45.
44 *Nature*, »From *E. coli* to Elephants«, 2. Mai 2002, S. 22.

Kapitel 27: Eiszeit

1 Williams/Montaigne.
2 Officer/Page, S. 3–6.
3 Hallam, S. 89.
4 Hallam, S. 90.
5 Hallam, S. 90.
6 Hallam, S. 92–93.
7 Ferris, *The Whole Shebang*, S. 173.
8 McPhee, *In Suspect Terrain*, S. 182.
9 Hallam, S. 98.
10 Hallam, S. 99.
11 Gould, *Die Entdeckung der Tiefenzeit.*
12 McPhee, *In Suspect Terrain*, S. 197.
13 McPhee, *In Suspect Terrain*, S. 197.
14 Gribbin/Gribbin, *Ice Age*, S. 51.
15 Chorlton, *Eiszeiten.*
16 Schultz, S. 72.
17 McPhee, *In Suspect Terrain*, S. 205.
18 Gribbin/Gribbin, *Ice Age*, S. 60.
19 Schultz, S. 5.
20 Gribbin/Gribbin, *Fire on Earth*, S. 147.
21 Flannery, *The Eternal Frontier*, S. 148.
22 McPhee, *In Suspect Terrain*, S. 4.
23 Stevens, S. 10.
24 McGuire, S. 69.
25 *Valley News* (aus der *Washington Post*), »The Snowball Theory«, 19. Juni 2000, S. C1.
26 BBC-Serie *Horizon*, Niederschrift der Sendung »Snowball Earth«, 22. Februar 2001, S. 7.
27 Stevens, S. 34.
28 *New Yorker*, »Ice Memory«, 7. Januar 2002, S. 36.
29 Schultz, S. 72.
30 Drury, S. 268.
31 Thomas H. Rich, Patricia Vickers-Rich und Paul Gangloff, »Polar Dinosaurs«, unveröffentlichtes Manuskript.
32 Schultz, S. 159.
33 Ball.
34 Flannery, *The Eternal Frontier*, S. 267.

1 *National Geographic*, Mai 1997, S. 87.
2 Tattersall/Schwartz, S. 149.
3 Trinkaus/Shipman, S. 173.
4 Trinkaus/Shipman, S. 3–6.
5 Trinkaus/Shipman, S. 59.
6 Gould, *Eight Little Piggies*, S. 126–127.
7 Walker/Shipman, *The Wisdom of the Bones*, S. 47.
8 Trinkaus/Shipman, S. 144.
9 Trinkaus/Shipman, S. 154.
10 Walker/Shipman, S. 90.
11 Walker/Shipman, S. 90.
12 Trinkaus/Shipman, S. 233.
13 Lewin, *Bones of Contention*, S. 82.
14 Walker/Shipman, S. 93.
15 Swisher et al., *Java Man*, S. 75.
16 Swisher et al., S. 77.
17 Swisher et al., S. 211.
18 Trinkaus und Shipman, S. 267–268.
19 *Washington Post*, »Skull Raises Doubts About Our Ancestry«, 22. März 2001.
20 Gespräch mit Ian Tattersall, American Museum of Natural History, New York, 6. Mai 2002.
21 Walker/Shipman, S. 82.
22 Walker/Shipman, S. 133.
23 Tattersall/Schwartz, S. 111.
24 Zitiert in Gribbin/Cherfas, *The First Chimpanzee*, S. 60.
25 Swisher et al., S. 17.
26 Swisher et al., S. 140.
27 Tattersall, *The Human Odyssey*, S. 60.
28 PBS-Serie *Nova*, »In Search of Human Origins«, 3. Juni 1997.
29 Walker/Shipman, S. 181.
30 Tattersall, *The Monkey in the Mirror*, S. 89.
31 Tattersall/Schwartz, S. 91.
32 *National Geographic*, »Face to Face with Lucy's Family, März 1996, S. 114.
33 *New Scientist*, 24. März 2001, S. 5.
34 *Nature*, »Return to the Planet of the Apes«, 12. Juli 2001, S. 131.
35 *Spektrum der Wissenschaft*, »Der Ursprung lag in Afrika«, März 2003, S. 38–47.
36 *Nature*, »Face to Face with Our Past«, 19. Dezember 2002, S. 735.

37 Stevens, S. 3; und Drury, S. 335–336.
38 Gribbin/Gribbin, *Being Human*, S. 135.
39 PBS-Serie *Nova*, »In Search of Human Origins«, erstmals ausgestrahlt im August 1999.
40 Drury, S. 338.
41 Ridley, *Alphabet des Lebens*, S. 44.
42 Drury, S. 345.
43 Brown, S. 216.
44 Gould, *Leonardo's Mountain of Clams and the Diet of Worms*, S. 204.
45 Swisher et al., S. 131.
46 *National Geographic*, Mai 1997, S. 90.
47 Tattersall, *The Monkey in the Mirror*, S. 105.
48 Walker/Shipman, S. 165.
49 *Scientific American*, »Food for Thought«, Dezember 2002, S. 108–115.
50 Tattersall/Schwartz, S. 132.
51 Tattersall/Schwartz, S. 169.

Kapitel 29: Der unermüdliche Affe

1 Ian Tattersall, Gespräch mit dem Autor, American Museum of Natural History, New York, 6. Mai 2002.
2 *Proceedings of the National Academy of Sciences*, 16. Januar 2001.
3 Alan Thorne, Gespräch mit dem Autor, Canberra, 20. August 2001.
4 Tattersall, *The Human Odyssey*, S. 150.
5 Tattersall/Schwartz, S. 226.
6 Trinkaus/Shipman, S. 412.
7 Tattersall/Schwartz, S. 209.
8 Fagan, *Die ersten Indianer*.
9 Tattersall/Schwartz, S. 204.
10 Trinkaus/Shipman, S. 300.
11 *Nature*, »Those Elusive Neandertals«, 25. Oktober 2001, S. 791.
12 Stevens, S. 30.
13 Flannery, *The Future Eaters*, S. 301.
14 Canby, *The Epic of Man*, ohne Seitenzahl.
15 *Science*, What – or Who – Did In the Neandertals?«, 14. September 2001, S. 1981.
16 Swisher et al., S. 189.
17 *Scientific American*, »Is Out of Africa Going Out the Door?«, August 1999.

18 *Proceedings of the National Academy of Sciences,* »Ancient DNA and the Origin of Modern Humans«, 16. Januar 2001.
19 *Nature,* »A Start for Population Genomics«, 7. Dezember 2000, S. 65, und *Natural History,* »What's New in Prehistory«, Mai 2000, S. 90–91.
20 *Science,* »A Glimpse of Humans' First Journey Out of Africa«, 12. Mai 2000, S. 950.
21 *Proceedings of the National Academy of Sciences,* »Mitochondrial DNA Sequences in Ancient Australians. Implications for Modern Human Origins«, 16. Januar 2002.
22 Gespräch mit Rosalind Harding, Institute of Biological Anthropology, 28. Februar 2002.
23 *Nature*, 27. September 2001, S. 359.
24 Nur der Vollständigkeit halber: Der Name wird häufig, auch in manchen amtlichen kenianischen Unterlagen, *Olorgasailie* geschrieben. Diese Schreibweise benutzte ich auch in einem kleinen Buch, das ich für CARE über meinen Besuch verfasste. Mittlerweile habe ich von Ian Tattersall erfahren, dass die richtige Schreibweise ein *e* in der Mitte hat.

Kapitel 30: Auf Wiedersehen

1 Zitiert in Gould, *Leonardo's Mountain of Clams and the Diet of Worms,* S. 237–238.
2 Flannery/Schouten, S. xv.
3 *New Scientist,* »Mammoth Mystery«, 5. Mai 2001, S. 34.
4 Flannery, *The Eternal Frontier,* S. 195.
5 Leakey/Lewin, *Die sechste Auslöschung.*
6 Flannery, *The Future Eaters,* S. 62–63.
7 Zitiert in Matthiessen, *Wildlife in America,* S. 114–115.
8 Flannery/Schouten, S. 125.
9 Gould, *Das Buch des Lebens.*
10 Desmond/Moore.
11 *National Geographic,* »On the Brink: Hawaii's Vanishing Species«, September 1995, S. 2–37.
12 Flannery/Schouten, S. 84.
13 Flannery/Schouten, S. 76.
14 Easterbrook, *A Moment on the Earth,* S. 558.
15 *Valley News,* Zitat aus der *Washington Post,* »Report Finds Growing Biodeversity Threat«, 27. November 1995.
16 Wilson, *Der Wert der Vielfalt,* S. 224.

Literatur

Aczel, Amir D., *Die göttliche Formel. Von der Ausdehnung des Universums.* Reinbek: Rowohlt, 2002.

Alberts, Bruce, et al., *Lehrbuch der molekularen Zellbiologie.* Weinheim: Wiley-VCH, 2001.

Allen, Oliver E., *Die Atmosphäre.* Amsterdam: Time-Life, 1983.

Alvarez, Walter, *T. Rex and the Crater of Doom.* Princeton, N.J.: Princeton University Press, 1997.

Annan, Noel, *The Dons. Mentors, Eccentrics and Geniuses.* London: HarperCollins, 2000.

Ashcroft, Frances, *Am Limit. Leben und Überleben in Extremsituationen.* München: Droemer, 2002.

Asimov, Isaac, *The History of Physics.* New York: Walker & Co., 1966.

– *Die Erforschung der Erde und des Himmels: Entwicklung und Zukunft des menschlichen Wissens.* Köln: Kiepenheuer und Witsch, 1984.

– *Atom. Journey Across the Subatomic Cosmos.* New York: Truman Talley/Dutton, 1991.

Atkins, P. W., *Wärme und Bewegung. Die Welt zwischen Ordnung und Chaos.* Heidelberg: Spektrum der Wissenschaft, 1986.

– *Moleküle. Die chemischen Bausteine der Natur.* Heidelberg: Spektrum der Wissenschaft, 1988.

– *Im Reich der Elemente. Ein Reiseführer zu den Bausteinen der Natur.* Heidelberg: Spektrum Akademischer Verlag, 2000.

Attenborough, David, *Das Leben auf unserer Erde. Vom Einzeller zum Menschen. Wunder der Evolution.* Hamburg: Parey, 1979.

– *Lebensräume der Natur. Die faszinierende Welt der Tiere und Pflanzen.* Stuttgart: Das Beste, 1989.

– *Das geheime Leben der Pflanzen.* Bern, München, Wien: Scherz, 1995.

Baeyer, Hans Christian von, *Das Atom in der Falle. Forscher erschließen die Welt der kleinsten Teilchen.* Reinbek: Rowohlt, 1993.

Bakker, Robert T., *The Dinosaur Heresies. New Theories Unlocking the Mystery of the Dinosaurs and Their Extinction.* New York: William Morrow, 1986.
Ball, Philip, *H_2O. Biographie des Wassers.* München, Zürich: Piper, 2002.
Ballard, Robert D., *Tiefsee. Die großen Expeditionen in der Welt der ewigen Finsternis.* München: Ullstein, 2000.
Barber, Lynn, *The Heyday of Natural History. 1820–1870.* Garden City, N.Y.: Doubleday, 1980.
Barry, Roger G., und Richard J. Chorley, *Atmosphere, Weather and Climate*, 7. Aufl. London: Roatledge, 1998.
Biddle, Wayne, *A Field Guide to the Invisible.* New York: Henry Holt & Co., 1998.
Bodanis, David, *Der geheimnisvolle Körper. Die Mikrowelt in uns.* Düsseldorf, Wien, New York: Econ, 1989.
– *Das geheimnisvolle Haus. Die Mikrowelt, in der wir leben.* Düsseldorf: Econ, 1988.
– *The Secret Family. Twenty-Four Hours Inside the Mysterious World of Our Minds and Bodies.* New York: Simon and Schuster, 1997.
– *Bis Einstein kam. Die abenteuerliche Suche nach dem Geheimnis der Welt.* Stuttgart, München: Deutsche Verlags-Anstalt, 2001.
Bolles, Edmund Blair, *Eiszeit. Wie ein Professor, ein Politiker und ein Dichter das ewige Eis entdeckten.* Berlin: Argon, 2000.
Boorse, Henry A., Lloyd Motz und Jefferson Hane Weaver, *The Atomic Scientist. A Biographical History.* New York: John Wiley and Sons, 1989.
Boorstin, Daniel J., *Die Entdecker. Das Abenteuer des Menschen, sich und die Welt zu erkennen.* Basel: Birkhäuser, 1985.
– *Cleopatra's Nose. Essays on the Unexpected.* New York: Random House, 1994.
Bracegirdle, Brian, *A History of Microtechnique. The Evolution of the Microtome and the Development of Tissue Preparation.* London: Heinemann, 1978.
Breen, Michael, *The Koreans. Who They Are, What They Want, Where Their Future Lies.* New York: St. Martin's Press, 1998.
Broad, William J., *The Universe Below. Discovering the Secrets of the Deep Sea.* New York: Simon and Schuster, 1997.
Brock, William H., *The Norton History of Chemistry.* New York: W. W. Norton & Co., 1993.
Brockman, John, und Katinka Matson (Hrsg.), *How Things Are. A Science Tool-Kit for the Mind.* New York: William Morrow, 1995.
Brookes, Martin, *Drosophila. Die Erfolgsgeschichte der Fruchtfliege.* Reinbek: Rowohlt, 2002.

Brown, Guy, *The Energy of Life. London:* Flamingo/HarperCollins, 2000.
Browne, Janet, *Charles Darwin. A Biography*. Band 1. New York: Alfred A. Knopf, 1995.
Burenhult, Goran (Hrsg.), *The First Americans. Human Origins and History to 10 000 B.C.* San Francisco: HarperCollins, 1993.
Cadbury, Deborah, *Dinosaurierjäger. Der Wettlauf um die Erforschung der prähistorischen Welt.* Reinbek: Rowohlt, 2001.
Calder, Nigel, *Einsteins Universum*. Frankfurt: Umschau, 1980.
– *Das Geheimnis der Kometen. Wahn und Wirklichkeit*. Frankfurt: Umschau, 1981.
Canby, Courtlandt (Hrsg.), *The Epic of Man*. New York: Time/Life, 1961.
Carey, John (Hrsg.), *The Faber Book of Sciences*. London: Faber and Faber, 1995.
Chorlton, Windsor, *Eiszeiten*. Amsterdam: Time-Life-Bücher, 1984.
Christianson, Gale E., *In the Presence of the Creator. Isaac Newton and His Times*. New York: Free Press/Macmillan, 1984.
– *Edwin Hubble. Mariner of the Nebulae*. Bristol, England: Institute of Physics Publishing, 1995.
Clark, Ronald W., *The Huxleys*. New York: McGraw-Hill, 1968.
– *Charles Darwin. Biographie eines Mannes und einer Idee*. Frankfurt: S. Fischer, 1985.
– *Albert Einstein. Leben und Werk*. Esslingen: Bechtle, 1974.
Coe, Michael, Dean Snow, und Elizabeth Benson, *Atlas of Ancient America*. New York: Equinox/Facts of File, 1986.
Colbert, Edwin H., *The Great Dinosaur Hunters and Their Discoveries*. New York: Dover Publications, 1984.
Cole, K. C., *Warum die Wolken nicht vom Himmel fallen. Von der Allgegenwart der Physik*. Berlin: Aufbau-Taschenbuch-Verlag, 2002.
Conard, Henry S., *How to Know the Mosses and Liverworts*. Dubuque, Iowa: William C. Brown Co., 1956.
Conniff, Richard, *Spineless Wonders. Strange Tales from the Invertebrate World*. New York: Henry Holt, 1996.
Corfield, Richard, *Architects of Eternity. The New Science of Fossils*. London: Headline, 2001.
Coveney, Peter, und Roger Highfield, *Anti-Chaos. Der Pfeil der Zeit in der Selbstorganisation des Lebens*. Reinbek: Rowohlt, 1992.
Cowles, Virginia, *Die Rothschilds. 1763–1973. Geschichte einer Familie*. Würzburg: Ploetz, 1974.
Crick, Francis, *Das Leben selbst. Sein Ursprung, seine Natur*. München, Zürich: Piper, 1983.

– *Ein irres Unternehmen. Die Doppelhelix und das Abenteuer Molekularbiologie*. München, Zürich: Piper, 1990.
Cropper, William H., *Great Physicists. The Life and Times of Leading Physicists from Galileo to Hawking*. New York: Oxford University Press, 2001.
Crowther, J. G., *Scientists of the Industrial Revolution*. London: Cresset Press, 1962.
Darwin, Charles, *Über die Entstehung der Arten durch natürliche Zuchtwahl*. Darmstadt: Wissenschaftliche Buchgesellschaft, 1992.
Davies, Paul, *Das fünfte Wunder. Die Suche nach dem Ursprung des Lebens*. Bern, Müchen, Wien: Scherz, 2000.
Dawkins, Richard, *Der blinde Uhrmacher*. München: Kindler, 1987.
– *Und es entsprang ein Fluss in Eden. Das Uhrwerk der Evolution*. München: C. Bertelsmann, 1996.
– *Gipfel des Unwahrscheinlichen. Wunder der Evolution*. Reinbek: Rowohlt, 1999.
Dean, Dennis R., *James Hutton and the History of Geology*. Ithaca: Cornell University Press, 1992.
de Duve, Christian, *Die Zelle. Expedition in die Grundstruktur des Lebens*. Heidelberg: Spektrum der Wissenschaft, 1989.
Dennett, Daniel C., *Darwins gefährliches Erbe. Die Evolution und der Sinn des Lebens*. Hamburg: Hoffmann und Campe, 1997.
Dennis, Jerry, *The Bird in the Waterfall. A Natural History of Oceans, Rivers and Lakes*. New York: HarperCollins, 1996.
Desmond, Adrian, und James Moore, *Darwin*. Reinbek: Rowohlt, 1994.
Dewar, Elaine, *Bones. Discovering the First Americans*. Toronto: Random House Canada, 2001.
Diamond, Jared, *Arm und Reich. Die Schicksale menschlicher Gesellschaften*. Frankfurt: S. Fischer, 1999.
Dickinson, Matt, *The Other Side of Everest. Climbing the North Face Through the Killer Storm*. New York: Times Books, 1997.
Drury, Stephen, *Stepping Stones. The Making of Our Home World*. Oxford: Oxford University Press, 1999.
Durant, Will, und Ariel Durant, *The Age of Louis XIV*. New York: Simon and Schuster, 1963.
Dyson, Freeman, *Innenansichten. Erinnerungen in die Zukunft*. Basel, Boston, Stuttgart: Birkhäuser, 1981.
Easterbrook, Gregg, *A Moment on the Earth. The Coming Age of Environmental Optimism*. London: Penguin, 1995.
Ebbing, Darrell D., *General Chemistry*. Boston: Houghton Mifflin, 1996.

Elliott, Charles, *The Potting-Shed Papers. On Gardens, Gardeners and Garden History*. Guilford, Conn.: Lyons Press, 2001.
Engel, Leonard, *Das Meer*. Amsterdam: Time-Life-Bücher, 1969.
Erickson, Jon, *Plate Tectonics. Unraveling the Mysteries of the Earth*. New York: Facts on File, 1992.
Fagan, Brian M., *Die ersten Indianer. Das Abenteuer der Besiedlung Amerikas*. München: Beck, 1990.
Fell, Barry, *America B.C. Ancient Settlers in the New World*. New York: Quadrangle/New York Times, 1977.
– *Bronze Age America*. Boston: Little, Brown & Co., 1982.
Ferguson, Kitty, *Das Maß der Unendlichkeit*. München: Econ, 2000.
Ferris, Timothy, *Das intelligente Universum. Ein Blick zurück auf die Erde*. Berlin: Byblos, 1992.
– *The Whole Shebang. A State of the Universe(s) Report*. New York: Simon & Schuster, 1997.
– *Kinder der Milchstraße. Die Entwicklung des modernen Weltbildes*. Basel, Boston, Berlin: Birkhäuser, 1989.
– *Seeing in the Dark. How Backyard Stargazers Are Probing Deep Space and Guarding Earth from Interplanetary Peril*. New York: Simon & Schuster, 2002.
Feynman, Richard P., *Sechs physikalische Fingerübungen*. München: Piper, 2003.
Fisher, Richard V., Grant Heiken und Jeffrey B. Hulen, *Volcanoes. Crucibles of Change*. Princeton: Princeton University Press, 1997.
Flannery, Timothy, *The Future Eaters. An Ecological History of the Australasian Lands and People*. Sydney: Reed New Holland, 1997.
– *The Eternal Frontier. An Ecological History of North America and Its Peoples*. London: William Heinemann, 2001.
Flannery, Timothy und Peter Schouten, *A Gap in Nature. Discovering the World's Extinct Animals*. Melbourne: Text Publishing, 2001.
Fortey, Richard, *Leben. Eine Biographie. Die ersten vier Milliarden Jahre*. München: dtv, 2002.
– *Trilobiten! Fossilien erzählen die Geschichte der Erde*. München: Beck, 2002.
Frayn, Michael, *Kopenhagen. Stück in zwei Akten*. Göttingen: Wallstein, 2001.
Gamow, George, und Russell Stannard, *The New World of Mr. Tompkins*. Cambridge: Cambridge University Press, 2001.
Gawande, Atul, *Die Schere im Bauch. Aufzeichnungen eines Chirurgen*. München: Goldmann, 2003.
Giancola, Douglas C., *Physics. Principles with Applications*. Upper Saddle River, N.J.: Prentice Hall, 1998.

Gjertsen, Derek, *The Classics of Science: A Study of Twelve Enduring Scientific Works*. New York: Lilian Barber Press, 1984.
Godfrey, Laurie R. (Hrsg.), *Scientists Confront Creationism*. New York: W. W. Norton, 1983.
Goldsmith, Donald, *The Astronomers*. New York: St Martin's Press, 1991.
»Mrs. Gordon«. *The Life and Correspondence of William Buckland, D.D., F.R.S.* London: John Murray, 1894.
Gould, Stephen Jay, *Darwin nach Darwin. Naturgeschichtliche Reflexionen*. Frankfurt, Berlin, Wien: Ullstein, 1984.
– *Der Daumen des Panda. Betrachtungen zur Naturgeschichte*. Basel, Boston, Stuttgart: Birkhäuser, 1987.
– *Wie das Zebra zu seinen Streifen kommt. Essays zur Naturgeschichte*. Basel, Boston, Stuttgart: Birkhäuser, 1986.
– *Das Lächeln des Flamingos. Betrachtungen zur Naturgeschichte*. Basel, Boston, Berlin: Birkhäuser, 1989.
– *Die Entdeckung der Tiefenzeit. Zeitpfeil und Zeitzyklus in der Geschichte unserer Erde*. München, Wien: Hanser, 1990.
– *Zufall Mensch*. München, Wien: Hanser 1991.
– *Bravo, Brontosaurus. Die verschlungenen Wege der Naturgeschichte*. Hamburg: Hoffmann und Campe, 1994.
– (Hrsg.) *Das Buch des Lebens*. Köln: vgs, 1993.
– *Eight Little Piggies. Reflections in Natural History*. London: Penguin, 1994.
– *Ein Dinosaurier im Heuhaufen. Streifzüge durch die Naturgeschichte*. Frankfurt: S. Fischer, 2000.
– *Leonardo's Mountain of Clams and the Diet of Worms. Essays on Natural History*. New York: Harmony Books, 1998.
– *Die Lügensteine von Marrakesch. Vorletzte Betrachtungen zur Naturgeschichte*. Frankfurt: S. Fischer, 2003.
Green, Bill, *Water, Ice and Stone. Science and Memory on the Antarctic Lakes*. New York: Harmony Books, 1995.
Gribbin, John, *Am Anfang war .... Neues vom Urknall und der Evolution des Kosmos*. Basel, Boston, Berlin: Birkhäuser, 1995.
– *Almost Everyone's Guide to Science. The Universe, Life and Everything*. London: Phoenix, 1998.
Gribbin, John, und Jeremy Cherfas, *The First Chimpanzee. In Search of Human Origins*. London: Penguin, 2001.
Gribbin, John, und Mary Gribbin, *Being Human. Putting People in an Evolutionary Perspective*. London: Phoenix/Orion, 1993.
– *Fire on Earth. Doomsday, Dinosaurs and Humankind*. New York: St. Martin's Press, 1996.

– *Ice Age*. London: Allen Lane, 2001.
Grinspoon, David Harry, *Venus Revealed. A New Look Below the Clouds of our Mysterious Twin Planet*. Reading, Mass.: Helix/Addison-Wesley, 1997.
Guth, Alan, *Die Geburt des Kosmos aus dem Nichts. Die Theorie des inflationären Universums*. München: Droemer, 1999.
Haldane, J. B. S., *Adventures of a Biologist*. New York: Harper & Brothers, 1937.
– *What is Life?* New York: Boni and Gaer, 1947.
Hallam, A., *Great Geological Controversies*, 2. Auflage. Oxford: Oxford University Press, 1989.
Hamblyn, Richard, *Die Erfindung der Wolken. Wie ein unbekannter Meteorologe die Sprache des Himmels erforschte*. Frankfurt, Leipzig: Insel, 2001.
Hamilton-Paterson, James, *The Great Deep: The Sea and Its Thresholds*. New York: Random House, 1992.
Hapgood, Charles H., *Earth's Shifting Crust. A Key to Some Basic Problems of Earth Science*. New York: Pantheon Books, 1958.
Harrington, John W., *Dance of the Continents. Adventures with Rocks and Time*. Los Angeles: J. P. Tarcher, 1983.
Harrison, Edward, *Darkness at Night. A Riddle of the Universe*. Cambridge, Mass.: Harvard University Press, 1987.
Hartmann, William K., *The History of Earth. An Illustrated Chronicle of an Evolving Planet*. New York: Workman Publishing, 1991.
Hawking, Stephen, *Eine kurze Geschichte der Zeit. Die Suche nach der Urkraft des Universums*. Reinbek: Rowohlt, 1997.
– *Das Universum in der Nussschale*. Hamburg: Hoffmann und Campe, 2002.
Hazen, Robert M., und James Trefil, *Science Matters. Achieving Scientific Literacy*. New York: Doubleday, 1991.
Heiserman, David L., *Exploring Chemical Elements and Their Compounds*. Blue Ridge Summit, Pa.: TAB Books/McGraw-Hill, 1992.
Hitchcock, A. S., *Manual of the Grasses of the United States*. 2. Aufl. New York: Dover Publications, 1971.
Holmes, Hannah, *The Secret Life of Dust*. New York: John Wiley & Sons, 2001.
Holmyard, E. J., *Makers of Chemistry*. Oxford: Clarendon Press, 1931.
Horwitz, Tony, *Blue Latitudes. Boldly Going Where Captain Cook Has Gone Before*. New York: Henry Holt, 2002.
Hough, Richard, *Captain James Cook*. New York: W. W. Norton, 1994.
Jardine, Lisa, *Ingenious Pursuits. Building the Scientific Revolution*. New York: Nan A. Talese/Doubleday, 1999.

Johanson, Donald, und Blake Edgar, *Lucy und ihre Kinder*. Heidelberg, Berlin: Spektrum Akademischer Verlag, 1998.

Jolly, Alison, *Lucy's Legacy. Sex and Intelligence in Human Evolution*. Cambridge, Mass.: Harvard University Press, 1999.

Jones, Steve, *Wie der Wal zur Flosse kam. Ein neuer Blick auf den Ursprung der Arten*. Hamburg: Hoffmann und Campe, 1999.

Judson, Horace Freeland, *Der achte Tag der Schöpfung. Sternstunden der neuen Biologie*. Wien, München: Meyster, 1980.

Junger, Sebastian, *Der Sturm. Die letzte Fahrt der Andrea Gail*. München: Diana, 1998.

Jungnickel, Christa, und Russell McCormmach, *Cavendish. The Experimental Life*. Bucknell Pa.: Bucknell Press, 1999.

Kaku, Michio, *Im Hyperraum. Eine Reise durch Zeittunnel und Paralleluniversen*. Reinbek: Rowohlt, 1998.

Kastner, Joseph, *A Species of Eternity*. New York: Alfred A. Knopf, 1977.

Keller, Evelyn Fox, *Das Jahrhundert des Gens*. Frankfurt, New York: Campus, 2001.

Kemp, Peter, *The Oxford Companion to Ships and the Sea*. London: Oxford University Press, 1979.

Kevles, Daniel J., *The Physicists. The History of a Scientific Community in Modern America*. New York: Alfred A. Knopf, 1978.

Kitcher, Philip, *Abusing Science. The Case Against Creationism*. Cambridge, Mass.: MIT Press, 1982.

Kolata, Gina, *Influenza. Die Jagd nach dem Virus*. Frankfurt: S. Fischer, 2001.

Krebs, Robert E., *The History and Use of Our Earth's Chemical Elements*. Westport, Conn.: Greenwood Press, 1998.

Kunzig, Robert, *The Restless Sea. Exploring the World Beneath the Waves*. New York: W. W. Norton, 1999.

Kurlansky, Mark, *Kabeljau. Der Fisch, der die Welt veränderte*. München: Claassen, 1999.

Leakey, Richard, *Die ersten Spuren. Über den Ursprung des Menschen*. München: Bertelsmann, 1997.

Leakey, Richard, und Roger Lewin, *Wie der Mensch zum Menschen wurde. Neue Erkenntnisse über den Ursprung und die Zukunft des Menschen*. Hamburg: Hoffmann und Campe, 1978.

– *Die sechste Auslöschung. Lebensvielfalt und die Zukunft der Menschheit*. Frankfurt: S. Fischer, 1996.

Leicester, Henry M., *The Historical Background of Chemistry*. New York: Dover Publications, 1971.

Lemmon, Kenneth, *The Golden Age of Plant Hunters*. London: Phoenix House, 1968.

Lewin, Roger, *Bones of Contention. Controversies in the Search for Human Origins*, 2. Aufl. Chicago: University of Chicago Press, 1997.
Lewis, Cherry, *The Dating Game. One Man's Search for the Age of the Earth*. Cambridge: Cambridge University Press, 2000.
Lewis, John S., *Bomben aus dem All. Die kosmische Bedrohung*. Basel, Boston, Berlin: Birkhäuser, 1997.
Lewontin, Richard, *It Ain't Necessarily So. The Dream of the Human Genome and Other Illusions*. London: Granta Books, 2001.
Little, Charles E., *The Dying of the Trees. The Pandemic in America's Forests*. New York: Viking, 1995.
Lynch, John, *Das Wetter*. Köln: vgs, 2003.
Maddox, Brenda, *Rosalind Franklin. Die Entdeckung der DNA oder Der Kampf einer Frau um wissenschaftliche Anerkennung*. Frankfurt, New York: Campus, 2003.
Margulis, Lynn, und Dorion Sagan, *Microcosmos. Four Billion Years of Evolution from Our Microbial Ancestors*. New York: Summit Books, 1986.
Marshall, Nina L., *Mosses and Lichens*. New York: Doubleday, Page & Co., 1908.
Matthiessen, Peter, *Wildlife in America*. London: Penguin Books, 1995.
McGhee, George R. Jr., *The Late Devonian Mass Extinction. The Frasnian/Famennian Crisis*. New York: Columbia University Press, 1996.
McGrayne, Sharon Bertsch, *Prometheans in the Lab. Chemistry and the Making of the Modern World*. New York: McGraw-Hill, 2001.
McGuire, Bill, *A Guide to the End of the World. Everything You Never Wanted to Know*. Oxford: Oxford University Press, 2002.
McKibben, Bill, *Das Ende der Natur. Die globale Umweltkrise bedroht unser Überleben*. München, Zürich: Piper, 1992.
McPhee, John, *Basin and Range*. New York: Farrar, Straus and Giroux, 1980.
– *In Suspect Terrain*. New York: Noonday Press/Farrar, Straus and Giroux, 1983.
– *Rising from the Plains*. New York: Farrar, Straus and Giroux, 1986.
– *Assembling California*. New York: Farrar, Straus and Giroux, 1993.
McSween, Harry Y. Jr., *Stardust to Planets. A Geological Tour of the Solar System*. New York: St. Martin's Press, 1993.
Moore, Patrick, *Fireside Astronomy. An Anecdotal Tour Through the History and Lore of Astronomy*. Chichester, England: John Wiley and Sons, 1992.
Moorehead, Alan, *Darwins große Reise*. Köln-Lövenich: Hohenheim, 1902.

Morowitz, Harold J., *The Thermodynamics of Pizza*. New Brunswick, N.J.: Rutgers University Press, 1991.

Musgrave, Toby, Chris Gardner und Will Musgrave, *Pflanzensammler und -entdecker. Zweihundert Jahre abenteuerliche Expeditionen*. München: Christian, 1999.

Norton, Trevor, *In unbekannte Tiefen. Taucher, Abenteurer, Pioniere*. Berlin: Rütten und Loening, 2001.

Novacek, Michael, *Time Traveler. In Search of Dinosaurs and Other Fossils from Montana to Mongolia*. New York: Farrar, Straus and Giroux, 2001.

Nuland, Sherwin B., *Wie wir leben. Das Wunder des menschlichen Organismus*. München: Kindler, 1997.

Officer, Charles und Jake Page, *Tales of the Earth. Paroxysms and Perturbations of the Blue Planet*. New York: Oxford University Press, 1993.

Oldroyd, David R., *Die Biographie der Erde. Zur Wissenschaftsgeschichte der Geologie*. Frankfurt: Zweitausendeins, 2000.

Oldstone, Michael B. A., *Viruses, Plagues and History*. New York: Oxford University Press, 1998.

Overbye, Dennis, *Das Echo des Urknalls. Kernfragen der modernen Kosmologie*. München: Droemer Knaur, 1991.

Ozima, Minoru, *The Earth. Its Birth and Growth*. Cambridge: Cambridge University Press, 1981.

Parker, Ronald B., *Unergründliche Tiefen. Essays zur Erdgeschichte*. Basel, Boston: Birkhäuser, 1987.

Pearson, John, *The Serpent and the Stag*. New York: Holt, Rinehart and Winston, 1983.

Peebles, Curtis, *Asteroids. A History*. Washington: Smithsonian Institution Press, 2000.

Plummer, Charles C., und David McGeary, *Physical Geology*. Dubuque, Iowa: William C. Brown, 1996.

Pollack, Robert, *Signs of Life. The Language and Meanings of DNA*. Boston: Houghton Mifflin, 1994.

Powell, James Lawrence, *Night Comes to the Cretaceous. Dinosaur Extinction and the Transformation of Modern Geology*. New York: W. H. Freeman & Co., 1998.

– *Mysteries of Terra Firma. The Age and Evolution of the Earth*. New York: Free Press/Simon & Schuster, 2001.

Psihoyos, Louie, und John Knoebber, *Hunting Dinosaurs*. New York: Random House, 1994.

Putnam, William Lowell, *The Worst Weather on Earth*. Gorham N. H.: Mount Washington Observatory/American Alpine Club, 1991.

Quammen, David, *Der Gesang des Dodo. Eine Reise durch die Evolution der Inselwelten*. München: Claassen, 1998.
– *Die zwei Hörner des Rhinozeros. Kuriose und andere Geschichten vom Verhältnis des Menschen zur Natur*. München: Claassen, 2001.
– *Monster of God*. New York: W. W. Norton, 2003.
Rees, Martin, *Just Six Numbers. The Deep Forces That Shape the Universe*. London: Phoenix/Orion, 2000.
Ridley, Matt, *Alphabet des Lebens. Die Geschichte des menschlichen Genoms*. München: Claassen, 2000.
– *Eros und Evolution. Die Naturgeschichte der Sexualität*. München: Droemer Knaur, 1995.
Ritchie, David, *Superquake! Why Earthquakes Occur and When the Big One Will Hit Southern California*. New York: Crown Publishers, 1988.
Rose, Steven, *Darwins gefährliche Erben. Biologie jenseits der egoistischen Gene*. München: Beck, 2000.
Rudwick, Martin J. S., *The Great Devonian Controversy. The Shaping of Scientific Knowledge Among Gentlemanly Specialists*. Chicago: University of Chicago Press, 1985.
Sacks, Oliver, *Eine Anthropologin auf dem Mars. Sieben paradoxe Geschichten*. Reinbek: Rowohlt, 1995.
– *Oaxaca Journal*. Washington: National Geographic, 2002.
Sagan, Carl, *Unser Kosmos. Eine Reise durch das Weltall*. München, Zürich: Droemer Knaur, 1989.
Sagan, Carl, und Ann Druyan, *Der Komet*. München: Droemer Knaur, 1985.
Sagan, Dorion, und Lynn Margulis, *Garden of Microbial Delights. A Practical Guide to the Subvisible World*. Boston: Harcourt Brace Jovanovich, 1988.
Sayre, Anne, *Rosalind Franklin and DNA*. New York: W. W. Norton, 1975.
Schneer, Cecil J. (Hrsg.), *Toward a History of Geology*. Cambridge, Mass.: MIT Press, 1969.
Schopf, J. William, *Cradle of Life. The Discovery of Earth's Earliest Fossils*. Princeton N. J.: Princeton University Press, 1999.
Schultz, Gwen, *Ice Age Lost*. Garden City, N.Y.: Anchor Press/Doubleday, 1974.
Schwartz, Jeffrey H., *Sudden Origins. Fossils, Genes and the Emergence of Species*. New York: John Wiley and Sons, 1999.
Semonin, Paul, *American Monster. How the Nation's First Prehistoric Creature Became a Symbol of National Identity*. New York: New York University Press, 2000.

Shore, William H. (Hrsg.), *Mysteries of Life and the Universe*. San Diego: Harvest/Harcourt Brace & Co, 1992.
Silver, Brian, *The Ascent of Science*. New York: Solomon/Oxford University Press, 1998.
Simpson, George Gaylord, *Fossilien. Mosaiksteine zur Geschichte des Lebens*. Heidelberg: Spektrum der Wissenschaft, 1984.
Smith, Anthony, *The Weather. The Truth About the Health of Our Planet*. London: Hutchinson, 2000.
Smith, Robert B., und Lee J. Siegel, *Windows into the Earth. The Geologic Story of Yellowstone and Grand Teton National Parks*. New York: Oxford University Press, 2000.
Snow, C. P., *Variety of Men*. New York: Charles Scribner's Sons, 1966.
– *The Physicists*. London: House of Stratus, 1979.
Snyder, Carl H., *The Extraordinary Chemistry of Ordinary Things*. New York: John Wiley & Sons, 1995.
Stalcup, Brenda (Hrsg.), *Endangered Species. Opposing Viewpoints*. San Diego: Greenhaven Press, 1996.
Stanley, Steven M., *Krisen der Evolution. Artensterben in der Erdgeschichte*. Heidelberg: Spektrum der Wissenschaft, 1988.
Stark, Peter, *Zwischen Leben und Tod. Extreme Erfahrungen, letzte Abenteuer*. Reinbek: Rowohlt, 2002.
Stephen, Sir Leslie, und Sir Sidney Lee (Hrsg.), *Dictionary of National Biography*. Oxford: Oxford University Press, 1973.
Stevens, William K., *The Change in the Weather. People, Weather, and the Science of Climate*. New York: Delacorte Press, 1999.
Stewart, Ian, *Die Zahlen der Natur. Mathematik als Fenster zur Welt*. Heidelberg: Spektrum Akademischer Verlag, 2001.
Strathern, Paul, *Mendelejews Traum. Von den vier Elementen zu den Bausteinen des Universums*. München: Ullstein, 2000.
Sullivan, Walter, *Landprints*. New York: Times Books, 1984.
Sulston, John, und Georgina Ferry, *The Common Thread. A Story of Science, Politics, Ethics, and the Human Genome*. London: Bantam Press, 2002.
Swisher, Carl C., III, Garniss H. Curtis und Roger Lewin, *Java Man. How Two Geologists' Dramatic Discoveries Changed Our Understanding of the Evolutionary Path to Modern Humans*. New York: Scribner, New York, 2000.
Sykes, Bryan, *Die sieben Töchter Evas. Warum wir alle von sieben Frauen abstammen*. Bergisch Gladbach: Lübbe, 2001.
Tattersall, Ian, *The Human Odyssey*. New York: Prentice Hall, 1993.
– *The Monkey in the Mirror. Essays on the Science of What Makes Us Human*. New York: Harcourt, 2002.

Tattersall, Ian, und Jeffrey Schwartz, *Extinct Humans*. Boulder, Colorado: Westview/Perseus, 2001.

Thackray, John, und Bob Press, *The Natural History Museum. Nature's Treasurehouse*. London: Natural History Museum, 2001.

Thomas, Gordon, und Max Morgan Witts, *The San Francisco Earthquake*. New York: Stein and Day, 1971.

Thomas, Keith, *Man and the Natural World. Changing Attitudes in England, 1500–1800*. New York: Oxford University Press, 1983.

Thompson, Dick, *Volcano Cowboys. The Rocky Evolution of a Dangerous Science*. New York: St. Martin's Press, 2000.

Thorne, Kip S., *Gekrümmter Raum und verbogene Zeit: Einsteins Vermächtnis*. München: Droemer Knaur, 1996.

Tortora, Gerard J., und Sandra Reynolds Grabowski, *Principles of Anatomy and Physiology*. Menlo Park, California: Addison-Wesley, 1996.

Trefil, James, *Reise in das Innerste der Dinge. Vom Abenteuer des physikalischen Sehens*. Basel, Boston, Stuttgart: Birkhäuser, 1984.

– *Meditations at Sunset. A Scientist Looks at the Sky*. New York: Charles Scribner's Sons, 1987.

– *Physik in der Berghütte. Von Gipfeln, Gletschern und Gesteinen*. Reinbek: Wunderlich, 1992.

– *101 Things You Don't Know About Science and No One Else Does Either*. Boston: Mariner/Houghton Mifflin, 1996.

Trinkaus, Erik, und Pat Shipman, *The Neandertals. Changing the Image of Mankind*. London: Pimlico, 1994.

Tudge, Colin, *The Time Before History. Five Million Years of Human Impact*. New York: Touchstone/Simon & Schuster, 1996.

– *The Variety of Life. A Survey and a Celebration of All the Creatures That Have Ever Lived*. Oxford: Oxford University Press, 2002.

Vernon, Ron, *Beneath Our Feet. The Rocks of Planet Earth*. Cambridge: Cambridge University Press, 2000.

Vogel, Shawna, *Naked Earth. The New Geophysics*. New York: Dutton, 1995.

Walker, Alan, und Pat Shipman, *The Wisdom of the Bones. In Search of Human Origins*. New York: Alfred A. Knopf, 1996.

Wallace, Robert A., Jack L. King und Gerald P. Sanders, *Biology. The Science of Life*, 2. Aufl. Glenview, Ill.: Scott, Foresman and Company, 1986.

Ward, Peter D., und Donald Brownlee, *Unsere einsame Erde. Warum komplexes Leben im Universum unwahrscheinlich ist*. Berlin, Heidelberg, New York: Springer, 2001.

Watson, James D., *Die Doppel-Helix. Ein persönlicher Bericht über die Entdeckung der DNS-Struktur*. Reinbek: Rowohlt, 1997.

Weinberg, Samantha, *Der Quastenflosser. Die abenteuerliche Geschichte der Entdeckung eines seit siebzig Millionen Jahren vermeintlich ausgestorbenen Tieres*. Berlin: Argon, 1999.
Weinberg, Steven, *Teile des Unteilbaren. Entdeckungen im Atom*. Heidelberg: Spektrum der Wissenschaft, 1984.
– *Der Traum von der Einheit des Universums*. München: Bertelsmann, 1993.
Whitaker, Richard (Hrsg.), *Wolken, Wind und Wetter*. München: Mosaik, 1999.
White, Michael, *Isaac Newton. The Last Sorcerer*. Reading, Mass.: Helix Books/Addison-Wesley, 1997.
– *Rivals. Conflict As the Fuel of Science*. London: Vintage, 2001.
Wilford, John Noble, *The Mapmakers*. New York: Alfred A. Knopf, 1981.
– *The Riddle of the Dinosaur*. New York: Alfred A. Knopf, 1985.
Williams, E. T., und C. S. Nicholls (Hrsg.), *Dictionary of National Biography, 1961–1970*. Oxford: Oxford University Press, 1981.
Williams, Stanley, und Fen Montaigne, *Der Feuerberg. Wie ich den Ausbruch des Vulkans Galeras überlebte*. München: C. Bertelsmann, 2001.
Wilson, David, *Rutherford. Simple Genius*. Cambridge, Mass.: MIT Press, 1983.
Wilson, Edward O., *Der Wert der Vielfalt. Die Bedrohung des Artenreichtums und das Überleben des Menschen*. München, Zürich: Piper, 1996.
Winchester, Simon, *Eine Karte verändert die Welt. William Smith und die Geburt der modernen Geologie*. München: Knaus, 2001.
Woolfson, Adrian, *Life Without Genes. The History and Future of Genomes*. London: Flamingo, 2000.

Register

Warum leben wir eigentlich, wie wir leben? Als Bill Bryson eines Tages durch sein altes Pfarrhaus schlendert, stellt er sich genau diese Frage. Warum benutzen wir ausgerechnet Salz und Pfeffer, und weshalb hat unsere Gabel eigentlich vier Zinken? Auf seinem Weg durch das Haus ist es dann aber nicht nur die Geschichte von Bett, Sofa und Küchenherd, die er uns näherbringt, sondern auch die der großen Entdeckungen und spannenden Abenteuer, die damit zusammenhängen. Bill Bryson zeigt uns unser Heim, wie wir es noch nie gesehen haben. Und wir verstehen ein wenig mehr, warum unser Leben so ist, wie es ist.

»Wunderbar! Ein Buch, das die Dinge des alltäglichen Lebens neu erfindet. Unterhaltung der Extraklasse!«
The Times

Auf den folgenden Seiten finden Sie Ihre Leseprobe aus »Eine kurze Geschichte der alltäglichen Dinge«.

Ein paar Worte vorweg

Einige Zeit nach unserem Einzug in ein ehemaliges Pfarrhaus der anglikanischen Kirche mitten auf dem Land in der Grafschaft Norfolk musste ich auf den Dachboden, um zu erkunden, woher es langsam und unerklärlich tröpfelte. Da keine Treppe zum Dachboden führte, blieb mir nichts anderes übrig, als eine hohe Trittleiter zu erklimmen und mich dann eher unschicklich durch eine Luke zu winden – weshalb ich bis zu besagtem Tag auch noch nie oben gewesen war (und seither nur mit mäßiger Begeisterung wieder hochgeklettert bin).

Als ich endlich durch die Luke geplumpst war und mich in Staub und Düsternis aufgerappelt hatte, fand ich zu meiner Überraschung eine von außen nirgendwo sichtbare Tür. Sie ließ sich leicht öffnen und führte zu einer kleinen Stelle auf dem Dach, nicht größer als eine Tischplatte, zwischen vorderem und rückwärtigem Giebel. Viktorianische Häuser sind häufig ein Konglomerat baulicher Irrungen und Wirrungen, doch auf das hier konnte ich mir nun gar keinen Reim machen. Warum ein Architekt irgendwo eine Tür anbringen ließ, die offensichtlich weder notwendig noch zweckdienlich war, blieb mir schleierhaft, doch ich musste staunend zugeben, dass man von dort oben eine wundervolle Aussicht hatte.

Irgendwie ist es ja immer aufregend, auf eine Welt hinabzuschauen, die man gut kennt, aber noch nie aus diesem Blickwinkel gesehen hat. Ich befand mich etwa fünfzehn Meter über dem Boden, was einem mitten in Norfolk einen mehr oder weniger vollständigen Überblick beschert. Direkt vor mir stand die uralte, aus Feuerstein erbaute Kirche, zu der unser Haus einmal gehört hat; dahinter, ein kleines Stück den Hang hinunter und getrennt von Kirche und Pfarrhaus, war das beschauliche Dorf. Und in der anderen Richtung, nach Süden hin, zeichnete sich am Horizont Wymondham Abbey ab, ein wuchtiger, prächtiger, mittelalterlicher Kasten. Auf halbem Wege dazwischen zog ein knatternder Traktor schnurgerade Furchen ins Erdreich. Ringsherum lag ruhige, angenehme, zeitlos englische Landschaft.

Der ich mich besonders deshalb sehr vertraut fühlte, weil ich am Tag zuvor mit meinem Freund Brian Ayers einen Gutteil davon durchwandert hatte. Brian, gerade als Grafschaftsarchäologe in Pension gegangen, weiß wahrscheinlich mehr über Geschichte und Landschaft Norfolks als irgendjemand sonst auf der Welt. Da er noch nie in unserer Dorfkirche gewesen war, wollte er unbedingt einen Blick hineinwerfen. Sie ist hübsch und alt, älter als Nôtre Dame in Paris, ungefähr das Baujahr der Kathedralen von Chartres und Salisbury. Doch in Norfolk, wo es von mittelalterlichen Gotteshäusern nur so wimmelt – insgesamt sind es 659 –, übersieht man leicht eines.

»Ist Ihnen schon mal aufgefallen, dass die Kirchen auf dem Land langsam in den Boden sinken? Jedenfalls hat es den Anschein«, sagte Brian, als wir den Kirchhof betraten. Denn auch dieses Gotteshaus stand in einer Kuhle, wie ein Gewicht auf einem Kissen, und die Grundmauern befanden sich einen ganzen Meter tiefer als der Kirchhof, der das Gebäude umgab. »Wissen Sie, warum das so ist?«

Wie so oft, wenn ich mit Brian durch die Gegend zockele, musste ich zugeben, dass ich es nicht wusste.

»Also, diese Kirche versinkt nicht etwa«, sagte Brian lächelnd, »sondern der Friedhof hebt sich. Wie viele Menschen, meinen Sie, liegen hier begraben?«

Ich versuchte es anhand der Grabsteine zu schätzen und sagte: »Keine Ahnung. Achtzig? Hundert?«

»Na, das halte ich für leicht untertrieben«, erwiderte Brian nachsichtig. »Überlegen Sie mal. In einer Landgemeinde wie dieser leben durchschnittlich zweihundertfünfzig Menschen, was etwa eintausend Sterbefälle pro Jahrhundert bedeutet. Dazu kommen ein paar Tausend Seelen, die es nicht bis ins Erwachsenenalter schaffen. Multiplizieren Sie das Ganze mit der Anzahl der Jahrhunderte, die die Kirche auf dem Buckel hat, und Sie sehen, dass es sich hier nicht um achtzig oder hundert Grabstätten, sondern eher um zwanzigtausend handelt.«

Diese Worte fielen, bitte ich zu beachten, nur wenige Schritte von meiner Haustür entfernt. »Zwanzig*tausend*?«, stieß ich hervor.

Er nickte, völlig unbeeindruckt. »Ich muss ja wohl nicht betonen, dass das eine ganze Menge ist. Deshalb hat sich der Boden um einen Meter gehoben.« Er ließ mir eine Minute, um das zu verdauen, und fuhr dann fort: »In Norfolk gibt es eintausend Gemeinden. Und die haben natürlich über die Jahrhunderte hinweg viel – wie wir Archäologen sagen – *materielle Kultur* hinterlassen. Bauten, Geräte, Werkzeuge, Schmuck und eben auch Gräber.« Er musterte die diversen Kirchtürme in der Ferne. »Von hier aus kann man zehn, zwölf weitere Gemeinden sehen. Das heißt, in unserer unmittelbaren Umgebung befinden sich wahrscheinlich eine Viertelmillion Grabstätten – und das alles in einem Landstrich, der immer nur ländlich ruhig war, wo nie großartig was passiert ist.«

Das war Brians Art zu erklären, wie man in einer bukolischen, dünn besiedelten Region wie Norfolk auf 27 000 archäologische Funde pro Jahr kommen kann, auf mehr als in jeder anderen englischen Grafschaft. »Hier lassen die Menschen schon seit langem Dinge fallen – lange, bevor England England wurde.« Er zeigte mir eine Karte aller bekannten archäologischen Fundstellen in unserer Gemeinde. Auf fast jedem Acker und jeder Wiese war etwas geborgen oder entdeckt worden – jungsteinzeitliche Werkzeuge, römische Münzen und

Keramik, angelsächsische Broschen, Grabstätten aus der Bronzezeit, Wikingergehöfte, und gleich hinter unserem Pfarrhaus hatte zum Beispiel ein Bauer beim Überqueren eines Feldes im Jahre 1985 einen seltenen römischen, unmöglich misszudeutenden phallusförmigen Anhänger gefunden.

Ich stelle mir immer wieder voller Staunen und Verwunderung vor, wie dort, wo jetzt mein Grundstück endet, einst ein Mann in einer Toga stand, sich von oben bis unten abklopft und bestürzt zur Kennnis nimmt, dass er sein liebevoll gehütetes Andenken verloren hat, das dann siebzehn, achtzehn Jahrhunderte lang unbemerkt in der Erde liegt – während Angelsachsen, Wikinger und Normannen kamen und gingen, während die englische Sprache und Nation entstanden und die britische Monarchie und tausenderlei andere Dinge sich entwickelten. Und zum guten Schluss, Ende des zwanzigsten Jahrhunderts, hebt dann jemand, der nun seinerseits verblüfft dreinschaut, das verlorene Schmuckstück auf.

Als ich auf dem Dach meines Hauses stand und den unerwarteten Ausblick genoss, kam mir plötzlich der Gedanke, wieso der Fund eines römischen Phallusanhängers die (zugegeben kurze) Aufmerksamkeit der Welt erregt hatte, nicht aber das ganz normale Tun und Treiben der Menschen in all den zweitausend Jahren, seitdem das Ding in den Staub gefallen war. Klar, die Leute sind jahrhundertelang brav und unauffällig ihren Alltagsgeschäften nachgegangen – Essen, Schlafen, Sex und den anderen kleinen Freuden des Lebens –, dachte ich. Und dann fiel es mir wie Schuppen von den Augen: Ja, genau! Daraus besteht Geschichte schließlich. Daraus, dass viele, viele Menschen normale Dinge tun! Selbst Einstein hat in seinem Leben sicher manchmal an seinen Urlaub gedacht und daran, was es zum Abendessen gab oder was für zierliche Fesseln die junge Dame hatte, die gegenüber aus der Straßenbahn stieg. Aus solchen Dingen besteht unser Leben und Denken, doch wir behandeln sie als zweitrangig und ernsthafter Betrachtung kaum wert. Ich weiß nicht, wie viele Stunden meines Schülerdaseins ich mich in US-amerikanischer Geschichte mit dem Missouri-Kompromiss oder in englischer mit den Rosenkriegen beschäftigen musste, jedenfalls wurde ich bei Weitem häufiger dazu angehalten als dazu, über die Geschichte des Essens und Schlafens, der Sexualität oder anderer kleiner Freuden nachzudenken.

Deshalb, fand ich, ist es vielleicht nicht uninteressant, sich ein Buch lang einmal nur mit ganz gewöhnlichen Dingen zu befassen und ihnen endlich Beachtung zu schenken. Bei einem Gang durch mein Haus war ich beispielsweise verblüfft, ja, sogar ein wenig entsetzt darüber, wie wenig ich über die Welt hier drinnen wusste, und als ich eines Nachmittags am Küchentisch saß und gedankenverloren mit Salz- und Pfefferstreuer spielte, fiel mir auf, dass ich keinen blassen Schimmer hatte, warum wir von allen Gewürzen dieser Erde ausgerechnet eine solch anhaltende Liebe zu diesen beiden hegen. Warum nicht zu Pfeffer und Kardamom oder zu Salz und Zimt? Und warum haben Gabeln vier Zinken und nicht drei oder fünf? Für all das muss es doch Gründe geben.

Beim Anziehen fragte ich mich, warum alle meine Anzugjacken eine Reihe sinnloser Knöpfe an den Ärmeln haben, und als ich im Radio hörte, wie jemand davon sprach, dass er für Kost und Logis bezahle, merkte ich, dass ich nicht wusste, woher dieser Ausdruck kommt. Urplötzlich schien das Haus voller Geheimnisse zu stecken.

Und so kam ich auf die Idee, einmal hindurchzugehen, von Raum zu Raum, und zu überlegen, was für eine Rolle jeder einzelne über die Jahrhundert hinweg im Alltag der Menschen gespielt hat. Im Badezimmer würde ich auf die Geschichte der Körperhygiene stoßen, in der Küche auf die des Kochens, im Schlafzimmer auf die der Sexualität, des Sterbens und Schlafens – und so weiter und so fort. Ich wollte eine Geschichte der Welt schreiben, ohne dass ich das Haus verlassen musste.

Ich muss sagen, das Vorhaben hatte einen gewissen Reiz. Vor einiger Zeit habe ich ja in einem Buch versucht, das Universum zu verstehen und wie sich alles ineinanderfügt – kein geringes Unterfangen, wie Sie sich vorstellen können. Mich mit etwas zu beschäftigen, das so adrett begrenzt und angenehm endlich ist wie ein altes Pfarrhaus in einem englischen Dorf, war also sehr verlockend. Dazu musste ich nicht mal die Pantoffeln ausziehen.

Natürlich kam es ganz anders. Häuser sind erstaunlich komplex, wahre Fundgruben. Zu meiner großen Überraschung stellte ich nämlich fest, dass alles, was in der Welt geschieht – alles, was entdeckt, erschaffen oder bitter umkämpft wird –, zum guten Schluss auf die eine oder andere Weise im Haus landet. Kriege, Hungersnöte, die Industrielle Revolution, die Aufklärung – alles ist da: verborgen in Ihren Sofas und Kommoden, in den Falten Ihrer Vorhänge und den fluffigen Daunenkissen, in der Farbe Ihrer Wände und dem Wasser in Ihren Wasserleitungen. Die Geschichte der Dinge, die zu unserem Alltag gehören, ist eben nicht nur eine der Betten, Sofas und Küchenherde, wie ich leichthin angenommen hatte, sondern auch eine von Skorbut, Guano und Bettwanzen; sie hat mit dem Eiffelturm zu tun und mit Leichenräuberei, also eigentlich mit allem, was je passiert ist. Häuser sind keine Rückzugsgebiete von der Geschichte. In Häusern landet die Geschichte.

Ich muss wohl kaum darauf hinweisen, dass jede Art von Geschichte die Tendenz hat, sich auszuweiten. Um die Geschichte der alltäglichen Dinge in ein Buch zu packen, musste ich, das war mir von Anfang an klar, penibel auswählen. Und obwohl ich ab und zu in graue Vorzeiten zurückgehen werde (man kann nicht über Bäder und Badezimmer sprechen, ohne die Römer zu erwähnen), konzentriert sich das, was nun folgt, hauptsächlich auf die letzten einhundertfünfzig Jahre, mit besonderer Betonung auf der zweiten Hälfte des neunzehnten Jahrhunderts, als die moderne Welt wirklich geboren wurde –

und das deckt sich zufällig genau mit der Zeit, seit der das Haus existiert, durch das wir nun wandern.

Wir haben uns an so viele Annehmlichkeiten gewöhnt – es warm zu haben, sauber gewaschen und wohlgenährt zu sein –, dass wir eines leicht vergessen: All diese Errungenschaften sind noch gar nicht so alt. Es hat Ewigkeiten gedauert, bis wir so weit waren, und dann kam meist alles auf einmal. Wie genau das passierte und warum es so lange brauchte, darum geht es auf den folgenden Seiten.

Obwohl ich den Namen des Dorfes, in dem das alte Pfarrhaus steht, nicht ausdrücklich nenne, möchte ich darauf hinweisen, dass es den Ort tatsächlich gibt und dass auch die Menschen, von denen ich erzähle, dort leben beziehungsweise gelebt haben.

Die Küche

Im Sommer 1662 lud Samuel Pepys, ein aufstrebender junger Mann im britischen Flottenamt, seinen Boss Peter Pett, Kommissar selbstdort, zum Abendessen in sein Haus in der Seething Lane ein, unweit des Towers in London. Pepys war neunundzwanzig Jahre alt und wollte wahrscheinlich einen guten Eindruck bei seinem Vorgesetzten machen. Doch als man ihm seinen Teller mit Stör vorsetzte, sah er bestürzt und voller Grausen, dass »viel kleines Gewürm darin herumkreuchte«.

Dass das Essen, das einem serviert wurde, sehr lebendig sein konnte, war zwar selbst zu Pepys' Zeiten nicht alltäglich – es war ihm also wirklich peinlich –, doch hinsichtlich Frische und Reinheit ließ man tunlichst immer einen Hauch Misstrauen walten. Waren die Speisen wegen unzureichender Konservierung auch nicht im Zustand fortschreitender Verwesung, bestanden zumindest gute Chancen, dass sie mit gefährlichen und unappetitlichen Substanzen gefärbt oder gestreckt waren.

Fast nichts, scheint es, war vor den üblen Tricks der Lebensmittelpanscher gefeit. Zucker und andere teure Ingredienzen wurden oft mit Gips, Kalk, Sand, Staub oder anderem gestreckt, Butter mit Talg und Schmalz aufgepeppt. Ein Liebhaber feinen Tees konnte, nichts Böses ahnend, das Getränk mit zugemischten Sägespänen und pulverisiertem Schafsdung brauen. Judith Flanders berichtet, dass bei einer gründlich untersuchten Schiffsladung Tee zutage kam, der aus gerade mal einer guten Hälfte aus ebendem bestand, ansonsten jedoch aus Sand und Schmutz. Um Essig schön scharf zu machen, fügte man ihm Schwefelsäure hinzu, Milch wurde mit Kreide vermischt, Gin mit Terpentin. Mit Kupferarsenit wurden Gemüse grüner und Gelees glänzend. Bleichromat verlieh Backwaren einen goldenen Schimmer und Senf strahlende Frische. Bleizucker machte Getränke süßer, und Mennige schenkte Gloucesterkäse ein schöneres Aussehen, wenn auch nicht mehr Nährwert.

Anscheinend gab es wirklich kein Nahrungsmittel, das man nicht mit einer Prise List und Tücke aufbessern und für den Händler kostengünstiger machen konnte. Der schottische Schriftsteller und Dichter Tobias Smollett berichtete, dass Kirschen taufrisch schimmerten, wenn der Verkäufer sie sanft ein wenig im Mund herumwälzte, bevor er sie feilbot. Wie viele arglose Damen von Rang und Namen, überlegte Smollett weiter, verspeisten wohl genüsslich einen Teller mit knackigen Kirschen, die vorher »ein Höker aus St. Giles zwischen seinen schmutzigen und vielleicht eitrigen Lefzen herumgerollt und benetzt hat«.

Mit Brot trieb man es ganz besonders arg. In seinem populären Roman *Humphry Clinkers Reise* von 1771 beschreibt Smollett das Londoner Brot als giftige Mixtur aus »Kalk, Alaun und Knochenasche, von Geschmack fade und für die Constitution schädlich«, doch solche Klagen waren zu der Zeit und wahrscheinlich schon seit Langem gang und gäbe, wie die Drohung des Riesen aus *Hans und die Bohnenranke* beweist: »Ich zermalm seine Knochen/und mach daraus Brot.« Die Behauptung, dass Brot fast überall verfälscht wurde, fand man zum ersten Mal in einer Publikation mit dem Titel *Gift entdeckt: Oder erschröckliche Wahrheiten*, die 1757 anonym von »Meinem Freunde, einem Doctor« verfasst wurde und »aus zuverlässiger Quelle« enthüllte, dass »Bäcker nicht selten säckeweise alte Knochen verbacken« und man die »Beinhäuser der Toten auskehrt, um dem Essen der Lebenden Dreck beizumengen«. Fast gleichzeitig kam ein anderes, sehr ähnliches Buch heraus, *Die Beschaffenheit von Brot, Lauter und Unlauter Gebacken«* von Joseph Manning, Doctor medicinae, der berichtete, Bäcker setzten routinemäßig jedem Laib, den sie backten, Bohnenmehl, Kreide, Bleiweiß, Löschkalk und Knochenasche zu.

Selbst jetzt noch werden solche Aussagen regelmäßig als Tatsachenbehauptungen wiederholt, obwohl Frederick A. Filby in seinem Klassiker *Nahrungsmittelfälschung* schon vor über siebzig Jahren stichhaltig begründet hat, dass sie schlicht nicht stimmen können. Filby unternahm den interessanten und eigentlich naheliegenden Schritt, mit den angeblichen Zusatzstoffen in genau den angegebenen Mengen und auf die beschriebene Weise selbst Brot zu backen. Außer in einem Fall war es entweder hart wie Beton oder wurde überhaupt nicht fest, und fast alle Laibe rochen oder schmeckten widerlich. Da etliche auch mehr Backzeit als ein normaler Laib benötigten, waren sie in der Produktion sogar noch teurer. Kein einziger der verunreinigten Brotlaibe war genießbar.

Tatsache ist, dass Brot zu panschen gar nicht so einfach ist und man es garantiert merkt, wenn Dinge, einerlei, in welchen Mengen, unter den Teig gemischt werden, die dort nicht hineingehören. Was allerdings für die meisten Lebensmittel gilt, denn auch dass jemand eine Tasse Tee trinkt und nicht herausschmeckt, dass zu fünfzig Prozent Eisenspäne mit aufgebrüht worden sind, ist schwer zu glauben. In gewissem Ausmaß wurde bestimmt getrickst, besonders wenn die Farbe kräftiger oder das Aussehen frischer sein sollte, aber die meisten angeblichen Fälschungen waren entweder Ausnahmen oder unwahr, und das trifft besonders für alles zu, was angeblich ins Brot gemengt wurde – mit der einzigen denkwürdigen Ausnahme von Alaun, worauf ich gleich noch einmal zu sprechen komme.

Zunächst ein paar Worte dazu, wie wichtig im neunzehnten Jahrhundert für die Engländer das Brot als Nahrungsmittel war. Für viele war es nicht etwa eine unabdingbare Beilage zu einer Mahlzeit – es war die Mahlzeit selbst. Bis zu achtzig Prozent des Familieneinkommens wurden laut dem Brothistoriker Christian Petersen für Essen ausgegeben, und bis zu achtzig Prozent davon wiederum für Brot. Selbst Menschen aus dem Bürgertum gaben bis zu zwei Drittel ihres Einkommens für Essen aus (heute ungefähr ein Viertel!), das auch bei ihnen zum großen Teil aus Brot bestand und natürlich nicht zu teuer sein sollte. In einer ärmeren Familie, erzählen uns fast alle zeitgenössischen Berichte, bestand die tägliche Kost höchstwahrscheinlich aus ein paar Tassen Tee, ein paar Gramm Zucker, ein wenig Gemüse, ein, zwei Scheiben Käse und alle Jubeljahre einmal einem Fetzchen Fleisch. Ansonsten nur aus Brot.

Weil Brot eine so wichtige Rolle spielte, waren die Reinheitsgesetze streng und die Strafen für Verstöße schwer. Ein Bäcker, der seine Kunden betrog, konnte mit zehn Pfund für jeden verkauften Laib oder einem Monat schwerer Arbeit im Zuchthaus bestraft werden. Eine Zeitlang erwog man ernsthaft, erwischte Übeltäter nach Australien zu deportieren. Das alles durften die Bäcker nicht auf die leichte Schulter nehmen, denn da Brotlaibe beim Backen durch Verdunstung Gewicht verlieren, konnte ihnen ohne jede böse Absicht immer einer zu leicht geraten. Deshalb gaben sie manchmal ein wenig mehr – das berühmte »Bäckerdutzend«, das dreizehn Stück ausmachte.

Beim Alaun verhält sich die Sache anders. Alaun ist eine chemische Verbindung – genau genommen ein schwefelsaures Doppelsalz – zum Fixieren von Farben. Es ist, um den exakten Terminus zu verwenden, ein Beizmittel. Außerdem findet es als Klärmittel bei allen möglichen industriellen Produktionsprozessen Verwendung, beim Zurichten von Leder und zum Weißmachen von Mehl, was nicht unbedingt schlimm ist, da man nur winzige Mengen dazu braucht. Schon drei, vier Löffel machen hundert Kilogramm Mehl wunderbar weiß, und so verteilt schadet das Alaun niemandem. Selbst heute noch fügt man es Lebensmitteln und Medikamenten zu. Es ist üblicher Bestandteil in Backpulver und Impfstoffen, und wegen seiner klärenden Eigenschaften versetzt man sogar manchmal das Trinkwasser damit. Mindere Qualitäten von Mehl, das ernährungsphysiologisch völlig in Ordnung, aber nicht sehr appetitlich anzusehen war, wurden durch wenige Gramm Alaun bei der Masse der Menschen akzeptabel, und die Bäcker konnten mehr aus ihrem Weizen herausholen. Sie verwendeten es auch als Trocknungsmittel, und das war vollkommen vernünftig.

Nicht immer übrigens bediente man sich fremder Substanzen, um die Produkte zu strecken. Manchmal plumpste auch etwas hinein. Bei einer parlamentarisch angeordneten Überprüfung von Bäckereien im Jahre 1862 fand man nicht selten »massenweise Spinnweben, die unter dem Gewicht von darauf angesammeltem Mehlstaub in Fetzen herunterhingen« und jederzeit in jeden Backtrog und auf jedes Backblech fallen konnten. Insekten und allerlei Ungeziefer huschten an Wänden entlang und über Arbeitsplatten. In einer Probe Eiskrem, das 1881 in London verkauft wurde, fand man laut Adam Hart-Davis Menschenhaare, Katzenhaare, Insekten, Baumwollfasern und mehrere andere nicht unbedingt gesunde Dinge, was ganz gewiss an einem Mangel an Hygiene lag und nicht daran, dass man aus betrügerischen Absichten Füllmittel zugesetzt hatte. Zur gleichen Zeit wurde ein Konditor zu einer Strafe verurteilt, weil er »seine Waren mit Farbstoffen gelb gefärbt hatte, die ihm vom Streichen seines Karrens übrig geblieben waren«. Doch gerade weil Zeitungen diese Fälle aufgriffen und groß herausbrachten, muss man annehmen, dass es Ausnahmen und nicht die Regel waren.

Tobias Smollett malt in seiner Briefromanschwarte *Humphry Clinker* ein solch anschauliches Bild des englischen Lebens im achtzehnten Jahrhundert, dass selbst jetzt noch viel daraus zitiert und für bare Münze genommen wird. In einer der drastischeren Passagen beschreibt er, wie Milch in offenen Eimern durch die Straßen Londons getragen wurde und »Spucke, Rotz und Stücke von Priemen Vorübergehender« hineinfielen, ferner »Spritzer von randvollen Fäkalienkarren und Kutschenrädern, Dreck und Unrat, mit dem böse Buben sich aus Übermut bewarfen, Ausgespienes von Säuglingen [...] und schließlich Ungeziefer, das aus den Lumpen der garstigen Vettel plumpste, die diese kostbare Mixtur feilbot«. Was gern übersehen wird, ist, dass das Buch eine Satire und keine Reportage sein sollte und sein Verfasser nicht einmal in England war, als er es schrieb, sondern todkrank in Italien, wo er drei Monate nach der Veröffentlichung starb.

Natürlich heißt das nicht, dass es keine schlechten Lebensmittel gab. Selbstverständlich gab es die, insbesondere Fleisch von kranken Tieren und solches, das sein Verfallsdatum lange überschritten hatte. Der Schmutz auf dem Smithfield Market in London, dem Hauptfleischmarkt, war berühmt-berüchtigt. Bei einer behördlichen Überprüfung im Jahre 1828 sagte ein Zeuge, er habe »einen Übelkeit erregenden Kuhkadaver« gesehen, »an dem das Fett nur noch triefender gelber Schleim« gewesen sei. Tiere, die von weither dort hingetrieben wurden, waren oft erschöpft und krank und erholten sich ja nun nicht gerade am Ort ihrer Hinrichtungsstätte. Viele Tiere waren mit eiternden Wunden bedeckt. Auf dem Smithfield Market wurde so viel verdorbenes Fleisch verkauft, dass man dort eigens einen Namen dafür hatte: *cag-mag*, was so viel wie »billige Scheiße« hieß.

Selbst wenn die Absichten der Produzenten rein waren, waren das ihre Lebensmittel nicht immer. Letztere in essbarem Zustand zu entfernten Märkten zu befördern war ja auch stets schwierig. Andererseits träumten die Leute davon, Dinge von weither oder außerhalb der Saison zu essen. Im Januar 1859 verfolgte halb Amerika eifrig, wie ein Schiff mit dreihunderttausend saftigen Orangen und vollen Segeln von Puerto Rico zu den Neuenglandstaaten fuhr, weil man beweisen wollte, dass es möglich war. Bei der Ankunft waren zwei Drittel der Fracht zu einer duftenden Pampe verrottet. Produzenten in entlegeneren Ländern konnten nicht einmal auf einen solchen Erfolg hoffen. Die Argentinier hielten auf ihren endlos weiten Pampas riesige Rinderherden, aber wie sie das Fleisch verschiffen sollten, wussten sie nicht. Also kochten sie Knochen und Talg der Viecher aus und warfen das Fleisch weg. Der deutsche Chemiker Justus Liebig entwickelte zwar eine Formel für Fleischextrakt, um ihnen zu helfen, doch das eigentliche Problem war damit immer noch nicht gelöst.

Man brauchte unbedingt eine Methode, um Nahrungsmittel länger frisch zu halten, als es die Natur erlaubte. Ende des achtzehnten Jahrhunderts verfasste ein Franzose namens François Appert (vielleicht auch Nicolas Appert, die Quellenlage ist verwirrend) ein Buch mit dem Titel *Die Kunst alle animalischen und vegetabilischen Substanzen nähmlich alle Gattungen Fleisch, Geflügel, Wildpret, Fische, Zugemüse, Kuchen – Arzneygewächse, Früchte, Sulzen, Säfte; ferner Bier, Kaffeh, Thee u.s.w. in voller Frische, Schmackhaftigkeit und eigenthümlicher Würze mehrere Jahre zu erhalten.* Und er schaffte tatsächlich einen Durchbruch. Seine Methode bestand im Wesentlichen darin, Lebensmittel in Gläsern dicht zu verschließen und sie dann langsam zu erhitzen. Die Methode funktionierte im Allgemeinen auch sehr gut, doch mit der Versiegelung klappte es nicht immer, und Luft und Verunreinigungen drangen ein, was diejenigen, die den Inhalt trotzdem verzehrten, in heftige Magen-Darm-Bedrängnisse brachte. Da man Apperts Gläsern nicht hundertprozentig vertrauen konnte, blieb eine gewisse Vorsicht beim Verzehr angeraten.

Kurzum, bis Essen den Weg auf den Tisch fand, konnte vieles schiefgehen. Als also Anfang der 1840er Jahre ein Wunderprodukt daherkam, dass alles zu verändern versprach, war die Aufregung groß. Dabei kannte man es gut: Eis.